Corso di diritto processuale civile

III

IUSTITIAM COLIMUS

Crisanto Mandrioli – Antonio Carratta

Corso di diritto processuale civile

III – PROCESSI SPECIALI, ESECUZIONE FORZATA
E PROCEDURE ALTERNATIVE

Editio minor

VENTESIMA EDIZIONE

Giappichelli

VIA PO, 21 - TEL. 011-81.53.111
http://www.giappichelli.it

ISBN/EAN 979-12-211-1240-5
ISBN/EAN 979-12-211-6173-1 (ebook)

G. Giappichelli Editore

Questo libro è stato stampato su carta certificata, riciclabile al 100%

Stampa: Stampatre s.r.l. - Torino

INDICE

Parte Seconda

IL PROCESSO DI ESECUZIONE FORZATA

Capitolo V

IL PROCESSO DI ESECUZIONE FORZATA NEI SUOI ASPETTI GENERALI

Capitolo VI

GLI ATTI PREPARATORI DEL PROCESSO DI ESECUZIONE FORZATA

Capitolo VII

L'ESPROPRIAZIONE FORZATA

Sezione prima

L'ESPROPRIAZIONE FORZATA IN GENERALE

pag.

Capitolo XIV
I PROCEDIMENTI IN CAMERA DI CONSIGLIO

Capitolo XV
LA SEMPLIFICAZIONE DEI RITI SPECIALI

Parte Quarta
LE PROCEDURE ALTERNATIVE DI RISOLUZIONE DELLE CONTROVERSIE

Capitolo XVI
L'ARBITRATO

PREMESSA ALLA VENTESIMA EDIZIONE

In questa nuova edizione si è tenuto conto delle ulteriori modifiche che il D.Lgs. 31 ottobre 2024 n. 164 ha apportato alla disciplina del processo civile ad appena due anni di distanza dall'entrata in vigore del precedente D.Lgs. 10 ottobre 2022 n. 149, che già aveva ampiamente rimaneggiato quella disciplina.

L'obiettivo principale del nuovo intervento normativo è quello di risolvere le difficoltà applicative e i contrasti interpretativi sorti nella fase di prima attuazione della riforma introdotta nel 2022, della quale viene confermato l'impianto generale, conformemente ai principi e criteri direttivi della legge delega di cui alla L. 206/2021. Al tempo stesso esso pone rimedio ad alcuni difetti di coordinamento delle disposizioni previgenti con la generalizzata digitalizzazione del processo civile e corregge veri e propri refusi sfuggiti in precedenza. Peraltro, anche le modifiche di più recente conio sono destinate a trovare applicazione – tranne limitate eccezioni – nei processi già pendenti, purché introdotti dopo il 28 febbraio 2023.

In questa nuova edizione si è anche tenuto conto, nell'esaminare le procedure di mediazione e di negoziazione assistita dagli avvocati, delle modifiche che ad esse ha apportato il successivo D.Lgs. 27 dicembre 2024 n. 216 e che hanno provveduto ad eliminare alcuni difetti di coordinamento normativo e a superare alcune ambiguità presenti nella disciplina delle due procedure di risoluzione non giudiziale delle controversie.

ANTONIO CARRATTA

Roma, gennaio 2025

PREMESSA ALLA PRIMA EDIZIONE

Le dimensioni raggiunte dall'edizione maggiore, specialmente nel suo apparato di note, hanno suggerito la predisposizione di questa edizione abbreviata dedicata agli studenti, in particolare nelle sintesi a margine.

L'inevitabile snellimento ha però lasciato in buona parte integro il testo base dell'opera che era nata per gli studenti e che qui recupera la sua originaria funzione di guida nel primo approccio con la «procedura civile».

CRISANTO MANDRIOLI

Milano, maggio 2000

Parte Prima

I PROCESSI SPECIALI A COGNIZIONE PIENA

CAPITOLO I

I PROCESSI O PROCEDIMENTI SPECIALI IN GENERALE

SOMMARIO: 1. Generalità sui processi o procedimenti speciali.

1. *Generalità sui processi o procedimenti speciali.*

Nel libro secondo del codice di procedura civile, dedicato alla disciplina del processo a cognizione piena, accanto al processo ordinario e al processo semplificato, troviamo un *primo gruppo* di processi speciali, che comprende alcuni processi di cognizione che sono definiti *speciali* perché strutturati con alcune particolarità suggerite dalla specialità delle situazioni sostanziali sulle quali incidono e cioè in materia di controversie individuali di lavoro (*processo del lavoro*), di controversie locatizie (*processo locatizio*), in materia di stato delle persone, minorenni e famiglie (*processo in materia di persone, minorenni e famiglie*) o in materia di scioglimento dalle comunioni (*processo di divisione*). Ce ne occuperemo nei capitoli 2°, 3° e 4° di questo volume.

Un primo gruppo di processi speciali comprende i *processi speciali a cognizione piena* disciplinati nel libro II del codice.

Un *secondo gruppo*, invece, si rinviene nel libro quarto del codice e ricomprende i *procedimenti speciali a cognizione non piena, ma sommaria*. D'altra parte, non tutti i procedimenti speciali riconducibili a questo secondo gruppo sono disciplinati nel quarto libro del codice, poiché diversi procedimenti di questo tipo sono disciplinati in leggi speciali o nel codice civile. Questo gruppo è, a sua volta, suddivisibile in quattro diversi sottogruppi.

Un secondo gruppo è quello dei «*procedimenti speciali*» disciplinati nel libro IV del codice e riconducibili a quattro sottogruppi:

Un primo sottogruppo comprende le due figure principali di quelle «condanne speciali», che, a suo tempo (v. vol. I, § 15, *sub* B, d), esaminammo sotto la specie e con le caratteristiche degli «*accertamenti con prevalente funzione esecutiva*», qualificati dalla *sommarietà* della cognizione finalizzata al più rapido conseguimento del titolo esecutivo, ossia del titolo idoneo ad introdurre l'esecuzione forzata, ma idonei anche, a determinate condizioni, a produrre il giudicato sostanziale e, per questa ragione, identificabili come *procedimenti decisori sommari*. Ci riferiamo al *procedimento per ingiun-*

a) *procedimenti decisori sommari*;

zione ed al *procedimento per convalida di licenza o sfratto*, procedimenti che esamineremo nel cap. 11°.

b) *procedimenti cautelari*;

Un secondo sottogruppo riguarda alcuni procedimenti che hanno le caratteristiche funzionali e strutturali dell'*attività cautelare*, che esaminammo ampiamente a suo tempo (v. vol. I, § 5, *sub* C; e § 16). Sono, cioè, procedimenti speciali nel senso generalissimo per cui con essi si attua un tipo particolare di attività giurisdizionale caratterizzato dalla strumentalità rispetto al risultato della cognizione o dell'esecuzione. Inoltre, questi procedimenti presentano la caratteristica (strutturale) della sommarietà, così come gli accertamenti con prevalente funzione esecutiva. Sono questi i *procedimenti cautelari* (*sequestri, denunce di nuova opera, procedimenti d'istruzione preventiva e provvedimenti d'urgenza*) che esamineremo nel cap. 12°.

c) *procedimenti possessori*;

Un terzo sottogruppo è quello dei *procedimenti possessori*, i quali, sebbene non rivestano natura cautelare, sono tradizionalmente sottoposti alla medesima disciplina processuale. Verranno esaminati nel cap. 13°.

d) *procedimenti di giurisdizione volontaria.*

Un ultimo sottogruppo all'interno dei procedimenti sommari è quello dei procedimenti in camera di consiglio, nei quali si concreta quell'attività di *giurisdizione volontaria*, di cui a suo tempo (v. vol. I, § 5, in fine) mettemmo in evidenza le caratteristiche nettamente contrapposte alla giurisdizione di cognizione, in quanto imperniate sul difetto di attitudine a dar luogo alla cosa giudicata. Ce ne occuperemo nel cap. 14°.

La c.d. semplificazione dei riti speciali del D.Lgs. 150/2011.

Una trattazione a sé, infine, verrà dedicata alle novità derivanti, proprio in materia di utilizzazione dei procedimenti speciali al di fuori del codice, dal D.Lgs. 150/2011 sulla «semplificazione e riduzione» dei riti speciali di cognizione. Con quest'intervento normativo, infatti, alcuni riti speciali di cognizione, in precedenza contenuti in diverse leggi speciali, sono stati ricondotti, a seconda delle loro peculiarità, ai *tre diversi modelli processuali codicistici* del *rito ordinario di cognizione*, di quello del *lavoro* e del *procedimento semplificato di cognizione*, ma con l'aggiunta di specifiche disposizioni speciali, che varranno solo con riferimento ai procedimenti disciplinati dal D.Lgs. 150/2011. Ce ne occuperemo nel cap. 15°.

La ragione per la quale questi «procedimenti speciali», così eterogenei e multiformi, sono riuniti, nella loro maggior parte, in un unico libro del codice, il libro quarto, non ha alcuna evidenza sistematica, ma è puramente empirica. Questi procedimenti sono in realtà affastellati in qualche modo in questo ultimo libro del codice, nel quale il legislatore del 1940 rivela la fretta con cui aveva chiuso la sua opera.

Ad aumentare ulteriormente la sensazione di empirìa e di disordine determinata da tanta eterogeneità, si aggiunge il rilievo che il criterio col quale i singoli procedimenti si succedono nel libro quarto del codice non ha riguardo (come nella ripartizione in gruppi sopra abbozzata) al tipo di attività disciplinata, ma ad altri elementi, neppur essi omogenei. Così, sotto il titolo primo («*Dei procedimenti som-*

mari») è contenuta la disciplina dei due procedimenti di cognizione che appartengono alla categoria degli *accertamenti con prevalente funzione esecutiva* (ingiunzione e convalida di sfratto) ed insieme la disciplina dei *procedimenti cautelari*, sotto la discutibile specie comune del carattere (strutturale) della sommarietà. E così pure gli altri titoli disciplinano procedimenti qualificati per lo più con riguardo all'oggetto sostanziale, ma talora con riguardo ad altri criteri.

Per parte nostra, nell'esame, al quale ci accingiamo, di questi procedimenti speciali, abbiamo ritenuto preferibile seguire, nei limiti del possibile, il criterio del tipo di attività, in base al quale abbiamo compiuto la ripartizione dei singoli processi o procedimenti speciali di cognizione nei due gruppi sopra configurati. E pertanto seguiremo l'ordine suddetto, anche se ciò dovrà condurci, in diversi punti, a scostarci dall'ordine del codice.

CAPITOLO II

IL PROCESSO DEL LAVORO E LOCATIZIO

Sezione prima

GENERALITÀ SUL PROCESSO DEL LAVORO

SOMMARIO: 2. Disegno schematico della disciplina introdotta con la L. 11 agosto 1973 n. 533. – 3. Caratteristiche e natura del processo del lavoro.

2. *Disegno schematico della disciplina introdotta con la L. 11 agosto 1973 n. 533.*

È stata la L. 533/1973 ad introdurre nel codice il processo del lavoro.

La disciplina del processo del lavoro, come è noto, è stata introdotta nel codice con la L. 11 agosto 1973 n. 533. Detta legge ha radicalmente sostituito (con l'art. 1), l'intero titolo quarto del libro secondo del codice, intitolato «*Norme per le controversie in materia di lavoro*», riducendolo da 4 a 2 capi, corrispondenti per l'appunto ai due capi che erano rimasti operanti nella precedente disciplina e dedicati, rispettivamente, alle «controversie individuali di lavoro» e alle «controversie in materia di previdenza e di assistenza obbligatorie». Gli artt. 2, 3, 4 e 5 della L. 533/1973 hanno inciso ancora sul codice di rito, ma riferendosi a norme collocate o da collocarsi al di fuori della specifica *sedes materiae*. L'art. 2 ha abrogato l'art. 70, 1° comma, n. 4, c.p.c., ossia ha eliminato l'intervento necessario del P.M. nel processo di lavoro in secondo grado (v. vol. I, § 61); l'art. 3 ha aggiunto alla disciplina delle opposizioni nel processo esecutivo (v. cap. 9°) un art. 618 bis, che estende a tale disciplina le caratteristiche proprie del processo del lavoro nei casi in cui il giudizio di opposizione abbia ad oggetto controversie individuali di lavoro o di assistenza o previdenza obbligatorie. L'art. 4 ha sostituito, poi, il 2° comma dell'art. 808 c.p.c., che vietava l'inserimento della clausola compromissoria nei contratti collettivi, consentendo tale inserimento, il quale a sua volta rende possibile – ai termini dell'art. 5 – anche l'arbitrato irrituale; il tutto purché l'arbitrato – rituale o irrituale – sia puramente facoltativo. L'art. 6 ha inciso, invece, sul codice civile, modificando la disciplina dell'art. 2113 dedicata alle rinunzie e alle transazioni e alla loro impugnabilità (in un termine che è stato elevato da 3 a 6 mesi).

Gli artt. 7 e 8 della stessa L. 533/1973 sono dedicati alle procedure amministrative che talora debbono precedere le controversie in materia di previdenza o assistenza obbligatorie, mentre l'art. 9 sostituisce radicalmente l'intero capo del titolo terzo delle disposizioni di attuazione del codice di procedura civile, dedicato all'attuazione della disciplina delle controversie di lavoro e di previdenza e assistenza obbligatorie. Seguono alcuni articoli (da 10 a 16), che non trovano riscontro nel codice e che hanno introdotto «disposizioni sulla gratuità del giudizio», poi *parzialmente* superate con riferimento ai giudizi di merito dall'art. 37 D.L. 98/2011 (conv. dalla L. 111/2011); *integralmente* con riferimento al giudizio in cassazione dalla L. 191/2009.

Infine, con la L. 183/2010 (c.d. collegato lavoro) il legislatore è intervenuto nuovamente per modificare la disciplina del processo del lavoro. In particolare, con gli artt. 30, 31 e 32 sono state introdotte nuove disposizioni con riferimento: a) alla rilevanza per il giudice delle c.d. certificazioni del contratto di lavoro (rilasciate dalle «commissioni di certificazione» di cui al D.Lgs. 276/2003); b) al preventivo esperimento del tentativo di conciliazione stragiudiziale, che, previsto in precedenza come obbligatorio, è divenuto facoltativo (v. oltre, § 7); c) all'utilizzazione della procedura arbitrale irrituale nelle controversie individuali di lavoro (v. oltre, § 117).

3. *Caratteristiche e natura del processo del lavoro.*

Il processo del lavoro è un *processo speciale a cognizione piena.*

Il processo del lavoro – intendendo l'espressione (qui ed in seguito) in senso comprensivo anche del processo in materia di assistenza e previdenza obbligatorie – può essere considerato, come abbiamo già detto (v. retro, § 1), un *processo speciale a cognizione piena.*

E ciò anche nel senso che la disciplina introdotta dalle norme che lo concernono si sostituisce direttamente a quella dell'ordinario processo di cognizione soltanto là dove è incompatibile con quest'ultima o esplicitamente la deroga. Vedremo, infatti, che le caratteristiche strutturali tipiche del processo a cognizione piena non rimangono per nulla alterate dagli elementi di «specialità» proprî del processo in discorso.

Nel processo del lavoro l'accelerazione dell'iter cognitivo è conseguita attraverso una serie di caratteristiche che investono l'intero svolgimento del processo, ma che possono tutte ricondursi ad un impiego particolarmente incisivo della tecnica delle preclusioni e delle iniziative istruttorie del giudice, nell'ambito dei classici orientamenti chiovendiani dell'oralità, concentrazione e immediatezza (v. vol. I, § 78). Il processo del lavoro, pertanto, pur essendo speciale con riguardo al suo limitato oggetto sostanziale, offre uno strumento di tutela giurisdizionale di cognizione che è piena ed esauriente.

Oralità, concentrazione e immediatezza nel processo del lavoro.

Abbiamo detto che le caratteristiche del processo in discorso possono essere ricondotte ad un impiego particolarmente incisivo degli strumenti tecnici tipicamente più idonei a realizzare gli orientamenti dell'oralità, della concentrazione e dell'immediatezza. In questa cornice s'inquadrano: 1) l'attribuzione della competenza per materia al tribunale in composizione monocratica in primo grado; 2) l'abbandono, per l'introduzione del giudizio, del sistema della citazione a udienza fissa per il sistema del ricorso e successivo decreto di fissazione dell'udienza; 3) un sistema di preclusioni con riguardo all'indicazione dei mezzi di prova ed alla proponibilità delle eccezioni e delle domande riconvenzionali (artt. 414, 416, 420, 437); 4) l'attribuzione di più ampi poteri al giudice sia per la sanatoria di eventuali irregolarità e sia per iniziative istruttorie anche d'ufficio (art. 421); 5) l'obbligatorietà dell'interrogatorio libero e del tentativo di conciliazione delle parti, le quali hanno l'onere di comparire all'udienza personalmente o a mezzo di procuratore adeguatamente informato sui fatti della causa (art. 420); 6) l'assunzione delle prove nella stessa prima (e tendenzialmente unica) udienza o in un'udienza immediatamente successiva (art. 420); 7) il potere del giudice, in ogni stato del giudizio, di pronunciare (con ordinanza) la condanna al pagamento immediato delle somme non contestate o di cui il giudice ritenga acquisito l'accertamento (art. 423); 8) la pronuncia della sentenza con immediata lettura in udienza del dispositivo e della esposizione delle ragioni di fatto e di diritto della decisione (art. 429); 9) l'esecutorietà (ora generalizzata) della sentenza di primo grado in quanto pronunci condanna a favore del lavoratore (art. 431); 10) il divieto di nuove eccezioni e di nuove prove in appello (art. 437, 2° comma). Siamo, dunque, al processo concentrato in un'unica (o in pochissime) udienze con cadenze analoghe a quelle del processo penale, e che va addirittura oltre i postulati chiovendiani, in quanto supera il postulato dell'oralità collegiale per approdare senz'altro al giudice monocratico.

Sezione seconda

IL PROCESSO DEL LAVORO

4. *Le controversie individuali di lavoro.*

Le cause alle quali si applica il rito del lavoro sono quelle concernenti:

L'esame della disciplina del processo del lavoro ha inizio con riguardo alle controversie nelle quali esso trova applicazione, e cioè le «*controversie individuali di lavoro*», la cui elencazione è contenuta nell'art. 409. Tali controversie sono indicate come quelle «relative» ai rapporti di cui all'elencazione che segue, vale a dire quelle nelle quali la domanda trova il suo titolo (ossia la sua *causa petendi*: v. vol. I, § 29 e vol. II, § 3) nei suddetti rapporti. E al riguardo è opportuno tenere presente che l'espressione «rapporto», della quale si serve lo stesso codice civile (nel titolo della sezione che comprende gli artt. 2096 e ss. c.c.), è comprensiva anche dei casi di contratti nulli (art. 2126 c.c.) e di prestazioni di fatto. Va anche tenuto presente che, secondo il costante insegnamento della Suprema Corte, il tipo di rapporto deve essere desunto dalle allegazioni delle parti, non già dal *nomen* concretamente impiegato.

1. *rapporti di lavoro subordinato privato*;

1. «*Rapporti di lavoro subordinato privato, anche se non inerenti all'esercizio di un'impresa*». Il rapporto di lavoro subordinato, al

quale si riferisce questo n. 1 dell'art. 409, è quello di cui all'art. 2094 c.c. Nell'attuale formulazione della norma, va tenuta presente l'esplicita precisazione che sono inclusi anche i rapporti estranei all'attività imprenditoriale o comunque produttiva. Si pensi, ad es., al lavoro domestico ed al lavoro a domicilio o al lavoro alle dipendenze di Stati esteri. Si ritiene d'altra parte che la norma riguardi tutti i diritti sorti in dipendenza del rapporto di lavoro (come, ad es., quelli per fatti illeciti commessi nel rapporto di lavoro), sia esso in atto oppure estinto, anche a seguito di licenziamento, e perfino da costituirsi, anche se trovano in esso soltanto un presupposto o un nesso causale.

2. «*Rapporti di mezzadria, di colonìa parziaria, di compartecipazione agraria, di affitto a coltivatore diretto, nonché rapporti derivanti da altri contratti agrari, salva la competenza delle sezioni specializzate agrarie*». Con riferimento a questa tipologia di rapporti va ricordato che l'art. 9 della L. 29/1990 e l'art. 11 del D.Lgs. 150/2011 (v. oltre, cap. 15°) hanno compiuto un'attribuzione generale alle sezioni specializzate agrarie delle «controversie in materia di contratti agrari o conseguenti alla conversione dei contratti associativi in affitto», che parrebbe aver eliminato ogni spazio per la competenza del giudice del lavoro, lasciando, tuttavia, intatta la formulazione del n. 2 dell'art. 409. Va, d'altra parte, tenuto presente che anche davanti alle sezioni specializzate agrarie si applica il rito del lavoro (v. oltre, § 108).

2. *rapporti inerenti a contratti agrari*, salva la competenza delle sezioni specializzate agrarie;

3. «*Rapporti di agenzia, di rappresentanza commerciale ed altri rapporti di collaborazione, che si concretino in una prestazione d'opera continuativa e coordinata, prevalentemente personale, anche se non a carattere subordinato*». A questa formulazione del n. 3 dell'art. 409 l'art. 15 della L. 81/2017 ha aggiunto un ulteriore periodo chiarendo che «*la collaborazione si intende coordinata quando, nel rispetto delle modalità di coordinamento stabilite di comune accordo dalle parti, il collaboratore organizza autonomamente l'attività lavorativa*». Si tratta di rapporti che implicano diversi tipi di collaborazione che sono contrapposti, dalla norma in esame, ai rapporti di lavoro subordinato, in quanto in essi il collaboratore è chiamato ad «organizzare autonomamente l'attività lavorativa» (rapporti c.d. *parasubordinati*). Gli «altri rapporti di collaborazione» possono essere i più vari purché presentino i requisiti della *continuatività* e della *coordinazione* con l'attività dell'altra parte, in quanto però rimanga prevalentemente personale e cioè purché non assuma a sua volta i caratteri di un'attività imprenditoriale.

3. *rapporti di agenzia, di rappresentanza e di collaborazione c.d. parasubordinata personale*;

Quanto alle controversie riguardanti i rapporti tra soci e cooperative, l'art. 441 ter – introdotto dal D.Lgs. 149/2022, come vedremo (oltre, § 6) – ha previsto che anch'esse siano assoggettate al rito del lavoro, aggiungendo che in tali casi il giudice decide anche sulle questioni relative al rapporto associativo eventualmente proposte e che in ogni caso decide insieme del rapporto di lavoro e di quello associativo, se la cessazione del primo è derivata dalla cessazione del secondo.

4. *rapporti di lavoro dei dipendenti di enti pubblici economici;*

4. «*Rapporti di lavoro dei dipendenti di enti pubblici che svolgono esclusivamente o prevalentemente attività economica*». Si tratta di una formulazione ormai superata dall'attribuzione generalizzata, avvenuta nel 1998, al giudice ordinario delle controversie derivanti dal pubblico impiego (v. *sub* n. 5).

5. *rapporti di lavoro dei dipendenti di enti pubblici non economici.*

5. «*Rapporti di lavoro dei dipendenti di enti pubblici ed altri rapporti di lavoro pubblico, sempreché non siano devoluti dalla legge ad altro giudice*». Dalla contrapposizione di questa formulazione a quella di cui al precedente n. 4 appare evidente che gli enti pubblici ai quali si fa riferimento sono *tutti gli enti pubblici non economici*, compresi, quindi, lo Stato e gli altri enti pubblici territoriali (regioni, province, comuni). La portata della norma è molto chiara nel senso che solo l'esplicita attribuzione da parte della legge lascia spazio per la giurisdizione dei giudici amministrativi.

Va ricordato che, per effetto del D.Lgs. 80/1998, anche le controversie relative al pubblico impiego, che in precedenza appartenevano alla giurisdizione del giudice amministrativo, sono state attribuite alla giurisdizione del giudice ordinario (tribunale) in funzione di giudice del lavoro. Tale attribuzione non è, d'altra parte, priva di eccezioni riguardanti importanti categorie di pubblici dipendenti (magistrati, militari, dipendenti di polizia, personale appartenente alla carriera diplomatica e a quella prefettizia, professori e ricercatori universitari), sicché – tra l'altro – soltanto con riguardo a queste ultime categorie permane la suddetta giurisdizione esclusiva del giudice amministrativo, che può estendersi alle controversie connesse con quelle relative al rapporto di pubblico impiego.

5. *Le particolarità delle controversie relative ai licenziamenti individuali.*

Sempre a proposito delle controversie individuali di lavoro va anche aggiunto che il D.Lgs. 149/2022 ha trasferito nel codice la disciplina processuale relativa ai licenziamenti individuali dei lavoratori dipendenti, in precedenza contenuta nella L. 92/2012 (art. 1, commi da 47° a 69°), inserendo il nuovo capo I bis del titolo quarto del libro secondo del codice, rubricato appunto «*Delle controversie relative ai licenziamenti*», che si compone degli artt. 441 bis, ter e quater.

Anzitutto, nel 1° comma dell'art. 441 bis si prevede che «*La trattazione e la decisione delle controversie aventi ad oggetto l'impugnazione dei licenziamenti nelle quali è proposta domanda di reintegrazione nel posto di lavoro hanno carattere prioritario rispetto alle altre pendenti sul ruolo del giudice*, anche quando devono essere risolte questioni relative alla qualificazione del rapporto».

Aggiunge poi il 2° comma dello stesso art. 441 bis che «*le controversie di cui al primo comma sono assoggettate alle norme del capo primo*», quelle appunto del processo del lavoro, salve alcune specifiche disposizioni. Questa disposizione non riguarda solo le controversie sui licenziamenti «a tutela reale», richiamate nel 1° comma, ma tutte le controversie sui licenziamenti, anche quelle per le quali non sia prevista la reintegrazione nel posto di lavoro in caso di licenziamento illegittimo, ma la corresponsione dell'indennità onnicomprensiva fissata dal giudice.

Anche le controversie in materia di licenziamenti sono soggette al rito del lavoro ...

Il giudice, inoltre, tenuto conto delle circostanze esposte nel ricorso, «può ridurre i termini del procedimento fino alla metà, fermo restando che tra la data di notificazione [del ricorso e del decreto di fissazione dell'udienza] al convenuto o al terzo chiamato e quella della udienza di discussione deve intercorrere *un termine non minore di venti giorni e che, in tal caso, il termine per la costituzione del convenuto o del terzo chiamato è ridotto alla metà*».

... e sono trattate con priorità, se hanno ad oggetto la reintegrazione nel posto di lavoro.

Sempre nell'ottica di assicurare la celerità di svolgimento del procedimento, il 4° comma dell'art. 441 bis aggiunge che all'udienza di discussione il giudice, da un lato, può disporre la trattazione congiunta o separare domande connesse e riconvenzionali e, dall'altro lato, concentrare in udienze ravvicinate l'istruzione e la decisione delle controversie sui licenziamenti nelle quali sia richiesta la reintegrazione nel posto di lavoro.

Infine, le stesse esigenze di celerità e concentrazione – stabilisce il 5° comma – vanno tenute presenti anche nei giudizi di appello e di cassazione.

6. *Le specifiche disposizioni sul licenziamento del socio-lavoratore della cooperativa e sul licenziamento discriminatorio.*

Disposizioni particolari sono riservate poi alle controversie che abbiano ad oggetto i licenziamenti del socio-lavoratore di cooperativa e i licenziamenti di natura discriminatoria.

Nel primo caso è l'art. 441 ter ad occuparsene, stabilendo che anche questo tipo di controversie è assoggettato al rito del lavoro di cui agli artt. 409 e ss. Esso aggiunge – come già anticipato – che «*in tali casi, il giudice decide anche sulle questioni relative al rapporto associativo eventualmente proposte*» e che lo stesso giudice del lavoro

Sottoposte al rito del lavoro sono anche le controversie sul licenziamento del socio-lavoratore di cooperativa ...

decide anche «*sul rapporto di lavoro e sul rapporto associativo, altresì, nei casi in cui la cessazione del rapporto di lavoro deriva dalla cessazione del rapporto associativo*».

... e quelle sul licenziamento discriminatorio.

Con riguardo, invece, alle controversie relative al *licenziamento discriminatorio*, l'art. 441 quater si preoccupa di risolvere il problema dell'eventuale proposizione delle relative azioni con i riti speciali diversi dal rito del lavoro e previsti, fondamentalmente, dall'art. 38 del D.Lgs. 198/2006, ossia del c.d. codice delle pari opportunità, e dall'art. 28 del D.Lgs. 150/2011, ossia dal decreto legislativo sulla semplificazione dei riti (v. oltre, cap. 15°). E sottolinea che queste diverse azioni sono concorrenti fra di loro e non esercitabili successivamente per far valere la stessa domanda. Vale a dire che la proposizione della domanda relativa alla nullità del licenziamento discriminatoria esercitata con una delle diverse forme previste preclude la possibilità di agire successivamente con un rito diverso, per l'ovvia ragione che si avrebbe la *litispendenza* (v. vol. I, § 40).

7. *Rinunce e transazioni, tentativo di conciliazione, eventuale giudizio arbitrale.*

Per l'art. 6 L. 533/1973 le rinunce e le transazioni sono impugnabili.

Per quanto concerne le rinunce e le transazioni, sempre con riferimento ai rapporti di cui all'art. 409, è sufficiente qui ricordare che l'art. 2113 c.c. fissa in 6 mesi il termine per l'impugnazione delle stesse con qualsiasi atto, anche stragiudiziale (come, ad es., una semplice lettera), quando abbiano ad oggetto diritti del prestatore di lavoro derivanti da disposizioni inderogabili di legge o dei contratti collettivi nazionali. Inoltre, il 4° comma dello stesso art. 2113 stabilisce che queste disposizioni sulle rinunce e transazioni non si applicano alla conciliazione giudiziale di cui all'art. 185 c.p.c. ed a quella intervenuta ai sensi degli artt. 410, 411, 412 ter e 412 quater c.p.c. (che stiamo per esaminare), conciliazioni che pertanto rimangono incontestabili; né si applicano – come vedremo (oltre, § 122) – all'accordo conciliativo raggiunto in sede di negoziazione assistita da avvocati.

Il tentativo facoltativo di conciliazione.

Con specifico riferimento al tentativo di conciliazione, il 1° comma dell'art. 410 prevede che «*chi intende proporre in giudizio una domanda relativa ai rapporti previsti dall'articolo 409 può promuovere, anche tramite l'associazione sindacale alla quale aderisce o conferisce mandato, un previo tentativo di conciliazione presso la commissione di conciliazione* [presso la Direzione provinciale del lavoro] *individuata secondo i criteri di cui all'articolo 413*».

Il 2° comma aggiunge che la comunicazione (evidentemente alla controparte) della richiesta di espletamento del tentativo interrompe la prescrizione e sospende, «*per la durata del tentativo di conciliazione e per i venti giorni successivi alla sua conclusione*», il decorso di ogni termine di decadenza. Nei commi successivi dello stesso art. 410 sono poi configurate le modalità di costituzione, di composizione e di funzionamento delle commissioni di conciliazione presso la Direzione provinciale del lavoro.

Se la conciliazione riesce anche limitatamente ad una parte della domanda – così l'art. 411 –, *il processo verbale* viene sottoscritto dalle parti e dai componenti della commissione e, su istanza di parte, il giudice lo dichiara esecutivo con decreto. *Invece, se la conciliazione non riesce*, la commissione deve formulare una proposta per la bonaria definizione della controversia e, ove la proposta non sia accettata, i termini di essa vanno riassunti nel verbale con indicazione delle valutazioni espresse dalle parti. *Delle risultanze di questa proposta formulata dalla commissione e non accettata senza adeguata motivazione il giudice tiene conto in sede di giudizio* (non solo ai fini della ripartizione delle spese, ma anche quale comportamento rilevante per la decisione, nei limiti di cui all'art. 116, 2° comma).

Se la conciliazione riesce, il relativo verbale viene dichiarato esecutivo.

Il tentativo di conciliazione può anche essere esperito in sede sindacale, ovvero con le modalità previste dai contratti e accordi collettivi di lavoro (art. 412 ter). In tal caso, evidentemente, non troveranno applicazione le disposizioni di cui all'art. 410, ma, se la conciliazione riesce, il relativo verbale è idoneo ad acquistare efficacia esecutiva mediante decreto del tribunale quale giudice del lavoro, nella cui circoscrizione è stato redatto (art. 411, 3° comma).

Il tentativo di conciliazione può anche essere esperito in sede sindacale.

Stante la rilevanza che – come detto, ai sensi del 2° comma dell'art. 411 – assume nel successivo giudizio il comportamento tenuto dalle parti in sede di tentativo di conciliazione non riuscito, il 3° comma prevede che, «ove il tentativo di conciliazione sia stato richiesto dalle parti, *al ricorso depositato ai sensi dell'articolo 415* [ovvero, quello introduttivo del giudizio: v. oltre, § 11] *devono essere allegati i verbali e le memorie concernenti il tentativo di conciliazione non riuscito*».

A proposito delle procedure di conciliazione, di cui agli artt. 410, 411 e 412 ter, va aggiunto che l'art. 20, 1° comma, L. 203/2024 ha anche previsto che esse «*possono svolgersi in modalità telematica e mediante collegamenti audiovisivi*», secondo le regole tecniche che saranno definite con apposito decreto interministeriale.

Infine, sempre a proposito della conciliazione delle controversie individuali di lavoro, l'art. 412 quater prevede che le parti (ferma restando la facoltà di adire l'autorità giudiziaria) possano anche proporre la controversia davanti ad un collegio di conciliazione e di arbitrato irrituale, composto da un rappresentante di ciascuna delle parti e da un terzo membro, in funzione di presidente, scelto di comune accordo dai rappresentanti delle parti fra i professori universitari di materie giuridiche e gli avvocati patrocinanti in Cassazione. In questo caso il tentativo di conciliazione viene inserito nella procedura arbitrale irrituale, disciplinata dallo stesso art. 412 quater e di cui ci occuperemo più avanti, nel § 117, e, se questo tentativo sortisse esito

Infine, un'ulteriore procedura di conciliazione è prevista dall'art. 412 quater.

positivo, troverebbero applicazione anche qui le disposizioni di cui all'art. 411, 1° e 3° comma, circa l'efficacia del verbale di raggiunta conciliazione.

8. *La competenza e il rilievo dell'incompetenza.*

La sezione seconda del capo in esame, intitolata «*del procedimento di primo grado*», inizia con l'art. 413 che, sotto la rubrica «*giudice competente*», detta le regole della competenza per materia, nonché le regole speciali della competenza per territorio. Le quali regole tutte, debbono – come ogni altra regola di competenza – essere esaminate insieme con le norme concernenti l'incompetenza e le modalità del suo rilievo: per quanto concerne il nostro tema, ci riferiamo alle regole con le quali l'art. 428 configura modalità non del tutto coincidenti con quelle previste, per il rito ordinario, dall'art. 38.

L'applicazione delle regole del processo del lavoro non concerne la competenza.

È opportuno, d'altra parte, tener presente che il codice, col configurare il «tribunale in funzione di giudice del lavoro», *non ha per nulla creato un giudice diverso e neppure un «giudice specializzato»* ai termini dell'art. 102, 1° comma, Cost. (v. vol. I, § 32, *sub* c), ma ha voluto semplicemente evidenziare che il tribunale, quando decide controversie di lavoro, applica le regole proprie del rito del lavoro. Ne deriva che l'applicazione di quelle regole, lungi dal dar luogo ad un particolare tipo di competenza – con le relative conseguenti necessità di pronunce dichiarative d'incompetenza e di impugnazioni col regolamento di competenza – è invece configurata autonomamente ed assoggettata ad una disciplina assai più snella. Ci riferiamo alle norme che, da un lato, prevedono l'assegnazione delle controversie di lavoro in applicazione di un criterio di distribuzione interna e, dall'altro lato, consentono l'eventuale passaggio, in maniera assai rapida, dall'uno all'altro rito. D'altro canto, ciò non deve far dimenticare che *proprio quest'applicabilità del rito del lavoro, che non concerne la competenza, costituisce il presupposto per l'applicazione delle regole di competenza, derivanti dall'applicabilità del rito.*

La competenza è sempre e solo del tribunale monocratico (art. 413, 1° comma).

La prima e fondamentale regola concerne la *competenza per materia* ed è contenuta nel 1° comma dell'art. 413, secondo cui «*le controversie previste dall'articolo 409 sono in primo grado di competenza del tribunale in funzione di giudice del lavoro*».

La vera e propria regola di competenza si esaurisce nell'attribuzione della competenza in primo grado *al tribunale*, mentre, come si è già accennato, la specificazione espressa con le parole «in funzione di giudice del lavoro», lungi dal configurare un giudice diverso, semplicemente concerne le regole di attribuzione interna. Più precisamente, la regola di competenza si sostanzia nell'attribuzione della controversia *sempre al tribunale, quale che sia il suo valore.* «Sempre al tribunale» e, trattandosi di competenza per materia, «*inderogabilmente al tribunale*»: ma occorre tener presente che anche questa inderogabilità incontra il limite, che le deriva indirettamente dall'applicabilità dell'art. 428, su cui tra poco.

La competenza per territorio.

Sotto il profilo del territorio, la competenza è attribuita, dall'art. 413, commi 2° e ss., *facoltativamente* e *alternativamente* al giudice *nella cui circoscrizione è sorto il rapporto* oppure al giudice *nella cui circoscrizione «si trova l'azienda o una sua dipendenza* alla quale è addetto il lavoratore o presso la quale egli prestava la sua opera al momento della fine del rapporto» (art. 413, 2° comma). Quest'ultima competenza permane anche «*dopo il trasferimento dell'azienda o la cessazione di essa o della sua dipendenza, purché la domanda sia proposta entro sei mesi dal trasferimento o dalla cessazione*» (art. 413, 3° comma). Va, peraltro, precisato che nelle controversie sui rapporti di cui all'art. 409, n. 3 (rapporti di agenzia e altri rapporti c.d. parasubordinati), competente per territorio è *esclusivamente* il giudice nella cui circoscrizione si trova il domicilio dell'agente o del titolare del rapporto c.d. parasubordinato (art. 413, 4° comma).

La competenza per territorio, dunque, è – salva l'ipotesi accennata da ultimo – *facoltativa* tra il tribunale del luogo dove è sorto il rapporto e quello del luogo dove si trova l'azienda (intesa nel senso ampio di cui all'art. 2555 c.c.) o dove si trova la dipendenza dell'azienda alla quale è addetto il lavoratore. Si discute se, rispetto a quest'ultima competenza, sia ulteriormente facoltativa (come sembra più logico) oppure esclusiva, la competenza del tribunale del luogo della dipendenza presso la quale il lavoratore prestava la propria opera al momento della fine del rapporto, nel caso che non coincida con la prima.

I criteri fissati sono di natura *funzionale* e *inderogabile*.

In ogni caso, la competenza emergente da tutti questi criteri alternativi tra loro è *esclusiva* rispetto ai fori generali di cui agli artt. 18 e ss. (v. vol. I, § 37). Ciò si desume dal 5° comma dell'art. 413, secondo cui *le disposizioni dell'art. 18* (da intendersi, presumibilmente, come generico richiamo ai fori generali) *si applicano «qualora non trovino applicazione le disposizioni dei commi precedenti»*, ossia quando siano decorsi i 6 mesi di cui al 3° comma. Infine, la competenza del giudice del lavoro è *inderogabile* e quindi *funzionale* (v. vol. I, § 38), poiché l'ultimo comma dell'art. 413 dichiara *nulle le clausole derogative della competenza per territorio*.

La disciplina dell'inderogabilità, peraltro, va coordinata con le disposizioni dell'art. 428, dedicato appunto all'incompetenza e più precisamente alle modalità e alle conseguenze del suo rilievo. Esso dispone, nel suo 1° comma, che «*quando una causa relativa ai rapporti di cui all'articolo 409 sia stata proposta a giudice incompetente, l'incompetenza può essere eccepita dal convenuto soltanto nella memoria difensiva di cui all'articolo 416* (v. oltre, § 12) *ovvero rilevata dal giudice non oltre l'udienza di cui all'articolo 420*» (v. oltre, § 14), mentre il 2° comma soggiunge che «quando l'incompetenza sia stata eccepita o rilevata ai sensi del comma precedente, *il giudice rimette la causa al tribunale in funzione di giudice del lavoro*, fissando un *termine perentorio* non superiore a trenta giorni *per la riassunzione con rito speciale*».

Nei casi di incompetenza per territorio la particolarità della disciplina dell'art. 428 (conforme per il resto a quanto previsto dall'art. 38, 1° comma, per il rito ordinario: v. § 38 del vol. I) sta soprattutto nella *rilevabilità anche d'ufficio* dell'incompetenza per territorio fino all'udienza di discussione. Comunque sia, la dichiarazione dell'incompetenza sarà effettuata con ordinanza, secondo quel che prevede il 1° comma dell'art. 279 (v. § 39 del vol. I).

Il giudice incompetente deve rimettere la causa al giudice competente, fissando termine per la riassunzione.

È anche certo che con l'ordinanza dichiarativa dell'incompetenza il giudice deve disporre la rimessione della causa al tribunale competente in funzione di giudice del lavoro, fissando un termine perentorio per la riassunzione col rito speciale.

9. *Il passaggio dal rito ordinario al rito speciale e viceversa.*

Venendo ora alle regole dedicate ai passaggi dall'uno all'altro rito – ossia agli artt. 426 e 427 – e ricordato che tali regole implicano, anziché questioni di competenza, la semplice esigenza di applicazione del rito speciale, giova osservare che quest'ultima caratteristica assume particolare rilievo soltanto con riguardo alle sezioni del lavoro del tribunale. Solo con riguardo a tali sezioni, infatti, il giudice del lavoro si individua autonomamente impersonandosi in uno dei magistrati appartenenti alla sezione del lavoro (con la conseguenza che il passaggio dall'uno all'altro rito implica anche il passaggio ad altra sezione; il che dovrebbe avvenire per il tramite del presidente del tribunale). Negli altri casi, invece, non c'è questione di attribuzione, poiché tutto si riduce all'esigenza che il giudice applichi il rito speciale anziché quello ordinario, o viceversa (naturalmente, in quest'ultima ipotesi, in quanto sia competente).

Se una causa di lavoro è proposta nelle forme del rito ordinario si applica l'art. 426.

L'art. 426 disciplina il *passaggio dal rito ordinario al rito speciale*, configurando l'ipotesi che una causa relativa ad uno dei rapporti previsti dall'art. 409 sia proposta *davanti al tribunale* (giacché se fosse proposta davanti al giudice di pace si verificherebbe l'incompetenza per materia, con la conseguente applicabilità dell'art. 428, come si è visto nel § precedente), ma *nelle forme ordinarie*. Per tale ipotesi l'art. 426 dispone, dunque, che il giudice «*fissa con ordinanza l'udienza di cui all'articolo 420* (v. oltre, § 14) *e il termine perentorio entro il quale le parti dovranno provvedere all'eventuale integrazione degli atti introduttivi mediante deposito di memorie e documenti*» [con modalità telematiche: v. § 70 del vol. I]. Poiché si tratta d'integrazione solo eventuale, senza *translatio* davanti ad un altro giudice, la perentorietà del termine concerne evidentemente soltanto la decadenza relativa alle eventuali domande nuove e ai nuovi mezzi di prova e il suo mancato rispetto non dà luogo ad estinzione del processo. «Nell'udienza come sopra fissata – così prosegue il 2° comma del medesimo art. 426 – provvede a norma degli articoli che precedono». In relazione a quanto detto sopra è opportuno precisare che, se nel tribunale esiste una sezione del lavoro, gli adempimenti di cui sopra saranno preceduti dalla rimessione alla sezione del lavoro per l'attribuzione ad un giudice di questa.

Se una causa ordinaria è proposta con le forme del rito del lavoro si applica l'art. 427.

L'art. 427 disciplina, invece, il *passaggio dal rito speciale al rito ordinario*, configurando l'eventualità che una causa, promossa davanti al tribunale con le forme del rito del lavoro, riguardi un rapporto diverso da quelli previsti dall'art. 409.

Per quest'eventualità la norma in esame si pone da un punto di vista più ampio rispetto a quello dell'art. 426, poiché prende in considerazione non solo l'ipotesi che il tribunale adito sia competente, ma anche, a differenza dell'art. 426, l'ipotesi che esso sia incompetente. Per la prima ipotesi stabilisce semplicemente che il giudice «*dispone che gli atti siano messi in regola con le disposizioni tributarie*»; ciò che va posto in relazione con il particolare regime previsto per le controversie di lavoro per il versamento del contributo unificato (v. retro, § 2). Una volta regolarizzati gli atti, la causa può proseguire secondo il rito ordinario. Si deve, però, anche qui tener presente che, se il tribunale è diviso in sezioni ed esiste una sezione del lavoro, il giudice appartenente a questa sezione dovrà rimettere la causa al presidente per l'assegnazione ad una sezione ordinaria.

Per l'ipotesi, invece, che il giudice adito sia incompetente, la norma in esame dispone che esso *debba rimettere la causa con ordinanza al giudice competente*; ordinanza impugnabile con il regolamento di competenza. La norma prosegue disponendo che con la medesima ordinanza il giudice fissa «*un termine perentorio non superiore a trenta giorni per la riassunzione della causa con il rito ordinario*». Se questo termine non è osservato, si applica l'art. 307, 3° comma, e il processo si estingue (v. § 68 del vol. II).

Il 2° comma dell'art. 427 risolve il problema dell'efficacia delle prove acquisite «durante lo stato di rito speciale» nel giudizio che prosegue con il rito ordinario, in relazione al fatto che – come si vedrà più avanti, al § 15 – il rito speciale consente l'ammissione, anche d'ufficio, di prove che non sarebbero ammissibili secondo il rito ordinario. Al riguardo, la norma ora in esame dispone che «*le prove acquisite durante lo stato di rito speciale avranno l'efficacia consentita dalle norme ordinarie*». Occorre, infine, ricordare qui la particolare disciplina di cui ai commi 3°, 4° e 5° dell'art. 40 e finalizzata ad agevolare la trattazione congiunta di cause connesse per le quali sono previsti riti diversi, disciplina esaminata nel vol. I, § 41, in fine.

10. *Legittimazione processuale, rappresentanza, onere di comparizione personale delle parti e onere del patrocinio.*

Con riguardo alle condizioni dell'azione, il processo del lavoro non presenta alcuna particolarità, salvo il rilievo che la regola della *legittimazione ad agire*, avuto riguardo ai diritti sostanziali che si fanno valere, implica l'esigenza che i soggetti che assumono il ruolo di attore (ricorrente) e, rispettivamente, di convenuto, siano, nella domanda, affermati come i soggetti di uno dei rapporti indicati nell'art. 409 e dai quali può derivare una controversia individuale: datore e prestatore di lavoro.

Con riferimento alla *legittimazione processuale*, va solo ricordato che, a fianco della rappresentanza processuale, opera – come, del resto, anche nel processo ordinario ai sensi dell'art. 185 – la particolare rappresentanza del procuratore generale o speciale che può comparire all'udienza di cui all'art. 420, per assolvere all'onere di comparizione *personale*, se a conoscenza dei fatti della causa e munito del potere di transigere e conciliare e tenendo presente che la mancata comparizione, senza giustificato motivo, costituisce comportamento valutabile dal giudice ai fini del giudizio (così il 2° comma dell'art. 420).

La particolare rappresentanza della parte onerata alla *comparizione personale* all'udienza di cui all'art. 420.

D'altra parte, le due figure possono anche sovrapporsi nel senso che, se la veste di procuratore a comparire all'udienza non implica la legittimazione processuale, ossia il potere di compiere gli ulteriori atti del processo, non è vero il contrario, giacché la legittimazione processuale (rappresentativa) non può non includere anche il potere-onere di presenziare all'udienza. E se, d'altra parte, si tiene presente che – come abbiamo visto – per l'art. 77 la qualità di rappresentante processuale presuppone la qualità di rappresentante anche nel campo sostanziale (v. vol. I, § 47), e quindi il potere di conciliare e transigere, ne deriva che l'unico limite è costituito dall'onere di conoscenza dei fatti della causa. Con quest'unico limite, dunque, il rappresentante processuale va considerato «parte», agli effetti dell'onere di cui all'art. 420.

Ancora col limite dell'onere della conoscenza dei fatti della causa, nulla sembra impedire, d'altra parte, che i particolari poteri rappresentativi di cui all'art. 420 siano conferiti al difensore, naturalmente con apposita procura speciale che includa il potere di conciliare e transigere.

La parte può stare in giudizio personalmente quando il valore della causa non eccede euro 129,11.

Venendo, così, a quanto concerne più da vicino la rappresentanza tecnica o onere del patrocinio, va tenuto presente che l'art. 417 attribuisce alla parte *il potere di stare in giudizio personalmente*, quando il valore della causa non eccede euro 129,11, mentre l'art. 417 bis aggiunge che, nelle controversie relative ai rapporti di lavoro dei dipendenti delle Pubbliche Amministrazioni di cui al 5° comma dell'art. 413, le Amministrazioni possono, *nel solo giudizio di primo grado*, stare in giudizio «*avvalendosi direttamente di propri dipendenti*». Per quanto concerne, infine, l'ampiezza dei poteri che, con la procura alle liti, vengono attribuiti al difensore, non sembra che tale ampiezza sia diversa da quella propria del giudizio ordinario e di cui all'art. 84 (v. vol. I, § 49).

Il rilievo di massima (compiuto all'inizio del § 3) che la disciplina del rito del lavoro, in quanto disciplina di un processo speciale di cognizione, riprende la disciplina del processo ordinario di cognizione ove non derogata, consente di limitare il riferimento a gran parte degli istituti generali alla semplice constatazione dell'assenza di una siffatta deroga. Ciò vale, tra l'altro, per la disciplina delle *nullità*, per quella dei *termini* e delle relative decadenze, per l'*interruzione*, per la *sospensione* e l'*estinzione* del processo. Naturalmente, vanno fatti salvi gli opportuni adattamenti imposti dalle caratteristiche particolari del rito del lavoro; e talora accade che queste caratteristiche particolari incidano profondamente su istituti privi di disciplina specifica nel rito del lavoro: come, ad es., la *contumacia*, che risulta limitata al solo convenuto (v. oltre, § 12). A proposito dei termini e delle decadenze conseguenti alla loro eventuale perentorietà (tra cui l'estinzione del processo), basterà aggiungere che, mentre in taluni casi (v., ad es., l'art. 420) il codice prevede una disciplina speciale delle decadenze che indubbiamente deroga a quella generale, in molti altri casi tale meccanismo non è derogato da alcuna disciplina speciale e pertanto opera secondo le regole dell'art. 307 e dell'art. 309, eventualmente attraverso la previa cancellazione dal ruolo con la conseguente possibilità di riassunzione entro 3 mesi.

Con riguardo alla rimessione in termini, prevista come istituto di carattere generale dall'art. 153, 2° comma (v. § 66 del vol. I), ci sono tutti i presupposti per ammetterne l'applicabilità, tenendo peraltro presente che anche nel processo del lavoro tutte le decadenze (relative sia alle allegazioni che alle istanze istruttorie) sono rilevabili d'ufficio e non superabili dall'accettazione della controparte.

11. *Il ricorso introduttivo, il decreto di fissazione dell'udienza e la sua notificazione.*

Come già rilevato al § 3, una delle caratteristiche più appariscenti della disciplina del processo del lavoro consiste nella scelta di un sistema di evocazione in giudizio non mediante citazione, ma mediante ricorso e successivo decreto di fissazione dell'udienza, analogo a quello adottato per l'introduzione di altri processi speciali, come, ad es., il processo semplificato di cognizione (v. § 70 del vol. II) o quello in materia di stato delle persone, minorenni e famiglie (v. oltre, cap. 3°).

L'art. 414 enuncia che *la domanda si propone con ricorso.*

L'art. 414, rubricato «forma della domanda», enuncia che «*la domanda si propone con ricorso* ...». Segue l'elencazione degli elementi che tale atto deve contenere e che coincide – con l'impiego per lo più, anche delle stesse parole – con l'elencazione dei requisiti dell'atto di citazione contenuta nell'art. 163, anche per quel che riguarda l'indicazione dell'indirizzo p.e.c. risultante da pubblici elenchi; al commento di quest'elencazione, pertanto, non abbiamo che da richiamarci in questa sede (v. vol. II, § 3); salve alcune particolarità che stiamo per rilevare e salve naturalmente le particolarità che stanno in relazione col diverso meccanismo di evocazione in giudizio; tra le quali ultime fa spicco l'assenza di quella parte dell'atto di citazione che contiene la *vocatio in jus*.

Giova rilevare che il n. 2 non include l'indicazione dell'organo o ufficio che ha la rappresentanza della persona giuridica (attrice o convenuta), che il n. 3 si riferisce senz'altro all'oggetto della domanda (anziché alla cosa oggetto della domanda), ciò che sembra implicare l'onere di indicare anche il *petitum* immediato (v. vol. I, § 29), nonché di specificare lo stesso *petitum* mediato, e che il n. 4 si riferisce ai fatti e agli elementi di diritto, indicando la *causa petendi* con formula analoga a quella dell'art. 163, 3° comma, n. 4, mentre il n. 5 enuncia l'onere dell'indicazione specifica dei mezzi di prova di cui l'attore intende avvalersi e dei documenti che intende produrre.

Sebbene l'art. 414 nulla disponga circa la sottoscrizione dell'atto, né circa l'indicazione della procura (come, invece, dispone l'art. 163, ultimo comma, col richiamo all'art. 125), è evidente l'applicabilità diretta di queste norme nel senso che il ricorso va sottoscritto dal difensore già munito di procura (o dalla parte personalmente quando questa può stare in giudizio: v. retro, § 10). In ogni caso, residua anche la possibilità di sanatoria del vizio di rappresentanza tecnica prevista dal 2° comma dell'art. 182 (v., nel vol. I, §§ 5 e 17 e, nel vol. II, § 19).

«*Il ricorso* – dispone poi l'art. 415, 1° comma, come modificato dal D.Lgs. 164/2024 – *è depositato* [con modalità telematiche: v. § 70 del vol. I] *insieme con i documenti in esso indicati*», secondo quel che normalmente accade quando il processo sia introdotto con ricorso.

Segue poi, nei commi successivi dello stesso art. 415, una serie di disposizioni dedicate al completamento del meccanismo di evocazione in giudizio e palesemente ispirate dall'intento di evitare che in quei momenti in cui le iniziative spettano all'ufficio si verifichino delle stasi che eliminerebbero i vantaggi di tale sistema; nonché ispirate, d'altra parte, dall'intento di evitare l'opposto pericolo che un'eccessiva rapidità abbia a pregiudicare i diritti della difesa della parte convenuta. Tali intenti sono conseguiti attraverso un sistema articolato di termini acceleratori o, per converso, dilatori (v. vol. I, § 66).

Il giudice fissa l'udienza di discussione.

«*Il giudice* – così recita il 2° comma – *entro cinque giorni dal deposito del ricorso, fissa, con decreto, l'udienza di discussione alla quale le parti sono tenute a comparire personalmente*». Segue, nel 3° comma, un termine acceleratorio, per il giudice, nella fissazione dell'udienza: «*tra il giorno del deposito del ricorso e l'udienza di discussione non devono decorrere più di sessanta giorni*» (ottanta nel caso di notificazione all'estero: 6° comma). Quindi, nel 4° comma, la disciplina dell'atto al quale è, più specificamente, affidata l'instaurazione del contraddittorio, non senza un termine acceleratorio a carico dell'attore: «*Il ricorso unitamente al decreto di fissazione dell'udienza, deve essere notificato al convenuto, a cura dell'attore, entro dieci giorni dalla data di pronuncia del decreto*, salvo quanto disposto dall'articolo 417» (ossia per il caso in cui la parte stia in giudizio personalmente). E, infine (nel 5° comma), il termine dilatorio (corrispondente al c.d. «termine a comparire» di cui all'art. 163 bis) per consentire al convenuto di disporre le proprie difese: «*tra la data di notificazione al convenuto e quella dell'udienza di discussione deve intercorrere un termine non minore di trenta giorni*» (quaranta nel caso di notificazione all'estero: 6° comma).

Con particolare riferimento al termine fissato per la notifica, a cura dell'attore, del ricorso e del decreto di fissazione dell'udienza, esso non è espressamente dichiarato perentorio e pertanto il suo eventuale mancato rispetto non dà luogo a decadenza, sempre che sia rispettato il termine a comparire. Invece, nel caso in cui tale termine non sia rispettato – come anche in quello di mancanza o di assoluta incertezza della data dell'udienza – l'adattamento delle regole di cui all'art. 164 al diverso modo di evocazione in giudizio dovrebbe condurre alla nullità non del ricorso, ma del decreto o della sua notificazione, col conseguente ordine di rinnovazione della notificazione in applicazione degli artt. 162 e 291, previa eventuale pronuncia di un nuovo decreto con la fissazione di una nuova udienza. Invece, continuano a permanere incertezze, in giurisprudenza, per l'ipotesi in cui sia del tutto omessa o risulti inesistente la notificazione al convenuto del ricorso introduttivo e del decreto di fissazione dell'udienza.

Nullità del ricorso.

Nullità del ricorso si avrà, invece – avuto riguardo anche al testo dell'art. 164 –, nei casi di omissione o assoluta incertezza di uno o più dei requisiti di cui ai nn. 1, 2, 3 e 4 dell'art. 414. In questi casi, il giudice dovrà disporre la rinnovazione del ricorso e la sua integrazione assegnando un termine perentorio a pena di estinzione e comunque fissando altra udienza; tenendo, peraltro, presente che, in applicazione analogica dell'art. 164, nei casi di cui ai nn. 1 e 2 la costituzione del convenuto sana il vizio *ex tunc*, mentre nei casi di indeterminatezza del *petitum* o dell'esposizione dei fatti, la nullità sarà sanabile *ex nunc* e solo a seguito della rinnovazione del ricorso o, se il convenuto si sia costituito, dell'integrazione (art. 164, 4° comma).

Il deposito del ricorso determina l'inizio del processo.

Circa la determinazione del momento di inizio del processo, il 3° comma dell'art. 39 espressamente prevede che in tal caso la pendenza è data «*dal deposito del ricorso*», e dunque la data del deposito segna il momento determinativo della litispendenza a tutti gli effetti, processuali e sostanziali.

Ancora al deposito del ricorso debbono, d'altra parte, ricondursi quegli atti che nel giudizio ordinario avvengono dopo la notificazione della citazione, ossia l'iscrizione a ruolo e la costituzione dell'attore. A quest'ultimo riguardo, poiché il codice nulla dispone circa la costituzione dell'attore, si deve ritenere che il legislatore abbia inteso far coincidere la costituzione dell'attore col deposito del ricorso ai termini dell'art. 415, 1° comma. Ne deriva che *in questo processo non è configurabile una contumacia dell'attore.*

12. *La costituzione del convenuto e l'eventuale domanda riconvenzionale.*

Il convenuto si costituisce depositando una memoria difensiva.

L'art. 416, come modificato anch'esso dal D.Lgs. 164/2024, dopo aver enunciato, nel 1° comma, che «*il convenuto deve costituirsi almeno dieci giorni prima dell'udienza*», prosegue, nel 2° comma, disponendo che «*la costituzione del convenuto si effettua mediante deposito* [con modalità telematiche: v. § 70 del vol. I] *di una memoria difensiva*, nella quale devono essere proposte, *a pena di decadenza*, le eventuali *domande in via riconvenzionale* e le *eccezioni processuali e di merito* che non siano rilevabili d'ufficio».

Infine, nel 3° comma dell'art. 416 si precisa che «nella stessa memoria il convenuto *deve prendere posizione, in maniera precisa e non limitata ad una generica contestazione, circa i fatti affermati dall'attore* a fondamento della domanda, proporre *tutte le sue difese in fatto e in diritto ed indicare specificamente, a pena di decadenza, i mezzi di prova dei quali intende avvalersi*, ed in particolare i documenti che deve contestualmente depositare».

L'anticipazione della scadenza del termine di costituzione del convenuto sta in relazione con la necessità che il giudice, da un lato, e il ricorrente, dall'altro lato, possano conoscere a fondo le allegazioni, le produzioni e le deduzioni anche del convenuto. E pure in relazione a ciò sta la necessaria completezza dell'atto.

Va anche tenuto presente che qui il *termine di costituzione* del convenuto assume un carattere assai più *perentorio* rispetto al giudizio ordinario; non nel senso che il convenuto non possa costituirsi anche successivamente (giacché nessuna disposizione deroga l'art. 171, 2° comma), ma nel senso che *le preclusioni rispetto alle iniziative e agli adempimenti che la legge prevede come da effettuarsi con la me-*

Le preclusioni per il convenuto concernono:

moria difensiva, a pena di decadenza, operano fin dal momento della scadenza del termine per la costituzione; salva soltanto la rimessione in termini di cui all'art. 153, 2° comma.

Queste preclusioni concernono:

a) *la proposizione di eventuali domande riconvenzionali*. A questo riguardo, il dettato dell'art. 416, 2° comma, che prevede la proposizione di queste domande nella memoria in discorso, *a pena di decadenza*, va integrato con l'ulteriore e più ampia disciplina contenuta nell'art. 418, ove è configurata una serie di atti orientati dalla necessità di porre l'attore in condizione di predisporre a sua volta le proprie difese *prima dell'udienza*, che perciò deve essere nuovamente fissata: la richiesta al giudice, nella stessa memoria difensiva, di pronunciare un nuovo decreto che fissi altra udienza; la fissazione di tale udienza non oltre 50 giorni (70 in caso di notificazione all'estero) e col rispetto di un termine a comparire non minore di 25 giorni (35 in caso di notificazione all'estero) (commi 1°, 2°, 4°, 5°); ed infine, la notificazione all'attore del nuovo decreto entro 10 giorni dalla sua pronuncia, *a cura dell'ufficio*, unitamente alla memoria difensiva (3° comma);

a) *la proposizione di eventuali domande riconvenzionali*;

b) la proposizione di *eventuali eccezioni processuali o di merito* che non siano rilevabili d'ufficio;

b) *la proposizione di eccezioni non rilevabili d'ufficio*;

c) l'indicazione dei *mezzi di prova offerti, compresi i documenti*;

c) *l'indicazione di mezzi di prova e documenti*;

d) l'onere della proposizione, nella memoria, di *tutte le difese in fatto e in diritto*. Non sembra, tuttavia, che questo dettato abbia, nella sua genericità, una portata veramente preclusiva, giacché rispetto alle difese in diritto opera la regola *jura novit Curia*, mentre rispetto alle difese in fatto ogni concreto oggetto di preclusione è esaurito dalle regole concernenti, da un lato, le eccezioni e i mezzi di prova e, dall'altro lato, le allegazioni, secondo quanto stiamo per vedere;

d) *la prospettazione di ogni altra difesa*;

e) l'onere di *prendere posizione in maniera precisa circa i fatti affermati dall'attore* a fondamento della domanda. Sebbene il codice non configuri alcuna specifica decadenza per l'eventuale mancata osservanza di quest'onere, si deve ritenere che sia tardiva (seguendo anche l'orientamento della Cassazione) la contestazione intervenuta successivamente al termine fissato dal 1° comma dell'art. 420 per l'eventuale modifica delle domande, delle eccezioni e delle conclusioni e che l'inosservanza dell'onere o la contestazione solo generica determina per il giudice l'obbligo di considerare non bisognosi di prova i fatti *non specificatamente contestati dalla parte costituita* (art. 115, 1° comma), anche ai fini della pronuncia dell'ordinanza di somme non contestate di cui all'art. 423, 1° comma (v. oltre, § 16);

e) *l'onere di prendere posizione sui fatti affermati dall'attore*;

f) la *richiesta di autorizzazione alla chiamata di un terzo*. Sebbene l'art. 269, 2° comma, non preveda esplicitamente l'onere di effettuare questa richiesta nella memoria difensiva, quest'onere, con la relativa decadenza, risulta dalla logica della norma, oltre che dal rilievo

f) *la richiesta di autorizzazione alla eventuale chiamata di un terzo*.

che la proposizione di questa richiesta alla prima udienza è inconciliabile con la specialità del rito.

È opportuno sottolineare fin da ora che il regime delle preclusioni ora illustrato non riguarda soltanto il convenuto, ma *mutatis mutandis*, anche l'attore, come risulta implicitamente dal combinato disposto degli artt. 414, n. 4, e 420.

La mancata costituzione del convenuto determina la sua contumacia, che sarà dichiarata all'udienza.

La mancata costituzione del convenuto fonda la dichiarazione della sua *contumacia*, con la conseguente applicazione della disciplina propria del processo contumaciale (v. vol. II, § 65). Siccome qui, a differenza di quel che accade nel rito ordinario, non sono previste le verifiche preliminari di cui all'art. 171 bis (v. vol. II, § 12), la dichiarazione di contumacia verrà effettuata all'udienza, previo eventuale ordine di rinnovazione della notificazione ai termini dell'art. 291 e fissazione di altra udienza.

13. *Costituzione e difesa personale delle parti; intervento dei terzi e delle associazioni sindacali; riunione e separazione di cause.*

L'art. 417 integra la disciplina dell'introduzione del giudizio e della costituzione delle parti con riguardo alle ipotesi nelle quali la parte sta in giudizio personalmente, ciò che – come si vide al § 10 – è consentito quando il valore della causa non eccede euro 129,11. Per tali ipotesi, il codice dispone che, mentre le forme della proposizione della domanda da parte dell'attore e quelle della costituzione del convenuto sono le stesse che sono previste negli artt. 414 e 416, salva la facoltà di eleggere domicilio «nell'ambito del territorio della Repubblica» e «*indicare un indirizzo di posta elettronica certificata risultante da pubblici elenchi o eleggere un domicilio digitale*» (2° comma, come integrato dal D.Lgs. 164/2024), l'attore ha, tuttavia, un'ulteriore facoltà. Quella particolare facoltà – che è prevista anche nel processo davanti al giudice di pace (art. 316, 2° comma): v. vol. II, § 76 – di «*proporre la domanda anche verbalmente davanti al giudice che ne fa redigere processo verbale*» (3° comma), da notificarsi al convenuto. Ma, a differenza di quanto previsto nella suddetta norma per il processo davanti al giudice di pace, la norma in esame (4° comma) dispone che la notificazione del processo verbale avviene *a cura della cancelleria* e deve essere effettuata anche all'attore, entro i termini di cui all'art. 415. Ciò anche nel caso di proposizione della domanda in forma scritta, nel qual caso oggetto della notificazione a cura della cancelleria sarà il ricorso. Questa particolare agevolazione della notificazione a cura della cancelleria alle parti, che stanno in giudizio personalmente, è poi estesa, dal 5° comma dell'articolo in esame, ad «*ogni ulteriore atto o memoria*».

La disciplina dell'introduzione del processo e dell'instaurazione del contraddittorio nel processo del lavoro è, infine, completata dall'art. 419, con riguardo alle modalità dell'intervento volontario dei terzi, da integrarsi a sua volta con i commi 9° e 10° dell'art. 420, che invece concernono l'intervento coatto.

L'intervento *volontario* di terzi.

Per l'*intervento volontario* (v. vol I, § 55), il termine in cui esso può aver luogo coincide con la scadenza del termine di costituzione del convenuto (art. 419), ossia almeno 10 giorni prima dell'udienza di discussione, ciò che palesemente comprime le possibilità di difesa del terzo. L'intervento in discorso deve essere effettuato «*con le modalità previste dagli articoli 414 e 416 in quanto applicabili*», ossia con una memoria (avente il contenuto di cui all'art. 414 o all'art. 416 a seconda della posizione processuale assunta) da depositarsi nel termine suddetto; dopo di che *il giudice dovrà fissare una nuova udienza* con il rispetto del termine (non minore di 30 giorni) di cui all'art. 415, 5° comma (elevabile a 40 giorni in caso di notificazione all'estero), disponendo che il decreto di fissazione della nuova udienza sia notificato all'interveniente e che entro 5 giorni detto decreto e la memoria di intervento siano notificati alle parti originarie, le quali potranno depositare una memoria difensiva non meno di 10 giorni prima della nuova udienza.

L'intervento *coatto* di terzi.

Per l'*intervento coatto*, sia a istanza di parte ai termini dell'art. 106 (v. vol. I, § 56), sia per ordine del giudice ai termini dell'art. 107 (v. vol. I, § 57), nonché in caso di integrazione necessaria del contraddittorio ai termini dell'art. 102, 2° comma (v. vol. I, § 54) (per il quale ultimo caso l'art. 419 prevede una deroga al termine di costituzione dell'interveniente volontario visto poc'anzi), le modalità previste dal 9° comma dell'art. 420 fanno pure perno sulla *fissazione di una nuova udienza*, ciò che avviene con provvedimento del giudice all'udienza inizialmente fissata. Con tale provvedimento, il giudice dispone che *entro 5 giorni siano notificati al terzo il provvedimento stesso «nonché il ricorso introduttivo, e l'atto di costituzione del convenuto*, osservati i termini di cui ai commi 3°, 5° e 6° dell'articolo 415. Il termine massimo entro il quale deve tenersi la nuova udienza decorre dalla pronuncia del provvedimento di fissazione». «*Il terzo chiamato* – prosegue il 10° comma – *deve costituirsi non meno di dieci giorni prima dell'udienza fissata*, depositando la propria memoria a norma dell'articolo 416». Va, infine, tenuto presente che, per il comma 11° del medesimo articolo, alle notificazioni suddette provvede l'ufficio.

Quanto alle associazioni legalmente riconosciute, esse possono avere interesse a «sostenere le ragioni di alcuna delle parti», secondo la dizione dell'art. 105, 2° comma, e sono perciò legittimate all'intervento adesivo dipendente (v. vol. I, § 55), quando non sussistono particolari ragioni che possano fondare addirittura un intervento litisconsortile. Tutto questo, a prescindere dal potere ben diverso di compiere osservazioni orali e scritte e di dare informazioni tramite un loro rappresentante, potere che l'art. 425 espressamente attribuisce alle associazioni sindacali, ad istanza di parte (v. oltre, § 15).

Le cause connesse, *anche per connessione impropria*, devono essere riunite, salvo che ciò ritardi eccessivamente il processo.

Si deve, infine, far cenno di una disposizione alla cui notevole importanza non fa riscontro la collocazione (inopportuna) della norma che la contiene. Ci riferiamo all'art. 151 disp. att., il quale, al fine di favorire il *simultaneus processus*, configura come obbligatoria, per il giudice (anche in appello), la riunione, ai sensi dell'art. 274, dei procedimenti relativi a controversie in materia di lavoro, di previdenza e di assistenza connesse anche soltanto per identità delle questioni (c.d. connessione impropria: v. vol. I, § 30), salvo solo il caso che tale riunione renda troppo gravoso o ritardi eccessivamente il processo. Ma anche in quest'ultimo caso – dispone lo stesso art. 151 disp. att. – la riunione va comunque disposta tra le controversie che si trovano nella stessa fase processuale, salvo gravi e motivate ragioni.

Nel caso che siano proposte insieme o successivamente riunite due o più cause connesse, una (o più) delle quali sia estranea al rito del lavoro, soccorre il 3° comma dell'art. 40 (v. vol. I, § 41), in forza del quale il rito del lavoro va applicato a tutte le cause connesse, così evitandosi la necessità della separazione. Analogo criterio opera nella più specifica ipotesi di connessione prevista dall'art. 151 disp. att.

14. *L'udienza di discussione della causa: le verifiche e i controlli di regolarità; l'interrogatorio libero delle parti e il tentativo di conciliazione.*

Abbiamo avuto più volte occasione di accennare al fatto che, nel processo del lavoro, la prima udienza è, almeno tendenzialmente, anche l'unica. È ora appena il caso di rilevare come questo tipo di udienza, nella quale si svolgono, in immediata successione, le verifiche proprie della prima udienza, l'interrogatorio delle parti, il tentativo di conciliazione, l'assunzione delle prove, la discussione e la pronuncia della sentenza, venga incontro ai postulati chiovendiani dell'oralità della concentrazione e dell'immediatezza.

Le verifiche che, nel rito ordinario, sono quelle effettuate dal giudice prima dell'udienza ai sensi dell'art. 171 bis (v. vol. II, § 12), nel rito del lavoro concernono, anzitutto, la costituzione delle parti e la loro presenza all'udienza di discussione. Al riguardo, occorre distinguere tra l'onere della comparizione a mezzo del difensore, ossia il normale onere di presenziare all'udienza (v. vol. II, § 18), e l'onere della comparizione *personale* delle parti (v. vol. II, § 20). Per quest'ultimo onere, da porsi in relazione con l'espletamento dell'interrogatorio libero delle parti ad opera del giudice e col conseguente tentativo di conciliazione, non abbiamo che da richiamarci a quanto dicemmo al § 10 e, con riferimento all'identico onere previsto per il rito ordinario dall'art. 183, 1° comma, a quanto dicemmo a suo tempo (nel § 20 del vol. II). Per la comparizione a mezzo del procuratore, invece, dopo il richiamo di quanto dicemmo al § 12 circa la previa costituzione delle parti e l'eventuale dichiarazione di contumacia del convenuto, occorre prospettare l'ipotesi della non comparizione (neppure a mezzo del difensore) di tutte o di alcuna delle parti costituite. Per quest'ipotesi, non sembra che sussistano ostacoli all'applicazione dell'art. 181 (v. vol. II, § 18). D'altra parte, non sembra che l'art. 181 interferisca col divieto delle «udienze di mero rinvio» contenuto nell'ultimo comma dell'art. 420.

All'udienza, se non compaiono entrambe le parti o una di esse, si applica l'art. 181.

In secondo luogo, occorre soffermarsi su quelle verifiche che, nel rito ordinario, concernono la regolarità della costituzione delle parti e che si concretano in quegli ampi poteri di regolarizzazione e di sanatoria, che sono previsti dall'art. 182, 1° e 2° comma, e dall'art. 171 bis, 2° comma (v. vol. II, §§ 12 e 19).

«Il giudice *indica* – così recita il 1° comma dell'art. 421 – alle parti *in ogni momento le irregolarità degli atti e dei documenti che possono essere sanate*, assegnando un termine per provvedervi, salvi gli eventuali diritti quesiti». Rispetto all'art. 182, 1° comma, questa formula è più ampia perché non distingue tra i diversi atti ed è, d'altra parte, applicabile *in ogni momento*; non è, tuttavia, felice il riferimento alle irregolarità «che possono essere sanate» e che, secondo la *ratio*, va inteso col significato di un riferimento alle irregolarità «non espressamente dichiarate insanabili»; ciò che, peraltro, sembra già implicito nella riaffermata salvezza dei diritti quesiti. Con la stessa ampiezza prevista dal 2° comma dell'art. 182 trova applicazione anche nel rito del lavoro la possibile sanatoria del vizio della mancanza della procura al difensore o del difetto di rappresentanza, assistenza o autorizzazione (v. vol. II, §§ 12 e 19).

Il giudice indica alle parti in ogni momento le irregolarità degli atti e dei documenti che possono essere sanate ...

... e dispone la sanatoria dei vizi di cui all'art. 182, 2° comma.

Altro incombente, che nel rito ordinario è proprio della prima udienza di cui all'art. 183 (v. vol. II, § 20), è il tentativo di conciliazione. Stando all'art. 420, 1° comma, «nell'udienza fissata per la discussione della causa, *il giudice interroga liberamente le parti presenti e tenta la conciliazione della lite e formula alle parti una proposta transattiva o conciliativa. La mancata comparizione personale delle parti o il rifiuto della proposta transattiva o conciliativa del giudice, senza giustificato motivo, costituiscono comportamento valutabile dal giudice ai fini del giudizio*».

L'*interrogatorio libero delle parti* e *il tentativo di conciliazione*.

L'*interrogatorio delle parti*, configurato dalla norma in esame, mentre non ha alcuno dei caratteri propri dell'interrogatorio formale, di cui agli artt. 228 e ss. (v. vol. II, § 51), e non dà luogo alla confessione giudiziale, neppure s'identifica con l'interrogatorio libero di cui all'art. 117, 1° comma. Ciò si dice non già nel senso che le «valutazioni ai fini del giudizio», che il giudice può trarne, possono andare oltre gli «argomenti di prova», di cui all'art. 116, 2° comma (v.

vol. I, § 20 e vol. II, § 38), ma nel senso che, in quanto effettuato nell'imminenza della decisione, consente al giudice di fruire di una sorta di «testimonianza della parte» come integrazione delle prove. Inoltre, dalle risposte delle parti in sede di interrogatorio il giudice può desumere quella «non contestazione», che gli consente la pronuncia dell'ordinanza provvisoria di cui all'art. 423 (v. oltre, § 16). Infine, l'interrogatorio delle parti costituisce, ovviamente, la migliore e più fruttuosa introduzione al *tentativo di conciliazione*, che pure è, come nel rito ordinario (v. vol. II, § 20), obbligatorio *in limine litis* e nel corso del quale il giudice è tenuto a formulare una *proposta transattiva o conciliativa*. Va pure ricordato che nessuna di queste possibilità è frustrata dall'eventuale mancata presenza personale delle parti, sia perché il giudice può trarre argomenti utili ai fini del giudizio anche dall'assenza della parte, se non dovuta ad un giustificato motivo, e sia perché l'eventuale rappresentante per la comparizione personale è gravato dall'onere di conoscere i fatti della causa e deve essere munito del potere di conciliare e transigere (art. 420, 2° comma: v. retro, § 10).

Se la conciliazione riesce, il relativo verbale vale come titolo esecutivo.

Per l'ipotesi che la conciliazione riesca, il 3° comma dell'art. 420 dispone che «*il verbale di conciliazione ha efficacia di titolo esecutivo*» (v., nel rito ordinario, l'art. 185: vol. II, § 20). Se, invece, la conciliazione non riesce, le successive tappe del processo si svolgono immediatamente, come vedremo nel prossimo §, mentre va fin d'ora tenuto presente che già in questo momento il giudice ha la possibilità di pronunciare le ordinanze anticipatorie di condanna, di cui all'art. 423 e di cui ci occuperemo nel § 16, e che, comunque, il rifiuto «senza giustificato motivo» della proposta transattiva o conciliativa formulata dal giudice costituisce *comportamento valutabile ai fini del giudizio* (ovvero sia per trarre «argomenti di prova», sia ai fini della ripartizione delle spese del giudizio e dell'applicazione delle misure sanzionatorie di cui all'art. 96, 3° e 4° comma: v. § 53 del vol. I).

All'udienza è consentita solo *l'emendatio libelli, ove sussistano gravi motivi e previa autorizzazione del giudice.*

Con riguardo alle preclusioni delle allegazioni, ricordato che la prima udienza è anche, tendenzialmente, l'unica, l'art. 420, 1° comma, ultima parte, dispone che «*le parti possono* – solo, si noti, «*se ricorrono gravi motivi*» e «*previa autorizzazione del giudice*» – *modificare le domande, eccezioni e conclusioni già formulate*». Si tratta, ovviamente, della c.d. *emendatio libelli*, da tener distinta dalla c.d. *mutatio* (v. vol. II, § 13), che non è comunque consentita.

Va, d'altra parte, osservato che a questa disposizione si sovrappone la possibilità di ovviare alle decadenze, nelle quali l'una o l'altra parte sia incorsa per ragioni ad essa non imputabili, mediante la rimessione in termini di cui al 2° comma dell'art. 153 (v. vol. I, § 66 e vol. II, § 13).

15. *L'eventuale istruzione e la pregiudiziale sull'interpretazione dei contratti collettivi.*

Veniamo ora alle ulteriori attività del giudice, che sono funzionali a rendere la causa matura per la decisione.

Le ipotesi di decisione immediata della causa.

Può, anzitutto, verificarsi l'ipotesi di cui all'art. 187, 1° comma, ossia l'ipotesi che il *giudice ritenga la causa matura per la decisione* senza bisogno di istruzione; così come possono verificarsi le ipotesi di cui all'art. 187, 2° e 3° comma, ossia che emerga «*una questione di merito avente carattere preliminare*» oppure «sorgano *questioni attinenti alla giurisdizione o alla competenza o ad altre pregiudiziali la cui decisione può definire il giudizio*» (v. vol. II, § 23). Per tutte queste ipotesi e sul presupposto che la conciliazione non sia riuscita, l'art. 420, 4° comma, dispone che «*il giudice invita le parti alla discussione e pronuncia sentenza anche non definitiva*» (salva la pronuncia di ordinanza «quando decide soltanto questioni di competenza»: v. § 39 del vol. I). Tuttavia, anche in queste ipotesi è applicabile il 2° comma dell'art. 429, che, come vedremo nel prossimo §, consente un breve differimento dell'udienza di discussione (non superiore a 10 giorni).

La risoluzione pregiudiziale di una questione di validità, efficacia o interpretazione di clausole di contratto o accordo collettivo nazionale.

Ancora, a proposito degli accertamenti pregiudiziali, va preso in considerazione il disposto dell'art. 420 bis, il quale si riferisce all'ipotesi che, «*per la definizione di una controversia di cui all'articolo 409 sia necessario risolvere in via pregiudiziale una questione concernente l'efficacia, la validità o l'interpretazione delle clausole di un contratto o accordo collettivo nazionale*». Per tale ipotesi l'art. 420 bis dispone che «*il giudice decide con sentenza tale questione, impartendo distinti provvedimenti per l'ulteriore istruzione o, comunque, per la prosecuzione della causa fissando una successiva udienza in data non anteriore a novanta giorni*».

La sentenza ex art. 420 bis è impugnabile solo con ricorso immediato per cassazione.

La sentenza – così il 2° comma – è impugnabile soltanto con ricorso immediato per cassazione da proporsi entro 60 giorni dalla comunicazione dell'avviso di deposito della stessa sentenza.

Infine, il 3° comma (modificato dal D.Lgs. 164/2024) aggiunge che «*copia del ricorso per cassazione deve, a pena di inammissibilità del ricorso, essere depositata nel fascicolo* [informatico] *d'ufficio contenente la sentenza impugnata entro venti giorni* (termine da considerare perentorio) *dalla notificazione del ricorso alle altre parti; il processo è sospeso dalla data del deposito*».

In caso di estinzione del processo, la sentenza della Cassazione ha effetto vincolante nella controversia che l'ha occasionata, mentre nelle altre controversie ha un effetto non propriamente vincolante.

Se occorre istruire la causa, il giudice ammette …

Qualora occorra istruire la causa, il giudice – così dispone l'art. 420, 5° comma – «*nella stessa udienza ammette i mezzi di prova già proposti dalle parti e quelli che le parti non abbiano potuto proporre prima*, se ritiene che siano ammissibili e rilevanti, disponendo, con ordinanza resa nell'udienza, per la loro *immediata assunzione*». Questa disposizione va ovviamente posta in relazione con l'onere per le parti di offrire i mezzi di prova, rispettivamente, nel ricorso introduttivo (v. retro, § 11) o nella memoria difensiva (v. retro, § 12). Con l'inciso «*che le parti non abbiano potuto proporre prima*» viene attribuito al giudice il potere di derogare al rigore delle relative preclusioni attraverso la valutazione del criterio, alquanto vago, dell'«impossibilità» di proporle prima. Va, inoltre, ricordato che questa disposizione, in quanto riferita ad entrambe le parti, supera e rende priva di conseguenze la differenza formale tra l'art. 414, n. 5, e l'art. 416.

... i mezzi di prova che ritiene ammissibili e rilevanti, ...

... disponendo per l'assunzione immediata o in udienza prossima.

«Qualora ciò non sia possibile – prosegue il 6° comma; ossia: qualora non sia possibile provvedere all'immediata assunzione – *fissa altra udienza non oltre dieci giorni dalla prima ...*». Ed in tale ipotesi le parti possono chiedere e il giudice concedere «ove ricorrano giusti motivi, *un termine perentorio non superiore a cinque giorni* prima dell'udienza di rinvio per il deposito [telematico] di *note difensive*».

L'ammissione di mezzi di prova offerti tardivamente fonda nell'altra parte la giusta esigenza di fruire della medesima possibilità, ossia di *offrire a sua volta nuovi mezzi di prova «che si rendono necessari in relazione a quelli ammessi»*. Tale possibilità è contemplata dal 7° comma dell'art. 420, ove si precisa che, allo scopo, l'«altra parte» può fruire di un termine perentorio di 5 giorni. E poiché, a quanto pare, tale termine decorre dal momento dell'ammissione dei nuovi mezzi di prova (ammissione che si presuppone avvenuta all'udienza), ne deriva che allo scadere del quinto giorno dopo la prima udienza entrambe le parti e il giudice sono in grado di conoscere anche le controprove offerte. Il che consentirà al giudice, nella successiva udienza, di *ammettere «se rilevanti, i nuovi mezzi di prova dedotti dalla controparte»* e *provvedere alla loro assunzione*. Logica ed equità vorrebbero che quest'assunzione avvenisse insieme con quella delle prove precedentemente offerte dall'altra parte, mentre la dizione letterale della norma sembra, al contrario, configurare l'assunzione delle une dopo quella delle altre.

In ogni caso, «*l'assunzione delle prove* – così l'8° comma dello stesso art. 420 – *deve essere esaurita nella stessa udienza* o, in caso di necessità, in udienza da tenersi *nei giorni feriali immediatamente successivi*». Disposizione, questa, certamente ispirata dalle migliori intenzioni in funzione della rapidità e della concentrazione del processo, ma che lascia alquanto scettici circa le possibilità effettive dell'ottemperanza ad essa, in quanto è ragionevole presumere che i «giorni feriali immediatamente successivi» non siano rimasti, per il giudice, come anche per i difensori, vuoti di udienze o di altri impegni.

I mezzi di prova di cui il giudice può disporre l'assunzione non sono soltanto quelli offerti dalle parti. Il codice, infatti, attribuisce al giudice ampi poteri di ammettere prove anche d'ufficio, stabilendo (art. 421, 2° comma) che il giudice «*può altresì disporre d'ufficio* in qualsiasi momento l'*ammissione di ogni mezzo di prova, anche fuori dei limiti stabiliti dal codice civile*, ad eccezione del giuramento decisorio, nonché la richiesta di informazioni e osservazioni, sia scritte che orali, alle associazioni sindacali indicate dalle parti». Questa norma è applicata dai giudici secondo la sua reale portata, che, da un lato, non pregiudica il principio della disponibilità in capo alle parti dell'oggetto del processo attraverso le allegazioni dei fatti, mentre, dall'altro, non investe la regola di giudizio fondata sull'onere della prova. In pratica, questa norma, mentre consente di superare i limiti di ammissibilità configurati dal codice civile, dà al giudice il potere (discrezionale) di assumere le iniziative istruttorie al riguardo, purché negli stretti limiti dei fatti allegati dalle parti e purché non si tratti di prove dalle quali le parti siano decadute. In tali ipotesi, per l'attuazione degli incombenti e anche per consentire ad entrambe le parti lo svolgimento di difese e – si deve ritenere – l'offerta di eventuali controprove, trova applicazione il 6° comma dell'art. 420, che, come si ricorderà, prevede la fissazione di un'altra udienza non oltre 10 giorni e un termine per il deposito di note difensive.

Il giudice può disporre d'ufficio l'ammissione di ogni mezzo di prova, ad eccezione del giuramento decisorio, anche al di là dei limiti di ammissibilità.

Ma le possibili iniziative istruttorie del giudice non si esauriscono qui. Per il 3° comma dell'art. 421 egli «dispone, su istanza di parte, l'*accesso sul luogo di lavoro* purché necessario al fine dell'accertamento dei fatti» (e fin qui siamo ancora nell'ambito della normale ispezione giudiziale di cui all'art. 118; v. vol. II, § 56) e «dispone altresì, se ne ravvisa l'utilità, l'*esame dei testimoni sul luogo stesso*». L'ultimo comma dell'art. 421 ammette poi che il giudice possa interrogare liberamente sui fatti della causa anche le persone che non potrebbero testimoniare (v. vol. II, § 55).

Può anche disporre l'accesso sul luogo del lavoro, con possibilità di esame dei testimoni sul luogo stesso (art. 421, 3° comma) ...

Come nel rito ordinario il giudice può avvalersi, quando lo ritenga necessario, di un *consulente tecnico* (v. vol. I, § 43 e vol. II, § 40). La nomina di quest'ausiliario del giudice può avvenire «in qualsiasi momento» con la possibilità di fissazione di un'altra udienza e di un termine per il deposito di note difensive (art. 424, 1° comma, che richiama l'art. 420, 6° comma). «Il consulente può essere autorizzato a riferire verbalmente ed in tal caso le sue dichiarazioni sono integralmente raccolte a verbale» (art. 424, 2° comma). «Se il consulente chiede di presentare relazione scritta, il giudice fissa un termine non superiore a venti giorni, non prorogabile, rinviando la trattazione ad altra udienza» (art. 424, 3° comma).

... e così pure disporre *consulenza tecnica* da concludersi con relazione orale o scritta (art. 424) ...

Le dichiarazioni e le risposte delle parti, dei testimoni e dei consulenti sono, naturalmente, raccolte nel processo verbale dell'udienza (v. vol. I, § 65). Tuttavia, l'art. 422 dispone che «*il giudice può autorizzare la sostituzione della verbalizzazione da parte del cancelliere con la registrazione su nastro*».

... e chiedere informazioni orali o scritte alle associazioni sindacali (art. 425).

Abbiamo già avuto occasione di accennare (v. retro, § 15, in fine) alla facoltà delle *associazioni sindacali* indicate dalle parti e su istanza delle parti stesse, di rendere direttamente o tramite un rappresentante *informazioni e osservazioni orali o scritte* (ovviamente prive di ogni portata vincolante e neppure assimilabili alla consulenza tecnica: si tratta di semplici dati informativi, da apprezzarsi in assoluta libertà, ed aventi per oggetto, per lo più, le cosiddette prassi interpretative dei contratti collettivi e le altre modalità). Ciò è disposto dall'art. 425, 1° comma. Il 2° comma di quest'articolo prevede la possibilità che le suddette informazioni od osservazioni siano rese anche nel luogo di lavoro ove sia stato disposto l'accesso. Il 3° comma aggiunge che il giudice può disporre la fissazione di un'altra udienza e di un termine per il deposito di note difensive. Ed infine, il 4° comma dell'art. 425 aggiunge che «il giudice può chiedere alle associazioni sindacali il testo dei contratti ed accordi collettivi di lavoro, anche aziendali, da applicare nella causa».

I contratti collettivi non efficaci *erga omnes* debbono essere allegati e prodotti.

A proposito dei contratti collettivi, è opportuno qui ricordare che i contratti non dotati di efficacia *erga omnes* debbono essere allegati e provati e quindi prodotti.

16. *Le ordinanze sommarie definitorie e le ordinanze anticipatorie di condanna. La pronuncia della sentenza.*

Il processo potrebbe anche concludersi con la pronuncia ...

Invece di procedere all'attività istruttoria, tuttavia, il giudice del lavoro potrebbe anche – ricorrendone i presupposti – pronunciare una delle due ordinanze sommarie definitorie previste per il rito ordinario dagli artt. 183 ter e quater (v. vol. II, § 22). Vale a dire o l'ordinanza di accoglimento della domanda manifestamente fondata oppure l'ordinanza di immediato rigetto della stessa in caso di sua manifesta infondatezza o nel caso che la domanda risulti nulla perché è omesso o assolutamente incerto il *petitum* o la *causa petendi*. In effetti, per come formulate le due disposizioni e riferendosi esse genericamente alle «*controversie di competenza del tribunale aventi ad oggetto diritti disponibili*», non se ne può escludere l'utilizzabilità anche quando si tratti di controversie soggette al processo del lavoro.

... di una delle due ordinanze sommarie definitorie di cui agli artt. 183 ter e quater.

Se, invece, non dovessero sussistere le condizioni per pronunciare una delle due ordinanze sommarie definitorie previste dagli artt. 183 ter e quater e dovesse procedersi all'attività istruttoria, l'art. 423 prevede la possibile pronuncia di due diverse ordinanze anticipatorie di condanna: l'una sul fondamento della «non contestazione» di un debito di somme di denaro e l'altra sul fondamento di un già conseguito accertamento e nei limiti di tale accertamento.

L'ordinanza per il pagamento delle somme non contestate.

La prima di queste due ordinanze è configurata dal 1° comma dell'art. 423, secondo cui «*il giudice, su istanza di parte, in ogni stato del giudizio, dispone con ordinanza il pagamento delle somme non contestate*». Tenendo presente quanto previsto dal 1° comma dell'art. 115 (v. vol. I, § 20 e vol. II, § 39), è da ritenere che il requisito della «non contestazione» sussista anche, come abbiamo già notato al § 12, nel caso in cui la contestazione sia soltanto generica, poiché, per escludere la «non contestazione», proprio il 1° comma dell'art. 115 richiede la *specifica* contestazione dei fatti allegati dalla controparte; mentre il requisito in discorso non sussiste in caso di contumacia. Al riguardo sembra decisiva sia la stessa previsione del 1° comma dell'art. 115 (che fa riferimento alla *parte costituita*), sia la mancanza di un'esplicita deroga (come, ad es., quella di cui all'art. 663) al principio che ispira l'istituto della contumacia nel nostro sistema e per il quale essa non implica, salva diversa disposizione, né riconoscimenti né ammissioni (v. vol. I, § 23 e vol. II, § 65). Va, d'altra parte, rilevato che la «non contestazione» riguarda senz'altro «le somme» e non necessariamente i fatti costitutivi dedotti a fondamento del diritto a tali somme.

L'ordinanza *de qua* ha natura *anticipatoria* e *provvisoria*.

L'ordinanza in discorso, mentre è qualificata come titolo esecutivo (dal 3° comma) al pari di quella prevista dal 2° comma, non è, a differenza di quest'ultima, qualificata con l'attributo della provvisorietà, né con quello della revocabilità con la sentenza definitiva o altrimenti. In realtà, se si tiene presente che il codice non prevede alcun mezzo di impugnazione contro l'ordinanza *de qua*, chi volesse negare che l'ordinanza sia revocabile con la pronuncia definitiva si troverebbe di fronte a quest'alternativa: o rinvenire per l'ordinanza stessa un fondamento negoziale o ammettere che l'ordinamento ha configurato un provvedimento definitivo su un diritto, fondato su una cognizione sommaria e non assoggettato ad alcuna possibilità di controllo. La prima soluzione non è accettabile, perché è lo stesso art. 115 ad escludere che la «non contestazione» operi sul piano negoziale. Ma neppure può accettarsi la seconda soluzione, perché implicherebbe il riconoscimento della natura di sentenza all'ordinanza *de qua* agli effetti della sua impugnabilità con l'art. 111 Cost., così tra l'altro dando luogo ad uno spezzettamento del giudizio, certamente non voluto dal legislatore.

Non rimane allora che riconoscere che il legislatore ha concepito l'ordinanza *de qua* come destinata a rimanere caducata per effetto della pronuncia della sentenza definitiva e dunque con funzione e natura tipicamente anticipatoria degli effetti esecutivi della sentenza (v. vol. II, § 25). Né si può escludere, peraltro, la revocabilità dell'ordinanza stessa prima della pronuncia della sentenza definitiva, in applicazione analogica di quanto previsto dal 3° comma dell'art. 186 bis.

L'ordinanza per il pagamento di una somma nei limiti della prova raggiunta, anch'essa *anticipatoria* e *provvisoria*.

La seconda delle due ordinanze in discorso è configurata dal 2° comma dell'art. 423, secondo cui «*in ogni stato del giudizio, il giudice può, su istanza del lavoratore, disporre con ordinanza il pagamento di una somma a titolo provvisorio quando ritenga il diritto accertato e nei limiti della quantità per cui ritiene già raggiunta la prova*». Quest'ordinanza, che è pure dotata di efficacia esecutiva e che è prevista *soltanto a favore del lavoratore e su sua istanza*, è espressamente dichiarata (4° comma) revocabile con la sentenza che decide la causa (e dunque, a quanto pare, non prima), dalla quale comunque rimarrebbe caducata (nei limiti della sua incompatibilità con essa), attesa la sua funzione genericamente anticipatoria.

L'applicabilità, anche nel processo del lavoro, dell'art. 186 ter.

A queste due ordinanze sembra che possa affiancarsi anche l'ordinanza c.d. ingiunzionale, che l'art. 186 ter configura per il rito ordinario (v. vol. II, § 25) e la cui applicabilità nel processo del lavoro appare confortata dalla sua correlazione sistematica con il procedimento ingiuntivo, pacificamente applicabile anche per i crediti in materia di lavoro (v. oltre, § 19, in fine).

Il provvedimento che chiude il giudizio in via definitiva è la sentenza, la cui pronuncia avviene al termine dell'udienza di discussione (sia essa quella fissata inizialmente o quella disposta ai termini dell'art. 420, 6° comma) con le stesse modalità e con la medesima immediatezza prevista per il caso della decisione senza previa istruzione; e pertanto per essa valgono le osservazioni già compiute nel § precedente.

Il giudice, esaurita la discussione orale, pronuncia sentenza, dando lettura del dispositivo e delle ragioni della decisione.

«Nell'udienza – così dispone l'art. 429, 1° comma – il giudice, *esaurita la discussione orale e udite le conclusioni delle parti, pronuncia sentenza con cui definisce il giudizio dando lettura del dispositivo e della esposizione delle ragioni di fatto e di diritto della decisione*», ma «*in caso di particolare complessità della controversia, il giudice fissa nel dispositivo un termine, non superiore a sessanta giorni, per il deposito della sentenza*». Il 2° comma ammette, tuttavia, che «se il giudice lo ritiene necessario, su richiesta delle parti, concede alle stesse *un termine non superiore a dieci giorni per il deposito di note difensive, rinviando la causa all'udienza immediatamente successiva alla scadenza del termine suddetto, per la discussione e la pronuncia della sentenza*».

La *pubblicazione* avviene col *deposito della sentenza* entro 15 giorni dalla pronuncia.

Il giudice dà *immediata lettura del dispositivo e delle ragioni di fatto e di diritto*, mentre il testo completo della sentenza verrà depositato nel fascicolo informatico. Quando la sentenza è depositata fuori udienza – e ciò perfeziona la fattispecie della sua *pubblicazione* – il cancelliere ne dà immediata comunicazione alle parti (art. 430). Non sembra, d'altra parte, che sussistano ostacoli all'impiego anche delle forme, ancora più abbreviate, di cui all'art. 281 sexies (v. vol. II, § 33).

Per quanto concerne il contenuto della sentenza, a parte l'ovvio rilievo che tale contenuto può essere il più vario, ivi compreso quello di mero rito, occorre soffermarsi sull'ipotesi, specificamente prevista dal codice, che la sentenza sia di condanna al pagamento di somme di denaro a favore del lavoratore. Per tale ipotesi, il 3° comma dell'art. 429 dispone che il giudice «*deve* determinare, *oltre agli interessi nella misura legale, il maggior danno eventualmente subito dal lavoratore per la diminuzione di valore del suo credito*, condannando al pagamento della somma relativa con decorrenza dal giorno dalla maturazione del diritto». Il particolare rilievo di questa disposizione, che è di diritto sostanziale e che per se stessa sarebbe già compresa nell'ambito dell'art. 1224, 2° comma, c.c., sta nell'*obbligatorietà* della pronuncia accessoria in discorso, nonché, secondo quanto si ritiene, superando il rilievo per cui il codice parla di danno *eventualmente* subito, nel sollievo della parte creditrice dall'onere di fornire la prova del maggior danno subito per effetto della svalutazione monetaria, visto che il giudice, ai fini del calcolo della svalutazione monetaria del credito, deve applicare gli indici ISTAT (art. 150 disp. att.).

Se la sentenza riguarda *somme di denaro a favore del lavoratore*, il giudice deve liquidare, oltre agli interessi, il maggior danno per la svalutazione.

Ancora al contenuto della sentenza di condanna si riferisce la disposizione – pure di diritto sostanziale – contenuta nell'art. 432 e secondo la quale «*quando sia certo il diritto, ma non sia possibile determinare la somma dovuta, il giudice la liquida con valutazione equitativa*». Questa disposizione può offrire uno strumento assai utile in molti casi di *obiettiva impossibilità di prova*, purché sia evitata ogni interpretazione estensiva, che, qualora la norma fosse applicata al di fuori di quest'ultimo presupposto, finirebbe col travolgere le regole della distribuzione dell'onere della prova.

In caso di impossibilità di provare la quantità della somma dovuta, *il giudice può liquidarla in via equitativa*.

Sempre con riferimento al contenuto della sentenza vanno richiamate in questa sede anche alcune rilevanti novità introdotte con la L. 183/2010, che incidono soprattutto sui poteri di valutazione del giudice.

Anzitutto, con il 1° comma dell'art. 30 la L. 183/2010 ha previsto che nelle controversie individuali di lavoro, quando le disposizioni di legge che le riguardino contengano «*clausole generali, ivi comprese le norme in tema di instaurazione di un rapporto di lavoro, esercizio dei poteri datoriali, trasferimento di azienda e recesso, il controllo giudiziale è limitato esclusivamente, in conformità ai principi generali dell'ordinamento, all'accertamento del presupposto di legittimità e non può essere esteso al sindacato di merito sulle valutazioni tecniche, organizzative e produttive che competono al datore di lavoro o al committente*».

La limitazione, contenuta nell'art. 30, 1° comma, della L. 183/2010, all'interpretazione delle *clausole generali* da parte del giudice.

Inoltre, il 2° comma del medesimo art. 30 impone al giudice, «*nella qualificazione del contratto di lavoro e nell'interpretazione delle relative clausole*», a non discostarsi «*dalle valutazioni delle parti, espresse in sede di certificazione dei contratti di lavoro di cui al titolo VIII del D.Lgs. 10 settembre 2003, n. 276, e successive modificazioni, salvo il caso di erronea qualificazione del contratto, di vizi del*

Le limitazioni all'interpretazione delle clausole del contratto di lavoro, quando questo sia «certificato» ai sensi del D.Lgs. 276/2003.

consenso o di difformità tra il programma negoziale certificato e la sua successiva attuazione».

L'art. 431 disciplina il regime di esecutorietà delle sentenze di primo grado, ...

Quanto all'efficacia esecutiva della sentenza di primo grado, l'art. 431, 1° comma, attribuisce tale efficacia *alle sentenze che pronunciano condanna a favore del lavoratore*. Su questa efficacia esecutiva, sulla quale, in quanto attribuita dalla legge, il giudice di primo grado non influisce in alcun modo, può influire soltanto *il giudice di appello*, il quale – così dispone il 3° comma dell'art. 431 – «*può disporre con ordinanza non impugnabile che l'esecuzione sia sospesa* quando dalla stessa possa derivare all'altra parte *gravissimo danno*»; ma, tale sospensione può essere anche parziale e comunque non è consentita al di sotto della somma di euro 258,23 (4° comma). Altri due commi (5° e 6°), da un lato, estendono il regime di esecutorietà, di cui agli artt. 282 e 283, alla sentenza di condanna a favore del datore di lavoro e, dall'altro lato, assoggettano la sospensione dell'esecuzione e dell'efficacia esecutiva da parte del giudice d'appello a condizioni diverse a seconda che la sentenza di condanna sia a favore del datore di lavoro (*se ricorrono «gravi motivi»*) o del lavoratore (*quando possa derivare «gravissimo danno» all'altra parte*).

Il 7° comma, poi, prevede anche – così come nell'art. 283 per il rito ordinario (v. vol. II, § 84) – che «*se l'istanza prevista dal comma che precede* [di sospensione dell'esecutività o dell'esecuzione della sentenza appellata] *è inammissibile o manifestamente infondata il giudice, con ordinanza non impugnabile, può condannare la parte che l'ha proposta ad una pena pecuniaria non inferiore ad euro 250 e non superiore ad euro 10.000. L'ordinanza è revocabile con la sentenza che definisce il giudizio*».

... ma con la particolarità che a favore del lavoratore è titolo esecutivo anche il solo dispositivo.

Inoltre, all'evidente scopo di consentire l'avvio dell'esecuzione subito dopo la pronuncia della sentenza, il 2° comma dello stesso art. 431 dispone che «*all'esecuzione si può procedere con la sola copia del dispositivo, in pendenza del termine per il deposito della sentenza*». Ciò che – come vedremo nel prossimo § – consente al datore di lavoro di proporre, ove l'esecuzione venga effettivamente avviata, l'appello con riserva dei motivi di cui all'art. 433, 2° comma, al fine di poter richiedere la sospensione dell'esecuzione intrapresa dal lavoratore.

È ammissibile, nel processo del lavoro, anche la *condanna generica*.

Infine, non si dubita dell'ammissibilità, nel processo del lavoro, della *condanna generica* anche come oggetto autonomo di giudizio, nonostante le critiche di una parte della dottrina, che aveva negato e nega la compatibilità della scissione della pronuncia fra *an* e *quantum* del credito con la struttura del processo del lavoro. L'ammissibilità della condanna generica si inquadra nel già accennato (v. retro, § 15) orientamento che attribuisce ampia portata all'ammissibilità, nel processo del lavoro, delle *sentenze non definitive*, come previste dall'art. 420, 4° comma, e cioè oltre che sulle questioni di giurisdizione e sulle altre pregiudiziali (di rito), anche sulle questioni preliminari di merito.

17. *L'appello: a) competenza; b) introduzione del giudizio e appello con riserva dei motivi.*

Le sentenze del tribunale pronunciate secondo il rito del lavoro sono appellabili innanzi alla corte d'appello in funzione di giudice del lavoro (art. 433), ad eccezione delle sentenze che hanno deciso una controversia di valore non superiore a euro 25,82 e che sono inappellabili. Così dispone l'art. 440, con la conseguenza che le sentenze in cause di valore inferiore al suddetto limite sono assoggettate soltanto al ricorso ex art. 111 Cost. Sono naturalmente appellabili anche le sentenze non definitive, per le quali è operante il sistema della riserva dell'appello di cui all'art. 340 (v. vol. II, § 82).

Giudice competente per l'appello nel processo del lavoro è *la corte d'appello.*

Giudice competente per l'appello, con riguardo alla *materia*, è, come abbiamo già accennato, la corte d'appello e, con riguardo al *territorio*, la corte nel cui circondario ha sede il tribunale che ha pronunciato in primo grado (art. 433 in relazione con l'art. 341).

Se la corte d'appello è costituita in più sezioni, le cause di appello in materia di lavoro vanno attribuite alla sezione per le controversie di lavoro e di previdenza. Si deve, tuttavia, tener presente il rilievo – già compiuto retro, nei §§ 8 e 9 – che l'attribuzione alle sezioni per le controversie del lavoro non investe problemi di competenza, ma si risolve in una sottrazione dell'attribuzione delle cause di lavoro alla discrezionalità del capo dell'ufficio giudiziario. In correlazione a ciò sta, anche qui, la possibilità della *translatio judicii*, nel caso in cui si sia erroneamente applicato il rito ordinario anziché quello del lavoro, o viceversa, secondo il disposto degli artt. 426 e 427 (v. retro, § 9), la cui applicabilità nel giudizio di appello è espressamente prevista dall'art. 439. Questa norma, che più propriamente si riferisce all'ipotesi «che il procedimento *in primo grado* non si sia svolto secondo il rito prescritto», è evidentemente applicabile anche all'ipotesi che quest'erronea applicazione di rito si sia verificata *anche* nel giudizio di appello, o *soltanto* in esso, alla sola condizione che l'erronea applicazione del rito non abbia coinvolto la competenza. Va, però, tenuto conto dell'orientamento giurisprudenziale detto dell'ultrattività del rito, secondo il quale, *quando il giudizio di primo grado relativo ad uno dei rapporti di cui all'art. 409 si sia svolto erroneamente secondo il rito ordinario, anche l'appello va proposto secondo tale rito, ossia con citazione.*

Per il passaggio da un rito all'altro, l'art. 439 richiama le regole di cui agli artt. 426 e 427.

In pratica, le ipotesi alle quali la norma si riferisce sono quelle dell'appello proposto contro la sentenza del tribunale, di cui, a parte l'errore del rito, non si discute la competenza per il primo grado. In quest'ipotesi, la corte d'appello, riscontrato l'errore di rito in *entrambi* i gradi o nel *solo secondo grado*, provvede immediatamente al passaggio dall'uno all'altro rito, senza che l'errore dia luogo a vizio e tanto meno a necessità di riforma della sentenza, salva solo la necessità di non tener conto di prove eventualmente esperite in applicazione dei più larghi criteri del rito del lavoro, o viceversa. È certo, d'altra parte, che il mutamento di rito in appello mantiene sempre la causa nello stesso grado di appello, esclusa la rimessione (con ordinanza) al primo giudice, sia perché tale rimessione presupporrebbe la riforma della sentenza (ciò che sarebbe in netto contrasto con l'orientamento del legislatore in materia di erronea applicazione del rito) e sia anche e comunque per la tassatività delle ipotesi di rimessione al giudice di primo grado, previste dall'art. 354 in relazione col principio dell'assorbimento dei vizi nei motivi di gravame (v. vol. II, § 85).

Le diverse ipotesi di applicazione degli artt. 426 e 427, quando l'errore nel rito implica l'incompetenza del primo giudice.

Ben diversa è, invece, la situazione che si verifica quando l'errore del rito implichi l'incompetenza del primo giudice e, più precisamente: a) quando il giudizio di primo grado si sia svolto davanti al tribunale col rito del lavoro e la corte rilevi che si tratta di materia non compresa nei casi di cui all'art. 409 e di competenza del giudice di pace; b) quando il giudizio di primo grado si sia svolto col rito ordinario davanti al giudice di pace e il tribunale, adito quale giudice d'appello col rito ordinario, rilevi che si tratti di materia di lavoro.

Nel caso *sub* a) bisogna ulteriormente distinguere tra l'ipotesi che l'incompetenza sia stata eccepita o rilevata d'ufficio ai termini dell'art. 428 nel giudizio di primo grado (v. retro, § 8) dall'ipotesi opposta. Nel primo caso, la corte d'appello dovrà, con sentenza, in riforma della sentenza impugnata, eventualmente dichiarare l'incompetenza del tribunale e rimettere la causa al giudice competente per il primo grado; nel secondo caso, l'orientamento ormai costante della giurisprudenza della Cassazione, che limita all'incompetenza per territorio la suddetta preclusione, conduce invece alla soluzione del rilievo dell'incompetenza senza limiti preclusivi e alla eventuale fissazione di un termine per la riassunzione della causa innanzi al giudice competente.

Nel caso *sub* b), il fatto che la causa penda col rito ordinario suggerisce l'applicabilità delle regole di questo rito per ricreare la situazione che consente l'avvio al rito del lavoro: il tribunale potrà decidere la causa in primo grado previo passaggio al rito del lavoro.

Infine, nel caso che la corte d'appello, quale giudice del lavoro in sede di appello, rilevi la propria incompetenza per territorio, la riassunzione della causa innanzi al giudice dichiarato competente deve avvenire nel termine generale di cui all'art. 50 e non in quello di cui all'art. 428, che riguarda solo il primo grado.

Le forme del giudizio di appello sono sostanzialmente le stesse del giudizio di primo grado, salvo il rilievo che la corte d'appello mantiene la sua struttura di giudice collegiale e non è possibile procedere – a differenza dell'appello nel rito ordinario – alla nomina del giudice istruttore ora prevista dall'art. 349 bis (v. vol. II, § 84). E dunque, tutto il giudizio (compresa l'eventuale istruzione) si svolge nell'udienza di discussione (tendenzialmente unica) davanti al collegio, nel quale uno dei giudici è soltanto incaricato della relazione.

Si deve anche tener presente che la facoltà della parte di stare in giudizio personalmente ai termini dell'art. 417 è limitata al solo giudizio di primo grado. Anche nel rito del lavoro, inoltre, è ammissibile *la riserva di impugnazione contro le sentenze non definitive* (v. § 82 del vol. II), che qui può essere effettuata già dopo la lettura del dispositivo in udienza.

L'appello si propone *con ricorso* che deve *essere motivato.*

Anche in appello l'atto introduttivo è il ricorso e contiene (art. 434, modificato dal D.Lgs. 164/2024) «*le indicazioni prescritte dall'articolo 414*», ovvero gli elementi proprî del ricorso introduttivo del giudizio di primo grado; inoltre, esso «*deve essere motivato in modo chiaro, sintetico e specifico*» e – come per l'appello nel rito ordinario (v. § 84 del vol. II) – «*per ciascuno dei motivi, a pena di inammissibilità, l'appello deve individuare lo specifico capo della decisione impugnato e in relazione a questo deve indicare: 1) le censure proposte alla ricostruzione dei fatti compiuta dal giudice di primo grado; 2) le violazioni di legge denunciate e la loro rilevanza ai fini della decisione impugnata*».

Nel caso di vizi che affliggono il ricorso d'appello, l'art. 164 – applicabile anche in appello – fa sì che i vizi riguardanti la *vocatio in jus* siano sanabili *ex tunc*, e dunque anche quando sia decorso il termine per l'appello, mentre ciò non è possibile per i vizi concernenti l'*editio actionis*, sanabili solo *ex nunc* (v. retro, § 11).

L'appello può essere proposto con riserva dei motivi, ...

Nell'eventualità che sia iniziata l'esecuzione sulla base del solo dispositivo della sentenza *a favore del lavoratore* prima del deposito e quindi della notificazione della stessa sentenza (art. 431, 2° comma: v. il § precedente), «l'appello – così dispone l'art. 433, 2° comma – può essere proposto *con riserva dei motivi, che dovranno essere presentati nel termine di cui all'articolo 434*», ossia entro 30 giorni dalla notificazione della sentenza. Ed è evidente che questa disposizione viene incontro alla necessità di offrire al datore di lavoro, soccombente in primo grado, la possibilità di chiedere, anche nei casi di esecuzione iniziata dal lavoratore sulla base del solo dispositivo, la sospensione dell'esecuzione di cui all'art. 431, 3° e 4° comma.

... i quali vanno comunque depositati entro 30 giorni dalla notificazione della sentenza integrale.

Come in primo grado, il ricorso va depositato prima di essere notificato. Ed è importante tener presente che proprio *il deposito* del ricorso (e non la sua successiva notificazione) *assolve alla funzione di impedire la decadenza* (v. vol. II, § 80), *è cioè l'atto che*, a pena di decadenza (col conseguente passaggio in giudicato della sentenza di primo grado), *va compiuto nell'apposito termine di 30 giorni dalla notificazione della sentenza nella sua integralità.* Ciò è detto espressamente dal 2° comma dell'art. 434, con la precisazione che il suddetto termine è di 40 giorni nel caso in cui la notificazione (della sentenza) abbia dovuto effettuarsi all'estero. Come si vede, restano operanti le regole del giudizio ordinario per quanto concerne il *dies a quo* del termine per l'appello, ossia la notificazione della sentenza, che, anche qui, deve avvenire ad iniziativa della parte interessata (v. vol. II, § 80). Ciò a differenza della comunicazione, che, invece, avviene d'ufficio (art. 430, in conformità alla regola generale di cui all'art. 133, 2° comma); dalla pubblicazione, invece (e quindi dal deposito), decorre il termine semestrale di cui all'art. 327.

Il presidente della corte d'appello nomina il relatore e fissa l'udienza di discussione davanti al collegio.

Gli atti successivi al deposito del ricorso sono gli stessi previsti per il giudizio di primo grado, con in più la nomina, da parte del presidente della corte d'appello, del giudice incaricato della relazione. «*Il presidente della corte d'appello* – così dispone il 1° comma dell'art. 435 – entro cinque giorni dalla data di deposito del ricorso, *nomina il giudice relatore e fissa, non oltre sessanta giorni* (ottanta in caso di notificazione all'estero) dalla data medesima, l'*udienza di discussione dinanzi al collegio*». Il 2° comma soggiunge che «l'*appellante, nei dieci giorni successivi* al deposito del decreto, *provvede alla notificazione del ricorso e del decreto all'appellato*», mentre il 3° comma precisa che «*tra la data di notificazione all'appellato e quella dell'udienza di discussione deve intercorrere un termine non minore di venticinque giorni*» (sessanta in caso di notificazione all'estero). Poiché, come si è visto, la decadenza dall'impugnazione è evitata col deposito del ricorso, l'eventuale inosservanza del termine di 10 giorni per la notifica del ricorso e del decreto resta senza pratiche conseguenze nei casi in cui sia rispettato il termine minimo a comparire, di cui al 3° comma dell'art. 435. La nullità della notificazione del ricorso e del decreto può essere evitata con la costituzione dell'appellato o con l'ordinanza di rinnovazione della notificazione prevista dall'art. 291, quando ne sussistano i presupposti, o anche col semplice rinvio, sempre che non sia già andata a buon fine per effetto della spontanea e tempestiva ripresa del procedimento notificatorio da parte del notificante. *Laddove, però, la notifica del ricorso e del decreto non avvenisse affatto o fosse inesistente*, si verificherebbe l'impossibilità di prosecuzione e la necessità di dichiarare l'improcedibilità dell'appello, senza alcuna possibilità di sanatoria.

In caso di omissione o inesistenza della notifica del ricorso e decreto, si avrebbe l'improcedibilità dell'appello.

L'inosservanza del termine per il deposito dei motivi dà luogo ad improcedibilità.

Quanto all'eventuale inosservanza del termine per il deposito dei motivi, in caso di appello con riserva dei motivi di cui all'art. 433, 2° comma, da un lato parrebbe decisivo il rilievo che i motivi sono elemento essenziale dell'atto di appello, ciò che condurrebbe all'equiparazione dell'inosservanza del termine per il loro deposito all'inosservanza del termine per il deposito dell'appello; dall'altro lato, tuttavia, trattandosi di adempimento successivo alla proposizione dell'appello e che integra la costituzione dell'appellante, parrebbe più esatto riscontrare in questa situazione una figura singolare di improcedibilità, piuttosto che d'inammissibilità, con la conseguente possibilità di applicazione dell'art. 348.

18. *Segue: c) costituzione dell'appellato ed eventuale appello incidentale; d) udienza di discussione, preclusioni e decisione.*

L'appellato si costituisce depositando memoria difensiva.

Per la costituzione dell'appellato e la proposizione dell'eventuale appello incidentale, l'art. 436 ricalca gli schemi che gli artt. 416 e 418 configurano per il primo grado (v. retro, § 12). Il 1° comma dispone, infatti, che «l'appellato deve *costituirsi almeno dieci giorni prima della prima udienza*». E il 2° comma soggiunge che «la costituzione dell'appellato si effettua mediante deposito di *una memoria difensiva* nella quale deve essere contenuta dettagliata esposizione di tutte le sue difese». Il 3° comma si riferisce all'appello incidentale che va incluso – ovviamente *a pena di decadenza – nella memoria difensiva, con l'indicazione dei motivi specifici su cui si fonda*. La memoria che contiene l'appello incidentale *va notificata* «a cura dell'appellato, *alla controparte almeno dieci giorni prima dell'udienza* fissata a norma dell'articolo precedente». Questa previa notificazione è analoga a quella prevista nel giudizio di primo grado con riguardo alla memoria che contiene la domanda riconvenzionale (art. 418), sebbene quest'ultima avvenga ad iniziativa dell'ufficio (v. retro, § 12); d'altra parte, la proposizione dell'appello incidentale non dà luogo alla fissazione di una nuova udienza di discussione, con la conseguenza che le difese dell'appellante principale relative all'appello incidentale non potranno essere proposte che all'udienza di discussione. Tutto ciò sembra doversi ritenere anche in relazione al fatto che il generico richiamo compiuto dal 4° comma dell'art. 436 alla disciplina del primo grado è limitato all'art. 416, senza estendersi all'art. 418.

La memoria che contiene l'appello incidentale va notificata alla controparte.

All'udienza di discussione il collegio provvede a tutti gli incombenti propri della prima udienza.

Anche l'udienza di discussione ha le stesse caratteristiche già rilevate per il primo grado, salvi soltanto la pure già rilevata struttura collegiale del giudice d'appello, la mancata previsione della comparizione personale delle parti e l'esclusione di ogni sia pur limitata possibilità di modificazione e precisazione delle domande. La disciplina dell'udienza in appello è contenuta succintamente nell'art. 437, che, nel suo ultimo comma, contiene anch'esso un richiamo integrativo alle disposizioni di cui ai commi 2° e 3° dell'art. 429. E naturalmente questa disciplina speciale si sovrappone a quella del rito ordinario (v. retro, § 3), con la quale va ulteriormente integrata.

Ciò appare subito evidente con riguardo agli incombenti di cui all'art. 350 (v. vol. II, § 84), che ovviamente competono al collegio: verifiche di regolarità di costituzione, integrazione del contraddittorio (con le modalità di cui all'art. 420, 9° comma), ordine di rinnovazione della notificazione, dichiarazione dell'inammissibilità dell'appello, nonché della sua improcedibilità o estinzione, dichiarazione della contumacia dell'appellato, riunione degli appelli proposti contro la stessa sentenza, nonché tentativo facoltativo di conciliazione (previo ordine di comparizione delle parti). I relativi provvedimenti verranno pronunciati dal collegio, con ordinanza nei casi in cui hanno portata meramente ordinatoria (come la dichiarazione di contumacia o la riunione degli appelli); mentre, nei casi in cui hanno portata potenzialmente definitiva del giudizio (come nel caso dell'inammissibilità o dell'improcedibilità), con sentenza (salva la forma dell'ordinanza per la decisione sulla questione di competenza).

L'appello con modalità «semplificate» di cui all'art. 436 bis.

Nella stessa attività preliminare dell'udienza, d'altro canto, s'inserisce – sempre in parallelo con l'appello nel rito ordinario (v. § 84 del vol. II) – anche la decisione dell'appello con modalità «semplificate». Ed infatti, l'art. 436 bis prevede espressamente che «*Nei casi previsti dagli articoli 348, 348 bis e 350, terzo comma, all'udienza di discussione il collegio, sentiti i difensori delle parti, pronuncia sentenza dando lettura del dispositivo e della motivazione redatta in forma sintetica, anche mediante esclusivo riferimento al punto di fatto o alla questione di diritto ritenuti risolutivi o mediante rinvio a precedenti conformi*». In questa sede, perciò, non possiamo che limitarci a rinviare a quanto dicemmo a suo tempo nell'analizzare la disciplina dell'art. 350 bis per l'appello nel rito ordinario (v. §§ 84 e 85 del vol. II).

Ancora in analogia con quanto si è visto (retro, § 12) per il giudizio di primo grado, è possibile la costituzione tardiva dell'appellato, il quale peraltro – essendo decaduto dai poteri che debbono essere esercitati con la memoria – potrà soltanto svolgere le difese fondate sulle domande, allegazioni e produzioni già in atti, salva sempre la possibilità di rimessione in termini ex art. 153, 2° comma.

Il giudice incaricato fa la relazione della causa, quindi il collegio *pronuncia sentenza dando lettura del dispositivo.*

La succinta disciplina dell'udienza nel suo andamento per così dire normale è interamente contenuta nel 1° comma dell'art. 437: «Nella prima udienza *il giudice incaricato fa la relazione della causa.* Quando non provvede ai sensi dell'art. 436 bis, il collegio, sentiti i difensori delle parti, *pronuncia sentenza, dando lettura del dispositivo* nella stessa udienza». La disposizione contenuta nel 2° comma del medesimo art. 437 è tra le più significative rispetto alla struttura che il legislatore ha voluto imprimere al giudizio di appello per orientarlo alla funzione – ancora una volta come per l'appello nel rito ordinario (v. vol. II, § 83) – non di una prosecuzione del giudizio di primo grado, ma di un semplice riesame di quel giudizio, sulla base dei medesimi elementi. Ciò che appunto consegue al fatto che, fermo il divieto di nuove domande (e fermo anche l'onere di riproduzione delle domande ed eccezioni non accolte in primo grado, ai sensi dell'art. 346), la disposizione in argomento contiene il divieto di nuove eccezioni e di nuove prove, *ad instar* di quanto previsto per il rito ordinario dall'art. 345 (v. vol. II, § 83). «*Non sono ammesse nuove domande ed eccezioni*» recita appunto la norma in discorso, che così prosegue: «*Non sono ammessi nuovi mezzi di prova* (compresi i documenti), tranne il *giuramento estimatorio*, salvo che il collegio, anche d'ufficio, li ritenga *indispensabili ai fini della decisione* della causa. È comun-

Sono escluse nuove domande e nuove eccezioni e sono esclusi pure ...

... nuovi mezzi di prova, tranne il giuramento e le prove indispensabili ai fini della decisione.

que fatta salva la facoltà delle parti di deferire il *giuramento decisorio* in qualsiasi momento della causa».

È appena il caso di rilevare la delicatezza di quella valutazione di «indispensabilità» delle nuove prove. In proposito le sezioni unite della Cassazione hanno chiarito che è tale la prova di per sé idonea ad eliminare ogni possibile incertezza circa la ricostruzione fattuale accolta dalla pronuncia gravata, smentendola o confermandola (Cass. sez. un. 4 maggio 2017 n. 10790).

Se sono ammesse nuove prove, viene anche fissata l'udienza per l'assunzione.

Per l'ipotesi che le nuove prove siano ammesse, il 3° comma dell'art. 437 dispone che «*il collegio fissa, entro venti giorni, l'udienza nella quale esse debbono essere assunte e deve essere pronunciata la sentenza*. In tal caso il collegio, con la stessa ordinanza, può adottare i provvedimenti di cui all'articolo 423», ossia le ordinanze anticipatorie, che abbiamo esaminato nel § 16. La stessa possibilità è prevista dall'art. 441 per il caso di nomina di un consulente tecnico, col conseguente rinvio ad altra udienza non oltre 30 giorni, e con l'obbligo per il consulente di depositare il proprio parere almeno 10 giorni prima della nuova udienza.

L'ultimo comma dell'art. 437, infine, richiama il 2° ed il 3° comma dell'art. 429, così prevedendo indirettamente, da un lato, la possibilità della concessione di un termine per il deposito di note difensive col rinvio all'udienza immediatamente successiva alla scadenza di detto termine e, dall'altro lato, l'obbligo del collegio – quando pronunci condanna al pagamento di somme di denaro a favore del lavoratore – di determinare, oltre gli interessi legali, il maggior danno eventualmente subito dal lavoratore per la svalutazione monetaria del suo credito (v. retro, § 16).

Nonostante l'assenza di un esplicito richiamo, è da ritenere applicabili anche all'appello nel processo del lavoro l'art. 354 circa la rimessione al giudice di primo grado, in considerazione della finalità di assicurare il doppio grado di giurisdizione (v. vol. II, § 85).

La sentenza (la cui pronuncia avviene con le modalità del giudizio di primo grado e già richiamate dall'art. 437, 1° comma) viene poi sottoscritta e depositata nel fascicolo informatico d'ufficio. Infatti, «fuori dei casi di cui all'articolo 436 bis, la sentenza deve essere depositata entro sessanta giorni dalla pronuncia. Il cancelliere ne dà immediata comunicazione alle parti»; così dispone l'art. 438, 1° comma, che, nel suo 2° comma, richiama anche l'art. 431, 2° comma, il quale contempla la possibilità di avviare l'esecuzione sul fondamento del solo dispositivo (v. retro, § 16), con i limiti temporali già posti in rilievo. Contro l'efficacia esecutiva della sentenza di appello opera il solo rimedio dell'art. 373, che ovviamente presuppone la previa proposizione del ricorso per cassazione.

19. *Gli altri mezzi d'impugnazione e la tutela cautelare e monitoria.*

Nessuna particolarità per quanto riguarda il giudizio davanti alla Cassazione e il regolamento di competenza.

Quanto al *giudizio davanti alla Corte di cassazione* (che, come abbiamo visto, include nella ricorribilità ex art. 360, n. 3, anche la violazione o falsa applicazione dei contratti e accordi collettivi nazionali di lavoro: v. vol. II, § 87), esso si svolge secondo le regole del giudizio ordinario, a cominciare dalla procura al difensore, che va conferita dopo l'avvenuto deposito della sentenza impugnata, e dal ricorso, che va notificato e poi depositato [con modalità telematiche: v. § 70 del vol. I], ed a terminare con le modalità di decisione. Inoltre, la giurisprudenza e la dottrina non hanno dubbi circa l'impugnabilità delle sentenze in materia di lavoro col *regolamento di competenza* (v. vol. I, § 39).

Il giudizio di rinvio si svolge col rito del lavoro.

Il giudizio di rinvio (v. vol. II, § 91) è, invece, regolato dal rito del lavoro. Ciò si desume dall'interpretazione sistematica dell'art. 394, 1° comma, che rimanda alle «*norme stabilite per il procedimento davanti al giudice al quale la corte ha rinviato la causa*»; le quali norme non possono essere che quelle speciali del rito del lavoro, a cominciare dalla disciplina dell'atto introduttivo di riassunzione innanzi al giudice competente per il rinvio, la cui tempestività sarà riferita al suo deposito e non alla sua notificazione che deve avvenire «personalmente». D'altra parte, la posizione delle parti e la loro facoltà di proporre nuove conclusioni (art. 394, 2° e 3° comma) rimane ovviamente influenzata dal regime delle preclusioni proprie sia del giudizio di rinvio e sia del rito del lavoro, la cui applicazione deve avvenire comunque nei limiti della natura e della struttura propria del giudizio di rinvio.

Nella revocazione l'atto introduttivo è il ricorso da depositarsi nel termine.

Anche con riguardo alla *revocazione* (v. vol. II, §§ 92 e 93), l'assenza di una disciplina speciale per il rito del lavoro conduce, attraverso la più logica interpretazione dell'art. 400, alle norme del rito del lavoro. Vero è che il suddetto articolo stabilisce che le norme specifiche sulla revocazione prevalgano su quelle del procedimento applicabile davanti al giudice adito, ma vero è anche che le prime non possono non rimanere travolte dalla speciale disciplina del processo del lavoro. In pratica: l'atto introduttivo è anche qui il ricorso, per la cui tempestività ci si deve riferire al suo deposito; la copia autentica della sentenza impugnata deve essere depositata insieme col ricorso introduttivo; il termine di costituzione del convenuto è quello di almeno 10 giorni prima dell'udienza; è soltanto eventuale la sospensione dei termini di cui all'art. 398, 4° comma; infine, la decisione non può, di regola, frazionarsi in due fasi distinte secondo l'eventualità prevista dall'art. 402.

Anche nell'opposizione di terzo l'atto introduttivo e le modalità di costituzione sono quelli del processo del lavoro.

Analoghe considerazioni possono essere compiute con riguardo all'*opposizione di terzo* (v. vol. II, § 95), che è pure priva di disciplina specifica e rispetto alla quale l'art. 405 rimanda alle norme che regolano il giudizio innanzi al giudice che ha pronunciato la sentenza impugnata. Anche qui, dunque: introduzione con ricorso, termini di costituzione del convenuto riferiti alla prima udienza e preclusioni così come configurate nella disciplina del rito del lavoro.

Anche per quanto riguarda i *provvedimenti cautelari* (v. qui, oltre, cap. 12°), ivi compresi i *provvedimenti d'urgenza* di cui all'art. 700, nulla ne impedisce l'impiego con riferimento alle controversie individuali di lavoro, alle stesse condizioni alle quali è ammessa la loro pronuncia nelle altre controversie e secondo le regole proprie del procedimento cautelare uniforme.

Infine, nulla contrasta la *compatibilità tra il processo del lavoro e il procedimento ingiuntivo* (v. oltre, cap. 11°, sezione prima), ma tenendo presente che, *mentre nella fase sommaria del procedimento ingiuntivo* prevalgono le regole proprie di tale procedimento su quelle del rito del lavoro, viceversa, *nell'eventuale fase di opposizione*, la previsione per cui debbono applicarsi «*le norme del procedimento ordinario davanti al giudice adito*» (art. 645, 2° comma) conduce necessariamente all'applicabilità del rito del lavoro.

Pienamente compatibile anche il procedimento ingiuntivo.

20. *Le opposizioni esecutive.*

L'art. 618 bis stabilisce, nel suo 1° comma, che le opposizioni all'esecuzione (v. oltre, § 81) e agli atti esecutivi (v. oltre, § 82) nelle materie di lavoro e previdenziale sono disciplinate dalle «*norme previste per le controversie individuali di lavoro in quanto applicabili*». La portata di questa norma di estensione va precisata anche con riferimento al 2° comma del medesimo art. 618 bis, il quale dispone che «*resta ferma la competenza del giudice dell'esecuzione nei casi previsti dal 2° comma dell'articolo 615 e dal 2° comma dell'articolo 617 nei limiti dei provvedimenti assunti con ordinanza*». Poiché il mantenimento della competenza del giudice dell'esecuzione è previsto, nel 2° comma dell'art. 618 bis, come situazione eccezionale, si deve ritenere che il richiamo alla disciplina del rito del lavoro, contenuto nel 1° comma, sia comprensivo di tutte le implicazioni dell'applicabilità di tale rito, comprese le regole di competenza, con la conseguenza che le cause di opposizione di cui trattasi vanno, di regola, proposte innanzi al giudice indicato dall'art. 413.

Ciò premesso con generico riguardo ad entrambi i tipi di opposizione, occorre ora vedere come questi criteri di massima si concretano con riguardo specifico a ciascuna delle due opposizioni.

Incominciando con l'*opposizione all'esecuzione*, e più precisamente con *l'opposizione al precetto* di cui al 1° comma dell'art. 615, il richiamo alla disciplina del processo del lavoro implica, in primo luogo, che la domanda va proposta con ricorso al giudice competente ai sensi dell'art. 413. Con riguardo alla materia, tale giudice è il tribunale

L'opposizione all'esecuzione, se preventiva, va proposta con ricorso al giudice del lavoro competente ex art. 413; ...

in funzione di giudice del lavoro; con riguardo al territorio, il giudice competente va individuato secondo i diversi criteri alternativi previsti dall'art. 413. La trattazione si svolgerà poi seguendo il rito del lavoro, le cui norme regolano anche la decisione e disciplinano il regime delle impugnazioni.

... se successiva, va proposta con ricorso al giudice dell'esecuzione.

Se, invece, si tratta dell'opposizione *successiva all'inizio dell'esecuzione*, di cui al 2° comma dell'art. 615, la domanda va proposta sempre secondo il rito del lavoro, ma con ricorso al giudice dell'esecuzione presso il tribunale competente per territorio secondo il disposto dell'art. 27, ossia il giudice del luogo dell'esecuzione.

Il giudice dell'esecuzione provvederà sull'istanza di sospensione dell'esecuzione, eventualmente fissando apposita udienza ai termini dell'art. 625 (v. oltre, § 84). Quindi, ove si tratti del tribunale eventualmente competente anche per territorio, questi provvederà a fissare un termine perentorio per l'introduzione del giudizio di merito, secondo le modalità previste dal rito del lavoro, previa iscrizione a ruolo, a cura della parte interessata. Una volta introdotto il giudizio di merito lo stesso giudice provvederà alla trattazione e alla decisione secondo le forme del rito del lavoro. Qualora, invece, il giudice dell'esecuzione sia presso un tribunale territorialmente non competente ai termini degli artt. 413, egli dovrà, in applicazione dell'art. 616, 2ª parte, rimettere la causa al giudice competente.

I necessari adattamenti per l'*opposizione agli atti esecutivi.*

Venendo all'*opposizione agli atti esecutivi*, sembra necessario premettere che la generica riserva espressa dal richiamo dell'art. 618 bis con le parole «in quanto applicabili» debba qui incidere in maniera più intensa, nel senso che alla generica applicabilità del rito del lavoro debbano sovrapporsi – e, al limite, prevalere – tutte quelle regole che siano da ricondursi alle funzioni peculiari dell'opposizione agli atti esecutivi in quanto contestazione della regolarità formale degli atti del processo esecutivo. E tra queste regole sono, da un lato, quelle che concernono il termine perentorio dei venti giorni per la proposizione dell'opposizione ed il regime di impugnazione al quale è assoggettata la sentenza sull'opposizione agli atti esecutivi; nonché, dall'altro lato, quelle che concernono la riserva della competenza del giudice del luogo davanti al quale si svolge l'esecuzione (per il combinato disposto degli artt. 617, 1° comma, 480, 3° comma, e 27, 2° comma); ma ciò limitatamente ai casi di opposizione proposta dopo l'inizio dell'esecuzione, poiché solo in questa ipotesi la già avvenuta radicazione del processo esecutivo sembra rendere «non applicabili» le norme sulla diversa disciplina della competenza suggerita dall'applicazione del rito del lavoro.

Ciò premesso, ed escluso ogni dubbio sul fatto che l'opposizione agli atti esecutivi va proposta sempre con ricorso, si deve ritenere che, se l'esecuzione non è ancora iniziata, il ricorso va proposto al tribunale competente ai termini dell'art. 413, ma con l'osservanza del termine perentorio di 20 giorni dalla notificazione del titolo esecutivo o del precetto. Il giudizio si svolgerà secondo il rito del lavoro, ma la sentenza sarà non impugnabile, in applicazione dell'art. 618, 3° comma (v. oltre, § 82), e assoggettata solo al regolamento di competenza (art. 187 disp. att.) e al ricorso per cassazione ex art. 111 Cost. Se l'esecuzione è già iniziata, la domanda va proposta con ricorso al giudice dell'esecuzione (e sempre entro il termine decadenziale di 20 giorni dalla notifica del titolo o del precetto o dal primo atto di esecuzione o dal compimento dei singoli atti).

Bibliografia di orientamento

L. MONTESANO-R. VACCARELLA, *Manuale di diritto processuale del lavoro*, 2ª ed., Napoli, 1989; F.P. LUISO, *Il processo del lavoro*, Torino, 1992; A. PROTO PISANI, *Controversie individuali di lavoro*, Torino, 1993; A. CARRATTA, *Controversie in materia di lavoro: II) profili processuali*, in *Enc. Giur. Treccani*, IX, Roma, 2000; D. BORGHESI-L. DE ANGELIS, *Il processo del lavoro e della previdenza*, Torino, 2013; G. TARZIA-L. DITTRICH, *Manuale del processo del lavoro*, 6ª ed., Milano, 2015; A.D. DE SANTIS, *I provvedimenti cautelari nelle controversie individuali di lavoro*, in *I procedimenti cautelari*, a cura di A. CARRATTA, Bologna, 2013; AA.VV., *Il processo del lavoro quarant'anni dopo. Bilanci e prospettive*, a cura di R. TISCINI, Napoli, 2015; P. SANDULLI-A.M. SOCCI, *Il processo del lavoro*, Milano, 2015; E. VULLO, *Il nuovo processo del lavoro*, Bologna, 2015; M. BOVE, *La decisione nel processo del lavoro*, in *Riv. dir. proc.*, 2016; M. BOVE, *Istruzione probatoria nel processo del lavoro*, in *Riv. trim. dir. e proc. civ.*, 2016; G. TRISORIO LIUZZI, *Contenuto ed effetti delle decisioni nel processo del lavoro*, in *Giusto proc. civ.*, 2016; G. TRISORIO LIUZZI, *Domande nuove e modificate nel processo del lavoro*, *ibidem*; A. CARRATTA, *I provvedimenti d'urgenza nel prisma dei rimedi giurisdizionali in materia di lavoro*, in *Lav. e dir.*, 2017, n. 3/4; A. PROTO PISANI, *Il processo del lavoro alla luce della Costituzione*, in *Riv. dir. civ.*, 2018; P. LICCI, *I limiti del potere istruttorio del giudice del lavoro*, Pisa, 2020; G. TRISORIO LIUZZI-D. DALFINO, *Manuale del processo del lavoro*, Bari, 2021; G. REALI, *La* mutatio *e l'*emendatio libelli *nel processo del lavoro*, in *Foro it.*, *Gli speciali*, 1/2021; N. MORGESE, *La riforma del «filtro» in appello nel processo del lavoro: analisi e prospettive della novella*, in *La riforma del processo civile*, a cura di D. DALFINO, in *Foro it.*, *Gli speciali*, 4/2022; A.D. DE SANTIS, *I riflessi della riforma del processo civile del 2022 sul modello del processo del lavoro*, in *Riforma Cartabia: il nuovo processo civile (II parte)*, a cura di A. CARRATTA, in *Giur. it.*, 2023; A. CARRATTA, *Le riforme del processo civile*, Torino, 2023; A. MENGALI, *Controversie relative ai licenziamenti*, in *Il processo civile dopo la riforma*, a cura di C. CECCHELLA, Bologna, 2023; R. BOLOGNESI, *Il rito del lavoro*, in *La riforma Cartabia del processo civile*, a cura di R. TISCI-

NI, Pisa, 2023; D. DALFINO, *Le controversie in materia di licenziamenti*, in *Il processo civile dopo la riforma Cartabia*, a cura di A. DIDONE e F. DE SANTIS, Milano, 2023; B. POLISENO, *I giudizi di impugnazione dei licenziamenti dopo la riforma Cartabia*, in *Giusto proc. civ.*, 2023; A. CARRATTA, *Il processo civile dopo i correttivi alla riforma Cartabia*, Torino, 2025.

Sezione terza

IL PROCESSO LOCATIZIO

SOMMARIO: 21. Il processo locatizio di cui all'art. 447 bis c.p.c. e la procedura per il rilascio dell'art. 30 L. 392/1978.

21. *Il processo locatizio di cui all'art. 447 bis c.p.c. e la procedura per il rilascio dell'art. 30 L. 392/1978.*

La competenza per materia appartiene al tribunale monocratico.

La disciplina del processo locatizio, che trova applicazione per le controversie in materia di locazione e di comodato di immobili urbani e di affitto di aziende e per il quale la competenza per materia appartiene al tribunale in composizione monocratica, emerge dalle disposizioni del processo del lavoro richiamate all'art. 447 bis, delle quali è qui opportuna (e sufficiente) una succinta rassegna con l'evidenziazione di quelle non richiamate e delle ragioni del mancato richiamo.

La competenza per territorio è data dal luogo dove si trova la cosa.

Non è, anzitutto, richiamato l'art. 413 per l'ovvia ragione che *la competenza per territorio* per le cause di cui trattasi è disciplinata dall'art. 21, 1° comma, col riferimento *al giudice del luogo dove si trova la cosa*, sicché l'enunciazione della nullità delle clausole derogatorie, disposta dall'art. 447 bis, 2° comma, riguarda soltanto la competenza per territorio.

Il rito locatizio, quale risulta dai richiami al rito del lavoro contenuti nell'art. 447 bis.

Quanto al procedimento per convalida di licenza o sfratto, peraltro, non è inutile sottolineare che, da un lato, i diritti sostanziali presi in considerazione dagli artt. 657, 658 e 659 possono farsi valere, oltre che con le forme di quel procedimento speciale sommario, anche, in alternativa, con il processo a cognizione piena; dall'altro lato, *proprio per il disposto dell'art. 447 bis, in questo caso il processo a cognizione piena assume le forme del rito locatizio*. D'altra parte, se l'azione viene esercitata con le forme del procedimento speciale sommario, qualora il procedimento stesso non si esaurisca all'esito della prima udienza con la pronuncia dell'ordinanza di convalida della licenza o dello sfratto ex art. 663, finisce ancora – come vedremo – per confluire nel rito locatizio attraverso il disposto dell'art. 667, previa pronuncia dell'ordinanza di mutamento del rito (v. oltre, § 94).

Va anche ricordato che le controversie in materia di locazione sono sottoposte, a pena di improcedibilità della domanda, al preventivo esperimento della procedura di mediazione, ai sensi dell'art. 5, comma 1°, D.Lgs. 28/2010 (v. oltre, § 119).

Il richiamo – sempre ad opera dell'art. 447 bis – degli articoli da 414 a 420 implica l'applicabilità totale ed integrale del meccanismo di proposizione della domanda, di instaurazione del contraddittorio, di costituzione e di difesa delle parti, di proposizione della domanda riconvenzionale, di intervento dei terzi e di svolgimento dell'udienza di discussione. Ciò vale anche con riguardo ai poteri istruttori del giudice, ma limitatamente alle rilevazioni di irregolarità e fissazione di termini per la relativa sanatoria, come previsto dal 1° comma dell'art. 421; con esclusione, dunque, delle disposizioni contenute nei commi successivi di questo articolo, che sono riferite a situazioni specificamente proprie del processo del lavoro e in sostituzione delle quali dispone direttamente il 3° comma dell'art. 447 bis, con gli opportuni adattamenti (tra i quali va rilevata l'eliminazione della possibilità di superamento da parte del giudice, nel disporre le prove d'ufficio, dei limiti di ammissibilità delle prove previsti dal codice civile). Va anche notato che l'art. 423 è richiamato solo nel 1° comma, ossia con riguardo all'ordinanza di pagamento di somme non contestate, mentre non è richiamato il 2° comma, ciò che peraltro non sembra impedire la pronuncia dell'ordinanza di cui all'art. 186 ter.

I più limitati poteri istruttori officiosi del giudice.

Il richiamo agli articoli da 424 a 429 implica l'applicabilità totale e integrale delle disposizioni concernenti l'assistenza del consulente tecnico, la richiesta di informazioni e osservazioni alle associazioni sindacali (qui le associazioni di categoria), il passaggio dal rito ordinario a quello locatizio e viceversa, il rilievo dell'incompetenza del giudice e dei relativi limiti, nonché la pronuncia della sentenza mediante lettura del dispositivo in udienza, ma con l'esclusione del disposto (di cui al non richiamato art. 429, 3° comma) che concerne la pronuncia sul c.d. danno da svalutazione monetaria.

Il richiamo agli articoli da 430 a 441 implica, infine, l'applicabilità di tutte le altre disposizioni del processo del lavoro, dal deposito della sentenza fino all'intera fase di appello, ivi compresi l'appello con riserva dei motivi e l'art. 436 bis, che estende anche al processo del lavoro (e, di conseguenza, a quello locatizio) l'applicazione dell'appello in forma semplificata di cui all'art. 350 bis (su cui v. il § 84 del vol. II). È escluso dal richiamo, invece, il regime di esecutorietà della sentenza, il quale è fatto oggetto di particolare disciplina nel 4° comma dell'art. 447 bis. Questo comma, oltre a ribadire la generalizzata esecutorietà della sentenza di condanna di primo grado, estende alla materia locatizia la possibilità di procedere esecutivamente sulla base del solo dispositivo, nonché la disciplina dell'inibitoria in sede di appello, subordinando la sospensione dell'esecuzione o dell'efficacia esecutiva della sentenza appellata all'eventualità che dall'esecuzione possa derivare all'altra parte un «gravissimo danno».

Questo procedimento si applica, dunque, a tutte le controversie aventi ad oggetto rapporti locatizi (escluse solo quelle relative a immobili non urbani), *sia che siano state introdotte senz'altro con ricorso ex art. 414 e sia che siano state introdotte con le forme del procedimento per convalida di licenza o sfratto e, a seguito dell'opposizione del convenuto, non si siano concluse con l'ordinanza di convalida della licenza o dello sfratto, di cui all'art. 663* (v. oltre, § 94).

Il procedimento dell'art. 447 bis si applica autonomamente o in caso di mutamento del rito nel procedimento per convalida di licenza o sfratto.

Con riferimento poi al «*procedimento di determinazione, aggiornamento e adeguazione del canone*», previsto dall'art. 45 della L. 392/1978 (c.d. legge sull'equo canone), va detto che esso per buona parte è stato abrogato dalla L. 353/1990. Tuttavia, dall'abrogazione sono stati esclusi i commi 5° e 6° dell'art. 45. Il 5° comma dell'art. 45 si risolve in sostanza in una deroga – con riguardo al procedimento relativo alla determinazione del canone – al disposto dell'art. 417 c.p.c. (che è tra quelli richiamati dall'art. 447 bis), in tema di limiti di valore entro i quali le parti possono stare in giudizio personalmente. Il 6° comma, infine, dispone che, fino al termine del giudizio, il conduttore è obbligato a corrispondere, salvo conguaglio, l'importo non contestato.

Parimenti esclusa dall'abrogazione risulta la *procedura per il rilascio dell'immobile locato*, di cui all'art. 30 della L. 392/1978 e alla quale si può accedere «*osservando le norme previste dall'art. 447 bis del codice*». Si tratta della possibilità che, nel corso del processo locatizio, si verifichino alcuni particolari «sbocchi», simili a quelli che gli artt. 663, 665 e 666 prevedono per il procedimento per convalida di licenza o sfratto.

La procedura per il rilascio di cui all'art. 30, 1° comma, L. 392/1978.

L'oggetto sostanziale che l'art. 30 assoggetta all'iter procedimentale, al quale abbiamo accennato, è costituito dal caso, previsto dall'art. 29, di «*diniego di rinnovazione del contratto alla prima scadenza*» *delle locazioni ad uso diverso dall'abitazione:* diniego che, ora, per l'art. 3, 4° comma, della L. 431/1998, si applica anche alle locazioni ad uso abitativo.

L'oggetto sostanziale è quello del diniego della rinnovazione del contratto alla prima scadenza, …

In sostanza, per l'esercizio del potere di recesso nei casi previsti da tali norme il locatore può utilizzare anche il procedimento speciale di cui al citato art. 30 per ottenere il rilascio dell'immobile locato. D'altra parte, *questo procedimento non si sostituisce, ma si affianca al procedimento di convalida di sfratto*, col quale presenta alcune analogie; quest'ultimo, infatti, rimane lo strumento processuale, per l'esercizio dell'azione di licenza e di sfratto per morosità e per finita locazione.

… senza sostituirsi, ma affiancandosi al processo per convalida.

Il procedimento di cui all'art. 30 L. 392/1978, che, come abbiamo detto, inizia con le forme proprie del processo locatizio, presenta, tuttavia, alcune particolarità e, tra queste, specialmente la particolarità della possibile sua rapida fine nel caso della non opposizione da parte del convenuto. Infatti, alla prima udienza, fissata ai termini del-

Le particolarità del procedimento di cui all'art. 30 L. 392/1978 in caso di diniego di rinnovazione del contratto di locazione.

l'art. 415 e disciplinata dall'art. 420, può accadere che il convenuto compaia (anche se non costituito) e non si opponga alla domanda di rilascio. Per quest'ipotesi, l'art. 30, 4° comma, L. 392/1978 dispone che «*il giudice pronuncia ordinanza di rilascio per la scadenza di cui alla comunicazione prevista dall'art. 29*». Il 5° comma aggiunge che «*l'ordinanza costituisce titolo esecutivo e definisce il giudizio*». Come si vede, sono evidentissime le analogie con l'ordinanza che l'art. 663 c.p.c. configura nel procedimento per convalida di sfratto (v. oltre, § 94). Invece, per l'eventualità che il convenuto si opponga al rilascio, l'art. 30, 6° comma, dispone che il giudice esperisca il tentativo di conciliazione: se il tentativo riesce, viene redatto processo verbale che costituisce titolo esecutivo (art. 30, 7° comma); se non riesce (come anche nel caso di contumacia del convenuto), si procede a norma dell'art. 420 e ss. Nel corso del giudizio il giudice può, su istanza del ricorrente, valutate le ragioni addotte dalle parti e le prove raccolte, disporre il rilascio dell'immobile con ordinanza provvisoria, costituente titolo esecutivo (art. 30, ultimo comma). Naturalmente, a quest'ordinanza il giudice ricorrerà se e quando riterrà già acquisiti elementi di giudizio (prova dei fatti costitutivi) circa il diritto al rilascio dell'attore; il provvedimento in discorso appare dunque fondato su una cognizione sommaria perché parziale (c.d. *condanna con riserva delle eccezioni*), analogamente all'ordinanza ex art. 665 (v. oltre, § 94). A parte ciò, il giudizio proseguirà con le forme del rito locatizio fino alla pronuncia della sentenza, ovviamente assoggettata alle impugnazioni, secondo quanto previsto dall'art. 447 bis.

Bibliografia di orientamento

C.M. CEA, *I procedimenti locativi*, in *Foro it.*, 1985, V; A. CARRATTA, *Profili sistematici della tutela anticipatoria*, Torino, 1997; D. PIOMBO, *Locazione (controversie in materia di)*, in *Enc. Giur. Treccani*, XIX, Roma, 2002; G. TRISORIO LIUZZI, *Tutela giurisdizionale delle locazioni*, Napoli, 2005; C. FERRI, *Processo delle locazioni*, in *Enciclopedia del diritto*, *Annali*, II, t. 1, Milano, 2009.

CAPITOLO III

IL PROCESSO IN MATERIA DI PERSONE, MINORENNI E FAMIGLIE

22. *L'ambito applicativo e il mutamento del rito.*

L'introduzione del nuovo rito speciale per le controversie in materia di stato delle persone, minorenni e famiglie.

Come già rilevato, i processi speciali a cognizione piena presentano elementi di specialità rispetto al processo ordinario di cognizione con riferimento, a volte, alle modalità di introduzione del procedimento e, altre volte, ad alcune particolarità ancora più accentuate. È quel che accade nel caso del *processo per le controversie in materia di stato delle persone, minorenni e famiglie*, che troviamo disciplinato nel titolo IV bis del libro II del codice e che è stato introdotto dal D.Lgs. 149/2022. Si tratta, infatti, di un processo *speciale*, applicabile ad alcune specifiche tipologie di controversie (art. 473 bis), ed *a cognizione piena*, ossia con forme, termini e poteri delle parti e del giudice predeterminati dallo stesso legislatore.

Stabilisce, infatti, l'art. 473 bis, come modificato dal D.Lgs.

Ambito applicativo del nuovo rito speciale a cognizione piena.

164/2024, che le disposizioni del titolo IV bis «*si applicano ai procedimenti relativi allo stato delle persone, ai minorenni e alle famiglie attribuiti alla competenza del tribunale ordinario, del giudice tutelare e del tribunale per i minorenni nonché alle domande di risarcimento del danno conseguente a violazione dei doveri familiari, salvo che la legge disponga diversamente*».

Tale rito speciale, dunque, trova applicazione generalizzata per tutte le controversie che abbiano ad oggetto stato delle persone (ad es., dichiarazione giudiziale di paternità o disconoscimento della stessa), minorenni e rapporti familiari (come, ad es., separazione, divorzio e scioglimento dell'unione civile), salvo che il legislatore non abbia previsto diversamente.

Le controversie escluse dall'ambito di applicazione del nuovo rito speciale.

In effetti, lo stesso art. 473 bis esclude espressamente dall'ambito applicativo del rito speciale: a) i procedimenti di *scioglimento della comunione legale*, i quali sono regolati, invece, dalle disposizioni sul giudizio divisorio (artt. 784 ss.: v. oltre, cap. 4°); b) quelli volti alla *dichiarazione di adottabilità e quelli di adozione dei minori di età*, che, dunque, continuano a essere disciplinati dalla L. 184/1983; c) i procedimenti attribuiti alla competenza delle *sezioni specializzate sull'immigrazione e la protezione internazionale* (di cui al D.L. 13/2017, conv. dalla L. 46/2017).

Peraltro, essendo il rito speciale in esame destinato alla materia contenziosa, ovviamente restano fuori dal suo ambito applicativo i *procedimenti di giurisdizione volontaria*, numerosi nella materia delle persone, dei minorenni e delle famiglie, i quali, di conseguenza, continuano ad essere retti dalle forme processuali camerali (v. oltre, cap. 14°) (come, del resto, ribadito espressamente dall'art. 473 ter) o comunque nelle forme specificamente individuate dallo stesso legislatore (come, ad es., per i procedimenti di cui all'art. 333 c.c.).

Una situazione del tutto particolare, presa in considerazione dai commi 3°, 4° e 5° dello stesso art. 473 bis, appositamente introdotti anch'essi dal D.Lgs. 164/2024, riguarda le ipotesi nelle quali una controversia soggetta al rito speciale dovesse essere introdotta con forme diverse e viceversa.

L'errore nella scelta del rito e la conversione in quello delle persone, minorenni e famiglie.

Il primo di essi, infatti, prevede che, «*Quando rileva che uno dei procedimenti previsti dal primo comma è promosso in forme diverse da quelle previste dal presente titolo, il giudice ordina il mutamento del rito e fissa l'udienza di cui all'articolo 473 bis.21, assegnando alle parti termini perentori per l'eventuale integrazione degli atti*».

Nel caso inverso, il giudice ordina il mutamento del rito e dà le disposizioni conseguenti, ...

Viceversa – prosegue il 4° comma sempre dell'art. 473 bis –, «*Quando rileva che una causa promossa nelle forme stabilite dal presente titolo riguarda un procedimento diverso da quelli previsti dal primo comma, il giudice, se la causa stessa rientra nella sua competenza, ordina il mutamento del rito dando le disposizioni per l'ulteriore corso del processo, altrimenti dichiara la propria incompetenza e fissa un termine perentorio per la riassunzione della causa con il rito per essa previsto*». Ne deriva che, se rilevasse anche un profilo di incompetenza (ad es., di materia o di territorio), il provvedimento sarebbe sottoponibile al rimedio del regolamento necessario di competenza ai sensi dell'art. 42 (v. vol. I, § 39).

... ma, se dichiara la propria incompetenza, fissa anche un termine per la riassunzione davanti al giudice competente.

In entrambi i casi – aggiunge il 5° comma dello stesso art. 473 bis – «*gli effetti sostanziali e processuali della domanda si producono secondo le forme del rito seguito prima del mutamento e restano ferme le decadenze e le preclusioni maturate secondo le norme del rito seguito prima del mutamento e restano ferme le decadenze e le preclusioni maturate secondo le norme del rito seguito prima del mutamento*».

Va anche evidenziato che – ai sensi del 5° comma dell'art. 473 bis – i provvedimenti relativi al rilievo dell'errore nella scelta del rito e alla pronuncia dei conseguenti provvedimenti di mutamento «*sono pronunciati non oltre la prima udienza*». Il che comporta che, superata la prima udienza senza che sia emerso il problema dell'errore del rito o senza che siano stati pronunciati i provvedimenti per regolarizzarlo, il vizio in questione deve considerarsi sanato e il processo prosegue secondo le forme fino a quel momento utilizzate.

Con riferimento, poi, alla *competenza per materia*, questa è ripartita – almeno fino a quando non sarà operativo il *tribunale delle persone, dei minorenni e delle famiglie*, ossia a partire da ottobre 2025 (art. 49, 1° comma, D.Lgs. 149/2022, come modificato dal D.L. 92/2024, conv. dalla L. 112/2024) – fra tribunale ordinario e tribunale per i minorenni ed è regolata dall'art. 38 disp. att. c.c. In particolare, esso stabilisce, nel suo 1° comma, che «*sono di competenza del tribunale per i minorenni i procedimenti previsti dagli articoli 84, 90, 250, ultimo comma, 251, 317 bis, ultimo comma, 330, 332, 333, 334, 335, e 371, ultimo comma, c.c.*» e che, invece, «*sono di competenza del tribunale ordinario i procedimenti previsti dagli articoli 330, 332, 333, 334 e 335 c.c., anche se instaurati su ricorso del Pubblico Ministero, quando è già pendente o è instaurato successivamente, tra le stesse parti, giudizio di separazione, scioglimento o cessazione degli effetti civili del matrimonio, ovvero giudizio ai sensi degli articoli 250, 4° comma, 268, 277, 2° comma, e 316 c.c., procedimento per la modifica delle condizioni dettate da precedenti provvedimenti a tutela del minore*».

L'entrata in funzione, a partire da ottobre 2025, del *tribunale per le persone, i minorenni e le famiglie*.

Infine, occorre anche tener presente che, per quanto riguarda le controversie in materia di separazione dei coniugi, divorzio o modifica delle condizioni della separazione o del divorzio, ma anche di scioglimento dell'unione civile (art. 1, 25° comma, L. 76/2016) e affidamento e mantenimento dei figli nati fuori dal matrimonio, vi è la possibilità di utilizzare, per la loro risoluzione, le procedure stragiudiziali disciplinate dal D.L. 132/2014 (conv. dalla L. 162/2014), delle quali ci occuperemo nel § 42.

Le procedure stragiudiziali introdotte con il D.L. 132/2014.

23. *Poteri del giudice e del P.M.*

Dato il particolare ambito applicativo del rito speciale in questione, assume specifica rilevanza la disciplina riservata ai poteri del giudice e del P.M., che si rinviene, rispettivamente, negli artt. 473 bis.2 e 473 bis.3.

I poteri ufficiosi del giudice a tutela dei minori.

L'art. 473 bis.2, 1° comma, prevede in termini generali che, a tutela dei minori coinvolti nelle controversie sottoposte al rito speciale in questione, «*il giudice può d'ufficio nominare il curatore speciale nei casi previsti dalla legge, adottare i provvedimenti opportuni in deroga all'articolo 112 e disporre mezzi di prova al di fuori dei limiti di ammissibilità previsti dal codice civile, nel rispetto del contraddittorio e del diritto alla prova contraria*». Oltre alla possibilità di nominare d'ufficio il curatore speciale del minore (come vedremo meglio al § 25), viene riconosciuta al giudice, dunque, una duplice possibilità di deroga agli ordinari limiti quando debba pronunciare provvedimenti a tutela di minori: il limite della corrispondenza fra chiesto e pronunciato dell'art. 112 (v. § 18 del vol. I) e quello di ammissibilità dei mezzi di prova fissati dal codice civile negli artt. 2721 ss. (v. § 37 del vol. II). Nel primo caso si tratta del contenuto dei provvedimenti (provvisori e definitivi) da assumere nell'interesse dei minori, per la cui adozione, dunque, egli può prescindere dalla domanda delle parti o dai limiti della stessa; nel secondo caso si tratta dei mezzi di prova rilevanti per la decisione, che possono essere disposti dal giudice anche al di fuori dei limiti di ammissibilità fissati dal codice civile, *ad instar* di quanto stabilito – come abbiamo visto (retro, § 15) – per i poteri istruttori ufficiosi del giudice nel processo del lavoro dall'art. 421.

La medesima disposizione vale, ovviamente, sia per quel che riguarda i figli maggiorenni con handicap grave (art. 473 bis.9), sia per le vittime di abusi familiari o condotte di violenza domestica o di genere poste in essere da una parte nei confronti dell'altra o dei figli minori (art. 473 bis.42, 1° comma: v. oltre, al § 36).

I poteri probatori ufficiosi con riferimento alle domande … … a contenuto economico.

Invece, con specifico riferimento ai poteri ufficiosi che il giudice può esercitare in relazione alle domande a contenuto economico, proposte dalle parti, il 2° comma dello stesso art. 473 bis.2 aggiunge che il giudice «*può d'ufficio ordinare l'integrazione della documentazione depositata dalle parti e disporre ordini di esibizione e indagini sui redditi, sui patrimoni e sull'effettivo tenore di vita, anche nei confronti di terzi, valendosi se del caso della polizia tributaria*».

I poteri del P.M.

Ai poteri del P.M. è dedicato poi l'art. 473 bis.3, che integra la disciplina generale sui poteri del P.M. nel processo civile, di cui agli artt. 69 ss. (cap. 9° del vol. I), sia nei casi in cui ha il potere di esercitare l'azione civile, sia quando partecipa come interventore necessario. Si prevede, infatti, che egli possa, al fine di adottare le relative determinazioni, «*assumere informazioni, acquisire atti e svolgere accertamenti, anche avvalendosi della polizia giudiziaria e dei servizi sociali, sanitari e assistenziali*».

24. *L'ascolto del minore.*

Particolari disposizioni si rinvengono a proposito dell'ascolto del minore coinvolto nel giudizio.

L'ascolto del minore e i suoi limiti.

Anzitutto, l'art. 473 bis.4, 1° comma, ribadisce in termini generali *l'obbligo per il giudice che intenda adottare (anche d'ufficio) provvedimenti che riguardano il minore di disporre direttamente il suo ascolto*, se il minore abbia compiuto i 12 anni, ma anche di età inferiore ove capace di discernimento, e di tenere in considerazione le opinioni da questi espresse «avuto riguardo alla sua età e al suo grado di maturità».

In ogni caso, l'obbligo di ascolto viene meno – ai seni del 2° comma dello stesso art. 473 bis.4 – «*se esso è in contrasto con l'interesse del minore o manifestamente superfluo, in caso di impossibilità fisica o psichica del minore o se quest'ultimo manifesta la volontà di non essere ascoltato*», purché il giudice motivi adeguatamente questa scelta nel relativo provvedimento. E comunque, nei procedimenti nei quali il giudice prende atto di un accordo dei genitori sulle condizioni di affidamento dei figli, il giudice è tenuto a procedere all'ascolto del minore «*solo se necessario*» (3° comma).

Le modalità dell'ascolto del minore.

Rispetto alle modalità di espletamento dell'audizione occorre rilevare che l'art. 473 bis.5 esclude che l'audizione del minore possa essere delegata dal giudice ad altri soggetti, ammettendo solo la possibilità per il giudice di «farsi assistere da esperti e altri ausiliari». Si aggiunge, inoltre, che dell'ascolto del minore è effettuata registrazione audiovisiva e che, se per motivi tecnici ciò non sia possibile, il processo verbale debba descrivere dettagliatamente il contegno del minore.

Quanto poi alla possibilità che l'audizione del minore venga delegata anche ai giudici onorari del tribunale per i minorenni, nei procedimenti aventi ad oggetto la responsabilità genitoriale, l'art. 473 bis.1, 2° comma, la esclude, al pari della possibilità di assumere testimonianze o compiere altri atti riservati al giudice. Tuttavia, lo stesso legislatore, intervenuto successivamente sulla stessa disposizione – dapprima con il D.L. 105/2023, conv. dalla L. 137/2023, e poi con il D.L. 215/2023, conv. dalla L. 18/2024 – ha anche previsto che fino all'entrata in funzione del tribunale per le persone, i minorenni e le famiglie, in deroga a quanto stabilito dall'art. 473 bis.1, 2° comma, «*davanti al tribunale per i minorenni, nei procedimenti aventi ad oggetto la responsabilità genitoriale il giudice, con provvedimento motivato, può delegare ad un giudice onorario specifici adempimenti, compresi l'audizione delle parti e l'ascolto del minore, indicando puntualmente le modalità di svolgimento e le circostanze oggetto dell'atto*». In questo caso il giudice onorario al quale sia stato delegato l'ascolto del minore o lo svolgimento di attività istruttoria «*fa parte del collegio chiamato a decidere sul procedimento o ad adottare provvedimenti temporanei*».

25. *La nomina del curatore speciale del minore.*

Quanto al curatore speciale del minore, l'art. 473 bis.8 contiene una disciplina specifica, applicabile al solo rito speciale, che si affianca alla disciplina generale sul curatore speciale di cui agli artt. 78, 79 e 80 (v. § 46 del vol. I).

Le ipotesi in cui il giudice deve procedere alla nomina del curatore speciale del minore.

Infatti, nel suo 1° comma esso ha previsto che – salvo quanto stabilito dagli artt. 78, 79 e 80 – il giudice *deve comunque provvedere* anche d'ufficio alla nomina del curatore speciale, a pena di nullità degli atti del procedimento, quando: a) il P.M. abbia chiesto la *decadenza dalla responsabilità genitoriale di entrambi i genitori o nei casi in cui uno dei genitori abbia chiesto la decadenza dell'altro*; b) siano da adottare i *provvedimenti di cui all'art. 403 c.c.* (intervento della pubblica autorità a tutela del minore) o di *affidamento preadottivo* del minore ai sensi degli artt. 2 e ss. della L. 184/1983; c) nel corso del procedimento emerga una *situazione che preclude l'adeguata rappresentanza processuale da parte di entrambi i genitori*; d) ne faccia *richiesta il minore che abbia compiuto 14 anni*.

La stessa disposizione prevede anche – nei commi 2° e 3° – che il giudice *possa nominare* un curatore speciale del minore «*quando i genitori appaiono per gravi ragioni temporaneamente inadeguati a rappresentare gli interessi del minore*» e possa attribuire al curatore speciale nominato anche «*specifici poteri di rappresentanza sostanziale*», che evidentemente vanno a cumularsi a quelli propriamente processuali.

La possibile nomina del «*curatore del minore*» in caso di provvedimenti limitativi della responsabilità genitoriale ex art. 333 c.c.

Occorre tener presente che, salvo la revoca per gravi inadempienze o perché siano venuti meno i presupposti, il curatore speciale nominato ai sensi degli artt. 78, 79 o 80 o dell'art. 473 bis.8 cessa dall'incarico ricevuto solo a conclusione del giudizio nell'ambito del quale sia stato nominato. L'art. 473 bis.7, tuttavia, stabilisce che il giudice procede alla nomina di un *tutore del minore* quando disponga, anche con provvedimento provvisorio, la sospensione o la decadenza dalla responsabilità genitoriale di entrambi i genitori, ai sensi dell'art. 330 c.c., e che può nominare un *curatore del minore* quando dispone limitazioni della responsabilità genitoriale, ai sensi dell'art.

333 c.c. Ebbene, mentre nel caso della nomina del *tutore* si rientra nella tradizionale fattispecie della nomina del rappresentante del minore in assenza della rappresentanza legale dei genitori, nel caso della nomina del *curatore del minore*, con poteri sostanziali, si tratta di una figura che rileva nei casi in cui siano stati adottati provvedimenti limitativi della stessa.

26. *La fase introduttiva e l'eventuale pronuncia dei provvedimenti «indifferibili».*

Venendo alla struttura del rito speciale, l'attenzione deve essere rivolta alla disciplina delle tre tradizionali fasi (*introduttiva*, *di trattazione* e *decisoria*), nelle quali generalmente viene ad articolarsi l'attività processuale.

Il contenuto del ricorso introduttivo.

Anzitutto, come nel caso del processo semplificato di cognizione (v. § 72 del vol. II) e del rito del lavoro (v. retro, § 11), l'introduzione avviene (non con citazione, ma) con ricorso, il quale ha un contenuto *fisso* e un contenuto *variabile* in relazione all'oggetto della domanda.

Quanto al contenuto *fisso*, stabilisce l'art. 473 bis.12, 1° comma, che il ricorso deve contenere: a) l'indicazione dell'ufficio giudiziario competente; b) le generalità dell'attore e del convenuto, nonché dei figli comuni se minorenni o maggiorenni non autosufficienti economicamente o portatori di handicap grave; c) l'indicazione del difensore, insieme alla procura; d) l'oggetto della domanda; e) la chiara e sintetica esposizione dei fatti e degli elementi di diritto sui quali la domanda si fonda, con le conclusioni; f) l'indicazione dei mezzi di prova e dei documenti offerti in comunicazione.

Al ricorso può inoltre aggiungersi – come suo contenuto *variabile* – una serie di altri elementi, a seconda delle decisioni che dovranno essere assunte. In particolare, può aggiungersi: – l'indicazione dell'esistenza di altri procedimenti aventi ad oggetto, in tutto o in parte, le medesime domande o domande connesse e la copia di eventuali provvedimenti già adottati; – in caso di domande di contributo economico o in presenza di figli minori, le dichiarazioni dei redditi e gli estratti conto di rapporti bancari e finanziari degli ultimi 3 anni e la documentazione attestante la titolarità di diritti reali su beni immobili e beni mobili registrati, nonché di quote sociali; – nei procedimenti relativi ai minori, un *piano genitoriale* che indica gli impegni e le attività quotidiane dei minori, relativamente alla scuola, al percorso educativo, alle eventuali attività extrascolastiche, alle frequentazioni abituali e alle vacanze normalmente godute.

Il contenuto del ricorso quando la domanda sia esercitata dal P.M., dal parente, dal tutore, dal curatore o dal curatore speciale.

Un contenuto del tutto particolare assume il ricorso ove la *domanda introduttiva sia esercitata da un soggetto diverso dal legittimato ordinario*, e cioè dal P.M. o da un parente (delle parti), dal tutore, dal curatore o dal curatore speciale, ovviamente nelle ipotesi in cui ciò sia consentito. In questo caso, infatti, l'art. 473 bis.13 richiama, fra i requisiti del ricorso, alcuni ulteriori elementi che vanno ad aggiungersi a quelli previsti dall'art. 473 bis.12 per il ricorso introduttivo della parte. In particolare, si stabilisce la necessità di inserire nel ricorso anche: a) le generalità del rappresentante legale del minore che sia stato collocato in una struttura comunitaria, salvo che sia necessario mantenere riservate tali indicazioni; b) i documenti relativi agli accertamenti svolti e alle informazioni assunte e i provvedimenti relativi al minore; c) in presenza di richiesta di allontanamento del minore, l'indicazione di eventuali parenti entro il quarto grado; d) in caso di domande di contributo economico, la documentazione sulla situazione economica e reddituale dei genitori e del minore.

La competenza territoriale, ove siano presenti minori, è data dal luogo di residenza abituale del minore.

Al fine di stabilire, poi, la *competenza territoriale del giudice* (tribunale ordinario o per i minorenni, a seconda dei casi: v. retro, § 22) occorre tener presente che l'art. 473 bis.11 prevede come foro esclusivo – nei procedimenti nei quali debbono essere adottati provvedimenti che riguardano minori – quello del *tribunale «del luogo in cui il minore ha la residenza abituale»*, aggiungendo che, se vi è stato trasferimento del minore non autorizzato da meno di un anno, «*è competente il tribunale del luogo dell'ultima residenza abituale del minore prima del trasferimento*».

Invece, laddove il procedimento non coinvolga anche minori, per la determinazione della competenza territoriale riemergono le disposizioni generali, quelle di cui agli artt. 18 e ss. (v. § 37 del vol. I), purché non espressamente derogate dal legislatore, come, ad es., avviene, ai sensi dell'art. 473 bis.47, con riferimento ai processi di separazione personale dei coniugi, di divorzio, di scioglimento dell'unione civile o di modifica delle relative condizioni (v. oltre, § 38).

La fissazione dell'udienza e l'assegnazione dei termini di costituzione del convenuto.

Depositato il ricorso, l'art. 473 bis.14, 2° comma, prevede che, entro 3 giorni, il presidente del tribunale «*designa il relatore, al quale può delegare la trattazione del procedimento*, e fissa l'udienza di prima comparizione delle parti assegnando il *termine per la costituzione del convenuto, che deve avvenire almeno trenta giorni prima dell'udienza*». Nella fissazione della data dell'udienza di prima comparizione delle parti, d'altro canto, il presidente deve anche tener presente che tra il deposito del ricorso e l'udienza non devono intercorrere *più di 90 giorni* (120 se la notifica del ricorso e del decreto deve avvenire all'estero), *né meno di 60* (90 se la notifica deve avvenire all'estero).

La disposizione ribadisce anche quanto già previsto dall'art. 473

bis.1, 1° comma, e cioè la possibilità che fin dall'inizio le attività di trattazione e istruzione della causa siano affidate al giudice relatore nominato dal presidente, e ciò fino al momento della rimessione della causa al collegio per la pronuncia della decisione.

Con il decreto di fissazione dell'udienza di comparizione il presidente è tenuto – così come fa l'attore nella citazione, ai sensi del n. 7 dell'art. 163 (v. § 3 del vol. II) – anche a informare il convenuto che la sua costituzione oltre il termine stabilito determina le decadenze di cui agli artt. 38 e 167, che la difesa tecnica mediante avvocato è obbligatoria e che, sussistendone i presupposti, può chiedere di essere ammesso al patrocinio a spese dello Stato. Con lo stesso decreto egli informa anche le parti della possibilità di avvalersi della mediazione familiare.

Va anche ricordato che, ai sensi del 7° comma dell'art. 473 bis.14, aggiunto dal D.Lgs. 164/2024, tanto i termini della fase introduttiva del processo previsti da tale disposizione quanto quelli previsti – come vedremo (oltre, nel 27) – dall'art. 473 bis.17, per il deposito delle memorie integrative delle parti, possono essere abbreviati fino alla metà dal giudice, «*se sussistono ragioni di urgenza*».

Ai fini della corretta attivazione del contraddittorio, copia del ricorso e del decreto di fissazione dell'udienza di prima comparizione delle parti vanno notificati al convenuto, a cura del ricorrente, e comunicati al P.M. (ovviamente nei casi in cui non sia egli stesso ad agire), a cura della cancelleria.

Già nel momento in cui riceve il ricorso introduttivo e prima dell'instaurazione del contraddittorio, il presidente o il giudice delegato può pronunciare i «*provvedimenti indifferibili nell'interesse dei figli e, nei limiti delle domande da queste proposte, delle parti*» (art. 473 bis.15).

Si tratta di provvedimenti urgenti che il giudice può pronunciare: a) quando vi sia il *rischio di un pregiudizio imminente ed irreparabile*; b) oppure quando *la preventiva instaurazione del contraddittorio potrebbe pregiudicare l'attuazione degli stessi provvedimenti*. Nel pronunciare questi provvedimenti *inaudita altera parte* il presidente o il giudice delegato è tenuto anche a fissare *davanti a sé* l'udienza di comparizione delle parti per la conferma, modifica o revoca degli stessi entro i successivi 15 giorni.

Sebbene non chiarissima sul punto, la disposizione sembra ammettere che tali provvedimenti urgenti possano essere pronunciati anche d'ufficio dal giudice quando riguardino minori (o maggiorenni portatori di handicap grave, per effetto dell'art. 473 bis.9), dovendo, invece, la loro pronuncia essere subordinata necessariamente alla domanda del ricorrente negli altri casi, secondo i principi generali.

Dal punto di vista funzionale, si tratta di provvedimenti provvisori di natura cautelare, da tenere ben distinti, quindi, dai «provvedimenti temporanei e urgenti nell'interesse delle parti e dei figli» dell'art. 473 bis.22, che vedremo in seguito (oltre, § 29). Essi, infatti, assolvono alla stessa funzione tipicamente *strumentale* dei provvedimenti cautelari (v. §§ 5 e 16 del vol. I e qui, oltre, § 96), in quanto mirano a prevenire dei pregiudizi che potrebbero determinarsi a carico dei figli minori coinvolti nella controversia o delle parti della stessa, in attesa di tale decisione finale.

A proposito del rimedio esperibile avverso i provvedimenti in questione, il 2° comma dell'art. 473 bis.15, introdotto dal D.Lgs. 164/2024, stabilisce che «*L'ordinanza con cui il giudice conferma, modifica o revoca i provvedimenti adottati ai sensi del primo comma è reclamabile solo unitamente a quella prevista dall'articolo 473-bis.22*». Essa, cioè, è reclamabile davanti alla corte d'appello, ai sensi dell'art. 473 bis.24, insieme all'ordinanza contenente i «provvedimenti temporanei e urgenti» pronunciati all'esito della prima udienza, come vedremo (oltre, nel § 29).

La costituzione del convenuto e il maturare delle preclusioni a suo carico.

Per quanto riguarda, invece, la *posizione del convenuto*, essa è delineata dall'art. 473 bis.16 in modo speculare rispetto a quella del ricorrente. Per lui, infatti, il deposito della comparsa di risposta, entro il termine fissato perentoriamente con il decreto di fissazione dell'udienza di comparizione, determina la preclusione – in generale – per la proposizione delle domande riconvenzionali, oltre che per la proposizione delle eccezioni processuali e di merito non rilevabili d'ufficio.

Infine, per esigenze di paritario trattamento con il ricorrente, anche il convenuto è tenuto ad allegare alla comparsa di costituzione la documentazione indicata per il ricorso introduttivo dall'art. 473 bis.12, commi 2°, 3° e 4°.

27. *Le ulteriori difese prima dell'udienza e il sistema di preclusioni.*

Funzionale alla migliore preparazione dell'attività da svolgere in sede di udienza di prima comparizione delle parti è la disciplina sulla definizione del *quod decidendum et probandum* e il maturare delle preclusioni mediante il deposito delle memorie integrative. Ed infatti, l'art. 473 bis.17 indica tre diverse memorie che le parti potranno depositare prima dell'udienza.

La prima memoria dell'attore.

Anzitutto, nel 1° comma l'art. 473 bis.17 stabilisce che, entro 20 giorni prima dell'udienza, l'attore possa depositare una memoria «*con cui prendere posizione in maniera chiara e specifica sui fatti allegati dal convenuto, nonché, a pena di decadenza, modificare o precisare le domande e le conclusioni già formulate, proporre le domande e le eccezioni che sono conseguenza delle difese del convenuto, indicare mezzi di prova e produrre documenti*». Nello stesso termine l'attore ha l'onere di depositare la documentazione prevista dall'art. 473 bis.12, 3° comma (v. retro, § 26), nel caso in cui il convenuto abbia avanzato domande riconvenzionali di contributo economico.

Sempre al fine di assicurare il paritario trattamento delle parti, anche al convenuto viene riconosciuta la possibilità di controreplicare, a sua volta, all'attività dell'attore. Ed infatti, entro 10 giorni prima dell'udienza, il convenuto può depositare – ai sensi del 2° comma dello stesso art. 473 bis.17 – un'ulteriore memoria «*con cui, a pena di decadenza, precisare e modificare le domande, le eccezioni e le conclusioni già proposte, proporre le eccezioni non rilevabili d'ufficio che siano conseguenza della domanda riconvenzionale o delle difese svolte dall'attore nella sua memoria di replica, indicare i mezzi di prova e produrre i documenti*».

L'ulteriore memoria del convenuto per replicare all'attore.

Infine, resta la possibilità per l'attore di depositare, entro 5 giorni prima dell'udienza, un'ulteriore memoria funzionale solo a indicare prove contrarie rispetto alle prove indicate e ai documenti probatori prodotti dal convenuto nella sua controreplica (3° comma dell'art. 473 bis.17).

La successiva memoria dell'attore per indicare prove contrarie.

Una peculiarità del processo in questione attiene al suo sistema delle preclusioni allegative e probatorie per le parti. L'idea che ha ispirato le scelte del legislatore è che il sistema preclusivo vada impostato sulla base della distinzione fra domande aventi ad oggetto diritti disponibili e domande su diritti indisponibili. Di conseguenza, ha previsto – nell'art. 473 bis.19, 1° comma – che «*le decadenze previste dagli articoli 473 bis.14, 473 bis.16 e 473 bis.17 operano solo in riferimento alle domande aventi a oggetto diritti disponibili*», mentre per le domande su diritti indisponibili, non applicandosi quelle preclusioni, l'attività allegativa e probatoria delle parti è possibile per tutta la durata del processo di primo grado e – come vedremo – anche in appello (v. oltre, § 33). A conferma di ciò aggiunge il 2° comma dello stesso art. 473 bis.19 che «le parti possono *sempre* introdurre nuove domande e nuovi mezzi di prova [e produrre nuovi documenti] relativi all'affidamento e al mantenimento dei figli minori».

Il sistema di preclusioni è diverso a seconda che l'oggetto sia disponibile o indisponibile.

Per quanto riguarda, invece, le nuove domande (con i relativi mezzi di prova o documenti) sul contributo economico in favore delle stesse parti e dei figli maggiorenni non economicamente autosufficienti, esse possono essere proposte nel corso del giudizio di primo grado «*nella prima difesa utile successiva e fino al momento della precisazione delle conclusioni ..., se si verificano mutamenti nelle circostanze o a seguito di nuovi accertamenti istruttori*». Di riflesso, è da ritenere che l'introduzione di queste domande (e i relativi mezzi di prova e documenti) sia preclusa dopo la presentazione degli atti introduttivi, se non dovessero emergere *mutamenti di circostanze o nuove risultanze istruttorie*. Questa limitata possibilità di proposizione

Le nuove domande sul contributo economico sono proponibili solo in caso di mutamenti delle circostanze o nuovi accertamenti istruttori.

di nuove domande che riguardino contributi economici si giustifica nell'ottica di intercettare anche le ipotesi, non del tutto residuali nelle materie alle quali si applica il nuovo rito speciale, nelle quali l'esigenza di introdurre tali domande non deriva dal sopraggiungere di fatti nuovi (ciò che sarebbe comunque possibile), ma dall'emergere in sede di attività istruttoria di elementi fattuali fino a quel momento ignorati dalle parti.

28. *L'udienza di comparizione delle parti e il tentativo di conciliazione.*

Come per il processo ordinario (v. § 20 del vol. II), anche per il processo speciale in esame la prima udienza davanti al giudice (collegio o giudice delegato) rappresenta lo «snodo» principale per la successiva attività processuale.

La prima udienza e le verifiche sulla regolarità del contraddittorio.

Anzitutto, «*All'udienza fissata per la comparizione delle parti* – prevede l'art. 473 bis.21, 1° comma – *il collegio o il giudice delegato verifica d'ufficio la regolarità del contraddittorio e, quando occorre, pronuncia i provvedimenti opportuni*». È evidente che, se all'esito di questa verifica dovessero emergere vizi processuali che implichino l'esigenza di adottare provvedimenti conseguenti e la fissazione di un'altra udienza di prima comparizione, in questo senso procederà il collegio o il giudice delegato.

Se l'attore non compare o rinuncia e il convenuto non chiede che si proceda, il processo si estingue.

Inoltre, lo stesso art. 473 bis.21, 1° comma, aggiunge che, «*Salvo che il processo sia introdotto con ricorso del Pubblico Ministero, se l'attore non compare o rinuncia e il convenuto costituito non chiede che si proceda in sua assenza, il procedimento si estingue*». In questo caso, dunque, l'assenza del ricorrente all'udienza diventa comportamento concludente circa la sua volontà di rinunciare al ricorso e determina di conseguenza l'estinzione del procedimento, salvo che il convenuto, regolarmente costituitosi, non chieda comunque di procedere in sua assenza.

La comparizione personale delle parti per essere sentite e sottoposte al tentativo di conciliazione.

La funzione principale della prima udienza, tuttavia – come emerge anche dal 2° comma dell'art. 473 bis.21 – è la comparizione personale delle parti per essere sentite, anche separatamente, alla presenza dei loro difensori ed essere sottoposte al tentativo di conciliazione, con la conseguenza che la mancata comparizione senza giustificato motivo può essere valutata come argomento di prova ai sensi dell'art. 116, 2° comma, e tenuta in considerazione ai fini della liquidazione delle spese di lite. In tale sede, inoltre, proprio al fine di favorire il raggiungimento della conciliazione delle parti, lo stesso giudice può formulare una «motivata proposta conciliativa della controversia».

Se le parti si conciliano – stando a quanto prevede il 3° comma dell'art. 473 bis.21 – «*il giudice assume i provvedimenti temporanei e urgenti che si rendono necessari e rimette la causa in decisione*». Ciò, evidentemente, al fine di ottenere anche in questo caso la pronuncia della sentenza.

29. *I provvedimenti «temporanei e urgenti».*

I presupposti per la pronuncia dei provvedimenti «temporanei e urgenti» nell'interesse delle parti e dei figli.

All'esito dell'udienza di prima comparizione può aversi anche la pronuncia dei *provvedimenti temporanei e urgenti nell'interesse delle parti e dei figli.* Come stabilisce l'art. 473 bis.22, 1° comma, infatti, ad essa il giudice procede con ordinanza se il processo deve continuare con la trattazione e la decisione, e dunque: a) «*se la conciliazione non riesce*» (in realtà, anche se la conciliazione riesce, dovendo anche in questo caso la causa essere rimessa in decisione per la pronuncia della sentenza: v. § precedente); b) «*se una delle parti non compare senza giustificato motivo*» alla stessa udienza (ovviamente, sempre che il processo debba continuare e non si estingua per effetto della mancata comparizione del ricorrente: v. § precedente). Quando l'ordinanza «pone a carico delle parti l'obbligo di versare un contributo economico», in essa il giudice «determina la data di decorrenza del provvedimento, con facoltà di farla retroagire fino alla data della domanda».

Quanto alla natura di questi provvedimenti provvisori, si tratta di provvedimenti da tenere ben distinti da quelli «indifferibili» di cui all'art. 473 bis.15, sebbene anch'essi pronunciati «nell'interesse delle parti e dei figli» (v. retro, § 26). Infatti, *mentre questi ultimi rivestono natura cautelare*, come chiaramente emerge dai presupposti richiesti per la loro pronuncia, i «provvedimenti temporanei e urgenti» dell'art. 473 bis.22 *rivestono natura propriamente anticipatoria* degli effetti della successiva sentenza conclusiva del giudizio. Proprio per questa ragione l'ordinanza con la quale vengono pronunciati – aggiunge il 2° comma dell'art. 473 bis.22 – «*costituisce titolo esecutivo e titolo per l'iscrizione dell'ipoteca giudiziale, e conserva la sua efficacia anche dopo l'estinzione del processo, finché non sia sostituita con altro provvedimento*».

La *natura anticipatoria* dei provvedimenti «temporanei e urgenti».

Puntualizza, peraltro, lo stesso art. 473 bis.22, 1° comma, che essi sono pronunciati «*nell'interesse delle parti, nei limiti delle domande da queste proposte, e dei figli*», a sottolineare il fatto che, mentre laddove si tratti di provvedimenti rivolti a regolare provvisoriamente i rapporti fra le parti, essi debbono conformarsi ai limiti delle domande proposte, ciò non vale per quanto riguarda i provvedimenti adottati nell'interesse dei figli minori o portatori di handicap grave, i quali, quindi, potranno essere adottati anche d'ufficio, in deroga all'art. 112, secondo quel che abbiamo visto prevedere in generale dall'art. 473 bis.2 (v. retro, § 23).

I provvedimenti «temporanei e urgenti» sono reclamabili alla corte d'appello.

Va anche ricordato che questi provvedimenti – ai sensi dell'art. 473 bis.24, 1° comma, n. 1 – sono reclamabili con ricorso alla corte d'appello «*entro il termine perentorio di dieci giorni dalla pronuncia del provvedimento in udienza ovvero dalla comunicazione, o dalla notificazione se anteriore*» (2° comma). Proposto reclamo, la corte d'appello, «assicurato il contraddittorio tra le parti, entro 60 giorni dal deposito del ricorso pronuncia ordinanza [anch'essa provvisoriamente esecutiva] con la quale conferma, modifica o revoca il provvedimento reclamato e provvede alle spese», assumendo, se del caso, sommarie informazioni.

Il reclamo è proponibile anche contro i provvedimenti provvisori *de potestate* o sull'affidamento, ...

Lo stesso reclamo, d'altro canto, è esperibile – stando al 1° comma, n. 2, sempre dell'art. 473 bis.24 – anche «*contro i provvedimenti temporanei emessi in corso di causa che sospendono o introducono sostanziali limitazioni alla responsabilità genitoriale, nonché quelli che prevedono sostanziali modifiche dell'affidamento e della collocazione dei minori ovvero ne dispongono l'affidamento a soggetti diversi dai genitori*». Aggiunge, inoltre, il 4° comma dello stesso art. 473 bis.24 che in questo specifico caso avverso i provvedimenti sul reclamo è ammesso anche ricorso per cassazione ai sensi dell'art. 111, 7° comma, Cost., e ciò, evidentemente, per la particolare rilevanza che essi rivestono nella vita del minore e dei suoi genitori.

... che sono anche ricorribili per cassazione ex art. 111 Cost.

I provvedimenti «temporanei e urgenti» sono modificabili e revocabili nel prosieguo del processo.

Oltre che essere sottoponibili a reclamo, i *provvedimenti temporanei e urgenti nell'interesse delle parti e dei figli* possono anche essere modificati o revocati dal collegio o dal giudice delegato nel prosieguo del giudizio «*in presenza di fatti sopravvenuti o nuovi accertamenti istruttori*» (art. 473 bis.23). E questo proprio per conformarli – stante la loro natura provvisoria e anticipatoria – al mutamento della situazione di fatto o per adeguarli alle risultanze processuali che emergessero nel corso del giudizio.

30. *La fase istruttoria e la decisione immediata della causa.*

L'ordinanza con la quale il giudice pronuncia i «provvedimenti temporanei e urgenti nell'interesse delle parti e dei figli» (v. il § precedente) ha anche contenuto ordinatorio. Con essa, infatti, «*il giudice provvede sulle richieste istruttorie e predispone il calendario del processo, fissando entro i successivi novanta giorni l'udienza per l'assunzione dei mezzi di prova*» (3° comma dell'art. 473 bis.22).

Possibile decisione immediata della causa all'esito della prima udienza.

Ciò, evidentemente, sempre che la causa non sia fin da subito matura per la decisione senza bisogno dell'assunzione di mezzi di prova. Proprio per questa ragione aggiunge il 4° comma dello stesso articolo che, invece, «*Quando la causa è matura per la decisione senza bisogno di assunzione dei mezzi di prova, il giudice, fatte precisare le conclusioni, pronuncia i provvedimenti di cui al 1° comma* [ossia i «provvedimenti temporanei e urgenti nell'interesse delle parti e dei figli»] *e ordina la discussione orale della causa nella stessa udienza e, all'esito, trattiene la causa in decisione*», mentre – se è stato nominato il giudice delegato e la discussione si è svolta davanti a lui – questi «*si riserva di riferire al collegio per la decisione*».

Se la causa non è matura per la decisione, può essere pronunciata subito la sentenza non definitiva sullo *status*.

Non si può escludere, tuttavia, che, sebbene la causa non sia fin da subito matura per la decisione, il giudice possa intanto decidere la domanda relativa allo *status* personale e disporre la prosecuzione del giudizio con la fase istruttoria sulle altre domande cumulate (ad es., quelle di natura patrimoniale). È la situazione avuta presente dallo stesso art. 473 bis.22 nel prevedere – sempre nel 4° comma – che «*Allo stesso modo si procede quando può essere decisa la domanda relativa allo stato delle persone e il procedimento deve continuare per la definizione delle ulteriori domande*».

Va anche tenuto presente che in questo caso, per espressa previsione sempre del citato 4° comma, «*Contro la sentenza* [non definitiva] *che decide sullo stato delle persone è ammesso solo appello immediato*», e dunque non vi è possibilità che la parte soccombente si riservi di proporre l'appello della sentenza non definitiva insieme all'appello della sentenza definitiva, secondo quel che prevede l'art. 340 in generale per l'appellabilità delle sentenze non definitive (v. § 82 del vol. II).

31. *La consulenza tecnica d'ufficio e l'intervento dei servizi sociali o sanitari.*

Con specifico riferimento alla fase istruttoria, oltre a richiamare gli ampi poteri istruttori ufficiosi, che, come abbiamo visto (retro, § 23), sono attribuiti in termini generali al giudice dall'art. 473 bis.2, merita di essere segnalata l'attenzione che il legislatore ha riservato sia alla consulenza tecnica d'ufficio, sia all'intervento dei servizi sociali o sanitari nei procedimenti a tutela dei minori.

Il consulente deve essere dotato di specifica competenza.

Nel primo caso, l'art. 473 bis.25, 1° comma, impone al giudice, quando disponga consulenza tecnica d'ufficio, di precisare l'oggetto dell'incarico e di scegliere il consulente «tra quelli dotati di specifica competenza in relazione all'accertamento e alle valutazioni da compiere».

Puntualizza il 2° comma dello stesso art. 473 bis.25, inoltre, che nel caso della consulenza psicologica «le indagini e le valutazioni su caratteristiche e profili di personalità delle parti sono consentite nei limiti in cui hanno ad oggetto aspetti tali da incidere direttamente sulle capacità genitoriali, e si fondano su metodologie e protocolli riconosciuti dalla comunità scientifica».

Infine, il 4° comma del medesimo articolo sottolinea l'esigenza che nella relazione il consulente tenga distinti «*i fatti osservati direttamente, le dichiarazioni rese dalle parti e dai terzi e le valutazioni da lui formulate*» e indichi anche «*le metodologie e i protocolli seguiti, nonché eventuali specifiche proposte di intervento a sostegno del nucleo familiare e del minore*».

La possibile nomina di uno o più ausiliari per intervenire sul nucleo familiare e agevolare il superamento dei conflitti.

Merita di essere ricordata anche la novità contenuta nell'art. 473 bis.26, che consente al giudice di nominare, ai sensi dell'art. 68 e su richiesta congiunta delle parti, uno o più ausiliari, scelti fra gli iscritti all'albo dei consulenti tecnici d'ufficio (o anche al di fuori di esso su accordo delle parti), «*per intervenire sul nucleo familiare al fine di superare i conflitti tra le parti, fornire ausilio per i minori e agevolare la ripresa o il miglioramento delle relazioni tra genitori e figli*». In questo caso lo stesso giudice è chiamato a individuare gli obiettivi dell'attività demandata all'ausiliario e i termini, anche periodici, entro cui l'ausiliario deve depositare una relazione sull'attività svolta, oltre a dare i provvedimenti opportuni ove sorgessero questioni sui poteri dell'ausiliario o sui limiti dell'incarico conferito.

Il possibile intervento dei servizi sociali e sanitari ...

Invece, in relazione al possibile intervento dei servizi sociali o sanitari, l'art. 473 bis.27, 1° comma, prevede che, quando disponga tale intervento, il giudice debba indicare «in modo specifico» l'attività ad essi demandata e fissare i termini per il deposito di una relazione periodica sull'attività svolta dagli stessi servizi e delle memorie delle parti.

... e i limiti del loro intervento.

Anche con riferimento alle relazioni dei servizi sociali o sanitari, peraltro, lo stesso art. 473 bis.27, nei commi 2° e 3°, aggiunge che in esse vanno tenuti distinti i fatti accertati dalle dichiarazioni delle parti e dei terzi e dalle eventuali valutazioni degli operatori, le quali «*ove aventi ad oggetto profili di personalità delle parti, devono essere fondate su dati oggettivi e su metodologie e protocolli riconosciuti dalla comunità scientifica, da indicare nella relazione*» e che – a garanzia del diritto di difesa delle parti – queste possono prendere visione ed estrarre copia delle stesse relazioni e di ogni accertamento compiuto dai responsabili del servizio sociale o sanitario incaricati, trasmessi all'autorità giudiziaria, salvo che la legge non disponga diversamente.

32. *La fase decisoria.*

Quanto alla fase decisoria e conclusiva del processo in materia di stato delle persone, minorenni e famiglie, essa – secondo quel che prevede l'art. 473 bis.28 – segue l'iter già previsto per il rito ordinario in caso di rimessione in decisione a seguito di scambio di memorie (v. §§ 30 e 31 del vol. II).

La fase decisoria segue il modello del rito ordinario con la fissazione di termini a ritroso dall'udienza di rimessione in decisione ...

Di conseguenza, anche nell'ambito di tale rito speciale, il giudice (collegio o giudice delegato), esaurita l'istruzione, fissa davanti a sé l'udienza per la rimessione della causa in decisione e assegna alle parti i termini per gli scritti difensivi finali, ossia:

a) un termine non superiore a 60 giorni prima dell'udienza per il deposito di *note scritte di precisazione delle conclusioni*;

b) un ulteriore termine non superiore a 30 giorni prima dell'udienza per il deposito delle *comparse conclusionali*;

c) infine, un ulteriore termine non superiore a 15 giorni prima dell'udienza per il deposito delle *memorie di replica*.

… per la *precisazione delle conclusioni*, …

… le *comparse conclusionali* …

… e le *memorie di replica*.

All'udienza la causa viene rimessa in decisione e, ove sia il giudice delegato a farlo, egli si riserva di riferire al collegio. La sentenza del collegio sarà poi depositata nel fascicolo telematico d'ufficio nei successivi 60 giorni.

33. *L'appello.*

Anche con riferimento al giudizio d'appello la disciplina del processo in materia di stato delle persone, minorenni e famiglie presenta alcune peculiarità rispetto a quella dell'appello ordinario.

Anzitutto, l'art. 473 bis.30 prevede che l'atto introduttivo dell'appello assume anch'esso la forma del ricorso e contiene le indicazioni previste dall'art. 342, che già abbiamo esaminato a suo tempo nel § 84 del vol. II.

La fase introduttiva dell'appello segue il modello del giudizio di primo grado …

A sua volta, l'art. 473 bis.31 prevede che, a seguito del deposito del ricorso, il presidente della corte d'appello provvede a nominare il giudice relatore e a fissare l'udienza e il termine entro il quale l'appellante deve provvedere alla notificazione all'appellato del ricorso e del decreto di fissazione dell'udienza, assicurando che fra la notificazione e l'udienza intercorra un termine non minore di 90 giorni (150 giorni se la notificazione debba effettuarsi all'estero). Lo stesso presidente provvede ad acquisire d'ufficio le relazioni aggiornate dei servizi sociali o sanitari eventualmente incaricati e ad ordinare alle parti di depositare la documentazione aggiornata sulla situazione economico-patrimoniale delle parti, già presentata con gli atti introduttivi.

Dopodiché l'appellato, se intende costituirsi, deve farlo almeno 30 giorni prima dell'udienza, mediante deposito della comparsa di costituzione, nella quale espone le sue difese in modo chiaro e specifico e propone l'eventuale appello incidentale (art. 473 bis.32). Inoltre, a salvaguardia del diritto di difesa delle parti, si ha anche qui – come nella fase introduttiva del primo grado – lo scambio delle memorie di replica dell'appellante (20 giorni prima dell'udienza) e successivamente dell'appellato (10 giorni prima dell'udienza). E anche l'intervento del P.M. avviene mediante il deposito delle sue conclusioni scritte almeno 10 giorni prima dell'udienza (art. 473 bis.33).

… anche per quel che riguarda lo scambio delle ulteriori difese prima dell'udienza.

Anche per le preclusioni in appello si distingue a seconda della natura disponibile o non dell'oggetto del processo.

Quanto, poi, al sistema preclusivo applicabile in appello, il legislatore ha distinto, come per il processo di primo grado (v. retro, § 27), fra processi su diritti disponibili e processi su diritti indisponibili. E mentre anche ai primi ha esteso – per coerenza sistematica – il regime preclusivo delineato dall'art. 345 per l'appello ordinario (v. § 83 del vol. II) (art. 473 bis.35), ha implicitamente escluso che nei processi su diritti indisponibili si applichino in appello preclusioni di sorta, sia per l'attività allegativa e per la proposizione di nuove domande, sia per la relativa attività probatoria.

All'udienza il giudice incaricato fa la relazione e all'esito della discussione il collegio trattiene la causa in decisione, salva la possibilità di assegnare, su richiesta delle parti, un termine per note difensive, rinviando la causa ad altra udienza. Come in primo grado (v. il § precedente), il deposito della sentenza avviene nei 60 giorni successivi all'udienza di discussione (art. 473 bis.34).

Come in primo grado, è possibile anche la pronuncia dei provvedimenti «*indifferibili*» e di quelli «*temporanei e urgenti*».

Va ricordato, infine, che anche il giudice d'appello può adottare sia i *provvedimenti indifferibili nell'interesse delle parti e dei figli*, di cui all'art. 473 bis.15 (v. retro, § 26), sia quelli *temporanei e urgenti nell'interesse delle parti e dei figli*, di cui all'art. 473 bis.22 (v. retro, § 29). Ciò, evidentemente, perché anche in appello potrebbero emergere le medesime esigenze che ne giustificano l'adozione con riferimento al giudizio di primo grado.

In questo caso – aggiunge il 4° comma dello stesso art. 473 bis.34, come modificato dal D.Lgs. 164/2024 – il reclamo avverso i provvedimenti temporanei e urgenti, previsto dall'art. 473 bis.24 (v. retro, § 29), e quello avverso i provvedimenti «indifferibili», ai sensi del 2° comma dell'art. 473 bis.15, proponibile unitamente al reclamo dei primi, come abbiamo visto (retro, § 26), potrà essere proposto alla stessa corte d'appello, che però deciderà in diversa composizione. Invece, laddove non sia possibile comporre un altro collegio specializzato in materia di stato delle persone, minorenni e famiglie (ad es., perché le tabelle di organizzazione dell'ufficio non prevedono un secondo collegio, che si occupi di questa materia), la corte d'appello competente trasmette gli atti alla corte d'appello più vicina, «*individuata tenuto conto della distanza chilometrica ferroviaria, e se del caso marittima, tra i capoluoghi dei distretti*».

34. *L'attuazione dei provvedimenti.*

Il quadro della disciplina sul rito speciale per le controversie in materia di stato delle persone, minorenni e famiglie si completa anche con alcune specifiche disposizioni che riguardano la fase esecutiva dei provvedimenti (sia provvisori che definitivi).

Da questo punto di vista il legislatore opportunamente ha distinto l'attuazione dei *provvedimenti a contenuto patrimoniale* dall'attuazione dei *provvedimenti a contenuto personale.*

L'attuazione dei *provvedimenti a contenuto patrimoniale.*

Infatti, con riferimento alla prima categoria l'art. 473 bis.36, dopo aver stabilito nel 1° comma che i provvedimenti, anche temporanei, in materia di contributo economico in favore della prole e delle parti «*sono immediatamente esecutivi e costituiscono titolo per l'iscrizione dell'ipoteca giudiziale*», prosegue con alcune ulteriori indicazioni a garanzia del beneficiario del contributo economico.

Di conseguenza, ha previsto che: a) il giudice può imporre al soggetto obbligato al contributo «*di prestare idonea garanzia personale o reale*», se esiste il pericolo che egli possa sottrarsi all'adempimento di detto obbligo (2° comma); b) il beneficiario, al quale spetta la corresponsione periodica del contributo, «*può chiedere al giudice di autorizzare il sequestro dei beni mobili, immobili o crediti del debitore*» (3° comma). Ha anche aggiunto, tuttavia, che, qualora sopravvengano giustificati motivi, il giudice, su istanza di parte, può disporre la revoca o la modifica dei provvedimenti pronunciati (4° comma).

Tanto per la pronuncia di tali provvedimenti, quanto per la loro revoca o modifica la competenza è dello stesso giudice del procedimento in corso oppure, in mancanza, del giudice ai sensi dell'art. 473 bis.29, ossia del giudice territorialmente competente per la revisione dei provvedimenti a tutela dei minori e in materia di contributi economici (da individuare con gli stessi criteri stabiliti per l'introduzione del processo in questione dall'art. 473 bis.11: v. retro, § 26).

La possibilità di ottenere il *pagamento diretto da parte di terzi.*

A sua volta, poi, l'art. 473 bis.37 prevede che il creditore cui spetta il contributo economico, in favore suo o della prole, in caso di inadempienza del debitore e dopo la sua messa in mora, può anche notificare il provvedimento (o l'accordo di negoziazione assistita: v. oltre, § 42) contenente la misura del contributo ai terzi tenuti a corrispondere al debitore somme periodiche, chiedendo loro di versagli direttamente le somme dovute. In tal caso, *il terzo è tenuto al pagamento dell'assegno dal mese successivo a quello in cui è stata effettuata la notificazione e, in caso di inadempienza, il creditore può agire esecutivamente nei suoi confronti.*

L'attuazione dei *provvedimenti, provvisori o definitivi, sull'affidamento dei minori.*

Invece, «*per l'attuazione dei provvedimenti* (provvisori o definitivi) *sull'affidamento del minore e per la soluzione delle controversie in ordine all'esercizio della responsabilità genitoriale*», l'art. 473 bis.38, dopo le modifiche che vi ha apportato il D.Lgs. 164/2024, stabilisce che:

a) *se pende un procedimento avente ad oggetto la titolarità o l'esercizio della responsabilità genitoriale, è competente il giudice di tale procedimento*, che provvede in composizione monocratica;

b) *se non pende un procedimento, è competente il giudice che ha emesso il provvedimento* (o, in caso di trasferimento del minore, quello individuato ai sensi dell'art. 473 bis.11, 1° comma: v. retro, § 26), sempre in composizione monocratica;

c) a seguito del ricorso il giudice, sentiti i genitori o coloro che esercitano la responsabilità genitoriale, il curatore e il curatore speciale, se nominati, e il P.M., tenta la conciliazione delle parti e, in difetto, pronuncia *ordinanza con cui determina le modalità dell'attuazione e adotta i provvedimenti opportuni*, avendo riguardo all'interesse superiore del minore;

d) nel caso che sussista il concreto e attuale pericolo, desunto da circostanze specifiche ed oggettive, di sottrazione del minore o di altre condotte che potrebbero pregiudicare l'attuazione del provvedimento, le modalità di esecuzione sono disposte direttamente dal giudice con decreto motivato, senza la preventiva instaurazione del contraddittorio fra le parti, ma con la fissazione entro 15 giorni dell'udienza per la loro comparizione;

e) *ove sorgano difficoltà in sede di attuazione*, che non ammettono dilazione, ciascuna parte e gli ausiliari incaricati possono chiedere, anche verbalmente, l'adozione dei necessari provvedimenti temporanei allo stesso giudice, il quale, quando assolutamente indispensabile, *può anche autorizzare l'uso della forza pubblica* (sempre con l'ausilio di personale specializzato e avendo riguardo alla tutela della salute psicofisica del minore);

f) avverso l'ordinanza del giudice dell'attuazione può essere proposta opposizione nelle forme di cui all'art. 473 bis.12, ossia nelle forme introduttive del processo speciale in esame, che abbiamo già visto in precedenza nel § 26, entro il termine di 10 giorni dalla pronuncia del provvedimento in udienza o dalla sua comunicazione o dalla sua notificazione se anteriore.

35. *Le misure coercitive in caso di inadempienze o violazioni in materia di affidamento di minori e responsabilità genitoriale.*

Alle disposizioni sull'attuazione coattiva, finora esaminate, occorre aggiungere anche quelle che riguardano le *misure sanzionatorie e coercitive (oltre che risarcitorie) pronunciabili in caso di inadempienze o violazioni rispetto ai provvedimenti (definitivi o provvisori) adottati in materia di affidamento di minori o responsabilità genitoriale.*

Le misure coercitive e risarcitorie per le inadempienze o le violazioni relative all'affidamento e alla responsabilità genitoriale.

Infatti, l'art. 474 bis.39, come modificato anch'esso dal D.Lgs. 164/2024, prevede che, in caso di gravi inadempienze, anche di natura economica, o di atti che arrechino pregiudizio al minore od ostacolino il corretto svolgimento delle modalità dell'affidamento e dell'esercizio della responsabilità genitoriale, «*il giudice del procedimento in corso può d'ufficio modificare i provvedimenti in vigore e può, anche congiuntamente:*

a) ammonire il genitore inadempiente;

b) individuare ai sensi dell'articolo 614 bis la somma di denaro dovuta dall'obbligato per ogni violazione o inosservanza successiva o per ogni giorno di ritardo nell'esecuzione del provvedimento;

c) condannare il genitore inadempiente ad una sanzione amministrativa pecuniaria, da un minimo di 75 euro ad un massimo di 5.000 euro, a favore della cassa delle ammende».

Sebbene alcune delle misure qui richiamate rivestano natura propriamente sanzionatoria e altre natura coercitiva, sembra difficile negare che ad esse sia comunque connessa una funzione compulsoria sull'obbligato per indurlo ad adempiere spontaneamente le obbligazioni legate alla responsabilità genitoriale e all'affidamento, ossia nella maggior parte dei casi obbligazioni infungibili.

In questi stessi casi, inoltre, il giudice può anche condannare il genitore inadempiente «*al risarcimento dei danni a favore dell'altro genitore che lo richieda o, anche d'ufficio, del minore*» (2° comma dell'art. 473 bis.39).

Invece, «*Se non pende un procedimento* – prosegue il 3° comma, aggiunto sempre dal D.Lgs. 164/2024 – *la domanda si propone nelle forme dell'articolo 473 bis.12*».

Il procedimento da seguire è lo stesso del processo in corso nell'ambito del quale viene adottato ...

Quanto alle forme processuali da seguire, è chiaro che, ove la pronuncia in questione venga adottata nell'ambito di un procedimento già pendente, è questo il procedimento da seguire anche per la pronuncia delle misure coercitive e dell'eventuale condanna al risarcimento. Ciò che è confermato, del resto, anche dall'ultimo comma dello stesso art. 473 bis.39, in base al quale «*i provvedimenti assunti dal giudice del procedimento sono impugnabili nei modi ordinari*», e cioè nei modi previsti per l'impugnazione del provvedimento che chiude il procedimento in corso.

... il provvedimento in questione.

Se non è pendente il processo, la pronuncia avviene in via autonoma.

Invece, come detto, nelle residue ipotesi nelle quali così non fosse si utilizzano le forme proprie del rito speciale di cui agli artt. 473 bis.12 e ss. (v. retro, § 26).

36. *Le disposizioni speciali in presenza di violenza domestica o di genere.*

Nel capo III del titolo IV bis del libro II del codice il legislatore ha inserito una serie di disposizioni, che integrano la disciplina processuale generale del rito speciale, finora esaminata, con la finalità di adattarla alle peculiarità di alcune tipologie di controversie.

In particolare, le ulteriori disposizioni comprendono: quelle sugli *atti di violenza domestica o di genere e gli ordini di protezione*; la *separazione*, il *divorzio*, lo *scioglimento dell'unione civile*, la *regolamentazione della responsabilità genitoriale* e la *modifica delle relative condizioni*;

l'*interdizione*, l'*inabilitazione* e l'*amministrazione di sostegno*; l'*assenza* e la *morte presunta*; le *disposizioni relative a minori, interdetti e inabilitati*.

Le particolarità dei procedimenti in cui siano allegati abusi familiari e violenze domestiche o di genere.

La prima parte di queste ulteriori disposizioni è dedicata ai «*procedimenti in cui siano allegati abusi familiari o condotte di violenza domestica o di genere poste in essere da una parte nei confronti dell'altra o dei figli minori*» (art. 473 bis.40).

In questo caso, anzitutto, si prevede che il ricorso introduttivo – oltre agli elementi di cui agli artt. 473 bis.12 e 473 bis.13 (v. retro, § 26) – debba indicare anche gli eventuali procedimenti, definiti o pendenti, e provvedimenti conseguenti relativi agli abusi o alle violenze (art. 473 bis.41).

Inoltre, l'art. 473 bis.42 stabilisce che il giudice può: a) *abbreviare i termini processuali fino alla metà e compiere tutte le attività processuali previste anche d'ufficio e senza alcun ritardo*; b) *disporre mezzi di prova anche al di fuori dei limiti di ammissibilità previsti dal codice civile* al fine di accertare gli abusi e le violenze allegati; c) *chiedere al P.M. o alle altre autorità competenti informazioni su eventuali procedimenti relativi agli abusi e alle violenze allegati*. In questi stessi casi, oltre che nei casi in cui gli abusi e gli atti di violenza siano allegati o emergano in corso di causa, è fatto anche divieto «di iniziare il percorso di mediazione familiare» (art. 473 bis.43).

Non vi è l'obbligo di comparizione personale delle parti alla prima udienza.

Ancora, in questi stessi procedimenti non trova applicazione l'obbligo di comparizione personale delle parti alla prima udienza, ai sensi dell'art. 473 bis.21 (v. retro, § 28) (art. 473 bis.42, 6° comma).

Specifiche disposizioni vengono stabilite anche con riferimento all'ascolto del minore, prevedendo che esso debba essere effettuato «*evitando ogni contatto con la persona indicata come autore degli abusi o delle violenze*» e che all'ascolto il giudice non si debba procedere quando il minore sia stato già ascoltato in altro procedimento e le risultanze acquisite agli atti siano ritenute sufficienti ed esaustive (art. 473 bis.45).

Infine, se gli abusi e le violenze allegati dovessero risultare fondati, l'art. 473 bis.46 impone al giudice di adottare i provvedimenti più idonei a tutelare la vittima e il minore, inclusi gli ordini di protezione di cui all'art. 473 bis.70 (v. il § successivo), e a disciplinare il diritto di visita, prevedendo modalità idonee a non compromettere la loro sicurezza e disponendo anche l'intervento dei servizi sociali o sanitari a tutela della vittima e del minore.

37. *Gli ordini di protezione contro gli abusi familiari.*

Strettamente connessi con i procedimenti nell'ambito dei quali emergano violenze domestiche o di genere sono gli *ordini di protezio-*

ne contro gli abusi familiari, di cui si occupano gli artt. 473 bis.69, 473 bis.70, 473 bis.71 e 473 bis.72.

Anzitutto, l'art. 473 bis.69 prevede che «*Quando la condotta del coniuge o di altro convivente è causa di grave pregiudizio all'integrità fisica o morale ovvero alla libertà dell'altro coniuge o convivente, il giudice, su istanza di parte, può adottare con decreto uno o più provvedimenti di cui all'articolo 473 bis.70*». Nel rispetto di quanto stabilito dagli artt. 333 c.c. e 38 disp. att. c.c., il 2° comma dello stesso art. 473 bis.69 aggiunge che, laddove la condotta potrebbe arrecare pregiudizio ad un minore «*i medesimi provvedimenti possono essere adottati, anche su istanza del P.M., dal tribunale per i minorenni*».

Il contenuto degli ordini di protezione.

L'art. 473 bis.70 si preoccupa, poi, di individuare il contenuto di questi provvedimenti, che può consistere nell'ordine all'autore della condotta di cessare la condotta o anche nell'allontanamento dalla casa familiare dello stesso soggetto, con la prescrizione, ove occorra, di non avvicinarsi ai luoghi abitualmente frequentati dal beneficiario dell'ordine di protezione (in particolare, il luogo di lavoro, il domicilio della famiglia di origine o di prossimi congiunti o di altre persone, i luoghi di istruzione dei figli della coppia) e sempre che l'autore della condotta non debba frequentare i medesimi luoghi per esigenze di lavoro o di salute.

Il giudice, peraltro, può anche disporre, se occorre, l'intervento dei servizi sociali e delle associazioni per il sostegno e l'accoglienza di donne e minori o di altri soggetti vittime di abusi e il pagamento periodico, a favore delle persone conviventi, di un assegno, fissando modalità e termini di versamento ed eventualmente stabilendo il pagamento diretto da parte del datore di lavoro dell'obbligato.

La durata di tali provvedimenti – aggiunge il 3° comma dell'art. 473 bis.70 – è fissata dallo stesso giudice e comunque non può essere superiore a un anno, ma può essere prorogata se ricorrono gravi motivi per il tempo strettamente necessario, su istanza di parte o, in caso di minori, del P.M. Anche le modalità di attuazione sono fissate dal decreto del giudice e, ove dovessero sorgere difficoltà o contestazioni, egli provvede ad emanare i provvedimenti opportuni, compreso l'ausilio della forza pubblica e dell'ufficiale sanitario.

Il procedimento si svolge in camera di consiglio e si conclude con decreto motivato immediatamente esecutivo, …

Del procedimento da seguire per l'adozione di tali provvedimenti, infine, si occupa l'art. 473 bis.71, stabilendo che essi sono pronunciati – su ricorso anche della parte personalmente – dal «*tribunale del luogo di residenza o domicilio dell'istante, che provvede in camera di consiglio in composizione monocratica*» (1° comma). A seguito del ricorso, il presidente del tribunale designa il giudice a cui è affidata la trattazione, il quale, sentite le parti, «*procede nel modo che ritiene più opportuno agli atti di istruzione necessari, disponendo, ove occorra, anche per mezzo della polizia tributaria, indagini sui redditi, sul tenore di vita e sul patrimonio personale e comune delle parti, e provvede con decreto motivato immediatamente esecutivo*» (2° comma).

In caso di urgenza, l'ordine può essere pronunciato immediatamente dal giudice *inaudita altera parte*, salva conferma, modifica o revoca nell'udienza di comparizione delle parti davanti a sé «entro un termine non superiore a quindici giorni» (3° comma).

... avverso il quale è proponibile reclamo al tribunale ex art. 739 c.p.c.

Nei confronti del provvedimento del giudice di accoglimento o di rigetto del ricorso o di conferma, modifica o revoca del provvedimento *inaudita altera parte* «*è ammesso reclamo al tribunale entro i termini previsti dal secondo comma dell'articolo 739*», che non sospende l'esecutività e sul quale si pronuncia il tribunale collegiale in camera di consiglio (esclusa la partecipazione del giudice che ha pronunciato il provvedimento impugnato) con decreto motivato non ulteriormente impugnabile.

Inoltre, il 5° comma dell'art. 473 bis.71 prevede, con norma di chiusura, che per quanto non espressamente previsto dallo stesso articolo al procedimento si applicano gli artt. 737 e ss., in quanto compatibili, ossia la disciplina comune ai procedimenti in camera di consiglio, sulla quale ci soffermeremo nel cap. 14° di questo volume.

Stabilisce, infine, il 6° comma, appositamente aggiunto dal D.Lgs. 164/2024, che quando la condotta pregiudizievole è tenuta dalla parte che ha introdotto o nei confronti della quale è stato introdotto uno dei procedimenti disciplinati dal capo III, sezione II, del titolo IV bis, ossia un procedimento di separazione, di divorzio, di scioglimento dell'unione civile e di regolamentazione dell'esercizio della responsabilità genitoriale e di modifica delle relative condizioni, «*la domanda si propone al giudice davanti a cui pende la causa, che può assumere provvedimenti aventi i contenuti indicati nell'articolo 473-bis.70*».

Va poi ricordato che lo stesso D.Lgs. 164/2024 ha anche introdotto nel codice l'art. 473 bis.72, per recepire quanto in precedenza era previsto dall'art. 5 della L. 154/2001, a sua volta abrogato, e cioè l'applicabilità degli ordini di protezione anche per le condotte pregiudizievoli commesse da – o nei confronti di – altro componente del nucleo familiare diverso dal coniuge o dal convivente.

38. *I processi di separazione, divorzio, scioglimento dell'unione civile, regolamentazione della potestà genitoriale e modifica delle relative condizioni. Il processo su domanda congiunta.*

Un'apposita sezione del codice – la II del capo III del titolo IV bis – è riservata ai *processi di separazione personale dei coniugi, di divorzio, di scioglimento dell'unione civile, di regolamentazione della potestà genitoriale per i figli nati fuori dal matrimonio e di modifica delle relative condizioni*. Anche in questo caso si tratta di disposizioni che introducono, per questi procedimenti, deroghe alla disciplina processuale comune del rito speciale, che abbiamo esaminato in precedenza.

La competenza territoriale, in assenza di figli minori, è del tribunale del luogo di residenza o di domicilio del convenuto.

La prima deroga riguarda la competenza territoriale e si rinviene nell'art. 473 bis.47, dove si ribadisce che, in presenza di figli minori, la competenza è del tribunale della residenza abituale del minore, come già stabilito dall'art. 473 bis.11, 1° comma (v. retro, § 26), ma si aggiunge anche che, in assenza di figli minori, la competenza spetta al tribunale del luogo di residenza o di domicilio del convenuto o, in caso di irreperibilità o di residenza all'estero di quest'ultimo, del luogo di residenza o di domicilio dell'attore o, nel caso in cui questi sia residente all'estero, di qualunque tribunale della Repubblica.

Gli speciali poteri impugnatori del P.M.

Una seconda deroga attiene ai poteri impugnatori del P.M. con riferimento alle sentenze pronunciate nei procedimenti sopra richiamati. Stabilisce, infatti, il 2° comma dell'art. 473 bis.47, inserito dal D.Lgs. 164/2024, che «*Il Pubblico Ministero può proporre impugnazione avverso la sentenza che definisce il giudizio, limitatamente agli interessi patrimoniali dei figli minori o legalmente incapaci*».

Va sempre allegata la documentazione sulla situazione economica e finanziaria delle parti.

Nell'art. 473 bis.48 si rinviene un'ulteriore deroga, che riguarda la documentazione da allegare al ricorso introduttivo. Qui si prevede, infatti, che «*Salvo quanto previsto dall'art. 473 bis.51, nei procedimenti in questione al ricorso e alla comparsa di costituzione e risposta è sempre allegata la documentazione prevista dall'articolo 473 bis.12, terzo comma*». Si tratta della documentazione sulla situazione economica e finanziaria delle parti, che l'art. 473 bis.12 impone di allegare al ricorso introduttivo – come abbiamo visto (retro, § 26) – solo in caso di domande di contributo economico o in presenza di figli minori. Con la previsione dell'art. 473 bis.48, invece, il legislatore ha voluto che al ricorso introduttivo di uno dei procedimenti sopra indicati sia sempre allegata la documentazione relativa alla situazione economica e finanziaria delle parti. La ragione di questa previsione si rinviene nel fatto che in questi processi l'assetto dei rapporti fra le parti da stabilirsi dipende sempre da una valutazione del quadro economico sottostante.

La possibilità di proporre *domanda di separazione congiunta a quella di divorzio.*

Sempre con riferimento al contenuto del ricorso introduttivo, occorre anche tener presente la prevista possibilità per il ricorrente (ma anche per il convenuto in via riconvenzionale) di proporre – per evidenti ragioni di economia processuale e di accelerazione dei tempi di scioglimento del matrimonio – *insieme alla domanda di separazione anche la domanda di divorzio.*

Stabilisce, infatti, l'art. 473 bis.49, 1° comma, che «*negli atti introduttivi del procedimento di separazione personale le parti possono proporre anche domanda di scioglimento o cessazione degli effetti civili del matrimonio e le domande a questa connesse*». Ma aggiunge anche che tali domande diventano procedibili, ovviamente, soltanto dopo che sia decorso il termine a tal fine previsto dall'art. 3, 1° comma, n. 2, L. 898/1970 e previo passaggio in giudicato della sentenza non definitiva sulla separazione. Tale disposizione della L. 898/1970 sul divorzio, infatti, stabilisce che, per avanzare domanda di divorzio, la separazione fra i coniugi deve essersi protratta ininterrottamente da almeno 12 mesi dalla data dell'udienza di comparizione dei coniugi nella procedura di separazione personale e da 6 mesi in caso di separazione consensuale (in precedenza prevista dall'art. 711 c.p.c., ora abrogato dall'art. 49 del D.Lgs. 149/2022) ovvero da 6 mesi decorrenti dalla data dell'accordo di separazione raggiunto a seguito di una delle procedure stragiudiziali previste dal D.L. 132/2014 (conv. dalla L. 162/2014), che esamineremo nel § 42 (convenzione di negoziazione assistita da avvocati o accordo di separazione concluso innanzi all'ufficiale dello stato civile).

Ne deriva che la proposizione in cumulo delle due domande all'interno dello stesso processo comporta che la procedibilità della domanda di divorzio sia subordinata, non solo al passaggio in giudicato della sentenza non definitiva sulla separazione, ma anche al decorso del periodo minimo di separazione previsto dall'art. 3, 1° comma, n. 2, della L. 898/1970.

È anche possibile la riunione dei processi pendenti di separazione e di divorzio fra le stesse parti.

Allo stesso obiettivo risponde anche la prevista ammissibilità della riunione dei processi aventi ad oggetto queste domande fra le stesse parti e pendenti davanti allo stesso tribunale o a tribunali diversi (art. 473 bis.49, commi 2° e 3°). Nel primo caso, trattandosi della riunione di processi fra loro connessi, trova applicazione l'art. 274, 1° comma, a tenore del quale il giudice può, anche d'ufficio, disporre la riunione dei diversi processi connessi pendenti davanti al medesimo ufficio giudiziario (v. § 64 del vol. II). Invece, qualora il giudizio di separazione e quello di divorzio fossero proposti davanti a tribunali diversi, si applica l'art. 40 (v. § 64 del vol. II) e, in presenza di figli minori, la rimessione deve avvenire a favore del tribunale di cui all'art. 473 bis.11, 1° comma (quello della residenza abituale del minore).

Il legislatore precisa anche che, in caso di trattazione congiunta (originaria o sopravvenuta a seguito di riunione) delle due domande, il giudice, nel pronunciare la sentenza definitiva, deve assicurare l'autonomia dei diversi capi della sentenza e determinare la decorrenza dei diversi contributi economici eventualmente previsti (art. 473 bis.49, 4° comma). Questo vale in modo particolare per la decorrenza dell'attribuzione o della modifica dell'assegno di mantenimento e di quello divorzile, ove previsto, al fine di evitare possibili sovrapposizioni nel contenuto dei diversi capi della sentenza che statuiscono in proposito e di favorire la puntuale determinazione del *quantum* da portare eventualmente in esecuzione forzata. Infatti, mentre l'assegno di mantenimento decorre dal momento della proposizione della domanda di separazione, quello divorzile di regola decorre dal passaggio in giudicato della sentenza di divorzio, sebbene l'art. 4, 4° comma, L. 898/1970, ammetta che il giudice possa disporre, motivandolo adeguatamente, che anch'esso decorra dalla data della domanda di divorzio.

Ai provvedimenti «temporanei e urgenti» il giudice può aggiungere anche una proposta di «piano genitoriale».

Un'integrazione, più che una deroga alla disciplina generale sui *provvedimenti temporanei e urgenti nell'interesse delle parti e dei figli*, di cui all'art. 473 bis.22 (v. retro, § 29) si rinviene nell'art. 473 bis.50, il quale prevede che il giudice, nell'adottare tali provvedimenti anticipatori, debba indicare le informazioni che ciascun genitore è tenuto a comunicare all'altro e possa formulare anche una proposta di «piano genitoriale», tenendo conto di quelli allegati dalle parti, nel quale illustrare la complessiva situazione di vita del minore e le sue esigenze dal punto di vista dell'affidamento e dei tempi di frequentazione dei genitori, del mantenimento, dell'istruzione, dell'educazione e dell'assistenza morale dello stesso minore. Questa previsione si collega direttamente con l'onere delle parti di indicare nei loro atti introduttivi – come abbiamo visto (retro, § 26) – un «piano genitoriale», che illustri gli impegni e le attività quotidiane dei minori, relativamente alla scuola, al processo educativo, alle eventuali attività extrascolastiche, sportive, culturali e ricreative, alle frequentazioni parentali e amicali, ai luoghi abitualmente frequentati, alle vacanze normalmente godute.

I procedimenti su domanda congiunta di separazione, divorzio, scioglimento dell'unione civile e modifica delle relative condizioni.

Infine, una disciplina del tutto particolare viene riservata dall'art. 473 bis.51 ai *procedimenti su domanda congiunta di separazione, divorzio, scioglimento dell'unione civile, regolamentazione della potestà genitoriale e modifica delle relative condizioni.*

L'art. 473 bis.51, infatti, prevede che, in caso di domanda congiunta, la competenza territoriale spetta al tribunale del luogo di residenza o domicilio di uno dei due coniugi, ferma restando la prevalenza, se vi siano figli minori della coppia, del criterio di cui all'art. 473 bis.11 della residenza abituale del minore (retro, § 26).

Invece, con riferimento al ricorso introduttivo, oltre a richiamare i requisiti di cui all'art. 473 bis.12, 1° e 2° comma (v. retro, § 26), aggiunge che la documentazione relativa alle disponibilità economiche dei coniugi debba essere sostituita dalle indicazioni delle parti circa le rispettive disponibilità reddituali e patrimoniali degli ultimi 3 anni e che, attraverso il ricorso, le parti possano anche decidere di regolamentare concordemente, in tutto o in parte, i loro rapporti patrimoniali.

Nello stesso art. 473 bis.51, al 2° comma, è prevista anche la possibilità che le parti chiedano nel ricorso di sostituire l'udienza di comparizione personale con lo scambio di note scritte, dichiarando di non volersi riconciliare e depositando i documenti di cui all'art. 473 bis.12, 3° comma. Invece, ove non sia stata avanzata una tale istanza, il presidente fissa l'udienza e dispone la trasmissione degli atti al P.M., che esprime il suo parere entro 3 giorni prima della stessa udienza.

Il procedimento su domanda congiunta si chiude con sentenza che *omologa o prende atto degli accordi intervenuti.*

Prosegue, dunque, il 3° comma stabilendo che «All'udienza il giudice, sentite le parti e preso atto della loro volontà di non riconciliarsi, rimette la causa in decisione». Dopodiché, il collegio – aggiunge il 4° comma – «*provvede con sentenza con la quale omologa o prende atto degli accordi intervenuti tra le parti*», ma «*se gli accordi sono in contrasto con gli interessi dei figli, convoca le parti indicando loro le modificazioni da adottare, e, in caso di inidonea soluzione, rigetta allo stato la domanda*». In questa formulazione, tuttavia, sembra un fuor d'opera la previsione secondo cui, nel pronunciare la sentenza, il giudice «omologa» gli accordi intervenuti fra le parti. È evidente, infatti, che, se così fosse, il provvedimento in questione avrebbe la forma della sentenza, senza averne la sostanza, perché avrebbe natura di provvedimento di giurisdizione volontaria (v. oltre, cap. 14°). Sembra più ragionevole ritenere che qui il riferimento alla necessità che con la sentenza il giudice «omologhi» gli accordi fra le parti si riduca, molto più semplicemente, alla possibilità che in essa si tenga conto anche degli accordi intervenuti fra le parti, ovviamente in relazione agli aspetti della controversia sui quali è esercitabile l'autonomia privata.

Domanda congiunta di modifica delle condizioni sulla responsabilità genitoriale e sui contributi economici a favore dei figli o delle parti.

Anche per quanto riguarda la «*domanda congiunta di modifica delle condizioni inerenti all'esercizio della responsabilità genitoriale nei confronti dei figli e ai contributi economici in favore di questi e delle parti*», il 5° comma dell'art. 473 bis.51 stabilisce che il presidente designa il giudice relatore, il quale, «acquisito il parere del P.M., riferisce in camera di consiglio» al collegio e «dispone la comparizione personale delle parti quando queste ne fanno richiesta congiunta o sono necessari chiarimenti in merito alle nuove condizioni proposte». Per il resto il procedimento anche in questo caso proseguirà con la pronuncia della sentenza da parte del collegio, ai sensi del 5° comma dell'art. 473 bis.51.

Per quanto riguarda, invece, la modifica dei provvedimenti «*a tutela dei minori e in materia di contributi economici*», *non a domanda congiunta*, ma su richiesta di una sola delle parti «quando sopravvengano giustificati motivi», l'art. 473 bis.29 prevede che si seguano le forme del rito speciale di cui agli artt. 473 bis.11 e ss., di cui ci siamo occupati in precedenza, e non quelle particolari dell'art. 473 bis.51.

39. *I processi di interdizione, inabilitazione e amministrazione di sostegno.*

La trasposizione nel c.p.c. della disciplina processuale su interdizione, inabilitazione e amministrazione di sostegno.

Anche per i processi di interdizione, inabilitazione e amministrazione di sostegno il legislatore ha previsto – nella sezione III del capo III del titolo IV bis – disposizioni integrative della disciplina generale sul rito in materia di stato delle persone, minorenni e famiglie.

«*La domanda di interdizione o inabilitazione* – così l'art. 473 bis.52, 1° comma – *si propone con ricorso diretto al tribunale del luogo in cui la persona nei confronti della quale è proposta ha residenza o domicilio*». Il ricorso in questo caso contiene, oltre alle indicazioni di cui agli artt. 473 bis.12 e 473 bis.13 (sulle quali v. retro, § 26), anche nome, cognome e residenza del coniuge o del convivente di fatto, dei parenti entro il quarto grado, degli affini entro il secondo grado e, se vi sono, del tutore o curatore dell'interdicendo o dell'inabilitando.

L'art. 473 bis.53 aggiunge che il presidente del tribunale adito provvede a nominare il giudice relatore, a fissare l'udienza di comparizione davanti a lui del ricorrente, dell'interdicendo o dell'inabilitando e delle altre persone indicate nel ricorso e il termine entro il quale il ricorrente deve provvedere a notificare ricorso e decreto alle persone che devono comparire all'udienza.

All'udienza, che si svolge di norma in presenza e nella quale interviene anche il P.M., il giudice – prevede l'art. 473 bis.54 – «*procede all'esame dell'interdicendo o dell'inabilitando, sente il parere delle altre persone citate interrogandole sulle circostanze che ritiene rilevanti ai fini della decisione e può disporre anche d'ufficio l'assunzione di ulteriori informazioni, esercitando i poteri istruttori previsti dall'articolo 419 codice civile*».

L'esame dell'interdicendo o dell'inabilitando può anche avvenire mediante collegamento audiovisivo a distanza.

Peraltro, se l'interdicendo o l'inabilitando non può comparire per legittimo impedimento o la comparizione personale può arrecargli grave pregiudizio, il giudice può recarsi, sempre con l'intervento del P.M., nel luogo in cui egli si trova oppure disporre, valutata ogni circostanza, che «l'udienza si svolga mediante collegamento audiovisivo a distanza, individuando le modalità idonee ad assicurare l'assenza di condizionamenti». Durante lo svolgimento del processo, inoltre, può essere nominato, anche d'ufficio, con decreto del giudice relatore *il tutore o curatore provvisorio* dell'interdicendo o dell'inabilitando, ma questi può comunque stare in giudizio e compiere tutti gli atti del procedimento, comprese le impugnazioni (art. 473 bis.55).

Infine, la sentenza che viene pronunciata sulla domanda di interdizione o di inabilitazione «*può essere impugnata da tutti coloro che avrebbero avuto diritto di proporre la domanda, anche se non hanno partecipato al giudizio, e dal tutore o curatore nominato con la stessa sentenza*» nel termine che decorre per tutte le persone legittimate a impugnare dalla notificazione alle persone che hanno partecipato al giudizio (art. 473 bis.56).

Le stesse forme previste per la dichiarazione dell'interdizione o dell'inabilitazione si seguono anche per la sua revoca e nel relativo giudizio possono intervenire per opporsi coloro che avevano diritto di promuovere la domanda di interdizione o di inabilitazione, i quali, pur se non intervenuti, possono comunque impugnare la sentenza di revoca (art. 473 bis.57).

Veniamo, invece, alla procedura di amministrazione di sostegno, che ha l'obiettivo – come esplicitato dall'art. 1 della L. 6/2004 – di «*tutelare, con la minore limitazione possibile, la capacità di agire delle persone in tutto o in parte prive di autonomia nell'espletamento delle funzioni della vita quotidiana, mediante interventi di sostegno temporaneo o permanente*». Poiché questa finalità si è concretata nell'introduzione della figura dell'«amministratore di sostegno» e nella conseguente necessaria disciplina delle modalità della sua designazione, cessazione ed eventuale revoca, nonché nell'attribuzione dei suoi relativi poteri e limiti, l'esposizione che segue potrà solo soffermarsi sul procedimento di nomina (oltre che di revoca e di cessazione) dell'amministratore di sostegno, sui poteri ad esso conferiti e sulle incidenze dell'eventuale designazione del suddetto amministratore di sostegno nella disciplina del giudizio di interdizione e inabilitazione.

Come noto, quest'istituto appartiene in primo luogo al diritto sostanziale, come appare anche dal collocamento del nucleo essenziale della sua disciplina nel codice civile (artt. 404-413 c.c.), così venendo incontro all'esigenza di maggior duttilità ed elasticità nella limitazione dei poteri alle persone affette da infermità non solo psichiche o, più in generale, prive di autonomia.

L'istituto è incentrato sulla figura dell'*amministratore di sostegno*.

Va tenuto presente che, indipendentemente dalle drastiche e ben individuate limitazioni di poteri conseguenti all'interdizione o all'inabilitazione, *la nomina dell'amministratore di sostegno sottrae la capacità di agire solo per determinate categorie di atti da stabilirsi volta per volta*, lasciando al beneficiario la residuale capacità di agire per tutti gli atti che non richiedono la rappresentanza esclusiva o l'assistenza necessaria dell'amministratore di sostegno e comunque per tutti gli atti necessari a soddisfare le esigenze della propria vita quotidiana (art. 409 c.c.). Va ugualmente tenuto presente che l'amministratore di sostegno deve operare in funzione dei bisogni e delle aspirazioni dell'amministrato – significativamente definito *beneficiario* (art. 410 c.c.) – e che l'organo incaricato della sua designazione (ed eventuale revoca e cessazione) e di vigilare attivamente sulle modalità con le quali l'amministratore assolve i suoi compiti (fino alla possibilità, *in caso di urgenza*, di esercitare poteri di supplenza) è il *giudice tutelare*.

Nell'amministrazione di sostegno contro i decreti del giudice tutelare è ammesso reclamo al tribunale e poi ricorso per cassazione.

Ciò premesso, in via generale l'art. 473 bis.58 prevede che anche all'amministrazione di sostegno si applichino, in quanto compatibili, le stesse disposizioni processuali previste per la dichiarazione di interdizione o di inabilitazione, aggiungendo che «*contro i decreti del giudice tutelare è ammesso reclamo al tribunale ai sensi dell'articolo 739*» (v. oltre, § 106) e che «*contro il decreto del tribunale in composizione collegiale è ammesso ricorso per cassazione*».

Queste due disposizioni sembrano manifestare la volontà di sottoporre i procedimenti di amministrazione di sostegno alle forme dei procedimenti in camera di consiglio, salve le integrazioni derivanti da quanto previsto per l'interdizione e l'inabilitazione.

Anche la prevista ricorribilità per cassazione dei decreti pronunciati in sede di reclamo ex art. 739 dovrebbe valere – secondo gli approdi della stessa Cassazione – solo per i decreti del giudice tutelare di natura decisoria, ossia per quelli che dispongono l'apertura o la chiusura dell'amministrazione di sostegno, e non anche per i provvedimenti a carattere gestorio, come, ad es., quelli di nomina, sostituzione e/o revoca dell'amministratore di sostegno.

40. *I processi per la dichiarazione di assenza e morte presunta.*

Alcuni brevi cenni vanno fatti in questa sede anche alle disposizioni processuali relative ai processi per la dichiarazione di assenza e morte presunta, per il resto disciplinati dal codice civile.

In termini generali, l'art. 473 bis.59 si limita a prevedere che i provvedimenti conservativi nell'interesse dello scomparso, di cui all'art. 48 c.c., sono pronunciati dal tribunale in camera di consiglio su ricorso degli interessati, sentito il P.M.

La domanda di dichiarazione di assenza e quella di dichiarazione di morte presunta si propongono con ricorso (artt. 473 bis.60 e 473 bis.62) delle persone rispettivamente indicate negli artt. 48 e 58 c.c., a seguito del quale il presidente del tribunale fissa un'udienza di comparizione davanti a sé o ad un giudice da lui designato del ricorrente e di tutte le persone indicate nel ricorso (i presunti successori dell'assente o dello scomparso), nonché del suo procuratore o rappresentante legale, se esistono. Tutte persone alle quali il ricorso e il decreto devono essere previamente notificati a cura del ricorrente nel termine stabilito dallo stesso presidente. Nel procedimento di dichiarazione di morte presunta, l'art. 473 bis.62, 2° comma, richiede, in più, la pubblicazione (per 2 volte consecutive) della domanda per estratto nella Gazzetta Ufficiale e in due giornali, con invito a chiunque abbia notizie dello scomparso di farle pervenire al tribunale entro 6 mesi dall'ultima pubblicazione.

Il procedimento si svolge in camera di consiglio e si chiude con sentenza idonea al giudicato *rebus sic stantibus*.

L'assenza o la morte presunta sono dichiarate in camera di consiglio, ma il provvedimento conclusivo ha la forma della sentenza (artt. 473 bis.61 e 473 bis.62), che deve essere inserita per estratto nella Gazzetta Ufficiale e pubblicata nel sito internet del Ministero della giustizia ed è idonea a passare in giudicato. Ma si tratta, ovviamente, di giudicato *rebus sic stantibus*, ciò che è confermato anche dal fatto che, nel procedimento di morte presunta, viene addirittura prevista la riproponibilità della domanda respinta, sia pure dopo il decorso di due anni (art. 59 c.c.). La forma della sentenza ne implica l'impugnabilità con l'appello, che va proposto con ricorso da presentarsi davanti alla corte d'appello territorialmente competente.

Va aggiunto, infine, che gli effetti sostanziali delle dichiarazioni di assenza e di morte presunta – che esulano da questa trattazione – sono, rispettivamente, quelli di cui agli artt. 50-55 c.c. e agli artt. 63-65 c.c.

41. *Le disposizioni relative a minori, interdetti e inabilitati.*

Non più di alcuni cenni vanno riservati anche alle disposizioni relative ai minori, agli interdetti e agli inabilitati.

I provvedimenti relativi a minori, interdetti e inabilitati sono pronunciati dal tribunale in camera di consiglio, salva diversa disposizione.

In termini generali, i provvedimenti relativi a minori, interdetti e inabilitati sono pronunciati dal tribunale in camera di consiglio, salva diversa disposizione, e che, se occorre il parere del giudice tutelare, questo deve essere prodotto dal ricorrente insieme al ricorso (art. 473 bis.64).

Anche le modalità per la vendita dei beni dei minori, interdetti o inabilitati sono stabilite dal tribunale.

Invece, della vendita di beni di minori, interdetti e inabilitati si occupano gli artt. 473 bis.65 e 473 bis.66. In particolare, nel primo dei due articoli si prevede che, se il tribunale ha disposto che si debba procedere per pubblici incanti, lo stesso tribunale designa per procedervi un ufficiale giudiziario del tribunale del luogo in cui si trovano i beni mobili, oppure un cancelliere del tribunale o un notaio del luogo in cui si trovano i beni immobili. Invece, l'art. 473 bis.66 aggiunge che, se al primo incanto non viene fatta offerta superiore o uguale al prezzo base fissato dal tribunale, l'ufficiale designato ne dà atto nel processo verbale e trasmette copia allo stesso tribunale, il quale può autorizzare la vendita a trattative private, se non dispone la revoca dell'autorizzazione o una nuova vendita all'incanto ad un prezzo inferiore.

42. *Le procedure stragiudiziali in materia di separazione, divorzio, scioglimento dell'unione civile, affidamento e mantenimento di figli nati fuori dal matrimonio.*

Le due procedure stragiudiziali in materia di familiare introdotte nel 2014.

Come già rilevato, il D.L. 132/2014 (conv. dalla L. 162/2014) ha introdotto la possibilità di utilizzare – in materia di controversie relative ai rapporti familiari – due procedure stragiudiziali: quella di «*negoziazione assistita da avvocati*» (art. 6) e quella *davanti al sindaco quale ufficiale dello stato civile* (art. 12).

La negoziazione assistita da almeno un avvocato per parte.

Cominciamo dalla prima delle due procedure, quella di *negoziazione assistita*. Utilizzando tale procedura – stabilisce l'art. 6, comma 1° e 1 bis, del D.L. 132/2014 – con l'assistenza di *almeno un avvocato per parte*, può essere stipulata una convenzione al fine di conseguire una «*soluzione consensuale*» in materia di *separazione personale*, di *cessazione degli effetti civili del matrimonio*, di *scioglimento del matrimonio nei casi di cui all'art. 3, n. 2, lett. b, L. div.* (ossia, nell'ipotesi di precedente separazione: v. retro, § 38), di *modifica delle condizioni di separazione o di divorzio*, di *scioglimento dell'unione civile*, di *determinazione delle modalità di affidamento e mantenimento dei figli nati fuori dal matrimonio* e di *mantenimento di quelli maggiorenni economicamente non autosufficienti* o di *modifica delle condizioni, già stabilite*, di *determinazione degli alimenti ex art. 433 c.c.* o di *modifica di tale determinazione*.

Il *nullaosta* e ...

Tale accordo, tuttavia, perché produca effetti richiede ulteriori adempimenti. Infatti, «*in mancanza di figli minori, figli maggiorenni incapaci o portatori di handicap grave ai sensi dell'art. 3, 3° comma, della legge 5 febbraio 1992 n. 104 ovvero economicamente non autosufficienti, l'accordo raggiunto a seguito di convenzione di negoziazione assistita* – impone il 2° comma del citato art. 6 – *è trasmesso* [con modalità telematiche] *al procuratore della Repubblica presso il tribunale competente il quale, quando non ravvisa irregolarità, comunica agli avvocati di tutte le parti il nullaosta per gli adempimenti ai sensi del comma 3*». Vale a dire, al fine di consentire all'avvocato della parte di trasmettere, entro il termine di 10 giorni, all'ufficiale dello stato civile del comune in cui il matrimonio è iscritto o trascritto, copia dell'accordo autenticata dallo stesso.

... l'*autorizzazione* del procuratore della Repubblica.

Invece, nel caso in cui vi siano figli minori, maggiorenni incapaci o portatori di handicap grave o economicamente non autosufficienti, l'accordo raggiunto «*deve essere trasmesso* [sempre con modalità telematiche] *entro il termine di dieci giorni al procuratore della Repubblica presso il tribunale competente, il quale, quando ritiene che l'accordo risponde all'interesse dei figli, lo autorizza e lo comunica a tutte le parti*». In caso contrario oppure, in ogni caso, se ritiene che sia opportuno procedere all'ascolto dei figli, «*lo trasmette, entro cinque giorni, al presidente del tribunale, che fissa, entro i successivi trenta giorni, la comparizione delle parti e provvede senza ritardo*».

L'accordo così raggiunto, nel quale si dà atto che gli avvocati hanno tentato di conciliare le parti e le hanno informate della possibilità di esperire la mediazione familiare, «*produce gli effetti e tiene luogo dei provvedimenti giudiziali che definiscono* [...] *i procedimenti di separazione personale, di cessazione degli effetti civili del matrimonio, di scioglimento del matrimonio e di modifica delle condizioni di separazione o di divorzio, di affidamento e di mantenimento dei figli minori nati fuori del matrimonio, nonché i procedimenti per la disciplina delle modalità di mantenimento dei figli maggiorenni non economicamente autosufficienti e per la modifica delle condizioni già determinate, per la determinazione degli alimenti e per la loro modifica*» (art. 6, 3° comma). Ciò significa anche che, in caso di separazione, è dal momento del nullaosta o dell'autorizzazione che si avrà anche lo scioglimento della comunione legale dei beni, ai sensi dell'art. 191 c.c. e la decorrenza del termine di 6 mesi per poter avanzare domanda di divorzio, ai sensi dell'art. 3, 1° comma, n. 2, L. 898/1970 sul divorzio (v. retro, § 38).

Gli effetti dell'accordo sono identici ...

... a quelli conseguibili in sede giudiziale.

Se poi nell'accordo dovessero essere stati inseriti *patti di trasferimento immobiliare*, questi – prevede sempre il 3° comma dell'art. 6 – «*hanno effetti obbligatori*» fra le parti. In questo modo il legislatore, *escludendo che l'accordo produca effetti reali*, ha inteso superare i dubbi che erano emersi circa la possibilità di considerare l'accordo raggiunto attraverso la negoziazione assistita titolo idoneo anche per ottenere il trasferimento della proprietà sugli immobili, senza l'intervento di un notaio.

E ancora, il comma 3° bis dello stesso art. 6 ammette la possibilità che, quando la negoziazione abbia ad oggetto lo scioglimento o la cessazione degli effetti civili del matrimonio o lo scioglimento dell'unione civile, le parti stabiliscano nell'accordo «*la corresponsione di un assegno in unica soluzione*», analogamente a quanto previsto dall'art. 5, 8° comma, della legge sul divorzio (L. 898/1970), il quale, però, presuppone la valutazione di equità da parte del tribunale competente. È per questa ragione che il comma 3° bis aggiunge che, nel caso di assegno in unica soluzione previsto dall'accordo di negoziazione, la valutazione di equità è effettuata dagli avvocati delle parti mediante certificazione di tale pattuizione.

Infine, per quanto riguarda le modalità di conservazione dell'accordo raggiunto in sede di negoziazione assistita il comma 3° ter dello stesso art. 6 – modificato dal D.Lgs. 216/2024 – stabilisce che l'accordo, munito del nullaosta o dell'autorizzazione del procuratore della Repubblica, viene trasmesso senza indugio a mezzo p.e.c., a cura degli avvocati che l'hanno sottoscritto, con le modalità previste dall'art. 11, 1° comma (ossia, per il tramite del Consiglio Nazionale Forense: v. oltre, § 122) al Consiglio dell'ordine presso cui è iscritto uno degli avvocati, il quale provvederà a conservarlo e a rilasciarne copia autentica alle parti e ai difensori che lo hanno sottoscritto. La conservazione ed esibizione dell'accordo è disciplinata dall'art. 43 del codice dell'amministrazione digitale di cui al D.Lgs. 82/2005.

La procedura davanti al sindaco quale ufficiale dello stato civile.

La seconda procedura stragiudiziale è *quella che si svolge davanti al sindaco quale ufficiale dello stato civile*. Stabilisce in proposito l'art. 12 del D.L. 132/2014 che le parti (personalmente o con l'assistenza facoltativa di un avvocato) possono concludere un accordo di separazione personale ovvero, nei casi di cui all'art. 3, 1° comma, n. 2, L. 898/1970, di divorzio, nonché di modifica delle condizioni di separazione o di divorzio, rivolgendo un'espressa dichiarazione al sindaco, quale ufficiale dello stato civile, del comune di residenza di una di loro o presso cui è iscritto o trascritto l'atto di matrimonio. Ciò, però, sempre che non vi siano figli minori o maggiorenni incapaci o portatori di handicap grave ovvero economicamente non autosufficienti. Va anche aggiunto che, quando si tratta di «accordo» per la separazione o il divorzio (e dunque, escluso quello di modifica delle condizioni di separazione o di divorzio), l'ufficiale dello stato civile, ricevute le dichiarazioni delle parti, le invita a comparire personalmente davanti a sé non prima di 30 giorni dalla ricezione per la conferma dell'accordo e, in tal caso, la mancata comparizione equivale a mancata conferma dell'accordo.

Anche in questo caso gli effetti dell'accordo sono identici a quelli conseguibili in sede giudiziale, ...

Come per la «negoziazione assistita», l'«accordo» così concluso produce i medesimi effetti dei provvedimenti giudiziari che concludono i procedimenti di separazione o di divorzio (oltre che di scioglimento dell'unione civile) o di modifica delle condizioni di separazione o di divorzio e in base ad esso verranno effettuate le dovute annotazioni negli atti di matrimonio. Nell'accordo così concluso, *tuttavia*, non possono essere inclusi «*patti di trasferimento patrimoniale*» (art. 12, 3° comma); disposizione, quest'ultima, che, al di là della poco puntuale formulazione letterale, mira molto più semplicemente – come ha puntualizzato la Cassazione – ad impedire che si utilizzi la procedura in questione per procedere anche a trasferimenti immobiliari, senza che ci sia l'intervento di un notaio (Cass. 21 gennaio 2020 n. 1202).

... ma l'accordo non può contenere *patti di trasferimento patrimoniale.*

Bibliografia di orientamento

G. BONILINI-A. CHIZZINI, *L'amministrazione di sostegno*, 2ª ed., Padova, 2007; G. BONILINI-F. TOMMASEO, *Dell'amministrazione di sostegno*, 2ª ed., Milano, 2018; E. VULLO, *Amministrazione di sostegno (dir. proc. civ.)*, in *Diritto on line Treccani*, 2012; A. CARRATTA, *Le nuove procedure negoziate e stragiudiziali in materia matrimoniale*, in *Giur. it.*, 2015; F. TOMMASEO, *Unioni civili e convivenze di fatto: profili processuali*, in *Il libro dell'anno del diritto Treccani*, Roma, 2017; B. POLISENO, *Profili di tutela del minore nel processo civile*, Napoli, 2017; A. CARRATTA, *Provvedimenti a tutela dei minori e sottrazione internazionale*, in *Riv. trim. dir. e proc. civ.*, 2017; R. DONZELLI, *I provvedimenti nell'interesse dei figli minori ex art. 709 ter c.p.c.*, Torino, 2018; A.R. EREMITA, *Ordini di protezione familiare e processo civile*, Napoli, 2019; M.A. LUPOI, *La crisi matrimoniale e genitoriale nello spazio di giustizia europeo*, Pisa, 2022; PROTO PISANI, *Note a prima lettura di una brutta riforma del processo civile*, in *Quest. giust.*, 2022; G. SCARSELLI, *La riforma del processo di famiglia*, in *www.giustiziainsieme.it*; A. CARRATTA, *Un nuovo processo di cognizione per la giustizia familiare e minorile*, in *Fam. e dir.*, 2022; A. CARRATTA, *Rito unico per le controversie in materia di famiglia*, in *Enc. dir.*, *I Tematici*, *Famiglia*, Milano, 2022; B. POLISENO, *Il procedimento in materia di persone, minorenni e famiglie*, in *La riforma del processo civile*, a cura di D. DALFINO, in *Foro it.*, *Gli speciali*, 4/2022; N. MINAFRA, *I procedimenti su domanda congiunta*, *ibidem*; N. MINAFRA, *Il cumulo delle domande di separazione e di divorzio*, *ibidem*; R. DONZELLI, *L'attuazione dei provvedimenti*, *ibidem*; A. ALFIERI, *La rilevanza dei fatti di violenza*, *ibidem*; S. TRABACE, *I procedimenti per l'interdizione, l'inabilitazione, la nomina dell'amministratore di sostegno ecc.*, *ibidem*; C. SPACCAPELO, *Profili processuali e tutele della separazione e del divorzio delle coppie internazionali*, Pisa, 2022; AA.VV., *La riforma del processo e del giudice per le persone, per i minorenni e per le famiglie*, a cura di C. CECCHELLA, Torino, 2023; A. CARRATTA, *Il nuovo rito uniforme per le persone, i minorenni e le famiglie: un esempio di ri-codificazione della tutela differenziata*, in *Jus*, 2023; R. LOMBARDI, *Il procedimento in materia di persone, minorenni e famiglie*, in *Il processo civile dopo la riforma Cartabia*, a cura di A. DIDONE e F. DE SANTIS, Milano, 2023; F. MANGANO, *Il tribunale per le persone, per i minorenni e per le famiglie*, *ibidem*; G. COSTANTINO, *Questioni di coordinamento tra il nuovo «procedimento unificato» e le altre forme di tutela giurisdizionale delle persone, dei minorenni e delle famiglie*, in *Riv. dir. proc.*, 2023; D. D'ADAMO, *La coordinazione genitoriale nella riforma del processo civile*, *ibidem*; L. QUERZOLA, *"Ora il diritto è un fatto essenzialmente spirituale (...)": l'ascolto del minore nel rito familiare riformato*, in *Riv. trim. dir. e proc. civ.*, 2023; A. GRAZIOSI, *Luci e ombre del nuovo processo di famiglia*, *ibidem*; M.A. LUPOI, *Il "nuovo" procedimento di separazione e divorzio, tra barriere preclusive e ruolo attivo del giudice*, *ibidem*; F. DANOVI, *Un processo unitario per la giustizia familiare e minorile*, *ibidem*; R. DONZELLI, *Manuale del processo familiare e minorile*, Torino, 2024; C. CECCHELLA, *Il processo in materia di persone, minorenni e famiglie*, Pisa, 2024; G. CASABURI, *La partecipazione del minore nel nuovo processo di famiglia*, in *Foro it.*, 2024, V; F.P. LUISO, *Il processo civile*, Torino, 2024; P. FARINA-R. GIORDANO-R. METAFORA, *Il decreto correttivo alla riforma civile Cartabia*, Milano, 2025; A. CARRATTA, *Il processo civile dopo i correttivi alla riforma Cartabia*, Torino, 2025.

CAPITOLO IV

IL PROCESSO DI DIVISIONE

43. *Il processo di divisione o di scioglimento delle comunioni.*

La duplice funzione del processo di divisione.

L'oggetto sostanziale del processo di divisione o, come lo chiama il codice, di scioglimento delle comunioni – ed al quale si applicano le preclusioni previste per l'ordinario processo di cognizione – è, almeno tendenzialmente, duplice: l'*accertamento* del diritto che ha ogni partecipante ad una comunione (anche ereditaria), allo scioglimento della comunione stessa, così come espressamente prevedono gli artt. 713 e 1111 c.c., e, quindi, l'*attuazione* di quel diritto; attuazione che non può logicamente avvenire se non nei confronti di tutti i partecipanti alla comunione. D'altra parte, può accadere che questi ultimi controvertano soltanto sull'esistenza o meno del suddetto diritto o che, viceversa, senza contestare quel diritto, aspirino soltanto alla sua attuazione.

È un tipico esempio di *litisconsorzio necessario* enunciato dall'art. 784 c.p.c.

In correlazione con le caratteristiche proprie di questo complesso e mutevole oggetto sostanziale, l'ordinamento processuale, dopo l'enunciazione della regola che offre un tipico esempio di *litisconsorzio necessario* (v. vol. I, § 54) con riguardo a «*tutti gli eredi o condomini nonché ai creditori opponenti, se vi sono*» (art. 784 c.p.c.), appronta, per il procedimento in discorso, una disciplina suscettibile di adattarsi alle diverse esigenze e cioè non univoca.

Da un lato, infatti – ossia con evidente riguardo alle esigenze proprie dell'accertamento del diritto alla divisione –, configura l'avvio ad una prima possibilità di soluzione del giudizio con le forme proprie del processo di cognizione, disponendo che esso è introdotto con un atto di citazione, è istruito e diretto dal giudice monocratico, con sentenza soggetta ai mezzi ordinari di impugnazione e idonea a passare in giudicato.

Dall'altro lato – con riguardo all'eventualità che il diritto alla divisione non sia controverso –, non esita a stabilire che il giudizio in discorso, può, una volta introdotto, svolgersi e concludersi con forme diverse, anche di tipo non contenzioso, in relazione ai diversi possibili atteggiamenti delle parti. Più precisamente: mentre l'impiego integrale delle forme del processo di cognizione viene riservato all'eventualità che sorgano contestazioni sul diritto alla divisione (o comunque venga richiesto l'accertamento di tale diritto) o si controverta sui criteri e sulle modalità concrete della sua attuazione, il codice si preoccupa di aprire la via a soluzioni più sollecite ogni qual volta si delinei la possibilità di una divisione concordata o anche semplicemente non contestata.

Naturalmente l'organo che ha il compito di effettuare le verifiche intorno a queste possibilità è il tribunale in composizione monocratica, al quale il codice affida, fin dalla prima udienza, il compito di rilevare l'esistenza o meno di *contestazioni sul diritto alla divisione* (art. 785 c.p.c.), di riscontrare, cioè, se uno o più comproprietari neghi, ad es., la comproprietà o la partecipazione ad essa del richiedente o l'entità della sua quota. Se non sorgono contestazioni al riguardo, il giudice dà atto di ciò, dando anche le disposizioni opportune per l'attuazione della divisione. Ciò con un'ordinanza che, nella sua prima parte, ha natura decisoria sulla sussistenza del diritto alla divisione.

Se sussistono contestazioni, il giudice rimette la causa in decisione con riguardo alla questione che è pregiudiziale ai sensi dell'art. 187, 2° comma, c.p.c.

Se invece questo diritto è contestato, sorge una questione che è pregiudiziale rispetto all'attuazione della divisione e che rientra tra quelle questioni che l'art. 187, 2° comma, chiama preliminari di merito (v. vol. II, § 23) e con riferimento alle quali il giudice effettua la rimessione (totale) in decisione (v. vol. II, § 29), in applicazione dell'art. 187, che è per l'appunto richiamato dall'art. 785. A seguito di questa rimessione, il giudice monocratico pronuncia sentenza, che è «definitiva», se dichiara l'insussistenza del diritto alla divisione, e «non definitiva» (v. vol. II, § 60) nel caso opposto.

Se non sussistono contestazioni (o se sono risolte con sentenza non definitiva), il giudice provvede alla divisione.

Se, invece, il giudice riscontra che il diritto alla divisione non è contestato, pronuncia ordinanza, con la quale dispone la divisione. Ed allo stesso modo provvede l'organo decidente, dopo aver respinto con sentenza non definitiva l'eventuale contestazione circa il diritto alla divisione.

Secondo l'opinione prevalente l'ordinanza con la quale si dispone la divisione in assenza di contestazioni avrebbe natura negoziale e, di conseguenza, non sarebbe impugnabile. Tuttavia, laddove sia stata emessa dal giudice per errore pur in presenza di contestazioni, le sezioni unite della Cassazione hanno affermato che, stante la sua natura «abnorme» e la sua «sostanza» di sentenza, essa sia appellabile (e non ricorribile per cassazione ai sensi dell'art. 111, 7° comma, Cost.).

L'ordinanza «abnorme» è appellabile.

A questo punto hanno inizio le operazioni di divisione, che possono essere effettuate o direttamente dal giudice, oppure essere, da quest'ultimo, delegate ad un professionista, anche nel corso di esse (art. 786). Il riferimento dell'art. 786 (e dell'art. 790) ancora al solo notaio, sembra superato dal riferimento al professionista (notaio, avvocato, commercialista) di cui agli artt. 787 e 788.

Il codice disciplina distintamente le modalità con le quali il giudice, da un lato, e il professionista, dall'altro, fanno emergere la possibilità di una divisione concordata (o semplicemente non contestata) da porre a base dell'eventuale definizione non contenziosa del giudizio. Ma poiché ciò presuppone, ovviamente, la concreta predisposizione dei lotti, il codice incomincia col disporre genericamente che il giudice (o il professionista) predispone un «*progetto di divisione*» e con l'indicare il modo di superare il possibile ostacolo determinato dall'eventuale necessità (per formare i lotti) di vendere uno o più dei cespiti mobiliari o immobiliari appartenenti al patrimonio da dividere. Per quest'eventualità gli artt. 787 e 788 dispongono che a tali vendite si procede con le forme della vendita forzata, se non sorge controversia sulla necessità della vendita, mentre nel caso contrario (o comunque se c'è una pretesa all'intero) la vendita non può essere disposta se non con sentenza dell'organo decidente. Una volta superati questi eventuali ostacoli, il giudice o il professionista predispongono il progetto di divisione, sul cui fondamento il codice cerca di favorire la definizione non contenziosa del giudizio.

Le operazioni di divisione consistono nella *predisposizione di un progetto di divisione*, con la formazione dei lotti.

Se tale progetto è stato predisposto dal giudice, questi – così dispone l'art. 789, 1° comma – «*fissa con decreto l'udienza di discussione del progetto, ordinando la comparizione dei condividenti* e dei creditori intervenuti». Il 2° comma del medesimo articolo aggiunge poi che «*il decreto è comunicato alle parti*» e il 3° comma prosegue disponendo che «*se non sorgono contestazioni, il giudice istruttore, con ordinanza non impugnabile, dichiara esecutivo il progetto, altrimenti provvede a norma dell'art. 187*».

All'udienza, se non sorgono contestazioni, *il giudice dichiara esecutivo il progetto*, altrimenti rimette la causa in decisione.

In quest'ultima ipotesi, il provvedere a norma dell'art. 187 (per la rimessione in decisione, previa l'eventuale istruzione) non è che una logica deduzione tratta dal rilievo della presenza di contestazioni che rendono inevitabile la soluzione contenziosa. Nel caso, invece, dell'«assenza di contestazioni», la conseguente ordinanza che dichiara esecutivo il progetto (integrata dalle disposizioni necessarie per l'estrazione a sorte dei lotti, secondo il disposto dell'ultimo comma del medesimo art. 789) offre lo strumento per la soluzione non contenziosa, resa possibile, appunto, dalla mancanza di contestazioni. Si tratta di una soluzione che non è contenziosa sia per la forma del provvedimento (che è quella di *un'ordinanza, non idonea, per se stessa, al giudicato* e non impugnabile con mezzi processuali) e sia anche, e correlativamente, per il contenuto, che è semplicemente quello del *prendere atto della suddetta assenza di contestazioni sul progetto.* Certo, «assenza di contestazioni» non equivale ad accordo; ma è, tuttavia, una situazione che, sul presupposto della previa osservanza delle forme obbiettivamente idonee ad instaurare un possibile contraddittorio (ossia la comunicazione alle parti, anche a quelle contumaci, del decreto che fissa l'udienza di discussione del progetto) è, dal codice, ritenuta sufficiente per fondare la definizione non contenziosa del giudizio di divisione.

Se il progetto di divisione è predisposto dal professionista, occorre il consenso espresso dei condividenti.

La soluzione non contenziosa del giudizio è, invece, fondata senz'altro su un accordo nell'ipotesi che l'incarico di dirigere le operazioni di divisione sia stato affidato al notaio (o comunque a professionista: v. retro). Per la quale ipotesi, tuttavia, il codice incomincia col disciplinare le modalità per l'avvio e lo svolgimento delle operazioni innanzi al professionista, disponendo (art. 790, 1° comma) che questi deve dare avviso ai condividenti e ai creditori intervenuti, almeno cinque giorni prima, del luogo, giorno e ora in cui le operazioni avranno inizio; e disponendo altresì (art. 790, 3°, 4° e 5° comma) che sulle eventuali contestazioni in ordine alle operazioni di divisione provvede il giudice con ordinanza.

Se c'è l'accordo, il professionista lo raccoglie nel processo verbale.

Una volta che il professionista ha predisposto il progetto delle quote e dei lotti, i condividenti vengono invitati ad esprimere il loro eventuale accordo su di esso. *Se tale accordo sussiste*, il professionista ne raccoglie la manifestazione nel processo verbale delle operazioni (che in ogni caso deve redigere: art. 791, 1° comma). L'accordo così documentato costituisce *un autentico atto negoziale che è sufficiente, per se stesso, ad attuare la divisione e che rende superfluo ogni provvedimento giudiziale*. Se, invece, tale accordo non viene raggiunto, il professionista trasmette il processo verbale al giudice (art. 791, 2° comma), affinché questi disponga la *fissazione dell'udienza di comparizione delle parti e quindi emetta* – così dispone l'art. 791, 3° comma – «*i provvedimenti di sua competenza a norma dell'articolo 187*», ossia la rimessione in decisione previa eventuale istruzione. In ogni caso l'estrazione a sorte dei lotti non può avvenire se non in base a ordinanza del giudice o a sentenza passata in giudicato (art. 791, 4° comma).

In ogni caso, *si procede poi all'estrazione a sorte* (art. 791, 3° comma).

Un'ulteriore via non contenziosa per l'attuazione della divisione è prevista dall'art. 791 bis, rubricato «*Divisione a domanda congiunta*». In questo caso si riconosce alle parti coinvolte dalla divisione la possibilità di rivolgersi fin dall'inizio ad un professionista (notaio o avvocato). Si prevede, così, che, «*quando non sussiste controversia sul diritto alla divisione, né sulle quote o altre questioni pregiudiziali, gli eredi o condomini e gli eventuali creditori e aventi causa che hanno notificato o trascritto l'opposizione alla divisione possono ... domandare la nomina di un notaio ovvero di un avvocato aventi sede nel circondario*» (1° comma), al quale demandare le operazioni divisionali.

La divisione a domanda congiunta.

La domanda (che, ove riguardi gli immobili, va trascritta a norma dell'art. 2646 c.c.) deve essere proposta con ricorso congiunto al tribunale competente per territorio e le sottoscrizioni apposte in calce al ricorso possono essere autenticate, quando le parti lo richiedano, da un notaio o da un avvocato. Trattandosi di un'ipotesi riconducibile alla giurisdizione volontaria, al procedimento che si apre con la domanda si applicano le regole dei procedimenti in camera di consi-

Si tratta di un procedimento di giurisdizione volontaria.

glio (artt. 737 e ss.) (v. oltre, cap. 14°). Di conseguenza, il giudice, con decreto, nomina il professionista incaricato eventualmente indicato dalle parti e, su richiesta di quest'ultimo, nomina un esperto estimatore.

«*Il professionista incaricato,* – così il 3° comma dell'art. 791 bis – *sentite le parti e gli eventuali creditori iscritti o aventi causa da uno dei partecipanti che hanno acquistato diritti sull'immobile a norma dell'art. 1113 c.c., nel termine assegnato nel decreto di nomina predispone il progetto di divisione o dispone la vendita dei beni non comodamente divisibili e dà avviso alle parti e agli altri interessati del progetto o della vendita*». Quindi, entro 30 giorni dal versamento del prezzo lo stesso professionista predispone il progetto di divisione e ne dà avviso alle parti e agli altri interessati.

Ciascuna delle parti o degli altri interessati può opporsi alla vendita di beni o contestare il progetto di divisione con ricorso al tribunale nel termine perentorio di 30 giorni dalla ricezione dell'avviso. In questo caso si apre un vero e proprio giudizio diretto a risolvere le contestazioni sorte.

Le eventuali contestazioni delle parti o degli interessati sono risolte con le forme del procedimento semplificato di cognizione.

Al processo che così si apre il 4° comma dell'art. 791, come modificato dal D.Lgs. 164/2024, prevede che si applichino le forme del processo semplificato di cognizione di cui agli artt. 281 decies e ss. (v. cap. 7° del vol. II). Però, siccome qui il rito semplificato viene previsto come rito esclusivo, ad esso non si applica quanto previsto dal 1° comma dell'art. 281 duodecies, vale a dire la possibilità che il giudice, alla prima udienza, disponga con ordinanza non impugnabile il mutamento del rito da semplificato in ordinario.

Se l'opposizione è accolta (e dopo che sia passata in giudicato la relativa decisione) il giudice dà le disposizioni necessarie per proseguire le operazioni di divisione e rimette le parti avanti al professionista incaricato. Se, invece, non sono proposte opposizioni, il giudice dichiara esecutivo il progetto con decreto (evidentemente non impugnabile). Anche il regime delle spese risente della natura duplice e composita del giudizio, in quanto la regola della soccombenza (v. vol. I, § 52) può trovare applicazione soltanto nell'ipotesi della soluzione contenziosa.

Ma, se non sorgono contestazioni, il giudice dichiara esecutivo il progetto.

Bibliografia di orientamento

E. ALLORIO, *Giudizio divisorio e sentenza parziale con pluralità di parti*, in *Giur. it.*, 1946; I. ANDOLINA, *Note sull'oggetto del giudizio divisorio*, in *Riv. dir. civ.*, 1960; C. RIPEPI, *Procedimento divisorio*, in *Dig. disc. priv., sez. civ.*, XIV, Torino, 1996; E. MINOLI, *Contributo alla teoria del giudizio divisorio*, Milano, 1950; R. LOMBARDI, *Contributo allo studio del giudizio divisorio. Provvedimenti e regime di impugnazione*, Napoli, 2009; M. CRISCUOLO,

Il giudizio di divisione tra norme sostanziali e regole processuali, in *Riv. es. forzata*, 2010; L. DI COLA, *L'oggetto del giudizio di divisione*, Milano, 2011; R. LOMBARDI, *Orientamenti giurisprudenziali sul procedimento di scioglimento di comunioni*, in *Corr. giur.*, 2011; L. DI COLA, *Giudizio di divisione*, in *Diritto on line Treccani*, 2012; L. DI COLA, *La divisione su domanda congiunta: il nuovo art. 791 bis c.p.c.*, in *Riv. dir. proc.*, 2014; R. GIORDANO, *Il procedimento di divisione a domanda congiunta*, Milano, 2014; M. BOVE, *Le preclusioni nel procedimento di divisione*, in *Foro it.*, *Gli speciali*, 1/2021; R. ORIANI, *'Essere' e 'dover essere' nell'impugnazione dei provvedimenti del giudice civile*, Napoli, 2023; L. DI COLA, *Provvedimento anomalo e processo civile*, Napoli, 2024.

Parte Seconda

IL PROCESSO DI ESECUZIONE FORZATA

CAPITOLO V

IL PROCESSO DI ESECUZIONE FORZATA NEI SUOI ASPETTI GENERALI

44. *Schema della disciplina del processo di esecuzione.*

Il processo esecutivo – o attività giurisdizionale di esecuzione forzata – costituisce l'oggetto della disciplina contenuta nel terzo libro del codice di procedura civile. Questo libro, che è intitolato, appunto, «*Del processo di esecuzione*», è dedicato al processo esecutivo, di cui contiene l'intera disciplina (eccezion fatta soltanto per i procedimenti concorsuali e per taluni procedimenti esecutivi speciali, specialmente fiscali) e comprende anzi (come già notammo nel vol. I, § 5) anche la disciplina di alcuni procedimenti che sono strutturalmente di cognizione e che soltanto funzionalmente sono coordinati all'esecuzione forzata: le opposizioni nel processo esecutivo (v. oltre, cap. 9°).

Il terzo libro del codice di rito disciplina e descrive gli atti nei quali si articola il processo di esecuzione forzata.

Anche la disciplina del processo di esecuzione, come quella del processo di cognizione e quella dei procedimenti speciali, è di tipo descrittivo, nel senso che consiste in una serie di norme che prescrivono (e così anche descrivono) come si svolge il processo di esecuzione, disciplinando dettagliatamente la serie degli atti nei quali si articola il processo (v. vol. I, § 8 e vol. II, § 1). Inoltre, anche questa disciplina, come quella del processo di cognizione e quella dei procedimenti speciali, va coordinata con la disciplina contenuta nel primo libro, dedicato alle disposizioni generali. Ma, a questo riguardo va tenuto presente che se, da un lato, tali disposizioni generali sono

Anche questa disciplina va coordinata con le disposizioni generali contenute nel primo libro.

in linea di massima applicabili ad ogni tipo di attività giurisdizionale, dall'altro lato – e come già abbiamo avuto occasione di osservare (v. vol. I, § 10) – il legislatore, nel dettare le suddette disposizioni generali, si è in realtà quasi sempre riferito al processo di cognizione. Da ciò deriva che, mentre il coordinamento tra le disposizioni generali e la disciplina del processo di cognizione è già scontata ed implicita nel testo delle norme, il coordinamento tra le disposizioni generali e la disciplina del processo di esecuzione richiede una delicata opera di adattamento, nel senso che, rispetto a ciascuna delle disposizioni generali, si deve porre e risolvere il problema del «se» e del «come» esse si applicano nel processo esecutivo. Il che vale, naturalmente, anche per i principî ispiratori del sistema, a cominciare dagli orientamenti che si riconducono alla nozione costituzionale di «giusto processo».

È per l'appunto questa la ragione per la quale, a differenza di quanto abbiamo fatto nel dare inizio all'esame della disciplina del processo di cognizione (nel vol. II), dobbiamo premettere all'esame della disciplina del processo di esecuzione forzata alcune considerazioni di ordine generale. Ciò a svolgimento di rilievi, che nel vol. I (§ 5) erano stati soltanto adombrati, circa le caratteristiche funzionali e strutturali del processo di esecuzione forzata e circa le particolarità dell'azione esecutiva rispetto all'azione in generale (§ 16), nonché circa le particolarità dei presupposti del processo di esecuzione forzata.

Nel quadro di questa necessaria illustrazione delle particolarità funzionali e strutturali dell'attività giurisdizionale esecutiva, emergerà anche la contrapposizione tra l'*espropriazione*, da un lato, e, dall'altro lato, i due tipi di *esecuzione forzata in forma specifica* (esecuzione *per consegna o rilascio* ed esecuzione forzata degli *obblighi di fare o non fare*). Ciò che rileviamo fin da ora perché appunto a tale contrapposizione il legislatore si è riferito nel suddividere la disciplina del terzo libro del codice in sei titoli, secondo un preciso ordine logico. Più precisamente, il primo titolo è dedicato alla disciplina degli atti anteriori all'inizio del processo esecutivo vero e proprio e comuni ad ogni tipo di esecuzione forzata (titolo esecutivo e precetto); il secondo, il terzo e il quarto titolo sono dedicati alla disciplina di ciascuno dei tre tipi di esecuzione forzata or ora accennati, con priorità per quello di applicazione di gran lunga più frequente (l'espropriazione); il quinto titolo è dedicato a quelle parentesi di cognizione alle quali abbiamo accennato sopra e che sono le opposizioni nel processo esecutivo; mentre l'ultimo titolo è dedicato alla disciplina di episodi eventuali che si possono inserire nel processo esecutivo, e del quale possono determinare l'arresto: sospensione ed estinzione del processo esecutivo.

Il terzo libro del codice è articolato in sei titoli.

Si deve, infine, ricordare, in questa prima visione sintetica della disciplina del processo di esecuzione, che tale disciplina – come già quella del processo di cognizione – si riconduce, sia sotto il profilo della funzione che sotto quello del risultato, ad un gruppo di norme fondamentali che, appunto perché concernono la tutela giurisdizionale nella sua esigenza e nel suo risultato di diritto sostanziale, sono contenute nel codice civile. Più precisamente, occorre tener presente che il quarto titolo (del libro sesto) del codice civile, intitolato «*Della tutela giurisdizionale dei diritti*», contiene, dopo un capo primo intitolato alle disposizioni generali, un capo secondo, intitolato «*Della esecuzione forzata*» (art. 2910 e ss.) e che riguarda questo tipo di processo sotto il profilo, appunto, della sua funzione e del suo risultato. Questo capo si ripartisce a sua volta in due sezioni, dedicate l'una all'espropriazione e l'altra all'esecuzione forzata in forma specifica.

Sullo sfondo sta la disciplina contenuta nel libro sesto del codice civile.

45. *L'attività giurisdizionale esecutiva nel quadro della tutela giurisdizionale.*

Quando (nel vol. I, ai §§ 5 e 6) effettuammo una prima indicazione sommaria dei caratteri proprî dell'attività giurisdizionale esecutiva nel più ampio quadro dell'attività giurisdizionale in generale, osservammo che – sotto il profilo della funzione – mentre la cognizione vuol conseguire la formulazione concreta della regola di diritto, ossia l'accertamento dell'esistenza del diritto, l'esecuzione forzata vuol conseguire l'attuazione pratica, materiale, di questa regola, in via coattiva o forzata, ossia attraverso l'impiego effettivo o potenziale della forza, da parte dell'ordinamento. E osservammo pure che – sotto il profilo della struttura – le caratteristiche idonee al conseguimento di tale funzione, pur variando in relazione ai diversi tipi dei diritti da portare ad esecuzione, convergono nel possibile impiego della forza per superare le eventuali resistenze del soggetto che subisce l'esecuzione. «Possibile» nel senso che proprio tale possibilità ne rende, il più delle volte, inutile l'impiego effettivo. «Impiego della forza» in relazione al fatto che qui non si tratta di operare nel mondo del conoscere, ma, almeno tendenzialmente, in quello materiale; non si tratta di giudicare, ma di agire per conformare la realtà materiale a quanto risulta accertato. In realtà, quando l'ordinamento giuridico ha conseguito, sull'esistenza del diritto, un determinato grado di certezza, pur contando sull'adempimento spontaneo da parte del soggetto passivo di tale diritto, non può non prevedere l'ipotesi che tale adempimento spontaneo non si verifichi. Più precisamente, non può – se vuole essere ordinamento giuridico – non apprestare, per tale ipotesi, gli strumenti idonei a soddisfare il diritto al di fuori della volontà di questo soggetto, o addirittura contro di essa. Tale ipotesi – che è caratterizzata dalla divergenza tra la già accertata situazione di diritto e quella di fatto – dà luogo, infatti, in capo al titolare del diritto, ad una nuova esigenza di tutela giurisdizionale, diversa da quella già soddisfatta dal processo di cognizione (quando l'accertamento sia stato conseguito in via giudiziale: v. vol. I, § 6), o dalle altre forme di accertamento (v. vol. I, § 6 e qui, oltre, § 52), e risultata non sufficiente.

La funzione dell'esecuzione forzata consiste nell'attuazione materiale coattiva di quel che risulta dal titolo esecutivo.

L'attività giurisdizionale che viene incontro a questa nuova esigenza di tutela mediante soddisfazione forzata è, appunto, l'attività giurisdizionale esecutiva. La quale attività si contrappone dunque alla cognizione, nel senso che, mentre con quest'ultima si passa dall'affermazione del diritto al suo accertamento, *con l'esecuzione si passa dall'accertamento all'attuazione materiale coattiva.*

Anche quest'attività – come quella di cognizione – si articola in una serie coordinata di atti giuridici (processuali) configurati dalle norme e che costituiscono l'esercizio di altrettante situazioni giuridiche processuali, tra le quali fanno spicco i poteri; una serie coordinata ed alternata di atti e di situazioni che nel suo insieme concreta un processo come fenomeno giuridico (v. vol. I, § 8) e precisamente il processo di esecuzione o processo esecutivo. Il quale processo esecutivo, quando fa seguito al processo di cognizione (di condanna), si coordina con quest'ultimo sotto il profilo funzionale (nel senso che la condanna è in funzione dell'esecuzione forzata: v. vol. I, § 6) pur essendo del tutto autonomo sul piano strutturale; mentre, quando si fonda su un accertamento non giudiziale (v. vol. I, § 6 e qui, oltre, § 52), è completamente autonomo anche sul piano funzionale. In relazione con questa completa autonomia strutturale del processo esecutivo dal processo di condanna che lo ha (eventualmente) preceduto, sta il rilievo fondamentale che *il processo esecutivo è introdotto da una domanda specifica ed autonoma*, specificamente intesa ad ottenere la prestazione della tutela giurisdizionale esecutiva.

Il processo esecutivo è introdotto da una domanda specifica e autonoma.

46. *Il processo esecutivo: sue caratteristiche e suoi principî.*

La struttura del processo esecutivo può assumere i diversi caratteri a seconda dei diritti da attuare.

Abbiamo già osservato poc'anzi che, sotto il profilo strutturale, il processo esecutivo si configura con una certa varietà di forme, che danno luogo a diversi tipi di processo esecutivo o di esecuzione forzata, in relazione alle diverse esigenze proprie dell'attuazione dei diversi diritti sostanziali. Questi diversi tipi di processo verranno meglio individuati nel § seguente. Tuttavia, la suddetta varietà di forme e di discipline non impedisce di mettere in rilievo talune caratteristiche strutturali comuni ad ogni tipo di processo esecutivo.

Al centro dell'attività processuale esecutiva sta l'*organo esecutivo* (l'ufficiale giudiziario).

Occorre premettere che, come vedremo più avanti (nel § 50), i soggetti ai quali fa capo l'attività processuale esecutiva sono, da un lato, l'*organo esecutivo*, che opera nel quadro di un ufficio giudiziario e sotto il controllo di un giudice, e, dall'altro lato, i soggetti che rispettivamente chiedono o nei cui confronti si chiede la tutela giurisdizionale esecutiva. E poiché questa tutela consiste nel dare esecuzione ad un diritto già accertato in capo ad un soggetto che, rispetto a quel diritto, è un *creditore* e nei confronti di un soggetto che è un *debitore*, queste sono appunto le rispettive qualifiche con le quali nel processo esecutivo vengono in rilievo i soggetti che nel processo di cognizione sono l'attore ed il convenuto. Certamente, il creditore, in quanto propone la domanda esecutiva ed esercita l'azione esecutiva, è in certo senso un attore. Ma non si può dire allo stesso modo che il debitore sia un convenuto; ed infatti, in quanto il debitore non ha che da subire l'esecuzione di un diritto già accertato, non c'è bisogno, almeno di regola, dell'immediato contraddittorio davanti al giudice, e quindi neppure del meccanismo che, nel processo di cognizione, tende ad instaurare subito il contraddittorio. La domanda del creditore è, per lo più, rivolta direttamente all'organo esecutivo affinché questo provveda senz'altro all'esecuzione, salvi i controlli e le direttive impartite dal giudice. Da ciò deriva che, davanti al giudice, nelle sue funzioni di direzione e controllo dell'attività esecutiva, il debitore ed il creditore possono soltanto, di regola, essere «ascoltati» (art. 485), in un contraddittorio che normalmente investe soltanto le modalità dell'esecuzione.

La domanda all'organo esecutivo è, di solito, proposta verbalmente ed è sempre preceduta da una serie di atti – notificazione del titolo esecutivo e del precetto (su cui v. oltre, §§ 54 e 55) – che restano ancora al di fuori del processo esecutivo vero e proprio, del quale costituiscono un preannuncio. La domanda esecutiva ha anche effetto interruttivo della prescrizione, sia l'effetto istantaneo di cui all'art. 2943 c.c. e sia quello permanente di cui all'art. 2945, 2° comma, c.c. L'attività propria dell'organo esecutivo si estrinseca in atti che presentano più propriamente i caratteri delle c.d. «operazioni» (v. vol. I, § 69, in fine), mentre l'attività del giudice si estrinseca in provvedimenti, la cui natura è, per lo più, ordinatoria ed assume le forme dell'ordinanza o del decreto (v. vol. I, § 69). Le caratteristiche così succintamente evidenziate consentono di porre in rilievo le differenze con le quali operano (o addirittura non operano) nel processo esecutivo i fondamentali principî ispiratori della disciplina del processo, tradizionalmente elaborati con riguardo al processo di cognizione (v. vol. I, §§ 77 e 78).

Gli atti dell'organo esecutivo sono, per lo più, «operazioni»; mentre l'attività del giudice è, di solito, *ordinatoria*.

Il *principio della domanda* e il *principio dell'impulso di parte* ispirano la disciplina del processo esecutivo in modo analogo a quella del processo di cognizione; e così non molto dissimile è il modo col quale, nel processo esecutivo, opera il *principio della disponibilità dell'oggetto del processo*, per il quale va soltanto tenuto presente che qui non si tratta di determinare l'àmbito di un giudizio, ma l'oggetto di un'attività esecutiva, che talora è predeterminato dallo stesso àmbito

Anche nel processo esecutivo operano i principi *della domanda*, dell'*impulso di parte* e della *disponibilità dell'oggetto del processo.*

del diritto da portare ad esecuzione e che solo nell'espropriazione forzata lascia un margine di scelta, ferma comunque la possibilità della c.d. *litispendenza esecutiva*, con la conseguente riunione dei procedimenti ai sensi dell'art. 273.

Quanto al *principio dell'uguaglianza delle parti* e al *principio del contraddittorio* (su cui v. vol. I, § 22), le profonde differenze, con le quali questi princìpi operano nel processo esecutivo, emergono chiaramente dai rilievi compiuti poc'anzi: l'uguaglianza delle parti è soltanto formale, poiché l'esecuzione si compie per attuare il diritto dell'una contro l'altra; ed il contraddittorio prescinde dalla contrapposizione dialettica delle parti concernendo solo le modalità dell'esecuzione.

Opera anche il principio della congruità delle forme allo scopo e la disciplina della nullità degli atti.

Naturalmente, l'identità degli strumenti per il funzionamento del meccanismo giuridico, attraverso il quale si svolgono i processi rispettivamente di cognizione e di esecuzione, sta in relazione col rilievo che la validità degli atti del processo esecutivo è regolata dalle medesime norme e princìpi che soprassiedono alla validità degli atti del processo di cognizione. Il che è vero anche, ovviamente, per quanto concerne l'invalidità di tali atti. Questo in pratica significa che agli atti del processo esecutivo si applica la disciplina dell'intero titolo sesto del libro primo del codice, ivi comprese le disposizioni (in particolare l'art. 121), sulle quali si fonda il *principio della congruità delle forme* (v. vol. I, § 64), certamente operante anche nel processo esecutivo, nonché la disciplina della nullità degli atti (artt. 156 e ss.). Al quale ultimo riguardo si deve soltanto osservare che tale disciplina va coordinata con quella dell'apposito strumento (di cognizione) previsto per far valere i vizi degli atti del processo esecutivo: ossia l'opposizione agli atti esecutivi (della quale ci occuperemo al § 82), che è una delle parentesi di cognizione nel processo esecutivo di cui parleremo più avanti (cap. 9°).

47. *I diversi tipi di esecuzione forzata e di processo esecutivo.*

L'esigenza è quella di far conseguire al creditore *tutto quello e proprio quello* cui ha diritto.

Poiché la funzione dell'esecuzione forzata consiste nel dare esecuzione concreta e materiale ai diritti, è chiaro che tale esecuzione deve essere, almeno tendenzialmente, *esatta* e *completa*. Quest'esigenza si esprime in un principio fondamentale (quello di *effettività*), che ispira la disciplina del processo in generale nella sua funzione unitaria comprendente cognizione ed esecuzione; principio che viene di solito ricordato con le celebri parole del Chiovenda secondo cui il processo deve far conseguire al creditore «*tutto quello e proprio quello* che egli ha diritto di conseguire». Ne deriva che l'*optimum* dell'attività esecutiva sta nell'attuare il diritto *nella sua identità specifica*: come, ad es., la consegna o il rilascio *proprio di quella certa cosa* (art. 2930 c.c.) o il compimento *proprio di quella certa attività*, ecc. Questa fondamentale esigenza, che, come abbiamo detto, ispira l'intera disciplina del processo, è più specificamente espressa, nel nostro ordinamento, nelle norme che il codice civile (v. retro, § 44, in fine) dedica alla funzione e alla disponibilità della tutela giurisdizionale esecutiva, ossia negli artt. 2930, 2931 e 2933, che appunto enunciano la generica esigenza di attuare, nelle forme previste dal codice di procedura civile, la tutela in forma specifica, in quanto possibile. Sennonché, questa possibilità viene talora a mancare (nelle esecuzioni di diritti diversi dalle obbligazioni pecuniarie), sia a causa di impedimenti materiali e sia a causa di ostacoli giuridici o dei limiti imposti dal rispetto della libertà della persona (*nemo ad factum praecise cogi potest*). Così non si potrà realizzare la consegna coattiva della cosa mobile che il debitore ha distrutto o che ha venduto ad un terzo di buona fede; non potrà essere coattivamente eseguita l'obbligazione di fare infungibile (come, ad es., l'esibizione in teatro di un certo attore, che si rifiuta di farlo), mentre potrà essere eseguita l'obbligazione il cui risultato può essere conseguito attraverso la prestazione di un terzo che si sostituisca al debitore; o, infine, non si potrà distruggere ciò che è stato fatto in violazione di un obbligo di non fare, se la distruzione pregiudica gravemente l'economia nazionale (art. 2933, 2° comma, c.c.).

Orbene: quando la soddisfazione specifica non è possibile, l'ordinamento non può fare altro che reagire trasformando il diritto sostanziale nella sua essenza, e cioè rendendolo più generico; tanto più generico quanto è necessario perché lo si possa eseguire coattivamente (ad es., non *quella* macchina, ma un'altra uguale; non la prestazione di *quel* debitore, ma quella di un terzo) fino a quel massimo limite di genericità e fungibilità che è offerto dal denaro, nel quale in definitiva ogni diritto patrimoniale può, più o meno integralmente, risolversi, attraverso gli istituti della *aestimatio rei*, dell'obbligo di corresponsione del *tantundem*, del risarcimento dei danni.

Il problema delle obbligazioni di *fare infungibile* e le *misure coercitive*.

Peraltro, in questi casi lo stesso ordinamento si avvale anche di strumenti di coartazione della volontà del debitore, come sono le c.d. *esecuzioni indirette* o *misure coercitive*, che, previste dall'art. 614 bis (sul quale v. oltre, il § 79), assolvono ad una *funzione compulsoria per il debitore* al fine di indurlo ad adempiere spontaneamente l'obbligazione. Ed è appena il caso di ricordare che ciò sta in relazione col fondamentale principio di responsabilità patrimoniale, codificato nell'art. 2740 c.c., per il quale ognuno risponde delle sue obbligazioni con l'intero suo patrimonio, che ha una funzione di garanzia per quelle responsabilità; mentre, d'altra parte, ogni elemento patrimoniale può essere a sua volta trasformato in denaro attraverso una vendita coattiva, previa sua espropriazione.

Non è compito del processo esecutivo stabilire se un diritto può essere eseguito coattivamente nella sua specificità secondo la tenden-

Il codice disciplina il *processo di espropriazione forzata* e quindi i due processi di *esecuzione in forma specifica, …*

ziale esigenza espressa negli artt. 2930, 2931 e 2933 c.c., che per l'appunto si richiamano alle forme con le quali il codice di procedura disciplina l'esecuzione specifica; oppure se, a causa degli ostacoli ai quali sopra si è fatto cenno (v., ad es., l'art. 2933, 2° comma, c.c.) esso deve trasformarsi per poter essere eseguito. Ciò è, invece, compito del processo di cognizione, al termine del quale il diritto deve risultare accertato come eseguibile con le forme preordinate in astratto dalla legge ma già determinate in concreto nella pronuncia del giudice, e che gli organi esecutivi debbono semplicemente attuare. Perciò, i problemi, spesso delicatissimi, concernenti l'eseguibilità specifica dei diritti, stanno, come si suol dire, a monte della disciplina del processo esecutivo, la quale in realtà presuppone la già avvenuta soluzione di quei problemi. Ed è appunto in relazione a ciò che tale disciplina appronta le diverse forme di esecuzione – o tipi di processo esecutivo – alle quali abbiamo già accennato (v. retro, § 44) a seconda che il diritto sia stato accertato come eseguibile nella sua specificità (*in forma specifica*) oppure come eseguibile nella forma generica che consegue alla sua eventuale trasformazione in credito di denaro, o senz'altro in relazione al fatto che esso sia sorto come credito di denaro (*in forma generica o per espropriazione*).

… ossia il *processo di consegna di cose mobili o rilascio di immobili …*

… e il *processo di esecuzione degli obblighi di fare e non fare.*

I tipi di processo esecutivo che realizzano l'*esecuzione forzata in forma specifica* sono quelli – come si vedrà – strutturalmente più semplici. Essi sono l'*esecuzione forzata per consegna di cose mobili o rilascio di immobili* (disciplinata dal codice nel titolo terzo del libro terzo) attraverso la quale il creditore della consegna o del rilascio può conseguire la disponibilità materiale di *quella determinata cosa* mobile o immobile (art. 2930 c.c.), nonché l'*esecuzione forzata degli obblighi di fare o di non fare* (disciplinata nel titolo quarto) attraverso la quale il creditore del fare o del non fare può conseguire la medesima specifica prestazione di fare o l'eliminazione di quanto fatto in violazione dell'obbligo di non fare (v. artt. 2931 e 2933 c.c.). Ma prima ancora di questi due tipi di esecuzione forzata in forma specifica, il codice disciplina (nel titolo secondo del medesimo libro), l'esecuzione forzata in forma generica o – avuto riguardo al modo con cui si attua la trasformazione dei beni del debitore in denaro – esecuzione *per espropriazione.* Ed è appena il caso di aggiungere che proprio questo è il tipo di esecuzione di più frequente utilizzazione, non solo perché l'ordinamento deve spesso rinunciare all'esecuzione specifica, a causa degli ostacoli ai quali sopra si è fatto cenno, ma anche e specialmente perché gran parte dei diritti da eseguirsi hanno originariamente ad oggetto una somma di denaro. Sotto il profilo strutturale, quest'ultimo tipo di processo è assai più complesso dei due tipi di processo di esecuzione in forma specifica, e ciò per due ragioni: da un lato perché, verificandosi ben raramente la possibilità di rinvenire denaro liquido nel patrimonio del debitore, la conseguente necessità di espropriare i suoi beni per convertirli in denaro costringe l'ordinamento ad una serie di atti che hanno funzione solo strumentale e che sono giuridicamente complessi; ed in secondo luogo perché la trasformazione dei beni del debitore in denaro consente ad eventuali altri creditori di utilizzare gli atti compiuti dal primo creditore procedente, così realizzando un concorso con ripartizione proporzionata ai rispettivi diritti, la cui disciplina presenta aspetti complessi (su ciò, v. oltre, § 62).

48. *L'azione esecutiva e il titolo esecutivo.*

Nell'ambito della nozione dell'azione come diritto alla tutela giurisdizionale, avemmo a suo tempo (v. vol. I, § 16) occasione di contrapporre all'azione di cognizione, intesa come diritto alla tutela giurisdizionale mediante cognizione, l'azione di esecuzione forzata o azione esecutiva, intesa come diritto alla tutela giurisdizionale mediante esecuzione forzata.

Ad ulteriore svolgimento di quei rilievi, dobbiamo ora vedere più da vicino in che cosa l'azione esecutiva differisce dall'azione di cognizione. Più precisamente, ricordato che l'azione di cognizione consiste nel diritto ad un provvedimento di merito sul diritto sostanziale affermato nella domanda, dobbiamo chiarire qual è il diverso oggetto di quel diritto che si suol chiamare *azione esecutiva.*

Il rilievo fondamentale, da cui si deve partire per rispondere a questa domanda, consiste nella constatazione, compiuta al § 45, in fine, che, mentre l'attività di cognizione si fonda sull'affermazione del diritto sostanziale per pervenire al suo accertamento, l'attività di esecuzione forzata si fonda sull'accertamento del diritto sostanziale per pervenire alla sua attuazione concreta in via coattiva. Questo significa che *l'accertamento, il quale, rispetto all'azione di cognizione, era un punto di arrivo, rispetto all'azione esecutiva è il punto di partenza o il fondamento.* Gioverà ancora ricordare (v. vol. I, §§ 12 e 13) che l'affermazione del diritto – come fondamento dell'azione di cognizione – condiziona l'esistenza dell'azione stessa nel senso che l'azione di cognizione esiste se il diritto è affermato in modo tale che la domanda appaia accoglibile (nell'ipotesi che risultino veri i fatti affermati); e che quest'ipotetica accoglibilità si articola nei requisiti che sono chiamati *condizioni dell'azione*, ossia dipende: a) dal fatto che sia affermato un diritto come esistente, e come violato o non attuato, e perciò bisognevole di tutela (*interesse ad agire*); b) dal fatto che tale diritto sia affermato come appartenente al soggetto che agisce, nei confronti del soggetto contro il quale agisce (*legittimazione ad agire*); c) dal fatto che tale diritto sia affermato come fondato su norme giuridiche (*possibilità giuridica*).

L'accertamento, punto di arrivo dell'azione di cognizione, è il punto di partenza dell'azione esecutiva.

Tornando all'azione esecutiva, se si tiene presente che
– essa tende all'esecuzione materiale del diritto sostanziale,
– ciò presuppone il già avvenuto accertamento di tale diritto,
– l'esecuzione del diritto, nel processo esecutivo, deve avvenire da parte di un organo idoneo ad eseguire e perciò di regola non idoneo a giudicare o accertare,
appare evidente che *l'azione esecutiva deve essere condizionata da un accertamento e al tempo stesso non può essere condizionata da null'altro che da un accertamento*, purché si tratti di un accertamento idoneo a rappresentare o a documentare il diritto (in tutti i suoi elementi soggettivi e oggettivi) all'organo che deve eseguirlo.

Questo accertamento è costituito dal *titolo esecutivo*, …

Quest'accertamento – che appare come *la sola e vera condizione dell'azione esecutiva* – deve, dunque, essere consacrato in un documento che lo raffiguri come in una fotografia, cosicché l'organo esecutivo possa operare, munito di quella fotografia, senza preoccuparsi della sua eventuale non corrispondenza con la realtà. Questo documento, che contiene l'accertamento del diritto sostanziale come esistente e come suscettibile di esecuzione forzata, *è il titolo esecutivo*; con la quale espressione ci si riferisce ad un tempo: *a*) al documento *contenente* l'accertamento (la sentenza esecutiva, la cambiale, l'assegno, ecc.), che, in quanto documento, assolve anche ad una *funzione probatoria* (v. vol. II, § 43), sia pure nei limiti del semplice riscontro formale che può compiere l'organo esecutivo; *b*) all'accertamento in esso *contenuto* dell'obbligazione da adempiere.

Il titolo esecutivo è, dunque, un atto di accertamento contenuto in un documento che, nel suo complesso, costituisce la condizione necessaria e sufficiente per procedere all'esecuzione forzata. In esso si esauriscono le condizioni dell'azione esecutiva, poiché interesse ad agire, legittimazione ad agire e possibilità giuridica, si riducono a elementi impliciti nell'accertamento stesso del diritto come eseguibile. Più precisamente: l'interesse ad agire, come bisogno di tutela giurisdizionale esecutiva, è implicito – al pari della possibilità giuridica – nel fatto che il diritto è accertato come eseguibile; mentre la legittimazione ad agire è implicita nella coincidenza tra i soggetti dell'azione esecutiva e quelli del titolo esecutivo; ciò che fonda la regola generale per cui *l'azione esecutiva spetta al soggetto che nel titolo esecutivo risulta come creditore e nei confronti del soggetto che nel titolo esecutivo risulta come debitore*.

… che costituisce la condizione *necessaria* e *sufficiente* per procedere all'esecuzione forzata.

Abbiamo detto che il titolo esecutivo è condizione necessaria e sufficiente per procedere ad esecuzione forzata. *Necessaria* – precisiamo – poiché (come abbiamo già visto sul piano logico e come vedremo essere enunciato espressamente dalla legge: art. 474) non è concepibile esecuzione forzata senza titolo esecutivo (*nulla executio sine titulo*); *sufficiente*, perché gli organi dell'esecuzione forzata sono, come abbiamo visto, dispensati da ogni altro compito diverso da quello dell'eseguire e perciò operano in quanto ci sia (e sia fatto valere) il titolo, anche se, per avventura, il diritto sostanziale in esso accertato sia superato dalla realtà (ad es., colui che è stato accertato essere debitore, ha successivamente adempiuto). In relazione a quest'attitudine, che ha il titolo, di isolare il diritto accertato dalla realtà, e di fondare l'esecuzione con riferimento a quanto risulti da esso, si suole parlare di *efficacia incondizionata del titolo*. Naturalmente, efficacia incondizionata del titolo non significa impossibilità assoluta di arrestare l'esecuzione di un diritto che non è più esistente o che, successivamente alla formazione del titolo, sia stato riconosciuto come non mai esistito. Ma significa impossibilità di fermare l'esecuzione forzata *senza togliere di mezzo il titolo* o senza quanto meno avviare una procedura intesa a togliere di mezzo il titolo; significa, cioè, necessità – per fermare l'esecuzione – di contestare il diritto di procedere ad esecuzione forzata, o azione esecutiva, *contestando il titolo*; significa insomma necessità di instaurare un giudizio di cognizione che, pur potendo influire sull'esecuzione, s'inserisce in essa come una parentesi autonoma. Tale giudizio è l'*opposizione all'esecuzione* (art. 615), che è per l'appunto una delle opposizioni alle quali si è già fatto cenno al § 46 e di cui si parlerà ampiamente nel cap. 9°. D'altra parte, l'efficacia incondizionata del titolo non esclude – anzi implica – il controllo dell'organo esecutivo circa l'effettiva esistenza di un titolo per eseguire *quel* diritto, a favore di *quel* soggetto che chiede l'esecuzione e contro *quel* soggetto contro il quale l'esecuzione è richiesta. Tale controllo può dare anche esito negativo con la possibilità del rilievo (anche d'ufficio) del difetto di titolo esecutivo e la conseguente dichiarazione di improcedibilità del processo esecutivo, nonché del *rifiuto* a far luogo all'esecuzione. Il quale rifiuto è ovviamente anch'esso assoggettato a controlli sia a seguito di ricorso al capo dell'ufficio giudiziario, dal quale l'organo esecutivo dipende (argomentando dall'art. 60, n. 1), e sia a seguito di un'iniziativa in sede di cognizione (v. anche il § seguente).

La possibile contestazione del titolo.

L'azione di cognizione – si vide a suo tempo (vol. I, § 14) – è un diritto *autonomo* dal diritto sostanziale, poiché si rivolge verso un soggetto diverso dal soggetto passivo del diritto sostanziale (lo Stato in persona dei suoi organi giurisdizionali) e tende ad una prestazione diversa da quella alla quale tende il diritto sostanziale: la tutela giurisdizionale mediante cognizione. L'azione esecutiva è anch'essa *un diritto autonomo dal diritto sostanziale*, per le medesime ragioni: è rivolta ad un soggetto diverso dal soggetto passivo del diritto sostanziale (l'organo esecutivo) e tende ad una prestazione diversa da quella alla quale tende il diritto sostanziale, ossia tende alla prestazione della tutela giurisdizionale mediante esecuzione forzata (v. vol. I, § 16).

Anche l'azione esecutiva è un diritto autonomo dal diritto sostanziale …

Ancora: si vide a suo tempo (v. vol. I, § 14) che l'azione di cognizione è un diritto *astratto* dal diritto sostanziale poiché sussiste indipendentemente dall'esistenza di quest'ultimo, bastando l'affermazio-

… ed è anch'essa un diritto astratto dal diritto sostanziale.

ne di quel diritto, come ipoteticamente accoglibile. L'azione esecutiva, pur presupponendo l'accertamento del diritto sostanziale, è tuttavia anch'essa *un diritto in certa misura astratto dal diritto sostanziale*, poiché, come si è visto, essa presuppone *soltanto* il titolo, ossia un sufficiente grado di *accertamento* del diritto: e si è visto che diritto accertato nel titolo non significa necessariamente diritto esistente, o ancora esistente, poiché, da un lato, la legge attribuisce talora l'efficacia di titolo esecutivo ad accertamenti non definitivi, mentre, dall'altro lato, l'efficacia incondizionata del titolo lo rende insensibile ai mutamenti della realtà giuridica, fino a quando il titolo stesso non sia stato eliminato o modificato. L'azione di cognizione è diritto all'attività giurisdizionale fino alla pronuncia di un provvedimento sul merito, che l'attore postula a lui favorevole, ma che potrebbe anche risultare sfavorevole. L'azione esecutiva è diritto all'attività giurisdizionale esecutiva fino al compimento del suo atto conclusivo, che è preordinato alla soddisfazione del diritto, ma che potrebbe anche non conseguire tale soddisfazione per ragioni contingenti (ad es., insufficienza del patrimonio del debitore, sopravvenuta distruzione della cosa da consegnare, ecc.). D'altra parte, a fronte dell'eventualità, accennata da ultimo, che l'azione esecutiva non pervenga al risultato della soddisfazione del credito, può verificarsi l'eventualità opposta: che cioè la soddisfazione del credito possa avvenire attraverso l'esercizio di un'azione speciale abbreviata che prescinde dal suo fondamento su un titolo esecutivo, ma che, comunque, non può essere esercitata se non in un processo esecutivo iniziato da altri (nelle forme dell'espropriazione). Ci riferiamo all'*intervento nell'espropriazione in corso*, da parte dei creditori che, pur non essendo muniti di titolo, possono tuttavia partecipare alla distribuzione del ricavato della vendita. Come vedremo a suo luogo (oltre, § 61), si tratta di un'azione accessoria ad un'altrui azione esecutiva e nel cui esercizio sono riscontrabili gli elementi di un sia pur sommario accertamento del credito in funzione della partecipazione al risultato dell'esecuzione.

L'azione esecutiva è, dunque, un diritto autonomo ed astratto, condizionato in maniera necessaria e sufficiente dal possesso di un titolo esecutivo, e avente per oggetto la prestazione dell'attività giurisdizionale esecutiva in funzione della soddisfazione del diritto risultante dal titolo, e indipendentemente dall'effettivo conseguimento di questa soddisfazione.

Tutti gli elementi dell'azione esecutiva (*personae*, *petitum* e *causa petendi*) ...

È appena il caso di aggiungere, a conclusione di queste notazioni sull'azione esecutiva, che anche gli elementi d'individuazione e d'identificazione (v. vol. I, § 28) di ciascuna singola azione esecutiva si condensano e si esauriscono interamente nel titolo esecutivo. Ed infatti, mentre, per quanto concerne i soggetti (*personae*), abbiamo già visto (e meglio vedremo al § 49) come i soggetti dell'azione esecutiva siano precisamente i soggetti (attivo e passivo) del titolo, per quanto concerne gli elementi oggettivi (*petitum* e *causa petendi*) è chiaro che, se il titolo contiene l'accertamento del diritto sostanziale da eseguirsi, dal titolo e solo dal titolo deve risultare la prestazione da conseguirsi in via esecutiva e la ragione giuridica su cui tale prestazione si fonda.

… risultano dal titolo esecutivo.

Questo, però, non impedisce che il diritto sostanziale risultante dal titolo resti rilevante anche nelle vicende del processo esecutivo, nella misura in cui la disciplina processuale ne prevede le verifiche. Ciò che, come si vedrà, accade non solo con le opposizioni all'esecuzione, ma, nell'espropriazione, anche con le contestazioni in sede di distribuzione del ricavato rispetto ai crediti sia dei creditori intervenuti e sia del creditore procedente (v. oltre, §§ 62 e 74).

49. *I soggetti del processo esecutivo: gli organi, le parti, i terzi; l'efficacia soggettiva del titolo esecutivo.*

Già osservammo al § 46 che talune caratteristiche proprie del processo esecutivo concernono i suoi soggetti e, più precisamente, da un lato, i suoi organi e, dall'altro, quei soggetti che, con la terminologia propria del processo di cognizione, chiamiamo «parti».

Con riguardo agli organi, abbiamo già posto in rilievo (al § 46) che al centro dell'attività esecutiva sta l'*organo esecutivo* (l'ufficiale giudiziario), che, nel processo esecutivo, è assai più che un ausiliario del giudice (v. vol. I, § 43), il quale, d'altra parte, opera nell'ambito di un *ufficio giudiziario*. Questo ufficio giudiziario (che il codice chiama genericamente «giudice» nel senso ampio, appunto, di ufficio giudiziario: v. vol. II, § 15) per ora è soltanto il tribunale. Anche se il D.Lgs. 116/2017 ha stabilito che – a partire dal 31 ottobre 2025 – il processo esecutivo di espropriazione sui beni mobili passi alla competenza del giudice di pace (art. 15 bis).

L'*organo esecutivo* (l'ufficiale giudiziario) opera nell'ambito di un *ufficio giudiziario* …

Nell'ambito dell'ufficio giudiziario competente operano anche altri organi, tra i quali primeggia, per importanza di mansioni, il *giudice dell'esecuzione* (v. oltre, § 58; «giudice», qui, nel senso di organo giudiziario). Altre funzioni ordinatorie spettano al *presidente del tribunale* quale capo dell'ufficio giudiziario (v., ad es., artt. 482, 484, 488, 2° comma, ecc.); ed altre ancora al *cancelliere*, analoghe a quelle che a quest'organo competono nel processo di cognizione (v. vol. I, § 43). D'altra parte, le funzioni decisorie (che hanno natura di cognizione e sono solo marginali nell'esecuzione forzata) appartengono al giudice dell'esecuzione nel ruolo di giudice monocratico (art. 281 quater).

… e sotto la direzione del *giudice dell'esecuzione*.

Per quanto concerne le parti, le osservazioni compiute al § 46 nel senso che esse vengono qui in rilievo senz'altro come *creditore* e *debitore*, vanno alquanto sviluppate specie con riguardo a quanto abbiamo rilevato nel § precedente circa la funzione, propria del titolo

Parti sono il *creditore* e il *debitore* quali risultano dal titolo, salvi gli effetti della successione.

esecutivo, di individuare anche il profilo soggettivo del diritto che si porta ad esecuzione. L'azione esecutiva spetta, come appunto osservammo, al soggetto che nel titolo risulta *creditore* e nei confronti del soggetto che nel titolo risulta come *debitore*. Naturalmente questa conclusione è valida nei limiti in cui il processo esecutivo viene condotto sul fondamento di un titolo esecutivo e si mantiene nell'ambito della sua portata soggettiva; ciò che, nella concreta realtà, potrebbe anche non verificarsi: quando, ad es., il titolo esecutivo fosse tale solo in apparenza, o quando, per errore, l'ufficiale giudiziario agisse contro un soggetto diverso da colui che nel titolo risulta debitore o a favore di un soggetto diverso da colui che nel titolo risulta creditore. Quando ciò si verifica, quando accade che un soggetto assuma il ruolo di creditore (ossia proponga la domanda di esecuzione) senza che un titolo lo qualifichi tale, o ad un soggetto venga fatto assumere il ruolo del debitore (ossia si agisca contro di lui) senza che il titolo lo qualifichi debitore; quando, dunque, si verifichi una di queste ipotesi, si deve ritenere che quei soggetti assumano una qualità assimilabile a quella della parte, in un processo che, sia pure eccezionalmente, si svolge al di fuori della portata soggettiva del titolo. E ciò, naturalmente, a prescindere dai rimedi che la legge prevede per ovviare a tale irritualità, con le forme delle opposizioni nel processo esecutivo. In particolare, il codice attribuisce i poteri d'iniziativa al «creditore», mentre al «debitore» attribuisce altri più limitati poteri intesi soprattutto a tutelare la legittimità e, in certa misura, anche l'opportunità, del modo col quale questi subisce l'esecuzione. Tra i poteri del debitore che, per i rilievi ora compiuti, debbono essere considerati estesi a coloro ai quali viene, in concreto, fatto assumere il ruolo del debitore, è compresa anche (come si vedrà meglio al cap. 9°) la legittimazione all'opposizione all'esecuzione ed all'opposizione agli atti esecutivi.

Questa nozione delle parti («*i soggetti che risultano rispettivamente creditore e debitore nel titolo*») e il suo allargamento nel senso di *ricomprendervi coloro che, di fatto, assumono o ai quali viene fatto assumere quel ruolo*, è utile anche per individuare, di riflesso, la nozione del *terzo* nel processo esecutivo. Se, infatti, in linea di principio, terzi sono tutti coloro che non risultano creditori o debitori nel titolo, in linea pratica si deve negare la qualità di terzo a coloro che assumono o ai quali viene fatto assumere il ruolo di creditore o debitore senza che risultino tali nel titolo. È appunto al lume di questi rilievi che si potrà, a suo tempo (v. oltre, § 76), precisare e delimitare il significato della qualifica di terzi che il codice attribuisce a certi soggetti (ad es., negli artt. 602 e ss.); e così determinare la legittimazione all'opposizione del terzo nel processo esecutivo (v. oltre, § 83); e così, infine, inquadrare, sotto il profilo soggettivo, due figure che il codice disciplina con riferimento più specifico all'esecuzione per espropriazione: la c.d. espropriazione presso terzi (v. oltre, § 66) e l'intervento dei terzi nell'espropriazione forzata (v. oltre, § 61). Quest'ultima figura, nella quale si concreta il fenomeno della pluralità di parti (su cui v. vol. I, §§ 54 e ss.) nel processo esecutivo, implica un temperamento – ma non una smentita – alla regola *nulla executio sine titulo.* Ed infatti, se è vero che (come si vedrà ampiamente al § 61) l'istituto in discorso consente ad alcune categorie di creditori sprovvisti di titolo esecutivo di partecipare all'espropriazione (art. 499, 1° comma), è altrettanto vero che ciò è possibile soltanto attraverso l'intervento di tali creditori in un'espropriazione già iniziata da almeno un creditore provvisto di titolo esecutivo. Un temperamento della regola *nulla executio sine titulo* emerge anche dal fenomeno per il quale talora l'esecuzione può avvenire *legittimamente* nei confronti o a favore di soggetti diversi da quelli che risultano dal titolo. I casi nei quali ciò si verifica sono per lo più previsti dalla legge (di alcuni di essi avremo occasione di occuparci più avanti: ad es., al termine del § 53, a proposito del fenomeno successorio nel processo esecutivo).

50. *I presupposti del processo esecutivo: presupposti generali (competenza, capacità e legittimazione processuale) e speciali (notificazione del titolo e del precetto).*

La nozione dei *presupposti processuali*, che, a suo tempo (vol. I, § 10), venne esaminata nell'elaborazione che la dottrina ne ha effettuato con particolare riguardo al processo di cognizione, può essere facilmente adattata al processo esecutivo. Ricordiamo che, a proposito del processo di cognizione, con l'espressione «presupposti processuali» ci si suole riferire a quei requisiti, che debbono esistere prima della proposizione della domanda affinché il processo possa pervenire ad una pronuncia sul merito anziché arrestarsi ad una pronuncia sul processo. Orbene, l'adattamento di questa nozione al processo esecutivo riguarda, oltre che la determinazione del momento di proposizione della domanda, la precisazione di ciò che è condizionato dai requisiti in discorso (in luogo della pronuncia sul merito), nonché l'individuazione delle particolarità con le quali, in caso di mancanza di quei requisiti, può avvenire l'arresto del processo.

La proposizione della domanda è, come si è già visto al § 46, quell'atto col quale, dopo gli atti introduttivi e preparatori (notificazione del titolo esecutivo e del precetto: v. oltre, §§ 54 e 55), ci si rivolge all'organo esecutivo per chiedere il pignoramento (come atto iniziale dell'espropriazione) (art. 491) o la consegna o il rilascio di cose mobili o immobili (art. 606); o al tribunale per chiedere la determinazione delle modalità dell'esecuzione degli obblighi di fare o non fare (art. 612); oppure, infine, senz'altro al giudice dell'esecuzione per chiedere l'assegnazione o la vendita delle cose soggette a pegno od ipoteca (art. 502). I presupposti, di cui appresso, debbono pertanto esistere prima del compimento dell'uno o dell'altro di questi atti, a seconda del tipo di esecuzione. Conseguentemente, la validità degli atti preparatori anteriori a quel momento prescinde dai presupposti in discorso e va valutata autonomamente.

Presupposti del processo esecutivo sono: …

Anche nel processo esecutivo la presenza dei requisiti in argomento condiziona l'attitudine del processo a pervenire al suo risultato; ma, poiché questo risultato non è un *dictum* (pronuncia), bensì un *factum*, è chiaro che i presupposti del processo esecutivo condizionano il compimento dell'esecuzione. Il che, peraltro, non impedisce che, in caso di mancanza di uno o più di quei requisiti, il conseguente rifiuto di effettuare l'esecuzione possa e debba concretarsi in una pronuncia (ovviamente sul processo: v. vol. I, § 10). La quale pronuncia assumerà le forme proprie del provvedimento di cognizione (sentenza), se il difetto del requisito ha dato luogo ad una di quelle parentesi di cognizione, che abbiamo visto (retro, § 46) essere le opposizioni esecutive. Nell'ipotesi contraria, la legge non si cura di disciplinarne le forme, che pertanto saranno quelle più idonee al conseguimento dello scopo (art. 121: v. vol. I, § 64), non escluse quelle orali (come, ad es., il c.d. rifiuto di pignoramento da parte dell'ufficiale giudiziario, ancorché assoggettato ad un possibile controllo attraverso un ricorso al capo dell'ufficio giudiziario, dal quale l'ufficiale giudiziario dipende; ciò argomentando dall'art. 60, n. 1).

… la competenza, …

Venendo ora ai singoli presupposti processuali generali (ossia comuni anche al processo di cognizione) e incominciando dalla *competenza*, si deve anzitutto osservare che le regole di competenza vengono qui in rilievo sia con riguardo diretto all'organo esecutivo (ufficiale giudiziario) e sia con riguardo all'ufficio giudiziario, nel cui ambito opera l'organo esecutivo. Sotto il primo profilo, basterà tener presente che, per il D.P.R. 15 dicembre 1959 n. 1229 (art. 106), l'ufficiale giudiziario ha competenza (funzionale) esclusiva per compiere gli atti del proprio ministero nell'ambito della circoscrizione al quale è addetto, con riguardo, cioè, al luogo di compimento dell'atto e non alla competenza dell'autorità giudiziaria. Con riguardo a quest'ultima, invece, non abbiamo che da richiamare le regole che, essendo dettate dal codice nel libro primo, in sede di disposizioni generali, avevamo già esaminato a suo tempo (vol. I, §§ 36 e 37). Un esame coordinato di queste regole porta a riscontrare che, sotto il profilo della *materia*, la competenza è, per ora, soltanto del tribunale. Sebbene – come abbiamo già detto – il D.Lgs. 116/2017 abbia previsto l'attribuzione al giudice di pace della competenza per l'espropriazione forzata su beni mobili a partire dal 31 ottobre 2025. Stabilisce, infatti, l'art. 15 bis che, a partire da tale data, «*per l'espropriazione forzata di cose mobili è competente il giudice di pace*», mentre «*per l'espropriazione forzata di cose immobili e di crediti è competente il tribunale*». Peraltro,

… sia dell'*ufficiale giudiziario* …

… e sia dell'*ufficio giudiziario*, …

«se cose mobili sono soggette all'espropriazione forzata insieme con l'immobile nel quale si trovano, per l'espropriazione è competente il tribunale anche relativamente ad esse».

Con riguardo al *territorio* la competenza spetta:

a) *al giudice del luogo ove le cose si trovano*, se si tratta di esecuzione su cose mobili o immobili (ma, se si tratta di esecuzione su autoveicoli, motoveicoli e rimorchi, è competente il giudice del luogo in cui il debitore ha la residenza, il domicilio, la dimora o la sede) (art. 26, 1° e 2° comma);

b) *al giudice del luogo dove il debitore ha la residenza, il domicilio, la dimora o la sede*, nel caso di espropriazione forzata di crediti; questo, tuttavia, a meno che il debitore non sia una delle P.A. indicate dall'art. 413, 5° comma, perché in questo caso è competente il giudice del luogo dove ha sede l'ufficio dell'Avvocatura dello Stato nel cui distretto il creditore ha la residenza, il domicilio, la dimora o la sede (art. 26 bis);

c) infine, nel caso di esecuzione degli obblighi di fare o non fare, *al giudice del luogo dove l'obbligo deve essere adempiuto* (art. 26, 3° comma).

Per completezza di argomento conviene anche ricordare qui le regole di competenza relative alle cause (che sono di cognizione, come abbiamo notato più volte) di opposizione nel processo esecutivo. Per queste cause il codice, con riguardo alla distribuzione della competenza tra giudici di tipo diverso, fa riferimento al criterio del valore, secondo quanto più specificamente indicato dall'art. 17; mentre, per quanto riguarda il territorio, l'art. 27 si riferisce al luogo dell'esecuzione o al luogo dove si svolge l'esecuzione.

… la *legittimazione processuale* …

Per quanto concerne quell'ulteriore presupposto processuale generale, che vedemmo (v. vol. I, §§ 45 e 46) essere la *legittimazione processuale*, con riferimento alla capacità processuale e alla rappresentanza processuale, sembra sufficiente, qui, il semplice richiamo a quanto dicemmo, in argomento, in sede di esame delle disposizioni generali. Ed infatti, la formulazione degli artt. 75 e ss. in sede di disposizioni generali è tale da consentire l'applicazione di queste norme anche nel processo esecutivo. Così se, ad es., con riguardo alle società di persone, si ritiene che la legittimazione processuale spetti ad esse in quanto dotate di autonoma soggettività giuridica, e non ai singoli soci (v. vol. I, § 46), è logico desumerne che il titolo esecutivo contro la società non abbia efficacia contro i singoli soci e viceversa.

… ed inoltre *il previo compimento degli atti preparatori.*

Infine, occorre tenere presente che, in quanto il processo esecutivo ha inizio con la proposizione della domanda con le modalità accennate all'inizio di questo §, il regolare compimento, prima della domanda, di quegli atti che debbono precederla e che abbiamo chiamato preparatori (sui quali v. i §§ 54 e 55), assume tutti i caratteri del presupposto processuale e naturalmente con riguardo specifico al solo processo esecutivo. Il che in pratica significa che – come del resto il codice dispone espressamente (art. 479) – l'organo esecutivo non può dar corso alla domanda di esecuzione se non gli viene esibita, insieme col titolo esecutivo, la documentazione dell'avvenuta notificazione del titolo stesso, nonché della notificazione del precetto.

51. *I difensori nel processo esecutivo. Gli atti conclusivi del processo esecutivo. Le spese dell'esecuzione forzata.*

Le regole sull'onere del patrocinio operano ...

Nel processo di cognizione (v. vol. I, § 48) il ministero del difensore costituisce strumento necessario per l'esercizio dell'attività processuale delle parti, salve le eccezioni che abbiamo visto a suo tempo; l'assistenza è, invece, soltanto eventuale e facoltativa (art. 87). Queste regole sono in linea di massima applicabili anche nel processo esecutivo in quanto le norme sulle quali si fondano, dettate in sede di disposizioni generali, sono facilmente adattabili all'esecuzione forzata, anche se formulate con la terminologia propria della cognizione. Tale adattamento deve, tra l'altro, tener conto della rilevata differenza strutturale (nel processo esecutivo) della posizione delle due parti, delle quali soltanto il creditore assume di solito un ruolo attivo. Il che rende chiaro che soltanto rispetto al creditore la regola della necessità del ministero del difensore può dirsi pienamente operante, con esclusione tuttavia del precetto, in quanto quest'atto non appartiene ancora al processo esecutivo; mentre, il debitore, che non ha evidentemente bisogno di difensore quando si limita a subire gli atti esecutivi, deve sottostare all'onere del patrocinio ogni qual volta assuma iniziative o formuli richieste davanti al giudice dell'esecuzione, oltre che, ovviamente, quando assuma iniziative di opposizione all'esecuzione o agli atti esecutivi (v. oltre, cap. 9°).

... anche nel processo esecutivo.

Con riguardo agli atti conclusivi del processo esecutivo, conviene ricordare che – come rilevammo al § 46 – l'attività propria dell'organo esecutivo si estrinseca in «operazioni», mentre l'attività (più o meno marginale, nel processo esecutivo) del giudice si estrinseca di solito in provvedimenti ordinatori, quali l'ordinanza e il decreto, e non in provvedimenti decisori, quali le sentenze (con le quali si concludono normalmente, invece, quelle parentesi di cognizione che sono le opposizioni nel processo esecutivo). Da questi rilievi emerge *che il processo esecutivo si conclude con atti di diversa natura, ma che presentano tutti l'elemento negativo dell'assenza della incontrovertibilità propria del giudicato.* Ciò che, peraltro, non esclude quel minimo di definitività che è implicito nella irrevocabilità di questi atti conclusivi, una volta chiuso il processo. Questa irrevocabilità implica una sorta di preclusione rispetto alle questioni risolte nel processo stesso; la quale preclusione copre anche la stessa possibilità di far valere i vi-

Il processo esecutivo si conclude con atti *privi del carattere dell'incontrovertibilità,* ancorché irrevocabili a processo concluso.

zi del procedimento che non siano stati fatti valere con le forme delle opposizioni. È, invece, ammissibile l'impiego della procedura di correzione degli errori materiali di cui agli artt. 287 e ss.

Infine, per quanto concerne le spese processuali (v. vol. I, § 52), l'adattamento al processo esecutivo della disciplina generale del codice su questo punto (artt. 90 e ss.) deve essere compiuto dall'interprete soltanto con riguardo all'onere dell'anticipazione, configurato dall'art. 8, 1° comma, del D.P.R. 115/2002 (*Testo unico in materia di spese di giustizia*), la cui ampia formulazione («*ciascuna parte provvede alle spese degli atti che compie e di quelli che chiede e le anticipa per gli atti necessari al processo quando l'anticipazione è posta a suo carico dalla legge o dal magistrato*») ben si presta a riferirsi ad ogni tipo di processo. Mentre, sul punto, assai più importante, che riguarda la possibilità per la parte vittoriosa di ottenere il rimborso delle proprie spese dalla parte soccombente in applicazione della regola detta della soccombenza (di cui all'art. 91), l'adattamento di questa regola al processo esecutivo è già stato compiuto dal legislatore: con riguardo all'espropriazione, con un articolo collocato tra le norme dedicate alle spese in sede di disposizioni generali (art. 95); e con riguardo alle esecuzioni dirette o specifiche, nella sede della disciplina propria di queste esecuzioni (artt. 611 e 614). Nel processo esecutivo non c'è parte vittoriosa né parte soccombente, ma soltanto un creditore che deve veder soddisfatto senza decurtazioni il suo diritto già accertato nel titolo, nei confronti di un debitore che, col suo rifiuto di adempiere spontaneamente, rende necessaria l'esecuzione. Perciò, in questo processo al criterio della soccombenza si sostituisce il criterio dell'*attribuzione delle spese a carico di chi subisce l'esecuzione*. Ciò che, nell'espropriazione, avviene in sede di distribuzione della somma ricavata dalla vendita dei beni espropriati (artt. 95 e 510; v. oltre, § 65), mentre, nell'esecuzione in forma specifica, richiede un apposito provvedimento di liquidazione da parte del giudice dell'esecuzione (artt. 611 e 614; v. oltre, §§ 77 e 78).

Le spese vanno addossate alla parte debitrice che ha reso necessario il processo esecutivo.

Bibliografia di orientamento

S. LA CHINA, *L'esecuzione forzata e le disposizioni generali del codice di procedura civile*, Milano, 1970; C. MANDRIOLI, *Sui caratteri dell'attività giurisdizionale desunti dalle norme positive*, in *Jus*, 1962; S. LA CHINA, *Esecuzione forzata (profili generali)*, in *Enc. Giur. Treccani*, XIII, Roma, 1989; E. ALLORIO-V. COLESANTI, *Esecuzione forzata (dir. proc. civ.)*, in *Novissimo Dig. it.*, IV, Torino, 1960; A. BONSIGNORI, *L'esecuzione forzata*, Torino, 1990; G. TARZIA, *L'oggetto del processo di espropriazione*, Milano, 1961; G. TARZIA, *Il contraddittorio nel processo esecutivo*, in *Riv. dir. proc.*, 1978; C. MANDRIOLI, *L'esecuzione forzata in forma specifica*, Milano, 1953; AA.VV., *L'ese-

cuzione processuale indiretta, a cura di B. CAPPONI, Milanofiori-Assago, 2011; I. ANDOLINA, *Introduzione alla teoria del titolo esecutivo*, Milano, 1968; C. MANDRIOLI, *L'azione esecutiva*, Milano, 1955; G. TARZIA, *Il giusto processo di esecuzione*, in *Riv. dir. proc.*, 2002; M. FORNACIARI, *Esecuzione forzata e attività valutativa*, Torino, 2009; F. TOMMASEO, *L'esecuzione forzata*, Padova, 2009; M. PILLONI, *Accertamento e attuazione del credito nell'esecuzione forzata*, Torino, 2011; E. SILVESTRI, *Esecuzione forzata degli obblighi di fare o non fare*, in *Diritto on line Treccani*, 2013; M. BOVE, *Esecuzione forzata per consegna o rilascio*, *ibidem*; M. MONTANARI, *Sui profili generali dell'esecuzione forzata in forma specifica*, in *Giusto proc. civ.*, 2019; L. DURELLO, *Contributo allo studio della tutela del terzo nel processo esecutivo*, Napoli, 2016; G. FINOCCHIARO, *Le spese nei processi esecutivi*, in *Riv. es. forzata*, 2019; A. TEDOLDI, *Esecuzione forzata*, Pisa, 2020; A. CHIZZINI, *In che direzione muove l'esecuzione forzata, tra tutela del credito e garanzie del debitore?*, in *Giusto proc. civ.*, 2021; A.M. SOLDI, *Manuale dell'esecuzione forzata*, Milano, 2022; M.L. SERRA, *Contributo allo studio dell'esecuzione delle decisioni nazionali negli Stati membri dell'Unione Europea*, Napoli, 2023; B. CAPPONI, *Diritto dell'esecuzione civile*, 8ª ed., Torino, 2025.

CAPITOLO VI

GLI ATTI PREPARATORI DEL PROCESSO DI ESECUZIONE FORZATA

52. *Il titolo esecutivo nella sua disciplina positiva.*

La norma, con la quale ha inizio l'intera disciplina del processo di esecuzione (art. 474), contiene la solenne enunciazione della portata essenziale che, come si è ampiamente visto (retro, § 48), spetta al titolo esecutivo per l'avvio e la prosecuzione del processo esecutivo. «*L'esecuzione forzata non può aver luogo che in virtù di un titolo esecutivo*», enuncia dunque la norma in discorso, che subito precisa: «*per un diritto certo, liquido ed esigibile*».

L'art. 474, 1° comma, erige a norma la regola *nulla executio sine titulo*.

Liquidità significa espressione del credito di denaro (o di altre cose mobili fungibili) in una misura determinata, così rimanendo escluso ogni credito espresso in modo generico o *per relationem*; *esigibilità* significa che l'eventuale termine di adempimento è già scaduto o che l'eventuale condizione sospensiva si è già realizzata. Entrambi questi requisiti debbono non solo esistere, ma risultare dal titolo, avuto riguardo alla sua funzione di individuare (e documentare) il diritto eseguibile per l'organo esecutivo, il quale deve solo portarlo ad esecuzione senza necessità di valutazioni giuridiche. Il requisito della *certezza*, invece, più che risultare dal titolo e dai suoi requisiti essenziali, è una conseguenza dell'esistenza del titolo stesso. Più precisamente, in relazione al fatto che il titolo contiene, come si è visto, un atto di accertamento, si potrà dire che il diritto risulta «certo» in quella concreta misura che l'ordinamento ha determinato e indicato come sufficiente, nel momento in cui, disciplinando i singoli atti che costituiscono titolo esecutivo, ha attribuito a quegli atti la qualità, appunto, di titolo esecutivo. Non, dunque, una certezza assoluta (v. vol. I, § 4), e neppure – come già si vide a suo tempo (v. vol. I, § 6) – necessariamente quel massimo grado di certezza, che è determinato dal-

Il requisito della *certezza* del diritto portato ad esecuzione.

la cosa giudicata; ma, una certezza che l'ordinamento giudica *sufficiente* per fondare l'esecuzione forzata, nel momento in cui enuncia che un determinato atto costituisce titolo esecutivo. Nei suoi termini generali quest'enunciazione è compiuta nel 2° comma del medesimo art. 474, nel quale sono d'altra parte compiuti richiami ad altre norme, collocate in altri luoghi del codice o in altre leggi, che contengono l'attribuzione della qualità di titolo esecutivo ad altri atti.

Il 2° comma dello stesso art. 474 elenca i titoli esecutivi, distinguendo tra titoli *giudiziali* (n. 1) e titoli *stragiudiziali* (n. 2 e n. 3).

La suddetta attribuzione in via generale della qualità di titolo esecutivo, contenuta in questo 2° comma dell'art. 474, si articola nel riferimento a *tre gruppi di titoli esecutivi*, cui sono rispettivamente dedicati i tre «numeri» nei quali si suddivide il comma ora in esame. Non senza previamente rilevare che il primo di questi tre gruppi si riferisce ai titoli di formazione giudiziale, vale a dire a quegli accertamenti, che costituiscono il risultato di un processo di cognizione e che perciò sono chiamati *titoli esecutivi giudiziali* (v. vol. I, § 6 e vol. II, § 62), mentre il secondo e il terzo gruppo, ossia i gruppi di cui ai numeri 2 e 3, si riferiscono a quei titoli esecutivi, nei quali l'accertamento del diritto da eseguirsi si è formato per una via diversa da quella del giudizio (di cognizione) e che, perciò, e come già vedemmo a suo tempo (v. vol. I, § 6), sono detti *titoli esecutivi stragiudiziali*.

Il 2° comma dell'art. 474 prevede, dunque, che «*sono titoli esecutivi*»:

I *titoli esecutivi giudiziali* (art. 474, 2° comma, n. 1).

1. «*le sentenze, i provvedimenti e gli altri atti ai quali la legge attribuisce espressamente efficacia esecutiva*». Si tratta, come si vede, di una norma di rinvio a quel complesso di disposizioni che già esaminammo a suo tempo (v. specialmente, vol. II, § 62) e con le quali la legge attribuisce efficacia esecutiva (*id est*: efficacia di titolo esecutivo) alle sentenze e agli altri provvedimenti che il giudice pronuncia in sede di cognizione. Con riguardo alle *sentenze*, gioverà ricordare qui che dei tre tipi di sentenza che corrispondono ai tre tipi di azione di cognizione (*condanna*, *mero accertamento* e *costitutiva*) soltanto la prima può, per la sua funzione, fondare l'esecuzione forzata (v. vol. I, § 6 e vol. II, § 62) e dunque costituire titolo esecutivo. D'altra parte – conviene pure ricordare –, le stesse sentenze di condanna sono *provvisoriamente esecutive*, ai sensi dell'art. 282, *già in primo grado*, salva la sospensione dell'esecuzione o dell'efficacia esecutiva in caso di impugnazione, di cui agli artt. 283 e 373. In questi casi l'esecuzione forzata si sovrappone (o può sovrapporsi) alla cognizione. E naturalmente, se nei successivi sviluppi del processo di cognizione la sentenza viene riformata o se viene privata dell'efficacia esecutiva, la conseguente sopravvenuta mancanza del titolo esecutivo determina l'immediato arresto del processo di esecuzione forzata, con conseguente diritto al ripristino della situazione anteriore, che, come risulta dal-

l'art. 336, 2° comma, può essere immediato (v. § 81 del vol. II). Ciò allo stesso modo di quanto accade nel caso di accoglimento dell'opposizione all'esecuzione, ossia nel caso in cui – come si è visto più volte – si ha il fenomeno inverso della sovrapposizione della cognizione all'esecuzione. Va anche aggiunto che, nel caso di conferma in appello della sentenza di primo grado, il titolo esecutivo è costituito dalla sentenza di appello, la quale, se pronuncia nel merito, si sostituisce alla prima (v. vol. II, § 82).

I provvedimenti giudiziali diversi dalle sentenze, ai quali la legge attribuisce efficacia esecutiva, sono ordinanze o decreti che, per particolari disposizioni di legge, decidono in via definitiva, o anche solo provvisoria, questioni che già investono il diritto sostanziale. Tra i provvedimenti definitivi (o idonei a divenire tali) va ricordato in particolare il *decreto ingiuntivo* (su cui v. i cenni nel vol. I, § 15, *sub* B, d; v. anche oltre, i §§ da 86 a 90), in quanto sia divenuto incontrovertibile per mancata opposizione o per estinzione (art. 647) o per rigetto della stessa (art. 653), o che sia stato dichiarato, *dal giudice*, provvisoriamente esecutivo (artt. 642, 648). Provvedimento definitivo è anche l'*ordinanza di convalida di licenza o sfratto* prevista dall'art. 663, che, peraltro, costituisce titolo esecutivo soltanto insieme con l'atto d'intimazione (v. oltre, § 94). Tra i provvedimenti non definitivi si può pensare all'*ordinanza* di accoglimento della domanda per manifesta fondatezza di cui all'art. 183 ter (v. § 22 del vol. II) o all'*ordinanza* del giudice del processo in materia di stato delle persone, minorenni e famiglie, con la quale vengono pronunciati i *provvedimenti temporanei e urgenti nell'interesse delle parti e dei figli* di cui all'art. 473 bis.22 (v. retro, § 29); e ancora, all'ordinanza di rilascio ex art. 665 (v. oltre, § 94) e alle ordinanze anticipatorie di condanna di cui agli artt. 186 bis, 186 ter, 186 quater (v. vol. II, § 25) e 423 (v. retro, § 16). In questi e in tutti gli altri casi di titoli esecutivi giudiziali la relativa specifica disciplina contiene l'*espressa* attribuzione dell'efficacia esecutiva; e ciò in relazione col dettato della norma in esame che, come si è visto, dispone che la qualità di titolo esecutivo non spetta che ai «provvedimenti» e agli «altri atti», ai quali l'efficacia esecutiva sia attribuita *espressamente*.

Tra gli «*altri atti*», ai quali si riferisce il n. 1 dell'art. 474, vengono in rilievo, in particolare, i *verbali di conciliazione*, sia che si formino con l'omologazione da parte del giudice, sia che, invece, ne prescindano (come nel caso della mediazione e della negoziazione assistita: v. oltre, cap. 17° e cap. 18°);

I *titoli esecutivi stragiudiziali* (art. 474, 2° comma, n. 2 e n. 3).

2. «*le scritture private autenticate, relativamente alle obbligazioni di somme di denaro in esse contenute, le cambiali, nonché gli altri titoli di credito ai quali la legge attribuisce espressamente la stessa efficacia*»;

3. «*gli atti ricevuti da notaio o da altro pubblico ufficiale autorizzato dalla legge a riceverli*».

Questi due gruppi di titoli esecutivi, che esaminiamo insieme perché insieme costituiscono la categoria dei *titoli esecutivi stragiudiziali*, sono di formazione negoziale; il che, peraltro, non impedisce che anch'essi contengano un atto di accertamento. La scelta concorde di una documentazione particolarmente solenne e rigorosamente formale (si pensi all'impiego della parola «cambiale», richiesto dall'art. 1 della legge cambiaria) o la partecipazione di un pubblico ufficiale alla redazione dell'atto hanno indubbiamente la funzione di richiamare l'attenzione dei soggetti dell'atto stesso sulla circostanza che essi non soltanto documentano e quindi accertano un diritto, ma lo accertano con quelle particolari forme documentali alle quali la legge fa conseguire l'efficacia esecutiva, e dunque accertano quel diritto come eseguibile, così attribuendogli il requisito della certezza in misura che la legge valuta sufficiente perché si possa fare luogo all'esecuzione forzata.

Nel n. 2 dell'art. 474 si può notare l'impiego della medesima formula usata nel n. 1, per il richiamo generico ai diversi altri possibili titoli esecutivi; la formula, cioè, con la quale si dice che sono titoli esecutivi soltanto gli atti ai quali la legge attribuisce *espressamente* efficacia esecutiva. Con riguardo al n. 3, invece, va sottolineato che l'efficacia esecutiva non è attribuita a tutti gli atti ricevuti da notaio o da altro pubblico ufficiale, ma soltanto a quelli e nei limiti in cui si riferiscono o ad obbligazioni aventi ad oggetto somme di denaro, sia contrattuali che unilaterali, come, ad es., il riconoscimento del debito, o ad obbligazioni di consegna (di beni mobili) o rilascio (di beni immobili) (su cui v. oltre, § 77). Va, d'altra parte, tenuto presente che l'*esecuzione per consegna o rilascio*, oltre che in forza dei titoli esecutivi di cui al n. 3, *può avvenire anche in forza di quelli di cui al n. 1 dell'art. 474* (titoli giudiziali *aut similia*).

Lo stesso 3° comma dell'art. 474 aggiunge che le *scritture private autenticate di cui al n. 2 del 2° comma debbono essere trascritte integralmente nel precetto ai sensi dell'art. 480, 2° comma* (ciò in quanto dette scritture di solito non restano presso il pubblico ufficiale autenticante la sottoscrizione).

Infine, ai sensi del 4° comma dello stesso art. 474, «*Il titolo* [esecutivo] *è messo in esecuzione da tutti gli ufficiali giudiziari che ne siano richiesti e da chiunque spetti, con l'assistenza del Pubblico Ministero e il concorso di tutti gli ufficiali della forza pubblica, quando ne siano legalmente richiesti*».

L'efficacia di titolo esecutivo spetta anche alle decisioni di alcune Istituzioni dell'UE (sentenze della Corte di giustizia; atti del Consiglio, ecc.), ...

L'efficacia di titolo esecutivo spetta anche, in forza degli artt. 280 e 299 del *Trattato sul funzionamento dell'Unione europea*, alle decisioni di talune Istituzioni dell'Unione (sentenze della Corte di giustizia dell'Unione europea, atti del Consiglio, della Commissione o della Banca centrale europea, che comportino un obbligo pecuniario a carico di persone) senza necessità di delibazione, né di *exequantur*. Ugualmente operante nella sua efficacia esecutiva in ogni Stato membro, senza necessità di alcun procedimento delibatorio, è sia la sentenza emessa in uno degli Stati membri in applicazione del Reg. UE 1215/2012, sia il *titolo esecutivo europeo* (T.E.E.) per crediti non contestati, disciplinato dal Reg. UE 805/2004, sia il *provvedimento ingiuntivo europeo* (I.P.E.) non opposto, disciplinato dal Reg. UE 1896/2006 (v. oltre, § 91).

... alle sentenze ex Reg. 1215/2012, al *titolo esecutivo europeo* e all'*ingiunzione europea.*

Va, infine, tenuto presente che, quando l'efficacia del titolo esecutivo è subordinata al versamento di una cauzione, l'esecuzione forzata non può essere iniziata finché la cauzione stessa non sia stata prestata: così dispone l'art. 478.

53. *L'efficacia soggettiva* «ultra partes» *del titolo esecutivo. La successione nel processo esecutivo.*

L'art. 475, modificato dal D.Lgs. 164/2024, dispone che «*le sentenze, i provvedimenti e gli altri atti dell'autorità giudiziaria, nonché gli atti ricevuti da notaio o da altro pubblico ufficiale, per valere come titolo per l'esecuzione forzata, ai sensi dell'articolo 474, per la parte a favore della quale fu pronunciato il provvedimento o stipulata l'obbligazione, o per i suoi successori, devono essere rilasciati in copia attestata conforme all'originale o in duplicato informatico, salvo che la legge disponga altrimenti*». Di conseguenza, salva diversa disposizione di legge, per esercitare l'azione esecutiva, quando si abbia a che fare con un tiolo esecutivo giudiziale (n. 1 dell'art. 474) o con un titolo esecutivo costituito da atto pubblico (n. 3 dell'art. 474), è sufficiente disporre di un duplicato informatico del titolo esecutivo originale (ossia un vero e proprio secondo originale) oppure di una copia conforme all'originale ed essi possono essere rilasciati sia a favore di colui che risulti creditore nel provvedimento giudiziale o nell'atto pubblico, sia dei suoi successori.

L'art. 475 stabilisce che i titoli giudiziali e quelli di formazione notarile per valere come titolo esecutivo devono essere rilasciati in copia conforme all'originale o in duplicato informatico.

Occorre tener presente che l'utilizzazione del titolo esecutivo in duplicato informatico o in copia attestata conforme all'originale è necessaria soltanto per i titoli il cui originale deve rimanere presso il cancelliere o il notaio; non è, invece, necessaria né possibile per i titoli (cambiale, assegno, scritture private autenticate, accordo di conciliazione raggiunto in sede di mediazione o di negoziazione assistita), il cui originale è in possesso del creditore; sicché quest'ultimo potrà servirsi senz'altro dell'originale, con le modalità della trascrizione integrale del titolo esecutivo nell'atto di precetto (v. oltre, § 55).

Il già riportato art. 475, con l'indicare i soggetti a favore dei quali può essere utilizzato il titolo esecutivo in copia conforme all'originale, mentre, da un lato, offre un'indiretta conferma (sotto il profilo attivo) del modo già visto (v. retro, §§ 49 e 50) col quale la regola della legittimazione ad agire opera in sede esecutiva (*l'azione esecutiva spetta a colui che dal titolo risulta creditore*); dall'altro lato, indica

L'utilizzazione del titolo esecutivo in copia conforme avviene *a favore di coloro che dal titolo risultano creditori e dei loro successori.*

il limitatissimo margine di applicazione estensiva di questa regola nel senso che *l'azione esecutiva spetta anche ai «successori» di colui che nel titolo risulta creditore.*

Sotto il profilo passivo, l'art. 477 prevede l'*estensione della titolarità (passiva) dell'azione esecutiva* nei confronti degli *eredi* del debitore.

Analoga funzione ha – con riguardo al soggetto passivo dell'azione esecutiva – l'art. 477, 1° comma, il quale dispone che «*il titolo esecutivo contro il debitore ha efficacia contro gli eredi*». Ciò, infatti, significa estendere nei confronti di questi ultimi la legittimazione dell'azione esecutiva sotto il profilo passivo (v. retro, §§ 49 e 50). La quale estensione è soltanto assoggettata all'onere, che la norma in discorso addossa al creditore, di lasciar decorrere almeno 10 giorni tra i due atti preparatori che esamineremo nei prossimi due paragrafi: la notificazione del titolo esecutivo e la notificazione del precetto (v. oltre, §§ 54 e 55) e sempre che entrambi questi atti non fossero già stati notificati al *de cuius*, prima della morte, oppure gli fosse stato notificato solo il titolo esecutivo e non anche il precetto.

Il raffronto tra le due norme, dalle quali risulta l'estensione soggettiva del titolo esecutivo sotto il profilo rispettivamente attivo e passivo (ossia gli artt. 475 e 477, 1° comma), consente di rilevare che, mentre sotto il profilo attivo l'estensione soggettiva riguarda genericamente tutti i *successori del creditore*, ossia consegue ad ogni fenomeno successorio (*mortis causa* o *inter vivos*), sotto il profilo passivo tale estensione parrebbe limitata ai soli *eredi del debitore*, conseguendo alla sola successione *mortis causa* a titolo universale. A tal proposito, peraltro, occorre anche tener conto del disposto (già esaminato a suo tempo: vol. I, § 59, in fine) dell'art. 111, 4° comma, secondo il quale, in caso di successione a titolo particolare nel diritto controverso in corso di causa, la sentenza pronunciata contro l'alienante o il successore universale spiega sempre i suoi effetti anche contro il successore a titolo particolare. E poiché, secondo l'opinione prevalente, tra questi effetti è compresa anche l'efficacia di titolo esecutivo della sentenza, ove sia di condanna, ciò induce ad ammettere l'ulteriore allargamento dell'efficacia del titolo esecutivo giudiziale con riguardo ai successori anche a titolo particolare del debitore.

Ma, occorre tener conto anche dell'art. 111, 4° comma, c.p.c.

Se, dunque, il titolo esecutivo può avere eccezionalmente efficacia anche a favore e/o contro i successori, ne consegue il rilievo più generale che il processo esecutivo può iniziarsi e svolgersi tra i soggetti (eventualmente diversi da quelli risultanti dal titolo), che dovranno in definitiva riceverne o subirne gli effetti, non soltanto nei casi, ora visti, di successione anteriore all'inizio dell'esecuzione, ma *anche nei casi di successione che si verifica quando il processo è già pendente.* È chiaro, infatti, che, se è possibile che il processo esecutivo si svolga con soggetti diversi da quelli risultanti dal titolo, non c'è ragione perché questo non sia possibile anche nell'altro caso, senza che a questa conclusione rechi ostacolo la disciplina degli artt. 110 e 111, la cui discutibile e discussa applicabilità nel processo di esecuzione sarebbe, comunque, da limitarsi alle disposizioni compatibili con la struttura del processo esecutivo e non sarebbe, per se stessa, decisiva. In pratica, il successore, documentando tale sua qualità, potrà senz'altro prendere il posto del suo dante causa; né è da escludere che un'eventuale iniziativa al riguardo possa essere assunta anche dall'esecutato o da colui che subisce l'esecuzione come acquirente a titolo particolare.

Infine, nell'ipotesi che il debitore venga meno in pendenza del processo esecutivo, l'inapplicabilità dell'interruzione al processo esecutivo fa sì che esso possa proseguire legittimamente nei confronti dei successori, i quali però – in ossequio alle esigenze del contraddittorio – debbono essere resi destinatari (eventualmente nei modi di cui all'art. 477, 2° comma) delle comunicazioni e degli avvisi, purché ovviamente l'evento che ha dato luogo alla successione risulti da un atto del processo.

54. *Gli atti preparatori del processo esecutivo; a) la notificazione del titolo esecutivo.*

Abbiamo già avuto diverse occasioni (v. retro, §§ 46, 50, in fine, e 53) di accennare alla caratteristica, propria del processo esecutivo, per la quale alcuni atti, pur funzionali al processo esecutivo, debbono tuttavia essere compiuti prima dell'inizio del processo stesso e sono perciò *atti preparatori o preliminari*. Tali atti – che sono la *notificazione al debitore del titolo esecutivo* e *del precetto* – hanno la funzione di preannunciare solennemente al debitore il proposito del creditore di procedere all'esecuzione forzata e più precisamente il proposito di esercitare l'azione esecutiva che si fonda su *quel* titolo esecutivo (il quale, appunto perciò, va notificato), per il conseguimento di *quel* diritto e con quella portata soggettiva, che emerge dal titolo. Ed è facile comprendere la ragione di questo solenne preannuncio: offrire al debitore, da un lato, l'ultima possibilità di eseguire il proprio obbligo spontaneamente, così evitando di subire l'esecuzione e le relative spese; e, dall'altro lato, la possibilità di conoscere tutti gli elementi dell'azione esecutiva preannunciata onde valutare le concrete possibilità di contestarne la legittimità, prima ancora del suo effettivo esercizio (v. oltre, §§ 81 e 82). Il coordinamento funzionale degli atti preparatori in discorso con il processo esecutivo consente di attribuire loro la generica qualifica di «atti esecutivi», anche se, d'altro canto, essi non appartengono al processo esecutivo, non ancora iniziato.

L'art. 479, 1° comma, enuncia che «se la legge non dispone altrimenti, *l'esecuzione forzata deve essere preceduta dalla notificazione del duplicato informatico del titolo o di sua copia conforme all'originale e del precetto*». Il primo degli atti preparatori è, dunque, la notificazione del titolo esecutivo. In un certo senso, anche il titolo esecutivo

L'art. 479, 1° comma, enuncia che *l'esecuzione forzata deve essere preceduta dalla notificazione del titolo esecutivo e del precetto.*

e l'acquisizione del suo duplicato informatico o della sua copia conforme all'originale sono atti preparatori dell'esecuzione forzata. Tuttavia, mentre il titolo esecutivo, per se stesso, è solo il documento di un atto già compiuto, l'acquisizione del suo duplicato informatico o della sua copia conforme all'originale, invece, pur essendo un atto dinamico evidentemente mosso dal proposito di avvalersi del titolo, è soltanto un indizio di tale proposito, poiché, per se stesso, esso si esaurisce nell'estrazione del duplicato informatico dal titolo esecutivo originale o nel comportamento del cancelliere o del notaio che rilascia la copia conforme all'originale.

In realtà, sia il titolo esecutivo, sia l'estrazione del duplicato informatico o il rilascio della copia conforme all'originale incominciano ad assolvere in modo dinamico alla loro funzione preparatoria dell'esecuzione forzata soltanto nel momento in cui il creditore li fa oggetto di un ulteriore atto che, essendo rivolto al debitore, implica già la manifestazione, ancorché implicita, del proposito di dare inizio all'esecuzione forzata. Quest'atto è per l'appunto la notificazione del titolo esecutivo o, meglio, del suo duplicato informatico o della sua copia conforme.

La notificazione del titolo esecutivo …

Ricordando qui la nozione della notificazione vista a suo tempo (vol. I, § 70) e quale emerge dall'art. 137, possiamo dire che la notificazione del titolo esecutivo consiste nella consegna al debitore, nei modi determinati dalla legge, da parte dell'ufficiale giudiziario (o da parte dell'avvocato del creditore quando debba essere questi a provvedervi: v. vol. I, § 70) del duplicato informatico del titolo esecutivo o di una sua copia autentica, che, agli effetti della notificazione, funzionerà da originale. Ciò naturalmente riguarda solo i titoli per i quali è possibile l'estrazione del duplicato informatico dall'originale o il rilascio della copia conforme all'originale, mentre negli altri casi (ossia, come abbiamo visto, quando il titolo esecutivo è costituito da scrittura privata autenticata, da cambiale o altro titolo di credito o da accordo conciliativo a seguito di mediazione o di negoziazione assistita: v. retro, §§ 52 e 53) la notificazione del titolo si riduce a una modalità della notificazione del precetto, come si vedrà tra poco (v. oltre, § 55).

… va effettuata *alla parte personalmente* (art. 479, 2° comma).

Il 2° comma dell'art. 479 dispone che la *notificazione del titolo esecutivo va fatta alla parte «personalmente», a norma degli artt. 137 e ss.* È questo uno dei casi (li si veda, in generale, nel vol. I, § 49), nei quali il legislatore si serve dell'avverbio «personalmente» per contrapporre la parte (qui, il debitore) al suo difensore (e naturalmente ci si riferisce al difensore dell'eventuale precedente processo di cognizione, poiché quello di esecuzione non è ancora iniziato). Quando si abbia a che fare con il titolo esecutivo costituito da una sentenza di primo grado, quindi, occorrerà la doppia notificazione della sentenza (al difensore costituito, ai fini del decorso del termine breve per impugnare, ai sensi dell'art. 326: v. vol. II, § 80; alla parte *personalmente*, ai fini della «preparazione» all'esecuzione), non essendo idonea la prima ai fini della seconda, e viceversa.

In caso di morte del debitore prima dell'inizio dell'esecuzione forzata, il 2° comma dell'art. 477 dispone che, agli effetti dell'esercizio dell'azione esecutiva contro gli eredi (consentito dal 1° comma, come si è già visto), la notificazione del titolo esecutivo può essere effettuata – entro un anno dalla morte del debitore – agli eredi, *collettivamente* e *impersonalmente* nell'ultimo domicilio del defunto.

55. *Segue. b) Il precetto e la sua notificazione.*

Come abbiamo accennato poc'anzi, la notificazione del titolo esecutivo è già idonea a manifestare al debitore il proposito del creditore di procedere ad esecuzione forzata, ma si tratta di una manifestazione soltanto implicita, poiché, con la notificazione del titolo, il debitore non riceve altro che, appunto, il titolo esecutivo. La manifestazione del proposito di procedere ad esecuzione forzata viene, invece, compiuta in modo esplicito e solenne con l'atto di precetto, che è un autonomo atto del creditore, da notificarsi al debitore. Di quest'atto dobbiamo vedere, anzitutto, in che consiste e, quindi, con quali modalità va notificato.

Il precetto consiste nell'*intimazione di adempiere* l'obbligo *entro un termine non minore di 10 giorni.*

Secondo il disposto dell'art. 480, 1° comma, «*il precetto consiste nell'intimazione di adempiere l'obbligo risultante dal titolo esecutivo, entro un termine non minore di dieci giorni* – salva l'autorizzazione di cui all'art. 482 (e di cui tra poco) –, *con l'avvertimento che, in mancanza, si procederà ad esecuzione forzata*». Ed è opportuno osservare subito che quest'avvertimento è generico – ossia lascia indeterminato l'oggetto della futura esecuzione – se preannuncia l'espropriazione; mentre è specifico – ossia deve indicare esattamente tale oggetto – se preannuncia l'esecuzione in forma specifica (v. il § 77). L'intimazione, nella quale si sostanzia il precetto, deve logicamente avvenire tra quelle che saranno le due parti nel futuro processo esecutivo; più precisamente, va effettuata dal creditore (che è, dunque, l'autore del precetto e che deve sottoscriverlo) nei confronti del debitore, il quale ne è il destinatario e al quale il precetto va notificato. Il precetto è, infatti, un atto tipicamente recettizio nel senso che non produce alcun effetto, se non in quanto portato a conoscenza (mediante notificazione) del suo destinatario.

Il precetto è *atto recettizio del creditore nei confronti del debitore*, al quale l'atto va notificato *personalmente.*

Per quanto concerne il destinatario dell'atto, il codice dispone che il precetto vada notificato alla parte «*personalmente*», a norma degli artt. 137 e ss. (art. 480, 4° comma); per quanto, invece, concerne l'autore dell'atto, la medesima disposizione ora citata si limita ad enunciare che il precetto deve essere sottoscritto a norma dell'art. 125, ossia a norma di una disposizione che, come si vide a suo tempo (vol. I, § 65, in fine), contempla, per gli atti di parte, la sottoscrizione della parte personalmente (se in tal modo essa può stare in giudizio) oppure del difensore. Si tratta, allora, di vedere se rispetto al precetto sussista o meno l'onere del patrocinio: ed a questo quesito si suole rispondere in senso negativo per il rilievo che il precetto non è atto del processo esecutivo, ma soltanto ne preannuncia l'inizio. D'altra parte, l'art. 83 include espressamente il precetto tra gli atti in calce o a margine dei quali può essere rilasciata la procura al difensore. Se ne deduce che il precetto *può* (e non *deve*) essere sottoscritto dal difensore, purché, naturalmente, egli sia munito di procura (v. vol. I, § 49), da rilasciarsi anteriormente alla notificazione.

Elemento essenziale del precetto è l'intimazione ad adempiere nel termine stabilito dal creditore, non inferiore a 10 giorni.

Il 2° e il 3° comma dell'art. 480 indicano dettagliatamente i requisiti del precetto in aggiunta all'intimazione ad adempiere, che, come si è visto, ne è l'elemento essenziale.

In primo luogo, è richiesta – ma non a pena di nullità – l'indicazione dell'ufficio giudiziario, innanzi al quale si svolgerà l'esecuzione. Se il precetto è sottoscritto dalla parte personalmente, inoltre, è anche richiesta – sempre non a pena di nullità – la dichiarazione di residenza o l'elezione di domicilio della parte istante nel comune in cui ha sede il giudice competente per l'esecuzione ai sensi degli artt. 26 e 26 bis (v. retro, § 50) o, in alternativa, l'indicazione dell'indirizzo p.e.c. risultante da pubblici registri o l'elezione di domicilio digitale speciale. In mancanza di una di quest'ultime indicazioni le opposizioni al precetto di cui all'art. 615, 1° comma (v. oltre, cap. 9°) vanno proposte davanti al giudice del luogo in cui questo è stato notificato e le notificazioni al creditore si effettuano mediante deposito presso la cancelleria del giudice stesso, «*salvo quanto previsto dall'articolo 149 bis*» (art. 480, 3° comma, come modificato dal D.Lgs. 164/2024). Quest'ultimo inciso sta a significare che le notificazioni al creditore si effettuano mediante deposito nella cancelleria del giudice, sempre che non possa applicarsi quanto stabilito dall'art. 149 bis (v. § 70 del vol. I), e cioè sempre che il destinatario non sia un soggetto per il quale la legge prevede l'obbligo di munirsi di un indirizzo p.e.c. oppure abbia eletto domicilio digitale speciale, nel qual caso dovrà essere utilizzato tale indirizzo p.e.c. per le notificazioni.

Il precetto deve contenere l'avvertimento che il debitore può utilizzare la procedura di sovraindebitamento.

Ugualmente, la sanzione della nullità non è prevista per l'omissione dell'avvertimento che si procederà ad esecuzione forzata e neppure per l'omissione dell'avvertimento che il debitore può, con l'ausilio di un organismo di composizione della crisi o di un professionista nominato dal giudice, utilizzare la procedura di *sovraindebitamento* prevista dalla L. 3/2012, che è finalizzata all'esdebitazione del debitore.

Gli altri elementi contenutistici del precetto, previsti a pena di nullità.

Sono, invece, richiesti a pena di nullità, i requisiti dell'indicazione delle parti e dell'indicazione della data di notificazione del titolo esecutivo (art. 480, 2° comma). Quest'ultimo requisito è, tuttavia, superato in due ipotesi:

a) quando il creditore si avvalga della facoltà – che espressamente gli concede il 3° comma dell'art. 479 – di redigere il precetto di seguito al titolo esecutivo e di notificarlo insieme con questo, purché la notificazione sia fatta al debitore «personalmente»;

b) quando il titolo esecutivo sia costituito da cambiale o altro titolo di credito, da scrittura privata autenticata o, ancora, da un accordo di conciliazione concluso nella procedura di mediazione o di negoziazione assistita (v. oltre, §§ 121 e 122). In tali casi, infatti, opera il disposto dell'art. 480, 2° comma, che richiede la trascrizione del titolo all'interno del precetto quando ciò è stabilito dalla legge (v., infatti, l'art. 63 L. camb. e l'art. 55 L. ass. per la cambiale e l'assegno; l'art. 474, 3° comma, c.p.c. per le scritture private autenticate; l'art. 12, 1° comma, D.Lgs. 28/2010 per l'accordo di conciliazione nella procedura di mediazione e l'art. 5, comma 2° bis, D.L. 132/2014, conv. dalla L. 162/2014, per il medesimo accordo nella negoziazione assistita). E questo, ovviamente, e come si diceva nel § precedente, supera anche la necessità di un'autonoma notificazione del titolo esecutivo. Naturalmente, occorre un'attestazione che il titolo – così come trascritto dal creditore nel precetto – corrisponde all'originale: l'art. 480, 2° comma, affida questo compito all'ufficiale giudiziario.

Quando richiesto, il titolo esecutivo va riprodotto nel precetto.

La sottoscrizione del precetto a norma dell'art. 125 (e quindi ad opera della parte personalmente o del difensore munito di procura, come si è visto sopra) è richiesta dall'art. 480, 4° comma; questa norma non commina la nullità per il precetto non sottoscritto, ma non si vede come tale conseguenza possa essere evitata, attesa la funzione della sottoscrizione.

La notificazione del precetto è atto dell'ufficiale giudiziario.

Il precetto – si diceva poc'anzi – è atto recettizio nel senso che non produce alcun effetto se non è notificato. La notificazione – che è atto dell'ufficiale giudiziario (v. vol. I, § 70) – è, tuttavia, atto tipicamente strumentale ed insostituibile rispetto al precetto, allo stesso modo di come lo è la notificazione dell'atto di citazione rispetto a quest'ultimo atto (v. vol. II, § 5). La notificazione del precetto consiste nella consegna, da parte dell'ufficiale giudiziario, al destinatario – che, come si è visto, è il debitore «personalmente» o chi per esso – di una copia autentica del precetto, debitamente sottoscritta nei modi visti sopra; consegna da documentarsi nella relazione di notificazione in calce ad entrambe le copie dell'atto di precetto. Come il precetto è atto autonomo e distinto dal titolo esecutivo, così la notificazione del precetto è atto distinto dalla notificazione del titolo esecutivo. Quest'ultima deve, in linea di principio, precedere la notificazione del precetto, come si desume anche dal rilievo che, come abbiamo visto poc'anzi, nel precetto dev'essere indicata la data della notificazione del titolo esecutivo; abbiamo anzi visto (retro, § 53) che in un caso (quello di cui all'art. 477, che concerne l'esecuzione contro gli eredi del debitore) tra la notificazione del titolo e quella del precetto deve addirittura intercorrere un termine (dilatorio) di 10 giorni.

Ma, a parte questo caso, il requisito dell'anteriorità della notificazione del titolo rispetto a quella del precetto non impone un'effettiva anteriorità cronologica, poiché, al contrario, il codice – a parte la già vista ipotesi della trascrizione del titolo nel contesto del precetto – consente espressamente (art. 479, 3° comma) la notificazione contemporanea dei due atti, alla sola condizione che la notificazione sia fatta alla parte «personalmente».

Va anche ricordato che, ai sensi dell'art. 654, 2° comma, non è necessario procedere alla preventiva notificazione del titolo esecutivo e del precetto, quando si intenda portare ad esecuzione forzata un decreto ingiuntivo, ma nel precetto deve farsi menzione del provvedimento che ha disposto l'esecutorietà (v. oltre, § 90). E neppure questo è necessario in caso di intervento del creditore nell'espropriazione già iniziata da altro creditore (v. oltre, § 61).

L'efficacia del precetto è assoggettata a un termine acceleratorio (90 giorni dalla sua notificazione).

A differenza della notificazione del titolo esecutivo, la notificazione del precetto non conserva indefinitamente la sua efficacia propria di atto preliminare all'esecuzione forzata; *tale efficacia è, infatti, limitata a 90 giorni dalla notificazione*. Se entro tale termine l'esecuzione forzata non viene iniziata, l'avvenuta notificazione non è più utilizzabile (art. 481), nel senso che per dare validamente inizio all'esecuzione occorre un nuovo atto di precetto da notificare (ferma invece rimanendo l'efficacia dell'avvenuta notificazione del titolo esecutivo, di cui si dovrà far menzione nel nuovo precetto).

Si è detto sopra che l'intimazione ad adempiere, in cui si sostanzia il precetto, deve contenere la concessione di un termine – di regola non inferiore a 10 giorni – che naturalmente (trattandosi di termine dilatorio: v. vol. I, § 66) deve essere interamente decorso prima che si possa validamente dare inizio all'esecuzione. La necessità di rispettare questo termine è spesso controproducente agli effetti della funzionalità dell'esecuzione, poiché il debitore può approfittare di esso per occultare i suoi beni, per occultare la cosa da consegnare o comunque per pregiudicare i successivi atti esecutivi.

Il presidente del tribunale può autorizzare l'esecuzione immediata, con dispensa dal termine dei 10 giorni.

Per ovviare a questo inconveniente, l'art. 482 dispone che *il capo dell'ufficio giudiziario competente per l'esecuzione o un giudice da lui delegato può – se vi è pericolo nel ritardo – autorizzare l'esecuzione immediata*, eventualmente subordinandone la concessione alla prestazione, da parte del creditore procedente, di una cauzione. L'autorizzazione – precisa la norma in discorso – è data con decreto scritto in calce al precetto e trascritto nella copia da notificarsi.

Agli effetti dell'interruzione della prescrizione il precetto vale come costituzione in mora.

In conclusione, l'esame della disciplina positiva dell'atto di precetto evidenzia lo stretto collegamento di quest'atto con la successiva serie degli atti del processo esecutivo, nel quale senza dubbio si inserisce, senza acquisire la natura di atto propriamente processuale. Quest'anteriorità implica che l'atto di precetto debba essere considerato come atto sostanziale che, costituendo in mora il debitore, produce l'*effetto interruttivo della prescrizione del credito*.

Bibliografia di orientamento

C. MANDRIOLI, *L'azione esecutiva*, Milano, 1955; A. MASSARI, *Titolo esecutivo*, in *Novissimo Dig. it.*, XIX, Torino, 1973; A. LORENZETTO PESERICO, *La successione nel processo esecutivo*, Padova, 1983; C. MANDRIOLI, *In tema di rapporti tra estensione soggettiva del giudicato ed estensione soggettiva del titolo esecutivo*, in *Riv. dir. proc.*, 1985; C.A. NICOLETTI, *Precetto (dir. proc. civ.)*, in *Enciclopedia del diritto*, XXXIV, Milano, 1985; R. ORIANI, *Titolo esecutivo, opposizioni, sospensione dell'esecuzione*, in *Foro it.*, 2005, V; I. ANDOLINA, *Il titolo esecutivo dopo le recenti riforme del processo esecutivo italiano*, in *Riv. es. forzata*, 2006; A. CARRATTA, *Titolo esecutivo europeo: II) Dir. proc. civ.*, in *Enc. Giur. Treccani*, Roma, 2007; A. RONCO, *Sub art. 474*, in *Le recenti riforme del processo civile*, diretto da S. CHIARLONI, I, Bologna, 2007; M. BOVE, *L'accordo di conciliazione: efficacia ed esecutività ecc.*, *ivi*, 2013; AA.VV., *Appunti di diritto dell'esecuzione civile*, a cura di S. VINCRE, Padova, 2012; M. FARINA, *Titoli esecutivi europei ed esecuzione forzata in Italia*, Roma, 2012; B. CAPPONI, *Sub art. 474*, in AA.VV., *Commentario c.p.c.*, VI, Torino, 2013; A. SALETTI, *Sub art. 480*, *ibidem*; E. D'ALESSANDRO, *Titolo esecutivo europeo*, in *Diritto on line Treccani*, 2017; M. BOVE, *Titolo esecutivo (dir. proc. civ.)*, *ibidem*; M. BOVE, *Precetto (dir. proc. civ.)*, *ibidem*; M.G. CANELLA, *Titolo esecutivo e precetto. Espropriazione forzata in generale (Art. 474-512)*, in *Comm. del c.p.c.*, diretto da S. CHIARLONI, Bologna, 2019; M.L. GUARNIERI, *Processo civile italiano e titoli esecutivi europei*, Pisa, 2021; A.M. SOLDI, *Manuale dell'esecuzione forzata*, Milano, 2022; C.L. PERAGO, *Le modifiche in tema di titolo esecutivo*, in *La riforma del processo civile*, a cura di D. DALFINO, in *Foro it.*, *Gli speciali*, 4/2022; A. CARRATTA, *Le riforme del processo civile*, Torino, 2023; S. VINCRE, *Le nuove norme sul processo esecutivo e sull'esecuzione indiretta*, in *Riv. dir. proc.*, 2023; A. BARALE, *L'esecuzione forzata*, in *Lezioni sul nuovo processo civile*, a cura di E. DALMOTTO, Bologna, 2023; R. METAFORA, *Titolo esecutivo e pignoramento*, in *Il processo civile dopo la riforma Cartabia*, a cura di A. DIDONE e F. DE SANTIS, Milano, 2023; A. TEDOLDI, *Esecuzione forzata*[2], Pisa, 2023; L. DE PROPRIS, *Successione nel diritto controverso, cessione del credito ed effettività della tutela giurisdizionale*, Napoli, 2023; B. CAPPONI, *Diritto dell'esecuzione civile*, 8ª ed., Torino, 2025.

CAPITOLO VII
L'ESPROPRIAZIONE FORZATA

Sezione prima
L'ESPROPRIAZIONE FORZATA IN GENERALE

56. *L'espropriazione forzata e le sue diverse forme.*

L'espropriazione forzata è finalizzata alla soddisfazione coattiva dei crediti di denaro.

L'art. 2910 c.c. – che è una delle norme fondamentali che concernono la tutela giurisdizionale, la sua disponibilità e il suo risultato di diritto sostanziale e che perciò sono contenute nel codice civile (v. retro, § 44, in fine) – enuncia che «*il creditore, per conseguire quanto gli è dovuto, può fare espropriare i beni del debitore secondo le regole stabilite dal codice di procedura civile*». L'espropriazione forzata è appunto – come si è visto retro, al § 47 – quel tipo di processo esecutivo che consiste nel sottrarre coattivamente al debitore determinati beni appartenenti al suo patrimonio e nel trasformarli, pure coattivamente, in denaro, per destinarli alla soddisfazione del creditore, in attuazione della loro funzione di garanzia generica dei crediti; quella garanzia generica, che consegue alla responsabilità patrimoniale con tutti i «beni presenti e futuri», enunciata dall'art. 2740 c.c. E pertanto, attraverso questo tipo di processo esecutivo possono essere coattivamente soddisfatti *i crediti aventi ad oggetto una somma di denaro*, sia che questo fosse il loro oggetto originario o sia che, in sede di cognizione, siano stati trasformati in crediti di denaro, proprio in vista della loro soddisfazione coattiva.

Il pegno non possessorio e il patto marciano.

Va anche rilevato che l'obiettivo di evitare la necessità, per il creditore, di ricorrere all'espropriazione forzata è alla base di due istituti, introdotti dal D.L. 59/2016, conv. dalla L. 119/2016: il c.d. *pegno non possessorio* (art. 1) e il c.d. *patto marciano* (art. 2). Nel primo caso, infatti, il creditore dell'imprenditore può ottenere, a garanzia del suo credito, un pegno non possessorio su beni mobili non registrati destinati all'esercizio dell'impresa (e sui crediti derivanti da o inerenti a tale esercizio), sui quali soddisfarsi in caso di inadempimento del debitore, senza dover ricorrere all'espropriazione forzata. Nel secondo caso, invece, il finanziamento dell'imprenditore (in deroga al divieto di patto commissorio di cui all'art. 2744 c.c.) viene garantito al creditore da un particolare patto, trascritto nei registri immobiliari, che prevede – sempre in caso di inadempimento del debitore – il trasferimento al creditore «*della proprietà di un immobile o di un altro diritto immobiliare dell'imprenditore o di un terzo*».

La disciplina dell'espropriazione concerne le modalità per vincolare determinati beni alla soddisfazione del credito.

Tornando all'espropriazione forzata, essa colpisce preferibilmente il denaro del debitore ed i suoi beni, che siano più facilmente trasformabili in denaro, come i titoli di credito e gli oggetti preziosi (art. 517, 2° comma); ma, può comunque colpire ogni bene idoneo ad essere trasformato in denaro: beni mobili, crediti, beni immobili. Perciò, la disciplina dell'espropriazione concerne, anzitutto, le modalità per sottrarre alla disponibilità giuridica del debitore e vincolare i beni del debitore stesso (*pignoramento*) e, quindi, per trasformarli coattivamente in denaro (*vendita forzata*, salvo il caso dell'*assegnazione* diretta). La disciplina in discorso concerne poi le modalità per passare, col denaro così conseguito, a soddisfare sia il creditore, che ha assunto l'iniziativa (c.d. *creditore procedente*), e sia gli eventuali altri creditori che abbiano approfittato di questa iniziativa per partecipare alla ripartizione del denaro (c.d. *creditori intervenienti*: v. retro, § 49, in fine, e oltre, § 61).

Questo iter si riflette nella successione delle tappe scandite dai seguenti istituti: *pignoramento*, *eventuale intervento dei creditori*, *vendita forzata (o assegnazione)*, *distribuzione del ricavato*. Si determina, così, una sequenza che costituisce la linea conduttrice della disciplina dell'espropriazione e che il codice percorre dapprima dettando una disciplina che concerne tutti i suddetti istituti nelle loro caratteristiche generali, e cioè una disciplina unica per ciascuno di questi istituti, quale che sia il tipo di bene oggetto dell'espropriazione (capo 1°: «*dell'espropriazione in generale*»); e quindi, dettando tre ulteriori discipline integrative, concernenti gli aspetti particolari che ciascuno di questi istituti assume a seconda che l'espropriazione abbia ad oggetto:

L'espropriazione può essere *mobiliare*, *presso terzi* o *immobiliare*.

a) denaro o altri beni mobili (capo 2°: «*dell'espropriazione mobiliare presso il debitore*»);

b) crediti del debitore verso terzi o altre cose mobili di sua proprietà, ma nella disponibilità di terzi (capo 3°: «*dell'espropriazione presso terzi*»);

c) beni immobili (capo 4°: «*dell'espropriazione immobiliare*»).

In ciascuno di questi capi è, pertanto, contenuta una disciplina (integrativa di quella generale contenuta nel capo 1°) di ciascuno dei suddetti istituti, e cioè, rispettivamente del pignoramento, dell'intervento dei creditori, della vendita e dell'assegnazione, della distribuzione del ricavato.

Naturalmente, spetta al creditore optare per l'una piuttosto che per l'altra di queste tre forme di espropriazione, in relazione alla presenza dell'uno piuttosto che dell'altro tipo di beni nel patrimonio del debitore, ma nel rispetto delle limitazioni poste dal legislatore.

Le limitazioni riguardano, in particolare, i crediti di natura tributaria. Infatti, l'art. 76, 1° comma, D.P.R. 602/1973 prevede che, quando si portino ad esecuzione forzata crediti di natura tributaria, l'agente della riscossione possa procedere all'espropriazione immobiliare solo se l'importo complessivo del credito per cui si procede supera complessivamente i 120.000 euro e comunque non dia corso all'espropriazione – oltre che per uno specifico «paniere» di beni definiti «beni essenziali», individuato ai sensi dell'art. 514 c.p.c. (v. oltre, § 63) – anche se l'unico immobile di proprietà del debitore è adibito ad uso abitativo e lo stesso vi risiede anagraficamente.

Il codice – che non impone alcun ordine di priorità se non per quanto riguarda i beni sui quali il creditore già fruisce di una garanzia reale (art. 2911 c.c.) – consente al creditore di valersi cumulativamente dei diversi mezzi di espropriazione; ma, il debitore può opporsi per ottenere dal giudice dell'esecuzione un'ordinanza non impugnabile che limiti l'espropriazione al mezzo che il creditore sceglie o, in mancanza, a quello che il giudice stesso determina (art. 483), tenuto conto anche dei crediti degli intervenienti. Ciò, naturalmente, quando la suddetta azione cumulativa risulti eccessiva e non sia resa necessaria dall'entità del credito da soddisfare in relazione al valore dei beni costituenti oggetto delle singole espropriazioni.

Va, infine, evidenziato che, per i crediti dello Stato e di altri enti pubblici, l'espropriazione avviene secondo le regole della c.d. *esecuzione esattoriale*, che attribuisce l'azione esecutiva ai «concessionari del servizio di riscossione», secondo la disciplina contenuta nel D.Lgs. 13 aprile 1999 n. 112.

La c.d. *esecuzione esattoriale*.

57. *Il giudice dell'esecuzione e i suoi provvedimenti.*

L'art. 484 – rubricato sotto il titolo «*giudice dell'esecuzione*» – enuncia, nel 1° comma, che «*l'espropriazione è diretta da un giudice*».

L'art. 484, 1° comma, enuncia che ...

Ricordando quanto dicemmo a suo tempo circa il duplice possibile significato, col quale il codice impiega la parola «giudice», ossia quello di «ufficio giudiziario» e quello di «organo», al quale sono attribuite determinate funzioni nell'ambito di un ufficio giudi-

... «*l'espropriazione è diretta da un giudice*», che è il «giudice dell'esecuzione».

ziario (v. vol. II, § 15), appare subito evidente che, nella proposizione sopra richiamata, il codice si riferisce ad un organo giudiziario e che pertanto anche nel processo esecutivo, come in quello di cognizione, sussiste la suddetta contrapposizione tra giudice-ufficio giudiziario e giudice-organo. Tale contrapposizione si concreta, qui, nella contrapposizione tra *giudice competente per l'esecuzione* e *giudice dell'esecuzione*.

Si tratta di un *organo* appartenente all'*ufficio giudiziario* (tribunale), competente per l'esecuzione.

Quando si parla di *giudice competente per l'esecuzione* ci si riferisce a quel giudice-ufficio giudiziario, nel cui ambito può svolgersi una determinata esecuzione forzata. Ciò in applicazione delle regole di ripartizione dei poteri giurisdizionali tra diversi uffici giudiziari, che sono regole di competenza e che, con riguardo al processo esecutivo, abbiamo già esaminato retro, al § 50 (v. anche vol. I, §§ 36 e 37). Quando, invece, parliamo di *giudice dell'esecuzione*, ci riferiamo ad un *magistrato* appartenente a quel determinato ufficio giudiziario, *da designarsi volta per volta*, così come avviene per il processo di cognizione (v. vol. II, §§ 10 e 15). Nel processo esecutivo, tale designazione è disciplinata dal 2° comma dell'art. 484, con modalità analoghe a quelle della designazione del giudice nel processo di cognizione e che esamineremo nel § seguente.

Il 4° comma dell'art. 484 dispone che «*si applicano al giudice dell'esecuzione le disposizioni degli articoli 174 e 175*», ossia le norme che concernono l'immutabilità del giudice (v. vol. II, § 10, in fine) ed i poteri direttivi ed ordinatori del procedimento a lui attribuiti (v. vol. II, § 17). Da questa norma di richiamo emerge palesemente una consapevole assimilazione della figura del giudice dell'esecuzione a quella del giudice del processo di cognizione. Assimilazione che è ribadita e completata dall'art. 487, il quale prevede, per i provvedimenti del giudice dell'esecuzione, la medesima forma dei provvedimenti del giudice della cognizione (ossia l'ordinanza), stabilendo che essi debbono essere pronunciati con le medesime modalità e comunicati negli stessi modi previsti per le ordinanze del giudice della cognizione (artt. 176 e 186, richiamati dall'art. 487, 2° comma, *in quanto applicabili*), ed ancora che essi hanno le medesime caratteristiche di revocabilità e modificabilità. Tuttavia, tale revocabilità e modificabilità sussiste fino a quando le ordinanze in discorso non abbiano avuto esecuzione. Da questa limitazione emerge una prima differenza rispetto alle ordinanze del giudice della cognizione, differenza che sta evidentemente in relazione con le particolarità del processo esecutivo.

I provvedimenti del giudice dell'esecuzione sono *le ordinanze*.

In realtà, le figure del giudice dell'esecuzione e del giudice della cognizione, mentre sono assai vicine tra loro per quanto concerne la posizione formale di organo dell'ufficio giudiziario ed i poteri ordinatori del processo, divergono profondamente non appena si scende alla sostanza della loro rispettiva attività. Ciò in relazione al fatto che, mentre la cognizione si risolve in un giudizio, per il quale occorre, oltre all'attività ordinatoria, un'autentica programmazione, l'esecuzione si risolve, invece, in una serie di atti o di operazioni (v. vol. I, § 69, in fine) con funzione realizzatrice del diritto, per i quali, oltre all'attività ordinatoria, occorre soltanto una programmazione di natura pratica, come, ad es., stabilire i tempi e i modi della vendita forzata. Perciò, se è vero che anche per questo tipo di programmazione possano o debbano svolgersi delle udienze (v. vol. I, § 65), non è meno vero che in tali udienze non si debbono, almeno di regola, risolvere controversie, ma, di solito, soltanto affrontare questioni di opportunità pratica, oltre che di funzionalità ordinatoria, in relazione alle quali lo stesso principio del contraddittorio opera, come abbiamo già visto (retro, § 46), in una maniera alquanto diversa rispetto al processo di cognizione.

L'attività del giudice dell'esecuzione ha portata per lo più ordinatoria.

In questa prima visione globale della figura del giudice dell'esecuzione, merita ancora tener presente che in quelle parentesi di cognizione, che sono costituite per lo più dalle opposizioni esecutive, il giudice dell'esecuzione ha ancora funzioni di coordinazione tra l'uno e l'altro processo, specialmente con riguardo alla possibilità di disporre la sospensione dell'esecuzione (v. oltre, § 84). Va, infine, tenuto presente che contro le ordinanze del giudice dell'esecuzione non è normalmente proponibile il reclamo al collegio, salvo che per le ordinanze concernenti l'estinzione del processo (art. 630: v. oltre, § 85). Invece, la via normale per far valere eventuali illegittimità delle ordinanze del giudice dell'esecuzione è quella dell'opposizione agli atti esecutivi (v. oltre, § 82), ciò che di regola preclude l'impugnabilità con altri mezzi.

58. *L'iscrizione a ruolo, la designazione del giudice dell'esecuzione e le udienze.*

Passiamo ora a sciogliere la riserva di poc'anzi circa le modalità con le quali avviene la designazione del giudice dell'esecuzione. Il 2° comma dell'art. 484 dispone che tale designazione è compiuta *dal presidente del tribunale «su presentazione, a cura del cancelliere, del fascicolo, entro due giorni dalla sua formazione»*.

Il fascicolo, al quale si riferisce questa norma, è il *«fascicolo informatico»*, che, secondo quanto dispone l'art. 488, il cancelliere deve formare per ogni procedimento di espropriazione e nel quale *«sono inseriti tutti gli atti compiuti dal giudice, dal cancelliere e dall'ufficiale giudiziario e gli atti e documenti depositati dalle parti e dagli eventuali interessati»*.

L'art. 488 dispone che il cancelliere deve formare il *«fascicolo dell'esecuzione»*.

Il momento nel quale il cancelliere deve provvedere alla formazione del fascicolo è, come nel processo di cognizione, un momento successivo a quello della fase iniziale del processo. Nel processo di cognizione, il fascicolo d'ufficio viene formato dopo che è avvenuta la notificazione dell'atto di citazione e la costituzione in giudizio di una

Ciò avviene dopo l'iscrizione a ruolo ad opera del creditore procedente ...

delle parti. Qualcosa di simile accade anche per il processo di espropriazione. In questo caso *il fascicolo informatico viene formato dopo l'iscrizione a ruolo del processo esecutivo per espropriazione.* Per le diverse forme di espropriazione (artt. 518, 6° comma, 521 bis, 5° comma, 543, 4° comma, 557, 2° comma), infatti, è previsto l'onere a carico del creditore procedente di provvedere ad iscrivere a ruolo il processo esecutivo così avviato.

Oltre all'iscrizione a ruolo, da effettuarsi con modalità telematiche (art. 159 bis disp. att.), il creditore deve anche provvedere a depositare il titolo esecutivo e il precetto. Anch'essi vanno inseriti nel fascicolo informatico dell'espropriazione, formato dal cancelliere del giudice competente per l'esecuzione per ogni procedimento di espropriazione (art. 488, 1° comma).

Va aggiunto che «*Il creditore è obbligato a presentare l'originale del titolo esecutivo nella sua disponibilità, il duplicato informatico o la copia attestata conforme all'originale a ogni richiesta del giudice*» (art. 488, 2° comma, come modificato dal D.Lgs. 164/2024).

... o ad opera di soggetti diversi dal creditore procedente.

Peraltro, l'iscrizione a ruolo potrebbe essere effettuata anche ad opera di un soggetto diverso dal creditore procedente. Anzitutto, l'art. 159 ter disp. att. ammette che, ove prima che il creditore provveda all'iscrizione a ruolo sia depositato un atto o un'istanza ad opera di un soggetto diverso, questi è tenuto anche ad iscrivere a ruolo il processo «*depositando una copia dell'atto di pignoramento*». Inoltre, l'istanza di iscrizione a ruolo potrebbe provenire dall'ufficiale giudiziario: in tal caso, all'iscrizione provvede d'ufficio il cancelliere. Resta inteso che, quando l'iscrizione a ruolo avvenga ad opera di un soggetto diverso dal creditore procedente, quest'ultimo deve comunque provvedere (nei termini indicati dagli artt. 518, 521 bis, 543 e 557), *a pena di inefficacia del pignoramento, al deposito delle copie conformi (o del duplicato informatico) del titolo esecutivo e del precetto e si applica l'art. 164 ter disp. att., ai fini della dichiarazione di inefficacia del pignoramento* (v. oltre, § 60).

I *poteri ordinatori e direttivi* fanno capo al giudice dell'esecuzione.

Nel corso del processo di espropriazione *i poteri ordinatori e direttivi fanno capo al giudice dell'esecuzione.* Davanti a questo giudice si svolge, di regola, l'udienza per l'autorizzazione alla vendita o all'assegnazione delle cose pignorate (artt. 530, 569: v. oltre, §§ 65 e 71) e si possono svolgere eventuali altre udienze richieste dalla legge o disposte dallo stesso giudice dell'esecuzione, quando questi ritiene necessario «sentire» le parti ed eventualmente altri interessati. In tal caso – così dispone l'art. 485 – il giudice fissa l'udienza con decreto da comunicarsi (v. vol. I, § 70) a cura del cancelliere e col quale dispone la comparizione davanti a lui delle parti e degli eventuali altri interessati. Al giudice dell'esecuzione possono essere rivolte, dalle parti e dagli altri interessati, domande ed istanze, che sono, di regola, proposte oralmente quando avvengono all'udienza, e, negli altri casi, con ricorso da depositare con modalità telematiche (art. 486).

Durante il processo di espropriazione può risultare necessario effettuare notificazioni o comunicazioni al creditore procedente e ai creditori eventualmente intervenuti (si pensi, ad es., alla comunicazione del decreto che fissa un'udienza davanti al giudice dell'esecuzione). A questo riguardo, l'art. 489, modificato dal D.Lgs. 164/2024, stabilisce che tali notificazioni o comunicazioni «*si fanno, ai sensi dell'articolo 170, presso il procuratore costituito*». Si seguono, cioè, le stesse modalità di notificazione e comunicazione degli atti nel corso del processo di cognizione, alle quali fa riferimento il richiamato art. 170 (v. vol. II, § 9), provvedendo ad effettuare la comunicazione o la notificazione presso l'avvocato del creditore. Laddove, poi, il creditore si sia costituito personalmente, nei casi in cui ai sensi dell'art. 86 ciò sia possibile, è da ritenere che – così come abbiamo visto essere previsto anche dall'art. 480 (v. il precedente §) – le notificazioni e le comunicazioni vadano effettuate all'indirizzo p.e.c. risultante da pubblici elenchi o al domicilio digitale speciale, se questo è stato indicato, oppure presso la residenza dichiarata o il domicilio eletto nell'atto di precetto (per i creditori pignoranti) o nell'atto di intervento (per quelli intervenuti).

Le comunicazioni e le notificazioni nel corso del processo si fanno presso il procuratore costituito, ai sensi dell'art. 170.

Infine, l'art. 490 detta alcune regole generali a proposito della pubblicità che deve essere data a taluni avvisi di atti dell'espropriazione, che possono interessare il pubblico (tra i quali specialmente quelli relativi alle vendite forzate). La norma prevede, al 1° comma, nel caso in cui debba essere data pubblica notizia ad un atto esecutivo, l'inserimento del relativo avviso sul portale del Ministero della giustizia, in un'area pubblica denominata «*portale delle vendite pubbliche*», con le modalità indicate dall'art. 161 quater disp. att. e a pena di estinzione del processo esecutivo (v. oltre, § 85) (art. 631 bis). Lo stesso art. 490 aggiunge, al 3° comma, come facoltativa *l'inserzione dell'avviso una o più volte* (anche su iniziativa del creditore procedente o dei creditori intervenuti muniti di titolo esecutivo e almeno 45 giorni prima della scadenza per la presentazione delle offerte) *sui quotidiani di informazione locali aventi maggiore diffusione* o, quando opportuno, anche su quotidiani di informazione nazionale o con le forme di pubblicità commerciale, ma sempre con omissione dell'indicazione del debitore.

Nel portale delle vendite pubbliche deve essere data pubblicità agli atti esecutivi di interesse pubblico.

Infine, in caso di espropriazione di beni mobili registrati per un valore superiore a euro 25.000 e di beni immobili, l'avviso deve essere inserito in appositi siti Internet, sempre almeno 45 giorni prima della scadenza per la presentazione delle offerte o della data dell'incanto (2° comma dell'art. 490).

59. *Il pignoramento: a) funzione ed effetti.*

L'atto col quale ha inizio l'espropriazione è il pignoramento (art. 491).

L'art. 491 enuncia solennemente che, eccezion fatta soltanto per l'ipotesi prevista dall'art. 502 (che riguarda l'espropriazione delle cose soggette a pegno o ad ipoteca: su cui v. oltre, §§ 60, in fine, e 62), «*l'espropriazione forzata si inizia col pignoramento*». Dobbiamo esaminarlo sotto il duplice profilo della sua funzione e della sua struttura.

La sua funzione è di *vincolare determinati beni del debitore alla soddisfazione del credito.*

In linea generale si può dire che la funzione del pignoramento consiste nel *vincolare determinati beni del debitore alla soddisfazione del credito*, per il quale il creditore procedente agisce, nonché alla soddisfazione dei crediti degli altri creditori successivamente intervenuti. Si tratta di un *vincolo giuridico*, che investe le cose con riguardo al loro valore di scambio e che, perciò, di regola, non impedisce al debitore di disporre materialmente delle cose pignorate e di servirsene, salve determinate cautele intese ad impedire la loro sottrazione, distruzione o deterioramento (v., ad es., artt. 520, 546, 559). La tecnica, della quale l'ordinamento si serve per realizzare questo vincolo giuridico, consiste nell'attribuire al pignoramento l'*effetto* (che riguarda il diritto sostanziale e che perciò è disciplinato nel codice civile) *di rendere inefficaci nei confronti del creditore procedente* e dei creditori intervenuti nell'espropriazione *gli atti con i quali il debitore alieni le cose pignorate* o comunque ne disponga giuridicamente. Questi eventuali atti di alienazione o di disposizione sono, più precisamente, colpiti da *un'inefficacia relativa*, nel senso che l'atto, perfettamente valido per se stesso, è tuttavia inefficace rispetto all'espropriazione avviata. E dunque: da un lato, l'atto di disposizione non può impedire che il processo esecutivo prosegua con la vendita forzata del bene e che il ricavo dalla vendita sia destinato alla soddisfazione del creditore procedente e dei creditori intervenuti; mentre, dall'altro lato, la validità dell'atto di disposizione fa sì che l'eventuale estinzione del processo esecutivo prima della vendita (ad es., per rinuncia del creditore, perché questi sia stato altrimenti soddisfatto o per qualsiasi altro motivo) restituisca all'atto stesso la sua piena efficacia.

Nel disciplinare dettagliatamente quest'effetto di inefficacia relativa del pignoramento, il codice civile si preoccupa di coordinare quest'effetto con l'operare di altri principî, come gli effetti del possesso di buona fede di beni mobili non registrati o della trascrizione rispetto agli immobili e ai mobili registrati, e distingue a seconda che l'atto di disposizione sia successivo al pignoramento, oppure anteriore ad esso.

Gli effetti del pignoramento di cui all'art. 2913 c.c. e ...

Per l'ipotesi che *l'atto di disposizione sia successivo al pignoramento*, l'art. 2913 c.c. enuncia la regola generale, secondo la quale «*non hanno effetto in pregiudizio del creditore pignorante e dei creditori che intervengono nell'esecuzione, gli atti di alienazione dei beni sottoposti a pignoramento*». Questa è per l'appunto la regola dell'inefficacia relativa, che, tuttavia, è temperata dalla prevalente esigenza di salvaguardare il principio per cui, con riguardo a beni mobili non registrati, il trasferimento del possesso a terzi in buona fede equivale a legittimo trasferimento della proprietà (art. 1153 c.c.). E pertanto, la norma prosegue aggiungendo che restano «*salvi gli effetti del possesso di buona fede per i mobili non iscritti in pubblici registri*».

Gli atti di disposizione anteriori al pignoramento dovrebbero, a rigor di logica, prevalere sul pignoramento. Ma poiché, anche qui, occorre far salve le regole generali che disciplinano i conflitti di diritti contrastanti sui medesimi beni, l'art. 2914 c.c. stabilisce che gli atti di disposizione anteriori al pignoramento prevalgono soltanto se: a) *per quanto riguarda i beni immobili o mobili registrati*, siano stati trascritti anteriormente alla trascrizione del pignoramento; b) *per quanto riguarda i beni mobili non registrati*, il possesso sia stato trasferito anteriormente al pignoramento con atto scritto avente data certa (ai sensi dell'art. 2704 c.c.); c) *per quanto riguarda i crediti*, la loro cessione a terzi sia stata notificata al debitore ceduto o da questi accettata anteriormente al pignoramento; d) *per quanto riguarda, infine, le universalità di mobili*, le alienazioni abbiano data certa anteriore al pignoramento. Ai medesimi principî si ispira poi l'art. 2915 c.c. nel disciplinare la prevalenza sul pignoramento degli atti e delle domande giudiziali per la cui efficacia rispetto ai terzi la legge richiede la trascrizione (2° comma) ed in generale degli atti che importano vincoli di indisponibilità (1° comma), nonché l'art. 2918 nel disciplinare gli effetti del pignoramento nei confronti della cessione e della liberazione di pigioni e di fitti.

... i conflitti di diritti contrastanti sui medesimi beni, secondo il disposto degli artt. 2914, 2915 e 2918 c.c.

Per l'ipotesi che oggetto del pignoramento sia un credito, l'art. 2917 c.c. enuncia la regola dell'inefficacia relativa degli atti di estinzione di esso per cause verificatesi in epoca successiva al pignoramento; il che significa in pratica che, *quando un credito è stato pignorato, il pagamento al creditore* (del debito pignorato, ma esecutato nell'espropriazione) *non libera il debitore* (terzo debitore dell'esecutato), al quale, proprio per questo motivo, viene intimato di non disporre di quanto costituisce oggetto del debito (v. art. 543, 2° comma, n. 2; v. oltre, § 66).

Con riguardo al pignoramento dei crediti, vale l'inefficacia relativa dei pagamenti effettuati dopo il pignoramento.

Infine, l'art. 2916 c.c. applica ancora i medesimi principî nel disporre l'inefficacia relativa delle ipoteche e dei privilegi iscritti dopo il pignoramento, nonché dei privilegi per i crediti sorti dopo il pignoramento.

60. *Segue. Il pignoramento: b) la struttura. La conversione e la riduzione del pignoramento.*

Dopo aver visto quali sono gli effetti del pignoramento, in relazione alla sua funzione, dobbiamo ora vedere in che consiste l'atto di pignoramento nella sua essenza propria, ossia nella sua struttura giuridico-processuale.

Si deve, anzitutto, osservare che la struttura di quest'atto presenta notevoli differenze nella disciplina dei diversi tipi di espropriazione, pur essendo comuni gli elementi nei quali si risolve la sua essenza propria.

Sotto il profilo strutturale, i caratteri essenziali del pignoramento sono indicati dall'art. 492.

Questi elementi comuni ed essenziali emergono dal disposto del 1° comma dell'art. 492, il quale enuncia che, salve le forme particolari previste nei capi seguenti, «*il pignoramento consiste in un'ingiunzione che l'ufficiale giudiziario fa al debitore di astenersi da qualunque atto diretto a sottrarre alla garanzia del credito esattamente indicato i beni che si assoggettano all'espropriazione e i frutti di essi*». Sotto il profilo soggettivo, il pignoramento è, dunque, *atto dell'ufficiale giudiziario*, il quale lo pone in essere su istanza del creditore e dietro esibizione, da parte di quest'ultimo, del titolo esecutivo e del precetto debitamente notificati. Sotto il profilo oggettivo, il pignoramento si sostanzia – salve le particolari modalità e gli ulteriori atti richiesti dalla disciplina dei diversi tipi di espropriazione – nell'*ingiunzione al debitore* di non sottrarre i beni alla garanzia del credito; ciò che esige l'*esatta indicazione* sia *del credito* e sia *dei beni, che con l'atto in discorso vengono pignorati*.

Il pignoramento si sostanzia nell'ingiunzione al debitore di non sottrarre i beni alla garanzia del credito.

Prima di vedere come si perviene a questo risultato, vanno richiamati alcuni elementi che devono accompagnare l'atto di pignoramento. Infatti, nei commi 2° e 3° dell'art. 492, come integrati dal D.Lgs. 164/2024, è previsto che «*il pignoramento deve altresì contenere l'invito rivolto al debitore ad effettuare presso la cancelleria del giudice dell'esecuzione la dichiarazione di residenza o l'elezione di domicilio in uno dei comuni del circondario in cui ha sede il giudice competente o indicare il proprio indirizzo di posta elettronica certificata risultante da pubblici elenchi o eleggere un domicilio digitale speciale, con l'avvertimento che, in mancanza ovvero in caso di irreperibilità presso la residenza dichiarata o il domicilio eletto, le successive notifiche o comunicazioni a lui dirette saranno effettuate presso la cancelleria dello stesso giudice, salvo quanto previsto dall'articolo 149 bis.*

Deve anche contenere l'avvertimento che il debitore può chiedere la conversione del pignoramento ex art. 495 ...

Il pignoramento deve anche contenere l'avvertimento che il debitore, ai sensi dell'articolo 495, può chiedere di sostituire alle cose o ai crediti pignorati una somma di denaro pari all'importo dovuto al creditore pignorante e ai creditori intervenuti, comprensivo del capitale, degli interessi e delle spese, oltre che delle spese di esecuzione, sempre che, a pena di inammissibilità, sia da lui depositata, prima che sia disposta la vendita o l'assegnazione a norma degli articoli 530, 552 e 569, la relativa istanza unitamente ad una somma non inferiore ad un sesto dell'importo del credito per cui è stato eseguito il pignoramento e dei crediti dei creditori intervenuti indicati nei rispettivi atti di intervento, dedotti i versamenti effettuati di cui deve essere data prova documentale».

... e l'avvertimento che l'opposizione all'esecuzione va proposta prima della vendita o assegnazione.

Lo stesso 3° comma dell'art. 492 aggiunge che «*il pignoramento deve contenere l'avvertimento che, a norma dell'articolo 615, 2° comma, terzo periodo, l'opposizione è inammissibile se è proposta dopo che è stata disposta la vendita o l'assegnazione a norma degli articoli 530, 552 e 569, salvo che sia fondata su fatti sopravvenuti ovvero che l'op-*

ponente dimostri di non avere potuto proporla tempestivamente per causa a lui non imputabile». La disposizione si giustifica con la previsione dell'art. 615, 2° comma, sui limiti di proponibilità dell'opposizione all'esecuzione (v. oltre, § 81).

Con specifico riferimento all'individuazione dei beni da sottoporre a pignoramento, invece, vanno segnalate alcune importanti disposizioni dell'art. 492 atte ad accrescere le prospettive di successo dello stesso pignoramento. In particolare, il 4° comma dell'art. 492 prevede che:

I poteri dell'ufficiale giudiziario in caso di insufficienza dei beni pignorati ...

«*Quando per la soddisfazione del creditore procedente i beni assoggettati a pignoramento appaiono insufficienti ovvero per essi appare manifesta la lunga durata della liquidazione l'ufficiale giudiziario invita il debitore ad indicare ulteriori beni utilmente pignorabili, i luoghi in cui si trovano ovvero le generalità dei terzi debitori, avvertendolo della sanzione prevista per l'omessa o falsa dichiarazione. Della dichiarazione del debitore è redatto processo verbale che lo stesso sottoscrive*».

Nel prosieguo lo stesso art. 492 (5° comma) contiene una disciplina distinta per ciascuno dei diversi tipi di espropriazione, disciplina finalizzata all'estensione del pignoramento ai beni indicati dal debitore. In base a tale disciplina: a) «*se sono indicate cose mobili queste, dal momento della dichiarazione, sono considerate pignorate*» (v. oltre, § 63); b) «*se sono indicati crediti o cose mobili che sono in possesso di terzi, il pignoramento si considera perfezionato nei confronti del debitore esecutato dal momento della dichiarazione e questi è costituito custode della somma o della cosa ... quando il terzo, prima che gli sia notificato l'atto di cui all'articolo 543* (v. oltre, § 66), *effettua il pagamento o restituisce il bene*»; c) «*se sono indicati beni immobili, il creditore procede ai sensi degli articoli 555 e seguenti*» (v. oltre, § 69).

... e le modalità di estensione del pignoramento.

Inoltre, per l'ipotesi che il successivo intervento di altri creditori renda insufficienti i beni pignorati, l'art. 492 così prosegue nel 6° comma: «*Qualora, a seguito di intervento di altri creditori, il compendio pignorato sia divenuto insufficiente, il creditore procedente può richiedere all'ufficiale giudiziario di procedere ai sensi dei precedenti commi ai fini dell'esercizio della facoltà di cui all'articolo 499, quarto comma*». E cioè al fine di indicare ai creditori chirografari, tempestivamente intervenuti, l'esistenza di altri beni del debitore, utilmente pignorabili, ai quali estendere l'originario pignoramento.

Quanto, poi, alle ulteriori ricerche, che l'ufficiale giudiziario può effettuare al fine di individuare altri beni o crediti del debitore da pignorare, assumono particolare rilevanza sia l'8° comma dell'art. 492, sia l'art. 492 bis.

E così, l'8° comma dell'art. 492 configura un altro adempimento da parte dell'ufficiale giudiziario – previa istanza del creditore procedente – per l'ipotesi che il debitore sia un imprenditore commerciale, adempimento finalizzato all'acquisizione delle sue scritture contabili, ai fini dell'individuazione di cose e crediti pignorabili.

La ricerca *con modalità telematiche* dei beni da pignorare (art. 492 bis), dopo la notificazione del precetto ....

L'art. 492 bis, invece, ammette la possibilità per il creditore di beneficiare dalla ricerca telematica dei beni da pignorare. Qui vengono previste due diverse modalità per procedere alla ricerca telematica dei beni da pignorare, a seconda che essa sia effettuata *dopo la notificazione del precetto al debitore* o *prima di tale notificazione.*

Nel primo caso, il 1° comma dell'art. 492 bis prevede che, se sia già avvenuta la notificazione del precetto al debitore, l'ufficiale giudiziario addetto al tribunale del luogo, in cui il debitore ha la residenza, il domicilio, la dimora o la sede, procede alla ricerca con modalità telematiche dei beni da pignorare, su istanza del creditore munito del titolo esecutivo e del precetto. L'istanza deve anche contenere l'indicazione dell'indirizzo di posta elettronica ordinaria del difensore e, ai fini dell'art. 547, dell'indirizzo di posta elettronica certificata o servizio elettronico di recapito certificato qualificato.

La *ricerca con modalità telematiche* avviene mediante collegamento telematico diretto alle banche dati delle pubbliche amministrazioni e, in particolare, all'anagrafe tributaria, al pubblico registro automobilistico e alle banche dati degli enti previdenziali. Ciò, al fine di acquisire «*tutte le informazioni rilevanti per l'individuazione di cose e crediti da sottoporre ad esecuzione, comprese quelle relative ai rapporti intrattenuti dal debitore con istituti di credito e datori di lavoro o committenti*». L'istanza in questione, tuttavia, non può essere proposta prima che sia decorso il termine di cui all'art. 482, e cioè il termine minimo per adempiere, indicato nel precetto e comunque non inferiore a 10 giorni dalla notificazione dello stesso (v. retro, § 55).

... o prima di essa, se vi è pericolo nel ritardo.

Invece, ai sensi del 2° comma dell'art. 492 bis, «*prima della notificazione del precetto o prima che sia decorso il termine di cui all'articolo 482, se vi è pericolo nel ritardo, il presidente del tribunale del luogo in cui il debitore ha la residenza, il domicilio, la dimora o la sede, su istanza del creditore, autorizza la ricerca telematica dei beni da pignorare*». Sussistendo ragioni di pericolo nel ritardo, dunque, è possibile che la ricerca telematica dei beni da pignorare venga anticipata ad un momento anteriore alla notificazione del precetto, ma solo a seguito della preventiva autorizzazione del presidente del tribunale, che, evidentemente, è chiamato a valutare proprio la sussistenza delle ragioni di pericolo nel ritardo addotte dal creditore istante.

La sospensione del termine di efficacia del precetto di cui all'art. 481, 1° comma.

Aggiunge, inoltre, il 3° comma dell'art. 492 bis che «*dalla proposizione dell'istanza di cui al primo e al secondo comma, il termine di cui all'articolo 481, primo comma, è sospeso fino alla comunicazione dell'ufficiale giudiziario di non aver eseguito le ricerche per mancanza dei presupposti o al rigetto da parte del presidente del tribunale dell'istanza ovvero fino alla comunicazione del processo verbale di cui al quarto comma*», ossia del processo verbale dell'ufficiale giudiziario sugli esiti della consultazione. Va anche osservato che la sospensione del termine di efficacia del precetto nel caso dell'istanza rivolta al presidente del tribunale varrà, evidentemente, solo laddove essa sia stata avanzata dopo la notificazione del precetto, ma prima del decorso del termine dilatorio per adempiere di cui all'art. 482.

In conseguenza della prevista sospensione del termine di efficacia del precetto, di cui al 1° comma dell'art. 481, è anche previsto – al 10° comma dell'art. 492 bis – che il creditore debba provvedere a iscrivere a ruolo il processo esecutivo e depositare, a pena di inefficacia del pignoramento, l'istanza, l'autorizzazione del presidente del tribunale, quando è prevista (ossia nelle ipotesi di cui al 2° comma dell'art. 492 bis), e la comunicazione del verbale dell'ufficiale giudiziario degli esiti delle ricerche effettuate oppure la comunicazione dello stesso ufficiale giudiziario di non aver potuto eseguire le ricerche per mancanza dei presupposti o il provvedimento del presidente del tribunale di rigetto dell'istanza del creditore. Il deposito di tali atti deve avvenire «con le modalità e nei termini previsti dagli articoli 518, sesto comma, 543, quarto comma, 557, secondo comma», vale a dire con le modalità e nei termini previsti per l'iscrizione a ruolo a seconda del pignoramento da effettuare (mobiliare presso il debitore, presso terzi o immobiliare).

Al termine delle operazioni di consultazione delle banche dati – stabilisce il 4° comma dell'art. 492 bis – l'ufficiale giudiziario redige un unico processo verbale, nel quale indica tutte le banche dati interrogate e gli esiti. Quindi, a seconda degli esiti della consultazione, procede nei modi specificamente indicati nei commi successivi (dal 5° al 9°) dello stesso art. 492 bis.

Le operazioni da effettuare da parte dell'ufficiale giudiziario al termine della ricerca telematica.

E così: «*Se l'accesso ha consentito di individuare cose che si trovano in luoghi appartenenti al debitore compresi nel territorio di competenza dell'ufficiale giudiziario, quest'ultimo accede agli stessi per provvedere d'ufficio agli adempimenti di cui agli articoli 517, 518 e 520. Se i luoghi non sono compresi nel territorio di competenza di cui al primo periodo, copia autentica del verbale è rilasciata al creditore che, entro quindici giorni dal rilascio a pena d'inefficacia della richiesta, la presenta, unitamente all'istanza per gli adempimenti di cui agli articoli 517, 518 e 520, all'ufficiale giudiziario territorialmente competente.*

L'ufficiale giudiziario, quando non rinviene una cosa individuata mediante l'accesso nelle banche dati di cui al quarto comma, intima al debitore di indicare entro quindici giorni il luogo in cui si trova, avvertendolo che l'omessa o la falsa comunicazione è punita a norma dell'articolo 388, sesto comma, del codice penale.

Se l'accesso ha consentito di individuare crediti del debitore o cose di quest'ultimo che sono nella disponibilità di terzi, l'ufficiale giudiziario notifica d'ufficio, ove possibile a norma dell'articolo 149 bis, al debitore e al terzo il verbale, che dovrà anche contenere l'indicazione del credito per cui si procede, del titolo esecutivo e del precetto, dell'indirizzo di posta elettronica certificata o servizio elettronico di recapito certificato qualificato di cui al primo comma, del luogo in cui il creditore ha eletto domicilio o ha dichiarato di essere residente, dell'ingiunzione, dell'invito e dell'avvertimento al debitore di cui all'articolo 492, primo, secondo e terzo comma, nonché l'intimazione al terzo di non disporre delle cose o delle somme dovute, nei limiti di cui all'articolo 546. Il verbale di cui al presente comma è notificato al terzo per estratto, contenente esclusivamente i dati a quest'ultimo riferibili.

Quando l'accesso ha consentito di individuare più crediti del debitore o più cose di quest'ultimo che sono nella disponibilità di terzi l'ufficiale giudiziario sottopone ad esecuzione i beni scelti dal creditore.

Quando l'accesso ha consentito di individuare sia cose di cui al quinto comma che crediti o cose di cui al settimo comma, l'ufficiale giudiziario sottopone ad esecuzione i beni scelti dal creditore».

La richiesta di informazioni ai gestori delle banche dati può essere avanzata direttamente dal creditore se l'ufficiale giudiziario attesta che l'accesso diretto non è attuabile.

Sempre a proposito della ricerca telematica dei beni da pignorare, inoltre, l'art. 155 quater disp. att. stabilisce che le pubbliche amministrazioni che gestiscono banche dati contenenti informazioni utili ai fini della ricerca di cui all'art. 492 bis mettono a disposizione degli ufficiali giudiziari gli accessi, su richiesta del Ministero della giustizia, e che gli standard di comunicazione e le regole tecniche sono fissate dall'Agenzia per l'Italia digitale e, in mancanza, da specifiche convenzioni, sentito il Garante per la protezione dei dati personali. Quando le strutture tecnologiche necessarie per consentire l'accesso diretto dell'ufficiale giudiziario alle banche dati non sono funzionanti – aggiunge l'art. 155 quinquies disp. att. –, questi attesta che l'accesso non è attuabile. Ed in tal caso il creditore, con l'attestazione dell'ufficiale giudiziario o con l'autorizzazione del presidente del tribunale, ove necessaria, può ottenere direttamente dai gestori delle stesse banche dati le informazioni in esse contenute.

Va, infine, ricordato quanto dispone l'ultimo comma dell'art. 492, nel caso in cui vi sia stata sospensione del termine di efficacia del precetto, durante lo svolgimento delle attività di cui all'art. 492 bis. Esso stabilisce, infatti, che, in tal caso, l'atto di pignoramento deve contenere anche l'indicazione della data di deposito dell'istanza di ricerca telematica dei beni, l'autorizzazione del presidente del tribunale, quando prevista, l'indicazione della data di comunicazione del processo verbale dell'ufficiale giudiziario all'esito della ricerca telematica, di cui al 4° comma dell'art. 492 bis, o della data di comunicazione dello stesso ufficiale giudiziario di non aver potuto procedere alla ricerca telematica per mancanza dei presupposti o, infine, del provvedimento del presidente del tribunale di rigetto dell'istanza del creditore. Ciò, evidentemente, per consentire al debitore di verificare, già nel momento in cui viene effettuato il pignoramento, che sia stato rispettato dal creditore il termine di efficacia del precetto notificato, di cui al 1° comma dell'art. 481.

Con riguardo all'elemento dell'individuazione dei beni che vengono pignorati, è opportuno porre in rilievo che soltanto col compimento di quest'atto – che coincide col momento di inizio del processo esecutivo – il *generico* assoggettamento di tutti i beni del debitore alla soddisfazione dei suoi debiti (che risulta dall'art. 2740 c.c.) si concreta nell'*assoggettamento specifico di determinati beni ad un determinato credito*. Ed in realtà, gli atti anteriori al pignoramento, ossia gli atti preparatori dell'esecuzione forzata, rimangono nel generico, in quanto si risolvono in un semplice preannuncio dell'esecuzione (v. retro, §§ 54 e 55); ciò è evidente per la notificazione del titolo esecutivo che esprime solo implicitamente il proposito di agire in via esecutiva; ed è ugualmente evidente per il precetto, che, pur contenendo l'indicazione esatta del credito per il quale il creditore intende procedere e la manifestazione espressa dell'intenzione di procedere, lascia ancora indeterminati i beni che verranno assoggettati all'espropriazione.

I medesimi beni possono essere pignorati da più creditori, i quali possono compiere insieme un unico atto di pignoramento (art. 493, 1° comma) oppure compiere pignoramenti successivi (art. 493, 2° comma), ognuno dei quali ha effetto indipendente, anche se unito ad altri in un unico processo (art. 493, 3° comma); ed in effetti, anche nel disciplinare i diversi tipi di pignoramento, il codice (artt. 524, 550, 561) vuole la riunione (da disporre d'ufficio) dei diversi processi espropriativi sullo stesso bene.

Al momento del pignoramento, *il debitore può evitarlo versando all'ufficiale giudiziario la somma per cui si procede.*

Al momento del pignoramento, il debitore può evitare *in extremis* il pignoramento stesso e quindi l'inizio del processo esecutivo, versando nelle mani dell'ufficiale giudiziario la somma per cui si procede, con l'importo delle spese (art. 494, 1° comma). Ma è chiaro che in tanto l'ufficiale giudiziario può astenersi dall'effettuare il pignoramento, in quanto riceva un effettivo pagamento, e non un semplice deposito, ossia in quanto il debitore che gli versa la somma, lo autorizzi a consegnarla al creditore; quest'autorizzazione può essere attenuata soltanto dalla riserva di ripetere la somma così versata (art. 494, 2° comma).

Se, invece, il debitore non vuole effettuare il pagamento ed estinguere il debito (perché, ad es., intende sollevare opposizioni o perché è in corso il processo di cognizione o per qualsiasi altra ragione), ma vuole evitare gli inconvenienti del pignoramento di beni, *può versare all'ufficiale giudiziario l'importo del credito* e delle spese, aumentato di due decimi, *offrendo tale importo come oggetto di pignoramento* (art. 494, 3° comma).

Inoltre, in qualsiasi momento anteriore alla vendita o all'assegnazione ...

Questo stesso risultato può essere raggiunto anche in seguito, attraverso un'istanza al giudice dell'esecuzione di sostituire ai beni pignorati una somma di denaro pari all'importo delle spese e dei crediti (comprensivi degli interessi) del creditore pignorante e dei creditori intervenuti (art. 495, 1° comma), ossia con la c.d. *conversione del pignoramento*, la cui possibilità, come abbiamo visto, va segnalata in

... il debitore può chiedere per una sola volta *la conversione del pignoramento* (art. 495), ...

sede di pignoramento (art. 492, 3° comma). La *conversione* può essere chiesta *una sola volta* nel corso dell'espropriazione prima che sia disposta la vendita o l'assegnazione ed il giudice dell'esecuzione la attua con ordinanza, dopo *sentite le parti in udienza* (art. 495, 3° comma), con l'effetto di liberare dal pignoramento i beni mobili e immobili pignorati, ma solo dopo il versamento dell'intera somma stabilita con l'ordinanza che dispone la conversione (art. 495, 6° comma). D'altra parte, il codice onera il richiedente al versamento immediato (ossia unitamente all'istanza) di una somma non inferiore ad un sesto dell'intero importo, comprensivo dei crediti degli intervenuti e dedotti i versamenti effettuati (2° comma). Tale somma è destinata ad essere inglobata nei beni pignorati, in caso di omissione (o ritardo di oltre 30 giorni) del versamento del residuo (5° comma).

... che può essere effettuata anche mediante versamento rateale.

Infine, è anche consentita la *conversione del pignoramento con versamenti rateali mensili* (entro il termine massimo di 48 mesi), in caso di pignoramento mobiliare o immobiliare, ove ricorrano «*giustificati motivi*» (art. 495, 4° comma). In questo caso, tuttavia, il giudice ogni 6 mesi provvede, a norma dell'art. 510 (v. oltre, § 62), al pagamento del creditore pignorante e alla distribuzione parziale delle somme versate dal debitore.

In caso di eccedenza può essere disposta anche la *riduzione del pignoramento* (art. 496).

Ancora con provvedimento del giudice dell'esecuzione è possibile la *riduzione del pignoramento* (ossia la riduzione del vincolo a taluni beni, liberando gli altri), quando il valore dei beni pignorati è superiore all'importo dei crediti per cui si procede e delle spese (art. 496).

Il pignoramento può colpire beni mobili o immobili a scelta del creditore; in linea di principio, tutti i beni del debitore sono pignorabili, salvo i casi che l'impignorabilità risulti dalla legge o dalla specifica destinazione dei beni (v. oltre, § 63). Per quanto concerne la forma, il pignoramento si attua *con atto scritto* nell'espropriazione presso terzi (art. 543) e in quella immobiliare (art. 555); *verbalmente* nell'espropriazione mobiliare presso il debitore (art. 518); ma anche in quest'ultimo caso viene immediatamente documentato in un processo verbale. L'atto (o il processo verbale) di pignoramento viene, dall'ufficiale giudiziario, consegnato «*senza ritardo*» al creditore, perché questi provveda all'iscrizione a ruolo del processo esecutivo, come abbiamo visto retro, al § 59.

L'efficacia del pignoramento cessa se nel termine di 45 giorni non viene proposta l'istanza di vendita o di assegnazione.

L'efficacia del pignoramento è assoggettata ad un termine (acceleratorio: v. vol. I, § 66) di *45 giorni* (art. 497). Se entro tale termine non viene compiuto il successivo atto di impulso processuale – che, come vedremo al § 62, è l'istanza di vendita o di assegnazione delle cose pignorate –, il pignoramento effettuato diventa inefficace.

In ogni caso, l'efficacia del pignoramento cessa sia per la mancata iscrizione a ruolo del processo di espropriazione (v. retro, § 59), sia per la chiusura anticipata del processo esecutivo (ad es., per estinzione: v. oltre, § 85). Questa chiusura anticipata, peraltro, ai sensi dell'art. 164 bis disp. att., può essere disposta anche d'ufficio dal giudice dell'esecuzione in caso di *infruttuosità dell'espropriazione forzata* iniziata, e cioè «*quando risulta che non è più possibile conseguire un ragionevole soddisfacimento delle pretese dei creditori, anche tenuto conto dei costi necessari per la prosecuzione della procedura, delle probabilità di liquidazione del bene e del presumibile valore di realizzo*».

L'*inefficacia del pignoramento per infruttuosità* dell'espropriazione forzata iniziata.

Infine, si deve tener presente che vi sono dei casi, nei quali gli effetti proprî del pignoramento sono già acquisiti anche indipendentemente dal compimento dell'atto di pignoramento: ciò accade per i *beni mobili dati in pegno e per i beni mobili registrati assoggettati ad ipoteca*. In questi casi, come vedremo al § 62, il codice consente il successivo atto d'impulso – ossia l'istanza di vendita o assegnazione – senza il previo pignoramento (art. 502).

61. *L'intervento dei creditori nell'espropriazione.*

Abbiamo visto che il pignoramento vincola il bene pignorato alla soddisfazione del credito per il quale si procede, così rendendo *specifica* quella generica destinazione dell'intero patrimonio di ogni soggetto alla soddisfazione dei suoi debiti, che è configurata nel dettato dell'art. 2740 c.c., per il quale «*il debitore risponde dell'adempimento delle obbligazioni con tutti i suoi beni presenti e futuri*». Ma qual è l'intensità e quali sono i limiti di questa «specificazione», ossia di questa sorta di «accaparramento» di un determinato cespite patrimoniale per la soddisfazione di un determinato credito?

In astratto, il legislatore avrebbe potuto orientarsi in due direzioni opposte: applicare il principio *prior in tempore potior in jure*, considerando quell'«accaparramento» come esclusivo a favore del creditore pignorante e così attribuendo al pignoramento una funzione di prelazione simile a quella del pegno e dell'ipoteca; oppure considerare quel vincolo come destinato alla soddisfazione di tutti i debiti in eguale misura, in omaggio al principio della *par condicio creditorum*. In concreto, la scelta del legislatore si è determinata nel senso che l'orientamento di massima, ispirato ad una solenne enunciazione della regola della *par condicio*, rimane in pratica attenuato da alcune modalità – quelle, appunto, ora in esame – della disciplina dell'espropriazione. La suddetta solenne enunciazione della regola della *par condicio* è compiuta dall'art. 2741 c.c. secondo cui «*i creditori hanno uguale diritto di essere soddisfatti sui beni del debitore*, salve le cause legittime di prelazione», ossia i privilegi, i pegni e le ipoteche; ed è appena il caso di osservare che la salvezza delle cause di prelazione non è in contrasto con la regola della *par condicio*, ma ne costituisce un limite imposto dalla stessa ragion d'essere di questi istituti. L'attenuazione della regola della *par condicio* è, invece, determinata dalle modalità della disciplina dell'espropriazione nella misura in cui tale disciplina limita a favore di determinati creditori le possibilità degli altri creditori di soddisfarsi sui beni pignorati. Ed infatti, siccome l'espropriazione non ha ad oggetto la totalità dei beni del debitore, ma soltanto quei beni che sono stati assoggettati a pignoramento, la relativa disciplina rende opportuna – e sotto certi aspetti, necessaria – un'applicazione più attenuata della regola della *par condicio.* Più attenuata nel senso che – fatte salve sempre le cause legittime di prelazione – la soddisfazione sul ricavato della vendita dei beni pignorati, pur non essendo riservata al creditore procedente, ed essendo perciò soggetta ad una ripartizione proporzionale in caso di insufficienza a soddisfare tutti i creditori, è tuttavia limitata a vantaggio, oltre che del creditore procedente, di quelli, tra gli altri creditori, che abbiano assunto tempestivamente una precisa iniziativa nel processo espropriativo, che abbiano, cioè, effettuato *un intervento* nel processo espropriativo.

I creditori intervenuti concorrono insieme col creditore procedente, alla ripartizione del ricavato della vendita dei beni pignorati, in misura proporzionale al credito, salvi i legittimi diritti di prelazione.

A seguito di tale intervento, *i creditori intervenuti concorrono, insieme col creditore procedente, alla ripartizione del ricavato della vendita dei beni pignorati, in misura proporzionale al credito di ciascuno.* In altri termini, con l'intervento nel processo espropriativo già in corso, gli altri creditori (nei limiti che vedremo) possono approfittare dell'iniziativa assunta dal creditore procedente, dando luogo ad una ripartizione proporzionale che ha per oggetto soltanto *alcuni beni* (quelli pignorati) e riguarda soltanto *alcuni creditori* (quello procedente e gli intervenienti).

Venendo, ora, alle modalità ed ai limiti dell'intervento dei creditori, incominciamo ad esaminare le regole che, al riguardo, il codice detta in questa prima sede di disciplina generale e che, come abbiamo visto (retro, § 56), vanno integrate con le altre più particolarmente riferite ai singoli tipi di processo espropriativo.

In primo luogo, il codice si preoccupa di evitare che l'espropriazione possa avvenire senza la partecipazione dei creditori che hanno, sui beni pignorati, un diritto di prelazione. Ed infatti, se ciò accadesse, la prelazione ne rimarrebbe svuotata di contenuto, poiché la vendita forzata libera il bene dalle ipoteche e dai privilegi (art. 586).

A tutela dei diritti dei *creditori assistiti da prelazione*, che risultino da pubblici registri, l'art. 498 dispone che *il creditore pignorante notifichi ad essi un avviso.*

Per il caso che il diritto di prelazione risulti da pubblici registri (poiché, nel caso contrario, che è quello del pegno, lo spossessamento del debitore costituisce già sufficiente garanzia), l'art. 498 dispone che il creditore pignorante notifichi ai creditori assistiti da prelazione un avviso contenente l'indicazione del creditore pignorante, del credito per il quale si procede, del titolo e delle cose pignorate. Questa notificazione deve avvenire entro 5 giorni dal pignoramento, ma si tratta di un termine non perentorio, come risulta dal 3° comma dello stesso articolo, il quale si limita a disporre che, in mancanza della prova della suddetta notificazione, il giudice non può provvedere sull'istanza di assegnazione o di vendita. Quest'avviso ha evidentemente la funzione di mettere i creditori assistiti da prelazione nella condizione di intervenire e di far valere la loro prelazione in sede di distribuzione del ricavato.

Invece, l'art. 499, 1° comma, disciplina la possibilità di intervenire nell'esecuzione anche per gli altri creditori. E stabilisce che l'intervento è consentito *soltanto ai creditori muniti di titolo esecutivo*, oltre che – eccezionalmente – ad alcune categorie di creditori non muniti di titolo esecutivo. Questi ultimi sono i creditori: a) *che al momento del pignoramento avevano eseguito un sequestro sui beni pignorati*; b) *che, sempre al momento del pignoramento, avevano sugli stessi beni un diritto di pegno o un diritto di prelazione risultante da pubblici registri*; c) *titolari di crediti di somme di denaro risultanti dalle scritture contabili di cui all'art. 2214 c.c.* (ovvero dalle scritture contabili dell'imprenditore commerciale). Con riguardo a quest'ultima categoria di creditori, il 2° comma dell'art. 499 precisa, poi, che «*se l'intervento ha luogo per un credito di somma di denaro risultante dalle scritture di cui al primo comma, al ricorso deve essere allegato, a pena di inammissibilità, l'estratto autentico notarile delle medesime scritture rilasciato a norma delle vigenti disposizioni*».

L'intervento è consentito soltanto ai creditori muniti di titolo esecutivo e solo eccezionalmente ad alcuni creditori privi di titolo esecutivo.

Il comma successivo, il 3°, aggiunge, poi, che «*il creditore privo di titolo esecutivo che interviene nell'esecuzione, deve notificare al debitore, entro i dieci giorni successivi al deposito, copia del ricorso, nonché copia dell'estratto autentico notarile attestante il credito, se l'intervento nell'esecuzione ha luogo in forza di essa*».

Il creditore privo di titolo deve notificare al debitore copia del ricorso.

«*Ai creditori chirografari, intervenuti tempestivamente* – stabilisce il 4° comma – *il creditore pignorante ha facoltà di indicare, con atto notificato o all'udienza in cui è disposta la vendita o l'assegnazione, l'esistenza di altri beni del debitore utilmente pignorabili, e di invitarli ad estendere il pignoramento se sono forniti di titolo esecutivo o, altrimenti, ad anticipare le spese necessarie per l'estensione. Se i creditori intervenuti, senza giusto motivo, non estendono il pignoramento ai beni indicati ai sensi del periodo precedente entro il termine di trenta giorni, il creditore pignorante ha diritto di essere loro preferito in sede di distribuzione*».

Quindi, preso atto che potrebbero intervenire anche creditori non muniti di titolo esecutivo, l'art. 499 configura, allo scopo, una sorta di sub-procedimento imperniato sull'eventuale riconoscimento di tali crediti da parte del debitore, precisando, peraltro, che *questo riconoscimento opera solo agli effetti dell'esecuzione*.

«*Con l'ordinanza con cui è disposta la vendita o l'assegnazione ai sensi degli articoli 530, 552 e 569* – così, infatti, il 5° comma dell'art. 499 – *il giudice fissa, altresì, udienza di comparizione davanti a sé del debitore e dei creditori intervenuti privi di titolo esecutivo, disponendone la notifica a cura di una delle parti. Tra la data dell'ordinanza e la data fissata per l'udienza non possono decorrere più di sessanta giorni.*

Il debitore deve, in un'udienza di comparizione, dichiarare se riconosce i debiti verso i creditori intervenuti privi di titolo esecutivo.

All'udienza di comparizione il debitore – prevede, quindi, il 6° comma – *deve dichiarare quali dei crediti per i quali hanno avuto luogo gli interventi egli intenda riconoscere in tutto o in parte, specificando in quest'ultimo caso la relativa misura. Se il debitore non compare, si intendono riconosciuti tutti i crediti per i quali hanno avuto luogo interventi in assenza di titolo esecutivo. In tutti i casi il riconoscimento rileva comunque ai soli effetti dell'esecuzione. I creditori intervenuti i cui crediti siano stati riconosciuti da parte del debitore partecipano alla distribuzione della somma ricavata per l'intero ovvero limitatamente alla parte del credito per la quale vi sia stato riconoscimento parziale. I creditori intervenuti i cui crediti siano stati viceversa disconosciuti dal debitore hanno diritto, ai sensi dell'articolo 510, terzo comma, all'accantonamento delle somme che ad essi spetterebbero, sempre che ne facciano istanza e dimostrino di avere proposto, nei trenta giorni successivi all'udienza di cui al presente comma, l'azione necessaria affinché essi possano munirsi del titolo esecutivo*».

L'intervento si effettua con ricorso che è tempestivo se anteriore all'udienza in cui è disposta la vendita o l'assegnazione.

L'art. 499, 2° comma, precisa che l'intervento si effettua con un *ricorso*, il quale *deve essere redatto con l'assistenza di un difensore munito di procura e contenere l'indicazione del credito e quella del titolo di esso* (vale a dire, la ragione di diritto sostanziale del credito stesso), *la domanda di partecipazione alla distribuzione della somma ricavata e la dichiarazione di residenza o l'elezione di domicilio nel comune in cui ha sede il giudice competente per l'esecuzione*. Le modalità, con le quali i creditori chirografari intervenienti partecipano alla distribuzione del ricavato, dipendono dai tempi dell'intervento, ossia dalla sua tempestività, tenendo presente che esso *è tempestivo quando il ricorso è depositato prima che sia tenuta l'udienza in cui è disposta la vendita o l'assegnazione ai sensi degli artt. 530, 552 e 569*. Ciò che dà senz'altro diritto a partecipare al ricavato dell'espropriazione.

Se è tardivo e si tratta di creditore chirografario dà diritto alla distribuzione della parte che sopravanza alla soddisfazione degli altri creditori.

Se, invece, l'intervento del creditore chirografario è successivo alla suddetta udienza – ossia *tardivo* – dà diritto soltanto a partecipare alla distribuzione della parte di ricavato, che sopravanza dopo che siano stati soddisfatti i diritti del creditore procedente, dei creditori privilegiati e di quelli chirografari intervenuti tempestivamente; *purché l'intervento avvenga, comunque, prima del provvedimento di distribuzione* nell'espropriazione mobiliare (art. 528) e prima dell'udienza di cui all'art. 596 nell'espropriazione immobiliare (art. 565).

Infine, l'art. 500 determina l'effetto dell'intervento, stabilendo che esso, sulla base delle disposizioni sulle diverse forme di espropriazione e nei casi ivi previsti, non *solo dà diritto a partecipare alla distribuzione della somma ricavata*, ma anche – come enuncia il testo della disposizione – *a provocare i singoli atti* del processo esecutivo, ovviamente in caso di intervento fondato su titolo esecutivo.

62. *Vendita forzata, assegnazione e distribuzione del ricavato.*

L'atto d'impulso processuale immediatamente successivo al pignoramento è un'istanza che il creditore pignorante (o un creditore intervenuto munito di titolo esecutivo) ha l'onere di rivolgere al giudice dell'esecuzione designato (v. retro, § 58) e con la quale viene richiesta la vendita forzata dei beni pignorati o la loro assegnazione.

L'atto d'impulso successivo al pignoramento è *l'istanza di vendita o di assegnazione.*

Per tale istanza il codice prevede, oltre al già visto (nel § 60) termine (acceleratorio) di non oltre *45 giorni* dal pignoramento (art. 497), anche un termine dilatorio: l'istanza in discorso non può, infatti, essere proposta se non sono decorsi *10 giorni* dal pignoramento, tranne che si tratti di cose deteriorabili (art. 501). Tuttavia, nelle situazioni che, come si è visto al § 60, in fine, il codice considera come sostitutive del pignoramento (pegno e ipoteca su cose mobili; a parte, naturalmente, la facoltà attribuita dall'art. 2796 c.c. al creditore pignoratizio, di far vendere direttamente la cosa ricevuta in pegno), tale termine decorre dalla notificazione del precetto (art. 502, 2° comma). A seguito dell'istanza, il giudice dell'esecuzione provvede a disporre la vendita o l'assegnazione con le modalità particolari a ciascun tipo di espropriazione.

La vendita forzata ha la funzione di trasformare i beni pignorati in denaro liquido. Perciò, ovviamente, la vendita non avviene né deve essere disposta quando il pignoramento abbia colpito una somma di denaro; in tal caso il creditore procedente potrà chiedere senz'altro la distribuzione, di cui ci occuperemo tra poco.

La vendita forzata ha la funzione di trasformare i beni pignorati in denaro liquido.

La vendita viene effettuata con modalità che variano nei diversi tipi di espropriazione e che esamineremo specificamente nell'esame della disciplina di ciascuno di essi. In sede di disciplina generale il codice si limita a dettare alcune norme di portata, appunto, assai generale, e così a disporre, in primo luogo, che la vendita può avvenire talora «*con incanto*», ossia con offerte successive in aumento (c.d. asta), eventualmente a mezzo di istituti autorizzati (art. 159 disp. att.), e talora «*senza incanto*» (art. 503), secondo le modalità previste per le diverse forme di espropriazione. Tuttavia, il 2° comma dell'art. 503 limita la possibilità di utilizzare le modalità della vendita con incanto, stabilendo che «*l'incanto può essere disposto solo quando il giudice ritiene probabile che la vendita con tale modalità abbia luogo ad un prezzo superiore alla metà rispetto al valore del bene, determinato a norma dell'articolo 568* [v. oltre, § 71] *nonché, nel caso di beni mobili, degli articoli 518 e 540 bis* [v. oltre, § 68]». Così privilegiando, evidentemente, il ricorso alla vendita senza incanto sia nell'ambito dell'espropriazione immobiliare, che di quella mobiliare.

La vendita forzata può avvenire *con o senza incanto*, ma il legislatore privilegia quest'ultima.

In secondo luogo, il codice si limita a stabilire che, quando la vendita è fatta in più volte o in più lotti, deve cessare quando il prezzo già ottenuto raggiunge l'importo delle spese e dei crediti per i quali si procede (art. 504).

Natura giuridica della vendita forzata.

Si è molto discusso e si discute circa la *natura giuridica della vendita forzata*. Anzitutto, la vendita forzata differisce nettamente dal comune contratto di compravendita, per il dato fondamentale che essa avviene prescindendo totalmente dalla volontà di colui che sarebbe il venditore. D'altra parte, l'acquirente non acquista di certo a titolo originario, ma a titolo derivativo; egli è veramente un acquirente; solo che colui che vende non è il proprietario, ma è lo Stato e, per esso, l'organo giurisdizionale; e non certo – come sosteneva una teoria da tempo superata – in rappresentanza del debitore, ma in sua vece. Secondo un'autorevole opinione, lo Stato sottrae al debitore, non il bene, ma il potere di alienarlo. Ed in realtà, quest'opinione è avvalorata dal dato positivo che il denaro ricavato dalla vendita appartiene ancora al debitore, il quale riceve in restituzione l'eventuale residuo (art. 510, 4° comma). C'è, comunque, un acquisto a titolo derivativo per effetto di una vendita effettuata dall'organo giurisdizionale, con modalità che, oltre ad essere determinate dalla legge, appartengono strettamente alla disciplina processuale; il che fa sì che l'effetto traslativo non si riconduce allo scambio dei consensi, ma ad una serie di atti (incluso il pagamento del prezzo) che appartengono appunto al procedimento.

Si tratta in sostanza del convergere e reciproco completarsi di atti che, in relazione ai diversi soggetti da cui sono compiuti, sono regolati da differenti discipline: quelli dell'ufficio esecutivo, da una disciplina tipicamente processuale ancorché idonea a produrre effetti anche sostanziali; quelli dell'acquirente, da una disciplina tipicamente negoziale. Gli effetti sono, comunque, quelli configurati dagli artt. 2919 e ss. c.c., che disciplinano dettagliatamente la materia con elementi di anomalia (rispetto alla disciplina negoziale), i quali stanno in correlazione con la prevalenza, nell'istituto in discorso, degli elementi processualistici. Viene, comunque, fatto salvo il principio della tutela dell'affidamento incolpevole del terzo acquirente. In realtà, l'art. 2929 c.c., che fa salvi i diritti del terzo acquirente rispetto alle nullità formali degli atti del processo esecutivo, relative a questioni dedotte successivamente all'aggiudicazione, non esaurisce la tutela dell'affidamento del terzo, che sussiste anche rispetto alle nullità sostanziali.

L'*assegnazione* è l'attribuzione diretta al creditore del bene pignorato.

L'*assegnazione forzata*, invece, è l'attribuzione diretta del bene pignorato al creditore che lo chieda sulla base di un determinato valore.

Se non vi è stato l'intervento di altri creditori, la soddisfazione del solo creditore procedente può avvenire attraverso una sorta di *datio in solutum*, e la determinazione del valore del bene assegnato serve solo a stabilire se il creditore è soddisfatto totalmente oppure solo parzialmente oppure se, al contrario, c'è un margine di valore in più da restituire al debitore. Se, invece, si è verificato l'intervento di altri creditori e si deve conseguentemente far luogo al concorso dei creditori, la determinazione del valore dei beni assegnati serve anche a stabilire l'importo del ricavato, su cui deve effettuarsi il concorso, affinché siano fatte salve, in primo luogo, le spese di esecuzione e le ragioni di prelazione e, quindi, la *par condicio* dei creditori intervenienti chirografari. Ciò può esigere che l'assegnatario versi, in parte o anche per l'intero, il valore delle cose assegnate; ed in questa cornice si comprende il disposto dell'art. 506, 1° comma, secondo cui «*l'assegnazione può essere fatta soltanto per un valore non inferiore alle spese di esecuzione e ai crediti aventi diritto a prelazione anteriore a quello dell'offerente*»; soltanto sull'eventuale valore eccedente concorrono poi l'offerente e gli altri creditori, osservate le cause di prelazione che li assistono (art. 506, 2° comma). Va aggiunto che, nell'ambito dell'espropriazione immobiliare, è anche ammessa la possibilità che l'istanza di assegnazione venga avanzata dal creditore a favore di un terzo (art. 588: v. oltre, § 74). Infine, se l'assegnazione ha ad oggetto un credito, essa opera come cessione *pro solvendo* (art. 2928 c.c.). L'assegnazione, con la relativa determinazione del valore o prezzo di assegnazione, è compiuta, a richiesta del creditore (art. 505), dal giudice dell'esecuzione con l'ordinanza il cui contenuto è dettagliatamente indicato dall'art. 507.

L'acquirente e l'assegnatario sono, d'altra parte, coperti dai rischi conseguenti alla nullità degli atti esecutivi, che hanno preceduto la vendita e l'assegnazione, nel senso che tale eventuale nullità non ha effetto nei loro confronti, come abbiamo visto disporre l'art. 2929 c.c. Se la vendita o l'assegnazione hanno per oggetto un bene gravato da pegno o da ipoteca, l'aggiudicatario o l'assegnatario possono, con l'autorizzazione del giudice dell'esecuzione, concordare l'assunzione del debito liberando il debitore (art. 508). Ed in tal caso, nel provvedimento di vendita o di assegnazione va menzionata l'assunzione del debito.

La fase successiva è la *distribuzione della somma ricavata*.

La fase del processo espropriativo, che segue la vendita forzata o l'assegnazione, è la *distribuzione della somma ricavata*. La somma da distribuire è formata da quanto proviene a titolo di prezzo o conguaglio delle cose vendute o assegnate, aumentata di eventuali accessori (art. 509).

Se vi è un solo creditore pignorante senza intervento di altri creditori, la somma ricavata viene attribuita al creditore procedente fino a soddisfazione del credito e degli interessi e delle spese, salva la già vista restituzione al debitore del residuo. Quest'attribuzione è compiuta dal giudice dell'esecuzione che provvede con ordinanza, sentito il debitore (art. 510, 1° comma).

Se vi sono intervenienti, il provvedimento del giudice dell'esecuzione effettuerà un riparto proporzionale (c.d. *progetto di distribuzione*), secondo le modalità proprie di ciascun tipo di espropriazione e comunque tenendo conto dei privilegi (inclusi quelli per le spese di giustizia, di cui all'art. 2770 c.c.) e delle altre cause di prelazione (art. 510, 2° comma). In caso di creditori intervenuti ma privi di titolo esecutivo, i cui crediti non siano stati in tutto o in parte riconosciuti dal debitore (così l'art. 510, 2° comma), il medesimo provvedimento disporrà l'accantonamento delle somme a loro destinate in attesa che essi provvedano a munirsi del titolo esecutivo.

L'accantonamento a favore dei creditori intervenuti non titolati.

Stabilisce, infatti, il 3° comma dello stesso art. 510 che l'accantonamento «*è disposto dal giudice dell'esecuzione per il tempo ritenuto necessario affinché i predetti creditori possano munirsi di titolo esecutivo e, in ogni caso, per un periodo di tempo non superiore a tre anni*». Decorso tale termine senza che i creditori interessati si siano muniti di titolo esecutivo, su istanza di una delle parti o anche d'ufficio, il giudice dispone la comparizione davanti a sé del debitore, del creditore procedente e dei creditori intervenuti muniti di titolo esecutivo non ancora integralmente soddisfatti e provvede alla distribuzione anche della somma accantonata. Il residuo della somma ricavata, anche dopo l'ulteriore distribuzione, è comunque consegnato al debitore o al terzo che ha subito l'espropriazione.

Eventuali creditori di ciascun creditore avente diritto alla distribuzione possono chiedere di sostituirsi a lui per la soddisfazione dei loro crediti, proponendo domanda al giudice dell'esecuzione con forme analoghe a quelle del ricorso per intervento, di cui all'art. 499, 2° comma (art. 511, 1° comma); il giudice dell'esecuzione provvederà alla distribuzione anche nei loro confronti, ma eventuali contestazioni relative alle loro domande non possono ritardare la distribuzione tra gli altri creditori concorrenti (art. 511, 2° comma).

In sede di distribuzione possono sorgere controversie, che vanno risolte con le modalità di cui all'art. 512.

In sede di distribuzione, il creditore procedente e ciascuno dei creditori intervenuti possono assumere evidentemente posizioni di reciproco contrasto poiché la concorrenza di ciascun credito può diminuire la percentuale di soddisfazione di tutti gli altri. Da ciò il possibile interesse alla reciproca contestazione dei crediti: la quale contestazione è, d'altra parte, resa più probabile dal fatto che, come si è visto (v. retro, § 61), il codice non richiede, per l'intervento, un accertamento giudiziario definitivo. Il codice, evidentemente preoccupato di non pregiudicare i creditori non ancora muniti di titolo, sconta – per evitare questo pregiudizio – l'eventualità di contestazioni, alla quale eventualità è pertanto dedicato l'art. 512.

Abbiamo già avuto occasione di accennare – e più ampiamente si vedrà al cap. 9° – che il fenomeno della cognizione inserita nel processo esecutivo è tipico delle opposizioni nel processo esecutivo. In realtà, da un punto di vista generale, anche la contestazione di cui qui si tratta potrebbe essere assimilata ad un'opposizione.

Sorta una tale contestazione, che può riguardare *la sussistenza* o *l'ammontare* del credito o la *sussistenza del titolo di prelazione*, l'art. 512 affida al giudice dell'esecuzione il potere di deciderla in via sommaria nell'esercizio dei poteri ordinatori propri del giudice dell'esecuzione e perciò *con ordinanza*. E poiché quest'ordinanza è *impugnabile nelle forme e nei termini* di cui all'art. 617 (come vedremo, propri dell'opposizione agli atti esecutivi: v. oltre, § 82), ne consegue che solo per effetto di quest'*impugnazione* si aprirebbe quell'autentica parentesi di cognizione piena, che è caratteristica delle opposizioni nel processo esecutivo. Così esso dispone, infatti: «*se, in sede di distribuzione, sorge controversia tra i creditori concorrenti o tra creditore e debitore o terzo assoggettato all'espropriazione, circa la sussistenza o l'ammontare di uno o più crediti o circa la sussistenza di diritti di prelazione, il giudice dell'esecuzione, sentite le parti e compiuti i necessari accertamenti, provvede con ordinanza, impugnabile nelle forme e nei termini di cui all'articolo 617, secondo comma*».

Aggiunge il 2° comma che «*il giudice può, anche con l'ordinanza di cui al primo comma, sospendere, in tutto o in parte, la distribuzione della somma ricavata*». Avverso il provvedimento di sospensione è ammesso reclamo ai sensi dell'art. 669 terdecies, ossia il reclamo cautelare (v. oltre, § 98): così dispone il 2° comma dell'art. 624.

Il giudice dell'esecuzione può comunque sospendere la distribuzione della somma ricavata.

Va, d'altra parte, tenuto presente che l'art. 512 si riferisce espressamente, oltre che alle *controversie tra creditori concorrenti*, anche alle *controversie «tra creditore e debitore o terzo assoggettato all'espropriazione»*, così configurando la possibilità che l'oggetto di queste controversie abbia a coincidere con quello proprio dell'opposizione all'esecuzione (v. oltre, § 81).

Alla luce della disciplina della fase di distribuzione del ricavato, che abbiamo finora esaminato, appare evidente l'orientamento legislativo verso l'eliminazione della partecipazione al riparto di crediti non accertati in un titolo esecutivo, né riconosciuti dal debitore, o comunque non assoggettati al vaglio dell'accertamento, di cui all'art. 512. Orientamento che appare confermato e perfezionato dall'aggiunta nell'art. 510 dell'ulteriore previsione, secondo cui, in sede di distribuzione, il giudice deve provvedere all'accantonamento delle somme che spetterebbero ai creditori intervenuti privi di titolo esecutivo, i cui crediti non sono stati riconosciuti dal debitore, «*per il tempo necessario affinché i predetti creditori possano munirsi di titolo esecutivo e, in ogni caso, per un periodo di tempo non superiore a tre anni*» (3° comma).

Il procedimento sulle controversie distributive ...

Per quanto riguarda, invece, la questione dell'oggetto del giudizio, che si apre a seguito delle contestazioni di cui all'art. 512, la norma è ben chiara nell'indicare tale oggetto nell'*accertamento della sussistenza o dell'ammontare dei singoli crediti o della sussistenza dei di-*

... si articola in due fasi: una a cognizione sommaria e l'altra a cognizione piena.

ritti di prelazione. Di conseguenza, all'accertamento del credito oggetto di contestazione si perviene attraverso un procedimento articolato in due fasi: *l'una* (quella che si conclude con l'ordinanza di cui all'art. 512) *a cognizione sommaria* e *l'altra* (eventuale) *a cognizione piena ed esauriente*, che si apre con l'opposizione da proporre «*nelle forme e nei termini di cui all'articolo 617, secondo comma*» e si conclude con sentenza.

Bibliografia di orientamento

A. TRAVI, *Espropriazione forzata in genere*, in *Dig. disc. priv., sez. civ.*, VIII, Torino, 1992; A. BONSIGNORI, *Pignoramento*, in *Novissimo Dig. it.*, XIII, Torino, 1966; A. RONCO, *Sub art. 492*, in *Le recenti riforme del processo civile*, diretto da S. CHIARLONI, I, Bologna, 2007; B. CAPPONI, *La verificazione dei crediti nell'espropriazione forzata*, Napoli, 1990; F. MAZZARELLA, *Vendita forzata*, in *Enciclopedia del diritto*, XLVI, Milano, 1993; A. CERINO CANOVA, *Vendita forzata ed effetto traslativo*, in *Riv. dir. civ.*, 1980; A. BARLETTA, *La stabilità della vendita forzata*, Napoli, 2002; A. BONSIGNORI, *Assegnazione forzata e distribuzione del ricavato*, Milano, 1962; A. BONSIGNORI, *Assegnazione forzata*, in *Enc. Giur. Treccani*, III, Roma, 1988 ed *ivi* Postilla di aggiornamento di A. SALETTI, Roma, 2006; V. DENTI, *Distribuzione della somma ricavata*, in *Enciclopedia del diritto*, XIII, Milano, 1964; A. CARRATTA, *Le controversie in sede distributiva ecc.*, in *Corr. giur.*, 2009; A. CARRATTA, *Distribuzione del ricavato*, in *Enc. Giur. Treccani*, XI, Roma, 2010; S. VINCRE, *Profili delle controversie della distribuzione del ricavato (art. 512 c.p.c.)*, Padova, 2010; M. PILLONI, *Accertamento e attuazione del credito nell'esecuzione forzata*, Torino, 2011; P. FARINA, *L'aggiudicazione nel sistema delle vendite forzate*, Napoli, 2012; P. LAI, *L'intervento del creditore non titolato nell'espropriazione singolare*, Roma, 2014; M. BOVE, *Espropriazione forzata (dir. proc. civ.)*, in *Diritto on line Treccani*, 2013; A. BARLETTA, *Vendita forzata (dir. proc. civ.)*, *ivi*, 2014; A. BARLETTA, *Assegnazione forzata (dir. proc. civ.)*, *ibidem*; E. CAVUOTO, *La cognizione incidentale sui crediti nell'espropriazione forzata*, Napoli, 2017; M.G. CANELLA, *Titolo esecutivo e precetto. Espropriazione forzata in generale (Art. 474-512)*, in *Comm. del c.p.c.*, diretto da S. CHIARLONI, Bologna, 2019; S. BOCCAGNA, *Le spese nel processo di espropriazione forzata*, in *Il libro dell'anno del diritto Treccani*, Roma, 2019; S. MAZZAMUTO, *Esecuzione forzata*, in *Comm. c.c., a cura di Scialoja, Branca e Galgano*, Bologna, 2020; M.P. FUIANO, *La stabilità del riparto esecutivo*, Bari, 2020; A.M. SOLDI, *Manuale dell'esecuzione forzata*, Milano, 2022; M.P. FUIANO, *L'espropriazione forzata in generale*, in *La riforma del processo civile*, a cura di D. DALFINO, in *Foro it., Gli speciali*, 4/2022; A. CARRATTA, *Le riforme del processo civile*, Torino, 2023; S. VINCRE, *Le nuove norme sul processo esecutivo e sull'esecuzione indiretta*, in *Riv. dir. proc.*, 2023; A. BARALE, *L'esecuzione forzata*, in *Lezioni sul nuovo processo civile*, a cura di E. DALMOTTO, Bologna, 2023; R. METAFORA, *Titolo esecutivo e pignoramento*, in *Il processo civile dopo la riforma Cartabia*, a cura di A. DIDONE e F. DE SANTIS, Milano, 2023; A. TEDOLDI, *L'esecuzione forzata*, Pisa, 2023; B. CAPPONI, *Diritto dell'esecuzione civile*, 8ª ed., Torino, 2025.

Sezione seconda

L'ESPROPRIAZIONE MOBILIARE PRESSO IL DEBITORE

63. *Il pignoramento mobiliare.*

Ultimato l'esame delle norme che il codice dedica all'espropriazione forzata in generale, veniamo ora ad esaminare le norme dedicate più specificamente ed in via integrativa ai singoli tipi di espropriazione, incominciando con l'*espropriazione mobiliare presso il debitore*. E poiché, come si è visto (retro, § 56), ciascuna di queste discipline più specifiche ha per oggetto i medesimi istituti (e nel medesimo ordine) che abbiamo or ora visto nella loro disciplina generale, l'esame delle norme dedicate all'espropriazione mobiliare incomincia con quelle dedicate al pignoramento.

Il pignoramento mobiliare è effettuato dall'ufficiale giudiziario munito del titolo esecutivo e del precetto, ...

Abbiamo già rilevato (retro, § 59) che l'atto di pignoramento, nella sua essenza propria di ingiunzione al debitore, è atto dell'ufficiale giudiziario; atto che talora è scritto e talora (come appunto nell'espropriazione mobiliare) verbale (ma da documentarsi subito in apposito processo verbale). E abbiamo visto pure che l'ufficiale giudiziario effettua il pignoramento a seguito di un'istanza del creditore, che costituisce il primo atto di esercizio dell'azione esecutiva, e che implica, ovviamente, l'esibizione all'ufficiale giudiziario del titolo esecutivo e del precetto: l'uno e l'altro previamente notificati (tranne che nel caso in cui il creditore abbia ottenuto l'autorizzazione all'esecuzione immediata prevista dall'art. 482: v. retro, § 55, in fine; nel qual caso la notificazione può avvenire immediatamente prima del pignoramento).

... che ricerca le cose da pignorare *nella casa del debitore o negli altri luoghi a lui appartenenti* o anche sulla sua persona ...

L'ufficiale giudiziario, al quale dunque sia stata rivolta la richiesta di effettuare il pignoramento previa esibizione del titolo e del precetto, deve, a questo punto, ricercare le cose da pignorare. Al riguardo, l'art. 513 dispone che egli *può ricercarle nella casa* (abitazione) *del debitore e negli altri luoghi a lui appartenenti* (negozio, ufficio, officina, ecc.). Può anche ricercarle sulla persona del debitore, osservando le opportune cautele per rispettarne il decoro. E in ogni caso può vincere eventuali resistenze, ricorrendo, se del caso, all'assistenza della forza pubblica (art. 513, 2° comma).

Il 3° comma dello stesso articolo contempla l'ipotesi che le cose da pignorare si trovino in luoghi appartenenti non al debitore ma ad un terzo, pur essendo nella diretta disponibilità del debitore. Per individuare bene quest'ipotesi (per la quale si può pensare, ad es., al contenuto di una cassetta di sicurezza) e le ragioni della sua particolare considerazione, occorre tener presente che, se il debitore non avesse la disponibilità diretta della cosa, ossia se tale disponibilità dipendesse dalla *prestazione* del terzo, si dovrebbe ricorrere alle forme del pignoramento presso terzi (su cui v. oltre, §§ 66 e 67); mentre, d'altro canto, il fatto che le cose si trovino in luogo appartenente ad un terzo, la cui *cooperazione* condiziona in qualche modo la disponibilità della cosa da parte del debitore, esige particolari cautele nei confronti del terzo. Perciò, il 3° comma dell'art. 513 dispone che in questi casi, quando cioè si tratti di pignorare cose «*che non si trovano in luoghi appartenenti al debitore, ma delle quali egli può direttamente disporre*», il pignoramento, pur potendo avvenire con le forme del pignoramento presso il debitore, presuppone che l'ufficiale giudiziario abbia preventivamente ottenuto l'*autorizzazione del presidente del tribunale o di un giudice da lui delegato*, il quale provvede con decreto, su istanza del creditore. Tale autorizzazione non è, tuttavia, necessaria quando il terzo consenta di esibire all'ufficiale giudiziario le cose del debitore da pignorare (art. 513, 4° comma).

… o anche in luoghi diversi *purché si tratti di cose di cui il debitore può disporre «direttamente»*.

Ottenuto l'accesso, l'ufficiale giudiziario provvede, anzitutto, alla scelta delle cose da pignorare. A questo proposito, il codice, in primo luogo, impone all'ufficiale giudiziario di preferire il denaro, gli oggetti preziosi e i titoli di credito che ritiene di sicura realizzazione (art. 517, 2° comma), autorizzandolo peraltro ad eseguire il pignoramento preferibilmente sulle cose che l'ufficiale giudiziario ritiene di più facile e pronta liquidazione (art. 517, 1° comma), nel limite di un presumibile valore di realizzo *pari all'importo del credito precettato aumentato della metà*. In ogni caso, il pignoramento non può colpire i beni che il codice dichiara impignorabili, tra i quali, in primo luogo, quelli dettagliatamente elencati nell'art. 514, secondo il criterio dell'*indispensabilità minima* per la vita (ad es., il letto), per il sostentamento (ad es., commestibili e combustibili per un mese di sostentamento del debitore e della sua famiglia) e per il valore morale (ad es., l'anello nuziale, le cose sacre, gli animali d'affezione o da compagnia, ecc.). Si tratta di un'*impignorabilità assoluta* che, come si vedrà (§ 81, in fine), può essere fatta valere con l'opposizione all'esecuzione (ex art. 615, 2° comma).

I beni *assolutamente impignorabili …*

Regole particolari sono, invece, dettate dagli artt. 515 e 516 con riguardo a *cose mobili impignorabili relativamente*, in quanto destinate al servizio o alla coltivazione di un fondo o agli *strumenti indispensabili* (e non semplicemente utili) *per la professione*, *l'arte o il mestiere* (art. 515), o pignorabili solo in determinate circostanze (frutti non ancora raccolti e bachi da seta) (art. 516). Gli strumenti, gli og-

… e quelli *limitatamente impignorabili.*

getti e i libri indispensabili per l'esercizio della professione, dell'arte o del mestiere del debitore sono pignorabili *solo se il presumibile valore di realizzo degli altri beni pignorati appare insufficiente e solo nei limiti di un quinto* del loro valore (limite che, peraltro, non sussiste se il debitore è una società o comunque nelle attività del debitore risulta una prevalenza di capitale investito rispetto al lavoro: art. 515, 3° comma).

Un limite alla pignorabilità va visto anche nel vincolo delle somme di denaro di proprietà della P.A. all'«*esercizio di una concreta funzione pubblica*»; fermo restando che, in mancanza di questo vincolo, le somme sono pignorabili senza limite.

Le cose scelte per il pignoramento debbono essere valutate, almeno approssimativamente, per la necessaria loro commisurazione all'entità del credito. A ciò provvede lo stesso ufficiale giudiziario, che può farsi assistere – se lo ritiene opportuno – da uno stimatore. L'ufficiale giudiziario sceglie, dunque, le cose da pignorare in relazione al loro valore e, con riferimento ad esse, compie al debitore (o a un suo familiare o addetto alla casa o all'ufficio, purché non minore di 14 anni né palesemente incapace; v. art. 139, 2° comma), la fondamentale *ingiunzione di non sottrarre le cose scelte alla garanzia del credito*; e subito provvede a redigere processo verbale delle sue operazioni, dando atto dell'ingiunzione compiuta, descrivendo le cose pignorate con la determinazione del loro valore, menzionando le disposizioni (alle quali stiamo per accennare) date per la conservazione delle cose pignorate ed infine – nel caso che il debitore non sia presente – consegnando alle persone presenti (o affiggendo alla porta dell'immobile) un avviso circa l'avvenuta ingiunzione al debitore; il tutto come meglio precisato dagli artt. 518 e 519.

L'ufficiale giudiziario *rivolge al debitore l'ingiunzione di non sottrarre le cose pignorate alla garanzia del credito …*

Per quanto concerne la custodia delle cose pignorate, l'art. 520 dispone che il denaro, gli oggetti preziosi e i titoli di credito siano consegnati al cancelliere del tribunale. Il denaro viene depositato con le forme dei depositi giudiziari, mentre i titoli di credito e gli oggetti preziosi sono custoditi nei modi che il giudice determina. Per quanto concerne le altre cose, il codice dispone che l'ufficiale giudiziario può farle trasportare, quando il creditore ne faccia richiesta, in un luogo di pubblico deposito oppure – come avviene assai più di frequente – può lasciarle sul posto, affidandole a un custode, il quale ne assume la responsabilità. Di regola il custode, che non ha diritto a compenso se non lo ha chiesto subito e se non gli è stato riconosciuto dall'ufficiale giudiziario all'atto della nomina (art. 522), non può essere il creditore o il suo coniuge, né il debitore o un suo familiare, a meno che a ciò consenta il debitore o, rispettivamente, il creditore (art. 521, 1° comma). Se l'ufficiale giudiziario trova un pignoramento già iniziato da altro ufficiale giudiziario, continua le operazioni insieme con lui redigendo un unico processo verbale (art. 523); mentre, se tro-

… e nomina un custode per le cose che rimangono sul posto.

va che i beni sono già stati pignorati in precedenza, «*ne dà atto nel processo verbale descrivendo i mobili precedentemente pignorati, e quindi procede al pignoramento degli altri beni o fa constare nel processo verbale che non ve ne sono*» (art. 524, 1° comma).

«*Il processo verbale* – così il 2° comma dell'art. 524 – *è depositato e inserito nel fascicolo formato in base al primo pignoramento, se quello successivo è compiuto anteriormente all'udienza prevista nell'articolo 525, primo comma* [udienza per l'autorizzazione della vendita o per l'assegnazione], *ovvero alla presentazione del ricorso per l'assegnazione o la vendita dei beni pignorati nell'ipotesi del secondo comma dell'articolo 525* [c.d. «piccola espropriazione», e cioè valore dei beni pignorati non superiore a 20.000 euro]. *In tal caso il cancelliere ne dà notizia al creditore primo pignorante e l'esecuzione si svolge in unico processo*».

«*Il pignoramento successivo* – così il 3° comma dello stesso art. 524 – *se è compiuto dopo l'udienza di cui sopra ovvero dopo la presentazione del ricorso predetto, ha gli effetti di un intervento tardivo rispetto ai beni colpiti dal primo pignoramento. Se colpisce altri beni, per questi ha luogo separato processo*». Naturalmente, l'ufficiale giudiziario può pignorare altri beni, così dando luogo ad un procedimento autonomo. Se non ve ne sono, ne dà atto nel processo verbale, così come del resto deve regolarsi ogni qual volta non trovi beni da pignorare.

L'eventuale *pignoramento successivo.*

Venendo ora all'esame dettagliato degli artt. 518 e 519, vediamo che l'art. 518 dispone, nel suo 1° comma, che «*l'ufficiale giudiziario redige delle sue operazioni processo verbale nel quale dà atto dell'ingiunzione di cui all'articolo 492 e descrive le cose pignorate, nonché il loro stato, mediante rappresentazione fotografica ovvero altro mezzo di ripresa audiovisiva, determinandone approssimativamente il presumibile valore di realizzo con l'assistenza, se ritenuta utile o richiesta dal creditore, di un esperto stimatore da lui scelto. Se il pignoramento cade su frutti non ancora raccolti o separati dal suolo, l'ufficiale giudiziario ne descrive la natura, la qualità e l'ubicazione*». Nei successivi 2°, 3° e 4° comma, l'art. 518 dispone con riguardo all'eventuale differimento, alla liquidazione delle spese e alle disposizioni per la conservazione.

Il 5° comma dello stesso art. 518 stabilisce, poi, che «*se il debitore non è presente, l'ufficiale giudiziario rivolge l'ingiunzione alle persone indicate nell'articolo 139, secondo comma, e consegna loro un avviso dell'ingiunzione stessa per il debitore. In mancanza di dette persone affigge l'avviso alla porta dell'immobile in cui ha eseguito il pignoramento*».

Il successivo 6° comma, modificato dal D.Lgs. 164/2024, disciplina l'iscrizione a ruolo del processo di espropriazione e la successiva formazione del fascicolo informatico.

Infatti, «*compiute le operazioni, l'ufficiale giudiziario consegna senza ritardo al creditore il processo verbale, il titolo esecutivo e il precetto. Il creditore iscrive a ruolo il processo presso il tribunale competente per l'esecuzione depositando copie conformi degli atti di cui al*

Il processo verbale è consegnato senza ritardo al creditore, perché provveda all'iscrizione a ruolo.

periodo precedente, a pena di inefficacia del pignoramento. La conformità di tali copie è attestata dall'avvocato del creditore ai soli fini del presente articolo». A seguito dell'iscrizione a ruolo, il cancelliere forma il fascicolo informatico. In ogni caso, fino a quando non maturi il termine di cui all'art. 497, di cessazione dell'efficacia del pignoramento (v. retro, § 60), copia del processo verbale è conservata dall'ufficiale giudiziario a disposizione del debitore. Nell'ultimo comma dell'art. 518 è prevista, inoltre, l'eventuale integrazione del pignoramento, da autorizzare dal giudice dell'esecuzione su richiesta del creditore, laddove il presumibile valore di realizzo dei beni pignorati sia inferiore a quello indicato nel verbale.

Tempo e orario del pignoramento.

L'art. 519 disciplina, infine, il tempo e l'orario del pignoramento mobiliare stabilendo che esso non può essere eseguito nei giorni festivi, né fuori delle ore indicate dall'art. 147, ossia tra le 7 e le 21, salva autorizzazione del presidente del tribunale o di un giudice da lui delegato. Ma il pignoramento iniziato nelle ore prescritte può essere proseguito fino al suo compimento.

Il pignoramento di *autoveicoli, motoveicoli* e *rimorchi* (art. 521 bis) ...

Una speciale forma di pignoramento mobiliare è quella disciplinata dall'art. 521 bis, che riguarda gli *autoveicoli, motoveicoli e rimorchi* e che può essere utilizzata in alternativa al pignoramento mobiliare presso il debitore, di cui agli artt. 518 e ss. Abbiamo già visto (retro, § 50) che in questo caso la competenza territoriale è del tribunale del luogo in cui il debitore ha la residenza, il domicilio, la dimora o la sede (art. 26, 2° comma).

... utilizzabile in alternativa alle forme previste dagli artt. 518 e ss.

Per quanto riguarda il pignoramento su tali beni esso – oltre che, come detto, con le forme previste dagli artt. 518 e ss. – può essere eseguito dall'ufficiale giudiziario mediante notificazione al debitore «*di un atto nel quale si indicano esattamente, con gli estremi richiesti dalla legge speciale per la loro iscrizione nei pubblici registri, i beni e i diritti che si intendono sottoporre ad esecuzione*», insieme all'intimazione di cui all'art. 492 (v. retro, § 59). «*Il pignoramento* – prosegue il 1° comma dell'art. 521 bis – *contiene altresì l'intimazione* [al debitore] *a consegnare entro dieci giorni i beni pignorati, nonché i titoli e i documenti relativi alla proprietà e all'uso dei medesimi, all'istituto vendite giudiziarie autorizzato ad operare nel territorio del circondario nel quale è compreso il luogo in cui il debitore ha la residenza, il domicilio, la dimora o la sede o, in mancanza, a quello più vicino*». Decorso tale termine gli organi di polizia, che accertino la circolazione dei beni pignorati o li rinvengano, procedono al ritiro della carta di circolazione e consegnano il bene pignorato all'istituto vendite giudiziarie più vicino (3° comma dell'art. 521 bis).

In ogni caso, con il pignoramento il debitore è costituito custode dei beni pignorati e di tutti gli accessori, senza diritto al compenso, ma con la consegna all'istituto vendite giudiziarie (comunque avvenuta) custode diventa quest'ultimo e di ciò dà comunicazione al creditore procedente. Eseguita la notificazione al debitore, l'ufficiale giudiziario consegna senza ritardo al creditore l'atto di pignoramento, perché proceda alla trascrizione nei pubblici registri e, successivamente, all'iscrizione a ruolo dell'espropriazione così avviata (entro 30 giorni dalla comunicazione dell'istituto vendite giudiziarie dell'avvenuta consegna del bene da parte del debitore), a pena di inefficacia del pignoramento.

Ove venga utilizzata questa speciale forma di pignoramento, «in deroga a quanto previsto dall'art. 497 [v. retro, § 60], l'istanza di assegnazione o l'istanza di vendita deve essere depositata entro quarantacinque giorni dalla iscrizione a ruolo del processo esecutivo ad opera del creditore ... ovvero dal deposito da parte di quest'ultimo delle copie conformi degli atti, a norma dell'articolo 159 ter delle disposizioni di attuazione del presente codice [v. retro, § 58]» (art. 521 bis, 7° comma, come modificato dal D.Lgs. 164/2024).

Il pignoramento delle quote di s.r.l. e di società di persone.

Vanno evidenziate, infine, le particolarità del *pignoramento delle quote delle società a responsabilità limitata*, pignoramento che, nella disciplina configurata per esso dall'art. 2471 c.c., sembra riconducibile anch'esso all'espropriazione mobiliare diretta. Esso stabilisce, infatti, che la partecipazione nelle società a responsabilità limitata può formare oggetto di espropriazione, che «*il pignoramento si esegue mediante notificazione al debitore e alla società e successiva iscrizione nel registro delle imprese*» e che «*successivamente gli amministratori procedono senza indugio all'iscrizione nel libro dei soci*».

D'altra parte, poiché la giurisprudenza ha ammesso anche la pignorabilità delle quote delle società di persone, ma nel solo caso in cui l'atto costitutivo preveda la loro trasferibilità, il relativo pignoramento avverrà con applicazione analogica della disciplina del pignoramento delle quote della s.r.l.

64. *L'intervento dei creditori.*

Possono intervenire solo i creditori muniti di titolo esecutivo e quelli indicati dall'art. 499 ...

Nell'espropriazione di cui ora si tratta, l'intervento dei creditori, ai termini dell'art. 499 (di cui, al § 61, abbiamo visto la disciplina con riguardo all'espropriazione in generale) può essere effettuato dai soli creditori in quella sede indicati, ossia quelli muniti di titolo esecutivo e quelli che al momento del pignoramento avevano eseguito un sequestro sui beni pignorati o sugli stessi avevano un diritto di prelazione risultante da pubblici registri o un diritto di pegno o il cui credito risulti dalle scritture contabili di cui all'art. 2214 c.c. D'altra parte, gli intervenienti muniti di titolo esecutivo potrebbero assumere anche un ruolo attivo, nel senso che, anziché limitarsi a partecipare alla distribuzione del ricavato, potrebbero provocare i singoli atti dell'esecuzione (art. 526) (v. retro, § 61).

... non oltre l'udienza di autorizzazione della vendita o per l'assegnazione.

L'intervento può avvenire – nelle forme che si sono viste esaminando quest'istituto in generale – non oltre l'udienza di autorizzazione della vendita o per l'assegnazione (art. 525, 2° comma) oppure non oltre la presentazione del ricorso con l'istanza di vendita, nel caso della c.d. «piccola espropriazione» (in caso di valore dei beni pignorati non superiore a euro 20.000), nella quale la vendita viene fissata senza previa udienza (art. 525, 3° comma).

L'interveniente tardivo chirografario può soddisfarsi solo sull'eventuale residuo.

Se avviene dopo tale momento, ma comunque prima del provvedimento di distribuzione del ricavato (c.d. *intervento tardivo*), e l'interveniente è un creditore chirografario, questi, pur potendo – se munito di titolo esecutivo – provocare i singoli atti esecutivi, potrà soddisfarsi solo sull'eventuale residuo dopo la soddisfazione del creditore procedente, dei creditori privilegiati e dei creditori chirografari intervenuti tempestivamente (art. 528, 1° comma).

Come abbiamo visto (retro, § 61), il creditore pignorante (al quale il cancelliere ha dato notizia dell'intervento) ha facoltà di indicare (con atto notificato o all'udienza) ai creditori chirografari intervenuti tempestivamente l'esistenza di altri beni del debitore, utilmente pignorabili, con le modalità e gli effetti di estensione precisati nell'art. 499, 4° comma.

65. *Vendita (e delega ad un professionista), assegnazione e distribuzione del ricavato.*

Il primo atto d'impulso successivo al pignoramento è *l'istanza di vendita o di assegnazione, ...*

Si è visto (retro, § 62) che il primo atto d'impulso successivo al pignoramento è l'istanza che il creditore pignorante e i creditori intervenuti muniti di titolo esecutivo hanno l'onere di rivolgere al giudice dell'esecuzione nel termine (acceleratorio) di quarantacinque giorni (art. 497) e col rispetto del termine (dilatorio) di dieci giorni dal pignoramento (art. 529, 1° comma, con riferimento all'art. 497 e all'art. 501). Oggetto di quest'istanza è la *vendita dei beni pignorati*, o, più esattamente, la determinazione delle modalità di tempo e di luogo di tale vendita forzata. Ed è chiaro che, se il pignoramento ha colpito denaro liquido, non c'è bisogno di vendita ed il creditore procedente (oppure ognuno dei creditori intervenuti muniti di titolo esecutivo) può chiedere senz'altro la soddisfazione del suo credito o la distribuzione del denaro (1° comma dell'art. 529). Invece, nell'eventualità in cui le cose pignorate siano costituite da titoli di credito o cose il cui valore risulta da listino di borsa o di mercato, il creditore pignorante o i creditori intervenuti muniti di titolo esecutivo possono chiedere l'assegnazione (art. 529, 2° comma), in alternativa alla vendita forzata (v. retro, § 62).

... a seguito della quale *il giudice dell'esecuzione fissa udienza per l'audizione delle parti.*

A seguito dell'istanza di vendita o di assegnazione, il giudice dell'esecuzione provvede, anzitutto, a fissare un'udienza per l'audizione delle parti (art. 530, 1° comma). Ciò, salvo che si tratti della c.d. «piccola espropriazione» (valore dei beni pignorati non superiore a 20.000

euro: così l'attuale 2° comma dell'art. 525): nel qual caso – e sempre che non siano intervenuti altri creditori – il giudice dell'esecuzione dispone senz'altro, con decreto, l'assegnazione o la vendita (art. 530, 5° comma), con le modalità che tra poco vedremo e che potranno essere anche telematiche, senza fissare l'udienza per l'audizione delle parti. Dell'udienza di «audizione delle parti» già si è detto, parlando delle caratteristiche generali dell'esecuzione forzata (v. retro, § 46), che essa non dà luogo ad una trattazione in contraddittorio per la soluzione di contestazioni giuridiche, ma è semplicemente l'occasione perché le parti possano «*fare osservazioni circa l'assegnazione e circa il tempo e le modalità della vendita*» (art. 530, 2° comma).

Il codice compie un accenno alle opposizioni agli atti esecutivi, disponendo che esse vanno proposte appunto in quest'occasione e sempre che non sia già intervenuta la decadenza. A questo riguardo, va tenuto presente che la proposizione dell'opposizione in discorso è assoggettata al termine di 20 giorni dal primo atto di esecuzione o dal giorno in cui i singoli atti furono compiuti (art. 617, 2° comma: v. oltre, § 82). Occorre aggiungere che – ai sensi del 2° comma dell'art. 615 (v. oltre, § 81) – anche l'eventuale opposizione all'esecuzione va proposta prima che sia disposta la vendita o l'assegnazione, essendo proponibile successivamente soltanto se fondata su fatti sopravvenuti oppure se l'opponente dimostri di non aver potuto proporla tempestivamente per causa a lui non imputabile.

Dopo l'audizione delle parti il giudice dispone *con ordinanza l'assegnazione o la vendita.*

Dice, dunque, l'art. 530, 3° comma, che, se non vi sono opposizioni o se su di esse si raggiunge l'accordo, il giudice dell'esecuzione dispone con ordinanza l'assegnazione o la vendita; altrimenti, decide le opposizioni *con sentenza* (che è il tipico provvedimento che definisce un processo di cognizione; tale è, infatti, come sappiamo, il giudizio sull'opposizione: v. oltre, § 80) e dispone con ordinanza l'assegnazione o la vendita.

La vendita mobiliare può avvenire *a mezzo di commissionario* o, in via residuale, *all'incanto.*

L'ordinanza del giudice dell'esecuzione può disporre la *vendita a mezzo di commissionario* oppure la *vendita all'incanto.* Ma – stando a quanto previsto dall'art. 503 (v. retro, § 62) – l'incanto, in caso di espropriazione mobiliare, può essere disposto dal giudice solo quando questi ritenga probabile che la vendita con tali modalità possa avvenire ad un prezzo superiore della metà rispetto al valore del bene determinato a norma dell'art. 518 (in sede di pignoramento) o dell'art. 540 bis (in sede di integrazione del pignoramento).

La *vendita a mezzo di commissionario.*

Se il giudice dell'esecuzione sceglie la prima soluzione, affida l'incarico all'istituto di vendite giudiziarie ovvero, con provvedimento motivato, ad altro soggetto specializzato nel settore di competenza, iscritto nell'elenco di cui all'art. 169 sexies disp. att., e sentito, quando occorre, uno stimatore; fissa il prezzo minimo della vendita e l'importo globale fino al raggiungimento del quale la vendita deve essere eseguita, se del caso imponendo al commissionario una cauzione (art.

532, 2° comma). Lo stesso giudice fissa anche il numero complessivo, non superiore a 3, degli esperimenti di vendita, i criteri per determinare i relativi ribassi, le modalità di deposito della somma ricavata dalla vendita e il termine finale non superiore a 6 mesi, alla cui scadenza il soggetto incaricato della vendita deve restituire gli atti in cancelleria (art. 532, 2° comma).

Il commissionario, anzitutto, assicura agli interessati la possibilità di esaminare, anche con modalità telematiche, le cose poste in vendita almeno 3 giorni prima della data fissata per l'esperimento di vendita e non può consegnare la cosa all'acquirente prima del *pagamento integrale* del prezzo (art. 533, 1° comma). Quanto al pagamento del prezzo di acquisto del bene, l'art. 169 quater disp. att. dispone che esso, oltre che essere versato in contanti, «*può essere versato con sistemi telematici di pagamento ovvero con carte di debito, di credito o prepagate o con altri mezzi di pagamento con moneta elettronica disponibili nei circuiti bancari e postale*».

Il commissionario (il cui compenso è stabilito dal giudice dell'esecuzione con decreto) deve documentare le vendite effettuate e non può mai restare al di sotto degli eventuali valori di estimo o di borsa. Deve provvedere alla vendita nel termine fissato dal giudice, ai sensi dell'art. 532, 2° comma (termine, come detto, non superiore a 6 mesi); in caso contrario «*il commissionario restituisce gli atti in cancelleria e fornisce prova dell'attività specificamente svolta in relazione alla tipologia del bene per reperire potenziali acquirenti*» e di aver effettuato la pubblicità disposta dal giudice (art. 533, 2° comma). Una volta che gli atti siano stati restituiti in cancelleria, il giudice provvederà a dichiarare la *chiusura anticipata del processo esecutivo*, anche laddove non sussistano i presupposti di cui all'art. 164 bis disp. att. (vale a dire, i presupposti per disporre la chiusura anticipata per «infruttuosità dell'espropriazione forzata»: v. retro, § 60). Ciò, tuttavia, sempre che non vi siano istanze di integrazione del pignoramento, a norma dell'art. 540 bis (su cui v. oltre, in questo §).

La *vendita all'incanto*.

Invece, quando il giudice dell'esecuzione dispone la *vendita all'incanto*, stabilisce anche, col suo provvedimento, il giorno, l'ora e il luogo in cui deve eseguirsi, affidandone l'esecuzione al cancelliere o all'ufficiale giudiziario o a un istituto all'uopo autorizzato (artt. 534 e 159 disp. att.) e disponendo per l'opportuna pubblicità (art. 534) (v. retro, § 59, in fine). Con lo stesso provvedimento il giudice dell'esecuzione fissa il prezzo base dell'incanto, a meno che il valore risulti da listini di borsa o di mercato o che il giudice ritenga opportuno autorizzare la vendita al migliore offerente senza prezzo minimo (art. 535). Inoltre, il 6° comma dell'art. 530 prevede la possibilità per il giudice di stabilire, nel pronunciare l'ordinanza di autorizzazione alla vendita con incanto, che il versamento della cauzione, la presentazione delle offerte, lo svolgimento della gara tra gli offerenti, l'incanto e il pagamento del prezzo siano effettuati con modalità telematiche, salvo che queste modalità siano *pregiudizievoli per gli interessi dei creditori o per il sollecito svolgimento della procedura.*

Il comma successivo, il 7°, invece, riconosce la possibilità per lo stesso giudice dell'esecuzione di disporre che la pubblicità prevista dall'art. 490, 2° comma (inserimento dell'avviso in appositi siti internet, in caso di espropriazione di beni mobili registrati per un valore superiore a euro 25.000: v. retro, § 59) sia effettuata almeno 10 giorni prima della scadenza del termine per la presentazione delle offerte o della data dell'incanto. Mentre, al fine di rendere più efficace la pubblicità della procedura in corso, lo stesso giudice – sempre a norma del 7° comma dell'art. 530 – deve disporre che «*sia sempre effettuata la pubblicità prevista dall'articolo 490, primo comma, nel rispetto del termine di cui al precedente periodo*». Deve disporre, cioè, che venga sempre effettuata la pubblicità mediante inserimento dell'avviso sul «portale delle vendite pubbliche» (v. retro, § 59) almeno 10 giorni prima della scadenza del termine per la presentazione delle offerte o della data dell'incanto.

Possibilità di disporre il versamento rateale del prezzo di acquisto.

Infine, l'8° comma dello stesso art. 530 stabilisce che il giudice, nell'autorizzare la vendita e sempre che non si tratti di vendita nell'ambito della «piccola espropriazione» (beni pignorati di valore inferiore a 20.000 euro: art. 525, 2° comma), possa anche disporre che «*il versamento del prezzo abbia luogo ratealmente ed entro un termine non superiore a dodici mesi*». In tal caso, tuttavia, si applicano, «*in quanto compatibili*», alcune disposizioni applicabili anche al pagamento rateale nella vendita forzata immobiliare, che riguardano la sussistenza di «giustificati motivi» per disporre tale forma di pagamento (art. 569, 3° comma, terzo periodo), la possibilità di immissione provvisoria, previa fideiussione, nel possesso dei beni venduti (art. 574, 1° comma, secondo periodo) e le conseguenze (decadenza dall'aggiudicazione) del mancato pagamento anche di una sola rata alla scadenza (art. 587, 1° comma, secondo periodo) (v. anche oltre, § 65).

Il giudice dell'esecuzione delega le operazioni a un professionista iscritto negli elenchi di cui all'art. 179 ter disp. att., per i beni mobili registrati.

Va anche aggiunto che l'art. 534 bis disciplina la delega ad un istituto autorizzato o ad un professionista (notaio, avvocato o commercialista) delle operazioni di vendita dei beni mobili registrati. Più precisamente esso stabilisce che «*il giudice, con il provvedimento di cui all'articolo 530, delega* [deve delegare] *all'istituto di cui al primo comma dell'articolo 534, ovvero in mancanza a un notaio avente sede preferibilmente nel circondario o a un avvocato o a un commercialista, iscritti nei relativi elenchi di cui all'articolo 179 ter delle disposizioni di attuazione del presente codice il compimento delle operazioni di vendita con incanto ovvero senza incanto di beni mobili iscritti nei pubblici registri. La delega e gli atti conseguenti sono regolati dalle disposizioni di cui all'articolo 591 bis, in quanto compatibili con le previsioni della presente sezione*» (ovvero dalle disposizioni sulla delega a professionista della vendita immobiliare: v. oltre, § 73).

Nel disporre la vendita all'incanto il giudice fissa il prezzo base.

Gli artt. 536 e 537 indicano, poi, le modalità di trasporto e di vendita all'incanto, stabilendo che della vendita si redige processo verbale da depositare in cancelleria. In caso di esito negativo del primo esperimento di vendita il soggetto a cui è stata affidata l'esecuzione della vendita fissa un nuovo incanto ad un prezzo base inferiore di un quinto rispetto a quello precedente (art. 538).

Rispetto agli oggetti d'oro e d'argento esiste un minimo al di sotto del quale gli oggetti stessi non possono essere venduti in nessun caso: quello del loro valore intrinseco; se restano invenduti sono assegnati per tale valore ai creditori (art. 539, v. retro, § 62).

Sulle difficoltà che sorgono durante le operazioni di vendita delegate provvede il giudice con decreto.

Per quanto concerne il problema della risoluzione delle difficoltà che possono insorgere nel corso delle operazioni di vendita delegate al professionista, esso è affrontato dall'art. 534 ter, il cui contenuto è identico a quello dell'art. 591 ter (che, a sua volta, affronta il medesimo problema nell'ambito dell'espropriazione immobiliare: v. oltre, § 73). Esso stabilisce, infatti, che, quando sorgono difficoltà durante la vendita, il professionista delegato o il commissionario possa rivolgersi al giudice dell'esecuzione, il quale provvede con decreto (1° comma), che, evidentemente, sarà sottoponibile all'ordinario rimedio dell'opposizione agli atti esecutivi di cui all'art. 617 (v. oltre, § 82).

Avverso gli atti del professionista delegato o del commissionario, comunque, è ammesso reclamo delle parti e degli interessati, da proporre con ricorso al giudice dell'esecuzione nel termine perentorio di 20 giorni dal compimento dell'atto o dalla sua conoscenza. Il reclamo non sospende le operazioni di vendita, salvo che il giudice, concorrendo gravi motivi, disponga la sospensione, ed è deciso con ordinanza, avverso la quale è ammessa anche in questo caso l'opposizione agli atti esecutivi di cui all'art. 617.

L'aggiudicatario deve versare il prezzo (anche ratealmente).

L'aggiudicatario deve versare il prezzo (anche ratealmente, come abbiamo visto, se ciò è stato previsto dall'ordinanza che autorizza la vendita: art. 530, 8° comma) ed il relativo importo, consegnato al cancelliere, viene depositato con le forme dei depositi giudiziari. In caso di mancato pagamento del prezzo (pagamento che condiziona il passaggio di proprietà) o di una rata, entro 10 giorni dalla sua scadenza (ove sia stato ammesso il pagamento rateale: art. 587, 1° comma, secondo periodo, richiamato per l'espropriazione mobiliare dall'art. 530, 8° comma), si fa luogo ad un nuovo incanto (c.d. *rivendita*) a spese e sotto la responsabilità del primo aggiudicatario in quanto contraente inadempiente: in pratica egli risponderà dell'eventuale differenza in meno del prezzo ricavato, oltre che delle spese (art. 540).

Segue la distribuzione della somma ricavata.

Il ricavato della vendita (e/o il denaro pignorato) va, infine, distribuito ai creditori, secondo la procedura descritta in via generale dall'art. 510 ed alla quale si è accennato al § 62. Con riguardo particolare a questo tipo di espropriazione, il codice – che nell'art. 528, come abbiamo visto al termine del § 64, detta le regole che conseguono all'eventuale tardività dell'intervento – si limita a dettare norme concernenti, da un lato, l'ipotesi che i creditori concorrenti si siano accordati su un piano di riparto, e, dall'altro lato, l'ipotesi contraria. Nel primo caso il giudice provvede senz'altro in conformità al piano concordato (art. 541). Nel secondo caso (se, cioè, i creditori non raggiungono l'accordo o il giudice non l'approva) il giudice dell'esecuzione, a richiesta di uno o più creditori, provvede alla distribuzione con riguardo dapprima ai diritti di prelazione e quindi in base al criterio di proporzionalità (art. 542). È appena il caso di rilevare che la mancanza di un accordo su un piano di riparto è cosa diversa da quella vera e propria contestazione del credito o dei crediti altrui che, come abbiamo visto al § 62, in fine, può dar luogo all'autonomo giudizio di cognizione previsto dall'art. 512. Con lo stesso provvedimento col quale effettua la distribuzione, il giudice ordina il pagamento delle singole quote (art. 542, 2° comma).

Integrazione successiva del pignoramento, ...

Per l'eventualità che il pignoramento mobiliare effettuato riveli la sua inidoneità o insufficienza a conseguire lo scopo di soddisfare i creditori, l'art. 540 bis configura una sorta di integrazione successiva del pignoramento ad iniziativa di uno o più creditori, prima che il giudice disponga l'approvazione o la distribuzione del ricavato. Se sono pignorate nuove cose, ne dispone la vendita senza necessità di nuova istanza; mentre, nell'ipotesi opposta dichiara l'estinzione del procedimento, salvo che non siano da completare le operazioni di vendita.

... il cui insuccesso determina l'estinzione del procedimento.

Particolare interesse presenta, in tal caso, la previsione di estinzione del procedimento per il caso di insuccesso dell'integrazione del pignoramento. Premesso che si tratta di un'ipotesi di estinzione, che si aggiunge a quelle di cui agli artt. 629 e 630, c'è da domandarsi se essa resti limitata all'espropriazione mobiliare o possa trovare applicazione in via analogica anche alle altre forme di espropriazione: soluzione, quest'ultima, che sembra più conforme al principio costituzionale di ragionevolezza. Il provvedimento che dichiara l'estinzione sarà l'ordinanza del giudice dell'esecuzione ex art. 630, 2° comma, reclamabile al collegio ai sensi del 3° comma del medesimo articolo (v. oltre, § 85).

Ad essa occorre aggiungere le due ipotesi di chiusura anticipata (anche d'ufficio) del processo esecutivo: l'una, prevista in termini generali dall'art. 164 bis disp. att. e già vista retro, al § 60, per infruttuosità dell'espropriazione, ossia «*quando risulta che non è più possibile conseguire un ragionevole soddisfacimento delle pretese dei creditori*»; l'altra, prevista per la sola espropriazione mobiliare dall'art. 532, 2° comma, e già esaminata retro, in caso di esito negativo della vendita a mezzo commissionario.

Bibliografia di orientamento

G. Bongiorno, *Espropriazione mobiliare presso il debitore*, in *Dig. disc. priv., sez. civ.*, VIII, Torino, 1992; G. Verde, *Pignoramento mobiliare diretto e immobiliare*, in *Enciclopedia del diritto*, XXXIII, Milano, 1983; L.P. Comoglio, *L'individuazione dei beni da pignorare*, in *Riv. dir. proc.*, 1992; F. Corsini, *L'individuazione dei beni da pignorare secondo il nuovo art. 492 c.p.c.*, in *Riv. trim. dir. e proc. civ.*, 2005; L.P. Comoglio, *La ricerca dei beni da pignorare*, in *Riv. es. forzata*, 2006; F. Tommaseo, *L'esecuzione forzata*, Padova, 2009; C. Punzi, *Limiti alla pignorabilità e oggetto della responsabilità*, in *Riv. dir. proc.*, 2013; S. Ziino, in C. Punzi, *Il processo civile. Sistema e problematiche. Le riforme del quinquennio 2010-2014*, Torino, 2015; M. Catalano, *Il sistema delle vendite mobiliari riformato*, in *Giur. it.*, 2016; E. Fabiani, *La vendita forzata telematica tra involuzioni normative e difficoltà dell'interprete*, in *Foro it.*, 2016, V; A. Tedoldi, *Esecuzione forzata*, Pisa, 2020; A.M. Soldi, *Manuale dell'esecuzione forzata*, Milano, 2022; M.P. Fuiano, *L'espropriazione forzata in generale*, in *La riforma del processo civile*, a cura di D. Dalfino, in *Foro it.*, *Gli speciali*, 4/2022; A. Carratta, *Le riforme del processo civile*, Torino, 2023; S. Vincre, *Le nuove norme sul processo esecutivo e sull'esecuzione indiretta*, in *Riv. dir. proc.*, 2023; B. Capponi, *Diritto dell'esecuzione civile*, 8ª ed., Torino, 2025.

Sezione terza

L'ESPROPRIAZIONE PRESSO TERZI

SOMMARIO: 66. Il pignoramento presso terzi. – 67. La dichiarazione del terzo e il successivo eventuale accertamento del suo obbligo. L'intervento dei creditori. – 68. L'assegnazione e la vendita.

66. *Il pignoramento presso terzi.*

L'espropriazione presso terzi ha ad oggetto crediti del debitore verso un terzo o cose di proprietà del debitore in possesso di un terzo.

Quando l'espropriazione ha ad oggetto crediti del debitore verso un terzo o cose di proprietà del debitore stesso in possesso di un terzo, il procedimento non può svolgersi con le forme dell'espropriazione presso il debitore. Da un lato, infatti, i crediti, essendo entità giuridiche prive di consistenza materiale, non possono essere individuati, valutati, né tanto meno vincolati se non con la partecipazione del loro soggetto passivo, ossia del terzo (debitore del debitore). Dall'altro lato, quando le cose di proprietà del debitore sono in possesso di un terzo in modo che il debitore stesso non ne possa direttamente disporre (ché, se così fosse o se comunque il terzo ne consentisse l'esibizione, sarebbero applicabili le forme del pignoramento presso il debitore: art. 513, 3° e 4° comma; v. retro, § 63), la loro acquisizione dà luogo ad un'intromissione nella sfera giuridica del terzo, che – proprio come nel caso dell'espropriazione del credito – non può avvenire senza la partecipazione del terzo. Questa partecipazione del terzo al procedimento è per l'appunto la principale caratteristica strutturale del procedimento in discorso.

In primo luogo, si tratta di venire incontro alla necessità di sapere dal terzo se egli è veramente debitore del debitore, per quale importo, con quali modalità, termini, ecc.: o se egli veramente possiede cose del debitore. Da ciò l'esigenza che egli renda, su tutto ciò, una specifica «dichiarazione» all'ufficio esecutivo, in maniera ufficiale. D'altra parte, è pure indispensabile che il vincolo che costituisce il tipico effetto del pignoramento in generale e che consegue all'ingiunzione dell'ufficiale giudiziario di non sottrarre i beni pignorati alla garanzia del credito, divenga operante subito. Subito, vale a dire dal momento della prima notizia, che il terzo ha della procedura esecutiva, e comunque prima della sua «dichiarazione» all'ufficio esecutivo, per evitare che egli – magari colludendo col debitore – anticipi la sua prestazione nei confronti di quest'ultimo, così frustrando l'iniziativa del creditore. Infine, occorre la predisposizione di un meccanismo processuale idoneo a fornire un accertamento, nel caso che la dichiarazione fosse negativa o comunque fosse difforme dalla situazione che risulta al creditore e/o al debitore.

L'atto di pignoramento presso terzi è atto *complesso sia nella provenienza e sia nel contenuto.*

Per venire incontro a queste diverse e complesse esigenze, il codice ha configurato l'atto di pignoramento presso terzi come un atto scritto complesso. Complesso sia nel senso che in esso sono presenti caratteri propri degli atti del processo esecutivo insieme con altri che sono propri dell'accertamento e sia nel senso che esso è posto in essere dall'attività coordinata di due soggetti (il creditore procedente e l'ufficiale giudiziario) nei confronti di altri due soggetti (il debitore ed il terzo). Premesso che la competenza territoriale è – come abbiamo già visto (retro, § 50) – quella inderogabile di cui all'art. 26 bis, l'iniziativa è naturalmente assunta dal creditore procedente, il quale incomincia col predisporre l'atto di pignoramento in discorso (in pratica, anche nella parte che deve far capo all'ufficiale giudiziario, che poi l'assume su di sé con la sottoscrizione), consegnandolo all'ufficiale giudiziario perché compia quanto di sua spettanza, ossia l'ingiunzione di non sottrarre il bene pignorato alla garanzia del credito e la notificazione dell'intero atto al terzo e al debitore pignorato.

Il contenuto dell'atto di pignoramento presso terzi, ...

Vediamo ora più da vicino gli elementi che debbono essere contenuti nell'atto in questione. L'art. 543 – dopo aver premesso, nel 1° comma, che il pignoramento di cui trattasi si esegue mediante atto notificato a due destinatari: *al terzo* e *al debitore* – precisa, nel 2° comma, che l'atto deve contenere, *oltre all'ingiunzione al debitore* di cui all'art. 492, 1° comma (ossia quell'ingiunzione di non sottrarre le cose pignorate alla garanzia del credito, che l'ufficiale giudiziario compie al debitore ed in cui si è visto consistere l'elemento essenziale del pignoramento) e all'avvertimento previsto dallo stesso art. 492, 3° comma (vale a dire l'avvertimento sulle modalità di conversione del pignoramento di cui all'art. 495), anche i seguenti elementi, che, invece, appartengono tutti a quella prima parte dell'atto che promana dal creditore procedente:

1. *l'indicazione del credito per il quale si procede, del titolo esecutivo e del precetto*;

2. *l'indicazione, almeno generica, delle cose e delle somme dovute* (dal terzo al debitore): sono le cose o le somme destinate ad essere indirettamente pignorate; e poiché non sempre il creditore procedente ne conosce l'esatto ammontare o l'esatta consistenza, il codice ne considera sufficiente la «indicazione almeno generica», fino a quando il terzo non compia le necessarie precisazioni con la sua «dichiarazione». Insieme a tale «indicazione», l'atto deve anche contenere l'*intimazione al terzo di non disporre delle cose e delle somme dovute al debitore senza ordine di giudice* (da non confondersi con l'in-

giunzione dell'ufficiale giudiziario al debitore; questa di cui ora si tratta è compiuta *dal creditore procedente al terzo* e consiste, in pratica, in un'intimazione a non adempiere fino a quando un giudice non avrà stabilito a chi e in che misura tale adempimento dovrà essere compiuto);

3. *la dichiarazione di residenza, nonché l'indicazione dell'indirizzo p.e.c. del creditore procedente*;

4. *la citazione del debitore esecutato a comparire davanti al giudice competente ai sensi dell'art. 26 bis e l'invito al terzo a comunicare la dichiarazione di cui all'art. 547 al creditore procedente entro 10 giorni a mezzo raccomandata ovvero a mezzo p.e.c.* Allo stesso terzo, inoltre, va formulato l'avvertimento che, in caso di mancata comunicazione della dichiarazione, la stessa dovrà essere resa comparendo in un'apposita udienza e che, laddove non compaia a tale udienza o, sebbene comparso, non renda tale dichiarazione, il credito o il possesso di cose del debitore, nell'ammontare e nei termini indicati dal creditore, si considereranno non contestati ai fini del procedimento esecutivo in corso. Naturalmente, la citazione – come è proprio di quest'atto (v. vol. II, § 3) – conterrà l'indicazione di un'udienza di comparizione, che verrà indicata dal creditore procedente in modo che, tra la notificazione dell'atto in discorso e la data dell'udienza, decorra il termine (dilatorio) dell'art. 501 (almeno 10 giorni) (art. 543, 3° comma).

... con l'invito al terzo a comunicare al creditore procedente la dichiarazione di cui all'art. 547.

L'atto, così predisposto dal creditore nella parte di sua competenza e sottoscritto da lui (in caso di difesa personale ex art. 86) o dal suo difensore, viene consegnato all'ufficiale giudiziario, il quale vi aggiunge (o, in pratica, fa propria con la sottoscrizione di quanto già predisposto dal creditore) l'ingiunzione al debitore di cui si è parlato sopra, e quindi provvede a notificare l'atto stesso al terzo e al debitore.

La notificazione al debitore di quest'atto complesso segna il momento determinante per l'acquisto dell'efficacia, e anche per la stessa esistenza, del pignoramento, la cui fattispecie, peraltro, non è ancora completa. Da quel momento il debitore è soggetto ai vincoli proprî del pignoramento, mentre il terzo, che non può essere assoggettato a quei vincoli in quanto proprî del soggetto passivo dell'esecuzione, viene assoggettato soltanto ad un vincolo indiretto, che il codice riconduce agli obblighi del custode (art. 546, il quale limita tale responsabilità all'importo del credito indicato nel precetto aumentato della metà). In pratica, egli è custode dei beni e responsabile del credito colpito dal pignoramento; responsabile nel senso che, se adempie senza ordine di giudice, tale adempimento non sarà per lui liberatorio, come appunto dispone l'art. 2917 c.c.

L'atto contiene anche *l'ingiunzione al debitore di non sottrarre i crediti e i beni pignorati alla garanzia del credito.*

L'iscrizione a ruolo e la formazione del fascicolo informatico ...

Eseguita l'ultima notificazione, l'ufficiale giudiziario consegna *senza ritardo* al creditore l'originale dell'atto di citazione, perché provveda ad *iscrivere a ruolo il procedimento espropriativo presso il tribunale competente per l'esecuzione* (come detto, a pena di inefficacia del pignoramento già compiuto: v. retro, § 58), depositando con modalità telematiche copie conformi dell'atto di citazione, del titolo esecutivo e del precetto, entro 30 giorni dalla consegna. Di conseguenza, il cancelliere forma il fascicolo informatico dell'esecuzione.

... e la notificazione al terzo dell'avvenuta iscrizione a ruolo.

Entro la data dell'udienza di comparizione indicata nell'atto di pignoramento il creditore è anche tenuto – a pena di inefficacia dello stesso pignoramento – a notificare al terzo l'avviso di avvenuta iscrizione a ruolo della procedura e a depositare l'avviso notificato nel fascicolo dell'esecuzione (così il 5° comma dell'art. 543, modificato dal D.Lgs. 164/2024). Ciò al fine di evitare che il pignoramento effettuato permanga, anche se il creditore non ha proceduto alla relativa iscrizione a ruolo. Ove il creditore non provveda alla notificazione dell'avviso in questione – aggiunge lo stesso 5° comma –, «*gli obblighi del terzo cessano alla data dell'udienza indicata nell'atto di pignoramento*».

Qualora, poi, il creditore ricevesse il pagamento del credito prima della scadenza del termine per l'iscrizione a ruolo – prevede il 6° comma dell'art. 543, modificato anch'esso dal D.Lgs. 164/2024 –, «*lo comunica immediatamente al debitore e al terzo. In tal caso, l'obbligo del terzo cessa alla data di ricezione della comunicazione*».

Agli stessi adempimenti provvede il creditore anche laddove l'ufficiale giudiziario abbia proceduto alla ricerca delle cose e dei crediti da pignorare con modalità telematiche, ai sensi dell'art. 492 bis (v. retro, § 60) (così il 7° comma dell'art. 543). In questo caso, tuttavia, decorso il termine dilatorio di cui all'art. 501 (v. retro, in questo §) e previa istanza del creditore procedente (o di uno dei creditori intervenuti muniti di titolo esecutivo) di assegnazione o vendita dei beni mobili o dei crediti rinvenuti, il giudice fissa l'udienza di comparizione del debitore e del creditore con un decreto, che deve contenere anche l'invito e l'avvertimento al terzo di cui al n. 4 del medesimo art. 543 (v. retro, in questo §) e va notificato a cura del creditore procedente, e provvede a norma degli artt. 552 e 553 (cioè, all'assegnazione o alla vendita: v. oltre, § 68).

Resta inteso che, ove sia eseguito il pignoramento presso più terzi, l'esecutato può chiedere al giudice dell'esecuzione la riduzione proporzionale a norma dell'art. 496 o la dichiarazione di inefficacia parziale (art. 546, 2° comma). Se il credito pignorato è garantito da pegno, si intima a chi detiene la cosa data in pegno di non eseguire la riconsegna senza ordine del giudice, mentre, se è garantito da ipoteca, l'atto di pignoramento deve essere annotato nei libri fondiari. Così dispone l'art. 544 nei suoi due commi.

Non tutti i crediti sono pignorabili. Non lo sono, anzitutto, i *crediti alimentari* (tranne che per crediti anch'essi di natura alimentare, previa autorizzazione del giudice e nella misura da lui determinata con decreto: art. 545, 1° comma) e i *sussidi di sostentamento o di assistenza* (art. 545, 2° comma).

I crediti impignorabili.

Quanto ai crediti costituiti da *stipendi, salari ed indennità* (comprese quelle derivanti da licenziamento) relativi al rapporto di lavoro dipendente o impiego (privato o pubblico), essi possono essere pignorati, per causa alimentare, nella misura determinata dal giudice e, negli altri casi, *in misura non superiore al quinto* (art. 545, 3° e 4° comma) e comunque, in caso di concorso, *mai in misura superiore alla metà* (art. 545, 5° comma). Ciò, salvo quanto si dirà per l'ipotesi in cui le somme relative a tali crediti siano accreditate direttamente sul conto corrente bancario o postale (v. oltre, in questo §).

Gli stipendi sono pignorabili fino ad un quinto del loro valore.

Quanto ai *crediti dovuti a titolo di pensione*, l'art. 545, nei commi 7°, 8° e 9°, da un lato, assicura al debitore il «*minimo vitale inderogabile*» e, dall'altro, risolve il problema della pignorabilità «limitata» di tali somme anche in caso di accreditamento delle stesse direttamente sul conto corrente del debitore.

E così, anzitutto – con riguardo alle «*somme da chiunque corrisposte a titolo di pensione, di indennità che tengono luogo di pensione o di altri assegni di quiescenza*» –, esso stabilisce che tali somme sono pignorabili *nei limiti di un quinto* (limite estensibile fino alla metà in caso di concorso) solo per la parte di esse *corrispondente al doppio della misura massima mensile dell'assegno sociale, con un minimo di 1.000 euro* (art. 545, 7° comma).

Anche le pensioni sono pignorabili nei limiti di un quinto, ma per la parte eccedente l'importo massimo dell'assegno sociale, aumentato della metà, con un minimo di 1.000 euro.

Inoltre, prevede che, laddove le *somme a titolo di pensione* (indennità pensionistiche o assegni di quiescenza) o *quelle a titolo di stipendio o salario* (o altre indennità comunque relative al rapporto di lavoro o impiego) siano accreditate direttamente sul conto corrente bancario o postale del debitore, esse possono essere pignorate *solo per la parte eccedente il triplo dell'assegno sociale*, se sono state accreditate prima della data di pignoramento; *nei limiti stabiliti dai commi 3°, 4°, 5° e 7°*, già visti in precedenza, se vengono accreditate alla data del pignoramento o successivamente (art. 545, 8° comma).

Infine, quanto alle conseguenze derivanti dal mancato rispetto di tali limiti di pignorabilità, il 9° comma dell'art. 545 stabilisce che «*il pignoramento eseguito sulle somme di cui al presente articolo in violazione dei divieti e oltre i limiti previsti dallo stesso e dalle speciali disposizioni di legge è parzialmente inefficace*» e «*l'inefficacia è rilevata dal giudice anche d'ufficio*».

Degli effetti del pignoramento si occupa il 1° comma dell'art. 546, disponendo che il terzo è assoggettato agli obblighi del custode nei limiti dell'importo precettato aumentato della metà. Invece, nell'ipotesi del pignoramento di *somme a titolo di stipendio o sala-*

Il pignoramento di stipendi e pensioni accreditate sul conto corrente.

rio o di pensione, accreditate direttamente sul conto corrente bancario o postale del debitore, lo stesso art. 546, 1° comma, prevede che gli obblighi di custodia del terzo non operano *per un importo pari al triplo dell'assegno sociale*, quando l'accredito sul conto corrente è avvenuto prima della data del pignoramento; mentre, se l'accredito è avvenuto nella stessa data del pignoramento o successivamente, gli obblighi di custodia del terzo operano nei limiti stabiliti dall'art. 545.

67. *La dichiarazione del terzo e il successivo eventuale accertamento del suo obbligo. L'intervento dei creditori.*

Come abbiamo visto, il 4° comma dell'art. 543 dispone che il creditore è tenuto a iscrivere a ruolo il processo esecutivo e a depositare nel fascicolo informatico le copie conformi dell'atto di citazione, del titolo esecutivo e del precetto. Si giunge, così, alla «dichiarazione» del terzo e all'udienza fissata per la comparizione del debitore e del creditore.

La dichiarazione del terzo resa a mezzo raccomandata o p.e.c.

Quanto alla «dichiarazione» del terzo, l'art. 547, 1° comma, stabilisce che «*a mezzo raccomandata inviata al creditore procedente o ... a mezzo di posta elettronica certificata, il terzo, personalmente o a mezzo di procuratore speciale o del difensore munito di procura speciale, deve specificare di quali cose o di quali somme è debitore o si trova in possesso e quando ne deve eseguire il pagamento o la consegna*», precisando altresì se vi sono stati altri precedenti pignoramenti o sequestri (v. oltre, § 99) o cessioni che gli sono state notificate o che ha accettato (art. 547, 2° comma; art. 550, 1° comma).

In caso di precedente sequestro, il creditore pignorante deve chiamare nel processo il sequestrante, nel termine perentorio fissato dal giudice (art. 547, 3° comma). In caso di precedenti pignoramenti, il terzo deve indicare che sono stati eseguiti presso di lui, mentre, laddove si tratti di pignoramenti eseguiti dopo la dichiarazione, il terzo può limitarsi a richiamare la dichiarazione precedente e i pignoramenti ai quali si riferiva (art. 550, 2° comma). Si applicano comunque le disposizioni dell'art. 524, 2° e 3° comma (v. retro, § 63).

Se il creditore procedente e il debitore non hanno contestazioni da sollevare circa il contenuto della dichiarazione del terzo, detta dichiarazione offre tutti gli elementi necessari per la prosecuzione, che avverrà nelle forme che vedremo nel § seguente.

Sennonché, può accadere che il terzo non renda la dichiarazione o che sul contenuto di questa sorgano contestazioni (perché, ad es., essa sia negativa o riconosca un debito inferiore a quello che risulta al creditore procedente e/o al debitore). A tal proposito gli artt. 548 e 549 distinguono, anzitutto, l'ipotesi della *mancata dichiarazione del terzo* dall'ipotesi in cui *la dichiarazione del terzo vi sia stata ma su di essa siano sorte contestazioni.*

La mancata dichiarazione del terzo e la fissazione dell'udienza per la sua comparizione.

«*Quando all'udienza il creditore* dichiara di non aver ricevuto la dichiarazione – stabilisce il 1° comma dell'art. 548 –, il giudice, con ordinanza, fissa un'udienza successiva. L'ordinanza è notificata al terzo almeno dieci giorni prima della nuova udienza. *Se questi non compare alla nuova udienza o, comparendo, rifiuta di fare la dichiarazione, il credito pignorato o il possesso del bene di appartenenza del debitore, nei termini indicati dal creditore, si considera non contestato ai fini del procedimento in corso e dell'esecuzione fondata sul provvedimento di assegnazione se l'allegazione del creditore consente l'identificazione del credito e dei beni di appartenenza del debitore in possesso del terzo e il giudice provvede a norma degli articoli 552 e 553*». Vale a dire che, in questo caso, l'accertamento così ottenuto è sufficiente per procedere all'assegnazione o alla vendita delle cose o delle somme dovute dal terzo, sempre che le indicazioni offerte dal creditore pignorante ai sensi dell'art. 543 consentano l'esatta determinazione del credito e dei beni da pignorare.

Questo non toglie, tuttavia, che il terzo possa impugnare «nelle forme e nei termini di cui all'articolo 617 l'ordinanza di assegnazione di crediti adottata ... *se prova di non averne avuto tempestiva conoscenza per irregolarità della notificazione o per caso fortuito o forza maggiore*» (art. 548, 3° comma). Ma ciò al solo fine di neutralizzare gli effetti dell'ordinanza di assegnazione e dunque per far valere eventuali vizi di natura formale di questa. Per questa ragione è da ritenere che rimanga intatta la possibilità del terzo di agire in un autonomo giudizio di cognizione per ottenere l'accertamento negativo del suo obbligo e la conseguente restituzione di quanto indebitamente versato o consegnato.

La contestazione della dichiarazione del terzo e l'eventuale accertamento del suo obbligo.

Diversa la procedura prevista per *l'ipotesi in cui la dichiarazione del terzo sia stata resa e su di essa siano sorte contestazioni oppure se, a seguito della mancata dichiarazione del terzo, non sia possibile l'esatta identificazione del credito o dei beni del debitore in possesso del terzo.* In questo caso – stabilisce l'art. 549 – «*il giudice dell'esecuzione, su istanza di parte, provvede con ordinanza, compiuti i necessari accertamenti nel contraddittorio tra le parti e con il terzo*». Ed anche quest'ordinanza «*produce effetti ai fini del procedimento in corso e dell'esecuzione fondata sul provvedimento di assegnazione ed è impugnabile nelle forme e nei termini di cui all'articolo 617*», ad opera del creditore procedente, del debitore esecutato o del terzo. Non è chiaro, tuttavia, quale sia l'oggetto di questa successiva ed eventuale «impugnazione», e cioè se la sola regolarità formale del provvedimento del giudice dell'esecuzione, come sembrerebbe indicare il richiamo dell'art. 617, oppure anche il diritto sostanziale oggetto della dichiarazione e delle successive contestazioni, come sembrerebbe più ragionevole. Dalla scelta per l'una o per l'altra soluzione dipende anche, evidentemente, l'efficacia dell'ordinanza in questione e la possibilità che il diritto, sul quale sono sorte le contestazioni, sia oggetto di un autonomo giudizio di cognizione.

L'intervento di altri creditori.

Infine, quanto all'intervento dei creditori, l'individuazione dei soggetti legittimati all'intervento è lasciata, ancora una volta, all'art. 499, che tale legittimazione disciplina con riguardo ad ogni tipo di espropriazione. D'altra parte, l'art. 551 enuncia espressamente che valgono le regole dettate dagli artt. 525 e ss. con riguardo all'intervento dei creditori nell'espropriazione mobiliare (v. retro, § 64). Viene solo precisato, nel capoverso, che il termine la cui osservanza consente di ritenere l'intervento «tempestivo» (v. retro, § 64) è quello dell'udienza di comparizione delle parti (ovvero l'udienza indicata nella citazione notificata al debitore o differita d'ufficio dal giudice).

68. *L'assegnazione e la vendita.*

Rimane ora da vedere come prosegue il processo esecutivo dopo che l'esistenza del diritto del debitore nei confronti del terzo sia stata accertata, per riconoscimento di quest'ultimo o attraverso l'accertamento, che abbiamo visto nel precedente §.

Le cose mobili verranno poste in vendita o assegnate (art. 552).

Se il terzo si è riconosciuto (o è stato giudizialmente dichiarato) possessore di cose mobili di proprietà del debitore, queste cose sono senz'altro assoggettate all'espropriazione; più precisamente, il giudice provvederà alla loro assegnazione o vendita, sentite le parti, seguendo le medesime regole che il codice detta per l'espropriazione mobiliare presso il debitore (art. 552; v. retro, § 65).

I crediti vengono assegnati, se esigibili immediatamente o entro 90 giorni, ...

Se, invece, si tratta di crediti del debitore, ossia se il terzo si è riconosciuto o è stato giudizialmente dichiarato debitore di una determinata somma di denaro nei confronti del debitore-esecutato, *occorre distinguere tra l'ipotesi in cui il credito sia esigibile immediatamente o comunque entro un termine non superiore a 90 giorni e l'ipotesi in cui esso sia esigibile in un termine più lungo.* Nel primo caso il giudice dell'esecuzione dovrà provvedere senz'altro alla sua assegnazione, eventualmente previa ripartizione *pro quota* fra i creditori concorrenti (art. 553, 1° comma). E naturalmente si tratterà di un'assegnazione salva esazione, ossia *pro solvendo*: il che significa che il creditore assegnatario dovrà prima escutere il terzo debitore e, solo in caso di incapienza, potrà proseguire nella sua azione esecutiva con-

... oppure sottoposti a vendita forzata.

tro il suo debitore originario (ad es., pignorando altri suoi beni). Nel secondo caso, ossia nel caso di crediti esigibili in un termine maggiore di 90 giorni, come anche nel caso di censi o rendite perpetue o temporanee, l'assegnazione è possibile solo se chiesta concordemente dai creditori; altrimenti, il credito verrà venduto con le regole della vendita forzata delle cose mobili (art. 553, 2° comma: v. retro, § 65) e insieme col credito verranno trasferite le relative garanzie reali (art. 554).

L'ordinanza di assegnazione è impugnabile (anche da parte del terzo) soltanto con l'opposizione agli atti esecutivi e costituisce, a sua volta, titolo esecutivo utilizzabile dal creditore assegnatario nei confronti del terzo pignorato inadempiente.

Va, infine, rilevato che anche l'efficacia del pignoramento presso terzi, come quella di ogni altra forma di pignoramento, cessa con la chiusura anticipata del processo esecutivo, che – come abbiamo già visto (retro, § 60) – può essere disposta d'ufficio dal giudice anche per infruttuosità, ai sensi dell'art. 164 bis disp. att.

Bibliografia di orientamento

V. COLESANTI, *Il terzo debitore nel pignoramento di crediti*, Milano, 1967; V. COLESANTI, *Pignoramento presso terzi*, in *Enciclopedia del diritto*, XXXIII, Milano, 1983; A. TRAVI, *Espropriazione verso terzi*, in *Novissimo Dig. it.*, VI, Torino, 1960; R. VACCARELLA, *Espropriazione presso terzi*, in *Dig. disc. priv., sez. civ.*, VIII, Torino, 1992; AA.VV., *Le espropriazioni presso terzi*, a cura di F. AULETTA, Bologna, 2011; V. COLESANTI, *Novità non liete per il terzo debitore (cinquant'anni dopo!)*, in *Riv. trim. dir. e proc. civ.*, 2013; G. MONTELEONE, *Semplificazioni e complicazioni nell'espropriazione presso terzi*, in *Riv. es. forzata*, 2013; A. SALETTI, *Le novità dell'espropriazione presso terzi*, *ibidem*; G. OLIVIERI, *Modifiche legislative all'espropriazione presso terzi*, in *Il libro dell'anno di diritto Treccani*, Roma, 2014; A. CARRATTA, *Riforma del pignoramento presso terzi e accertamento dell'obbligo del terzo*, in *Giur. it.*, 2014; G. TOTA, *Individuazione e accertamento del credito nell'espropriazione forzata presso terzi*, Napoli, 2014; V. COLESANTI, *L'infelice situazione del terzo debitore (anche dopo le recenti riforme)*, in *Riv. dir. proc.*, 2015; G. BALENA, *Termine di efficacia del pignoramento ed espropriazione presso terzi*, in *Giusto proc. civ.*, 2016; G. TOTA, *Mancata dichiarazione del terzo e non contestazione nella nuova disciplina dell'espropriazione forzata presso terzi*, *ibidem*; T. SALVIONI, *Le modifiche in materia di espropriazione presso terzi*, in *Giur. it.*, 2016; A. SALETTI-M.C. VANZ-S. VINCRE, *Le nuove riforme dell'esecuzione forzata*, Torino, 2016; G. FINOCCHIARO, *La stabilità dell'ordinanza di assegnazione del credito pignorato*, in *Riv. es. forzata*, 2019; G. PARISI, *Oggetto e natura del giudizio di accertamento dell'obbligo del terzo pignorato*, *ivi*, 2020; B. CAPPONI, Ficta confessio *e stabilità dell'ordinanza di assegnazione (art. 548 c.p.c.)*, in *Foro it.*, 2024, V; F.P. LUISO, *Il processo civile*, Torino, 2024; P. FARINA-R. GIORDANO-R. METAFORA, *Il decreto correttivo alla riforma civile Cartabia*, Milano, 2025; B. CAPPONI, *Diritto dell'esecuzione civile*, 8ª ed., Torino, 2025; A. CARRATTA, *Il processo civile dopo i correttivi alla riforma Cartabia*, Torino, 2025.

Sezione quarta

L'ESPROPRIAZIONE IMMOBILIARE

69. *Il pignoramento immobiliare.*

La circostanza che il pignoramento abbia ad oggetto beni immobili (o diritti reali di godimento su beni immobili) dà luogo a particolari esigenze, che a loro volta introducono particolari modalità del procedimento.

Il pignoramento immobiliare si effettua con atto scritto del creditore.

Anzitutto, la scelta dei beni da pignorare non è compiuta dall'ufficiale giudiziario, al momento del pignoramento, ma, in un momento anteriore, dal creditore procedente. Quest'ultimo, oltre a dover optare per il pignoramento immobiliare piuttosto che per quello mobiliare o presso terzi, dovrà già sapere (ove scelga il pignoramento immobiliare) quali beni immobili appartengono al debitore e se il loro valore sia approssimativamente sufficiente per soddisfare il suo credito; e per sapere ciò dovrà fare capo alle risultanze dei pubblici registri immobiliari, anche per conoscere le eventuali ragioni di altrui prelazione che potrebbero frustrare la sua iniziativa, o l'esistenza di altri precedenti pignoramenti che potrebbero indurlo a preferire un intervento nelle relative procedure. Il solo limite nella scelta riguarda il creditore ipotecario, il quale non può pignorare altri immobili, se non sottopone a pignoramento anche gli immobili gravati da ipoteca (art. 2911 c.c.). Se il creditore ipotecario estende il pignoramento a immobili non ipotecati a suo favore, il giudice dell'esecuzione può ridurre il pignoramento ai termini dell'art. 496 (v. retro, § 60) oppure può sospendere la vendita fino al compimento di quella relativa agli immobili ipotecati (art. 558).

Il pignoramento dell'immobile comprende gli accessori, le pertinenze e i frutti della cosa pignorata. Dal rilievo che l'art. 2912 c.c. configura palesemente un'estensione del pignoramento, si deve desumere l'automaticità di tale estensione e l'unicità del pignoramento. Non si verifica, invece, estensione automatica con riguardo ai mobili che arredano l'immobile. In questo caso, il collegamento – non funzionale, ma meramente economico – può rendere opportuno lo svolgimento contemporaneo delle due espropriazioni, come appunto prevede l'art. 556, che configura, per tale ipotesi, la formazione di atti di pignoramento separati per gli immobili e per i mobili, da depositarsi entrambi nella cancelleria del tribunale, alla cui competenza viene attratto anche il pignoramento mobiliare.

Una volta scelto il bene (o i beni) che intende pignorare, il creditore procedente dovrà individuarli e indicarli in maniera che non consenta equivoci; ciò in funzione di quello che, anche qui, è l'elemento centrale del pignoramento, ossia l'ingiunzione dell'ufficiale giudiziario al debitore, prevista dall'art. 492; infine, il meccanismo dell'opponibilità ai terzi di tutti i trasferimenti o i vincoli che colpiscono i beni immobili esige che il pignoramento sia fatto risultare nei pubblici registri immobiliari.

L'atto di pignoramento immobiliare *è un atto complesso* del creditore e dell'ufficiale giudiziario.

A questa complessa e triplice esigenza (scelta e individuazione dei beni da pignorare, ingiunzione da parte dell'ufficiale giudiziario e trascrizione nei pubblici registri immobiliari) viene incontro la struttura complessa dell'atto di pignoramento immobiliare. Quest'atto, a differenza del pignoramento mobiliare, consiste in un *atto scritto* predisposto e sottoscritto dal creditore procedente ai sensi dell'art. 125 (e, per esso, dal suo difensore munito di apposita procura): così dispone l'art. 170 disp. att. *L'atto deve contenere l'esatta indicazione dei beni e dei diritti immobiliari che si intendono sottoporre ad esecuzione, con gli estremi richiesti dal codice civile per l'individuazione dell'immobile ipotecato* (art. 555). L'atto, così predisposto e sottoscritto, viene poi consegnato all'*ufficiale giudiziario*, il quale lo integra con *l'ingiunzione al debitore di non sottrarre i beni pignorati alla garanzia del credito* e provvede quindi alla sua *notificazione* al debitore. In pratica, l'ingiunzione al debitore rimane incorporata nel contesto della relazione di notificazione predisposta dallo stesso creditore procedente.

L'atto notificato all'esecutato va trascritto nei pubblici registri immobiliari a cura dell'ufficiale giudiziario ...

A questo punto, per la perfezione del pignoramento manca soltanto la sua *trascrizione* nei pubblici registri immobiliari. Tale trascrizione può essere compiuta dall'ufficiale giudiziario oppure dal creditore pignorante. Nel primo caso l'ufficiale giudiziario, che dovrà essere stato, in precedenza, munito della nota di trascrizione (in due esemplari), provvederà, immediatamente dopo la notificazione, a consegnare copia autentica dell'atto così notificato al competente conservatore dei registri immobiliari, che trascriverà l'atto e gli restituirà uno degli esemplari della nota con gli estremi di avvenuta trascrizione (art. 555, 2° comma). Nel secondo caso, l'ufficiale giudiziario consegnerà – se richiesto – al creditore procedente la copia autentica dell'atto notificato, in modo che questi possa provvedere a richiedere la trascrizione (art. 555, 3° comma).

... oppure del creditore procedente.

In ogni caso, l'originale dell'atto di pignoramento notificato e la nota di trascrizione restituita dal conservatore dei registri immobiliari devono essere consegnati dall'ufficiale giudiziario al creditore *sen-*

Seguirà l'iscrizione a ruolo dell'espropriazione ...

za ritardo, affinché questi possa provvedere, entro 15 giorni e a pena di inefficacia dello stesso pignoramento (con conseguente cancellazione dello stesso, ai sensi dell'art. 164 ter disp. att.), all'*iscrizione a ruolo del procedimento di espropriazione*, depositando copie conformi del titolo esecutivo, del precetto, dell'atto di pignoramento e della nota di trascrizione. Invece, laddove alla trascrizione abbia provveduto direttamente il creditore, questi depositerà la nota di trascrizione appena restituitagli dal conservatore dei registri immobiliari (art. 557, 2° comma).

... e la formazione del fascicolo informatico dell'esecuzione.

A seguito di ciò, il cancelliere provvederà alla formazione del fascicolo informatico dell'esecuzione, il quale è – per un determinato immobile – sempre unico, anche nell'eventualità di più pignoramenti successivi: in tal caso, infatti, il cancelliere, che avrà avuto notizia del precedente pignoramento, poiché di esso il conservatore avrà fatto menzione sulla nota di trascrizione che restituisce (art. 561, 1° comma), depositerà l'atto di pignoramento successivo nel fascicolo formato in base al primo pignoramento (art. 561, 2° comma) e sempre che a ciò non provveda uno degli altri soggetti indicati dall'art. 159 ter disp. att. (v. retro, § 58).

Col pignoramento il debitore è costituito custode dei beni pignorati, e di tutti gli accessori, compresi le pertinenze e i frutti, senza diritto a compenso. Così dispone il 1° comma dell'art. 559, seguito dai seguenti ulteriori commi, che opportunamente restringono le ipotesi nelle quali custode è il debitore per valorizzare il ruolo del custode-terzo.

Il debitore è nominato custode dei beni pignorati, salva diversa designazione (art. 559).

In base al 2° comma, infatti, «*Salvo che la sostituzione nella custodia non abbia alcuna utilità ai fini della conservazione o della amministrazione del bene o per la vendita, il giudice dell'esecuzione, con provvedimento non impugnabile emesso entro quindici giorni dal deposito della documentazione di cui all'articolo 567, secondo comma* [la documentazione ipocatastale: v. oltre, § 71], *contestualmente alla nomina dell'esperto di cui all'articolo 569* [il c.d. esperto stimatore], *nomina custode giudiziario dei beni pignorati una persona inserita nell'elenco di cui all'articolo 179 ter delle disposizioni di attuazione del presente codice o l'istituto di cui al primo comma dell'articolo 534*».

Il custode collabora con lo stimatore nell'esame della documentazione ipocatastale relativa all'immobile pignorato.

Quanto, poi, ai compiti del custode, il 3° comma dello stesso art. 559 stabilisce che il custode «*collabora con l'esperto nominato ai sensi dell'articolo 569 al controllo della completezza della documentazione di cui all'articolo 567, secondo comma, redigendo apposita relazione informativa nel termine fissato dal giudice dell'esecuzione*». Collabora, cioè, con lo stimatore nell'esame della documentazione ipocatastale relativa all'immobile pignorato (v. oltre, § 71).

Infine, quanto alla sostituzione del custode nominato, ad essa il giudice dell'esecuzione provvede – secondo il dettato del 4° comma dell'art. 559 – «*in caso di inosservanza degli obblighi su di lui incombenti*».

Invece, con riguardo alla custodia, all'amministrazione e alla gestione dell'immobile pignorato, l'art 560 prevede, nei commi 1° e 2°, che «*il debitore e il terzo nominato custode debbono rendere il conto a norma dell'articolo 593*» e che «*ad essi è fatto divieto di dare in locazione l'immobile pignorato se non autorizzati dal giudice dell'esecuzione*». Inoltre, «*il custode giudiziario* – aggiunge il 4° comma – *ha il dovere di vigilare affinché il debitore e il nucleo familiare conservino il bene pignorato con la diligenza del buon padre di famiglia e ne mantengano e tutelino l'integrità*». Questo, in considerazione del fatto che, a seguito del pignoramento, «*il debitore e i familiari che con lui convivono non perdono il possesso dell'immobile e delle sue pertinenze sino alla pronuncia del decreto di trasferimento* [di cui all'art. 586: v. oltre, § 71], salvo quanto previsto dal nono comma» (3° comma), ossia salvo che il giudice dell'esecuzione ordini prima il rilascio dell'immobile da parte del debitore e del suo nucleo familiare prima.

La custodia dell'immobile pignorato, ...

... che comunque rimane nel possesso del debitore e dei suoi familiari fino alla pronuncia del decreto di trasferimento.

Sempre il custode giudiziario provvede, anche «*previa autorizzazione del giudice dell'esecuzione, alla amministrazione e alla gestione dell'immobile pignorato ed esercita le azioni previste dalla legge e occorrenti per conseguirne la disponibilità*» (5° comma).

Inoltre, «*il debitore* – prevede il 6° comma dell'art. 560 – *deve consentire, in accordo con il custode, che l'immobile sia visitato da potenziali acquirenti*», con le modalità individuate dall'ordinanza del giudice dell'esecuzione.

Come già detto, prima della pronuncia del decreto di trasferimento dell'immobile, il giudice può ordinare la sua liberazione da parte del debitore e del suo nucleo familiare, che continuino ad occuparlo, e dopo aver sentito le parti e il custode – secondo quanto stabilisce il 9° comma dell'art. 560 –, «*quando è ostacolato il diritto di visita di potenziali acquirenti o comunque impedito lo svolgimento delle attività degli ausiliari del giudice, quando l'immobile non è adeguatamente tutelato o mantenuto in uno stato di buona conservazione, quando l'esecutato viola gli altri obblighi che la legge pone a suo carico*».

Ma il giudice può anche ordinare la liberazione dell'immobile prima del decreto di trasferimento, nei casi indicati dal 9° comma dell'art. 560.

Quando, invece, l'immobile pignorato non sia abitato dall'esecutato e dal suo nucleo familiare oppure sia occupato da un soggetto privo di titolo opponibile alla procedura esecutiva il giudice dell'esecuzione – stabilisce il 7° comma dell'art. 560 – «*con provvedimento opponibile ai sensi dell'articolo 617, ordina la liberazione dell'immobile ... non oltre la pronuncia dell'ordinanza con cui è autorizzata la vendita o sono delegate le relative operazioni*». In questo caso, dunque, la liberazione dell'immobile pignorato avverrà in un momento precedente quello del decreto di trasferimento di cui all'art. 586, che interviene solo all'esito delle operazioni di vendita forzata (v. oltre, § 74). Peraltro, siccome l'art. 560 non fa alcun riferimento all'ipotesi che l'immobile pignorato non sia adibito ad uso abitativo, è da ritenere che anche in questo caso debba trovare applicazione proprio

Se l'immobile non è abitato dall'esecutato e dal suo nucleo familiare, l'ordine di liberazione va pronunciato non oltre l'udienza per l'autorizzazione alla vendita.

quanto stabilito dal suo 7° comma per la liberazione dell'immobile.

Quanto, poi, alle modalità di attuazione del provvedimento di liberazione, esso – prevede il 10° comma dell'art. 560 – è attuato dal custode «*secondo le disposizioni del giudice dell'esecuzione, senza l'osservanza delle formalità di cui agli articoli 605 e seguenti* [formalità previste per l'esecuzione forzata del rilascio di immobili: v. oltre, § 77], *anche successivamente alla pronuncia del decreto di trasferimento, nell'interesse e senza spese a carico dell'aggiudicatario o dell'assegnatario, salvo espresso esonero del custode ad opera di quest'ultimi*» e il giudice può autorizzare lo stesso custode ad avvalersi della forza pubblica e nominare ausiliari ai sensi dell'art. 68.

Se nell'immobile si trovano beni mobili, che non devono essere consegnati, lo stesso 10° comma dell'art. 560 stabilisce che il custode intima al soggetto tenuto al rilascio di asportarli, assegnandogli un termine non inferiore a 30 giorni, salvi i casi urgenti. Ove l'asporto di tali beni non sia eseguito nel termine assegnato, essi si considerano abbandonati e il custode ne cura lo smaltimento o la distruzione, salva diversa disposizione del giudice dell'esecuzione.

Va, infine, ricordato che, ai sensi dell'art. 562, «*se il pignoramento diviene inefficace per il decorso del termine previsto nell'articolo 497* [v. retro, § 60], *il giudice dell'esecuzione con l'ordinanza di cui all'articolo 630 dispone che sia cancellata la trascrizione. Il conservatore dei registri immobiliari provvede alla cancellazione su presentazione dell'ordinanza*».

70. *L'intervento dei creditori.*

Legittimati all'intervento sono i creditori indicati dall'art. 499, 1° comma, ...

Anche nell'espropriazione immobiliare, l'individuazione dei creditori legittimati all'intervento è lasciata all'art. 499, 1° comma, ossia alla norma che tale legittimazione disciplina con riguardo ad ogni tipo di espropriazione, sicché operano anche qui le limitazioni previste da detta norma e già esaminate (retro, § 61).

Ed anche nell'espropriazione immobiliare si distingue tra intervento «*tempestivo*» (ossia effettuato non oltre l'udienza per l'autorizzazione alla vendita o all'assegnazione) e intervento «*tardivo*». Questa distinzione emerge dal 1° comma dell'art. 525, dall'art. 564 (il quale aggiunge che anche qui i creditori muniti di titolo esecutivo possono provocare i singoli atti esecutivi) e dall'art. 566, ove si dispone che i creditori chirografari intervenuti dopo l'udienza di autorizzazione alla vendita o all'assegnazione, ma prima della distribuzione del ricavato, possono soddisfarsi soltanto su quanto eventualmente residui dopo che sono stati soddisfatti i creditori privilegiati, il creditore procedente e i creditori intervenuti «tempestivamente».

... e gli intervenienti chirografari tardivi possono soddisfarsi ...

... solo sull'eventuale residuo, salvi i diritti di prelazione.

Nell'uno come nell'altro caso occorre che l'intervento, ancorché tardivo, avvenga prima dell'udienza di approvazione del progetto di distribuzione, di cui all'art. 596 (v. oltre, § 74).

71. *La vendita forzata.*

La vendita forzata va chiesta con ricorso al giudice dell'esecuzione.

L'iter procedimentale che conduce alla vendita forzata immobiliare è assai simile a quello visto per l'espropriazione mobiliare. Inizia con l'istanza di vendita da proporsi (dal creditore pignorante o da altro creditore intervenuto munito di titolo esecutivo) al giudice dell'esecuzione, nel termine acceleratorio di *45 giorni* dall'avvenuto pignoramento (art. 497) e col rispetto del termine dilatorio di *10 giorni* dal medesimo atto (art. 567, 1° comma).

L'art. 567, dopo avere così disposto, specifica, nei successivi commi 2° e 3°, gli ulteriori adempimenti ai quali deve provvedere il creditore che procede alla vendita, come segue:

Al ricorso vanno allegati i documenti relativi alla situazione catastale e ipotecaria dell'immobile.

«*Il creditore che richiede la vendita deve provvedere a depositare, entro il termine previsto dall'articolo 497, l'estratto del catasto, nonché i certificati delle iscrizioni e trascrizioni relative all'immobile pignorato effettuate nei venti anni anteriori alla trascrizione del pignoramento; tale documentazione può essere sostituita da un certificato notarile attestante le risultanze delle visure catastali e dei registri immobiliari*» (2° comma). Ne deriva che tanto per presentare l'istanza di vendita, una volta effettuato il pignoramento dell'immobile, quanto per depositare la documentazione ipocatastale, necessaria per poter procedere alla valutazione del valore dell'immobile ai fini della vendita forzata, valgono gli stessi termini, e cioè quelli previsti dall'art. 497 (entro 45 giorni dall'avvenuto pignoramento). Questo non significa, tuttavia, che necessariamente l'istanza di vendita debba essere avanzata insieme alla documentazione ipocatastale, ma neanche che il deposito di tale documentazione possa prescindere dalla preventiva presentazione dell'istanza di vendita.

«*Il termine di cui al secondo comma* – prevede, poi, il 3° comma dell'art. 567 – *può essere prorogato una sola volta su istanza dei creditori o dell'esecutato, per giusti motivi e per una durata non superiore ad ulteriori quarantacinque giorni. Un termine di quarantacinque giorni è inoltre assegnato al creditore dal giudice quando lo stesso ritiene che la documentazione da questo depositata debba essere completata*».

Lo stesso 3° comma dell'art. 567 stabilisce, inoltre, le conseguenze della mancata ottemperanza del creditore a tali adempimenti. Infatti, «*se la proroga non è richiesta o non è concessa oppure se la documentazione non è integrata nel termine assegnato ai sensi di quanto previsto nel periodo precedente, il giudice dell'esecuzione, anche d'ufficio, dichiara l'inefficacia del pignoramento relativamente all'immobile per il quale non è stata depositata la prescritta documentazione. L'inefficacia è dichiarata con ordinanza, sentite le parti. Il giudice, con l'ordinanza, dispone la cancellazione della trascrizione del pignoramento. Si applica l'articolo 562, secondo comma. Il giudice dichiara altresì l'estinzione del processo esecutivo se non vi sono altri beni pignorati*».

I suddetti documenti consentono al giudice dell'esecuzione ...

La documentazione catastale consente al giudice dell'esecuzione di stabilire il valore dell'immobile agli effetti dell'espropriazione, ossia il valore base per la vendita. L'art. 568, 1° comma, stabilisce, infatti, che tale valore viene determinato dal giudice «*avuto riguardo al valore di mercato sulla base degli elementi forniti dalle parti e dall'esperto nominato ai sensi dell'articolo 569, primo comma*».

... di stabilire il valore base dell'immobile.

Puntualizza, inoltre, il 2° comma del medesimo art. 568 che nella determinazione del valore di mercato l'esperto procede «*al calcolo della superficie dell'immobile, specificando quella commerciale, del valore per metro quadro e del valore complessivo, esponendo analiticamente gli adeguamenti e le correzioni della stima, ivi compresa la riduzione del valore di mercato praticata per l'assenza della garanzia per vizi del bene venduto, e precisando tali adeguamenti in maniera distinta per gli oneri di regolarizzazione urbanistica, lo stato d'uso e di manutenzione, lo stato di possesso, i vincoli e gli oneri giuridici non eliminabili nel corso del procedimento esecutivo, nonché per le eventuali spese condominiali insolute*».

Questa determinazione del valore dell'immobile è compiuta dal giudice dell'esecuzione col provvedimento col quale autorizza la vendita all'esito dell'apposita udienza, sempre che in tale sede non siano state sollevate opposizioni.

Il giudice dell'esecuzione nomina l'esperto e fissa l'udienza per la comparizione delle parti, ...

La disciplina dell'udienza di autorizzazione della vendita e delle modalità che precedono e investono tale autorizzazione è contenuta nell'art. 569. «*A seguito dell'istanza di vendita di cui all'articolo 567* – così il 1° comma dell'art. 569 – *il giudice dell'esecuzione, entro quindici giorni dal deposito della documentazione di cui al secondo comma dell'articolo 567, nomina l'esperto che presta giuramento in cancelleria mediante sottoscrizione del verbale di accettazione e fissa l'udienza per la comparizione delle parti e dei creditori di cui all'articolo 498 che non siano intervenuti. Tra la data del provvedimento e la data fissata per l'udienza non possono decorrere più di novanta giorni*». Aggiunge lo stesso 1° comma che, salvi i casi di intervento tardivo dei creditori, «*non oltre trenta giorni prima dell'udienza, il creditore pignorante e i creditori intervenuti ai sensi dell'articolo 499 depositano un atto, sottoscritto personalmente dal creditore e previamente notificato al debitore esecutato, nel quale è indicato l'ammontare del residuo credito per cui si procede, comprensivo degli interessi maturati, del criterio di calcolo di quelli in corso di maturazione e delle spese sostenute fino all'udienza*». In mancanza di tale atto, «*agli effetti della liquidazione della somma di cui al primo comma dell'articolo 495* [cioè, ai fini dell'eventuale conversione del pignoramento: v. retro, § 60], *il credito resta definitivamente fissato nell'importo indicato nell'atto di precetto o di intervento, maggiorato dei soli interessi al tasso legale e delle spese successive*».

«All'udienza – prosegue il 2° comma – le parti possono fare osservazioni circa il tempo e le modalità della vendita, e debbono proporre, a pena di decadenza, le opposizioni agli atti esecutivi, se non sono già decadute dal diritto di proporle». Occorre aggiungere che – stando a quel che prevede il 2° comma dell'art. 615 (v. oltre, § 81) – anche le eventuali opposizioni all'esecuzione andranno proposte prima che sia disposta la vendita o l'assegnazione, essendo inammissibili se proposte successivamente, salvo che siano fondate su fatti sopravvenuti ovvero l'opponente dimostri di non aver potuto proporle tempestivamente per causa a lui non imputabile.

... che possono fare osservazioni e debbono proporre le eventuali opposizioni all'esecuzione e agli atti esecutivi.

«Nel caso in cui il giudice disponga con ordinanza la vendita forzata – così il 3° comma dello stesso art. 569 –, *fissa un termine non inferiore a novanta giorni, e non superiore a centoventi, entro il quale possono essere proposte offerte d'acquisto ai sensi dell'articolo 571. Il giudice con la medesima ordinanza stabilisce le modalità con cui deve essere prestata la cauzione, se la vendita è fatta in uno o più lotti, il prezzo base determinato a norma dell'articolo 568, l'offerta minima, il termine, non superiore a centoventi giorni dall'aggiudicazione, entro il quale il prezzo dev'essere depositato, con le modalità del deposito e fissa, al giorno successivo alla scadenza del termine, l'udienza per la deliberazione sull'offerta e per la gara tra gli offerenti di cui all'articolo 573.* Quando ricorrono giustificati motivi, il giudice dell'esecuzione può disporre che il versamento del prezzo abbia luogo ratealmente ed entro un termine non superiore a dodici mesi. *Il giudice provvede ai sensi dell'articolo 576* [e cioè, con la vendita all'incanto] *solo quando ritiene probabile che la vendita con tale modalità possa aver luogo ad un prezzo superiore della metà rispetto al valore del bene, determinato a norma dell'articolo 568*».

Se il giudice dispone la vendita forzata, fissa con ordinanza tempi e modalità della stessa.

Residualità della vendita all'incanto.

Con la stessa ordinanza, poi, secondo quel che prevede il 4° comma dell'art. 569, «*il giudice stabilisce, salvo che sia pregiudizievole per gli interessi dei creditori o per il sollecito svolgimento della procedura, che il versamento della cauzione, la presentazione delle offerte, lo svolgimento della gara tra gli offerenti e, nei casi previsti, l'incanto, nonché il pagamento del prezzo, siano effettuati con modalità telematiche, nel rispetto della normativa regolamentare di cui all'articolo 161 ter delle disposizioni per l'attuazione del presente codice*».

La vendita avviene con *modalità telematiche, salvo che sia pregiudizievole per i creditori o per la procedura.*

In tal caso, l'art. 173 quinquies disp. att. ammette che il giudice possa anche «*disporre che la presentazione dell'offerta d'acquisto e la prestazione della cauzione ai sensi degli articoli 571, 579, 589 e 584 possano avvenire con sistemi telematici di pagamento ovvero con carte di debito, di credito o prepagate o con altri mezzi di pagamento disponibili nei circuiti bancario e postale*». Aggiunge, inoltre, che «*è consen-*

tita la prestazione della cauzione anche mediante fideiussione autonoma, irrevocabile e a prima richiesta, rilasciata da banche, società assicuratrici e intermediari finanziari che svolgono in via esclusiva o prevalente attività di rilascio di garanzie e che sono sottoposti a revisione contabile da parte di una società di revisione». Sarà lo stesso giudice dell'esecuzione, con l'ordinanza di vendita, ad individuare la categoria professionale alla quale deve appartenere il soggetto che può rilasciare tale fideiussione. In ogni caso, l'offerente è tenuto a comunicare, a mezzo p.e.c., la dichiarazione contenente le indicazioni sull'offerta prescritte dall'art. 571 (v. oltre, in questo §).

Se vi sono opposizioni, il tribunale le decide con sentenza.

All'udienza per l'autorizzazione alla vendita o all'assegnazione – precisa il 5° comma dell'art. 569 – «*se vi sono opposizioni il tribunale le decide con sentenza e quindi il giudice dell'esecuzione dispone la vendita con ordinanza*». Infine, «*con la medesima ordinanza il giudice fissa il termine entro il quale essa deve essere notificata, a cura del creditore che ha chiesto la vendita o di un altro autorizzato, ai creditori di cui all'articolo 498* [ossia i creditori privilegiati risultanti da pubblici registri] *che non sono comparsi*» (art. 569, 6° comma).

Le modalità della vendita si riconducono a due procedure diverse: la vendita *senza incanto* e *con incanto*.

La vendita deve avvenire senza incanto e, residualmente, con incanto.

Come già detto, il giudice *deve disporre la vendita senza incanto*, mentre la vendita con incanto può essere utilizzata solo laddove egli ritenga che, con tale modalità, la vendita possa aver luogo ad un prezzo superiore della metà rispetto al valore del bene, determinato ai sensi dell'art. 568 (così gli artt. 503, 2° comma, e 569, 3° comma).

La pubblicazione dell'avviso di vendita è l'atto col quale ha inizio la procedura di vendita senza incanto. Il contenuto di quest'avviso e la pubblicità alla quale deve essere assoggettato risultano dall'art. 570 e, più in generale, dall'art. 490, richiamato dalla norma in discorso. Dall'avviso va esclusa l'indicazione del debitore.

La vendita senza incanto.

Il meccanismo della vendita senza incanto si sostanzia nell'esame, da parte del giudice dell'esecuzione, e nell'eventuale accoglimento, dell'offerta che chiunque – tranne il debitore – può compiere per l'acquisto dell'immobile pignorato, con dichiarazione scritta da presentarsi in cancelleria personalmente o a mezzo di procuratore legale anche a norma dell'art. 579, 3° comma. L'offerente – così prosegue il 1° comma dell'art. 571 – deve presentare nella cancelleria dichiarazione contenente l'indicazione del prezzo, del tempo e modo del pagamento e ogni altro elemento utile alla valutazione dell'offerta.

L'offerta – così il 3° comma – è irrevocabile, salvo che:

1) il giudice ordini l'incanto;

2) siano decorsi centoventi giorni dalla sua presentazione ed essa non sia stata accolta.

Tuttavia, «*l'offerta non è efficace se perviene oltre il termine stabili-*

to ai sensi dell'articolo 569, terzo comma, se è inferiore di oltre un quarto al prezzo stabilito nell'ordinanza o se l'offerente non presta cauzione, con le modalità stabilite nell'ordinanza di vendita, in misura non inferiore al decimo del prezzo da lui proposto» (art. 571, 2° comma).

L'offerta deve essere depositata in busta chiusa, da aprirsi alla presenza degli offerenti.

Infine, circa le modalità di formulazione dell'offerta, il 4° comma dello stesso art. 571 stabilisce che essa «*deve essere depositata in busta chiusa all'esterno della quale sono annotati, a cura del cancelliere ricevente, il nome, previa identificazione, di chi materialmente provvede al deposito, il nome del giudice dell'esecuzione o del professionista delegato ai sensi dell'articolo 591 bis e la data dell'udienza fissata per l'esame delle offerte. Se è stabilito che la cauzione è da versare mediante assegno circolare, lo stesso deve essere inserito nella busta. Le buste sono aperte all'udienza fissata per l'esame delle offerte alla presenza degli offerenti*».

Il successivo art. 572, invece, si occupa delle deliberazioni sull'offerta. «*Sull'offerta* – così il 1° comma – *il giudice dell'esecuzione sente le parti e i creditori iscritti non intervenuti*».

Il giudice delibera sull'offerta.

I commi 2° e 3° prendono in considerazione le due ipotesi che *l'offerta sia pari o superiore oppure inferiore al valore dell'immobile come stabilito nell'ordinanza di vendita*, disponendo che, nella prima ipotesi, l'offerta è senz'altro accolta, mentre nella seconda ipotesi, laddove il prezzo offerto sia inferiore a quello stabilito in misura non superiore ad un quarto, «*il giudice può far luogo alla vendita quando ritiene che non vi sia una seria probabilità di conseguire un prezzo superiore con una nuova vendita e non sono state presentate istanze di assegnazione ai sensi dell'articolo 588*».

L'ultimo comma dell'art. 572 dispone, infine, che si applicano anche in questi casi le disposizioni degli artt. 573 e 574 (concernenti, come stiamo per vedere, un'eventuale gara tra gli offerenti e il provvedimento sulla vendita e il versamento del prezzo), nonché dell'art. 577 (concernente l'indivisibilità dei fondi). Infatti, se le offerte sono più di una – stabilisce il 1° comma dell'art. 573 –, «*il giudice dell'esecuzione invita in ogni caso gli offerenti ad una gara sull'offerta più alta*», che in precedenza è stata formulata.

Tuttavia – aggiungono il 2° e il 4° comma –, se sono state presentate anche istanze di assegnazione, ai sensi dell'art. 588, e il prezzo indicato nella migliore offerta o nell'offerta presentata per prima o offerto all'esito della gara è inferiore al valore dell'immobile stabilito nell'ordinanza di vendita, «*il giudice non fa luogo alla vendita e procede all'assegnazione*». In tali casi, infatti, risulta indubbiamente più vantaggiosa l'assegnazione (che deve essere chiesta per un valore almeno pari a quello stabilito nell'ordinanza) della vendita dell'immobile. Ai fini dell'individuazione della «migliore offerta» – precisa, poi, il 3° comma dello stesso art. 573 – «*il giudice tiene conto dell'entità del prezzo, delle cauzioni prestate, delle forme, dei modi e dei tem-*

pi del pagamento nonché di ogni altro elemento utile indicato nell'offerta stessa».

Quando dispone la vendita, il giudice pronuncia un decreto col quale indica le modalità del versamento del prezzo e il termine entro il quale il versamento deve essere effettuato e solo a versamento avvenuto pronuncia un altro decreto, quello previsto dall'art. 586, col quale l'immobile viene trasferito in proprietà all'acquirente (art. 574, 1° comma).

Il giudice può anche prevedere il versamento rateizzato del prezzo.

Abbiamo visto, peraltro, che con l'ordinanza con la quale viene disposta la vendita il giudice può anche prevedere *che il versamento del prezzo sia rateizzato entro un termine massimo di 12 mesi* (art. 569, 3° comma). Ebbene, in tal caso, con il medesimo decreto il giudice dell'esecuzione «*può autorizzare l'aggiudicatario che ne faccia richiesta, ad immettersi nel possesso dell'immobile venduto, a condizione che sia prestata una fideiussione, autonoma, irrevocabile e a prima richiesta, rilasciata da banche, società assicuratrici o intermediari finanziari che svolgono in via esclusiva o prevalente attività di rilascio di garanzie e che sono sottoposti a revisione contabile da parte di una società di revisione, per un importo pari ad almeno il 30% del prezzo di vendita*» (art. 574, 1° comma). Tale fideiussione va rilasciata a favore della procedura esecutiva e serve a garantire il rilascio dell'immobile da parte dell'aggiudicatario entro 30 giorni dall'adozione del provvedimento di decadenza dall'aggiudicazione per il mancato pagamento anche di una sola rata (indicato dall'art. 587, 1° comma, secondo periodo), nonché del risarcimento dei danni eventualmente arrecati all'immobile dallo stesso.

La vendita con incanto o all'asta.

Il meccanismo della vendita con incanto, che, come abbiamo visto (retro, § 62), può essere utilizzato solo in via residuale, è, invece, imperniato su una gara ad offerte in aumento (c.d. *vendita all'asta*).

Il punto di partenza di questa procedura è l'ordinanza con la quale il giudice ordina l'incanto. Tale ordinanza – che è anch'essa pubblicata dal cancelliere ai termini dell'art. 490 e con eventuali altre forme di pubblicità straordinaria – deve contenere taluni elementi necessari per il successivo svolgimento della procedura e che sono elencati nell'art. 576. Tra essi sono particolarmente importanti, oltre all'indicazione del prezzo base dell'incanto (che è quello determinato ai sensi dell'art. 568), l'indicazione del giorno e dell'ora dell'incanto, la misura minima dell'aumento da apportarsi alle singole offerte, l'ammontare della cauzione (in misura non superiore al decimo del prezzo base d'asta) da depositare in via preventiva entro un termine da fissarsi, di natura perentoria, il termine entro il quale, in caso di aggiudicazione, il prezzo deve essere versato, nonché il termine che deve decorrere tra le forme di pubblicità e l'incanto. Le operazioni di vendita possono essere affidate a un istituto autorizzato (art. 159 disp. att.) o ad un professionista.

Chiunque, eccetto il debitore, può partecipare all'incanto, personalmente o a mezzo di procuratore speciale (art. 579); gli avvocati possono fare offerte per persona da nominare che va designata nel termine di 3 giorni, altrimenti l'aggiudicazione diviene definitiva al nome dell'avvocato (art. 583).

Chiunque – tranne il debitore – *può partecipare all'incanto.*

«*Per offrire all'incanto* – così l'art. 580, 1° comma – *è necessario avere prestato la cauzione a norma dell'articolo 576*». Il 2° comma precisa, poi, che, se l'offerente non diviene aggiudicatario, la cauzione gli viene restituita dopo la chiusura dell'incanto (salvo che lo stesso abbia omesso di parteciparvi senza giustificato motivo, nel qual caso gli vengono restituiti solo i nove decimi), mentre per l'ipotesi che l'offerente divenga aggiudicatario, ma non versi il prezzo nel termine stabilito o non renda la dichiarazione di cui all'art. 585, 4° comma (v. oltre, in questo §), l'art. 587 prevede la fissazione di un nuovo incanto (su questo v. oltre) e la perdita della cauzione a titolo di multa: ciò che induce la prevalente dottrina ad assimilare la cauzione *de qua*, sotto il profilo funzionale, alla caparra confirmatoria. Sotto il profilo strutturale, la cauzione in discorso va, invece, considerata condizione di efficacia dell'offerta, come si desume dall'art. 571 a proposito della vendita senza incanto. Conseguentemente, l'offerta non accompagnata dalla cauzione può essere dichiarata inefficace con provvedimento ordinatorio, mentre l'ammissione all'incanto di offerta inefficace per i suddetti motivi dà luogo a un'irregolarità che può essere fatta valere con l'opposizione agli atti esecutivi.

L'incanto ha luogo in un'udienza davanti al giudice dell'esecuzione – secondo il disposto dell'art. 581, 3° comma – con l'attesa di un periodo complessivo di 3 minuti per la proposizione di altre offerte che non sono valide se non superano il prezzo base o l'offerta precedente nella misura indicata nell'ordinanza che dispone l'incanto. In questo caso, l'offerente precedente cessa di essere impegnato dalla sua offerta (art. 581, 4° comma). Rimane aggiudicatario l'offerente la cui offerta non è superata, entro il periodo suddetto, da una valida offerta maggiore.

L'incanto si svolge in apposita udienza davanti al giudice.

Avvenuto l'incanto, possono ancora essere fatte offerte di acquisto (con le modalità di cui all'art. 571, e quindi anche con modalità telematiche) entro il termine perentorio di 10 giorni, purché il prezzo offerto superi di almeno un quinto quello raggiunto all'esito dell'incanto (c.d. *offerta dopo l'incanto*) (art. 584, 1° comma). Se viene superato questo minimo, l'offerta dopo l'incanto fa caducare l'offerta precedente e, se gli offerenti sono più d'uno, può svolgersi un'ulteriore gara, ai termini dell'art. 573.

Le c.d. *offerte dopo l'incanto.*

L'art. 584 disciplina, nei successivi commi, l'iter da percorrere per queste ulteriori offerte e la gara ulteriore che può svolgersi tra i nuovi offerenti.

«*Le offerte di cui al primo comma* – così il suo 2° comma – *si fanno mediante deposito in cancelleria nelle forme di cui all'articolo 571, prestando cauzione per una somma pari al doppio della cauzione versata ai sensi dell'articolo 580*».

«*Il giudice* – prosegue il 3° comma – *verificata la regolarità delle offerte, indice la gara, della quale il cancelliere dà pubblico avviso a norma dell'articolo 570 e comunicazione all'aggiudicatario fissando il termine perentorio entro il quale possono essere fatte ulteriori offerte a norma del secondo comma*».

«*Alla gara possono partecipare* – aggiunge il 4° comma dell'art. 584 –, *oltre gli offerenti in aumento di cui ai commi precedenti e l'aggiudicatario, anche gli offerenti al precedente incanto che, entro il termine fissato dal giudice, abbiano integrato la cauzione nella misura di cui al secondo comma*».

«*Se nessuno degli offerenti in aumento partecipa alla gara* – così, infine, il 5° comma – *indetta a norma del terzo comma, l'aggiudicazione diventa definitiva, ed il giudice pronuncia a carico degli offerenti di cui al primo comma, salvo che ricorra un documentato e giustificato motivo, la perdita della cauzione, il cui importo è trattenuto come rinveniente a tutti gli effetti dall'esecuzione*».

L'aggiudicatario – a favore del quale è ormai vincolato il potere di vendere, a fronte del suo obbligo di pagare il prezzo – non è ancora proprietario (art. 585). Per divenire tale egli dovrà provvedere a versare il prezzo nel termine e nel modo fissati dall'ordinanza che dispone la vendita, consegnando al cancelliere il documento comprovante l'avvenuto versamento (art. 585, 1° comma).

«*Se l'immobile è stato aggiudicato* – proseguono i commi successivi dello stesso art. 585 – *a un creditore ipotecario o l'aggiudicatario è stato autorizzato ad assumersi un debito garantito da ipoteca, il giudice dell'esecuzione può limitare, con suo decreto, il versamento alla parte del prezzo occorrente per le spese e per la soddisfazione degli altri creditori che potranno risultare capienti.*

Se il versamento del prezzo avviene con l'erogazione a seguito di contratto di finanziamento che preveda il versamento diretto delle somme erogate in favore della procedura e la garanzia ipotecaria di primo grado sul medesimo immobile oggetto di vendita, nel decreto di trasferimento deve essere indicato tale atto ed il Conservatore dei registri immobiliari non può eseguire la trascrizione del decreto se non unitamente all'iscrizione dell'ipoteca concessa dalla parte finanziata».

Inoltre, il 4° comma dell'art. 585 – appositamente introdotto dal D.Lgs. 149/2022 per adeguare l'espropriazione immobiliare alla normativa antiriciclaggio – prevede che, nel termine fissato per il versamento del prezzo, l'aggiudicatario, con autocertificazione, debba fornire le informazioni prescritte dal D.Lgs. 231/2007 per consentire di adempiere agli obblighi di adeguata verifica da esso imposti.

Soltanto dopo il versamento del prezzo e l'assolvimento dell'obbligo di autocertificazione da ultimo richiamato, *il giudice dell'esecuzione pronuncia il decreto di cui all'art. 586, col quale trasferisce all'aggiudicatario il bene espropriato*, ordinando la cancellazione delle trascrizioni, dei pignoramenti e delle iscrizioni ipotecarie. Il decreto contiene l'ingiunzione al debitore o al custode di rilasciare l'immobile venduto e costituisce titolo esecutivo per il rilascio, nonché titolo per la trascrizione della vendita nei pubblici registri immobiliari (art. 586, 3° comma). Tuttavia, in alternativa a questa pronuncia il giudice dell'esecuzione *può sospendere la vendita, quando ritiene che il prezzo offerto sia notevolmente inferiore a quello giusto* (art. 586, 1° comma).

Soltanto dopo il versamento del prezzo e la prevista dichiarazione antiriciclaggio, il giudice pronuncia il decreto di trasferimento del bene all'aggiudicatario.

Gli effetti sostanziali della vendita forzata sono disciplinati dagli artt. 2919 e ss. c.c., che offrono all'acquirente una certa stabilità, configurando l'irrilevanza di eventuali vizi degli atti anteriori alla vendita (art. 2929 c.c.) ed escludendo la garanzia per i vizi della cosa venduta (art. 2922 c.c.), sebbene non anche – è da ritenere – quella dell'*aliud pro alio*.

Come già detto, se il prezzo non è depositato nel termine stabilito o se l'aggiudicatario non rende la dichiarazione prevista dall'art. 585, 4° comma, il giudice dell'esecuzione dichiara la decadenza dell'aggiudicatario, pronuncia la perdita della cauzione a titolo di multa e dispone un «*nuovo incanto*» (art. 587). Si fa così luogo alla c.d. *rivendita* in danno dell'aggiudicatario inadempiente, nel senso che, se il ricavato è inferiore all'offerta dell'aggiudicatario, questi è condannato a pagare la differenza (art. 587, 2° comma).

Se il prezzo non è depositato nel termine, l'aggiudicatario decade e si fa luogo alla *rivendita*.

72. *La vendita diretta.*

Negli artt. 568 bis e 569 bis è stata introdotta – dal D.Lgs. 149/2022 – anche la possibilità della c.d. *vendita diretta dell'immobile pignorato da parte dell'esecutato*.

Infatti, ai sensi del 1° comma dell'art. 568 bis, lo stesso esecutato può chiedere al giudice dell'esecuzione, per una sola volta nel corso della procedura e con istanza depositata non oltre 10 giorni prima dell'udienza per l'autorizzazione alla vendita o all'assegnazione, di cui all'art. 569, 1° comma, «*di disporre la vendita diretta dell'immobile pignorato o di uno degli immobili pignorati per un prezzo non inferiore al valore indicato nella relazione di stima di cui all'articolo 173 bis, terzo comma, delle disposizioni d'attuazione del presente codice*».

L'esecutato può avanzare istanza di vendita diretta almeno 10 giorni prima dell'udienza per l'autorizzazione alla vendita o all'assegnazione.

La scelta del debitore di avanzare istanza di vendita diretta, dunque, è funzionale all'obiettivo di evitare che il bene venga venduto per un importo inferiore al suo valore effettivo.

Lo stesso art. 568 bis, al 2° comma, aggiunge che, insieme all'istanza, il debitore deve depositare in cancelleria, a pena di inammissibilità della stessa, l'offerta di acquisto e, a conferma della serietà dell'offerta, una cauzione non inferiore a un decimo del prezzo offerto e che l'istanza e l'offerta presentate devono essere notificate, a cura dell'offerente o del debitore, almeno 5 giorni prima dell'udienza di cui all'art. 569, al creditore procedente, a quelli aventi un titolo di prelazione risultante da pubblici registri ex art. 498, ancorché non intervenuti, e ai creditori intervenuti prima del deposito dell'offerta medesima.

L'istanza del debitore è irrevocabile, salvo che siano trascorsi 120 giorni e non sia stata accolta.

L'istanza di vendita diretta presentata dal debitore – stabilisce, infine, il 3° comma dell'art. 568 bis – «*è irrevocabile, salvo che siano trascorsi centoventi giorni dalla data del provvedimento di cui al secondo comma dell'articolo 569 bis ed essa non sia stata accolta*». Il che sta a significare che essa, una volta avanzata, è da considerare irrevocabile, con la sola eccezione del suo non accoglimento dopo che siano decorsi 120 giorni dal provvedimento del giudice di cui al 2° comma dell'art. 569 bis, con il quale il giudice, rilevato che il prezzo base del bene è maggiore del prezzo offerto, fissa al debitore-offerente un termine di 10 giorni per adeguare l'offerta e la cauzione al prezzo base. Ne deriva, dunque, che in questo specifico caso, decorsi i previsti 120 giorni da quest'ultimo provvedimento senza che l'offerta sia stata accolta, essa è da considerare non più irrevocabile.

Quanto, poi, alle modalità della vendita diretta, di queste si occupa l'art. 569 bis, distinguendo: a) a seconda che *il prezzo offerto sia uguale o superiore al prezzo base dell'immobile pignorato oppure, invece, sia inferiore ad esso*; b) a seconda che *i creditori muniti di titolo esecutivo e quelli intervenuti ai sensi dell'art. 498 (privilegiati il cui diritto di prelazione risulti da pubblici registri) si siano o non si siano opposti all'istanza.*

Se il prezzo offerto è uguale al prezzo base determinato dal giudice, viene disposta la vendita diretta, ...

E così, anzitutto, il 1° comma dell'art. 569 bis stabilisce che, ove sia stata avanzata istanza di vendita diretta, il giudice dell'esecuzione, all'udienza per l'autorizzazione alla vendita o all'assegnazione di cui all'art. 569, «*se il prezzo base determinato ai sensi dell'articolo 568 non è maggiore del prezzo offerto* [con l'istanza del debitore]», valutata l'ammissibilità della medesima istanza, dispone la vendita diretta con le modalità di cui al 4° e 5° comma dello stesso art. 569 bis.

... mentre, se è inferiore, il giudice fissa termine per l'integrazione e, dopo, procede a vendita diretta.

Se, invece, il prezzo base è maggiore del prezzo offerto dal debitore nella sua istanza, il 2° comma dell'art. 569 bis prevede – come abbiamo già visto – che il giudice fissi un termine di 10 giorni per consentire all'esecutato di integrare l'offerta e la cauzione, adeguandole al prezzo base. E in questo caso, se effettivamente l'esecutato effettua quest'integrazione, il giudice entro i successivi 5 giorni, valutata l'ammissibilità dell'offerta, provvede alla vendita diretta, ai sensi del 4° e 5° comma dello stesso art. 569 bis. Invece, ove l'offerta e la cauzione non dovessero essere integrate, il giudice provvede entro 5 giorni a dichiarare (con ordinanza ex art. 487) inammissibile l'offerta e a disporre la vendita ordinaria nei modi e nei termini di cui al 3° comma dell'art. 569.

Aggiunge il 2° comma dello stesso art. 569 bis che nello stesso modo, e cioè disponendo la vendita ordinaria, il giudice provvede nel caso in cui dichiari con decreto inammissibile l'istanza di vendita diretta, perché presentata senza il rispetto dei presupposti indicati da quest'ultima disposizione.

A questo punto i commi 4° e 5° dell'art. 569 bis differenziano la prosecuzione della procedura *a seconda che non vi sia o vi sia opposizione dei creditori all'offerta di vendita diretta.*

Ebbene, *nel primo caso,* il 4° comma prevede che, una volta dichiarata ammissibile l'istanza e in assenza di opposizione (espressa) dei creditori muniti di titolo esecutivo e di quelli intervenuti di cui all'art. 498 (creditori privilegiati iscritti in pubblici registri), il giudice dell'esecuzione «*aggiudica l'immobile all'offerente*» e «*si applicano il sesto, settimo, ottavo, nono e decimo comma*» dello stesso art. 569 bis. Procedendo direttamente all'aggiudicazione dell'immobile il giudice: a) stabilisce le modalità di pagamento del prezzo da versare entro 90 giorni, a pena di decadenza; b) verifica che il versamento del prezzo da parte dell'aggiudicatario sia avvenuto nel rispetto dell'art. 585; c) se il prezzo non è depositato nel termine stabilito (e in ogni altro caso in cui il bene non è aggiudicato), con decreto dispone la vendita ordinaria nei modi e nei termini di cui al 3° comma dell'art. 569; d) avvenuto il versamento del prezzo e resa la dichiarazione di cui al 4° comma dell'art. 585 (v. retro, in questo §), pronuncia il decreto di trasferimento del bene all'aggiudicatario e anche – si deve ritenere, pur nel silenzio del legislatore – la cancellazione delle trascrizioni dei pignoramenti e delle iscrizioni ipotecarie di cui all'art. 586; e) su istanza dell'aggiudicatario, può autorizzare il trasferimento dell'immobile mediante atto negoziale e anche in questo caso ordina, contestualmente alla trascrizione dell'atto di trasferimento, le cancellazioni di cui all'art. 586.

Se non vi è opposizione dei creditori, il giudice aggiudica l'immobile all'offerente.

Qualora, invece, dopo la valutazione di ammissibilità dell'istanza di vendita diretta, *vi sia l'opposizione di uno dei creditori muniti di titolo esecutivo o di uno dei creditori intervenuti ai sensi dell'art. 498,* si seguono le modalità di cui al 5° comma dell'art. 569 bis, molto più articolate di quelle previste dal 4° comma per l'ipotesi in cui non vi siano opposizioni.

E di conseguenza il giudice con ordinanza: 1) fissa un termine non superiore a 40 giorni per l'effettuazione della pubblicità, ai sensi dell'art. 490, dell'offerta presentata e della vendita; 2) fissa il termine di 90 giorni per la formulazione di ulteriori offerte di acquisito per un prezzo non inferiore a quello dell'offerta presentata, garantite da

Ma, se vi è opposizione dei creditori, si apre la possibilità di altre offerte e …

… della gara fra offerenti prima dell'individuazione dell'aggiudicatario.

cauzione non inferiore a un decimo del prezzo proposto; 3) convoca il debitore, gli eventuali comproprietari, il creditore procedente, i creditori intervenuti, i creditori iscritti ex art. 498 e gli offerenti a un'udienza da fissare entro 15 giorni dalla scadenza del termine di cui al n. 2), per procedere alla deliberazione sull'offerta e, in caso di pluralità di offerte, alla gara fra gli offerenti; 4) prevede, salvo che sia pregiudizievole per gli interessi dei creditori o per il sollecito svolgimento della procedura, che il versamento della cauzione, la presentazione delle offerte, lo svolgimento della gara e il pagamento del prezzo da parte dell'aggiudicatario siano effettuati con modalità telematiche.

Dopodiché, una volta aggiudicato il bene, anche in questo caso si procede al pagamento del prezzo, alla dichiarazione di cui al 4° comma dell'art. 585 e al trasferimento della proprietà con il decreto di cui all'art. 586, come abbiamo visto accadere per l'ipotesi in cui alla vendita diretta si proceda senza opposizioni dei creditori.

73. *Delega della vendita forzata ad un professionista.*

Gli artt. 591 bis e 591 ter configurano *la delega a un professionista delle operazioni di vendita forzata …*

Gli artt. 591 bis e 591 ter disciplinano la delega ad un professionista delle operazioni di vendita forzata di beni immobili e la prevedono come soluzione obbligata per il giudice (così come abbiamo visto accadere anche per la vendita di beni mobili registrati, ai sensi degli artt. 534 bis e ter: retro, § 65). Il codice, infatti, nel quadro dell'immutata funzione del giudice dell'esecuzione di dirigere l'espropriazione (art. 484, 1° comma), prevede che il giudice – nel momento in cui provvede sull'istanza di vendita – *delega ad un professionista* (notaio, avvocato o commercialista, comunque iscritti nei relativi elenchi di cui all'art. 179 ter disp. att.) *il compimento delle operazioni di vendita secondo le modalità indicate al 3° comma dell'art. 569* (art. 591 bis, 1° comma). Alla delega il giudice non deve procedere nel solo caso indicato dal 2° comma dello stesso art. 591 bis, e cioè laddove, «*sentiti i creditori, ravvisi l'esigenza di procedere direttamente alle operazioni di vendita a tutela degli interessi delle parti*».

… come scelta obbligata per il giudice.

Alla delega il giudice non procede solo laddove ravvisi l'esigenza di procedere alle operazioni di vendita direttamente.

Avendo optato per la delega della vendita forzata al professionista, «*con la medesima ordinanza* – aggiunge sempre il 1° comma dell'art. 591 bis – *il giudice fissa il termine finale per il completamento delle operazioni delegate; dispone lo svolgimento, entro il termine di un anno dall'emissione dell'ordinanza, di un numero di esperimenti di vendita non inferiore a tre, secondo i criteri stabiliti dall'articolo 591, secondo comma; stabilisce le modalità di effettuazione della pubblicità, il luogo di presentazione delle offerte d'acquisto e il luogo ove si procede all'esame delle stesse, alla gara tra gli offerenti ed alle operazioni dell'eventuale incanto*».

Infine, si applica in tal caso quanto stabilisce l'art. 569, 4° comma, ovvero la possibilità che, con la medesima ordinanza, *il giudice stabilisca che il versamento della cauzione, la presentazione delle offerte, lo svolgimento della gara tra gli offerenti e, nei casi previsti, l'incanto, nonché il pagamento del prezzo, siano effettuati con modalità telematiche* (in proposito v. retro, § 71).

Il professionista può essere delegato anche alla vendita forzata *con modalità telematiche*.

Il professionista designato assume la veste di ausiliare del giudice e non può rifiutare l'incarico (salvo che ricorra il «giusto motivo di astensione», di cui all'art. 63, 1° comma). L'ambito della delega – che può essere revocata o modificata – comprende tutte le operazioni nelle quali si articola la procedura di vendita fino alla predisposizione del decreto di trasferimento, mentre la pronuncia del decreto stesso è riservata al giudice dell'esecuzione, così come resta a lui riservata la pronuncia degli altri provvedimenti di cui all'art. 586 (eventuale sospensione della vendita per inadeguatezza del prezzo, ordine di cancellazione della trascrizione del pignoramento: art. 591 bis, 10° comma).

L'art. 591 bis, 3° comma, contiene la dettagliata elencazione delle operazioni incluse (salve limitazioni, da ritenersi possibili) nella delega al professionista.

Le operazioni delegabili sono elencate nell'art. 591 bis, 3° comma.

Si prevede, dunque, che:

«*Il professionista delegato provvede:*

1) alla determinazione del valore dell'immobile a norma dell'articolo 568, primo comma, tenendo anche conto della relazione redatta dall'esperto nominato dal giudice ai sensi dell'articolo 569, primo comma, e delle eventuali note depositate dalle parti ai sensi dell'articolo 173 bis, quarto comma, delle disposizioni di attuazione del presente codice;

2) agli adempimenti previsti dall'articolo 570 e, ove occorrenti, dall'articolo 576, secondo comma;

3) alla deliberazione sull'offerta a norma dell'articolo 572 e agli ulteriori adempimenti di cui agli articoli 573 e 574;

4) alle operazioni dell'incanto e all'aggiudicazione dell'immobile a norma dell'articolo 581;

5) a ricevere o autenticare la dichiarazione di nomina di cui all'articolo 583;

6) sulle offerte dopo l'incanto a norma dell'articolo 584 e sul versamento del prezzo nella ipotesi di cui all'articolo 585, secondo comma;

7) sulla istanza di assegnazione di cui agli articoli 590 e 591, terzo comma;

8) alla fissazione del nuovo esperimento di vendita e del termine per la presentazione di nuove offerte d'acquisto ai sensi dell'articolo 591;

9) alla fissazione dell'ulteriore esperimento di vendita nel caso previsto dall'articolo 587;

10) ad autorizzare l'assunzione dei debiti da parte dell'aggiudicatario o dell'assegnatario a norma dell'articolo 508;

11) alla esecuzione delle formalità di registrazione, trascrizione e voltura catastale del decreto di trasferimento, alla comunicazione dello stesso a pubbliche amministrazioni negli stessi casi previsti per le comunicazioni di atti volontari di trasferimento nonché all'espletamento delle formalità di cancellazione delle trascrizioni dei pignoramenti e delle iscrizioni ipotecarie conseguenti al decreto di trasferimento pronunciato dal giudice dell'esecuzione ai sensi dell'articolo 586;

12) alla formazione del progetto di distribuzione ed alla sua trasmissione al giudice dell'esecuzione, nei modi e termini stabiliti dall'articolo 596;

13) ad ordinare alla banca o all'ufficio postale la restituzione delle cauzioni e di ogni altra somma direttamente versata mediante bonifico o deposito intestato alla procedura dagli offerenti non risultati aggiudicatari. La restituzione ha luogo nelle mani del depositante o mediante bonifico a favore degli stessi conti da cui sono pervenute le somme accreditate».

L'art. 591 bis dispone, d'altra parte, nel 4° comma, che «*nell'avviso di cui all'articolo 570* (sottoposto alla pubblicità di cui all'art. 490) *è specificato che tutte le attività che, a norma degli articoli 571 e seguenti devono essere compiute in cancelleria o davanti al giudice dell'esecuzione, o dal cancelliere o dal giudice dell'esecuzione, sono eseguite dal professionista delegato presso il suo studio ovvero nel luogo indicato nell'ordinanza di cui al primo comma* (salva la possibilità, come detto, della vendita con modalità telematiche). *All'avviso si applica l'articolo 173 quater delle disposizioni di attuazione del presente codice*».

Lo stesso art. 591 bis dispone, inoltre, nei suoi commi successivi che «*il professionista delegato provvede altresì alla redazione del verbale delle operazioni di vendita, che deve contenere le circostanze di luogo e di tempo nelle quali le stesse si svolgono, le generalità delle persone presenti, la descrizione delle attività svolte, la dichiarazione dell'aggiudicazione provvisoria con l'identificazione dell'aggiudicatario.*

Il verbale è sottoscritto esclusivamente dal professionista delegato e allo stesso non deve essere allegata la procura speciale di cui all'articolo 579, secondo comma (ove le offerte siano state effettuate a mezzo mandatario munito di procura speciale)».

Se il prezzo non è versato nel termine, il professionista ne dà avviso al giudice.

«Se il prezzo non è stato versato nel termine – così l'art. 591 bis, 6° comma –, il professionista ne dà tempestivo avviso al giudice, trasmettendogli il fascicolo».

Se avviene il versamento, il professionista predispone il decreto di trasferimento per la pronuncia da parte del giudice.

Il 7° comma dello stesso art. 591 bis dispone, poi, che «*avvenuto il versamento del prezzo ai sensi degli articoli 574, 585 e 590, secondo comma, e verificato l'assolvimento dell'obbligo posto a carico dell'aggiudicatario dall'articolo 585, quarto comma* [in assolvimento della disciplina antiriciclaggio: v. retro, § 71], *il professionista delegato predispone il decreto di trasferimento e trasmette senza indugio al giudice dell'esecuzione il fascicolo. Al decreto, se previsto dalla legge, deve essere allegato il certificato di destinazione urbanistica dell'immobile quale risultante dal fascicolo processuale. Il professionista delegato prov-*

vede alla trasmissione del fascicolo al giudice dell'esecuzione nel caso in cui non faccia luogo all'assegnazione o ad ulteriori incanti ai sensi dell'articolo 591. Contro il decreto previsto nel presente comma è proponibile l'opposizione di cui all'articolo 617». Le somme versate dall'aggiudicatario sono depositate presso una banca o su un conto postale indicati dal giudice, ma – come già detto – i provvedimenti di cui all'art. 586 (decreto di trasferimento del bene) restano riservati al giudice dell'esecuzione.

Circa, poi, la revoca della delega da parte del giudice dell'esecuzione, ma sempre nel contraddittorio con l'interessato, essa si verificherà – ai sensi dell'11° comma dell'art. 591 bis – «*se non siano rispettati i termini e le direttive per lo svolgimento delle operazioni di vendita, salvo che il professionista delegato dimostri che il mancato rispetto della delega sia dipeso da causa a lui non imputabile*».

Specifiche disposizioni sono previste per la delega al professionista anche delle operazioni di *vendita diretta* di cui all'art. 569 bis.

Specifiche disposizioni si ritrovano sempre nell'art. 591 bis a proposito della delega al professionista delle operazioni di *vendita diretta* di cui all'art. 569 bis (v. retro, § 72), tenendo conto che – come abbiamo visto –, una volta ritenuta ammissibile l'istanza del debitore di vendita diretta, l'iter da seguire è diverso a seconda che non vi sia o vi sia opposizione dei creditori muniti di titolo esecutivo o intervenuti ai sensi dell'art. 498 (crediti privilegiati risultanti da pubblici registri) (su questo v. retro, § 72).

Ebbene, nel primo caso, il 12° comma dell'art. 591 bis dispone che, «*quando il giudice dell'esecuzione provvede a norma dell'articolo 569 bis, quarto comma* [ossia, in assenza di opposizione dei creditori], *al professionista sono delegate la riscossione del prezzo e le operazioni di distribuzione del ricavato, nonché le operazioni indicate ai numeri 10), 11), e 12) del terzo comma*» dello stesso art. 591 bis, sopra richiamate.

Invece, quando all'istanza del debitore di vendita diretta sia seguita l'opposizione dei creditori muniti di titolo esecutivo e intervenuti ex art. 498 (v. retro, § 72), al professionista – ai sensi del 13° comma dell'art. 591 bis – sono delegate la «deliberazione sulle offerte e lo svolgimento della gara, la riscossione del prezzo e le operazioni di distribuzione del ricavato» e inoltre «le operazioni indicate ai numeri 2), 5), 10), 11), 12) e 13) del terzo comma» del medesimo art. 591 bis, sopra richiamate.

Infine, il 14° comma dell'art. 591 bis disciplina gli obblighi informativi a carico dello stesso professionista delegato. Egli, infatti è tenuto a depositare: a) entro 10 giorni dalla notifica dell'ordinanza di vendita, un rapporto riepilogativo iniziale delle attività svolte; b) dopo ciascun esperimento di vendita, un rapporto riepilogativo periodico delle attività svolte; c) entro 10 giorni dalla comunicazione dell'approvazione del progetto di distribuzione, un rapporto riepilogativo finale delle attività svolte successivamente all'ultimo rapporto.

Tali rapporti riepilogativi vanno redatti in conformità a modelli predisposti dal giudice dell'esecuzione.

Le eventuali difficoltà sono risolte, ad iniziativa del professionista, dal giudice dell'esecuzione, ...

Sempre in relazione alla delega al professionista delle operazioni di vendita forzata, particolare interesse merita l'art. 591 ter, che risolve i problemi dei poteri del professionista delegato di fronte all'insorgere di difficoltà, anche giuridiche, nonché, più in generale, i problemi del regime degli atti del professionista stesso invalidi, illegittimi o inopportuni.

Anzitutto, la disposizione attribuisce al professionista il potere di risolvere direttamente tutte le questioni attinenti alle modalità di svolgimento dell'esecuzione, lasciandogli però l'alternativa di rivolgersi per istruzioni al giudice dell'esecuzione, il quale – se richiesto formalmente – provvede con decreto.

... mentre avverso gli atti del professionista è sempre ammesso reclamo allo stesso giudice, che decide con ordinanza sottoponibile a opposizione agli atti esecutivi.

Prevede, inoltre, che «*avverso gli atti del professionista delegato è ammesso reclamo delle parti e degli interessati, da proporre con ricorso al giudice dell'esecuzione nel termine perentorio di venti giorni dal compimento dell'atto o dalla sua conoscenza*» (2° comma dell'art. 591 ter). Il ricorso è deciso dal giudice dell'esecuzione con ordinanza, «*avverso la quale è ammessa l'opposizione ai sensi dell'articolo 617*», ossia l'opposizione agli atti esecutivi (v. oltre, § 82).

74. *Assegnazione forzata, amministrazione giudiziaria e distribuzione del ricavato.*

Stabilisce l'art. 588 che, quando la vendita del bene pignorato non ha luogo, si può procedere all'*assegnazione*, sempre che questa sia stata chiesta in precedenza.

L'*assegnazione* va chiesta 10 giorni prima della data dell'udienza per la vendita ove la vendita non abbia luogo ...

Va premesso, al riguardo, che, secondo lo stesso art. 588, ogni creditore interessato all'assegnazione è onerato a chiederla *già prima dell'udienza fissata per la vendita* e più precisamente *10 giorni prima della data di tale udienza*, e ciò per l'ipotesi che – come detto – la vendita non dovesse aver luogo. La richiesta di assegnazione può essere avanzata da ogni creditore «*per sé o a favore di un terzo*».

... e può essere chiesta anche a favore di un terzo.

L'art. 589 precisa, poi, che «*l'istanza di assegnazione deve contenere l'offerta di pagamento di una somma non inferiore a quella prevista nell'articolo 506 ed al prezzo base stabilito per l'esperimento di vendita per cui è presentata*».

Nel 2° comma lo stesso art. 589 aggiunge che «*fermo quanto previsto al primo comma, se nella procedura non risulta che vi sia alcuno dei creditori di cui all'articolo 498* (ossia creditori privilegiati iscritti in pubblici registri) *e se non sono intervenuti altri creditori oltre al procedente, questi può presentare offerta di pagamento di una somma pari alla differenza fra il suo credito in linea capitale e il prezzo che intende offrire, oltre le spese*».

L'art. 590 stabilisce, inoltre, che «*se la vendita non ha luogo per mancanza di offerte e vi sono domande di assegnazione, il giudice provvede su di esse fissando il termine entro il quale l'assegnatario deve versare l'eventuale conguaglio.*

Avvenuto il versamento, il giudice pronuncia il decreto di trasferimento a norma dell'articolo 586».

Se la vendita non ha luogo, il giudice provvede sulle eventuali istanze di assegnazione.

Peraltro, siccome l'istanza di assegnazione potrebbe essere avanzata anche a favore di un soggetto diverso dal creditore istante, l'art. 590 bis prevede che, in tal caso, «*il creditore … deve dichiarare in cancelleria, nei cinque giorni dalla pronuncia in udienza del provvedimento di assegnazione ovvero dalla comunicazione, il nome del terzo a favore del quale deve essere trasferito l'immobile, depositando la dichiarazione del terzo di volerne profittare. In mancanza, il trasferimento è fatto a favore del creditore*». Ai fini di una maggiore responsabilizzazione del creditore che avanzi istanza di assegnazione a favore di un terzo, lo stesso art. 590 bis aggiunge che, in ogni caso, gli obblighi derivanti dalla presentazione dell'istanza di assegnazione «*sono esclusivamente a carico del creditore*».

Che accade se, dopo l'insuccesso della vendita, non vi sono domande di assegnazione o se il giudice decide di non accoglierle?

Se la vendita non ha avuto successo e non ci sono istanze di assegnazione accoglibili …

L'art. 591 prevede, nel suo 1° comma, che in tal caso il giudice dell'esecuzione dispone *l'amministrazione giudiziaria a norma degli artt. 592 e ss. oppure pronuncia nuova ordinanza ai sensi dell'art. 576, perché si proceda alla vendita con incanto*, «*sempre che ritenga che la vendita con tale modalità possa aver luogo ad un prezzo superiore della metà rispetto al valore del bene, determinato a norma dell'articolo 568*».

Vediamo separatamente le due alternative iniziando da quest'ultima, della quale incomincia ad occuparsi il 2° comma dello stesso art. 591.

«*Il giudice* – dispone detto 2° comma – *può altresì stabilire diverse condizioni di vendita e diverse forme di pubblicità, fissando un prezzo base inferiore al precedente fino al limite di un quarto e, dopo il quarto tentativo di vendita andato deserto, fino al limite della metà. Il giudice, se stabilisce nuove condizioni di vendita o fissa un nuovo prezzo, assegna altresì un nuovo termine non inferiore a sessanta giorni, e non superiore a novanta, entro il quale possono essere proposte offerte d'acquisto ai sensi dell'articolo 571*».

… il giudice può disporre la vendita con incanto, anche a diverse condizioni …

Il 3° comma dell'art. 591 precisa, poi, che «*se al secondo tentativo la vendita non ha luogo per mancanza di offerte e vi sono domande di assegnazione, il giudice assegna il bene al creditore o ai creditori richiedenti, fissando il termine entro il quale l'assegnatario deve versare l'eventuale conguaglio*». Anche in questo caso, peraltro, «*si applica il secondo comma dell'articolo 590*», e dunque il giudice pronuncerà il decreto di trasferimento del bene una volta avvenuto il versamento del conguaglio.

Il codice non prevede l'ipotesi che anche l'incanto con successive riduzioni del prezzo base rimanga senza esito. Nella quale ipotesi parrebbe inevitabile l'amministrazione giudiziaria ai sensi degli artt. 592 e ss., a meno che non si ritenga possibile riaprire la via «circolare» dell'eventuale assegnazione o fissazione di altro incanto con l'ulteriore superamento dei limiti.

... oppure può disporre l'amministrazione giudiziaria.

E veniamo alla seconda alternativa, ossia all'*amministrazione giudiziaria*, una misura provvisoria che ha lo scopo di lasciare un margine di tempo, affinché il nuovo incanto o l'assegnazione possano avvenire nelle condizioni più idonee. Essa è disposta per un termine non superiore a tre anni ed è affidata ad uno o più creditori o a un istituto all'uopo autorizzato, oppure allo stesso debitore, se tutti i creditori vi consentono (art. 592). L'amministratore è naturalmente tenuto al rendiconto (art. 593), e le rendite (da depositarsi nei modi stabiliti dal giudice) possono essere assegnate ai creditori, con le forme della distribuzione del ricavato (su cui fra poco), a decurtazione del loro credito (art. 594).

Durante l'amministrazione giudiziaria, ognuno può fare offerta d'acquisto; ciò evidentemente in relazione con le finalità dell'istituto. Per le medesime ragioni, il creditore pignorante o uno dei creditori intervenuti può, in ogni momento, chiedere che il giudice dell'esecuzione, sentite le altre parti, proceda a un nuovo incanto o all'assegnazione (art. 595, 1° comma). Allo scadere del termine, l'amministrazione cessa (salve proroghe che non possono prolungare complessivamente l'amministrazione oltre i tre anni) e viene, quindi, disposto un nuovo incanto (art. 595, 2° comma).

La distribuzione del ricavato, ...

Rispetto alla *distribuzione del ricavato*, la disciplina dettata dal codice con riguardo specifico all'espropriazione immobiliare – disciplina che è naturalmente anch'essa aggiuntiva e integrativa di quella generale contenuta negli artt. 509 e ss. e che si vide al § 62 – è imperniata sul progetto di distribuzione, da predisporre, evidentemente, sempre che il creditore da soddisfare non sia solo quello procedente (art. 510, 1° comma).

Ebbene, l'art. 596 stabilisce che a ciò provvede, secondo le indicazioni impartite dal giudice dell'esecuzione, il professionista delegato a norma dell'art. 591 bis entro 30 giorni dal versamento del prezzo. Tale progetto, con la c.d. *graduazione* dei creditori, in relazione ai rispettivi diritti di prelazione, e la relativa liquidazione, va trasmesso al giudice dell'esecuzione, il quale entro 10 giorni «*esamina il progetto di distribuzione e, apportate le eventuali variazioni, lo deposita nel fascicolo della procedura perché possa essere consultato dai creditori e dal debitore e ne dispone la comunicazione al professionista delegato*». A questo punto – aggiunge il 2° comma dello stesso art. 596 – «*fissa innanzi a sé entro trenta giorni l'audizione delle parti per la discussione sul progetto di distribuzione. Tra la comuni-*

cazione dell'invito e la data della comparizione innanzi al delegato debbono intercorrere almeno dieci giorni».

È chiaro anche che, laddove il giudice dell'esecuzione non dovesse procedere alla delega al professionista delle operazioni di vendita forzata, ai sensi del 2° comma dell'art. 591 bis (v. retro, § 73), la formazione del progetto di distribuzione e la fissazione dell'udienza di audizione delle parti avverrà da parte dello stesso giudice, sempre nel rispetto del termine dilatorio già richiamato (4° comma dell'art. 596).

Va aggiunto che lo stesso art. 596 prevede anche la possibilità che il giudice (o il professionista delegato) provveda ad una *distribuzione parziale*, purché non superiore comunque al 90% delle somme da ripartire. Peraltro, la distribuzione parziale può avvenire anche a favore dei creditori aventi diritto all'accantonamento ai sensi dell'art. 510, 3° comma (intervenuti non ancora muniti di titolo esecutivo) ovvero dei creditori i cui crediti siano oggetto di controversia distributiva ai sensi dell'art. 512. Ciò, tuttavia, a condizione che costoro presentino una fideiussione autonoma, irrevocabile e a prima richiesta, rilasciata da uno dei soggetti indicato dall'art. 574, 1° comma, secondo periodo (banche, società assicuratrici o intermediari finanziari che svolgono in via esclusiva o prevalente attività di prestazione di garanzie e che siano sottoposte a revisione contabile da parte di una società di revisione); fideiussione idonea a garantire la restituzione alla procedura delle somme che risultino indebitamente ripartite, oltre agli interessi al tasso applicato dalla Banca centrale europea. Con le stesse modalità – aggiunge sempre l'art. 596, 3° comma – si potrà procedere a distribuzione a favore dei creditori che avrebbero diritto al ricavato qualora risulti totalmente o parzialmente insussistente il credito del soggetto avente diritto all'accantonamento oppure oggetto di contestazione in sede di distribuzione.

... che può essere anche parziale, ...

A questo punto può accadere o che il progetto di distribuzione sia approvato dalle parti oppure che su di esso vengano sollevate contestazioni. È quel che prevede l'art. 598, per il quale «*Se il progetto è approvato o si raggiunge l'accordo tra tutte le parti, se ne dà atto nel processo verbale e il professionista delegato a norma dell'articolo 591 bis o il giudice dell'esecuzione nell'ipotesi di cui all'articolo 596, quarto comma, ordina il pagamento agli aventi diritto delle singole quote entro sette giorni*». In proposito occorre anche tener presente che, in base a quel che prevede l'art. 597, la mancata comparizione per la discussione sul progetto di distribuzione innanzi al professionista delegato o all'udienza davanti al giudice dell'esecuzione, nel caso in cui questi non abbia proceduto alla nomina del professionista delegato, «*importa approvazione del progetto*».

... presuppone l'approvazione del progetto di distribuzione del ricavato fra tutti i creditori.

Invece, ove dovessero sorgere contestazioni innanzi al professionista delegato «questi – prevede ancora il 2° comma dell'art. 598 – ne dà

L'eventuale mancanza di accordo implica già contestazione da risolversi con le modalità di cui all'art. 512.

conto nel processo verbale e rimette gli atti al giudice dell'esecuzione, il quale provvede ai sensi dell'articolo 512» (v. retro, § 62). È evidente, d'altro canto, che con questa seconda modalità procederà direttamente il giudice dell'esecuzione nell'eventualità che le contestazioni dovessero sorgere proprio durante l'udienza davanti a lui.

Bibliografia di orientamento

G. VERDE, *Pignoramento mobiliare diretto e immobiliare*, in *Enciclopedia del diritto*, XXXIII, Milano, 1983; G. BONGIORNO, *Espropriazione immobiliare*, in *Dig. disc. priv., sez. civ.*, VIII, Torino, 1992; A. CERINO CANOVA, *Offerte dopo l'incanto*, Padova, 1975; R. ORIANI, *Il regime degli atti del notaio ecc.*, in *Foro it.*, 1998, V; R. ORIANI, *Ancora sul regime degli atti del notaio delegato nell'espropriazione immobiliare*, *ivi*, 1999, V; E. FABIANI, *La delega delle operazioni di vendita in sede di espropriazione forzata immobiliare*, Padova, 2007; G. TRISORIO LIUZZI, *La responsabilità del professionista delegato alla vendita ecc.*, in *Riv. es. forzata*, 2010; G. COSTANTINO, *La delega al professionista* ex *art. 591*-bis *c.p.c. a (quasi) venti anni dal suo esordio*, in *Rass. es. forzata*, 2019; P. FARINA, *L'aggiudicazione nel sistema delle vendite forzate*, Napoli, 2012; M.C. VANZ, *La "doppia anima" del decreto di trasferimento*, *ivi*, 2020; S. CONFORTI, *La decadenza dell'aggiudicatario nell'espropriazione immobiliare*, *ivi*, 2021; A. TEDOLDI, *Misure urgenti e delega in materia di esecuzione forzata (L. 206/2021)*, in *Rass. es. forzata*, 2022; A.M. SOLDI, *Manuale dell'esecuzione forzata*, Milano, 2022; D. LONGO, *La custodia dei beni immobili pignorati*, in *La riforma del processo civile*, a cura di D. DALFINO, in *Foro it.*, *Gli speciali*, 4/2022; M.L. SPADA, *Il procedimento di vendita diretta dell'immobile pignorato*, *ibidem*; E. CAVUOTO, *La distribuzione del ricavato nell'esecuzione immobiliare delegata*, *ibidem*; A. SALETTI, *La "vendita diretta"*, in *Riforma Cartabia: il nuovo processo civile (II parte)*, a cura di A. CARRATTA, in *Giur. it.*, 2023; A. CARRATTA, *Le riforme del processo civile*, Torino, 2023; L. TERMITE, *Il processo esecutivo*, in *Il processo civile dopo la riforma*, a cura di C. CECCHELLA, Bologna, 2023; S. VINCRE, *Le nuove norme sul processo esecutivo e sull'esecuzione indiretta*, in *Riv. dir. proc.*, 2023; L. DE PROPRIS, *Vendita diretta*, in *La riforma Cartabia del processo civile*, a cura di R. TISCINI, Pisa, 2023; A. BARALE, *L'esecuzione forzata*, in *Lezioni sul nuovo processo civile*, a cura di E. DALMOTTO, Bologna, 2023; P. FARINA, *La vendita*, in *Il processo civile dopo la riforma Cartabia*, a cura di A. DIDONE e F. DE SANTIS, Milano, 2023; V. BARONCINI, *Le novità in materia di espropriazione forzata immobiliare nel d.lgs. 10 ottobre 2022, n. 149*, in *Giust. civ.*, 2023; B. CAPPONI, *Diritto dell'esecuzione civile*, 8ª ed., Torino, 2025.

Sezione quinta

L'ESPROPRIAZIONE DI BENI INDIVISI E CONTRO IL TERZO PROPRIETARIO

75. *L'espropriazione di beni indivisi.*

Oggetto dell'*espropriazione dei beni indivisi* è la quota (ideale) di un bene indiviso. Quando il procedente è creditore di uno solo dei comproprietari o vuole comunque agire contro uno solo di essi l'espropriazione deve colpire soltanto la quota di questo, senza violare i diritti degli altri comproprietari. Per conseguire questo risultato occorre anzitutto evitare che i comproprietari colludano col debitore per attuare una divisione in pregiudizio del creditore procedente. A tale scopo l'art. 599, 2° comma, dispone che del pignoramento sia notificato avviso, a cura del creditore pignorante, anche agli altri comproprietari, ai quali da quel momento è fatto divieto di lasciare separare dal debitore la sua parte delle cose comuni senza ordine del giudice. Inoltre, occorre predeterminare un iter che consenta di espropriare quella sola quota del bene indiviso appartenente al debitore. Ciò può avvenire in *tre modi diversi*: 1) la *separazione*, 2) la *vendita della quota indivisa* e 3) la *divisione*.

In caso di *espropriazione di un bene indiviso*, occorre procedere al pignoramento nei confronti di tutti i comproprietari.

La *separazione* – che, agli effetti pratici, è una divisione in natura, parziale, ossia limitata alla quota del debitore – è la soluzione in certo senso preferita dal codice, il quale all'art. 600, 1° comma, prevede che essa venga disposta dal giudice dell'esecuzione quando è possibile.

Invece, «*Se la separazione non è chiesta o non è possibile*» – aggiunge il 2° comma del medesimo art. 600 – il giudice dell'esecuzione «*dispone che si proceda alla divisione a norma del codice civile, salvo che ritenga probabile la vendita della quota indivisa ad un prezzo pari o superiore al valore della stessa, determinato a norma dell'articolo 568*». Se si deve far luogo alla divisione, la quale costituisce in tale contesto una parentesi di cognizione del processo esecutivo (con competenza del giudice dell'esecuzione e con le forme del rito semplificato se tutti gli interessati non sono presenti: art. 181 disp. att., come modificato dal D.Lgs. 164/2024), l'esecuzione è sospesa – precisa, infine, l'art. 601 – finché sulla divisione stessa non sia raggiunto un accordo tra le parti o pronunciata una sentenza passata in giudi-

Se la separazione (in natura) non è chiesta o non è possibile, il giudice dispone la divisione giudiziale, …

… con conseguente sospensione del processo esecutivo.

cato o quanto meno di secondo grado. Avvenuta la divisione, il processo esecutivo deve essere riassunto ai termini dell'art. 627 (v. oltre, § 84, in fine), dopo di che si fa luogo alla vendita o all'assegnazione dei beni attribuiti al debitore (art. 601, 2° comma).

La procedura ora riassunta trova applicazione con riguardo ad ogni tipo di comunione, compresa quella tra coniugi per debiti personali di uno dei coniugi ai termini dell'art. 189 c.c., nonché quella di crediti incorporati in un libretto bancario di risparmio ordinario nominativo intestato a più soggetti.

76. *L'espropriazione contro il terzo proprietario.*

L'*espropriazione del «terzo» proprietario* di un bene gravato da ipoteca, pegno o altro onere per un debito altrui (art. 602).

Con l'espressione *espropriazione contro il terzo proprietario* ci si riferisce ai casi in cui il proprietario del bene espropriato, pur essendo estraneo al rapporto debitorio («terzo» in questo particolare senso; v. retro, § 49), è tuttavia gravato da responsabilità per debito altrui. Ciò si verifica, da un lato, nei casi in cui il bene del terzo sia gravato da ipoteca, pegno o privilegio con sequela, per avere il terzo acquistato il bene già onerato o per aver egli fornito garanzia reale per un debito altrui; dall'altro lato, nel caso in cui l'alienazione del bene del debitore al terzo sia stata revocata per frode ai termini dell'art. 2901 c.c. Ma potrebbe verificarsi anche prima che sia pronunciata sentenza revocatoria dell'efficacia dell'atto ex art. 2901. Infatti, ai sensi dell'art. 2929 bis, 1° comma, c.c., «*il creditore che sia pregiudicato da un atto del debitore, di costituzione di vincolo di indisponibilità o di alienazione, che ha per oggetto beni immobili o mobili iscritti in pubblici registri, compiuto gratuitamente successivamente al sorgere del credito, può procedere, munito di titolo esecutivo, a esecuzione forzata, ancorché non abbia preventivamente ottenuto sentenza dichiarativa di inefficacia, se trascrive il pignoramento nel termine di un anno dalla data in cui l'atto è stato trascritto*».

L'art. 2929 bis c.c. consente l'*espropriazione prima che sia pronunciata la sentenza di inefficacia dell'atto dispositivo del debitore, ...*

Tale disposizione – aggiunge lo stesso 1° comma dell'art. 2929 bis – si applica anche «*al creditore anteriore che, entro un anno dalla trascrizione dell'atto pregiudizievole, interviene nell'esecuzione da altri promossa*». Ed è chiaro che, in questo caso, le modalità dell'esecuzione saranno quelle dell'espropriazione nei confronti del terzo proprietario. Infatti, ai sensi del 2° comma, «*il creditore promuove l'azione esecutiva nelle forme dell'espropriazione contro il terzo proprietario ed è preferito ai creditori personali di costui nella distribuzione del ricavato*».

... salva la possibilità, per il debitore, il terzo e ogni interessato, di proporre le opposizioni esecutive.

In una situazione del genere, peraltro, il problema più rilevante è quello di assicurare adeguate forme di tutela per il debitore e il terzo assoggettato all'espropriazione. A tal proposito il 3° comma dello stesso art. 2929 bis prevede che «*il debitore, il terzo assoggettato a espropriazione e ogni altro interessato alla conservazione del vincolo pos-*

sono proporre le opposizioni all'esecuzione di cui al titolo V del libro III del c.p.c.», quando intendano contestare «*la sussistenza dei presupposti di cui al primo comma o che l'atto abbia arrecato pregiudizio alle ragioni del creditore o che il debitore abbia avuto conoscenza del pregiudizio arrecato*». Vale a dire che il debitore, il terzo assoggettato all'espropriazione e qualunque altro interessato a sottrarsi agli effetti dell'art. 2929 bis possono proporre le opposizioni esecutive (a seconda dei casi, l'opposizione all'esecuzione di cui all'art. 615 o quella di terzo, di cui all'art. 619: v. oltre, cap. 9°) per far valere le proprie ragioni contro il creditore procedente.

Infine, il solo limite che viene posto all'azione esecutiva «agevolata» dell'art. 2929 bis è che il terzo avente causa del contraente immediato abbia acquistato il proprio diritto con atto a titolo oneroso. In tal caso, infatti, puntualizza il 4° comma, l'azione esecutiva non può esercitarsi, «*salvi gli effetti della trascrizione del pignoramento*», e cioè salvo che il pignoramento non venga trascritto prima della trascrizione dell'atto di acquisto del diritto del terzo.

In tutti i casi espressamente indicati dall'art. 602 (oltre che in quelli appena richiamati dell'art. 2929 bis c.c.) l'espropriazione colpisce un soggetto diverso dal debitore e perciò si parla di espropriazione contro il «terzo proprietario». Ma la situazione ora descritta costituisce soltanto, per così dire, la premessa del processo espropriativo di cui trattasi, poiché, nel momento stesso in cui viene instaurato il processo espropriativo contro il «terzo», questo «terzo» cessa di essere tale sul piano processuale, in quanto, essendo lui il vero soggetto passivo dell'espropriazione (come risulta indirettamente dal disposto generico dell'art. 602), egli è in realtà *parte nel processo esecutivo* pur rimanendo terzo sul piano puramente sostanziale.

Il codice, pur continuando a definire come «terzo» il soggetto di cui trattasi, prende senz'altro atto della necessità che questi diventi parte nel senso di soggetto passivo dell'esecuzione (v. retro, § 49), e detta, al riguardo, alcune norme che non lasciano dubbi su tale qualità. Così dispone che il titolo esecutivo e il precetto siano notificati anche al terzo, aggiungendo anzi che nel precetto si deve fare precisa menzione del bene del terzo che si intende espropriare (art. 603); enuncia che tutti gli atti di espropriazione si compiono «*nei confronti del terzo, al quale si applicano tutte le disposizioni relative al debitore*», eccezion fatta soltanto per quella che concerne il divieto al debitore di rendersi acquirente del bene espropriato (art. 604, 1° comma); ed infine, dispone che ogni qual volta sia prevista l'audizione del debitore, deve essere sentito anche il terzo (art. 604, 2° comma).

Nei confronti del terzo espropriato si applicano tutte le disposizioni relative al debitore esecutato.

In conclusione, si può affermare che quest'espropriazione si compie congiuntamente nei confronti di due soggetti: l'uno (il debitore) in una posizione che, sul piano processuale, è quella della parte in un senso puramente formale, ma pur sempre *parte necessaria*, anche nell'eventuale giudizio di opposizione ex art. 615 avanzata dal terzo assoggettato all'esecuzione e, sembrerebbe, anche in quello di opposizione agli atti esecutivi ex art. 617; l'altro (il c.d. terzo) è il vero soggetto passivo della espropriazione ed è perciò parte nel processo esecutivo. Queste particolarità si riflettono anche sui limiti all'intervento dei terzi in questa procedura, nel senso, da un lato, della totale impossibilità di intervento dei creditori personali del debitore e, dall'altro lato, della limitazione del diritto di concorso dei creditori del terzo proprietario a quanto residua dopo il soddisfacimento del creditore procedente.

Bibliografia di orientamento

E. GRASSO, *L'espropriazione della quota*, Milano, 1957; A. TRAVI, *Espropriazione dei beni indivisi*, in *Dig. disc. priv., sez. civ.*, VIII, Torino, 1992; G. MICCOLIS, *L'espropriazione forzata per debito altrui*, Torino, 1998; A. TRAVI, *Espropriazione contro il terzo proprietario*, in *Dig. disc. priv., sez. civ.*, VIII, Torino, 1992; F. VIGORITO, *L'espropriazione di beni indivisi*, in *Riv. es. forzata*, 2004; L.F. DI NANNI, *L'espropriazione dei beni indivisi e il giudizio di divisione*, *ivi*, 2008; G. BALENA, *Brevi riflessioni sull'espropriazione di beni in comunione legale*, in *Giusto proc. civ.*, 2014; R. TISCINI, *Espropriazione forzata di beni facenti parte della comunione legale ecc.*, *ivi*, 2019; R. LOMBARDI, *L'espropriazione promossa dai creditori particolari del coniuge*, Torino, 2019; M. BOVE, *Profili processuali dell'art. 2929 bis c.c.*, in *Riv. es. forzata*, 2016; A. PROTO PISANI, *Profili processuali dell'art. 2929 bis c.c.*, in *Foro it.*, 2016, V; M. DOMINICI, *L'art. 2929 bis c.c. e l'azione esecutiva revocatoria*, in *Giur. it.*, 2016; M. DE CRISTOFARO, *La prospettiva processuale della pauliana ecc.*, in *Nuove leggi civ. comm.*, 2016; M. BOVE, *L'applicazione dell'art. 2929 bis c.c. tra esercizio dell'azione esecutiva ed azioni dichiarative*, in *Riv. es. forzata*, 2017; A. CARRATTA, *Le più recenti riforme del processo civile*, Torino, 2017; C. PERAGO, *La nuova fattispecie legislativa di espropriazione contro il terzo proprietario: l'art. 2929 bis c.c.*, in *Foro it.*, 2019, V; M. CIRULLI, *Diritto e processo nell'art. 2929 bis c.c.*, in *Riv. trim. dir. e proc. civ.*, 2019; G. PARISI, *Espropriazione* ex *art. 2929* bis *c.c. e opposizioni esecutive*, in *Giur. it.*, 2020; M.P. FUIANO, *L'art. 2929* bis *c.c.: profili ricostruttivi e applicativi*, in *Giusto proc. civ.*, 2020; B. CAPPONI, *Diritto dell'esecuzione civile*, 8ª ed., Torino, 2025.

CAPITOLO VIII
L'ESECUZIONE FORZATA IN FORMA SPECIFICA

SOMMARIO: 77. L'esecuzione per consegna o rilascio. – 78. L'esecuzione degli obblighi di fare o di non fare. – 79. Le misure coercitive dell'art. 614 bis c.p.c.

77. *L'esecuzione per consegna o rilascio.*

L'art. 2930 c.c. enuncia l'eseguibilità dell'obbligo di consegna o di rilascio.

Tenendo conto dei rilievi d'ordine generale compiuti al cap. 1° intorno alle caratteristiche proprie dell'esecuzione forzata in forma specifica e venendo senz'altro al primo tipo di tale forma di esecuzione forzata, ossia all'esecuzione per consegna o rilascio, occorre anzitutto individuare il diritto sostanziale che con essa trova soddisfazione. Quest'individuazione risulta dall'art. 2930 c.c., che, per l'appunto, enuncia l'eseguibilità specifica dell'obbligo di consegnare una cosa mobile o di rilasciare una cosa immobile con le forme che stiamo per esaminare. Ed è appena il caso di aggiungere che con la parola «obbligo» il codice si riferisce ad ogni situazione passiva che si presenta come obbligo al momento dell'esecuzione, e cioè, oltre ai casi in cui l'obbligo in parola sta di fronte ad un diritto di natura obbligatoria o personale, anche ai casi in cui l'obbligo sta di fronte ad un diritto reale la cui violazione dà luogo per l'appunto all'obbligo della restituzione mediante consegna o rilascio.

La disciplina del procedimento in discorso si esaurisce in pochi articoli, dedicati alcuni (605 e 611) genericamente sia all'esecuzione per consegna e sia a quella per rilascio, e gli altri specificamente o all'esecuzione per consegna (606 e 607) o a quella per rilascio (608, 608 bis e 609).

Con riguardo ad entrambi i tipi di procedimento il codice detta, anzitutto, una disposizione che concerne il *precetto*. Più precisamente dispone che il precetto, la cui notificazione, come noto, deve precedere l'inizio del procedimento stesso (insieme o successivamente alla notificazione del titolo esecutivo), ha qui un requisito in più, e cioè la descrizione sommaria dei beni sui quali s'intende procedere

La disciplina comune ad entrambe le procedure:

1. *il precetto*;

con l'esecuzione per consegna o rilascio (art. 605, 1° comma); ed in ciò si può ravvisare il fondamento per il rilievo già compiuto (v. retro, § 55) che il precetto, il quale può e deve avere portata generica quando preannuncia l'esecuzione per espropriazione, deve, invece, avere una portata specifica quando preannuncia un'esecuzione in forma specifica. D'altra parte, anche nell'intimazione ad adempiere, il creditore deve, nel precetto, riferirsi al termine eventualmente disposto nel titolo esecutivo e che potrebbe essere più lungo di quello di cui all'art. 482. Così dispone l'art. 605, 2° comma.

Ancora con riguardo ad entrambi i tipi di procedimento va qui ricordato (v. retro, § 48) che i titoli esecutivi idonei a fondare quest'esecuzione sono quelli indicati dal 3° comma dell'art. 474, ossia quelli indicati dallo stesso art. 474, 2° comma, n. 1 (le sentenze, i provvedimenti giudiziari e gli altri atti ai quali la legge attribuisce espressamente efficacia esecutiva, ivi compresi i verbali di conciliazione) e n. 3 (gli atti ricevuti da notaio o altro pubblico ufficiale).

2. le eventuali difficoltà (diverse dalle vere e proprie contestazioni);

La seconda delle disposizioni che concernono tanto l'esecuzione per consegna quanto quella per rilascio contempla l'eventualità che, nel corso dell'esecuzione, sorgano «difficoltà che non ammettono dilazione», stabilendo – per quest'eventualità – che ciascuna parte può chiedere al giudice dell'esecuzione, anche verbalmente, i provvedimenti temporanei occorrenti (art. 610) revocabili e modificabili. Queste «difficoltà» non sono vere e proprie contestazioni di natura giuridica sulla legittimità del «se» o del «come» dell'esecuzione, poiché siffatte contestazioni esigono un giudizio di cognizione e perciò possono essere sollevate solo con un'opposizione (v. il capitolo seguente). Si tratta, invece, di questioni di opportunità o di modalità dell'esecuzione: quelle questioni che, nell'espropriazione, costituiscono il campo d'azione del potere direttivo del giudice dell'esecuzione in quanto tale. Perciò, i provvedimenti sul punto non hanno carattere decisorio. Anche da questa disposizione si può dedurre che, in questo procedimento, pur non essendo espressamente disciplinata la nomina di un giudice dell'esecuzione, ne sono previste le funzioni, ancorché in via eventuale. Eventuale perché, come stiamo per vedere, l'esecuzione di cui trattasi è caratterizzata da atti tanto semplici, da poter essere affidati senz'altro all'organo esecutivo, ossia all'ufficiale giudiziario; mentre il giudice rimane sullo sfondo. Il che – giova ricordare incidentalmente – sta in relazione col rilievo, già compiuto a suo tempo (v. retro, § 50), che le norme concernenti la competenza per questo procedimento, e che si riferiscono genericamente al tribunale del luogo dove si trovano le cose da consegnare o rilasciare (art. 26), debbono essere intese come riguardanti più propriamente il tribunale, al quale appartengono sia l'organo esecutivo (ufficiale giudiziario) e sia il giudice dell'esecuzione (le cui funzioni sono solo eventuali).

3. le spese dell'esecuzione.

Ancora nel quadro di questo ruolo di sfondo che ha il giudice dell'esecuzione va vista la sua funzione – che costituisce oggetto dell'ultima delle disposizioni (art. 611) dettate tanto per l'esecuzione per consegna quanto per quella per rilascio – di liquidare, a norma degli artt. 91 e ss., le spese dell'esecuzione: ciò che il giudice compie, sulla base di una specifica effettuata dall'ufficiale giudiziario, con un decreto che costituisce titolo esecutivo.

Il procedimento per consegna di cose mobili.

Il *procedimento per consegna di cose mobili* si realizza con un semplice atto dell'ufficiale giudiziario, a seguito di richiesta anche verbale del creditore della consegna. Dopo l'esaurimento degli atti preliminari all'esecuzione, ossia dopo la notificazione del titolo e del precetto e il decorso del relativo termine, il creditore può, esibendo titolo e precetto, rivolgere la suddetta richiesta all'ufficiale giudiziario, il quale si reca (munito, appunto, del titolo e del precetto) sul luogo in cui le cose si trovano e le ricerca con le modalità stabilite dall'art. 513. Dopo averle rinvenute, se ne impossessa e ne fa consegna alla parte istante o a persona da lui designata (art. 606). Ciò che naturalmente non può avvenire nell'ipotesi che le cose da consegnare risultino pignorate; nel qual caso la parte istante deve far valere le sue ragioni mediante opposizione ai termini dell'art. 619 (art. 607) (v., in proposito, il § 83).

Nell'*esecuzione per il rilascio di immobili* le forme procedimentali sono lievemente meno semplici.

L'esecuzione per rilascio dell'immobile.

L'art. 608 incomincia con l'enunciare che «*l'esecuzione inizia con la notifica dell'avviso con il quale l'ufficiale giudiziario comunica almeno dieci giorni prima alla parte, che è tenuta a rilasciare l'immobile, il giorno e l'ora in cui procederà*». Con la quale disposizione il codice prende, tra l'altro, posizione sulla questione del momento d'inizio di quest'esecuzione (soprattutto rilevante con riguardo alle modalità di proposizione delle opposizioni: v. oltre, § 80).

Nel giorno e nell'ora stabiliti l'ufficiale giudiziario, debitamente richiesto e sempre munito del titolo e del precetto, si reca sul luogo dell'esecuzione e, facendo uso, quando occorre, dei poteri conferitigli dall'art. 513, immette la parte istante, o una persona da lei designata, nel possesso dell'immobile, del quale le consegna le chiavi. È appena il caso di precisare che questa consegna, intesa in senso materiale, non è che un modo (non indispensabile: si pensi al caso di immobili privi di dispositivo di chiusura, come i fondi rustici) per rendere più efficace l'ingiunzione, che è il provvedimento conclusivo che dà luogo all'immissione in possesso della parte creditrice. Qualora l'immobile sia detenuto da terzi *nomine debitoris* (ad es., conduttori o affittuari), la cui detenzione non impedisce il trasferimento del possesso, l'ufficiale giudiziario ingiunge a tali eventuali detentori di riconoscere il nuovo possessore (art. 608, 2° comma). Qualora, invece, il terzo detentore vanti un titolo di possesso autonomo da

L'esecuzione in caso di immobile occupato da terzi.

quello del debitore, o comunque non assoggettato espressamente dalla legge all'efficacia del titolo contro il debitore, l'esecuzione non può, almeno in linea di principio, proseguire fino a quando non sia stata respinta l'opposizione con la quale il detentore del bene dovrebbe far valere la sua pretesa oppure fino a quando il creditore procedente non si sia munito di un titolo esecutivo nei confronti anche del terzo.

I beni mobili estranei all'esecuzione presenti nell'immobile.

Per l'ipotesi in cui siano presenti nell'immobile beni mobili estranei all'esecuzione l'art. 609 contiene una serie di indicazioni che dovrebbero consentire di risolvere il problema, di particolare rilevanza pratica. Esso prevede, infatti, che l'ufficiale giudiziario intimi (anche mediante atto notificato) alla parte tenuta al rilascio ovvero a colui al quale gli stessi beni mobili appartengono di asportarli entro un termine e, laddove ciò non dovesse avvenire, che su richiesta e a spese della parte istante determini il presumibile valore di realizzo dei beni e indichi le prevedibili spese di custodia e di asporto. Qualora il valore di realizzo appaia sufficiente a coprire le spese di custodia e di asporto – prosegue il 2° comma – l'ufficiale giudiziario, sempre a spese dell'istante, provvede a nominare un custode e lo incarica di trasportare i beni in altro luogo. Se, invece, non viene avanzata l'istanza o non vengono anticipate le spese, i beni mobili si considerano abbandonati e l'ufficiale giudiziario ne dispone lo smaltimento o la distruzione.

Ciò, tuttavia, sempreché non appaia evidente l'utilità di procedere ad un tentativo di vendita di tali beni mobili, secondo le modalità stabilite dal giudice dell'esecuzione. In quest'ultimo caso la somma ricavata verrà impiegata per il pagamento delle spese e dei compensi per la custodia, per l'asporto e per la vendita (5° comma).

Se poi dovessero essere rivenuti documenti relativi allo svolgimento di attività imprenditoriale o professionale che non siano stati asportati – stabilisce il 3° comma dell'art. 609 – gli stessi sono conservati per un periodo di 2 anni dalla parte istante ovvero, su istanza e previa anticipazione delle spese da parte di quest'ultima, da un custode nominato dall'ufficiale giudiziario. In difetto di istanza e di pagamento anticipato delle spese si procede anche in questo caso allo smaltimento o alla distruzione.

Comunque sia, colui al quale i beni mobili appartengono può chiederne la consegna (previo pagamento delle spese e dei compensi per la custodia e per l'asporto) al giudice dell'esecuzione per il rilascio anche dopo decorso il termine fissato nell'intimazione dell'ufficiale giudiziario, ma prima che sia disposta la vendita o lo smaltimento o la distruzione. Infine, l'ultimo comma dell'art. 609 dispone che, se le cose mobili presenti nell'immobile sono pignorate o sequestrate, l'ufficiale giudiziario dà immediatamente notizia dell'avvenuto rilascio al creditore su istanza del quale fu eseguito il pignoramento o il sequestro e al giudice dell'esecuzione per l'eventuale sostituzione del custode. L'ufficiale giudiziario può, per assolvere al suo compito, avvalersi dell'assistenza della forza pubblica. Le spese anticipate dal procedente sono specificate dall'ufficiale giudiziario nel verbale e sono poi liquidate a norma degli artt. 91 e ss. dal giudice dell'esecuzione con decreto che costituisce titolo esecutivo nei confronti dell'esecutato (art. 611).

La parte istante può notificare atto di rinuncia che determina l'estinzione dell'esecuzione.

Molto opportuna sul piano pratico è, infine, la precisazione contenuta nell'art. 608 bis, ove si dispone che «*l'esecuzione di cui all'articolo 605 si estingue se la parte istante prima della consegna o del rilascio, rinuncia con atto da notificarsi alla parte esecutata e da consegnarsi all'ufficiale giudiziario procedente*». L'estinzione, dunque, non abbisogna di accettazione e può senz'altro essere dichiarata con ordinanza del giudice dell'esecuzione.

78. *L'esecuzione degli obblighi di fare o di non fare.*

I titoli esecutivi utilizzabili per l'esecuzione degli obblighi di fare o di non fare, ...

Con l'altra forma di esecuzione forzata specifica, invece, si realizzano gli obblighi positivi di fare oppure quelli, originariamente negativi, consistenti nel divieto di fare, ma che, a seguito della violazione di questo divieto, sono divenuti anch'essi positivi, in quanto trasformati nell'obbligo di eliminare ciò che è stato fatto in violazione dell'originario obbligo di non fare (artt. 2931 e 2933 c.c.). Anche qui l'espressione «obbligo» va intesa con riferimento alla situazione successiva alla pronuncia della sentenza di condanna, e perciò l'obbligo eseguibile specificamente può essere, oltre che un'obbligazione in senso proprio (ad es., l'obbligo di demolire un muro costruito in violazione di un'obbligazione personale di non costruire), anche l'obbligo conseguente alla violazione di un diritto assoluto (ad es., demolizione di una costruzione effettuata in violazione di una *servitus altius non tollendi*). Il limite all'utilizzazione di questo strumento processuale non è dato dalla natura del diritto da cui è sorto l'obbligo di fare o di non fare, ma soltanto dalla obiettiva possibilità dell'esecuzione forzata, in quanto questa avviene – come sempre – prescindendo dalla volontà dell'obbligato o addirittura contro la sua volontà. Sotto questo profilo basterà ricordare quanto dicemmo al § 47 circa l'obbiettiva impossibilità di eseguire coattivamente gli obblighi di fare infungibili.

L'art. 612 riconduce assai chiaramente il procedimento di cui trattasi alla «*sentenza di condanna*», lasciando intendere di ritenere *questo tipo di titolo esecutivo come l'unico idoneo a fondare l'esecuzione in argomento*. Questa conclusione, tuttavia, è stata contrastata da una sentenza interpretativa di rigetto della Corte costituzionale (sent. 336/2002), la quale ha riconosciuto che anche il verbale di concilia-

... fra i quali è ricompreso anche il verbale di conciliazione.

zione offre, con riguardo all'esecuzione degli obblighi di fare o non fare, le stesse garanzie della sentenza. D'altro canto, l'art. 12, 1° comma, del D.Lgs. 28/2010 (v. oltre, § 121) prevede espressamente che anche il verbale di conciliazione è titolo esecutivo *per l'esecuzione di fare o di non fare.*

Naturalmente, il provvedimento di condanna, per assolvere al requisito della liquidità ed esigibilità di cui all'art. 474 deve contenere la specificazione del *quid faciendum.*

Il ruolo del giudice dell'esecuzione.

Venendo alla disciplina del procedimento, vale anche qui quanto dicemmo a proposito dell'esecuzione per consegna o rilascio, circa l'attribuzione delle funzioni proprie del giudice dell'esecuzione in capo al tribunale del luogo dove l'obbligo deve essere eseguito (art. 26, 3° comma). Ma qui le funzioni del giudice dell'esecuzione non sono (a differenza di quanto abbiamo visto accadere nell'altro tipo di esecuzione in forma specifica) soltanto quelle eventuali del risolvere le difficoltà che possono insorgere nel corso del procedimento (art. 613, da porre in relazione con l'art. 610). Né tali funzioni sono solo quelle marginali di pronunciare il provvedimento che consente il recupero delle spese della procedura a carico del debitore (art. 614, da porre in relazione con l'art. 611); provvedimento questo, che qui è espressamente definito dal codice come decreto d'ingiunzione, da pronunciarsi su presentazione di nota delle spese anticipate. Le suddette funzioni del giudice dell'esecuzione hanno, in questo procedimento, un ruolo necessario ed essenziale, poiché è previsto, come atto base per l'intero successivo iter procedimentale, un provvedimento del giudice, da chiedersi con ricorso a cura del creditore istante e la cui funzione consiste nella *determinazione delle modalità* dell'esecuzione.

L'ordinanza di determinazione delle modalità esecutive.

Più precisamente, il *creditore istante* – dopo aver provveduto ai consueti atti preliminari all'inizio dell'esecuzione forzata, ossia la notificazione del titolo esecutivo e del precetto – *deve inoltrare al giudice dell'esecuzione un ricorso, col quale chiede che siano determinate le modalità dell'esecuzione* (art. 612, 1° comma). Il giudice, a seguito di questo ricorso, deve anzitutto attuare il contraddittorio, ossia disporre l'audizione delle parti. Dopo averle sentite, pronuncia l'ordinanza col quale determina le modalità dell'esecuzione, designando l'ufficiale giudiziario che deve procedere all'esecuzione e le persone che debbono provvedere al compimento dell'opera non eseguita o alla eliminazione di quella compiuta in violazione dell'obbligo di non fare (art. 612, 2° comma).

Si discute, in dottrina e in giurisprudenza, se il contenuto dell'ordinanza di cui trattasi debba restare limitato alla designazione dell'ufficiale giudiziario e delle persone incaricate del compimento o della distruzione dell'opera o se, invece, possa assolvere ad una funzione integratrice del titolo che, pur dovendo essere completo nella determinazione del *quid faciendum*, ben può postulare la sua integrazione, ma con riguardo soltanto alle modalità pratiche del fare.

La giurisprudenza della Cassazione è decisamente orientata in quest'ultimo senso; ed in questa cornice s'inquadra la soluzione dell'ulteriore problema che concerne l'impugnabilità dell'ordinanza di cui trattasi. Se, infatti, quest'ordinanza si mantiene nei limiti determinati dalla suddetta sua funzione integratrice, sotto il solo profilo pratico, il solo rimedio esperibile nei suoi confronti è l'opposizione agli atti esecutivi di cui all'art. 617 (v. oltre, § 82). Nell'ipotesi che, invece, l'ordinanza in discorso contenga statuizioni contrastanti col contenuto del titolo o decida controversie insorte sul merito della situazione contenuta nel titolo o sulla conformità al titolo della pretesa esecutiva dell'istante, la Cassazione è per lo più orientata ad applicare la *regola detta della prevalenza della sostanza sulla forma* (su cui v. vol. I, § 67 e II, § 78) e ad attribuire all'ordinanza *de qua* la cosiddetta natura sostanziale di sentenza, con la conseguente sua impugnabilità con l'appello. In tempi più recenti, tuttavia, nella stessa giurisprudenza della Cassazione va profilandosi un nuovo orientamento, secondo il quale l'ordinanza *de qua* non sarebbe assimilabile ad una sentenza in senso sostanziale, impugnabile con l'appello, ma al provvedimento che definisce la fase sommaria di un'opposizione all'esecuzione (v. oltre, § 81), nei cui confronti la parte interessata può tutelarsi introducendo un giudizio di merito ex art. 616.

L'ordinanza è *assoggettabile all'opposizione agli atti esecutivi*, ...

... ma, ove esorbitasse dalla sua funzione, sarebbe appellabile, in quanto sentenza di primo grado, ...

... oppure assimilabile al provvedimento che conclude la fase sommaria dell'opposizione all'esecuzione.

In ogni caso, a seguito della determinazione delle modalità di esecuzione da parte del giudice, spetta poi all'ufficiale giudiziario realizzare l'esecuzione secondo le modalità indicate nell'ordinanza, salva la sua richiesta al giudice dell'esecuzione di provvedimenti per eliminare le eventuali difficoltà, che dovessero sorgere durante l'esecuzione, ai termini del già visto art. 613.

Il giudice dell'esecuzione provvede anche, con decreto ingiuntivo «a norma dell'art. 642», alla liquidazione delle spese (art. 614).

79. *Le misure coercitive dell'art. 614 bis c.p.c.*

L'art. 614 bis, tenendo conto soprattutto dell'esigenza di ovviare all'infungibilità delle prestazioni di fare o di non fare, prevede che «*con il provvedimento di condanna all'adempimento di obblighi diversi dal pagamento di somme di denaro il giudice, salvo che ciò sia manifestamente iniquo, fissa, su richiesta di parte, la somma di denaro dovuta dall'obbligato per ogni violazione o inosservanza successiva, ovvero per ogni ritardo nell'esecuzione del provvedimento, determinandone la decorrenza. Il giudice può fissare un termine di durata della misura, tenendo conto della finalità della stessa e di ogni circostanza*

La domanda di misure coercitive può essere avanzata durante il processo di cognizione.

utile». In base a questa disposizione, dunque, la condanna ad adempiere un'obbligazione diversa da quella di pagamento di somme di denaro può essere accompagnata, in via accessoria, dall'adozione di una misura coercitiva pecuniaria per ogni violazione, inosservanza o ritardo nell'adempimento.

È appena il caso di rilevare che, in termini generali, *misure coercitive* sono considerate quelle misure (di natura patrimoniale o personale) con *funzione compulsoria nei confronti del debitore*, al fine di indurlo all'adempimento spontaneo e che l'importanza dell'art. 614 bis sta specialmente nella sua portata generalizzata rispetto ad altre misure di questo tipo già presenti nel nostro sistema.

Il riferimento alla condanna va inteso in senso sostanziale indipendentemente dalla forma del provvedimento.

Il riferimento al fatto che la misura coercitiva deve essere connessa a un *provvedimento di condanna* è, d'altra parte, da intendersi piuttosto in senso sostanziale che formale (comprensivo di ordinanze o decreti a contenuto condannatorio, eventualmente anche di natura cautelare), né – a quanto pare – limitato alle pronunce di primo grado.

Quanto alla fissazione di un termine di durata della misura, essa non è affatto obbligatoria, essendo evidente che tale fissazione non ha alcun senso quando si tratti di misura coercitiva connessa con obbligazioni di non fare. La disposizione precisa, comunque, seppure forse in modo superfluo, che la pronuncia in discorso è subordinata alla domanda di parte.

Aggiunge, inoltre, il 2° comma dell'art. 614 bis, come modificato dal D.Lgs. 164/2024, che «*Se non è stata richiesta nel processo di cognizione, ovvero il titolo esecutivo è diverso da un provvedimento di condanna, la somma di denaro dovuta dall'obbligato per ogni violazione o inosservanza o ritardo nell'esecuzione del provvedimento è determinata dal giudice dell'esecuzione, su ricorso dell'avente diritto, dopo la notificazione del precetto. Il provvedimento perde efficacia in caso di estinzione del processo esecutivo. Si applicano in quanto compatibili le disposizioni di cui all'articolo 612*». Ne deriva che la domanda per l'applicazione delle misure coercitive, quando ricorrano i presupposti ora richiamati, può essere avanzata anche direttamente al giudice dell'esecuzione, utilizzando il procedimento di cui all'art. 612, che – come abbiamo visto (retro, § 78) – riguarda l'esecuzione forzata delle obbligazioni di fare o non fare. E dunque, il creditore che avanzi istanza di applicazione della misura coercitiva è tenuto a presentare ricorso al giudice dell'esecuzione competente secondo le regole generali (v. retro, § 50), il quale – in applicazione appunto dall'art. 612 –, sentite le parti, provvede alla pronuncia con ordinanza della misura coercitiva.

La richiesta può essere avanzata anche al giudice dell'esecuzione, seguendo il procedimento di cui all'art. 612.

Va chiarito, tuttavia, che la pronuncia sulla richiesta di applicazione della misura coercitiva non è assimilabile al potere del giudice di determinare le modalità per l'esecuzione forzata degli obblighi di fare o non fare a cui fa riferimento, appunto, l'art. 612. Non è un caso, infatti, che il 2° comma dell'art. 614 bis parli di «*determinazione*» da parte del giudice dell'esecuzione *della somma di denaro dovuta dall'obbligato come misura coercitiva.*

Per la stessa ragione la richiesta avanzata dal creditore al giudice dell'esecuzione non può essere assimilata alla domanda di condanna accessoria avanzata davanti al giudice nel corso del processo di cognizione, a cui fa riferimento il 1° comma dello stesso art. 614 bis, che, invece, è da considerare come una vera e propria domanda di condanna, accessoria a quella principale. Ed è questa differenza che giustifica, da un lato, l'applicabilità nel primo caso della procedura semplificata di cui all'art. 612 e, dall'altro, la previsione della perdita di efficacia del provvedimento in caso di estinzione del processo esecutivo nel corso del quale è stato adottato. Se così è, si comprende anche che, rispetto all'ordinanza del giudice dell'esecuzione, il rimedio sia quello dell'opposizione agli atti esecutivi dell'art. 617 (v. oltre, § 82), ove si intenda contestare il suo profilo formale, mentre non possa che essere quello dell'opposizione all'esecuzione dell'art. 615, ove la contestazione si rivolga al merito della stessa (v. oltre, § 81).

Il provvedimento che commina la misura coercitiva costituisce titolo esecutivo.

Il provvedimento, con il quale viene comminata la misura coercitiva – puntualizza il 4° comma dell'art. 614 bis –, «*costituisce titolo esecutivo per il pagamento delle somme dovute per ogni violazione, inosservanza o ritardo*». La puntualizzazione lascia intendere che l'efficacia esecutiva del provvedimento che commina la misura coercitiva sussiste anche quando non sia ancora esecutiva la condanna di base. Ciò che induce a riconoscere al debitore, ove la misura coercitiva sia portata ad esecuzione senza che ne sussistano i presupposti, di tutelarsi mediante l'opposizione all'esecuzione di cui all'art. 615 (v. oltre, § 81).

Ampia discrezionalità viene poi riconosciuta al giudice nell'utilizzazione dei criteri utili ai fini della determinazione dell'ammontare della misura coercitiva. Stabilisce, infatti, il 3° comma dell'art. 614 bis che «*Il giudice determina l'ammontare della somma tenuto conto del valore della controversia, della natura della prestazione dovuta, del vantaggio per l'obbligato derivante dall'inadempimento, del danno quantificato o prevedibile e di ogni altra circostanza*».

L'esclusione dell'impiego dello strumento nelle controversie di lavoro.

Molte perplessità (anche di rilevanza costituzionale) continua a suscitare la previsione – nel 3° comma dell'art. 614 bis – della *non applicabilità di questo strumento alle controversie di lavoro pubblico o privato e ai rapporti di collaborazione coordinata e continua*. La disparità di trattamento è tanto più evidente in quanto le prestazioni escluse sono quelle che più sembrano meritarne l'applicazione per ragioni di solidarietà sociale.

Bibliografia di orientamento

C. MANDRIOLI, *Esecuzione per consegna o rilascio*, in *Dig. disc. priv., sez. civ.*, VIII, Torino, 1991; L. MONTESANO, *Esecuzione specifica*, in *Enciclopedia del diritto*, XV, Milano, 1966; C. MANDRIOLI, *In tema di esecuzione per consegna o rilascio contro il terzo possessore o detentore*, in *Riv. dir. civ.*, 1985, I; M. BOVE, *Esecuzione forzata per consegna o rilascio*, in *Diritto on line Treccani*, 2013; G. TRISORIO LIUZZI, *L'esecuzione dei provvedimenti di rilascio di immobili*, in *Riv. es. forzata*, 2003; M. CIRULLI, *La tutela del terzo nell'esecuzione per consegna o rilascio*, in *Rass. es. forzata*, 2019; G. BORRÈ, *Esecuzione forzata degli obblighi di fare e di non fare*, Napoli, 1965; C. MANDRIOLI, *Esecuzione forzata degli obblighi di fare e di non fare*, in *Dig. disc. priv., sez. civ.*, VII, Torino, 1991; E. SILVESTRI, *Esecuzione forzata degli obblighi di fare o non fare*, in *Diritto on line Treccani*, 2013; B. CAPPONI, *Ordinanze decisorie "abnormi" del g.e. tra impugnazioni ordinarie e opposizioni esecutive*, in *Riv. es. forzata*, 2017; G. TOTA, *I controlli sulle decisioni «di merito» del giudice dell'esecuzione*, in *Riv. dir. proc.*, 2018; R. METAFORA, *Il regime di impugnazione dell'ordinanza determinativa delle modalità esecutive resa ai sensi dell'art. 612 c.p.c.*, in *Riv. es. forzata*, 2019; E. MERLIN, *Prime note sul sistema delle misure coercitive ecc.*, in *Riv. dir. proc.*, 2009; M. BOVE, *La misura coercitiva di cui all'art. 614 bis c.p.c.*, in *Riv. trim. dir. e proc. civ.*, 2010; F. TOMMASEO, *L'esecuzione indiretta e l'art. 614 bis c.p.c.*, in *Riv. dir. proc.*, 2014; S. CHIARLONI, *L'esecuzione indiretta ai sensi dell'art. 614 bis c.p.c.: confini e problemi*, in *Giur. it.*, 2014; G. COSTANTINO, *Tutela di condanna e misure coercitive, ibidem*; M. TARUFFO, *Note sull'esecuzione degli obblighi di fare e di non fare, ibidem*; A. MONDINI, *L'attuazione degli obblighi infungibili*, Milano, 2014; G. MONTELEONE, *Misure coercitive ed esecuzione forzata ecc.*, in *Riv. es. forzata*, 2016; S. VINCRE, *Le misure coercitive ex art. 614 bis c.p.c. dopo la riforma del 2015*, in *Riv. dir. proc.*, 2017; A. PROTO PISANI, *Note personali e no a margine dell'art. 614*-bis *c.p.c.*, in *Rass. es. forzata*, 2019; A. CARRATTA, *Tecniche di attuazione dei diritti e principio di effettività*, in *Riv. trim. dir. e proc. civ.*, 2019; A. NASCOSI, *Le misure coercitive indirette nel sistema di tutela dei diritti in Italia e in Francia. Uno studio comparatistico*, Napoli, 2019; C.V. GIABARDO, *Effettività della tutela giurisdizionale e misure coercitive*, Torino, 2022; P. CARDINALE, *L'esecuzione indiretta*, in *La riforma del processo civile*, a cura di D. DALFINO, in *Foro it.*, *Gli speciali*, 4/2022; A. CARRATTA, *Le riforme del processo civile*, Torino, 2023; A. CRIVELLI, *La coercizione indiretta nel codice di rito*, in *Il processo civile dopo la riforma Cartabia*, a cura di A. DIDONE e F. DE SANTIS, Milano, 2023; U. COREA, *Condanna civile e misure coercitive*, Pisa, 2023; G. OLIVIERI, *Le misure *coercitive indirette riformate*, in *www.inexecutivis.it*; R. METAFORA, *La "risistemazione" dell'art. 614-*bis *c.p.c. ad opera del legislatore dell'ultima riforma*, in *Giust. civ.*, 2023; A. MONDINI, *La riforma dell'art. 614-*bis *c.p.c.*, in *Giusto proc. civ.*, 2023; B. CAPPONI, *L'art. 614* bis *c.p.c. (versione 2022) e il giudice dell'esecuzione*, in *Foro it.*, 2024, V; A. CARRATTA, *Il processo civile dopo i correttivi alla riforma Cartabia*, Torino, 2025.

Capitolo IX
LE OPPOSIZIONI ESECUTIVE

Sommario: 80. Le opposizioni esecutive in generale. – 81. L'opposizione all'esecuzione. – 82. L'opposizione agli atti esecutivi. – 83. L'opposizione del terzo nel processo esecutivo.

80. *Le opposizioni esecutive in generale.*

Abbiamo accennato, già diverse volte, a quelle parentesi di cognizione che sono occasionate dal processo di esecuzione forzata e che vanno sotto il nome di *opposizioni esecutive.*

Sul piano concettuale, il rapporto tra le opposizioni e il processo esecutivo che le occasiona – rapporto di autonomia strutturale e, insieme, di coordinamento funzionale – emerge come conseguenza di quella che abbiamo chiamato (vol. I, § 16 e qui, retro, § 48) efficacia incondizionata del titolo esecutivo. Abbiamo visto, infatti, come quest'efficacia stia in relazione con la necessità che il processo esecutivo proceda indisturbato verso il risultato di realizzazione pratica del diritto, alla sola condizione che questo diritto risulti accertato in un titolo esecutivo. La sussistenza di questa condizione dà già per acquisita la certezza giuridica in misura sufficiente perché possa attuarsi l'esigenza di attuazione pratica del diritto, che è la funzione propria del processo esecutivo. E si è visto pure che, proprio per questa ragione, non esiste nel processo esecutivo un vero e proprio contraddittorio: del quale non c'è bisogno per la semplice ragione che non c'è luogo ad alcun giudizio poiché l'esecuzione deve effettuarsi con riferimento a quella situazione giuridica che è rappresentata nel titolo. Quest'efficacia, che potrebbe dirsi «isolante», del titolo rispetto alla realtà giuridica in divenire, è appunto ciò che consente agli organi esecutivi di assolvere indisturbati al loro compito, senza essere distolti da esso da compiti di giudizio per i quali sono strutturalmente inidonei; ma al tempo stesso quest'efficacia, proprio perché isola, ossia «ferma» un momento della rappresentazione della realtà giuridica, che viceversa continua ad evolversi, può condurre a conseguenze inique e contrarie ai fini dell'ordinamento, quale sarebbe, ad es., l'esecuzione coattiva di una situazione giuridica superata dalla realtà (ad es., un credito che nel frattempo sia stato pagato) o l'esecuzione sul fondamento di atti illegittimi.

L'ordinamento configura alcune parentesi di cognizione nel corso del processo esecutivo.

Per evitare queste conseguenze inique, senza d'altra parte compromettere quell'efficacia incondizionata o «isolante» del titolo, che è essenziale per la funzionalità dell'esecuzione, non c'è che una via: consentire di far valere quelle eventuali discordanze dalla realtà o quelle eventuali illegittimità, anziché nel processo esecutivo (ciò che sarebbe in contrasto con l'efficacia incondizionata del titolo), in un'autonoma sede di cognizione, quella, appunto, delle opposizioni esecutive. Sede *di cognizione*, poiché si tratta di far luogo ad un accertamento; *autonoma*, nel senso che postula un autonomo atto introduttivo di un giudizio che – per quanto funzionalmente coordinato col processo esecutivo, come stiamo per vedere – si svolge in modo autonomo, ad iniziativa di chi vuol far valere quella discordanza o illegittimità. Più propriamente, ad iniziativa del soggetto passivo dell'esecuzione (è questo il caso «*Delle opposizioni del debitore e del terzo assoggettato* all'esecuzione»: così s'intitola il capo 1° del titolo 5° del libro terzo del codice) o di un terzo (è questo il caso «*Delle opposizioni di terzi*»: così si intitola il capo 2° dello stesso titolo). Colui che assume quest'iniziativa – debitore o terzo – assume la veste di opponente e, come tale, è un vero e proprio attore, mentre convenuto è il creditore o colui che si vanta tale con una concreta iniziativa di avvio o di preannuncio del processo esecutivo.

Con le opposizioni si introduce *un processo di cognizione autonomo dal processo esecutivo.*

Processo autonomo, ma – come detto – *funzionalmente coordinato col processo esecutivo.* Da un lato, infatti, le opposizioni sono occasionate da un processo esecutivo iniziato o almeno preannunciato; mentre, dall'altro lato, e proprio per questo motivo, esse debbono poter influire – sia pure indirettamente – su quel processo. Più precisamente, l'opposizione opera sul titolo, quando con essa si contesta il «se» dell'esecuzione (opposizione al precetto o all'esecuzione); oppure (ma nulla impedisce la proposizione contemporanea delle due opposizioni) opera sugli atti del processo esecutivo, quando con essa si contesta il «come» dell'esecuzione (opposizione agli atti esecutivi e opposizione del terzo nel processo esecutivo). L'eliminazione del titolo o la dichiarazione di illegittimità di determinati atti del processo esecutivo travolge o arresta questo processo; e questa è per l'appunto l'efficacia indiretta che le parentesi di cognizione in argomento producono sul processo esecutivo nel quale s'inseriscono o che comunque le occasiona.

Questi caratteri appartengono anche alle contestazioni distributive, di cui all'art. 512.

Queste considerazioni, del resto, possono riferirsi anche a quella particolare parentesi di cognizione che è occasionata, in sede di distribuzione della somma ricavata dall'espropriazione, dalla contestazione di uno o più creditori concorrenti, ai termini dell'art. 512, della quale ci siamo già occupati al termine del § 65.

81. *L'opposizione all'esecuzione.*

Il capo 1° del titolo 5° del libro terzo del codice intitolato alle *opposizioni del debitore e del terzo assoggettato all'esecuzione* è ripartito in tre sezioni dedicate rispettivamente all'*opposizione all'esecuzione*, all'*opposizione agli atti esecutivi* e alle opposizioni in materia di lavoro di previdenza e di assistenza; mentre l'*opposizione del terzo* in senso proprio è disciplinata in un successivo capo 2°. Lasciando alla trattazione del processo del lavoro l'esame delle peculiarità delle opposizioni esecutive in materia di lavoro (v. retro, § 20), si deve incominciare col mettere in rilievo che le opposizioni esecutive del debitore (o ad esso assimilato) sono, da un lato, l'*opposizione all'esecuzione* e, dall'altro lato, l'*opposizione agli atti esecutivi.*

Con l'opposizione all'esecuzione il debitore *contesta il «se» dell'esecuzione.*

Abbiamo già accennato, poc'anzi, al fatto che l'opposizione all'esecuzione è quella con la quale si contesta il «se» dell'esecuzione, più precisamente – così testualmente l'art. 615, 1° comma – quella con la quale «*si contesta il diritto della parte istante di procedere ad esecuzione forzata*». Sotto il profilo soggettivo attivo, ove si ponga l'ampia espressione del codice («*si contesta*») in relazione col titolo del capo in esame, risulta evidente che l'opposizione in discorso può essere proposta da tutti coloro che in concreto subiscono l'esecuzione (o il suo preannuncio, con l'intimazione del precetto), coloro insomma ai quali la parte istante attribuisce o pretende di attribuire il ruolo di «debitore», sia che tale veste risulti dal titolo esecutivo e sia che non risulti da esso. Legittimata passivamente è invece, ovviamente, la parte istante.

Oggetto dell'opposizione all'esecuzione è l'azione esecutiva che si fonda sul titolo esecutivo.

Sotto il profilo oggettivo, è evidente che «*il diritto di procedere ad esecuzione forzata*» *non è altro che l'azione esecutiva che si fonda sul titolo esecutivo.* Si tratta, dunque, di contestare né più né meno che il tipico effetto processuale del titolo esecutivo attraverso *la negazione dell'esistenza di un titolo, fin dall'origine* (ad es.: nego che quel certo documento sia una cambiale; oppure sostengo la nullità del giudizio a seguito del quale è stato pronunciato il provvedimento o la nullità del provvedimento stesso: c.d. vizio di costruzione) o *sopravvenuta* per caducazione (ad es., affermo che la sentenza esecutiva è stata riformata in appello o cassata o ne è stata revocata l'esecutività); *o attraverso la negazione della idoneità soggettiva del titolo a fondare l'esecuzione* ad opera di quel soggetto o contro quel soggetto (ad es., nego la mia qualità di erede del debitore, agli effetti dell'art. 477, o la qualità di successore del creditore in capo a colui che agisce); *o attraverso la negazione della idoneità del titolo a fondare quella esecuzione* (ad es., nego la legittimità della esecuzione di un obbligo di fare sulla base di un titolo stragiudiziale); o attraverso la negazione della corrispondenza della misura richiesta col contenuto del titolo; *oppure per ragioni di merito*, attraverso la negazione dell'esistenza attuale del diritto per la cui attuazione si procede ad esecuzione forzata (ad es., sostengo di aver già adempiuto il debito dopo il passaggio in giudicato della sentenza), contestando la situazione sostanziale così come è enunciata nel titolo, attraverso l'allegazione di fatti impeditivi o estintivi sopravvenuti o, al contrario, sostenendo che le condizioni dell'azione esecutiva determinate da fatti sopravvenuti alla notifica del precetto, non sussistessero al momento (determinante) di tale notifica.

In questi ultimi casi (c.d. *opposizione di merito all'esecuzione*) l'ambito delle possibilità di contestare da parte del debitore è diverso a seconda che il titolo sulla cui base si procede sia giudiziale oppure stragiudiziale. Ed infatti, nel caso dell'opposizione di merito, come anche in quello in cui si fanno valere i vizi processuali di formazione del titolo (c.d. vizi di costruzione), la natura *giudiziale* del titolo fa sì che le contestazioni di merito o processuali incontrino *il limite generale e assoluto determinato dal giudicato*, che, come si suol dire, copre il dedotto e il deducibile e sana i vizi processuali (art. 161). Tali contestazioni, perciò, possono fondarsi soltanto su fatti estintivi e impeditivi successivi alla formazione del giudicato (posso opporre di aver pagato dopo la formazione del giudicato; ma non posso opporre di aver pagato prima; posso opporre la c.d. inesistenza della sentenza, ma non la semplice nullità di una sentenza non impugnata o impugnata senza far valere il vizio).

Inoltre – quando si tratti di sentenza esecutiva, non ancora passata in giudicato –, le contestazioni in discorso incontrano *il limite, ugualmente generale, determinato dalla litispendenza o dalle preclusioni eventualmente verificatesi*, nel senso che le eccezioni e contestazioni di merito o processuali costituiscono, presumibilmente, già oggetto del giudizio di impugnazione e comunque non possono essere sollevate se non in quella sede, salvi solo i vizi di inesistenza e salva l'ipotesi che i fatti su cui tali eccezioni si fondano siano sopraggiunti in una fase del processo di cognizione che non consente in esso nuove allegazioni difensive.

Quando, invece, si tratti di titolo *stragiudiziale*, quei limiti ovviamente non esistono, pur potendo esistere limiti di altro genere (ad es., quando il titolo sia costituito da una cambiale, i limiti di cui agli artt. 64 e 65 L. camb.).

Passiamo ora a vedere come si propone l'opposizione di cui trattasi e come si svolge il relativo giudizio. Poiché si tratta di un giudizio di cognizione, l'iter normale per la sua instaurazione sarebbe quello della notificazione di un atto di citazione davanti al giudice competente, secondo le regole operanti nel giudizio di cognizione in conformità agli artt. 163 e ss. In realtà, questa è la soluzione prescelta per il caso (contemplato dal 1° comma dell'art. 615) in cui l'esecuzione contro la quale ci si oppone non sia ancora iniziata (c.d. *oppo-*

sizione preventiva); mentre, nel caso in cui l'esecuzione sia già iniziata (c.d. *opposizione contestuale o repressiva*), il legislatore impone un diverso *modus procedendi*, e cioè un iter che, come stiamo per vedere, assicuri, nella fase iniziale, una maggiore coordinazione col processo esecutivo. Vediamo più da vicino le due ipotesi.

Se l'esecuzione non è ancora iniziata, …

Incominciando col caso dell'*esecuzione non ancora iniziata*, ci si deve anzitutto domandare come può sorgere l'esigenza, o anche solo l'opportunità, di opporsi ad una esecuzione non ancora iniziata. L'apparente contraddizione è subito superata non appena si ponga mente al rilievo che l'esecuzione forzata è sempre necessariamente preceduta da un atto che ha la tipica funzione di preannunciare l'esecuzione stessa: tale atto è il precetto (v. retro, § 55), che, come si ricorderà, è preceduto a sua volta da (o compiuto insieme con) la notificazione del titolo esecutivo. Soltanto dopo il compimento di questi atti ha inizio l'esecuzione forzata; l'espropriazione inizia – come si ricorderà – col pignoramento (art. 491), mentre l'esecuzione in forma specifica inizia col compimento del primo atto dell'ufficio esecutivo: nell'esecuzione per consegna, l'inizio delle operazioni da parte dell'ufficiale giudiziario, nell'esecuzione per rilascio il momento della notifica dell'avviso di rilascio, mentre nell'esecuzione degli obblighi di fare o non fare tale primo atto dovrebbe consistere nel provvedimento ex art. 612 o, secondo l'orientamento della giurisprudenza, nella presentazione del ricorso al giudice per la pronuncia di quel provvedimento. Ricordato tutto ciò, appare evidente che, mentre da un lato la notificazione del precetto è già *sufficiente* per prospettare come imminente l'inizio di un'esecuzione, così da rendere attuale l'interesse ad opporsi a tale esecuzione che si assume illegittima, dall'altro lato, il non ancora avvenuto inizio di tale esecuzione escluderebbe, in linea di principio, la necessità di un collegamento particolare tra il giudizio di cognizione-opposizione ed il processo esecutivo (non ancora iniziato). Perciò, l'opposizione – che è propriamente *un'opposizione al precetto* (art. 615, 1° comma) – s'instaura col normale atto di citazione davanti al giudice competente secondo le normali regole (artt. 17 e 27).

… l'opposizione si introduce *con atto di citazione del debitore contro il creditore* innanzi al giudice competente secondo gli artt. 17 e 27.

Ma poiché, in pratica, il debitore teme le conseguenze del possibile inizio dell'esecuzione, l'art. 615, 1° comma, venendo incontro a queste esigenze, dispone che «*il giudice, concorrendo gravi motivi, sospende su istanza di parte l'efficacia esecutiva del titolo*». D'altro canto, «*se il diritto della parte istante è contestato solo parzialmente, il giudice procede alla sospensione dell'efficacia esecutiva del titolo esclusivamente in relazione alla parte contestata*».

La possibilità di sospendere l'efficacia esecutiva del titolo.

Si svolgerà così, ad iniziativa del debitore o di colui che è equiparato al debitore (art. 604 c.p.c.; ma anche art. 2929 bis, 3° comma, c.c.: v. retro, § 76), un normale giudizio di cognizione (destinato a concludersi con una sentenza, soggetta ai normali mezzi di impugnazione: art. 616), il cui collegamento con l'esecuzione sta in ciò che la sentenza è destinata a influire sul titolo o per negare o per riaffermare la sua efficacia, ossia per negare o riaffermare l'esistenza dell'azione esecutiva.

Diversa è, invece, la situazione che si verifica *quando l'esecuzione è già iniziata*. Da un lato, occorre evitare il già attuale pericolo – in ipotesi irreparabile – che venga esecutivamente attuato un diritto che si assume inesistente; e perciò, occorre poter fermare provvisoriamente l'esecuzione (o almeno valutare l'opportunità di fermarla); mentre, dall'altro lato, la pendenza del processo esecutivo offre gli strumenti per poter realizzare quell'esigenza, ossia il modo di operare sull'esecuzione. Più precisamente, poiché la pendenza dell'esecuzione implica la già avvenuta designazione del giudice dell'esecuzione, c'è l'organo al quale rivolgersi perché esamini l'eventuale opportunità di una sia pure provvisoria sospensione dell'esecuzione.

L'opposizione dopo l'inizio dell'esecuzione forzata si propone con ricorso al giudice dell'esecuzione.

Queste sono le ragioni per le quali l'art. 615, 2° comma, dispone che, quando l'esecuzione è già iniziata, l'opposizione all'esecuzione va proposta *con ricorso al giudice dell'esecuzione*, il quale fissa, con decreto in calce al ricorso stesso, l'udienza di comparizione delle parti davanti a sé ed un termine perentorio per la notificazione del ricorso e del decreto. All'udienza così fissata – alla quale si applicano le norme dei procedimenti in camera di consiglio (v. oltre, cap. 14°), secondo il disposto dell'art. 185 disp. att. – il giudice dell'esecuzione si pronuncia sull'eventuale istanza di sospensione dell'esecuzione, concedendo tale sospensione qualora sussistano gravi motivi (art. 624, 1° comma; v. oltre, § 84); ciò con ordinanza reclamabile ex art. 669 terdecies (art. 624, 2° comma).

La prosecuzione del giudizio dopo la fase camerale.

A questo punto le ragioni che hanno suggerito la sovrapposizione di funzioni in un solo organo si attenuano alquanto. Il giudizio di opposizione si svolgerà d'ora innanzi (ossia in una seconda fase successiva alla fase camerale) in modo autonomo secondo le consuete regole del giudizio di cognizione, comprese quelle sulla posizione delle parti rispetto all'onere dell'allegazione e della prova e quelle sulla competenza. Nell'ipotesi che queste regole sulla competenza indichino come competente per la causa di opposizione il tribunale, al quale appartiene il giudice dell'esecuzione, i due processi (quello esecutivo e quello di opposizione) procederanno in modo autonomo l'uno dall'altro, sicché le funzioni di giudice dell'opposizione potrebbero essere affidate ad altro magistrato designato dal presidente. Su questo punto, la norma in realtà non dice nulla, a differenza di quanto l'art. 186 bis disp. att. prevede con riguardo all'opposizione agli atti esecutivi. Ciò che, però, non impedisce di desumere dalle modalità di introduzione della causa ricondotta sui binari ordinari, la possibilità che il presidente abbia a designare un giudice-persona diverso da quello dell'esecuzione.

In quest'ipotesi – così l'art. 616 –, se competente per la causa sia l'ufficio giudiziario al quale appartiene il giudice dell'esecuzione, questi «*fissa un termine perentorio* (non inferiore a un mese, né superiore a tre: art. 307, 3° comma) *per l'introduzione del giudizio di merito secondo le modalità previste in ragione della materia e del rito, previa iscrizione a ruolo, a cura della parte interessata, osservati i termini a comparire di cui all'articolo 163 bis, o altri, se previsti, ridotti alla metà. Altrimenti rimette la causa dinanzi all'ufficio giudiziario competente assegnando un termine perentorio per la riassunzione della causa*». L'eventualità alla quale si riferisce quest'ultima proposizione normativa è, appunto, quella che le regole della competenza indichino come competente un altro giudice (ad es., quando la competenza per materia e valore spetti al giudice di pace); in tal caso il giudice dell'esecuzione dovrà con ordinanza rimettere le parti davanti all'ufficio giudiziario competente, assegnando un termine perentorio per la riassunzione della causa davanti a quest'ultimo.

Aggiunge, inoltre, lo stesso art. 616 – come integrato dal D.Lgs. 164/2024 – che «*Quando il giudizio di merito è introdotto nelle forme del rito ordinario di cognizione, sono ridotti della metà anche i termini di cui agli articoli 165, 166, 171 bis e 171 ter*». Si prevede, cioè, nel caso che il giudizio di merito assuma le forme del rito ordinario, la dimidiazione dei termini di costituzione dell'attore e del convenuto (v. vol. II, §§ 7 e 8) e dei termini per le verifiche preliminari dell'art. 171 bis e per il deposito delle memorie integrative delle parti di cui all'art. 171 ter (v. vol. II, §§ 12 e 13).

Se al giudizio di merito si applica il rito ordinario, sono ridotti a metà i termini di costituzione delle parti e quelli della fase preparatoria.

Va, d'altra parte, rilevato che, davanti al giudice di pace, al procedimento in questione si applica la disciplina del processo semplificato di cognizione (come previsto in termini generali dall'art. 316: v. vol. II, § 76) e che, in forza dell'art. 618 bis, al procedimento relativo a quest'opposizione (come a quello relativo all'opposizione agli atti esecutivi) nelle cause di lavoro e previdenziali, come abbiamo visto, si applica il rito del lavoro (retro, § 20).

La parte convenuta – che è la parte che chiede l'esecuzione – si può costituire con comparsa di risposta e può svolgere la sua attività difensiva che di solito consisterà nella richiesta del rigetto dell'opposizione con la contestazione del suo fondamento sia processuale che di merito. Si ritiene, d'altra parte, che il creditore opposto possa superare l'ambito della semplice attività difensiva e proporre anche domanda riconvenzionale (ad es., per un ulteriore credito aggiuntivo). La sentenza che conclude il giudizio *è impugnabile con l'appello.*

Il convenuto si può costituire con comparsa di risposta ed il giudizio prosegue fino alla sentenza, ...

... che è impugnabile con i mezzi ordinari.

In caso di rigetto dell'opposizione, la sentenza passata in giudicato ha portata di mero accertamento del legittimo svolgimento e della proseguibilità dell'esecuzione sotto il profilo dedotto come motivo dell'opposizione. Nel caso dell'accoglimento, invece, la sentenza passata in giudicato ha la portata – pure dichiarativa – di negare l'esistenza o l'efficacia attuale del titolo esecutivo o comunque dell'azione esecutiva nel suo concreto esercizio, con la conseguente invalidazione

L'accoglimento dell'opposizione elimina (o riduce) il titolo esecutivo.

degli atti compiuti e negazione del potere di iniziare o di proseguire il processo esecutivo.

L'opposizione all'esecuzione può essere proposta in pendenza del processo esecutivo e – nel solo caso di opposizione in sede di espropriazione forzata – entro il limite temporale fissato dal 2° comma dello stesso art. 615. Esso prevede, infatti, che «*nell'esecuzione per espropriazione l'opposizione è inammissibile se è proposta dopo che è stata disposta la vendita o l'assegnazione a norma degli articoli 530, 552, 569, salvo che sia fondata su fatti sopravvenuti ovvero l'opponente dimostri di non aver potuto proporla tempestivamente per causa a lui non imputabile*». Da questa previsione deriva anche l'obbligo (art. 492) di avvertire il debitore nell'atto di pignoramento della presenza di questa preclusione (v. retro, § 60).

I limiti temporali di proponibilità ...

... dell'opposizione all'esecuzione nell'espropriazione forzata.

La procedura che abbiamo visto finora è estesa dall'art. 615, 2° comma, anche al caso dell'opposizione che riguarda la «*pignorabilità dei beni*», ossia al caso in cui il pignoramento abbia colpito beni obbiettivamente impignorabili (artt. 514, 515, 516, 545; v. retro, §§ 63 e 66), ciò che ovviamente presuppone il già avvenuto inizio dell'esecuzione. L'inclusione di quest'opposizione nell'ambito dell'opposizione all'esecuzione appare del tutto corretta anche sul piano concettuale, poiché, quando si assume che il pignoramento abbia colpito beni impignorabili, si contesta la legittimità dell'esercizio dell'azione esecutiva in concreto, ossia si contesta il «se» e non soltanto il «come» di *quella* esecuzione.

L'opposizione all'esecuzione può fondarsi anche sulla contestazione della pignorabilità dei beni.

82. *L'opposizione agli atti esecutivi.*

L'*opposizione agli atti esecutivi* è la seconda delle due opposizioni che di regola si riconducono all'iniziativa del debitore; essa è, infatti, disciplinata subito dopo l'opposizione all'esecuzione, sempre nella sezione seconda del capo intitolato alle «opposizioni del debitore e del terzo assoggettato all'esecuzione».

Sotto il profilo della *legittimazione attiva* va solo aggiunto il rilievo che la contestazione del «come» – che appunto è l'oggetto di quest'opposizione –, in quanto può investire i singoli atti del processo esecutivo, comporta un allargamento dell'ambito dei soggetti legittimati. L'opposizione in esame può, infatti, essere proposta, oltre che dal debitore (o comunque dal soggetto passivo dell'esecuzione) e dal terzo assoggettato all'esecuzione, anche da tutti i soggetti destinatari dei singoli atti *interessati* a rimuoverli, compresi gli intervenienti e coloro che nel processo esecutivo hanno un ruolo marginale. La legittimazione passiva spetta ovviamente alla parte istante, ma anche i creditori intervenuti e gli altri interessati (ma solo se concretamente coinvolti) sono litisconsorti necessari. *L'inte-*

Con l'opposizione agli atti esecutivi, il debitore e ogni altro soggetto del processo esecutivo contesta il «come» dell'esecuzione.

resse che sta alla base di quest'opposizione è evidentemente finalizzato all'invalidazione dell'esecuzione, ma con un possibile ulteriore margine per la liquidazione delle spese relative alla stessa opposizione.

Con riguardo all'oggetto, si è già detto che qui si contesta il «come» dell'esecuzione, ossia non si nega che il creditore abbia l'azione esecutiva, ma si contesta la legittimità del modo col quale l'esercizio dell'azione è avvenuto o è stato preannunciato; si contesta, in altri termini, secondo la terminologia del codice (art. 617), la *regolarità formale* dei singoli atti del processo esecutivo o degli atti che lo preannunciano o lo introducono.

L'irregolarità formale, che costituisce il fondamento dell'opposizione in esame, è nozione atecnica e generica, indubbiamente più ampia della nullità, in quanto la comprende senza esaurirsi in essa e cioè lasciando un margine per le ipotesi di irregolarità che non sono nullità, e nel quale vanno incluse tutte quelle divergenze dalla fattispecie legale che, da un lato, non sono espressamente previste dalla legge come nullità e, dall'altro lato, non consistono (secondo l'espressione dell'art. 156) in difetti di requisiti indispensabili per il raggiungimento dello scopo dell'atto. Questo margine è particolarmente evidente nella contrapposizione tra *nullità* e *irregolarità* che, come stiamo per vedere, la legge compie, sia pure implicitamente, con riguardo al titolo esecutivo, dal momento che la nullità di quest'ultimo è materia di opposizione all'esecuzione.

La contestazione può riguardare anche la regolarità formale del titolo esecutivo …

La prima delle ipotesi di contestazioni che possono sollevarsi con l'opposizione in esame è configurata, dall'art. 617, 1° comma, come contestazione della *regolarità formale del titolo esecutivo*. Ma, si noti: contestazione della sola regolarità formale, poiché se si sostenesse la nullità del titolo o, a maggior ragione, la sua inesistenza (o si negasse la qualità di titolo esecutivo), si rientrerebbe nel campo dell'opposizione all'esecuzione; così, ad es., se si facesse valere la mancanza dell'esecutività provvisoria della sentenza di primo grado, perché sospesa ai sensi dell'art. 283 (v. vol. II, § 62), si dovrebbe proporre opposizione all'esecuzione; mentre si dovrebbe proporre l'opposizione agli atti esecutivi, se si contestasse la corrispondenza formale fra la copia del titolo esecutivo utilizzata per l'esecuzione e l'originale dello stesso depositato, a seconda dei casi, presso la cancelleria del giudice o presso il notaio(v. retro, § 53).

… o del precetto.

L'altra ipotesi di contestazione configurata espressamente dal 1° comma dell'art. 617 consiste nella *contestazione della regolarità formale del precetto* (ad es., per mancanza di uno dei requisiti di cui all'art. 480): si pensi al caso in cui nel precetto manchi la data della notificazione del titolo, avvenuta in precedenza; così come anche nel caso della contestazione della regolarità della notificazione dello stesso titolo e del precetto, nonché nel caso di omissione della notificazione del titolo. In tutti i casi ora visti – ai quali la giurisprudenza assimila la stessa mancanza del precetto – il vizio di regolarità investe un atto anteriore all'inizio dell'esecuzione.

Ma può anche accadere che il vizio investa un atto successivo all'inizio dell'esecuzione stessa: ad es., un vizio di forma del pignoramento (un vizio, cioè, che investe il modo del pignoramento, e non il suo oggetto, nel qual caso si rientrerebbe nell'ipotesi di cui all'art. 615, 2° comma: v. § precedente) o dell'istanza di vendita o dell'ordinanza che dispone la vendita o, insomma, di un qualsiasi atto del processo esecutivo: sono queste le ipotesi prese in considerazione nel 2° comma dell'art. 617. Tra le quali, d'altra parte, l'opinione che prevale in dottrina e in giurisprudenza tende ad includere anche le censure di inopportunità o di incongruità del provvedimento esecutivo, che, altrimenti, stante il *numerus clausus* delle opposizioni nel processo esecutivo, rimarrebbero prive di tutela.

Si propone con forme diverse a seconda che la proposizione avvenga prima o dopo l'inizio dell'esecuzione, ...

Venendo al modo col quale si propone quest'opposizione, va osservato, in primo luogo, che *anche per l'opposizione agli atti esecutivi*, come per l'opposizione all'esecuzione, *il codice distingue tra i casi di opposizione quando l'esecuzione non è ancora iniziata e i casi di opposizione successiva all'inizio dell'esecuzione.*

... ma sempre nel litisconsorzio di tutti i soggetti del processo.

Nella prima ipotesi – quella cioè in cui si contesta la regolarità formale del titolo o del precetto (o del relativo procedimento notificatorio) –, l'art. 617, 1° comma, dispone che l'opposizione si propone con atto di citazione. Più precisamente, essa si propone (dal «debitore» o da colui che è assimilato al debitore o eventualmente anche da un altro soggetto, che, come si è visto, assume la veste di opponente) *con atto di citazione* davanti al giudice indicato dall'art. 480, 3° comma (il giudice competente per l'esecuzione), da notificarsi *entro 20 giorni dalla notificazione del titolo esecutivo o del precetto.* Ed è bene notare subito che questo termine è un elemento caratteristico e costante dell'opposizione di cui trattasi; si può dire, infatti, in linea generale, che *questa opposizione va sempre proposta entro 20 giorni* dal compimento o dalla notificazione dell'atto o del provvedimento esecutivo che si assume viziato o irregolare o comunque dalla legale conoscenza che ne abbia avuto la parte interessata.

Se proposta *prima dell'inizio dell'esecuzione* è proposta con citazione davanti al giudice indicato dall'art. 480, 3° comma; ...

Per quanto riguarda, invece, l'opposizione proposta *dopo l'inizio dell'esecuzione*, il termine di 20 giorni decorre dal compimento del primo atto di esecuzione, quando si fa valere il vizio *della notificazione* del titolo esecutivo o del precetto oppure un vizio di regolarità del titolo o del precetto che non sia stato possibile far valere prima dell'inizio dell'esecuzione (art. 617, 2° comma). Mentre, tale termine decorre dal giorno del compimento di ciascun singolo atto o provvedimento, quando si contesta la regolarità di un qualsiasi atto o provvedimento successivo all'inizio dell'esecuzione (art.

617, 2° comma) e comunque dal momento in cui le parti del processo esecutivo vengono a conoscenza dell'atto o provvedimento stesso (conoscenza che si presume se la pronuncia sia avvenuta in udienza) o di quello successivo, che necessariamente lo presuppone, o dell'atto o provvedimento conclusivo della relativa fase.

In tutti i casi di opposizione successiva all'inizio dell'esecuzione, l'opposizione stessa va proposta, anziché con citazione, *con ricorso al giudice dell'esecuzione*, analogamente a quanto si è visto (nel § precedente) per l'opposizione all'esecuzione e per ragioni pure analoghe. Anche qui – dove la competenza, comunque, appartiene all'ufficio giudiziario competente per l'esecuzione – nel caso dell'opposizione preventiva il giudizio si svolge secondo le regole del giudizio di cognizione. Invece, nel caso di opposizione successiva il giudice dell'esecuzione fissa con decreto l'udienza di comparizione delle parti davanti a sé (che, ai sensi dell'art. 185 disp. att., si svolge con le forme dei procedimenti in camera di consiglio) e il termine perentorio per la notificazione del ricorso e del decreto, pronunciando senz'altro – nei casi urgenti – eventuali provvedimenti opportuni (art. 618, 1° comma).

… se è proposta *dopo l'inizio dell'esecuzione*, con ricorso al giudice dell'esecuzione, …

«*All'udienza dà con ordinanza i provvedimenti che ritiene indilazionabili ovvero sospende la procedura. In caso di sospensione fissa un termine perentorio per l'introduzione del giudizio di merito* (in realtà, si tratta della prosecuzione in altra fase di un giudizio già pendente), *previa iscrizione a ruolo a cura della parte interessata, osservati i termini a comparire di cui all'articolo 163 bis, o altri se previsti, ridotti della metà. Quando il giudizio di merito è introdotto nelle forme del rito ordinario di cognizione, sono ridotti della metà anche i termini di cui agli articoli 165, 166, 171 bis e 171 ter*» (art. 618, 2° comma, come integrato dal D.Lgs. 164/2024). Anche in questo caso, dunque, come nel caso dell'opposizione all'esecuzione successiva all'inizio dell'esecuzione, si prevede che, ove il giudizio di merito assuma le forme del rito ordinario, la dimidiazione dei termini di costituzione dell'attore e del convenuto (v. vol. II, §§ 7 e 8) e dei termini per le verifiche preliminari dell'art. 171 bis e per le memorie integrative delle parti di cui all'art. 171 ter (v. vol. II, §§ 12 e 13).

… ma, se alla fase di merito si applica il rito ordinario, sono dimezzati i termini della costituzione, delle verifiche preliminari e delle memorie integrative.

La causa, che, ai sensi dell'art. 186 bis disp. att., dovrà essere affidata ad un giudice-persona diverso da quello dell'esecuzione, da designarsi dal presidente, «*è decisa con sentenza non impugnabile*» (art. 618, 2° comma). Va, peraltro, aggiunto che questa non impugnabilità rimane temperata dalla possibilità – ormai pacificamente riconosciuta dalla giurisprudenza – di proporre, contro la sentenza in discorso, il ricorso per cassazione previsto dall'art. 111, 7° comma, Cost. (v. vol. II, § 87).

La sentenza non è impugnabile (salvo solo il ricorso per cassazione ex art. 111 Cost.).

Va anche tenuto presente che, con riguardo al procedimento

relativo a quest'opposizione, come con riguardo a quello sull'opposizione all'esecuzione, nelle cause di lavoro e previdenziali si applicano le norme del rito del lavoro in quanto compatibili (v. retro, § 20). Così dispone l'art. 618 bis, il quale, nel 2° comma, precisa che resta ferma la competenza del giudice dell'esecuzione nei casi previsti dall'art. 617, 2° comma, nei limiti dei provvedimenti assunti con ordinanza.

Il giudizio di opposizione agli atti esecutivi non è del tutto autonomo rispetto al processo esecutivo.

Rispetto al procedimento di opposizione all'esecuzione vanno messe in evidenza alcune essenziali differenze, che inducono una parte della dottrina a considerare l'opposizione agli atti esecutivi come una fase incidentale inserita nel processo esecutivo, e che comunque *autorizzano a considerare il relativo giudizio come meno autonomo rispetto al processo esecutivo, di quanto non lo sia il giudizio sull'opposizione all'esecuzione.*

Questo rilievo ha riguardo, anzitutto, alla *non impugnabilità che* – come abbiamo visto – *è caratteristica, da sempre, delle sentenze che definiscono questo giudizio.*

Inoltre, l'eventuale accoglimento dell'opposizione agli atti esecutivi dà luogo alla dichiarazione di nullità degli atti esecutivi contestati, con la conseguente eventuale dichiarazione d'invalidità degli atti successivi che ne sono dipendenti (art. 159) e così, eventualmente, dell'intero processo esecutivo (v. vol. I, § 71 e qui, retro, § 46, in fine); la nullità non ha effetto nei confronti dei terzi acquirenti, salvo il caso di collusione (art. 2929 c.c.). In caso di rigetto dell'opposizione agli atti, se non c'è stata sospensione del processo esecutivo (v. oltre, § 84), non occorre riassunzione e il processo esecutivo può proseguire senz'altro.

Nulla, infine, impedisce che col medesimo atto vengano proposte congiuntamente sia un'opposizione all'esecuzione e sia un'opposizione agli atti esecutivi o che, d'altra parte, contro due distinte pronunce contenute in una sentenza formalmente unica, siano proposte le due distinte opposizioni ed eventualmente le due successive distinte impugnazioni.

83. *L'opposizione del terzo nel processo esecutivo.*

Con l'opposizione di terzo, questi fa valere il fatto che, per errore, l'esecuzione abbia colpito beni di sua proprietà.

Accanto alle due possibili reazioni del soggetto passivo dell'esecuzione, finora viste, il codice contempla – nel capo 2° del titolo dedicato alle opposizioni, e sotto la rubrica «*delle opposizioni di terzi*» – la possibilità di un'opposizione da parte di un soggetto che, pur essendo *terzo* rispetto all'esecuzione, viene, *di fatto* ed illegittimamente, coinvolto in essa, in modo che, se l'esecuzione giungesse al suo epilogo, egli subirebbe l'ingiusto sacrificio di suoi diritti. *Questo fenomeno si verifica tipicamente nell'espropriazione*, quando accade (e l'ipotesi è particolarmente frequente nell'espropriazione mobiliare presso il debitore) che il pignoramento colpisca, per errore, beni appartenenti non al debitore, ma ad un terzo. Abbiamo detto: per errore, poiché sappiamo che il titolo esecutivo non ha alcuna efficacia contro il terzo, e l'ufficiale giudiziario non potrebbe colpire scientemente beni di un terzo, né il creditore procedente avrebbe interesse a che ciò avvenisse. Tuttavia, in linea di fatto può accadere che l'ufficiale giudiziario pignori beni di un terzo, nella convinzione che essi appartengano al debitore, secondo la presunzione conseguente al fatto che tali beni si trovano in luoghi appartenenti al debitore; né sarebbe concepibile che l'ufficiale giudiziario si astenesse dal pignorare, per il solo fatto che il debitore gli affermasse che quei determinati beni appartengono ad un terzo; se ciò fosse sufficiente, sarebbe troppo facile, per il debitore, sottrarsi all'esecuzione forzata. Perciò, può accadere che il pignoramento colpisca beni sui quali un terzo pretenda di avere dei diritti; e naturalmente, tale pretesa può essere fondata, come anche infondata, ciò che dà luogo ad un'esigenza di accertamento.

Quando ciò accade, il codice lascia l'iniziativa per contestare la legittimità dell'esecuzione non già al debitore, ma direttamente al terzo. A questo terzo il codice attribuisce la legittimazione a proporre un'opposizione, con le forme e le caratteristiche del giudizio di cognizione, in contraddittorio non solo col creditore, ma anche – in un'evidente ipotesi di litisconsorzio necessario (v. vol. I, § 54) – col debitore, nonché degli eventuali più creditori pignoranti. Il conseguente autonomo giudizio di cognizione dà luogo ad un accertamento (sul diritto vantato dal terzo), che è determinante, in un senso o nell'altro, sulla legittimità del pignoramento e degli atti successivi e quindi sull'ulteriore procedibilità dell'esecuzione. Si ritiene che quest'accertamento abbia efficacia anche autonoma, ossia al di fuori dell'esecuzione, naturalmente se ed in quanto su di esso sia sceso il giudicato.

L'art. 619, 1° comma, indica l'oggetto di questa opposizione nella *pretesa del terzo di avere la proprietà o altro diritto reale sui beni pignorati.*

Il codice, nel disciplinare quest'opposizione, ne determina l'oggetto nella *pretesa del terzo di «avere la proprietà* (comunque acquisita: ad es., mediante usucapione) *o altro diritto reale sui beni pignorati»* (art. 619, 1° comma), ossia con una formula che riassume il fenomeno al quale ci siamo sopra riferiti e che sembra non lasciar margine né per far valere vizi del procedimento, né per una sua applicazione a fenomeni analoghi. Tali fenomeni analoghi potrebbero essere, da un lato, il caso in cui, sempre nell'ambito dell'espropriazione, il terzo vanti, sulle cose pignorate, un diritto non reale, ma personale; e, dall'altro lato, il caso in cui il processo esecutivo sia diverso dalla espropriazione forzata, ossia consista in una esecuzione in forma specifica. In realtà, nonostante l'inequivocità della lettera della disposizione, una parte della dottrina e della giurisprudenza sostiene che l'opposizione in discorso possa essere utilizzata sia in taluni casi eccezionali di diritti di credito del terzo, che rimarrebbero travolti dal pignoramento, e sia in taluni casi di esecuzione in forma specifica, nei quali i diritti del terzo potrebbero venire travolti per errore materiale in modo analogo a quanto accade nell'espropriazione.

Qui basterà osservare – con riguardo al fatto che l'art. 619 fa riferimento alla sola espropriazione – che la palese limitazione della formula della legge all'espropriazione e ai diritti reali eventualmente pregiudicati dal pignoramento ha la sua ragion d'essere in ciò che, da un lato, l'opposizione *de qua* è riferita alle modalità concrete dell'esecuzione e, dall'altro lato, solo l'espropriazione forzata coinvolge, con le sue particolari modalità, beni diversi da quelli che costituiscono oggetto del diritto che si porta ad esecuzione, mentre nelle esecuzioni in forma specifica la coincidenza tra il bene colpito e il bene oggetto del diritto, di solito esclude la stessa possibilità dell'errore. In altri termini, l'*errore* che sta alla base del fenomeno sopra descritto è un errore tipicamente inerente a quella scelta dei beni da pignorare che è propria dell'espropriazione forzata, mentre nell'esecuzione in forma specifica quell'errore è reso difficilmente immaginabile dal fatto che il titolo esecutivo indica, per eseguire un diritto ben determinato, un iter altrettanto ben determinato. E dunque, poiché, di solito, avuto riguardo alle caratteristiche dell'esecuzione in forma specifica, tale diritto ed iter risultano, già *nel titolo*, ingiustamente pregiudizievoli per il terzo (perché, ad es., il titolo giudiziale ha accertato un diritto incompatibile con quello vantato dal terzo), questi avrà a disposizione il rimedio dell'impugnazione attraverso l'opposizione di terzo semplice di cui all'art. 404 (v. vol. II, § 95).

Qualora, invece, il creditore procedente pretendesse di far valere contro il terzo un titolo esecutivo che contempla un diverso debitore, questo terzo – che in realtà non sarebbe tale, ma di fatto già soggetto passivo dell'esecuzione – potrebbe facilmente opporre il limite soggettivo del titolo, ossia il difetto di titolo contro di lui, con un'opposizione all'esecuzione ai termini dell'art. 615.

Ciò riaffermato in linea di principio, si può tuttavia, da un lato, convenire che la terminologia del codice non è determinante, per l'abitudine del legislatore di servirsi, spesso impropriamente, della terminologia dell'espropriazione; e, dall'altro lato, riconoscere l'esistenza di taluni casi eccezionali, nei quali un errore analogo a quello del pignoramento dei beni di un terzo può verificarsi sia nelle esecuzioni in forma specifica e sia, nelle espropriazioni, in pregiudizio di diritti non reali, ma personali del terzo. Nelle esecuzioni in forma specifica si può pensare al caso di un ufficiale giudiziario che, nell'eseguire contro Bianco il diritto di Rosso al rilascio del Fondo Corneliano, trasferisca a Rosso anche il possesso di una parte del Fondo Serviano appartenente a Verde; oppure si può pensare al caso di un ufficiale giudiziario che, nell'eseguire contro Caio il diritto di Tizio, ad es., alla consegna di una cosa determinata nei confronti di Caio, consegni a Tizio una cosa di Sempronio. O, ancora, si può pensare al caso in cui il giudice dell'esecuzione, nel determinare le modalità dell'esecuzione di fare ai termini dell'art. 612, o l'ufficiale giudiziario nell'attuarle, investano erroneamente, col provvedimento o con la sua attuazione, il bene di un terzo. Con riguardo, invece, all'eventualità che nelle espropriazioni vengano pregiudicati diritti del terzo non reali, ma personali, si può pensare, sotto il profilo del margine lasciato dall'art. 2915, 2° comma, c.c., ai diritti potestativi all'annullamento o alla rescissione.

Questa opposizione, che presuppone sempre l'esecuzione iniziata, trova il suo limite temporale nella vendita o nell'assegnazione.

L'opposizione di cui trattasi – che, per quanto detto, evidentemente non è proponibile prima del pignoramento – non è assoggettata a termini di preclusione. Tuttavia, la necessità di tener conto dei diritti di coloro che, per effetto dell'espropriazione, siano divenuti acquirenti delle cose pignorate, pone un limite alla funzionalità dell'opposizione, a partire dal momento della vendita o dell'assegnazione (art. 619, 1° comma); non che l'opposizione in discorso non possa essere proposta anche dopo tale momento; solo che, in tal caso, gli eventuali diritti del terzo non possono essere fatti valere che sulla somma ricavata (art. 620) e naturalmente se ed in quanto questa somma non sia stata ancora distribuita.

La domanda si propone con ricorso al giudice dell'esecuzione nei confronti di tutti i soggetti interessati.

L'iter procedimentale è presso a poco il medesimo contemplato per l'opposizione all'esecuzione dopo l'inizio dell'esecuzione stessa: ricorso al giudice dell'esecuzione, fissazione con decreto, da parte di quest'ultimo, dell'udienza di comparizione delle parti – che sono, oltre al terzo, anche, necessariamente, il creditore e il debitore – davanti a sé (udienza che, per l'art. 185 disp. att., si svolge con le forme dei procedimenti in camera di consiglio) e del termine perentorio per la notificazione del ricorso e del decreto (art. 619, 2° comma); designazione del giudice, quando è competente l'ufficio giudiziario al quale appartiene il giudice dell'esecuzione o, in caso contrario, fissazione all'opponente di un termine perentorio per la riassunzione della causa davanti all'ufficio giudiziario competente per valore (art. 619, 3° comma); il tutto, previo eventuale provvedimento di sospensione della vendita (argomentando dagli artt. 620 e 624).

Se le parti non raggiungono un accordo, il giudice provvede ai sensi dell'art. 616.

All'udienza, se le parti non raggiungono un accordo, il giudice provvede ai sensi dell'art. 616; così richiamando la norma che disciplina l'intero procedimento di opposizione all'esecuzione, compresa l'impugnabilità con l'appello della sentenza che decide quest'opposizione. Ove, invece, le parti raggiungano un accordo, lo stesso art. 619 stabilisce che «*il giudice ne dà atto adottando ogni altra decisione idonea ad assicurare, se del caso, la prosecuzione del processo esecutivo, ovvero ad estinguere il processo, statuendo altresì, in questo caso, anche sulle spese».*

Il terzo non può provare con testimoni il suo diritto sui beni pignorati nella casa o nell'azienda del debitore, ...

Abbiamo accennato sopra che l'eventuale acquiescenza del debitore alle pretese del terzo non può essere ritenuta sufficiente, stante il pericolo di collusione tra il debitore e il terzo per frustrare l'esecuzione. Ancora con l'occhio rivolto a questo pericolo, il legislatore pone dei limiti severi ai mezzi di prova di cui il terzo può servirsi per provare il diritto da lui vantato. Più precisamente, l'art. 621 nega al terzo opponente la possibilità di provare con testimoni il suo vantato diritto sui beni mobili (non registrati) pignorati nella casa o nell'azienda del debitore. Questa disposizione va posta in relazione col rilievo che la stessa presenza di tali beni in luoghi appartenenti al debitore crea una sorta di presunzione di appartenenza a quest'ultimo, presunzione che il legislatore considera superabile soltanto con atto scritto avente *data certa* anteriore al pignoramento (art. 2914, n. 4, c.c.) o attraverso testimoni, ma soltanto in presenza di *particolari circostanze inerenti alla professione o al commercio esercitati dal terzo o dal debitore*, circostanze che rendono verosimile la suddetta presenza di cose del terzo presso il debitore. Va, d'altra parte, tenuto presente che il terzo ha l'onere di provare i fatti costitutivi non solo della sua proprietà (o altro diritto reale) sulle cose pignorate, ma anche dell'avvenuto affidamento di esse all'esecutato.

... salva la *verosimiglianza* opposta per ragioni di professione o commercio (art. 621).

Ancora sotto l'impulso di preoccupazioni analoghe il legislatore aveva disposto, all'art. 622, l'improponibilità dell'opposizione in discorso da parte della moglie convivente col debitore relativamente ai beni mobili pignorati nella casa di lui, tranne che in determinate ipotesi. Ma questa norma è stata dichiarata incostituzionale dalla Corte costituzionale, con la sent. n. 143/1967, in quanto lesiva del principio della parità della condizione giuridica dei coniugi. Di conseguenza, l'opposizione della moglie, divenuta proponibile, è assimilata all'opposizione di qualsiasi altro terzo anche con riguardo ai limiti probatori di cui all'art. 621.

Bibliografia di orientamento

C. FURNO, *Disegno sistematico delle opposizioni nel processo esecutivo*, Firenze, 1942; C. MANDRIOLI, *Opposizione all'esecuzione e agli atti esecutivi*, in *Enciclopedia del diritto*, XXX, Milano, 1980; F. BUCOLO, *La sospensione nell'esecuzione*, II (*Le opposizioni esecutive*), Milano, 1972; R. ORIANI, *Opposizione all'esecuzione*, in *Novissimo Dig. it.* (*Appendice*), V, Torino, 1984; R. ORIANI, *L'opposizione agli atti esecutivi*, Napoli, 1987; C. MANDRIOLI, *Sulla nozione di «irregolarità» nel processo civile*, in *Riv. dir. civ.*, 1977; C. PUNZI, *La tutela del terzo nel processo esecutivo*, Milano, 1971; G. TARZIA,

Sul litisconsorzio necessario nell'opposizione di terzo all'esecuzione, in *Giur. it.*, 1965; S. RECCHIONI, *Note sull'oggetto del giudizio di opposizione all'esecuzione ecc.*, in *Riv. dir. proc.*, 1998; G. OLIVIERI, *L'opposizione all'esecuzione*, in *Riv. es. forzata*, 2003; A. SALETTI, *Simmetrie ed asimmetrie nel sistema delle opposizioni esecutive*, in *Riv. dir. proc.*, 2007; A.A. ROMANO, *Espropriazione forzata e contestazione del credito*, Napoli, 2008; R. METAFORA, *L'opposizione di terzo all'esecuzione*, Napoli, 2012; M. BOVE, *Sull'oggetto delle c.d. opposizioni di merito*, in *Riv. trim. dir. e proc. civ.*, 2013; G. MICCOLIS, *L'opposizione di terzo all'esecuzione e i terzi nel processo esecutivo*, in *Riv. es. forzata*, 2014; L. DURELLO, *Contributo allo studio della tutela del terzo nel processo esecutivo*, Napoli, 2016; A. SALETTI, *Le modifiche al sistema dei controlli esecutivi*, in *Giur. it.*, 2016; A. SALETTI-M.C. VANZ-S. VINCRE, *Le nuove riforme dell'esecuzione forzata*, Torino, 2016; P. FARINA, *Il nuovo art. 615 c.p.c. e le preclusioni ecc.*, in *Riv. trim. dir. e proc. civ.*, 2017; M. CIRULLI, *Le opposizioni nel processo esecutivo*, Milano, 2018; M. PILLONI, *Cognizioni del g.e. e opposizioni esecutive*, in *Riv. trim. dir. e proc. civ.*, 2020; D. MICALI, *L'opposizione all'esecuzione come azione in giudizio*, Napoli, 2020; S. BOCCAGNA, *Opposizione all'esecuzione e sopravvenuta caducazione del titolo esecutivo*, in *Nuove leggi civ. comm.*, 2021; G. FELLONI, *Principio di acquisizione nelle opposizioni esecutive: teoria e realtà*, in *Riv. es. forzata*, 2022; A. RONCO, *Osservazioni critiche sul regime di impugnazione delle sentenze pronunciate nell'ambito delle opposizioni esecutive*, in *Judicium*, 2022; B. CAPPONI, *Diritto dell'esecuzione civile*, 8ª ed., Torino, 2025.

CAPITOLO X

SOSPENSIONE ED ESTINZIONE DEL PROCESSO ESECUTIVO

84. *La sospensione dell'esecuzione forzata.*

Anche il processo esecutivo può essere sospeso.

La sospensione dell'esecuzione forzata produce conseguenze praticamente analoghe a quelle prodotte dalla sospensione del processo di cognizione (su cui v. vol. II, § 66). Anche qui la sospensione dà luogo a un arresto della sequenza degli atti processuali. Quando il processo è sospeso – dice l'art. 626, riecheggiando l'art. 298 – nessun atto esecutivo può essere compiuto, salva diversa disposizione del giudice dell'esecuzione.

Diverso è (o può essere), invece, il fenomeno che costituisce la ragione della sospensione. Mentre nel processo di cognizione tale ragione sta sempre (e salvi solo i casi di sospensione su accordo delle parti: art. 296) nel fatto che il giudizio in corso dipende dall'esito di un altro giudizio (pregiudizialità), nel processo esecutivo la ragione della sospensione solo eccezionalmente consiste nel suddetto rapporto di pregiudizialità (tipico il caso, visto al § 75, della sospensione dell'espropriazione dei beni indivisi fino all'esito del giudizio di divisione: art. 601, 1° comma). Di solito, nel processo esecutivo, tale ragione sta nel fatto che in un giudizio di cognizione in corso (in sede di opposizione o anche di impugnazione: ad es., quando è in corso l'appello contro una sentenza provvisoriamente esecutiva) è in contestazione l'esistenza dell'azione esecutiva o la legittimità delle modalità con le quali si sta svolgendo l'esecuzione. La quale contestazione potrebbe in ipotesi concludersi con una pronuncia di totale o parziale inesistenza dell'azione o di illegittimità dell'esecuzione. Di fronte a quest'eventualità – il cui grado di probabilità dovrà essere valutato caso per caso – si delinea il pericolo che la prosecuzione dell'esecuzione comprometta la situazione di fatto in modo irreparabile o difficilmente riparabile. Di qui l'opportunità di un arresto provvisorio

La sospensione avviene per ragioni di opportunità.

dell'esecuzione fino alla definizione del giudizio di cognizione. Non si tratta, dunque, di ragioni di necessità più o meno imposta dalla priorità logica; si tratta solo di ragioni di opportunità che stanno palesemente in relazione con finalità di natura genericamente cautelare.

Perciò l'organo strutturalmente qualificato a disporre la sospensione è il giudice dell'esecuzione.

Nell'occuparci delle singole opposizioni nel processo esecutivo abbiamo avuto occasione di mettere in evidenza come proprio l'opportunità di offrire uno strumento per l'eventualità della sospensione dell'esecuzione abbia talora guidato il legislatore nel configurare l'iter introduttivo delle opposizioni stesse. Abbiamo più precisamente visto che tale iter (quando l'esecuzione sia già iniziata, poiché in caso contrario il problema non si pone) è strutturato in modo da far sì che quel medesimo organo giudiziario (il giudice dell'esecuzione), al quale è affidata la prima trattazione del giudizio di opposizione – ed è perciò in grado di valutarne, sia pure sommariamente, la fondatezza o meno –, abbia al tempo stesso i poteri relativi alla sospensione del processo esecutivo.

Ma ci sono anche casi di sospensione disposta per legge o dal giudice davanti al quale è impugnato il titolo esecutivo in sede di cognizione.

In questa cornice va vista la disposizione, di portata generale, dell'art. 623, secondo la quale *l'esecuzione non può essere sospesa che con provvedimento del giudice dell'esecuzione*. Va anche osservato che la norma in esame premette una salvezza, pure di portata generale, per l'ipotesi che *la sospensione sia disposta dalla legge* (come accade, ad es., ai sensi dell'art. 601, in caso di espropriazione su beni indivisi: v. retro, § 75) *o dal «giudice davanti al quale è impugnato il titolo esecutivo»*, con un evidente riferimento ai casi d'impugnazione, in senso proprio, dei provvedimenti giudiziari che siano già esecutivi, anche se non ancora passati in giudicato (v. vol. II, § 62). Sono tipici i casi di cui agli artt. 283 (potere di sospensione del giudice di secondo grado in pendenza dell'appello), 373 (potere di sospensione del giudice di secondo grado in pendenza del ricorso per cassazione), 401 (potere di sospensione del giudice della revocazione), 407 (potere di sospensione del giudice dell'opposizione di terzo); tutti casi caratterizzati dal fatto che il giudice dell'impugnazione ha il potere di sottrarre al provvedimento l'efficacia esecutiva, in modo tale che l'esecuzione non potrebbe essere iniziata, mentre, qualora fosse già stata iniziata, essa rimarrebbe sospesa per effetto di tale sottrazione, così come rimarrebbe sospeso il termine del precetto.

La sospensione a seguito delle opposizioni esecutive.

L'art. 624 prevede, poi, più dettagliatamente, la sospensione a seguito della proposizione delle opposizioni di cui agli artt. 615, 1° e 2° comma (e questo, sebbene letteralmente il riferimento sia solo all'opposizione di cui al 2° comma) e 619, enunciando che a ciò provvede, concorrendo *gravi motivi*, il giudice dell'esecuzione, mentre nel caso di competenza del giudice di pace prevale la tesi che la domanda vada proposta al tribunale.

Sebbene l'art. 624 ometta qualsiasi riferimento all'opposizione agli atti esecutivi, ciò non significa che quell'opposizione non possa dar luogo a sospensione. In tal caso, infatti, soccorre il potere che l'art. 618 attribuisce, come si è visto (retro, § 82), al giudice dell'esecuzione, una volta proposta l'opposizione, di pronunciare «i provvedimenti che ritiene indilazionabili ovvero *sospende la procedura*». Mentre, d'altra parte, il fatto stesso della proposizione dell'opposizione agli atti esecutivi sospende il decorso del termine di efficacia del pignoramento (art. 628).

L'ordinanza che dispone sull'istanza di sospensione è reclamabile al collegio ex art. 669 terdecies.

Il 2° comma dell'art. 624 aggiunge che «*contro l'ordinanza che provvede sull'istanza di sospensione è ammesso reclamo ai sensi dell'articolo 669 terdecies*», ossia il reclamo cautelare (v. oltre, § 98). Ciò, attesa la natura *lato sensu* cautelare di tale ordinanza. Questa disposizione – sia per ragioni di carattere testuale e sia per l'assenza di una plausibile ragione del diverso trattamento – riguarda anche il provvedimento di sospensione dell'efficacia esecutiva del titolo, chiesta e ottenuta nel caso di opposizione al precetto ex art. 615, 1° comma, come hanno riconosciuto anche le sezioni unite della Cassazione (Cass. sez. un. 23 luglio 2019 n. 19889). Così come si applica, secondo quel che già rilevammo a suo tempo (v. retro, § 62), anche al provvedimento di cui all'art. 512, 2° comma, di sospensione della distribuzione del ricavato. D'altro canto, la prevista reclamabilità dell'ordinanza in questione esclude la possibilità di esperire qualsiasi altra forma di impugnazione, come l'opposizione agli atti esecutivi ex art. 617, il regolamento di competenza e il ricorso straordinario per cassazione ex art. 111 Cost., sebbene ne sia comunque possibile la revoca da parte dello stesso giudice dell'esecuzione. Inoltre, i commi 3° e 4° dello stesso art. 624 prevedono che:

La particolare ipotesi di estinzione di cui al 3° comma dell'art. 624.

«*Nei casi di sospensione del processo disposta ai sensi del 1° comma, se l'ordinanza non viene reclamata o viene confermata in sede di reclamo, e il giudizio di merito non è stato introdotto nel termine perentorio assegnato ai sensi dell'articolo 616, il giudice dell'esecuzione dichiara, anche d'ufficio, con ordinanza, l'estinzione del processo e ordina la cancellazione della trascrizione del pignoramento, provvedendo anche sulle spese. L'ordinanza è reclamabile ai sensi dell'articolo 630, terzo comma.*

La disposizione di cui al terzo comma si applica, in quanto compatibile, anche al caso di sospensione del processo disposta ai sensi dell'articolo 618».

Il testo del 3° comma è chiaro nel prevedere l'*estinzione del processo*, che il giudice dell'esecuzione disporrà anche d'ufficio, ove l'ordinanza di sospensione del processo non sia stata reclamata o sia stata confermata in sede di reclamo e, al tempo stesso, il giudizio sul merito non sia stato introdotto nel termine perentorio assegnato ai sensi dell'art. 616; ossia, in presenza di comportamenti delle parti inquadrabili come accettazione di quanto stabilito nel provvedimento sospensivo e implicita rinuncia alla prosecuzione del processo esecutivo. L'applicabilità di questo disposto è poi estesa, dal 4° comma, al caso di sospensione del processo disposta ai sensi dell'art. 618, in quanto compatibile.

Insieme con la dichiarazione di estinzione, il giudice disporrà la cancellazione della trascrizione del pignoramento provvedendo anche sulle spese. Il riferimento alla «cancellazione della trascrizione del pignoramento» potrebbe indurre a ritenere che questo meccanismo possa operare solo nell'espropriazione immobiliare, ciò che, però, sarebbe in contrasto col principio di ragionevolezza.

L'art. 624 bis si occupa, poi, della possibilità di *sospensione su istanza concorde di tutti i creditori muniti di titolo esecutivo* (mentre il debitore deve solo essere sentito).

La sospensione su istanza delle parti, che può protrarsi fino a 24 mesi.

«*Il giudice dell'esecuzione* – esso dispone – *su istanza di tutti i creditori muniti di titolo esecutivo, può, sentito il debitore, sospendere il processo fino a ventiquattro mesi. L'istanza può essere proposta fino a venti giorni prima della scadenza del termine per il deposito delle offerte di acquisto o, nel caso in cui la vendita senza incanto non abbia luogo, fino a quindici giorni prima dell'incanto. Sull'istanza, il giudice provvede nei dieci giorni successivi al deposito e, se l'accoglie, dispone, nei casi di cui al secondo comma dell'articolo 490, che, nei cinque giorni successivi al deposito del provvedimento di sospensione, lo stesso sia comunicato al custode e pubblicato sul sito Internet sul quale è pubblicata la relazione di stima. La sospensione è disposta per una sola volta. L'ordinanza è revocabile in qualsiasi momento, anche su richiesta di un solo creditore e sentito comunque il debitore. Entro dieci giorni dalla scadenza del termine la parte interessata deve presentare istanza per la fissazione dell'udienza in cui il processo deve proseguire*».

«*Nelle espropriazioni mobiliari* – specifica in fine la norma – *l'istanza per la sospensione può essere presentata non oltre la fissazione della data di asporto dei beni ovvero fino a dieci giorni prima della data della vendita se questa deve essere espletata nei luoghi in cui essi sono custoditi e, comunque, prima della effettuazione della pubblicità commerciale ove disposta. Nelle espropriazioni presso terzi l'istanza di sospensione non può più essere proposta dopo la dichiarazione del terzo*».

Il giudice provvede con ordinanza, che può essere anticipata con decreto (art. 625).

L'art. 625 prevede, a sua volta, che sull'istanza di sospensione di cui all'art. 624 il giudice dell'esecuzione provvede con ordinanza, sentite le parti, ossia previa instaurazione del contraddittorio. Soltanto nei casi urgenti il giudice può disporre la sospensione prima di instaurare il contraddittorio, provvedendo con un decreto col quale fissa l'udienza di comparizione delle parti, all'esito della quale provvede con ordinanza (art. 625, 2° comma).

Il processo esecutivo viene riassunto con ricorso al giudice dell'esecuzione.

Dell'iter per la ripresa del processo esecutivo dopo la sospensione si occupa l'art. 627. Tale ripresa avviene con un atto impropriamente definito «riassunzione» in analogia col fenomeno corrispondente nel giudizio di cognizione (v. vol. II, § 68). È previsto un ricorso da inoltrarsi nel termine perentorio fissato dal giudice dell'esecuzione e, in ogni caso, *non più tardi di 6 mesi dal passaggio in giudicato della sentenza di primo grado che rigetta l'opposizione* o dalla sua comunicazione, se si tratta di sentenza d'appello, e comunque dalla cessazione degli effetti della sospensione, senza che ci sia bisogno di un provvedimento di revoca della sospensione. L'istanza è rivolta al giudice dell'esecuzione, che provvede con ordinanza, da ritenersi reclamabile al collegio ex art. 630 (v. il § successivo).

85. *L'estinzione del processo esecutivo.*

Anche l'istituto dell'estinzione del processo esecutivo è stato configurato dal legislatore secondo uno schema analogo a quello proprio dell'istituto medesimo nel processo di cognizione (v. vol. II, § 68), senza che, peraltro, sia stato tenuto adeguatamente conto della profonda differenza strutturale dei due processi. Ciò costringe l'interprete a compiere un delicato lavoro di adattamento.

Occorre, anzitutto, ricordare che l'estinzione del processo di cognizione (e dunque anche del processo esecutivo) è configurata dal legislatore come un'ipotesi di fine anormale del processo stesso, per cause diverse da quella fine normale che è determinata dall'esaurimento della serie degli atti (v. vol. II, § 68). Ed inoltre occorre tener presente che quest'esaurimento della serie normale degli atti (con conseguente fine normale del processo) si verifica, nel processo esecutivo, sia nell'ipotesi che sia stato conseguito il risultato di attuazione coattiva del diritto e sia nell'ipotesi che questo non sia stato conseguito (per ragioni contingenti, come ad es. nell'espropriazione, la mancanza o l'insufficienza dei beni del patrimonio del debitore; l'irreperibilità della cosa da consegnare nell'esecuzione per consegna, ecc.).

Ciò premesso, le ragioni che possono dar luogo alla fine anormale del processo sono, anche qui, come nel processo di cognizione, di due ordini e fanno capo ai due tipi di estinzione:

L'estinzione del processo esecutivo si può avere: …

a) *per rinuncia agli atti*, da compiersi, prima dell'aggiudicazione o dell'assegnazione, «personalmente» dal creditore procedente e dai creditori intervenuti. La rinuncia di questi ultimi è necessaria, anche se l'intervento è stato tardivo, solo se essi sono muniti di titolo esecutivo (art. 629, 1° comma); tuttavia, *se la rinuncia avviene dopo la vendita forzata*, e dunque nella fase della distribuzione del ricavato, *occorre che sia effettuata da tutti i creditori concorrenti, anche da quelli non muniti di titolo* (art. 629, 2° comma). Circa le modalità della rinuncia, lo stesso art. 629, al 3° comma, dichiara applicabile, in quanto possibile, l'art. 306, che disciplina la rinuncia nel processo di cognizione (v. vol. II, § 68);

… a) *per rinuncia*, da compiersi personalmente dal creditore procedente e dai creditori intervenienti titolati (art. 629); o …

... b) *per inattività delle parti.*

b) *per inattività delle parti*, che si verifica o per il difetto di atti d'impulso (prosecuzione o riassunzione) nel termine perentorio stabilito dalla legge o dal giudice (art. 630, 1° comma) oppure per mancata comparizione all'udienza, secondo il meccanismo che l'art. 631 configura in modo analogo a quello col quale opera l'art. 309 nel processo di cognizione (v. vol. II, § 68) o, infine, per omessa pubblicità sul «portale delle vendite pubbliche», per causa imputabile al creditore procedente o al creditore intervenuto munito di titolo esecutivo (art. 631 bis) (v. retro, § 58).

L'estinzione può essere dichiarata anche d'ufficio, con ordinanza reclamabile.

L'estinzione del processo esecutivo (così come quella del processo di cognizione: art. 307, 4° comma; v. il § 69 del vol. II) può essere dichiarata *anche d'ufficio*. Infatti, il 2° comma dell'art. 630 così dispone: «*L'estinzione opera di diritto ed è dichiarata, anche d'ufficio, con ordinanza del giudice dell'esecuzione, non oltre la prima udienza successiva al verificarsi della stessa. L'ordinanza è comunicata a cura del cancelliere, se è pronunciata fuori dall'udienza*». È certo, dunque, anche alla luce di quanto previsto dall'art. 164 bis disp. att. sulla chiusura anticipata per infruttuosità dell'espropriazione forzata (v. retro, § 60), che il giudice dell'esecuzione può e deve prendere atto del sopravvenire di ciascuna delle diverse evenienze che rendono evidente l'inutilità della prosecuzione del procedimento, del tutto indipendentemente da eccezioni delle parti. Ciò ovviamente non impedisce alla parte interessata di eccepire la sopravvenuta estinzione, purché lo faccia entro quel termine che la norma impone anche al giudice per il suo rilievo d'ufficio, ossia non oltre la prima udienza successiva al verificarsi della stessa estinzione.

La quale prima udienza successiva potrebbe anche essere fissata proprio a questo scopo dal giudice dell'esecuzione su istanza della parte interessata. Ché se poi tale udienza si svolgesse senza che né il giudice, né alcuna delle parti avesse rilevato o eccepito l'avvenuta estinzione, ciò presupporrebbe l'avvenuto superamento della ragione di estinzione con un implicito accordo di prosecuzione del processo non ancora dichiarato estinto.

Il 3° comma dell'art. 630 precisa che il reclamo è rivolto al collegio con le forme dell'art. 178, 3°, 4° e 5° comma.

Per quanto riguarda l'impugnazione dell'ordinanza che dichiara l'estinzione o rigetta l'eccezione di estinzione, il 3° comma dell'art. 630 specifica, oltre che *i soggetti legittimati al reclamo* (il debitore, il creditore pignorante e gli altri creditori intervenuti), anche *il termine perentorio* per la proposizione (20 giorni dall'udienza o dalla comunicazione dell'ordinanza, se pronunciata fuori d'udienza), precisando che, con le forme di cui all'art. 178, 3°, 4° e 5° comma, *il reclamo è rivolto al collegio*, il quale provvede in camera di consiglio con sentenza appellabile, ai sensi dell'art. 130 disp. att. Del collegio, tuttavia, non potrà far parte – ha rilevato la Corte costituzionale (sent. 17 marzo 2023 n. 45) – il giudice che ha emanato il provvedimento estintivo reclamato.

Per tale impugnazione sono, dunque, contemplate le stesse modalità (reclamo al collegio) previste nei confronti del corrispondente provvedimento nel giudizio di cognizione. Diverso, invece, sembra debba essere il regime di impugnazione del provvedimento di estinzione parziale e dei provvedimenti conseguenziali all'estinzione, ai quali si applicherà il rimedio generale dell'opposizione agli atti esecutivi, di cui all'art. 617.

Le conseguenze dell'estinzione del processo esecutivo.

L'estinzione arresta, come si è visto, la serie degli atti processuali rendendoli del tutto inoperanti se ed in quanto non abbiano già dato luogo a situazioni sostanziali nuove. Perciò, se l'estinzione si verifica prima dell'aggiudicazione o dell'assegnazione, tutti gli atti compiuti in precedenza divengono inefficaci ed il processo esecutivo non produce, in pratica, alcuna conseguenza. Se, invece, avviene dopo l'aggiudicazione o l'assegnazione, le conseguenze di questi atti sono ormai intangibili; ma la somma ricavata va restituita a quest'ultimo. Se, quando si verifica l'estinzione, pendono opposizioni, occorre distinguere a seconda che si tratti di contestazioni sul «come» o di contestazioni sul «se» dell'esecuzione. Nel primo caso, il giudizio di opposizione si svuota della materia del contendere; non così nel secondo caso, poiché il giudizio in corso investe – con possibilità di autonomo giudizio – i rapporti tra creditore, debitore ed eventualmente un terzo.

Anche nel processo esecutivo, le spese del processo estinto restano a carico delle parti che le hanno anticipate (art. 310, ultimo comma, richiamato dall'art. 632, 3° comma).

Va, infine, tenuto presente che nel processo esecutivo – a differenza di quel che abbiamo visto accadere per il processo di cognizione (vol. II, § 67) – *non opera l'interruzione del processo.*

Bibliografia di orientamento

C. FURNO, *La sospensione del processo esecutivo*, Milano, 1956; F. BUCOLO, *La sospensione nell'esecuzione*, Milano, 1972; A. SALETTI, *Estinzione del processo*, in *Enciclopedia giuridica*, XIII, Roma, 1988; F.P. LUISO, *Sospensione del processo civile: processo di esecuzione forzata*, in *Enciclopedia del diritto*, XLIII, Milano, 1990; R. ORIANI, *La sospensione dell'esecuzione (sul combinato disposto degli artt. 615 e 624 c.p.c.)*, in *Riv. es. forzata*, 2006; F. CARPI, *Sospensione dell'esecuzione: I) Dir. proc. civ.*, in *Enc. Giur. Treccani*, XXIX, Roma, 2006; R. METAFORA, *Sospensione dell'esecuzione*, in *Dig. disc. priv., sez. civ.*, Aggiornamento, II, Torino, 2007; P. VITTORIA, *Sospensione dell'esecuzione e sospensione dell'efficacia del titolo esecutivo*, in *Giust. civ.*, 2009, II; B. CAPPONI, *Inibitorie e sospensioni nell'esecuzione forzata*, in *Riv. es. forzata*, 2009; F. RUSSO, *La sospensione del processo esecutivo*, Roma, 2012; V. BATTAGLIA, *Spunti per una sistemazione dei rimedi sospensivi nell'esecuzione forzata*, in *Riv. es. forzata*, 2013; G. TOTA, *La riattivazione del processo esecutivo sospeso ai sensi dell'art. 624 bis c.p.c. Problemi applicativi*, in *Giur. it.*, 2013; F. COSSIGNANI, *L'art. 624 c.p.c. dopo la L. n. 69/2009: i nuovi interrogativi e le questioni irrisolte*, *ivi*, 2014; M. CIRULLI, *La sospensione del processo esecutivo*, Milano, 2015; B. CAPPONI, *Misure interinali contro l'esecuzione forzata*, in *Riv. trim. dir. e proc. civ.*, 2015; F. RUSSO, *La reclamabilità del provvedimento di sospensione ex art. 615, 1° comma, c.p.c. ecc.*, in *Giusto proc. civ.*, 2016; R. DONZELLI, *Sui rapporti tra sospensione interna ex art. 624 c.p.c. e sospensione esterna disposta dal giudice dell'impugnazione*, in *Corr. giur.*, 2016; P. LAI, *Sospensione dell'esecuzione, reclamo e interesse al giudizio di merito*, in *Riv. es. forzata*, 2017; C. VELLANI, *La sospensione dell'esecuzione*, I, Milano, 2012 e II, Torino, 2017; D. LONGO, *Contributo allo studio della sospensione nel processo esecutivo*, I, Pisa, 2018; G. PARISI, *Sospensione dell'esecuzione e interesse alla fase di merito dell'opposizione*, in *Giur. it.*, 2021; M. PILLONI, *Estinzione dei giudizi di opposizione esecutiva e ripercussioni sull'esecuzione in atto*, in *Riv. es. forzata*, 2018; G. OLIVIERI, *Note sulla chiusura atipica del processo esecutivo*, *ivi*, 2020; M. CIRULLI, *Natura cognitiva del reclamo ex art. 630 c.p.c.: inquadramento sistematico e conseguenze applicative*, *ivi*, 2022; B. CAPPONI, *Diritto dell'esecuzione civile*, 8ª ed., Torino, 2025.

Parte Terza

I PROCESSI SPECIALI A COGNIZIONE SOMMARIA

CAPITOLO XI

I PROCEDIMENTI DECISORI SOMMARI

Sezione prima

IL PROCEDIMENTO INGIUNTIVO

86. *Nozione, funzione e tecnica del procedimento ingiuntivo.*

Il procedimento ingiuntivo è caratterizzato dalla funzione di contemperare le esigenze della rapidità con quelle del contraddittorio.

Il procedimento d'ingiunzione è un tipo particolare di procedimento di cognizione, e più precisamente di condanna. Esso appartiene alla categoria di quegli accertamenti che, nella terminologia del Chiovenda, sono detti «*accertamenti con prevalente funzione esecutiva*» (su cui v. vol. I, § 15) in quanto caratterizzati, dal punto di vista della funzione, dall'esigenza di conseguire, il più rapidamente possibile, il titolo esecutivo e con esso l'avvio dell'esecuzione forzata; nonché, dal punto di vista strutturale, dalla sommarietà della cognizione. Più precisamente – e sempre secondo la terminologia chiovendiana (v. vol. I, § 15 *sub* B, d) – la cognizione in questo procedimento è *sommaria perché è superficiale*.

La sommarietà (per c.d. *superficialità*) della cognizione costituisce, dunque, nel procedimento di ingiunzione, lo strumento strutturale per mezzo del quale la legge vuol conseguire lo scopo di ottenere, in determinati casi, la rapida formazione di un titolo esecutivo. Dobbiamo, pertanto, incominciare a vedere, in un primo sguardo sintetico, da un lato, quali siano questi «determinati casi» nei quali sia opportuna una cognizione di tipo *sommario perché superficiale*; e, dall'altro, in che consiste tale sommarietà per superficialità, in che limiti essa possa operare senza pregiudicare la bontà del giudizio e soprattutto con quali accorgimenti tecnici essa possa risultare compatibile con la salvaguardia delle garanzie del contraddittorio: non si deve, infatti, dimenticare che, se le lungaggini del giudizio ordinario di condanna costituiscono un inconveniente al quale è giusto cercare di ovviare, sussiste comunque l'esigenza di far salve quelle garanzie del contraddittorio assicurate dalla posizione di uguaglianza delle parti davanti al giudice (v. vol. I, § 22) e che debbono in ogni caso essere rispettate. In relazione a tutto ciò, appare anzitutto evidente che i casi nei quali la sommarietà della cognizione appare possibile, prima ancora che opportuna, sono quelli nei quali il giudizio può risultare più semplice, e più probabile l'effettiva esistenza del diritto che si fa valere; e *ciò sia per la natura e l'oggetto del diritto stesso* e sia per *la particolare attendibilità della prova offerta a fondamento di quel diritto*. In secondo luogo, appare pure evidente che la sommarietà della cognizione deve assolvere a due esigenze che di solito sono tra loro contrastanti: eliminare le complessità del giudizio ordinario di cognizione in funzione delle esigenze del contraddittorio, senza d'altra parte eliminare le garanzie di uguaglianza insite nel contraddittorio stesso.

Ripartizione del procedimento in due fasi, l'una senza contraddittorio ...

Il conseguimento della prima di queste esigenze, senza sacrificare l'altra, costituisce un problema di *tecnica* processuale che i legislatori di molti paesi, forti di una lunghissima esperienza radicata nel processo italiano del periodo intermedio, risolvono con l'impiego di *un espediente*: quello di articolare il procedimento in due fasi. Una prima fase (necessaria e a cognizione sommaria) si instaura ad iniziativa di chi fa valere un diritto di credito, si svolge in modo rapidissimo, senza contraddittorio, e si conclude con la pronuncia del decreto ingiuntivo, addirittura *inaudita altera parte*, e qui sta appunto la sommarietà (*per superficialità*) della cognizione; una seconda fase che *può* svolgersi ad eventuale iniziativa di colui nei cui confronti è stato pronunciato il decreto ingiuntivo (c.d. debitore ingiunto) e nella quale quest'ultimo, fruendo di tutte le garanzie del contraddittorio, può ovviare al pregiudizio che può aver subito per la sommarietà della cognizione nella prima fase. In sostanza, il debitore ingiunto, dopo la pronuncia *inaudita altera parte* del decreto ingiuntivo e la successiva notificazione a lui di questo provvedimento, può, entro un breve termine perentorio (v. vol. I, § 66), esercitare il potere di opposizione. La proposizione dell'opposizione instaura un giudizio, che si svolge con tutte le garanzie del contraddittorio (c.d. *contraddittorio differito*), e che *è ancora di primo grado in quanto si sostituisce interamente* (come giudizio, appunto, di primo grado) *a quello svoltosi sommariamente nella prima fase*. Il decreto ingiuntivo viene così sostituito dalla sentenza che chiude la fase di opposizione.

... e l'altra a contraddittorio pieno.

La funzionalità dell'accorgimento tecnico sta nel fatto che, se, da un lato, la seconda fase del giudizio presenta tutte le garanzie del normale giudizio di condanna, dall'altro lato, la circostanza che questa fase viene instaurata solo se l'asserito debitore ritiene di assumere la relativa iniziativa, fa sì che ciò avvenga solo quando il debitore ingiunto sia effettivamente convinto che ne valga la pena, ossia quando egli abbia serie prospettive di ottenere una pronuncia diversa da quella contenuta nel decreto ingiuntivo. Ché, se, invece, fosse egli stesso convinto di aver torto – il che dovrebbe accadere nella maggior parte dei casi, dal momento che (come abbiamo già accennato) l'accesso a questo procedimento speciale è consentito soltanto quando la prova del credito è particolarmente attendibile – allora non avrebbe alcun interesse ad assumere gli oneri conseguenti all'iniziativa dell'opposizione (poiché ciò non farebbe che aggravare il suo carico di spese) e lascerebbe decorrere il termine, così supplendo, con la sua acquiescenza rispetto al decreto ingiuntivo, al difetto del contraddittorio nella fase sommaria. In tal modo il decreto ingiuntivo acquisterebbe subito *l'efficacia esecutiva*, oltre che, come vedremo (oltre, § 90), la definitività.

In sostanza, questa tecnica è imperniata sull'*inversione dell'onere dell'iniziativa per l'instaurazione del contraddittorio* ai fini del giudizio a cognizione piena, ossia sul fatto che tale onere viene addossato alla parte che, il più delle volte, ne conosce l'inutilità. La quale parte, insomma, mentre avrebbe resistito passivamente ove fosse stata convenuta nel giudizio ordinario di condanna, non assumerà invece l'iniziativa dell'opposizione se non in quei casi in cui riterrà di avere serie ragioni da far valere. Sicché, in definitiva, alle garanzie (e alle lungaggini) del giudizio a contraddittorio pieno si farà luogo soltanto quando ve ne sarà veramente bisogno. Quando, invece, il debitore sa di aver torto, egli stesso troverà conveniente una spontanea rinuncia al processo a cognizione piena, astenendosi dall'opposizione; ciò che renderà incontrovertibile il decreto ingiuntivo (v. oltre, § 90). Alla stessa funzione è ispirato anche il *procedimento ingiuntivo europeo* (I.P.E.), introdotto nello spazio giudiziario dell'Unione Europea dal Reg. CE 1896/2006, sul quale ci soffermeremo nel § 91.

87. *Presupposti specifici del procedimento.*

L'art. 633 (con le integrazioni risultanti dagli artt. 634, 635 e 636) indica, sotto la generica ed impropria denominazione di «*condizioni di ammissibilità*», i requisiti necessari per poter impiegare le forme del procedimento ingiuntivo. Tali requisiti concernono, in primo luogo, *il diritto che si può far valere con queste forme*; in secondo luogo, *la prova su cui tale diritto si fonda*; ed infine, *talune modalità particolari per l'ipotesi che il diritto fatto valere dipenda da una controprestazione o dall'avverarsi di una condizione sospensiva.*

I diritti che si possono far valere con il procedimento ingiuntivo.

A) *Con riguardo al diritto che si fa valere.* In base al disposto del 1° comma dell'art. 633, le forme del procedimento d'ingiunzione possono essere impiegate *soltanto per far valere un credito*: ma – si noti – un credito, nel senso ampio per cui è credito ogni diritto ad un'altrui prestazione; il che può verificarsi anche a seguito della violazione di un diritto reale (ad es., il diritto alla restituzione della cosa di cui si è proprietari). Inoltre, codesto credito deve essere *esigibile* ed avere ad oggetto o una *somma di denaro* o una *quantità di cose fungibili*; ma, è essenziale che tale somma sia *liquida* (ossia precisata nel suo importo) e che tale quantità sia *determinata*; infine, il credito può avere ad oggetto la consegna di una *cosa mobile determinata.* Rimangono così esclusi, oltre ai crediti di fare e di non fare, i crediti di rilascio di cose immobili e quelli aventi ad oggetto quantità non liquide di denaro o non determinate di altre cose mobili fungibili: nel primo caso, l'esclusione è dovuta all'inopportunità di un accertamento accelerato; nel secondo caso, all'incompatibilità tra la tecnica con cui la legge realizza quest'accertamento accelerato e l'illiquidità o l'indeterminatezza del credito. Questi requisiti concernenti il diritto fatto valere debbono *concorrere* col requisito della prova scritta e di cui *sub* B). Tuttavia, quando il credito ha per oggetto: a) onorari o rimborso di spese a favore di avvocati o di chi in generale ha prestato la propria opera in occasione di un processo; b) onorari di notai o di altri esercenti una professione per la quale esiste una tariffa legalmente approvata (art. 633, 1° comma, n. 2 e n. 3), il requisito della prova scritta è di regola sostituito con quello della parcella sottoscritta dal creditore e corredata dal parere della competente associazione professionale (art. 636).

Una procedura speciale è prevista dall'art. 14 D.Lgs. 150/2011 per *la liquidazione degli onorari dell'avvocato.*

In alternativa al procedimento di cui all'art. 633, i crediti per onorari degli avvocati per *prestazioni giudiziali svolte innanzi ai giudici ordinari* possono essere fatti valere con la speciale procedura di cui all'art. 14 D.Lgs. 150/2011, improntata alle forme del procedimento semplificato di cognizione (v. oltre, cap. 15°).

Tranne che nei casi di crediti professionali, occorre sempre la prova scritta (art. 633, 1° comma, n. 1).

B) *Con riguardo alla prova.* Salvi i casi particolari visti da ultimo, di regola l'accesso alle forme del procedimento ingiuntivo dipende *anche* dal fatto che del diritto fatto valere si dia *prova scritta* (art. 633, 1° comma, n. 1). Tale requisito sta in relazione col fatto, già rilevato, che la funzione e la tecnica del procedimento di cui trattasi esigono, da un lato, una forte probabilità di esistenza del credito e, dall'altro lato, una rapida riscontrabilità di tale esistenza o, quanto meno, di tale probabilità. La nozione di prova scritta che qui viene in rilievo non coincide pienamente con quella che emerge dalla disciplina contenuta nel codice civile e nel codice di procedura civile con riferimento al processo a cognizione piena (v. vol. II, §§ 43 e ss.). La differenza consiste in un lieve allargamento della portata probatoria, che sta in relazione con l'assenza del contraddittorio della fase sommaria. Più in concreto, tale allargamento riguarda, anzitutto, il fatto che può attribuirsi qui efficacia probatoria del credito anche allo scritto proveniente da un terzo e che le scritture private provenienti dal debitore hanno efficacia probatoria sebbene non ancora riconosciute (v. vol. II, § 45) (salva naturalmente la facoltà di disconoscerle nella fase di opposizione) e, più in generale, anche in mancanza dei requisiti prescritti dal codice civile (art. 634, 1° comma).

In secondo luogo, tale allargamento emerge dal 2° comma dell'art. 634, come modificato dal D.Lgs. 164/2024. Qui, infatti, si prevede che «*per i crediti relativi a somministrazioni di merci e di denaro nonché per prestazioni di servizi fatte da imprenditori che esercitano un'attività commerciale e da lavoratori autonomi, anche a persone che non esercitano tale attività, sono altresì prove scritte idonee gli estratti autentici delle scritture contabili di cui agli articoli 2214 e seguenti del codice civile, nonché di quelle prescritte dalle leggi tributarie, purché tenute, anche con strumenti informatici, con l'osservanza delle norme stabilite dalla legge*». Aggiunge lo stesso 2° comma dell'art. 634 che per i crediti in esso indicati «*costituiscono inoltre prova scritta idonea le fatture elettroniche trasmesse attraverso il Sistema di interscambio istituito dal Ministero dell'economia e delle finanze e gestito dall'Agenzia delle entrate*».

Per imprenditori e lavoratori autonomi sono *prova scritta* anche le *scritture contabili*, ...

... *quelle prescritte dalle leggi tributarie* ...

... e *le fatture elettroniche*.

Infine, un ulteriore allargamento risulta dal disposto dell'art. 635, secondo cui «*per i crediti dello Stato, o di enti o di istituti soggetti a tutela o vigilanza dello Stato, sono prove idonee anche i libri o registri della Pubblica Amministrazione, quando un funzionario all'uopo autorizzato o un notaio ne attesta la regolare tenuta*» (1° comma), mentre «*per i crediti derivanti da omesso versamento dei contributi agli enti di previdenza o di assistenza ...*» sono prove idonee anche gli accertamenti eseguiti dall'ispettorato del lavoro (2° comma).

C) *Con riguardo all'ipotesi che il diritto dipenda da una controprestazione o dall'avveramento di una condizione.* In quest'ipotesi, al fine di comprovare l'esigibilità del credito vantato, occorre che il ricorrente offra elementi idonei a far presumere l'adempimento della sua controprestazione o l'avveramento della condizione, a cui l'adempimento del credito fosse sospensivamente condizionato (art. 633, 2° comma).

Se il diritto dipende da una controprestazione o da una condizione, il ricorrente deve offrire elementi sul suo adempimento o sull'avveramento della condizione.

88. *La fase senza contraddittorio e la provvisoria esecutività del decreto.*

La domanda introduttiva del procedimento ingiuntivo è proposta con ricorso. La differenza più rilevante tra quest'atto e quello di citazione, con cui si propone la domanda nel giudizio ordinario a cognizione piena, sta nel fatto che esso ha la struttura formale di un atto

La domanda introduttiva del procedimento ingiuntivo è proposta con ricorso, ...

che si rivolge direttamente al giudice, senza previamente provocare l'altra parte al contraddittorio: in sostanza esso contiene solo la proposizione della domanda al giudice (*editio actionis*) e non anche la *vocatio in jus* della controparte (v. vol. II, § 3). Quanto al contenuto, il ricorso qui in esame non si differenzia dalla citazione; deve corrispondere al contenuto che risulta dall'art. 125 (v. vol. I, § 65) e contenere, oltre all'indicazione del giudice competente, del creditore ricorrente (e del suo difensore), nonché del debitore, l'esposizione del fatto e l'affermazione del credito, la dichiarazione di residenza o l'elezione di domicilio nel comune sede del giudice adìto o l'indicazione dell'indirizzo p.e.c. risultante da pubblici elenchi o l'elezione di domicilio digitale speciale, in mancanza delle quali le notificazioni al ricorrente vengono effettuate in cancelleria, salvo quanto previsto dall'art. 149 bis (v. vol. I, § 70) (art. 638, 1° e 2° comma, come modificati dal D.Lgs. 164/2024).

Quando la domanda riguarda la consegna di una quantità di cose fungibili, il ricorrente deve, inoltre, dichiarare, nel ricorso, la somma di denaro che è disposto ad accettare in mancanza della prestazione in natura (art. 639).

… da depositare con modalità telematiche.

Il ricorso, una volta redatto, corredato della procura e sottoscritto dal difensore, va depositato (con modalità telematiche), insieme con i documenti ad esso allegati.

Giudice competente è lo stesso competente per la domanda in via ordinaria, …

… ma sempre monocratico.

Giudice competente è esattamente quello che sarebbe competente per la domanda proposta in via ordinaria (art. 637, 1° comma). Va, tuttavia, tenuta presente una particolarità che consegue al rilievo che la funzione e la struttura di questa prima fase esigono una pronuncia immediata, quale può essere effettuata soltanto da un giudice unipersonale. In relazione a ciò, mentre non sorge alcun problema quando la competenza spetti al giudice di pace – che è sempre giudice unipersonale (v. vol. II, §§ 75 e 76) –, quando viceversa la competenza spetti al tribunale, il codice impone che la proposizione del ricorso avvenga al tribunale in composizione monocratica. Sempre a proposito della competenza va rilevata anche una competenza aggiuntiva e facoltativa (per questa nozione, v. vol. I, § 37, in fine) per i crediti a favore degli avvocati, in capo sia al giudice che ha deciso la causa, alla quale il credito si riferisce, e sia al giudice del luogo dove ha sede il Consiglio dell'ordine al quale è iscritto l'avvocato creditore (art. 637, 2° e 3° comma). Questa competenza facoltativa sussiste anche per i notai, mentre quella del giudice che ha deciso la causa riguarda anche le altre persone indicate dall'art. 633, 1° comma, n. 2 (cancellieri, ufficiali giudiziari, ecc.).

Il ricorso viene sottoposto dal cancelliere, immediatamente all'esame del giudice, il quale, pronunciandosi *inaudita altera parte* (come si è visto retro, al § 86) può rigettare oppure accogliere la domanda.

Il rigetto della domanda (art. 640) consegue al difetto di uno o più dei presupposti o requisiti specifici sopra esaminati (oltre che, naturalmente, dei normali presupposti processuali e condizioni dell'azione) oppure ad un'insufficiente prova del credito. In quest'ultimo caso, il giudice, prima di pronunciare il rigetto, dispone che il cancelliere inviti il ricorrente ad eventualmente integrare la documentazione (art. 640, 1° comma). Se quest'integrazione non viene effettuata o risulta insufficiente o comunque se la domanda non appare fondata, *il giudice la rigetta con decreto motivato* (art. 640, 2° comma). Il decreto di rigetto, tuttavia, non pregiudica la riproposizione della stessa domanda, né nuovamente in via ingiuntiva, né in via ordinaria (art. 640, 3° comma). In altri termini, esso, in quanto pronuncia senza contraddittorio, non dà luogo al giudicato e, correlativamente, non è in alcun modo impugnabile.

Il rigetto della domanda è pronunciato con decreto motivato.

Se, invece, esistono i presupposti previsti e la domanda risulta fondata, il giudice – così dispone l'art. 641 – *accoglie la domanda; per far ciò pronuncia un decreto motivato da emettere entro 30 giorni dal deposito del ricorso* – che è appunto il decreto ingiuntivo – *col quale ingiunge al ritenuto debitore di pagare la somma* (o di consegnare la cosa mobile) *entro il termine di 40 giorni dalla notificazione del decreto* (per giusti motivi, tale termine è riducibile fino a 10 o aumentabile fino a 60 giorni): così dispone il 2° comma dell'art. 641, il quale prosegue disponendo che, se l'intimato risiede in uno degli altri Stati dell'Unione Europea, il termine è di *50* giorni e può essere ridotto fino a 20 giorni; se, invece, risiede in altri Stati, il termine è di *60* giorni e, comunque, non può essere inferiore a 30 né superiore a 120. Nel medesimo decreto è contenuto l'*espresso avvertimento*: a) *che nel termine suddetto può essere proposta*, dallo stesso intimato, l'*opposizione* che introduce la seconda fase; b) che, se il suddetto termine trascorrerà senza che l'opposizione sia stata proposta, *si procederà ad esecuzione forzata.* Ancora col medesimo decreto il giudice liquida a favore del creditore anche le spese del procedimento e ne ingiunge il pagamento (art. 641, 3° comma).

Se il giudice accoglie la domanda, pronuncia il decreto ingiuntivo.

Con riferimento, poi, al controllo sul carattere abusivo delle clausole contrattuali fra professionista e consumatore di cui alla dir. 93/13/CEE, le sezioni unite – seguendo la giurisprudenza della Corte di giustizia dell'Unione Europea – hanno concluso che, nella fase monitoria, il giudice deve svolgere d'ufficio tale controllo e che: a) se rileva l'abusività della clausola, rigetta il ricorso (o l'accoglie parzialmente); b) se, invece, rileva l'assenza di abusività, pronuncia decreto ingiuntivo, nel quale, però, deve inserire anche l'avvertimento al consumatore che, per far valere l'eventuale carattere abusivo delle clausole contrattuali, deve proporre opposizione. Hanno aggiunto, infine, che, nel caso in cui dal decreto ingiuntivo non emerga alcun riferimento al profilo dell'abusività delle clausole contrattuali, un simile

Il giudice, prima di pronunciare il decreto ingiuntivo, deve effettuare la verifica dell'abusività delle clausole contrattuali del contratto fra professionista e consumatore.

controllo deve essere effettuato dal giudice dell'esecuzione, se e quando il decreto ingiuntivo in questione venga posto in esecuzione (Cass. sez. un. 6 aprile 2023 n. 9479).

Naturalmente il decreto ingiuntivo non acquista efficacia esecutiva se non quando sia decorso il termine dei 40 giorni senza che sia stata proposta opposizione. Tuttavia, il codice contempla alcune *ipotesi eccezionali nelle quali esso deve o può, a seconda dei casi, essere dichiarato provvisoriamente esecutivo su istanza del ricorrente.*

Il decreto ingiuntivo *deve* o *può* essere dichiarato provvisoriamente esecutivo.

Anzitutto, *se il credito è fondato su cambiale, assegno, certificato di borsa o atto notarile o su atto pubblico*, e sempre che il creditore ne abbia fatto richiesta col ricorso, *il giudice* – così dispone l'art. 642, 1° comma – *attribuisce al decreto* (ossia *deve* attribuire) *efficacia esecutiva provvisoria*; più precisamente, ingiunge al debitore di adempiere all'obbligazione *immediatamente* (cioè subito dopo la notificazione) *autorizzando, in mancanza, l'esecuzione provvisoria.* Ciò naturalmente non costituisce ostacolo alla proposizione dell'opposizione, in funzione della quale, pertanto, il giudice ha ancora motivo di fissare il termine che di solito è di 40 giorni (art. 642, 1° comma).

Oltre che per queste ragioni di particolare qualificazione della prova scritta, l'esecutorietà provvisoria *può essere attribuita* al decreto ingiuntivo, sempre su richiesta del ricorrente: a) nell'eventualità che sussista un pericolo di grave pregiudizio nel ritardo; b) «*ovvero se il ricorrente produce documentazione sottoscritta dal debitore comprovante il diritto fatto valere*» (art. 642, 2° comma). In ciascuno di questi casi il giudice può imporre una cauzione con le modalità di cui all'art. 86 disp. att., mentre solo nei casi di pericolo nel ritardo e di documentazione firmata dal debitore il giudice può anche dispensare il creditore dall'osservanza del termine (non inferiore a 10 giorni), che di regola deve essere concesso col precetto (art. 642, 3° comma, in relazione all'art. 482; v. retro, § 55).

Il ricorrente deve notificare il ricorso e il decreto ingiuntivo al debitore entro 60 giorni, pena l'inefficacia dello stesso.

Ai fini dell'instaurazione del contraddittorio nei confronti della controparte, il ricorrente deve provvedere alla notificazione del ricorso e del decreto in copia autentica (art. 643, 2° comma). *Se tale notificazione non avviene entro il termine di 60 giorni dalla pronuncia del decreto, quest'ultimo perde ogni sua efficacia*; salva, tuttavia, la possibilità di riproporre la domanda (art. 644). L'iter relativo alla dichiarazione di quest'inefficacia è disciplinato dall'art. 188 disp. att.

L'atto della notificazione del ricorso e del decreto assume un'evidentissima importanza rispetto alla tecnica su cui è imperniato il procedimento ingiuntivo e rispetto alla sua funzione. Basti tener presente, al riguardo, che appunto attraverso quella notificazione l'asserito debitore viene finalmente a conoscere la domanda del ricorrente ed insieme viene a conoscere il decreto pronunciato contro di lui e senza il suo contraddittorio. Nel momento in cui apprende tutto ciò, il debitore si sente provocato al contraddittorio in quanto legge sul decreto che, se ha ragioni da far valere, può proporre opposizione nel termine; e contemporaneamente legge che, se lascerà decorrere tale termine senza aver proposto l'opposizione, subirà l'esecuzione forzata. In relazione a ciò, il codice (art. 643, 3° comma) enuncia che la *notificazione* – che costituisce il momento d'inizio della decorrenza del termine per l'opposizione – *determina la pendenza della lite*. Ciò, però, con riguardo agli effetti della domanda che presuppongono l'attivazione del contraddittorio (come, ad es., l'interruzione della prescrizione ex art. 2943, 1° comma, c.c.) (v. vol. II, § 5).

La notificazione del ricorso e del decreto determina la pendenza della lite.

89. *La fase (eventuale) di opposizione.*

Competente per il giudizio di opposizione è l'ufficio giudiziario al quale appartiene il giudice che ha emesso il decreto: giudice di pace o tribunale monocratico. A prescindere dai dubbi che sono stati sollevati sulla natura funzionale di questa competenza, è comunque certo che si tratta di competenza che, almeno in linea di principio, non tollera deroghe, neppure nel caso di *incompetenza* del giudice che ha pronunciato il decreto e neppure in caso di litispendenza o di continenza, di cui all'art. 39, o di *connessione*, di cui agli artt. 34, 35, 36. In questi casi, peraltro, non è da escludere la possibilità di sospensione del giudizio di opposizione, se dovessero ricorrere i presupposti dell'art. 295 (v. § 66 del vol. II).

Competente per l'opposizione è sempre l'ufficio giudiziario che ha pronunciato il decreto.

L'atto col quale viene introdotta l'opposizione del procedimento ingiuntivo è un normale atto di citazione (salva l'utilizzazione del ricorso, quando questo sia richiesto dal rito applicabile all'opposizione, come, ad es., in caso di applicazione del rito semplificato o del rito del lavoro), che va sottoscritto dal difensore munito di procura e che va notificato al ricorrente. Tale notificazione deve essere effettuata nel domicilio che il ricorrente ha eletto o nella residenza dichiarata nel comune dove ha sede il giudice adìto o all'indirizzo p.e.c. indicato o al domicilio digitale speciale eletto nel ricorso (così dispone l'art. 645, 1° comma, che richiama l'art. 638) e quindi, nella maggior parte dei casi, *presso il difensore del ricorrente* (v. vol. II, § 9).

L'opposizione è introdotta con atto di citazione.

Quest'atto di citazione è al tempo stesso l'atto introduttivo della fase di opposizione e l'atto che l'opponente ha l'onere di compiere, nel termine (perentorio: v. vol. I, § 66) assegnatogli col decreto e che è di 40 giorni, per impedire che il decreto ingiuntivo diventi definitivo. Il che in pratica significa che prima della scadenza di quel termine l'opponente deve aver effettuato la notificazione dell'atto di citazione in discorso (o l'iscrizione a ruolo se l'opposizione va proposta con ricorso).

La perentorietà del termine assimila l'opposizione a un'impugnazione ordinaria.

Come si vede, il meccanismo introduttivo di questa fase è in tutto identico al meccanismo introduttivo di un'impugnazione ordinaria (v. vol. II, § 80), a cominciare dalla legittimazione ad agire, che spetta all'ingiunto e non ad altri. Così come è uguale il contenuto dell'atto e così come sono uguali le conseguenze dell'eventuale mancata osservanza del termine perentorio; vedremo (nel prossimo §), infatti, che la conseguente decadenza dall'opposizione dà luogo al fenomeno della cosa giudicata, allo stesso modo di come accade a seguito della decadenza da un'impugnazione ordinaria (v. vol. II, § 80, in fine).

Sennonché, le caratteristiche proprie dell'impugnazione subiscono, a questo punto, una profonda attenuazione o anomalia, poiché una volta introdotto, *il giudizio di opposizione costituisce un giudizio di primo grado*, che conduce ad una sentenza assoggettata alle comuni impugnazioni previste per le sentenze, a cominciare dall'appello. Se ne deve desumere che il giudizio di opposizione è soltanto una fase eventuale del giudizio di primo grado, la cui introduzione avviene con le forme e le modalità proprie dell'impugnazione e la cui mancata introduzione dà luogo all'immediata formazione del giudicato. Le caratteristiche dell'impugnazione si ripresentano poi al momento della decisione con riguardo ai rapporti tra il decreto ingiuntivo opposto e la sentenza sull'opposizione (v. oltre, in questo §). In realtà, il legislatore ha chiaramente mostrato di voler configurare l'atto di opposizione come l'atto introduttivo non già di un giudizio autonomo e neppure di un grado autonomo, ma semplicemente di una fase (eventuale) del giudizio già pendente; più precisamente ha mostrato di voler attribuire alla suddetta (eventuale) introduzione della fase di opposizione, la portata di un'autentica riconduzione del procedimento – che fino a questo punto si è svolto con forme e caratteristiche «speciali» – entro i binari del processo ordinario di cognizione.

In seguito all'opposizione il giudizio si svolge secondo le norme del giudizio a cognizione piena.

Ciò è enunciato esplicitamente dall'art. 645, che, dopo aver disposto (nel 1° comma) quanto abbiamo già visto circa le forme dell'introduzione di questa fase (precisando anche che l'ufficiale giudiziario che notifica l'opposizione deve depositarne copia nel fascicolo informatico d'ufficio contenente il decreto perché il cancelliere ne prenda nota), enuncia nel 2° comma (modificato dal D.Lgs. 164/2024) che «*in seguito all'opposizione, il giudizio si svolge secondo le norme del processo di cognizione davanti al giudice adito*».

Questo significa, in pratica, che l'opposizione, da un lato, non toglie automaticamente di mezzo il decreto ingiuntivo, dall'altro lato, gli sottrae ogni efficacia diretta (salva la sua eventuale esecutorietà provvisoria), sicché le parti si ritrovano davanti al giudice di primo grado nella stessa posizione sostanziale che avrebbero avuto se il decreto non fosse mai stato pronunciato. Tuttavia, sotto il profilo formale, il decreto rimane come punto di riferimento della pronuncia che chiude il giudizio di primo grado, nel quale l'attore in opposizione è colui che nel giudizio ordinario sarebbe stato il convenuto, e viceversa. Più concretamente: la pronuncia del decreto inverte solo l'onere dell'instaurazione dell'effettivo contraddittorio senza ulteriormente influire sulla posizione delle parti davanti al giudice, ed in particolare senza invertire l'onere della prova, per il quale vigono le regole generali. L'opposizione, dunque, dà luogo ad un giudizio ordinario che investe senz'altro e comunque, oltre che la competenza e la legittimazione passiva del debitore, il merito della pretesa del creditore, e nel quale ciascuna delle parti viene ad assumere la propria naturale posizione sostanziale.

All'opposizione si applicano le preclusioni previste per la comparsa di risposta.

In pratica, l'atto di opposizione, che ha la struttura dell'atto di citazione, ha il contenuto della comparsa di risposta. Esso contiene, infatti, la contestazione del credito fatto valere col ricorso che ha, per parte sua, il contenuto della domanda. L'equiparazione, sotto il profilo del contenuto, dell'atto di opposizione alla comparsa di risposta comporta anche il riferimento ad esso delle preclusioni che nel rito a cognizione piena sono ricollegate a tale atto (art. 167, per il rito ordinario; art. 281 undecies, per il rito semplificato; art. 416, per quello del lavoro). E dunque, l'*atto di opposizione costituisce anche il momento preclusivo per le domande riconvenzionali* e per la chiamata in causa di terzi, nonché per la proposizione di *eccezioni di rito e di merito non rilevabili d'ufficio* e per l'eccezione di incompetenza ai sensi del 1° comma dell'art. 38. A sua volta, *la comparsa di risposta del creditore opposto* (attore in senso sostanziale) ha la struttura di una replica all'atto di opposizione.

Il tutto in funzione di un giudizio (di primo grado) che investe il merito della pretesa del creditore, senza arrestarsi agli eventuali vizi della procedura monitoria e non senza tener conto di eventuali circostanze sopravvenute.

Il 2° comma dell'art. 645, peraltro, prevede che «*l'anticipazione* [dell'udienza] *di cui all'articolo 163 bis, secondo* [*rectius*: terzo] *comma, deve essere disposta fissando l'udienza per la comparizione delle parti non oltre trenta giorni dalla scadenza del termine minimo a comparire*». L'obiettivo è evidente: consentire al convenuto nel giudizio di opposizione al decreto ingiuntivo, e cioè al creditore, che si presume maggiormente interessato ad arrivare in breve alla definizione della controversia, di ottenere un'anticipazione della prima udienza fissata dall'attore-opponente, laddove essa fosse stata fissata troppo in avanti (v. § 4 del vol. II). La struttura impugnatoria dell'opposizione, ancorché solo introduttiva di una nuova fase del giudizio di primo grado, implica che l'opponente ha l'onere di produrre, quando si costituisce, il decreto ingiuntivo, che deve essere corredato dalla relazione di avvenuta notifica con l'evidente funzione di documentare la tempestività sia della suddetta notifica e sia della costituzione.

L'opposizione tardiva è ammessa solo a determinate limitate condizioni ed entro 10 giorni dall'inizio dell'esecuzione forzata.

Si è visto che l'opposizione va proposta entro il termine assegnato, che è normalmente di 40 giorni. In via del tutto eccezionale l'art. 650 consente l'*opposizione* (*c.d. tardiva*) nonostante l'avvenuta scadenza del termine, *quando l'opponente prova di non aver avuto tempestiva conoscenza del decreto ingiuntivo, per irregolarità della notificazione o per caso fortuito o forza maggiore* e purché comunque non siano trascorsi 10 giorni dal primo atto di esecuzione (art. 650, 3° comma). Si tratta (come è facile comprendere e come meglio si vedrà, nel prossimo §) di un rimedio di carattere straordinario (v. vol. II, § 79, *sub* C), che, d'altra parte, preclude ogni altro rimedio.

Alla prima udienza il giudice può concedere l'esecutorietà provvisoria al decreto ingiuntivo, ...

Nel § precedente, incominciando ad esaminare l'istituto dell'esecutorietà provvisoria del decreto ingiuntivo, abbiamo visto i casi nei quali tale esecutorietà provvisoria *deve o può essere concessa* al momento della pronuncia del decreto (art. 642). Dobbiamo ora vedere i casi nei quali l'esecutorietà provvisoria, non concessa al momento della pronuncia del decreto, *può o deve* essere concessa dopo la proposizione dell'opposizione. Più precisamente, l'art. 648 attribuisce il potere di concedere l'esecutorietà provvisoria, con ordinanza non impugnabile, *alla prima udienza*, in due ipotesi: a) *che l'opposizione non sia fondata su prova scritta o di pronta soluzione*; b) *che la parte che l'ha chiesta offra cauzione*: per questo caso la norma in esame disponeva che il giudice *avrebbe dovuto* concederla; ma, la Corte costituzionale, con la sent. n. 137/1984, ha restituito al giudice il potere di valutare discrezionalmente l'opportunità della concessione, avuto riguardo sia all'idoneità della cauzione e sia alla consistenza della prova scritta offerta.

D'altra parte, per il caso di *contestazione parziale*, il 1° comma dell'art. 648 stabilisce che «il giudice *deve concedere l'esecuzione provvisoria parziale* del decreto ingiuntivo opposto *limitatamente alle somme non contestate*, salvo che l'opposizione sia proposta per vizi procedurali».

... ma, se sussistono ragioni d'urgenza, può concederla anche prima.

Va anche aggiunto che – ai sensi del 3° comma dello stesso art. 648, introdotto dal D.Lgs. 164/2024 –, «*Se ricorrono ragioni di urgenza specificamente indicate nell'istanza, la parte costituita può chiedere che la decisione sulla concessione della provvisoria esecuzione sia pronunciata prima dell'udienza di comparizione. Il giudice, sentite le parti, provvede con ordinanza non impugnabile*».

Se l'esecutorietà provvisoria era stata già concessa, il giudice può disporne la sospensione.

Nell'ipotesi che, invece, l'esecutorietà provvisoria sia stata concessa all'atto della pronuncia del decreto ai termini dell'art. 642, *il giudice dell'opposizione può, su istanza dell'opponente e purché ricorrano gravi motivi, concedere* – con ordinanza non impugnabile, né revocabile o modificabile – *la sospensione dell'esecuzione provvisoria* (art. 649).

Tale sospensione, che può avvenire già alla prima udienza, è dubbio che possa avvenire prima di tale udienza ed ancora più dubbio che possa avvenire prima della designazione del giudice. È, d'altra parte, esclusa la revoca dell'esecutività provvisoria. Il potere di sospensione è comunque previsto anche nell'ipotesi di opposizione tardiva, esaminata poc'anzi (art. 650, 2° comma).

Se la controversia rientra fra quelle ...

... per le quali va esperita obbligatoriamente la preventiva mediazione, il relativo onere grava sull'opposto.

Occorre anche ricordare che, ai sensi dell'art. 5 bis del D.Lgs. 28/2010, qualora la controversia rientri fra quelle per le quali è necessario l'esperimento della procedura di mediazione, di cui al 1° comma dell'art. 5 dello stesso D.Lgs. (v. oltre, § 119), «*nel procedimento di opposizione l'onere di presentare la domanda di mediazione grava sulla parte che ha proposto ricorso per decreto ingiuntivo*». Di conseguenza, «il giudice alla prima udienza provvede sulle istanze di concessione e sospensione della provvisoria esecuzione se formulate e, accertato il mancato esperimento del tentativo obbligatorio di mediazione, fissa la successiva udienza dopo la scadenza del termine di cui all'articolo 6» dello stesso D.Lgs. (ossia 6 mesi, dopo la modifica introdotta dal D.Lgs. 216/2024: v. oltre, § 120) e a tale udienza «*se la mediazione non è stata esperita, dichiara l'improcedibilità della domanda giudiziale proposta con il ricorso per decreto ingiuntivo, revoca il decreto opposto e provvede sulle spese*». Un identico discorso non vale, invece, per quanto riguarda le ipotesi di obbligatorio esperimento preventivo della «*negoziazione assistita da uno o più avvocati*», di cui all'art. 3 del D.L. 132/2014 (conv. dalla L. 162/2014), il quale, per espressa previsione, non si applica «*nei procedimenti per ingiunzione, inclusa l'opposizione*» (v. oltre, § 122).

Il giudizio di opposizione può chiudersi per effetto di *conciliazione* ...

Nel corso della fase di opposizione può avvenire che le parti si concilino. In questo caso il decreto ingiuntivo può essere utilizzato per sanzionare l'accordo in un titolo definitivo ed esecutivo (attraverso l'attribuzione, o la conferma, da parte del giudice, con ordinanza non impugnabile, dell'esecutorietà); e ciò per l'intero importo oppure per quello inferiore sul quale le parti si sono accordate (art. 652). In quest'ultimo caso, rimane ferma la validità degli atti eventualmente compiuti e dell'ipoteca eventualmente iscritta, fino a concorrenza della somma ridotta. Ché se, invece, le parti si fossero accordate nel senso di non considerare esistente il credito, occorrerebbe un'esplicita rinuncia al decreto, ad evitare che l'estinzione del giudizio di opposizione dia luogo alla definitività del decreto, come stiamo per accennare.

... o per *estinzione*, che produce l'effetto di rendere definitivo il decreto opposto.

Indipendentemente dalla conciliazione, il giudizio di opposizione può chiudersi anche per effetto dell'estinzione disciplinata dagli artt. 306 e ss. (v. vol. II, §§ 68 e 69). In tale ipotesi, si verifica un fenomeno analogo a quello che si verifica quando si estingue un giudizio d'impugnazione ordinaria (v. vol. II, § 80): il provvedimento impugnato – qui il decreto opposto – diviene definitivo, come se non fosse mai stato opposto, così acquisendo un'efficacia che è quella della vera e propria incontrovertibilità che fonda il giudicato.

Ma, naturalmente, la conclusione normale del giudizio in discorso, come quella di ogni altro giudizio ordinario di cognizione, è la sentenza. Questa sentenza, che è di primo grado, può essere impugnata con i consueti mezzi, fino a quando, per l'esaurimento della serie dei mezzi o per il decorso dei termini, essa, o un'altra di grado superiore, passa in giudicato (vol. I, § 4; vol. II, §§ 77 e 80). *In ogni caso, la sentenza si sostituisce al decreto ingiuntivo, che viene tolto di mezzo*, o perché viene revocato a seguito di accoglimento dell'opposizione o perché viene recepito *per relationem* nella sentenza, in conseguenza del rigetto dell'opposizione.

Precisato ciò da un punto di vista generale, è tuttavia bene esaminare più da vicino le singole ipotesi che possono verificarsi.

Se la sentenza è *di rigetto dell'opposizione*, ...

L'opposizione può, anzitutto, essere rigettata. Il *rigetto dell'opposizione* può fondarsi sia su ragioni processuali e sia su ragioni di merito. Ragioni processuali sono, ad es., l'*inammissibilità* dell'opposizione proposta fuori termine o la sua *improcedibilità* per mancata o ritardata costituzione dell'opponente o per altre cause o, ancora, l'*incompetenza* funzionale del giudice in quanto diverso da quello che ha pronunciato il decreto, mentre, nel caso di dichiarazione dell'*incompetenza* per territorio o per valore del giudice che ha pronunciato il decreto, la pronuncia è di accoglimento dell'opposizione. Ragioni di merito sono il riscontro dei fatti costitutivi e/o l'accertata insussistenza di fatti estintivi o impeditivi e comunque il rilievo della sussistenza del credito. Per quest'ipotesi del rigetto dell'opposizione (con sentenza passata in giudicato o provvisoriamente esecutiva) – come anche per l'ipotesi dell'estinzione –, il codice dispone che «*il decreto che non ne sia già munito acquista efficacia esecutiva*» (art. 653, 1° comma); ed è chiaro che il passaggio in giudicato della sentenza di rigetto copre con l'efficacia del giudicato anche il decreto.

... il *decreto*, se non ne sia già munito, *acquista efficacia esecutiva* (art. 653, 1° comma).

Se la sentenza è *di accoglimento parziale, il titolo esecutivo è costituito solo dalla sentenza.*

Altra ipotesi che può verificarsi è quella che l'opposizione sia *in parte accolta e in parte respinta.* Per quest'ipotesi, lo stesso art. 653, 1° comma, dispone che «*il titolo esecutivo è costituito esclusivamente dalla sentenza, ma gli atti di esecuzione già compiuti in base al decreto conservano i loro effetti nei limiti della somma o della quantità ridotta*».

Peraltro, con la sentenza che rigetta totalmente o in parte l'opposizione «*il giudice liquida anche le spese e gli onorari del decreto ingiuntivo*» (art. 653, 2° comma).

Se la sentenza è di *totale accoglimento,* il decreto è revocato o dichiarato nullo.

Infine, può verificarsi l'ipotesi dell'*accoglimento totale dell'opposizione* in merito (per il difetto dei fatti costitutivi o per l'operare di fatti estintivi o impeditivi) o anche in rito (come, ad es., nel caso della dichiarazione dell'incompetenza del giudice che ha pronunciato il decreto). Per queste ipotesi il codice non dispone specificamente nulla, ma è chiaro che l'accoglimento totale dell'opposizione implica la caducazione integrale del decreto, sicché, mentre sotto il profilo sostanziale, i rapporti tra le parti restano regolati dalla sentenza sull'opposizione, sotto il profilo processuale il decreto perderà ogni efficacia, compresa quella esecutiva, qualora ne fosse munito; ciò che comporta, di conseguenza, anche la restituzione di quanto eventualmente versato in adempimento dello stesso decreto. Come già accennato in precedenza, le norme ora richiamate sono nuovamente riconducibili alla tecnica che, nelle impugnazioni, caratterizza i rapporti tra la pronuncia impugnata e la pronuncia sull'impugnazione, salvo poi vedere se prevale la tecnica dell'impugnazione sostitutiva o quella dell'impugnazione rescindente.

90. *La mancata o ritardata costituzione dell'opponente. L'efficacia del decreto ingiuntivo non opposto.*

Rimane ora da esaminare l'ipotesi che l'intimato non abbia proposto l'opposizione nel termine, neppure in via c.d. tardiva.

Se l'intimato non ha proposto opposizione o non si è costituito, il giudice che ha pronunciato il decreto lo dichiara esecutivo.

Per quest'ipotesi, alla quale viene totalmente equiparato (dal codice) il caso della mancata costituzione da parte dell'opponente, nonché (dalla giurisprudenza) quello della sua costituzione fuori termine, l'art. 647 dispone che «*il giudice che ha pronunciato il decreto, su istanza, anche verbale, del ricorrente, dichiara esecutivo il decreto*». Nel caso della mancata opposizione, il giudice deve tuttavia previamente ordinare che sia rinnovata la notificazione «*quando risulta o appare probabile che l'intimato non abbia avuto conoscenza del decreto*».

Sul fondamento della natura speciale della disposizione dell'art. 647, la giurisprudenza ormai quasi costante della Cassazione, con l'appoggio quasi unanime della dottrina, ritiene che il disposto della norma suddetta abbia portata derogatrice del meccanismo di rimbalzo del termine di costituzione previsto dal 2° comma dell'art. 171 (v. vol. II, §§ 11 e 68). La conseguenza è che l'opponente non costituitosi o costituitosi tardivamente non può in alcun modo evitare l'improcedibilità dell'opposizione non potendo utilmente riassumere il giudizio neppure prima che sia stato pronunciato il decreto di esecutorietà e indipendentemente dal fatto che il creditore opposto si sia o meno costituito nel suo termine.

Mentre le conseguenze della mancata opposizione e della mancata (o ritardata) costituzione sono, come si è visto, automatiche e irreversibili, l'efficacia esecutiva del decreto non viene in essere per effetto automatico del decorso del termine: occorre un provvedimento che ne dichiari l'esecutorietà o in via provvisoria (artt. 642, 648) o in via definitiva. In quest'ultimo caso, l'esecutorietà, quando non è disposta con la sentenza che respinge l'opposizione o con l'ordinanza che dichiara l'estinzione del giudizio di opposizione (ossia nelle due ipotesi contemplate dall'art. 653, 1° comma, e viste nel § precedente) è conferita con decreto del giudice che ha pronunciato l'ingiunzione (art. 654, 1° comma).

Il decreto ingiuntivo dichiarato esecutivo (anche in via provvisoria) costituisce titolo esecutivo a tutti gli effetti; gode anzi dell'agevolazione di non dover essere ulteriormente notificato per procedere ad esecuzione forzata; e ciò in deroga alla regola generale dell'art. 479 (v. retro, § 54). È sufficiente, infatti, che, nel testo del precetto, venga fatta menzione del provvedimento che ha disposto l'esecutorietà (art. 654, 2° comma). Inoltre, i decreti ingiuntivi dichiarati esecutivi, anche in via provvisoria, e quelli rispetto ai quali è rigettata l'opposizione, costituiscono titolo per l'iscrizione dell'ipoteca giudiziale (art. 655). Tutto quanto precede riguarda l'efficacia del decreto ingiuntivo *in quanto titolo esecutivo.* Ma, a parte quest'efficacia esecutiva, qual è la sua efficacia sul piano dell'accertamento? Più precisamente, qual è il grado di efficacia di accertamento che spetta al decreto nei cui confronti *non* sia stata proposta l'opposizione o rispetto al quale il giudizio di opposizione sia stato dichiarato inammissibile o improcedibile o si sia successivamente estinto?

Il decreto ingiuntivo esecutivo è anche titolo per l'iscrizione dell'ipoteca giudiziale (art. 655).

Il decreto ingiuntivo non opposto (o a seguito di estinzione dell'opposizione) *acquista efficacia di giudicato.*

Il codice non dice espressamente che in questi casi il decreto ingiuntivo acquisti l'efficacia di cosa giudicata. Tuttavia, la dottrina e la giurisprudenza prevalenti sono concordi nel ritenere ciò sul fondamento di disposizioni di legge dalle quali si può desumere l'intenzione del legislatore di attribuire al decreto ingiuntivo non opposto (o a seguito dell'estinzione, dell'improcedibilità o dell'inammissibilità dell'opposizione proposta) *l'efficacia propria del giudicato.* Tali disposizioni sono: l'art. 650 che, nel disciplinare l'opposizione tardiva, indica – come si è visto nel § precedente – alcune limitazioni che non avrebbero senso se il decreto ingiuntivo non fosse incontrovertibile; e soprattutto l'art. 656, che dispone che il decreto ingiuntivo dichiarato esecutivo ai termini dell'art. 647 (ma, si ritiene, divenuto tale anche ai sensi dell'art. 653) può impugnarsi – oltre che con la *revocazione ordinaria* per il motivo di cui all'art. 395, n. 5 – con la *revocazione straordinaria* per i motivi di cui all'art. 395, nn. 1, 2 e 6 (v. vol. II, § 92), e con l'*opposizione di terzo revocatoria* di cui all'art. 404, 2° comma (v. vol. II, § 95), esattamente come è previsto nei confronti delle sentenze passate in giudicato. È chiaro, infatti, che se non fosse presupposta l'efficacia del giudicato, non avrebbe senso assoggettare il decreto ingiuntivo ai rimedi impugnatori straordinari, che in tanto hanno ragione d'essere, in quanto l'esaurimento della possibilità di quelli ordinari ha già dato luogo al giudicato. Naturalmente la portata e i limiti del giudicato coincidono con quelli della sentenza di condanna.

Esso è sottoponibile a revocazione e ad opposizione di terzo revocatoria (art. 656).

Diverso problema è quello di vedere se l'efficacia di cosa giudicata consegua automaticamente al decorso del termine o, invece, solo a seguito della dichiarazione di esecutorietà. Quest'ultima soluzione parrebbe suggerita dalla lettera dell'art. 647, 2° comma, in base alla quale «l'opposizione non può essere più proposta né proseguita ... *quando il decreto è stato dichiarato esecutivo*». Ma si è giustamente obiettato che, mentre sotto il profilo letterale all'art. 647 si contrappone l'art. 650, 1° comma, che, nell'introdurre la possibilità dell'opposizione tardiva, indica chiaramente il momento preclusivo nella scadenza del termine indicato nel decreto, sotto il profilo sistematico è decisivo il rilievo della perentorietà dei termini di impugnazione e perciò anche, in mancanza di un'esplicita enunciazione in contrario, del termine di proposizione dell'opposizione al decreto ingiuntivo.

L'acquisizione dell'efficacia di giudicato da parte del decreto ingiuntivo non opposto implica – in applicazione della regola dell'assorbimento dei vizi di nullità in motivi di gravame – che i vizi di nullità del decreto non fatti valere con l'opposizione (eventualmente tardiva) non possono più essere fatti valere neppure con l'opposizione all'esecuzione, così come non possono essere fatte valere le eccezioni di merito proponibili con l'opposizione al decreto. A quest'ultimo riguardo va, tuttavia, tenuto presente che, se i fatti estintivi, impeditivi o modificativi si verificano durante la pendenza del giudizio di opposizione al decreto, la preclusione alle relative eccezioni in sede di opposizione all'esecuzione si verifica soltanto se le eccezioni stesse erano ancora proponibili in sede di opposizione al decreto (eventualmente in appello se sopravvenuti alla sentenza di primo grado).

91. *Il procedimento ingiuntivo europeo.*

Il Reg. CE 1896/2006, successivamente modificato dal Reg. UE 2421/2015, ha introdotto nello «spazio giudiziario europeo» un *procedimento ingiuntivo europeo* (*I.P.E*) per il pagamento dei crediti pecuniari non contestati. Si tratta di un istituto applicabile solo alla fase iniziale del procedimento ingiuntivo e solo alle controversie c.d. *transfrontaliere* (quelle tra parti di cui almeno una abbia domicilio o residenza abituale in uno Stato diverso da quello del giudice adito), che riguarda crediti di *natura contrattuale* già liquidi ed esigibili e si affianca, in via alternativa, ai procedimenti ingiuntivi vigenti nei singoli Stati dell'Unione. Per quanto riguarda la fase dell'opposizione, l'art. 17 del Reg. 1896 prevede che il procedimento prosegua «in conformità delle norme: a) *del procedimento europeo per le controversie di modesta entità di cui al Reg. CE 861/2007, laddove applicabile*, oppure b) *di un rito processuale civile nazionale appropriato*», rimettendo alla legislazione dei singoli Stati la disciplina del passaggio al procedimento dell'eventuale opposizione. A quest'ultimo proposito le se-

Il *procedimento ingiuntivo europeo* si applica al pagamento di crediti pecuniari non contestati, liquidi ed esigibili.

zioni unite hanno chiarito che, in assenza di indicazioni legislative, spetta al giudice italiano che ha emesso l'ingiunzione europea il potere di fissare un termine al medesimo creditore, invitandolo ad introdurre la tutela secondo la disciplina processuale civile ordinaria (Cass. sez. un. 31 gennaio 2019 n. 2840 e n. 2841).

Solo nel caso in cui non sia proposta opposizione ...

Il provvedimento ingiuntivo è pronunciato dall'autorità competente del singolo Stato membro «sulla scorta del contenuto del modulo di domanda» (con una descrizione delle prove a sostegno) ed è soggetto ad opposizione del debitore nel termine di trenta giorni dalla notifica. Ove tale opposizione non sia proposta, il provvedimento acquista efficacia esecutiva in tutti gli Stati membri (salva, in casi eccezionali, la possibilità di riesame da parte del giudice che ha emesso il provvedimento). L'efficacia esecutiva del provvedimento ingiuntivo in tutti gli Stati membri è *automatica*, senza necessità di *exequatur*, né di altra certificazione o attribuzione. Va ricordato, tuttavia, che l'opposizione del debitore comporterà l'estinzione del procedimento, laddove il ricorrente abbia manifestato una volontà in tal senso nell'iniziale domanda di ingiunzione.

... il provvedimento ingiuntivo acquista efficacia esecutiva.

La notificazione al convenuto del provvedimento ingiuntivo dovrà avvenire con le modalità di cui agli artt. 13 e 14 del Regolamento, i quali distinguono i procedimenti notificatori che assicurino la prova dell'avvenuto ricevimento del provvedimento da parte del destinatario o di un suo rappresentante da quelli che non assicurino una simile prova. La distinzione assume rilevanza al fine di consentire la proposizione dell'opposizione c.d. tardiva, di cui all'art. 20 del Regolamento, ammessa soltanto quando si sia utilizzato un procedimento notificatorio del secondo tipo.

Infine, l'eventuale provvedimento di rigetto lascia aperta la possibilità di riproposizione (artt. 8 e 9 del Regolamento), come avviene per il procedimento ingiuntivo interno ai sensi dell'art. 640.

Bibliografia di orientamento

E. Garbagnati, *Il procedimento d'ingiunzione*, Milano, 1991 (poi, a cura di A.A. Romano, Milano, 2012); G. Tomei, *Procedimento d'ingiunzione*, in *Dig. disc. priv., sez. civ.*, XIV, Torino, 1996; A. Proto Pisani, *Il procedimento di ingiunzione*, in *Riv. trim. dir. e proc. civ.*, 1987; A. Ronco, *Struttura e disciplina del rito monitorio*, Torino, 2000; A. Ronco, *Procedimento per decreto ingiuntivo*, in *I procedimenti sommari e speciali*, a cura di S. Chiarloni e C. Consolo, I, t. 1, Torino, 2005; E. Zucconi Galli Fonseca, *La provvisoria esecutività del decreto ingiuntivo*, in *Riv. trim. dir. e proc. civ.*, 2009; AA.VV., *Il procedimento d'ingiunzione*, a cura di B. Capponi, Bologna, 2009; E. Gabellini, *La sentenza di rigetto dell'opposizione a decreto ingiuntivo*, in *Riv. trim. dir. e proc. civ.*, 2012; E. Zucconi Galli Fonseca,

Procedimento ingiuntivo, in *Diritto on line Treccani*, 2012; R. CONTE, *Il procedimento d'ingiunzione*, in *Comm. c.p.c.*, diretto da S. CHIARLONI, Bologna, 2012; A. VALITUTTI-F. DE STEFANO, *Il decreto ingiuntivo e l'opposizione*, Padova, 2013; E. D'ALESSANDRO, *Ingiuntivo europeo. Procedimento*, in *Diritto on line Treccani*, 2017; C. CARIGLIA, *L'ordinanza ex art. 648 c.p.c.*, in *Scritti offerti dagli allievi a F.P. Luiso*, a cura di M. BOVE, Torino, 2017; M. NEGRI, *Gli effetti dell'estinzione nell'arco dei vari gradi del processo*, Torino, 2017; AA.VV., *Verso il procedimento ingiuntivo europeo*, a cura di A. CARRATTA, Milano, 2007; A. CARRATTA, *Titolo esecutivo europeo: I) Dir. proc. civ.*, in *Enc. Giur. Treccani*, XXXI, Roma, 2007; A. CARRATTA, *Il procedimento ingiuntivo europeo e la «comunitarizzazione» del diritto processuale civile*, in *Riv. dir. proc.*, 2007; M.A. LUPOI, *Dei crediti non contestati e procedimenti di ingiunzione ecc.*, in *Riv. trim. dir. e proc. civ.*, 2008; A.A. ROMANO, *Il procedimento europeo di ingiunzione di pagamento*, Milano, 2009; A. PROTO PISANI, *Ingiunzione europea di pagamento ecc.*, in *Giusto proc. civ.*, 2009; A. RONCO, *Opposizione a decreto ingiuntivo e riproposizione della domanda non accolta in via monitoria*, in *Giur. it.*, 2022; A.A. ROMANO, *Sulla modificazione della domanda di ingiunzione in sede di opposizione a d.i.*, *ibidem*; A. CARRATTA, *Le Sezioni unite della Cassazione tra nomofilachia e nomopoiesi. A proposito della sentenza n. 9479 del 2023*, in *Riv. es. forzata*, 2023; S. CAPORUSSO, *Le Sezioni Unite tra potere nomogenetico della Corte di Giustizia e autonomia processuale degli Stati membri*, in *Riv. dir. proc.*, 2023, p. 1231; S. VINCRE, *La Corte di giustizia e le Sezioni unite della Cassazione sulle nullità consumeristiche*, *ibidem*; L. BACCAGLINI, *Il decreto ingiuntivo emesso nei confronti del consumatore: le ricadute sul piano della cognizione e dell'esecuzione alla luce delle Sezioni Unite*, in *Nuova giur. civ. comm.*, 2023.

Sezione seconda

IL PROCEDIMENTO PER CONVALIDA DI LICENZA O SFRATTO

92. *Nozione, funzione e tecnica del procedimento per convalida di licenza o sfratto.*

Anche il procedimento per convalida di sfratto come quello d'ingiunzione, al quale opportunamente è avvicinato dal codice, è una forma speciale di processo di cognizione di condanna. Anch'esso è caratterizzato, dal punto di vista funzionale, dall'esigenza di conseguire rapidamente il titolo esecutivo, nonché, dal punto di vista strutturale, dalla sommarietà della cognizione. E pertanto anch'esso appartiene, sotto il primo profilo, alla categoria degli «*accertamenti con prevalente funzione esecutiva*» e, sotto il secondo profilo, agli *accertamenti sommari*. Solo che qui la sommarietà, anziché essere determinata dalla superficialità della cognizione, come nel caso del procedimento ingiuntivo, è determinata o direttamente dall'*acquiescenza del convenuto* (nel caso dell'ordinanza di convalida ex art. 663: v. oltre, § 94) o dalla *incompletezza della cognizione* (nel caso dell'ordinanza di rilascio con riserva delle eccezioni, ex art. 665: v. oltre, § 94).

Anche il procedimento per convalida di sfratto appartiene agli *accertamenti con prevalente funzione esecutiva.*

Anche qui la funzione sta nell'esigenza di ovviare alle lungaggini del processo a cognizione piena, per conseguire rapidamente il titolo esecutivo attraverso un determinato accorgimento che faccia salva la garanzia del contraddittorio. Quest'accorgimento è tuttavia, qui, notevolmente diverso, in relazione anche al diverso diritto che si fa valere: il rilascio di un immobile a favore del locatore o del concedente in conseguenza della fine o della risoluzione del contratto di locazione o di affitto o di comodato di immobile o di affitto d'azienda.

Da un lato, qui *non è richiesto alcun tipo particolare di prova*; mentre, dall'altro lato, ossia per quanto concerne la tecnica del procedimento, la distinzione in due fasi non è qui così netta ed evidente come nel procedimento ingiuntivo. Più precisamente: mentre nel procedimento ingiuntivo c'è una prima fase senza contraddittorio, che si chiude con un provvedimento pronunciato *inaudita altera parte*; alla quale fase può seguire, ed anche non seguire, una seconda fase a contraddittorio pieno e da introdursi con atto autonomo; *qui manca totalmente la fase senza contraddittorio*, poiché *l'atto introduttivo è uno solo e già idoneo ad instaurare il contraddittorio, trattandosi di un atto di citazione.* La sommarietà della cognizione può verificarsi in occasione della prima udienza, come conseguenza del comportamento del convenuto (qui: intimato); più precisamente, come conseguenza dell'eventuale acquiescenza di quest'ultimo. Il codice stabilisce, infatti, che alla prima udienza, qualora l'intimato non si opponga alla domanda dell'attore o semplicemente non compaia, *il giudice pronuncia un'ordinanza di convalida, che è definitiva* (art. 663).

Qui la sommarietà della cognizione consiste nell'acquiescenza del convenuto ...

Se, invece, l'intimato propone all'udienza la sua opposizione, ciò basta per *trasformare il processo a cognizione sommaria in processo a cognizione piena*, che in questo caso si svolge con le forme del rito locatizio di cui all'art. 447 bis (v. retro, § 21).

D'altro canto, può verificarsi anche una situazione intermedia, determinata dall'eventualità che l'intimato si opponga senza essere in grado di provare per iscritto le sue eccezioni: ciò che consente al giudice la pronuncia di un'*ordinanza di rilascio dell'immobile, a cognizione sommaria (perché incompleta) e con efficacia provvisoria* (art. 665).

... o nella sua impossibilità di offrire prova scritta per opporsi alla domanda dell'attore.

Naturalmente l'impiego delle forme del procedimento speciale in esame è soltanto facoltativo, ossia alternativo rispetto al processo a cognizione piena, nelle forme, come già accennato, del rito locatizio di cui all'art. 447 bis (v. retro, § 21).

93. *Il diritto sostanziale che si fa valere e particolarità rispetto all'interesse ad agire in caso di convalida di licenza.*

Col procedimento in discorso *si può far valere soltanto il diritto al rilascio di un immobile a favore del locatore o del concedente in forza di un contratto di comodato di immobili, di affitto d'azienda, di locazione di immobili, di affitto a coltivatore diretto, di mezzadria o di colonìa* (art. 657, 1° comma), oppure in forza di un *contratto di locazione d'opera avente come corrispettivo* (totale o parziale) *il godimento di un immobile* (art. 659).

Col procedimento per convalida si può far valere il *diritto al rilascio di un immobile a favore del locatore o del concedente.*

Va, tuttavia, tenuto presente che il diritto al rilascio a favore del locatore o del concedente può essere (facoltativamente) fatto valere con le forme di questo procedimento soltanto nei casi espressamente previsti che stiamo per esaminare, mentre in tutti gli altri casi – come già detto – si applicano le norme del processo a cognizione piena in materia locatizia (sul quale v. retro, § 21).

D'altra parte, il diritto al rilascio – ed è, questa, una notevolissima particolarità del procedimento di cui trattasi – può essere fatto valere anche in taluni casi in cui ciò non sarebbe ancora possibile secondo le regole comuni del diritto sostanziale e processuale. Più precisamente: mentre, secondo le norme sostanziali in tema di contratti, e quelle che più specificamente riguardano i contratti sopra ricordati, il diritto al rilascio sorge solo quando il contratto è scaduto (senza che si sia verificata la tacita riconduzione di cui all'art. 1596, 2° comma, c.c. o quella conseguente alla mancata disdetta nei termini previsti dalla L. 392/1978 sul c.d. equo canone o dalla L. 431/1998 sulle locazioni ad uso abitativo), oppure quando si è verificato un fatto che dà luogo alla risoluzione e vi sia stata la pronuncia della risoluzione stessa, *l'azione nelle forme speciali di cui trattasi è concessa anche prima della scadenza del contratto ed indipendentemente da un fatto idoneo ad ottenerne la risoluzione*. In termini processuali, ciò significa che l'azione di condanna, sempre con queste forme speciali, è concessa anche quando, mancando ancora l'attualità del diritto al rilascio, manca pure, a maggior ragione, la sua violazione. E poiché l'azione è tuttavia concessa, ciò implica un allargamento eccezionale dell'interesse ad agire. Un allargamento determinato dal fatto che il legislatore ha ravvisato l'opportunità che il futuro creditore del rilascio possa procurarsi il titolo esecutivo *anche prima della scadenza del contratto e dell'intervenuta violazione del diritto al rilascio*, per poter subito, al momento della scadenza, far luogo all'esecuzione, nel caso probabile (*secundum quod plerumque accidit*) di mancato rilascio. Ed in relazione a tale opportunità, ha finito in pratica con l'equiparare quella probabilità di violazione alla violazione stessa, sotto il profilo della sua idoneità a determinare l'interesse ad agire. È il fenomeno che tipicamente fonda la *condanna in futuro*, che esaminammo in generale in sede di esame dell'azione di condanna (vol. I, § 15, *sub* B, c) e di cui questo procedimento offre l'esempio più caratteristico, con la disposizione dell'art. 657, 1° comma.

L'azione speciale de qua è concessa anche prima della scadenza del contratto.

Inoltre, e sempre sulla base di questa disposizione, va posta in rilievo un'ulteriore particolarità del procedimento in esame, con riguardo ancora all'ipotesi dell'azione prima della scadenza del contratto: la particolarità per cui l'atto introduttivo del giudizio si compie contestualmente con un atto di schietta efficacia sostanziale, ossia l'atto della licenza o disdetta previsto dall'art. 1596, 2° comma, c.c. (e/o dalle L. 392/1978 e 431/1998) e che produce l'effetto (sostanziale) di evitare la c.d. tacita riconduzione quando l'atto contenente tale disdetta sia notificato e la disdetta intimata nei termini previsti dal contratto, dalla legge o dagli usi. Ed è appunto in relazione a ciò che l'art. 657, 1° comma, qualifica l'atto introduttivo come *intimazione della licenza con contestuale citazione per la convalida*. «Il locatore o il concedente – recita, dunque, la norma in discorso – *può in-*

Questa possibilità è configurata dall'art. 657, 1° comma.

timare al conduttore, al comodatario di beni immobili, all'affittuario di azienda, all'affittuario coltivatore diretto, al mezzadro o al colono, *licenza per finita locazione, prima della scadenza del contratto, con la contestuale citazione per la convalida, rispettando i termini prescritti* dal contratto, dalla legge o dagli usi locali».

Le forme del procedimento speciale sono utilizzabili anche nell'ipotesi in cui *il diritto al rilascio è già attuale perché la scadenza si è già verificata*, nonché nell'ipotesi in cui *il diritto al rilascio può divenire attuale in conseguenza della risoluzione del contratto che il giudice può pronunciare per effetto della morosità del conduttore nel pagamento dei canoni.*

Con riguardo alla prima di queste due ipotesi, il 2° comma dell'art. 657 dispone che *il locatore o il concedente può intimare senz'altro lo «sfratto», purché non si sia, in precedenza, già verificata la tacita riconduzione*; la quale tacita riconduzione dovrà essere stata impedita o in virtù del contratto stesso (che, ad es., escluda esplicitamente la tacita riconduzione) o per effetto di una disdetta (o licenza) intimata in precedenza nei termini prescritti dalla legge, dal contratto o dagli usi.

A questa ipotesi, l'art. 657, 2° comma, affianca quella normale dello sfratto, …

Per la seconda ipotesi (ossia la morosità nel pagamento dei canoni) il codice configura uno strumento che consente di conseguire rapidamente i risultati proprî di un'azione costitutiva di risoluzione del contratto per inadempimento, nonché quelli di una conseguente, anche se cumulata, azione di condanna al rilascio ed al pagamento dei canoni. L'art. 658 (modificato dal D.Lgs. 164/2024), infatti, disponendo che «*il locatore può intimare al conduttore, all'affittuario di azienda, all'affittuario coltivatore diretto, al mezzadro o al colono lo sfratto con le modalità stabilite nell'articolo precedente anche in caso di mancato pagamento del canone di affitto alle scadenze*», offre anzitutto la possibilità di fruire delle forme accelerate del procedimento di convalida per ottenere il provvedimento di rilascio dell'immobile, che naturalmente presuppone la pronuncia della risoluzione (argomentando dall'art. 669) e che perciò ha, al tempo stesso, natura costitutiva con riferimento alla risoluzione del contratto e di condanna con riferimento al rilascio dell'immobile. Inoltre, offre anche la possibilità di fruire contemporaneamente delle forme proprie del procedimento ingiuntivo per ottenere «*il pagamento dei canoni scaduti*» (v. il § seguente e vol. I, § 36). A meno che, naturalmente, il locatore non preferisca agire solo per il rilascio, nel quale caso «*la pronuncia sullo sfratto risolve la locazione, lasciando impregiudicata ogni questione sui canoni*» (art. 669).

… mentre l'art. 658 affianca l'ulteriore ipotesi della *risoluzione del contratto per morosità.*

Infine, l'art. 659 prevede l'ipotesi che il godimento dell'immobile costituisca corrispettivo, anche parziale, di un contratto d'opera; ed a quest'ipotesi estende la possibilità di agire per il rilascio dell'immobile in ciascuna delle tre situazioni sopra viste, precisando che ciò è possibile quando il contratto viene a cessare per qualsiasi causa.

94. *La fase sommaria: l'ordinanza di convalida e l'ordinanza di rilascio. Il decreto ingiuntivo per il pagamento dei canoni.*

La competenza è *del tribunale* del luogo in cui si trova l'immobile locato o dato in comodato o l'azienda affittata (art. 661).

L'impiego delle forme del procedimento speciale per convalida implica, anzitutto, l'osservanza di regole inderogabili circa *la competenza*. Sotto il profilo della *materia*, la competenza spetta inderogabilmente *al tribunale*, mentre, sotto il profilo del *territorio*, rileva il *luogo in cui si trova l'immobile locato o dato in comodato o l'azienda affittata* (art. 661).

L'atto introduttivo è la citazione, che può contenere anche la disdetta.

L'atto introduttivo è, come si è visto, l'atto di citazione, che, tuttavia, può avere un contenuto più ampio di quello del normale atto di citazione, poiché può includere anche un atto di portata sostanziale, ossia l'intimazione della licenza o dello sfratto. La quale intimazione costituisce, anzi, l'elemento che concreta il contenuto anche della domanda al giudice davanti al quale l'intimato viene citato, ed al quale viene chiesta, per l'appunto, in contraddittorio con l'intimato, *la convalida dell'intimazione.* Ed in realtà, se si tiene conto che l'intimazione ha ad oggetto precisamente il rilascio dell'immobile, appare evidente che l'espressione «convalida dell'intimazione» è un modo sintetico di esprimere *per relationem* (ossia con riferimento all'intimazione) la condanna al rilascio già intimato.

La notificazione dell'atto di citazione – attesa la sua particolare importanza in relazione alle conseguenze dell'eventuale mancata comparizione dell'intimato – va effettuata con maggiori cautele. Perciò, da un lato, è esclusa la validità della notificazione al domicilio eletto (art. 660, 1° comma) e, dall'altro, quando la notificazione non avviene «in mani proprie» dell'intimato (v. vol. I, § 70), è previsto l'obbligo per l'ufficiale giudiziario di avvertire lo stesso intimato dell'effettuata notificazione, con lettera raccomandata, allegandone la ricevuta all'originale dell'atto (art. 660, 7° comma). Nell'atto di citazione, inoltre, il locatore può indicare un indirizzo p.e.c. risultante da pubblici elenchi o eleggere un domicilio digitale speciale; altrimenti, l'opposizione prevista dall'art. 668 e qualsiasi altro atto del giudizio gli sono notificati presso il procuratore costituito (art. 660, 2° comma, come modificato dal D.Lgs. 164/2024).

Abbiamo già visto che, in questo procedimento, la prima udienza assurge una particolare importanza, poiché è appunto in relazione al comportamento dell'intimato in tale udienza che si può avere o un'immediata e definitiva pronuncia sommaria oppure la conversione nel processo a cognizione piena, avente le forme del rito locatizio. Avuto riguardo alla suddetta possibilità di pronuncia sommaria, l'art. 660, nel suo 3° comma, dispone che, nell'atto di citazione, l'invito e l'avvertimento che, per il processo ordinario sono configurati dall'art. 163, 3° comma, n. 7, siano formulati in maniera diversa. Dispone, cioè, che la citazione per la convalida contenga, nei confronti del convenuto, «l'invito a comparire nell'udienza indicata» e «*l'avvertimento che, se non comparisce, o comparendo non si oppone, il giudice convalida la licenza o lo sfratto ai sensi dell'articolo 663 e che sussistendo i presupposti di legge la parte può presentare istanza per l'ammissione al patrocinio a spese dello Stato*».

La *citazione deve contenere anche* l'invito a comparire nell'udienza indicata con un particolare *avvertimento*.

Sempre in considerazione delle particolarità del procedimento di cui trattasi, il 4° comma dispone che «*tra il giorno della notificazione dell'intimazione e quello dell'udienza debbono intercorrere termini liberi non minori di venti giorni*», salva abbreviazione alla metà su istanza dell'intimante; mentre il 5° comma dispone che «*le parti si costituiscono depositando l'intimazione con la relazione di notificazione o la comparsa di risposta oppure presentando tali atti al giudice in udienza*». Il che implica che la costituzione dell'una e/o dell'altra parte è tempestiva, agli effetti delle preclusioni conseguenti, anche se effettuata direttamente all'udienza.

Tra il giorno della notificazione e quello dell'udienza devono intercorrere *almeno 20 giorni liberi*.

Inoltre, il 6° comma precisa che «*ai fini dell'opposizione e del compimento delle attività previste negli articoli da 663 a 666 è sufficiente la comparizione personale dell'intimato*». Non sussiste quindi – a tali fini e per il solo convenuto – l'onere del patrocinio, né è necessaria la comparsa di risposta (ovviamente possibile), che è invece necessaria per la proposizione delle eventuali domande riconvenzionali.

Passiamo ora ad esaminare le diverse situazioni che possono verificarsi alla prima udienza.

Può accadere, anzitutto, che alla prima udienza *non compaia l'intimante*: in tale ipotesi – dispone l'art. 662 – l'intimazione perde efficacia.

Alla prima udienza se l'intimante non compare, l'intimazione perde efficacia; ...

Ma l'ipotesi di gran lunga più importante è quella della *mancata comparizione dell'intimato, alla quale il codice equipara, sotto ogni profilo, l'ipotesi in cui l'intimato, pur comparso davanti al giudice, non si opponga alla convalida.* Per queste ipotesi l'art. 663 dispone che *il giudice*, previo ordine di rinnovare la citazione ogni qualvolta sussista il dubbio che l'intimato non comparso non ne abbia avuto conoscenza o non sia potuto comparire per caso fortuito o forza maggiore, «*convalida con ordinanza esecutiva la licenza o lo sfratto*». In pratica, ciò significa che il giudice pronuncia, seduta stante, un provvedimento con la forma dell'ordinanza ed il contenuto, assai semplice, della convalida dell'intimazione. In tal modo *l'ordinanza assume la portata di una condanna immediatamente esecutiva al rilascio*, riferita, per ogni suo elemento e modalità, all'intimazione.

... se non compare l'intimato, o comparendo non si oppone, il giudice convalida la licenza o lo sfratto.

L'ordinanza di convalida costituisce un provvedimento di condanna – che, tra l'altro, contiene anche la pronuncia sulle spese – dotato di immediata efficacia esecutiva, e con l'ulteriore caratteristica che, come abbiamo visto, quando si tratta d'intimazione di rilascio prima della scadenza del contratto, costituisce una *condanna in futuro*.

Ma, oltre che di efficacia esecutiva, l'ordinanza di convalida è dotata, come il decreto ingiuntivo non opposto, di autentica *efficacia di cosa giudicata*. Sebbene il codice taccia in proposito, la conclusione suddetta si desume da alcune altre disposizioni, tra le quali primeggia quella dell'art. 668. Questa norma dispone, infatti, che contro l'ordinanza in discorso, l'intimato può proporre opposizione (c.d. *opposizione dopo la convalida*) innanzi al tribunale che ha pronunciato l'ordinanza e con le forme, in quanto compatibili, dell'opposizione tardiva al decreto ingiuntivo (art. 650: v. retro, § 90), *purché provi*: a) o *di non aver avuto conoscenza dell'intimazione, per irregolarità della notificazione o per caso fortuito o forza maggiore*; b) oppure – per effetto della sentenza della Corte costituzionale n. 89/1972 – *di essere stato impossibilitato, per caso fortuito o forza maggiore, a comparire all'udienza, pur avendo avuto conoscenza dell'intimazione*.

Contro l'ordinanza di convalida è prevista solo *l'opposizione dopo la convalida.*

Anche quest'opposizione tardiva, come nel caso del decreto ingiuntivo, è proponibile *solo entro 10 giorni dall'inizio dell'esecuzione* (ossia al primo accesso dell'ufficiale giudiziario sul luogo dell'esecuzione, munito del titolo esecutivo: v. retro, § 77). Questo significa che, quando non sussistono le suddette circostanze eccezionali, non solo non è possibile proporre l'opposizione tardiva, ma neanche alcun altro mezzo d'impugnazione, che non siano le impugnazioni *straordinarie* (v. oltre, in questo §).

Dal rilievo, or ora compiuto, che il codice non contempla altro mezzo di impugnazione contro l'ordinanza in discorso, all'infuori dell'opposizione dopo la convalida, sorge il problema di individuare il rimedio esperibile nei casi in cui l'ordinanza sia stata pronunciata al di fuori dei presupposti della legge processuale (ad es., nonostante l'opposizione dell'intimato o a seguito di una notificazione invalida o addirittura non verificata) o eventualmente anche sostanziale (ad es., nel caso che venga convalidata una licenza intimata senza il rispetto dei termini previsti dal contratto).

Nell'ipotesi di ordinanza pronunciata *al di fuori dei presupposti di legge*, la Cassazione ritiene *ammissibile l'appello.*

Secondo la Cassazione, confortata dalla prevalente dottrina, la pronuncia al di fuori dei presupposti di legge, e quindi con una forma (l'ordinanza) diversa da quella con la quale il provvedimento *avrebbe dovuto* essere pronunciato (la sentenza), giustifica l'applicazione della regola c.d. *della prevalenza della sostanza sulla forma* (v. vol. I, § 67), con la conseguente impugnabilità del provvedimento con l'appello, come se si trattasse di una sentenza di primo grado.

D'altra parte, l'intervento della Corte costituzionale, con la sent. n. 167/1984, ha aperto la via all'esperibilità dell'opposizione di terzo di cui all'art. 404 (v. vol. II, § 95) avverso l'ordinanza di convalida e, successivamente, con le sent. n. 558/1989 e n. 51/1995, anche all'esperibilità della revocazione di cui all'art. 395, n. 1 e n. 4 (v. vol. II, § 92).

La Corte costituzionale ha ammesso anche *le impugnazioni straordinarie.*

Nel caso dello sfratto per morosità, si è visto che il locatore può chiedere anche la condanna, con decreto ingiuntivo, al pagamento dei canoni scaduti e da scadere fino all'esecuzione dello sfratto e per le spese relative all'intimazione. In tal caso, il giudice *pronuncia un decreto ingiuntivo, che costituisce provvedimento autonomo da conservare nel fascicolo informatico d'ufficio, unitamente a una copia dell'atto di intimazione.* Il decreto è immediatamente esecutivo, ma suscettibile di opposizione nel termine consueto di 40 giorni (ex art. 645) e idoneo ad acquistare efficacia di giudicato in caso di mancata opposizione; naturalmente, l'eventuale opposizione non toglie efficacia all'avvenuta risoluzione del contratto (art. 664). D'altra parte – e come pure si è visto – la richiesta del decreto ingiuntivo per il pagamento dei canoni costituisce, per l'intimante, una semplice facoltà e non un onere (art. 669). Un vero e proprio onere per l'intimante è, invece, previsto dall'art. 663, 3° comma, sempre con riguardo all'intimazione di sfratto per morosità: si tratta dell'attestazione in giudizio che la morosità persiste. E poiché il codice subordina a tale attestazione la pronuncia dell'ordinanza di convalida, se ne desume che fino a quel momento l'intimato può utilmente sanare la morosità.

Insieme con lo sfratto per morosità può essere chiesto il decreto ingiuntivo per i canoni.

L'altra ipotesi che può verificarsi alla prima udienza è che l'*intimato* (o un suo procuratore speciale, appositamente nominato) *compaia all'udienza e si opponga alla convalida.*

Premesso che quest'opposizione non richiede forme particolari, va tenuto presente che, mentre il fatto puro e semplice dell'opposizione trasforma, come vedremo tra poco, il procedimento sommario in processo a cognizione piena, il codice prende in particolare considerazione *l'ipotesi che l'opposizione dell'intimato (o, meglio, l'eccezione su cui si fonda l'opposizione) non sia fondata su prova scritta*; e, per tale ipotesi, prevede la pronuncia di un'ordinanza (c.d. *ordinanza di rilascio*), che ha natura di provvedimento a cognizione sommaria, più precisamente *sommaria perché incompleta.*

Se l'intimato compare e si oppone, trasforma il procedimento sommario in processo a cognizione piena.

L'art. 665 dispone, infatti, che «*se l'intimato comparisce e oppone eccezioni non fondate su prova scritta, il giudice, su istanza del locatore, se non sussistono gravi motivi in contrario, pronuncia ordinanza non impugnabile di rilascio con riserva delle eccezioni del convenuto*». Questo significa che, in tal caso, l'intimante – nonostante l'opposizione – viene a disporre immediatamente di un titolo esecutivo per il

L'ordinanza di rilascio con riserva delle eccezioni del convenuto (art. 665).

rilascio fondato su un provvedimento non impugnabile, ma provvisorio. Esso, infatti, in relazione all'incompletezza della cognizione su cui si fonda, visto che si basa sulla cognizione dei soli fatti costitutivi della domanda dell'intimante, non chiude il procedimento, che deve proseguire per l'esame delle eccezioni dell'intimato non fondate su prova scritta. Ed è chiaro che, se tale esame dovesse dare esito favorevole all'intimato, l'ordinanza di rilascio rimarrebbe caducata e posta nel nulla.

In caso di successiva estinzione del processo, ...

L'ordinanza in discorso è, dunque, un provvedimento assimilabile, dal punto di vista del contenuto, alla *condanna con riserva delle eccezioni* (v. vol. I, § 15, *sub* B, d) e, dal punto di vista della struttura, alle ordinanze anticipatorie di condanna pronunciate nel corso del processo ordinario (v. vol. II, § 25) o del lavoro (v. retro, § 16). Secondo la giurisprudenza e una parte della dottrina, infatti, proprio la struttura anticipatoria dell'ordinanza in questione ne esclude la definitività e suggerisce che solo la pronuncia della sentenza di primo grado ne comporti la caducazione, ma non anche l'eventuale estinzione del processo, nel corso del quale è stata pronunciata.

... l'ordinanza di rilascio conserva la sua efficacia.

95. *L'opposizione tempestiva e la trasformazione del procedimento sommario in processo a cognizione piena. La contestazione dell'ammontare del canone.*

Abbiamo avuto occasione di osservare che, mentre nel caso della mancata comparizione o della mancata opposizione dell'intimato, la conseguente pronuncia dell'ordinanza di convalida ex art. 663 pone termine senz'altro al procedimento, quando invece l'intimato compare e si oppone, il procedimento prosegue con le forme del processo a cognizione piena del rito locatizio ex art. 447 bis. Ciò che accade anche quando, non essendo l'opposizione fondata su prova scritta, il giudice pronuncia l'ordinanza di rilascio ex art. 665.

Nel § precedente abbiamo pure avuto occasione di accennare all'opposizione «tardiva» ex art. 668, precisando che questa opposizione va proposta con le forme dell'opposizione «tardiva» al decreto ingiuntivo (nel caso di specie con ricorso, stante l'applicabilità del rito locatizio). Ed è chiaro che la ragione per cui occorre un'autonoma iniziativa giudiziaria sta nel fatto che l'opposizione tardiva è rivolta contro un provvedimento già pronunciato ed ha pertanto caratteristiche assimilabili a quelle di un'impugnazione: presso a poco come accade nella fase di opposizione al decreto ingiuntivo.

L'*opposizione* (c.d. *tempestiva*) dell'intimato alla prima udienza è rivolta *contro la pronuncia* della convalida.

Ben diversa natura e struttura ha, invece, l'opposizione che l'intimato propone comparendo alla prima udienza e che, per distinguerla da quella esperibile dopo la convalida, possiamo chiamare «*tempestiva*». *Con quest'opposizione*, infatti, *non ci si oppone ad un provvedimento già pronunciato, ma alla pronuncia* (non ancora avvenuta) *della convalida.* Perciò l'intimato si limita ad opporsi all'accoglimento della domanda dell'intimante, ossia propone quella domanda di rigetto che è la reazione tipicamente propria del convenuto rispetto alla domanda dell'attore (v. vol. I, § 24); e pertanto introduce una nuova fase del giudizio solo nel senso particolare per cui, come stiamo per vedere, d'ora innanzi il giudizio si svolge secondo le regole del processo a cognizione piena nella materia locatizia.

L'opposizione «tempestiva», dunque, non è altro che una contestazione rispetto alla pronuncia del provvedimento chiesto dall'attore; una domanda di rigetto che non abbisogna neppure di alcuna forma particolare. Di solito viene compiuta nella comparsa di risposta come conclusione principale (e non necessariamente unica) di quell'atto (v. vol. II, § 8). Ma, proprio perché il codice non richiede, per essa, alcuna forma particolare, si ritiene che possa essere utilmente compiuta anche verbalmente all'udienza, come è enunciato dall'art. 660, 6° comma. Basta, insomma, che l'intimato compaia e dichiari, in qualunque modo, che intende opporsi alla convalida dell'intimazione.

A questo punto *il giudizio prosegue per la decisione sul merito, previa ordinanza di mutamento del rito.*

A questo punto il procedimento rientra nei binari del rito locatizio, di cui all'art. 447 bis (v. retro, § 21), con la conseguenza che, mentre, da un lato, non sono più richiesti i presupposti specifici del procedimento speciale, dall'altro lato, tornano ad applicarsi le regole ordinarie, che peraltro (come si è visto al § 21) rimandano ancora alla competenza del tribunale e ad un rito ricalcato su quello del lavoro, previa ordinanza di mutamento del rito. L'art. 667 dispone, infatti, che, dopo l'opposizione e dopo le eventuali pronunce ai sensi degli artt. 665 e 666, il giudizio prosegue per la decisione del merito nelle forme del rito speciale locatizio, previa ordinanza di mutamento del rito ai sensi dell'art. 426. La quale norma – come abbiamo visto (retro, § 9) – prevede, tra gli atti connessi a questo mutamento, il deposito di memorie integrative degli atti introduttivi; queste memorie potranno contenere allegazioni, produzioni di documenti e richieste istruttorie nell'ambito della situazione sostanziale già individuata con la citazione per la convalida. L'ordinanza di mutamento del rito ha effetto imperativo per tutto l'ulteriore corso del procedimento e non è suscettibile di revoca, neppure implicita. Di conseguenza, la pronuncia della sentenza dovrà avvenire, a pena di nullità, con l'osservanza della formalità della lettura del dispositivo in udienza, prevista per il rito speciale locatizio.

Nel caso di sfratto per morosità, il giudice può disporre il pagamento della somma non contestata.

Nel caso dell'intimazione di sfratto per morosità, inoltre, può anche accadere che il convenuto neghi la propria morosità contestando l'ammontare della somma pretesa. Per quest'ipotesi, l'art. 666 stabilisce che il giudice può disporre con ordinanza il pagamento della somma non controversa, concedendo al convenuto un termine non superiore a 20 giorni; se il pagamento non avviene in questo termine, il giudice convalida l'intimazione di sfratto eventualmente pronunciando decreto ingiuntivo per il pagamento dei canoni. Se, invece, il pagamento avviene, il giudizio prosegue per la decisione del merito e l'eventuale risoluzione del contratto ai termini dell'art. 667, che rimanda, come si è visto, al rito locatizio.

Al giudizio di merito si applica la disciplina del giudizio a cognizione piena sotto ogni altro profilo, compreso quello della posizione delle parti e della distribuzione dell'onere della prova, ferme restando le preclusioni già maturate. La sentenza di primo grado sarà poi impugnabile nei modi consueti.

Ciò vale, naturalmente, anche per l'opposizione tardiva che, analogamente a quanto si è visto per l'opposizione al decreto ingiuntivo, dà luogo ad una fase eventuale del giudizio di primo grado. In questo caso l'opponente, che ha assunto formalmente la veste di attore, è sostanzialmente un convenuto, mentre l'onere della prova grava su chi vuol far valere il diritto, che è normalmente l'intimante opposto.

Bibliografia di orientamento

E. GARBAGNATI, *I procedimenti di ingiunzione e per convalida di sfratto*, 5ª ed., Milano, 1979; G. TRISORIO LIUZZI, *Procedimenti in materia di locazione*, in *Dig. disc. priv., sez. civ.*, XIV, Torino, 1996; R. PREDEN, *Sfratto (procedimento per convalida di)*, in *Enciclopedia del diritto*, XLII, Milano, 1990; C. MANDRIOLI, *Sull'impugnazione dell'ordinanza di licenza o di sfratto*, in *Riv. dir. proc.*, 1968; E. FAZZALARI, *Cosa giudicata e convalida di sfratto*, in *Riv. trim. dir. e proc. civ.*, 1956; R. FRASCA, *Convalida di sfratto (procedimento per)*, in *Dig. disc. priv., sez. civ.*, Aggiornamento, I, Torino, 2003; G. TRISORIO LIUZZI, *Procedimenti speciali di rilascio degli immobili locati*, in *I procedimenti sommari e speciali*, a cura di S. CHIARLONI e C. CONSOLO, I, t. 2, Torino, 2005; AA.VV., *Il procedimento per convalida di sfratto*, a cura di A. TEDOLDI, Bologna, 2009; G. TRISORIO LIUZZI, *Convalida di sfratto e licenza. Procedimento*, in *Diritto on line Treccani*, 2013; R. GIORDANO, *Procedimento per convalida di sfratto*, in *Comm. del c.p.c.*, diretto da S. CHIARLONI, Bologna, 2015; O. DESIATO, *Procedimento per ingiunzione, procedimento per convalida di sfratto, procedimento cautelare, procedimento in camera di consiglio*, in *La riforma del processo civile*, a cura di D. DALFINO, in *Foro it.*, *Gli speciali*, 4/2022; A. CARRATTA, *Le riforme del processo civile*, Torino, 2023; M.S. CATALANO, *Il procedimento per convalida di sfratto*, in *Lezioni sul nuovo processo civile*, a cura di E. DALMOTTO, Bologna, 2023; R. ORIANI, *'Essere' e 'dover essere' nell'impugnazione dei provvedimenti del giudice civile*, Napoli, 2023; L. DI COLA, *Provvedimento anomalo e processo civile*, Napoli, 2024; F.P. LUISO, *Il processo civile*, Torino, 2024; P. FARINA-R. GIORDANO-R. METAFORA, *Il decreto correttivo alla riforma civile Cartabia*, Milano, 2025; A. CARRATTA, *Il processo civile dopo i correttivi alla riforma Cartabia*, Torino, 2025.

CAPITOLO XII
I PROCEDIMENTI CAUTELARI

SOMMARIO: 96. Generalità sui procedimenti cautelari e cenni sui provvedimenti a contenuto anticipatorio.

96. *Generalità sui procedimenti cautelari e cenni sui provvedimenti a contenuto anticipatorio.*

Il secondo gruppo di procedimenti speciali a cognizione sommaria che, secondo l'ordine tracciato retro, al § 1, viene ora in esame, è quello dei *procedimenti cautelari*, ossia dei procedimenti la cui «specialità» consiste in una divergenza dal processo a cognizione piena, che investe addirittura il tipo di attività giurisdizionale da essi svolta, l'*attività cautelare* appunto, nonché l'azione che con essi si esercita, ossia l'*azione cautelare*.

Con riguardo alle caratteristiche dell'*attività cautelare*, basterà qui richiamare i rilievi compiuti in sede di nozioni introduttive (v. vol. I, § 5) circa la *funzione non autonoma, ma strumentale* di questo tipo di attività giurisdizionale rispetto alla funzione (ossia rispetto alla fruttuosità) della cognizione o dell'esecuzione; nonché, correlativamente, circa il difetto di caratteri strutturali specifici di questo tipo di attività, che presenta in un primo momento caratteri paragonabili a quelli della cognizione ed in un ulteriore momento caratteri paragonabili a quelli dell'esecuzione. Qui giova aggiungere il rilievo che nella fase dell'autorizzazione del provvedimento sussistono più precisamente i caratteri della *cognizione sommaria*: ciò che – come si vide al § 1 – ha indotto il legislatore a disciplinare questi procedimenti accanto ai procedimenti decisori sommari.

In realtà, la *sommarietà* o *cognizione sommaria*, se, da un lato, è caratteristica sempre presente nei procedimenti cautelari, non è, dall'altro lato, esclusiva di questi ultimi, poiché appartiene – oltre che ai *procedimenti decisori sommari*, disciplinati nel titolo primo del libro quarto del codice di rito e in altre sedi legislative anche non codicistiche, anche ai *procedimenti in camera di consiglio o camerali*.

Con riguardo alle caratteristiche dell'*azione cautelare* basta pure richiamare i rilievi compiuti in sede di esame delle diverse figure di azione (v. vol. I, § 16) circa le particolarità e il diverso modo di atteggiarsi delle condizioni proprie di quest'azione nei veduti due diversi momenti del processo cautelare.

Le condizioni dell'azione cautelare sono il *periculum in mora* e il *fumus boni juris*.

Più precisamente, basta ricordare: a) che *nella fase dell'autorizzazione*, l'azione cautelare è condizionata sia dalla sussistenza di un pericolo, al quale il ritardo può esporre il diritto (*periculum in mora*), e sia dalla probabile esistenza del diritto stesso (*fumus boni juris*); b) che *nella fase dell'attuazione della stessa misura cautelare*, il provvedimento di autorizzazione assume un ruolo in qualche modo paragonabile a quello del titolo esecutivo nell'esecuzione forzata.

Gli artt. 669 bis e ss. contengono la disciplina sul *procedimento cautelare uniforme*.

La sezione I del capo terzo (del titolo primo del libro quarto del codice) offre una disciplina organica del processo cautelare, ancorché destinata ad integrarsi con le discipline specifiche proprie dei singoli procedimenti cautelari, contenute nelle sezioni successive di questo medesimo capo terzo.

Il capo terzo, infatti, si articola in cinque sezioni: *la prima*, dedicata ai *procedimenti cautelari in generale* e contenente, come già detto, le disposizioni processuali applicabili, almeno tendenzialmente, a tutti i procedimenti cautelari; *la seconda*, alla disciplina del *sequestro*; *la terza*, alla disciplina delle *denunce di nuova opera e di danno temuto*; *la quarta*, alla disciplina dei *procedimenti di istruzione preventiva*; *la quinta*, alla disciplina dei *provvedimenti d'urgenza*, questi ultimi con funzione sussidiaria rispetto ai provvedimenti cautelari tipici.

Abbiamo, d'altra parte, già accennato che il codice disciplina in un capo diverso e successivo (il capo quarto) il *procedimento possessorio*, ossia il procedimento con il quale si esercitano le azioni possessorie, di cui agli artt. 1168 e ss. del codice civile. Si tratta di un procedimento strutturato in maniera assai simile ai procedimenti cautelari, dai quali peraltro si distingue per la funzione. Ed infatti, tale funzione, pur presentando alcuni elementi in comune con i provvedimenti cautelari, ha caratteristiche del tutto autonome, in relazione al fatto che il possesso è configurato dalla legge come situazione di diritto sostanziale tutelabile in via autonoma (art. 1140 c.c.).

Precisato ciò, si deve, d'altra parte, rilevare che il codice, non soltanto configura il procedimento possessorio con caratteristiche strutturali identiche a quelle dei procedimenti cautelari, ma addirittura lo disciplina, in parte, con un richiamo alla disciplina dei procedimenti cautelari «in quanto compatibile». La esamineremo nel cap. 13°.

Seguendo l'ordine del codice, dunque, dedicheremo la prima sezione di questo capitolo alle disposizioni concernenti *i procedimenti cautelari in generale*; la seconda ai *sequestri*; la terza alle *denunce di nuova opera e di danno temuto*; la quarta ai *procedimenti d'istruzione preventiva* e la quinta ai *provvedimenti d'urgenza*.

Ferma la *strumentalità* di tutti i provvedimenti cautelari, alcuni di essi sono caratterizzati dall'*anticipatorietà*, ...

Si deve ancora rilevare, nel quadro di questi cenni generali in tema di procedimenti cautelari, che, agli effetti della classificazione e della collocazione nel codice, la legge non attribuisce alcun particolare rilievo al fatto che, in taluni provvedimenti cautelari, la funzione strumentale – che, come si è visto, è propria dell'attività cautelare – viene conseguita attribuendo ad essi l'*anticipazione* degli effetti prprî del provvedimento di cui vogliono assicurare la fruttuosità e che, al momento della sua pronuncia, dà luogo alla *caducazione* del provvedimenti anticipatori. Ciò non senza la possibilità che essi assumano un ruolo autonomo con l'acquisizione di efficacia indefinitamente protratta nel tempo, come previsto dall'art. 669 octies, 6° comma (v. oltre, § 98).

... tenendo peraltro presente che esistono provvedimenti anticipatori non cautelari.

D'altra parte, l'eventuale presenza dell'elemento dell'anticipatorietà in alcuni provvedimenti cautelari impone la netta contrapposizione, sul piano strutturale, tra questi *provvedimenti anticipatori con funzione cautelare* (caratterizzati dalla loro strumentalità e quindi dall'appartenenza ad un tipo di tutela distinto dalla cognizione) e i *provvedimenti anticipatori in senso proprio*, caratterizzati dall'anticipazione dei medesimi effetti della sentenza definitiva (almeno sotto il profilo qualitativo), nell'ambito di un processo a cognizione piena.

Esempi di provvedimenti *anticipatori non cautelari* sono offerti, nel processo ordinario di cognizione, dalle ordinanze di cui agli artt. 186 bis e 186 ter (v. vol. II, § 25), mentre, tra i procedimenti speciali, dal decreto ingiuntivo provvisoriamente esecutivo nella successiva fase di opposizione (v. retro, § 89), dall'ordinanza di rilascio ex art. 665 nel procedimento per convalida di licenza o sfratto (v. retro, § 94), dai provvedimenti temporanei e urgenti nell'interesse delle parti e dei figli nell'ambito del processo in materia di stato delle persone, minorenni e famiglie ex art. 473 bis.22 (v. retro, § 29), dall'ordinanza di pagamento di somme, di cui all'art. 423, nel processo del lavoro (v. retro, § 16).

Sezione prima

LE DISPOSIZIONI COMUNI AI PROCEDIMENTI CAUTELARI

97. *La disciplina sui procedimenti cautelari in generale e il suo ambito di applicazione. La domanda, la competenza e il procedimento per l'autorizzazione.*

Come detto, la sezione intitolata «*Dei procedimenti cautelari in generale*», nel capo del codice dedicato ai procedimenti cautelari, contiene una disciplina unitaria per tutti i procedimenti cautelari, disciplina da integrarsi con quella dei singoli procedimenti cautelari. I quattordici articoli di questa sezione sono gli artt. da 669 bis a 669 quaterdecies. Ed è proprio in quest'ultimo articolo che è contenuta la determinazione dell'ambito applicativo di questa disciplina.

Ambito applicativo della disciplina sui procedimenti cautelari in generale.

Si tratta di una disciplina che è *generale* perché si applica: a) *a tutti i procedimenti cautelari*, specificamente disciplinati nelle successive sezioni seconda, terza e quinta, ad eccezione dei procedimenti di istruzione preventiva, ai quali sono applicabili solo l'art. 669 septies e – a seguito di successivi interventi della Corte costituzionale, come vedremo nel § 102 – anche l'art. 669 quinquies e, parzialmente, l'art. 669 terdecies; b) «*in quanto compatibili, agli altri provvedimenti cautelari previsti dal codice civile e dalle leggi speciali*».

Questa disciplina si articola:

Questa disciplina si articola in tre fasi: a) *di autorizzazione* del provvedimento cautelare; b) *di attuazione* e c) *di impugnazione con reclamo*.

a) *nella fase di autorizzazione*;

La fase di autorizzazione ha caratteristiche strutturali simili a quelle dell'attività di cognizione (v. vol. I, § 6) e si svolge, su domanda dell'interessato, in funzione della pronuncia di un provvedimento. Con tale provvedimento, che normalmente ha la forma dell'ordinanza, il giudice, previo riscontro dell'esistenza dei presupposti e delle condizioni di fondatezza dell'azione cautelare, autorizza o nega la misura. Nel primo caso, il provvedimento non assume alcuna incontrovertibilità e può essere successivamente revocato o dichiarato inefficace (v., sul punto, il § successivo); mentre, nel secondo caso, è sempre possibile la riproposizione dell'istanza, sia pure con alcune limitazioni (art. 669 septies, 1° comma).

b) *nella fase di attuazione*;

La fase di attuazione della misura cautelare ha caratteristiche strutturali assimilabili a quelle dell'esecuzione forzata (v. ancora, vol. I, § 16); come abbiamo già notato, rispetto ad essa il provvedimento autorizzativo sta in un rapporto in certo senso assimilabile a quello che sussiste tra il titolo esecutivo e l'esecuzione forzata.

c) *nella fase di impugnazione con reclamo.*

La fase di impugnazione, invece, consente un controllo ad opera di un giudice diverso sul provvedimento autorizzativo, mediante la proposizione del reclamo.

La domanda *si propone con ricorso* …

La disciplina della *prima fase* (quella di *autorizzazione*) inizia con l'art. 669 bis, il quale – dopo la modifica da parte del D.Lgs. 164/2024 – enuncia che «*la domanda si propone con ricorso al giudice competente*». Il ricorso – in mancanza di specificazione legislativa del suo contenuto – deve contenere i requisiti generali di cui all'art. 125, oltre all'indicazione delle condizioni proprie dell'azione cautelare (*fumus boni juris* e *periculum in mora*) e all'indicazione del provvedimento cautelare richiesto. In caso di domanda cautelare *ante causam*, essa deve contenere anche gli elementi individuatori dell'azione per il merito che si intende proporre; ciò, tra l'altro, agli effetti del riscontro della tempestiva proposizione di quest'ultima, nonché della determinazione della competenza e del prodursi dell'effetto interruttivo della prescrizione (art. 2943 c.c.), che si protrae per tutta la durata del procedimento (v. § 5 del vol. II).

… e deve contenere le ragioni proprie delle condizioni dell'azione cautelare: *periculum in mora* e *fumus boni juris*.

L'*individuazione del giudice competente* è compiuta nei successivi artt. 669 ter, quater e quinquies, che disciplinano, in modo organico, la competenza cautelare in generale, distinguendo le due ipotesi della *domanda proposta anteriormente all'introduzione della causa sul merito* e della *domanda proposta in corso di causa* e ispirandosi al principio della maggior possibile coincidenza tra il giudice della cautela e il giudice del merito.

La domanda cautelare si propone al giudice competente a conoscere il merito.

Per il caso in cui non sia ancora pendente la causa di merito, l'art. 669 ter enuncia, nel 1° comma, che la domanda si propone *al giudice competente a conoscere del merito* e, se questo è il giudice di pace – così il 2° comma –, la domanda si propone al tribunale, nel cui circondario ha sede il giudice di pace. Invece, «*se il giudice italiano non è competente a conoscere il merito* – aggiunge il 3° comma –, la domanda si propone al giudice che sarebbe competente per materia o valore, del luogo in cui deve essere eseguito il provvedimento cautelare».

Il 4° comma dispone poi che, a seguito della presentazione del ricorso, il cancelliere forma il fascicolo d'ufficio e lo presenta senza ritardo al presidente del tribunale per la designazione del magistrato, al quale è affidata la trattazione del procedimento per l'autorizzazione.

Se pende la causa per il merito, la domanda va proposta *al giudice della stessa*.

Nel caso in cui sia già pendente la causa di merito, il ricorso va proposto al giudice della stessa (art. 669 quater, 1° comma) e all'istruttore, se la causa pende innanzi al tribunale in composizione collegiale, oppure, se l'istruttore non è stato ancora designato o il giudizio è sospeso o interrotto, come anche nel caso di cancellazione della causa dal ruolo, al presidente del tribunale, il quale provvede ai sensi dell'ultimo coma dell'art. 669 ter, ossia si limita a designare il magistrato (eventualmente sé medesimo), al quale è affidata la trattazione del procedimento (art. 669 quater, 2° comma). *Se la causa pende innanzi al giudice di pace*, anche in questo caso l'istanza si propone al tribunale, nel cui circondario ha sede il giudice di pace (art. 669 quater, 3° comma).

In pendenza del termine di impugnazione, la domanda si propone al giudice *a quo*; …

Se, invece, è pendente il termine per proporre l'impugnazione avverso la decisione di merito, la domanda si propone al giudice che ha pronunciato la sentenza.

Per il caso di pendenza del giudizio innanzi al giudice straniero, senza che il giudice italiano sia competente a conoscere del merito, il 5° comma dell'art. 669 quater rimanda al già visto 3° comma dell'art. 669 ter, che indica il giudice del luogo in cui dovrebbe essere eseguito il provvedimento cautelare. La stessa soluzione è indicata dal 6° comma per il caso in cui l'azione civile sia stata esercitata o trasferita nel processo penale.

… se il giudizio pende in appello, al giudice dell'appello, …

Se la causa di merito pende in grado di appello, la domanda va proposta al giudice dell'appello. Dubbi sussistono con riguardo all'ipotesi che la causa penda in Cassazione. Ma, in proposito, sembra preferibile ammettere che la competenza sia del giudice *a quo*, in applicazione analogica dell'art. 669 quater, 4° comma.

… mentre se pende davanti agli arbitri, al giudice che sarebbe stato competente, salvo quanto previsto dall'art. 818, 1° comma.

Infine, per l'*ipotesi che il giudizio penda innanzi agli arbitri* (*anche non rituali*, come precisato dall'art. 669 quinquies: v. cap. 16°) o che, comunque, la controversia sia oggetto di convenzione arbitrale, «*la domanda si propone al giudice che sarebbe stato competente a conoscere del merito, salvo quanto disposto dall'articolo 818, primo comma*». Ciò significa che la competenza cautelare del giudice, stabilita dall'art. 669 quinquies, assume rilevanza solo laddove le parti non abbiano attribuito agli arbitri, ai sensi del 1° comma dell'art. 818, il potere di pronunciare misure cautelari, con la convenzione arbitrale o con atto scritto anteriore all'instaurazione del giudizio arbitrale (v. oltre, § 112). Restando inteso che, laddove invece così abbiano operato le parti, la competenza cautelare del giudice statale cede il passo a quella arbitrale.

L'attività procedimentale.

Veniamo ora al *procedimento per la pronuncia sulla domanda cautelare*. Il codice non precisa le modalità con le quali avviene l'instaurazione del contraddittorio, limitandosi, al riguardo, alle implicazioni contenute nell'inciso, nell'art. 669 sexies, 1° comma, «*sentite le parti*»; né disciplina il potere dell'altra parte di replicare al ricorso con un atto difensivo scritto. Ma al riguardo, mentre, da un lato, sembra corretto l'impiego del meccanismo della pronuncia di un decreto, che fissa la comparizione delle parti, da notificarsi all'altra parte insieme col ricorso, dall'altro lato, non sussistono dubbi sulla legittimità della prassi del deposito, ad opera dell'altra parte, di una memoria difensiva direttamente all'udienza di comparizione. Avuto riguardo all'urgenza, che è un elemento normale, se non essenziale, della situazione che induce a chiedere la misura cautelare, il codice configura l'attività che conduce alla pronuncia del provvedimento autorizzativo, con i caratteri della cognizione sommaria propria di tutti i provvedimenti cautelari. Tale sommarietà si manifesta, in primo luogo, nel fatto che per la prova del *fumus boni juris* e del *periculum in mora* il giudice può fondarsi anche soltanto sui documenti prodotti dalla parte istante, o procedere ad *atti di istruzione indispensabili* senza alcuna particolare formalità, o può fondarsi su fonti di *semiplena probatio*.

«*Il giudice* – così l'art. 669 sexies, 1° comma –, *sentite le parti, omessa ogni formalità non essenziale al contraddittorio, procede nel modo che ritiene più opportuno agli atti di istruzione indispensabili in relazione ai presupposti e ai fini del provvedimento richiesto e provvede con ordinanza all'accoglimento o al rigetto della domanda*».

In secondo luogo, la sommarietà della cognizione, con riferimento alla pienezza del contraddittorio, si concreta nel fatto che il codice consente, in taluni casi, di provvedere *inaudita altera parte*. «*Quando la convocazione della controparte potrebbe pregiudicare l'attuazione del provvedimento* – così dispone il 2° comma dell'art. 669 sexies – il giudice *provvede con decreto motivato*, assunte, ove occorra, sommarie informazioni». Ma anche in questo caso il contraddittorio va, comunque, instaurato al più presto possibile in udienza ravvicinata destinata al riesame in contraddittorio del provvedimento, quale che sia il suo contenuto, anche di rigetto. «In tal caso – così prosegue il 2° comma – *fissa, con lo stesso decreto, l'udienza di comparizione delle parti davanti a sé* entro un termine non superiore a quindici giorni, assegnando all'istante un termine perentorio non superiore a otto giorni per la notificazione del ricorso e del decreto. A tale udienza, il giudice, *con ordinanza conferma, modifica o revoca i provvedimenti emanati con decreto*». «Nel caso in cui la notificazione debba effettuarsi all'estero – aggiunge infine il 3° comma – i termini di cui al comma precedente sono triplicati».

Il giudice può anche provvedere *inaudita altera parte* con decreto, quando l'instaurazione del contraddittorio potrebbe pregiudicare l'attuazione della tutela cautelare.

98. *Segue. Il provvedimento di rigetto e quello di accoglimento. L'inefficacia, la revoca o la modifica, l'attuazione e il reclamo.*

Prendiamo ora in esame la pronuncia del *provvedimento cautelare. Con riguardo alla forma*, le disposizioni dell'art. 669 sexies evidenziano che tale forma è, di regola, quella *dell'ordinanza*, mentre è quella del *decreto* nel solo caso di pronuncia *inaudita altera parte*, destinata ad essere confermata, revocata o modificata dalla successiva ordinanza, come abbiamo visto nel § precedente.

L'efficacia dell'ordinanza di rigetto (art. 669 septies, 1° comma).

Con riguardo al contenuto, la prima ipotesi che il codice prende in considerazione (all'art. 669 septies) è il *provvedimento a contenuto negativo*, distinguendo l'ipotesi della pronuncia di incompetenza da quella di rigetto in merito. Con riferimento alla prima ipotesi il 1° comma dell'art. 669 septies, senza occuparsi della pronuncia di difetto di giurisdizione o di rigetto in rito per altre ragioni (da assimilarsi, tuttavia, a quella di difetto di competenza), dispone che l'ordinanza di incompetenza non preclude la riproposizione della domanda (con conseguente esclusione del regolamento di competenza). Tale riproposizione è possibile pure – prosegue il medesimo 1° comma in esame – dopo l'ordinanza di rigetto in merito, *ma in questo caso a condizione che si verifichino mutamenti nelle circostanze* (ivi compreso lo *jus superveniens* o un successivo intervento della Corte costituzionale) *o vengano dedotte nuove ragioni di fatto o di diritto*, compresa l'utilizzazione di nuove prove.

In caso di pronuncia anteriore all'inizio della causa, il provvedimento di rigetto contiene ...

I commi successivi di quest'articolo dispongono poi che, se l'ordinanza di incompetenza o di rigetto nel merito è pronunciata prima dell'inizio della causa, il provvedimento negativo, che così chiude il procedimento cautelare, pronuncia definitivamente sulle spese di detto procedimento (art. 669 septies, 2° comma) e sull'eventuale condanna per responsabilità aggravata ex art. 96. La condanna alle spese è immediatamente esecutiva ed è sottoponibile anch'essa al reclamo, ai sensi dell'art. 669 terdecies.

... la condanna alle spese con pronuncia esecutiva.

Venendo ora al *provvedimento di accoglimento*, occorre riferirsi alle vicende eventuali che possono influire sulla stabilità del provvedimento stesso, incominciando con quelle che concernono la sua efficacia ed evidenziando in primo luogo le situazioni – che possono dar luogo ad inefficacia – alle quali si riferiscono gli artt. 669 octies e 669 undecies.

L'ordinanza di accoglimento (art. 669 octies).

L'art. 669 octies si riferisce all'ipotesi del *provvedimento di accoglimento*, per disciplinare, con riferimento alla sola ipotesi della domanda cautelare *ante causam*, un meccanismo che – salva l'eccezione che vedremo fra poco (art. 669 octies, 6° comma) – fa dipendere il permanere dell'efficacia del provvedimento dall'introduzione del giudizio di merito, innanzi all'ufficio giudiziario che ha pronunciato il provvedimento cautelare, *in un termine perentorio non superiore a 60 giorni*, da fissarsi con l'ordinanza di accoglimento e che, in mancanza di fissazione, è comunque di 60 giorni (art. 669 octies, 1° e 2° comma). Termine che decorre dalla pronuncia dell'ordinanza, se avvenuta in udienza, o altrimenti dalla sua comunicazione, ed entro il quale, come già detto, va proposta la domanda introduttiva del giudizio di merito.

I successivi commi dell'art. 669 octies, attenuando il requisito della *strumentalità* per determinate categorie di provvedimenti cautelari, esibiscono una disciplina tutta particolare per l'efficacia dei *provvedimenti d'urgenza di cui all'art. 700, delle denunce di nuova opera o danno temuto, dei provvedimenti di sospensione dell'efficacia delle delibere assembleari adottati ai sensi dell'art. 1137, 4° comma, c.c.* e dei *provvedimenti cautelari a contenuto anticipatorio*. Questi provvedimenti, infatti, restano efficaci (ma di *un'efficacia materiale che non implica il giudicato*) anche in mancanza di proposizione del giudizio di merito (il quale, peraltro, può essere sempre proposto), salva la loro revocabilità e modificabilità in caso di mutamento delle circostanze. In realtà, ciò che è attenuato per questi provvedimenti non è la loro strumentalità, ma il vincolo temporale che lega la fase cautelare a quella di merito. Così, infatti, dispone il 6° comma dell'art. 669 octies: «*Le disposizioni di cui al presente articolo e al primo comma dell'articolo 669 novies non si applicano ai provvedimenti di urgenza emessi ai sensi dell'articolo 700 e agli altri provvedimenti cautelari idonei ad anticipare gli effetti della sentenza di merito, previsti dal codice civile o da leggi speciali, nonché ai provvedimenti emessi a seguito di denunzia di nuova opera o di danno temuto ai sensi dell'articolo 688 e ai provvedimenti di sospensione dell'efficacia delle delibere assembleari adottati ai sensi dell'articolo 1137, quarto comma, del codice civile, ma ciascuna parte può iniziare il giudizio di merito*».

L'art. 669 octies, 6° comma, configura una strumentalità «debole» per i *provvedimenti d'urgenza, cautelari anticipatori, …*

… quelli di sospensione delle delibere assembleari e le *denunce di nuova opera o di danno temuto.*

Di conseguenza – stabilisce il 7° comma – «*il giudice, quando emette uno dei provvedimenti di cui al sesto comma prima dell'inizio della causa di merito, provvede sulle spese del procedimento cautelare*». In altri termini, il legislatore, prendendo atto che le pronunce di cui al 6° comma possono assumere quell'efficacia indefinitamente protratta poc'anzi rilevata (ciò che può implicare la non prosecuzione del procedimento) e constatato che in tale ipotesi resterebbe aperta la impregiudicata decisione sull'onere delle spese, ne trae l'ovvia deduzione che, col provvedimento suddetto, il giudice deve anche provvedere sulle spese del procedimento.

L'*autorità* del provvedimento non è invocabile in un diverso processo.

Dagli ultimi commi dello stesso art. 669 octies, infine, emerge la portata della suddetta efficacia indefinitamente protratta. Ed infatti, «*l'estinzione del giudizio di merito* – stabilisce l'8° comma, come integrato dal D.Lgs. 164/2024 – *non determina l'inefficacia dei provvedimenti di cui al sesto comma, né dei provvedimenti cautelari di sospensione dell'efficacia delle deliberazioni assunte da qualsiasi organo di associazioni, fondazioni, comitati, consorzi o società, anche quando la relativa domanda è stata proposta in corso di causa*». Tuttavia, «*l'autorità del provvedimento cautelare* – aggiunge il 9° comma – *non è invocabile in un diverso processo*». Con la conseguente, implicita, esclusione della loro idoneità ad acquisire l'efficacia del giudicato.

L'art. 669 undecies, per parte sua, dispone, quale ulteriore ipotesi che può eventualmente dar luogo all'inefficacia, che il provvedimento di accoglimento o di conferma o di modifica (e quindi, a quanto pare, solo quello pronunciato a contraddittorio pieno) può contenere *l'imposizione alla parte istante*, previa valutazione di ogni circostanza, *di una cauzione* per l'eventuale risarcimento dei danni. Il relativo provvedimento deve presentare i requisiti di cui all'art. 119, tra i quali la fissazione del termine per la prestazione, dalla cui inosservanza può derivare l'inefficacia del provvedimento.

Altre ipotesi di inefficacia.

Tenuto presente tutto ciò, il codice affida all'art. 669 novies il compito di esplicitare e disciplinare la sanzione dell'*inefficacia del provvedimento cautelare* nelle diverse ipotesi specificate nel 1°, nel 3° e nel 4° comma. Quelle prese in considerazione nel 1° comma sono l'ipotesi, già vista, del mancato inizio del giudizio di merito nel termine perentorio di cui all'art. 669 octies per l'ipotesi di provvedimento cautelare *ante causam*, nonché quella dell'estinzione di questo giudizio successivamente al suo inizio.

Le modalità per la dichiarazione di inefficacia e il ripristino della situazione anteriore.

Il 2° comma di quest'art. 669 novies disciplina l'iter di dichiarazione della suddetta inefficacia *nelle ipotesi di cui al 1° comma*. In entrambi i casi, infatti, «*il giudice che ha emesso il provvedimento su ricorso della parte interessata, convocate le parti con decreto, dichiara con ordinanza avente efficacia esecutiva, che il provvedimento è divenuto inefficace e dà le disposizioni necessarie per ripristinare la situazione precedente*».

Il 3° comma del medesimo art. 669 novies prende in considerazione altre ipotesi d'inefficacia, e cioè quella che si verifica quando, nel caso di imposizione di una cauzione ai sensi dell'art. 669 undecies, sia mancato il versamento di detta cauzione; nonché quella della dichiarazione *con una sentenza, anche non passata in giudicato,* dell'inesistenza del diritto a cautela del quale il provvedimento stesso era stato concesso. La norma precisa che in quest'ipotesi la dichiarazione di inefficacia del provvedimento è compiuta dalla stessa sentenza o, in mancanza, con ordinanza a seguito di ricorso al giudice che ha emesso il provvedimento.

Infine, l'ultimo comma dell'art. 669 novies disciplina la perdita di efficacia del provvedimento cautelare, ove la causa di merito appartenga alla giurisdizione di un giudice straniero o ad un arbitrato italiano o estero. E dispone che, in questi casi, il provvedimento cautelare perda efficacia, oltre che nei casi previsti nel 1° e nel 3° comma, anche: 1) se la parte che aveva chiesto il provvedimento cautelare non presenti domanda di esecutorietà in Italia della sentenza straniera o del lodo arbitrale *entro i termini eventualmente previsti a pena di decadenza dalla legge o dalle convenzioni internazionali*; 2) se sono pronunciati sentenza straniera (*anche non passata in giudicato*) o lodo arbitrale, che dichiarino inesistente il diritto per il quale il provvedimento cautelare era stato concesso. In questo caso la dichiarazione di inefficacia avviene con le modalità di cui al 2° comma, che abbiamo visto in precedenza.

A queste ipotesi di inefficacia va poi aggiunta quella che l'art. 675 prevede per i sequestri e su cui torneremo più avanti, al § 100, nonché, per il solo sequestro conservativo, quelle di cui agli artt. 156 e 156 bis disp. att.

Veniamo ora alla *revoca o alla modifica del provvedimento cautelare*. Anzitutto, l'iniziativa rivolta alla revoca o alla modifica si distingue da quella propria del reclamo (su cui tra poco) perché, a differenza di quest'ultima, non contesta l'originaria concedibilità del provvedimento, ma fa valere *mutamenti sopravvenuti*. L'art. 669 decies – che fa opportunamente salvo il caso in cui venga proposto reclamo ai sensi dell'art. 669 terdecies (nel qual caso, i mutamenti sopravvenuti al momento della proposizione del reclamo vanno fatti valere in sede di reclamo, come dispone l'art. 669 terdecies, 4° comma) – prevede al riguardo che, nel corso del giudizio di merito, la revoca o la modifica possono essere disposte *dal giudice istruttore della causa di merito*, su istanza di parte e con ordinanza, anche se il provvedimento cautelare è stato emesso anteriormente alla causa. Ma ciò *solo se si siano verificati mutamenti nelle circostanze* o *se si alleghino fatti anteriori di cui si è acquisita conoscenza successivamente* al provvedimento cautelare (nel qual caso l'istante deve fornire la prova del momento in cui ne è venuto a conoscenza).

Il provvedimento può essere revocato o modificato *in caso di mutamenti delle circostanze*.

Il procedimento, nel silenzio del codice, sembra doversi modellare secondo l'interpretazione analogica dell'art. 669 sexies.

Quanto ora esposto è contenuto nel 1° comma dell'art. 669 decies, il quale, nel suo 2° comma, così dispone: «*Quando il giudizio di merito non sia iniziato o sia stato dichiarato estinto, la revoca e la modifica dell'ordinanza di accoglimento, esaurita l'eventuale fase del reclamo proposto ai sensi dell'articolo 669 terdecies, possono essere richieste al giudice che ha provveduto sull'istanza cautelare se si verificano mutamenti nelle circostanze o se si allegano fatti anteriori di cui si è acquisita conoscenza successivamente al provvedimento cautelare. In tale caso l'istante deve fornire la prova del momento in cui ne è venuto a conoscenza*».

La revoca o la modifica in caso di giudizio di merito non iniziato o estinto.

Infine, sempre allo stesso giudice che ha pronunciato il provvedimento cautelare va chiesta la revoca o la modifica, se la causa di merito è devoluta alla giurisdizione di un giudice straniero o ad arbitri, ovvero se l'azione civile è stata esercitata o trasferita nel processo penale (art. 669 decies, 3° comma). Va aggiunto che, nel caso che la causa di merito sia devoluta ad arbitri, permane la competenza del giudice che ha pronunciato il provvedimento cautelare a sull'istanza di revoca o di modifica, «*salvo quanto disposto dall'articolo 818, primo comma*», e cioè salvo che il provvedimento cautelare oggetto dell'istanza di modifica o di revoca non sia stato pronunciato proprio dagli arbitri, nel qual caso anche la competenza per la revoca o la modifica spetta agli stessi arbitri (come vedremo più avanti, al § 112).

Analizziamo ora la *fase di attuazione delle misure cautelari*.

L'attuazione dei provvedimenti cautelari (art. 669 duodecies).

L'art. 669 duodecies disciplina le modalità di *attuazione* dei provvedimenti cautelari enunciando che – salvo il disposto degli artt. 677 e ss. (ossia le norme che disciplinano autonomamente l'attuazione dei sequestri e che pertanto si sostituiscono a questa disciplina generale) – i provvedimenti cautelari si attuano: a) *quelli aventi ad oggetto somme di denaro nelle forme degli artt. 491 e ss. (ossia le forme del pignoramento*: v. la sezione prima del cap. 7°), in quanto compatibili; b) *quelli aventi ad oggetto obblighi di consegna, rilascio, fare o non fare*, «*sotto il controllo del giudice che ha emanato il provvedimento cautelare, il quale ne determina anche le modalità di attuazione* e, ove sorgano difficoltà o contestazioni, dà con ordinanza i provvedimenti opportuni, sentite le parti», mentre «*ogni altra questione va proposta nel giudizio di merito*». Viene così delineato un iter attuativo che, salvi i richiami espliciti, assume talora aspetti autonomi dalle forme dell'esecuzione forzata, pur nell'ambito di un tipo di tutela attuativa che implica il richiamo a quest'ultime.

Il codice non configura opposizioni esecutive nell'attuazione dei provvedimenti cautelari.

Il silenzio della norma sull'esperibilità delle opposizioni esecutive (sulle quali v. retro, cap. 9°) in sede di attuazione dei provvedimenti cautelari va spiegato col rilievo che, mentre, per quanto concerne l'attuazione delle misure aventi ad oggetto obblighi di consegna, rilascio, fare o non fare, l'art. 669 duodecies attribuisce ogni potere al giudice che ha concesso la misura cautelare, anche per quanto concerne l'attuazione delle misure aventi ad oggetto somme di denaro lo spazio per eventuali opposizioni è da escludere, in considerazione sia dei poteri di controllo del giudice che ha concesso la misura cautelare, sia del rinvio di «*ogni altra questione*» al giudizio di merito.

Veniamo, infine, alla *fase di impugnazione*, che trova la sua disciplina nell'art. 669 terdecies. A rigor di principi, la natura non decisoria e provvisoria dei provvedimenti cautelari dovrebbe escluderne l'impugnabilità, poiché si tratta di provvedimenti destinati ad essere superati ed assorbiti dalla pronuncia sul merito, la cui fruttuosità sono destinati a tutelare. Ma, poiché i tempi lunghi del giudizio sul merito protraggono in maniera abnorme l'efficacia di provvedimenti pronunciati, che qualche volta creano situazioni difficilmente reversibili, il rigore dei principi deve cedere alla più impellente esigenza di consentire un più ponderato – e tuttavia immediato – riesame di questi provvedimenti.

La fase di impugnazione si concreta nel potere di reclamo.

Per questa ragione il legislatore ha previsto l'esperibilità del *reclamo* contro i provvedimenti cautelari, configurandolo come un'impugnazione in senso ampio, ma con caratteristiche proprie; ciò in funzione di una nuova pronuncia nell'esercizio degli stessi poteri da parte di un giudice, che è diverso da quello che ha pronunciato il primo provvedimento; e tutto ciò con l'attribuzione alla nuova pronuncia della portata di sostituirsi alla prima. Naturalmente anche questa nuova pronuncia ha il carattere della provvisorietà, che ne implica, oltre che la revocabilità o la modificabilità, la naturale caducazione per effetto della pronuncia negativa sul merito (ai sensi dell'art. 669 novies, 3° comma: v. retro). Il procedimento per il reclamo è strutturato dal legislatore sulla falsariga dei procedimenti in camera di consiglio, alla cui disciplina compie diversi richiami.

I provvedimenti impugnabili col reclamo.

I provvedimenti impugnabili col reclamo di cui trattasi sono «*tutte le ordinanze* (e quindi esclusi i decreti di cui all'art. 669 sexies, 2° comma: v. il § precedente), *con le quali sia stato concesso* o *negato il provvedimento cautelare*» (art. 669 terdecies, 1° comma). Esso va proposto con ricorso *nel termine perentorio di 15 giorni dalla pronuncia in udienza ovvero dalla comunicazione o notificazione se anteriore.*

La competenza per il reclamo.

Giudice competente per il reclamo contro i provvedimenti del giudice singolo del tribunale è lo stesso tribunale in composizione collegiale (art. 669 terdecies, 2° comma), «*del quale non può far parte il giudice che ha emanato il provvedimento reclamato*». «*Quando il provvedimento cautelare è stato emesso dalla corte d'appello* [sia nei limitati casi in cui operi quale giudice di primo grado, sia nel caso in cui abbia pronunciato il provvedimento cautelare in pendenza del giudizio d'appello], *il reclamo si propone ad altra sezione della corte o, in mancanza, alla corte d'appello più vicina*». Infine, nei casi in cui il tribunale decide in composizione collegiale (art. 50 bis), il reclamo andrà proposto ad altra sezione dello stesso ufficio giudiziario o, in mancanza, al tribunale più vicino.

Il procedimento sul reclamo si svolge con le forme dei procedimenti camerali.

Il procedimento sul reclamo è disciplinato dagli artt. 737 e 738, dai quali si desume che il tribunale *può assumere informazioni* e che il presidente nomina tra i componenti del collegio un relatore che riferisce in camera di consiglio.

Come abbiamo già visto, il 4° comma dell'art. 669 terdecies impone di dedurre in sede di reclamo (invece che farne oggetto di apposita istanza di revoca o modifica ex art. 669 decies: v. retro) circostanze o motivi sopravvenuti. Esso, infatti, stabilisce che «*le circostanze e i motivi sopravvenuti al momento della proposizione del reclamo debbono essere proposti, nel rispetto del principio del contraddittorio, nel relativo procedimento. Il tribunale può sempre assumere informazioni e acquisire nuovi documenti*».

L'ordinanza del giudice del reclamo ha carattere sostitutivo.

«*Il collegio* – così il 5° comma dello stesso art. 669 terdecies – *convocate le parti, pronuncia, non oltre venti giorni dal deposito del ricorso, ordinanza non impugnabile con la quale conferma, modifica o revoca il provvedimento cautelare*», nonché – nei casi di reclamo contro provvedimento di rigetto – concede la misura cautelare qualora ne sussistano i presupposti. Si tratta di un *provvedimento a carattere sostitutivo* che implica riesame della domanda cautelare nel suo complesso e non del solo provvedimento e che lascia alla riproposizione solo il fondamento su motivi sopravvenuti, esclusa ogni possibilità di rimessione al primo giudice, come espressamente previsto dal 4° comma dello stesso art. 669 terdecies.

Il reclamo non sospende l'esecuzione del provvedimento, ma, *in caso di grave danno per motivi sopravvenuti*, il presidente può concedere la sospensione.

«Il reclamo – prosegue e termina il 6° comma – *non sospende l'esecuzione del provvedimento*; tuttavia, il presidente del tribunale o della corte investiti dal reclamo, quando *per motivi sopravvenuti il provvedimento arrechi grave danno*, può disporre, con ordinanza non impugnabile, la sospensione dell'esecuzione o subordinarla alla prestazione di congrua cauzione». Ovviamente anche il provvedimento sul reclamo, che abbia pronunciato il provvedimento cautelare, sebbene non più impugnabile, neppure ex art. 111 Cost., può essere anch'esso revocato o modificato, ai termini dell'art. 669 decies.

Bibliografia di orientamento

C. MANDRIOLI, *Per una nozione strutturale dei provvedimenti anticipatori o interinali*, in *Riv. dir. proc.*, 1964; C. CECCHELLA, *Il processo cautelare*, Torino, 1997; E. MERLIN, *Procedimenti cautelari ed urgenti in generale*, in *Dig. disc. priv., sez. civ.*, XIV, Torino, 1995; A. SALETTI, *Appunti sulla nuova disciplina delle misure cautelari*, in *Riv. dir. proc.*, 1991; G. OLIVIERI, *I provvedimenti cautelari nel nuovo processo civile*, *ibidem*; G. VERDE, *Appunti sul procedimento cautelare*, in *Foro it.*, 1992, V.G. ARIETA, *Reclamabilità del provvedimento di rigetto e struttura del reclamo cautelare*, in *Giur. cost.*, 1994; A. CARRATTA, *Profili sistematici della tutela anticipatoria*, Torino, 1997; E. VULLO, *L'attuazione dei provvedimenti cautelari*, Torino, 2001; S. RECCHIONI, *Il processo cautelare uniforme*, in AA.VV., *I procedimenti sommari e speciali*, a cura di S. CHIARLONI e C. CONSOLO, II, Torino, 2005; A. CARRATTA, *Processo sommario (dir. proc. civ.)*, in *Enciclopedia del diritto*, *Annali*, II, t. I, Milano, 2008; C. DELLE DONNE, *L'attuazione delle misure cautelari*, Roma, 2012; A. CARRATTA, *Procedimento cautelare uniforme*, in *I provvedimenti cautelari*, a cura di A. CARRATTA, Bologna, 2013; G. BASILICO, *Considerazioni sull'attuazione delle misure cautelari soggette a strumentalità attenuata*, in *Riv. es. forzata*, 2014; AA.VV., *Il processo cautelare*, a cura di G. TARZIA e A. SALETTI, 5ª ed., Padova, 2015; E. VULLO, *Procedimenti cautelari in generale*, in *Comm. del c.p.c.*, diretto da S. CHIARLONI, Bologna, 2017; D. BUONCRISTIANI, *La cautela di regolamento*, in *Riv. dir. proc.*, 2017; F.S. DAMIANI, *La tutela cautelare anticipatoria. Profili storico-sistematici*, Napoli, 2018; J.V. D'AMICO, *Autonomia ed effetti del provvedimento cautelare anticipatorio*, Napoli, 2018; M. BRUNIALTI, *Le modifiche in tema di delibere assembleari*, in *La riforma del processo civile*, a cura di D. DALFINO, in *Foro it.*, *Gli speciali*, 4/2022; A. CARRATTA, *Le riforme del processo civile*, Torino, 2023; C. PIOVANO, *I provvedimenti cautelari*, in *Lezioni sul nuovo processo civile*, a cura di E. DALMOTTO, Bologna, 2023; G. FINOCCHIARO, *Procedimenti cautelari e camerali*, in *Il processo civile dopo la riforma Cartabia*, a cura di A. DIDONE e F. DE SANTIS, Milano, 2023; A. CARRATTA, *La lezione chiovendiana sulla tutela sommaria cautelare e il IV libro del codice del 1942*, in *Riv. dir. proc.*, 2023.

Sezione seconda

I SEQUESTRI

SOMMARIO: 99. Sequestro giudiziario, conservativo e liberatorio. – 100. Il procedimento per l'autorizzazione, l'inefficacia e il reclamo. La fase di attuazione. La conversione del sequestro conservativo in pignoramento.

99. *Sequestro giudiziario, conservativo e liberatorio.*

Passiamo ora all'esame delle disposizioni del codice specificamente dedicate ai singoli procedimenti cautelari, incominciando con i *sequestri*. Il codice dedica ad essi la sezione seconda del capo intitolato ai procedimenti cautelari. Va, peraltro, precisato che questa disciplina si limita solo alla configurazione dei diversi tipi di sequestro (artt. 670, 671, 687), alla regolamentazione del termine di efficacia (art. 675), della custodia nel caso di sequestro giudiziario (art. 676), dell'intera fase di attuazione (artt. 677, 678 e 679), della vendita di cose deteriorabili (art. 685) e della conversione del sequestro conservativo in pignoramento (art. 686). Questa disciplina è dettata congiuntamente con riguardo ai due tipi principali di sequestro, ai quali il codice si riferisce, e cioè il *sequestro giudiziario*, da un lato, e il *sequestro conservativo*, dall'altro lato, dopo la configurazione di questi due istituti.

La distinzione tra gli stessi si fonda su elementi in parte funzionali ed in parte strutturali. Ed infatti, mentre, *dal punto di vista strutturale*, il sequestro giudiziario si contrappone al sequestro conservativo nel senso che il primo si porta ad attuazione con forme assimilabili a quelle dell'esecuzione in forma specifica e l'altro con forme assimilabili a quelle dell'espropriazione forzata, *dal punto di vista funzionale* lo stesso sequestro giudiziario si presenta in due figure distinte (in relazione al suo diverso possibile oggetto), che assolvono a funzioni nettamente diverse. Ai due tipi principali di sequestro se ne aggiunge un altro, del tutto particolare, che va sotto il nome di sequestro c.d. liberatorio. E precisamente abbiamo:

1. *Sequestro giudiziario di beni, in funzione della fruttuosità dell'eventuale esecuzione diretta.* È quello che l'art. 670, n. 1, individua pure in relazione al suo oggetto, disponendo che «*il giudice* – abbiamo già visto (retro, § 53) quale e come – *può autorizzare il sequestro giudiziario di ... beni mobili o immobili, aziende o altre universalità di* Il *sequestro giudiziario di beni.*

beni». In questo caso il sequestro può essere concesso quando del bene di cui trattasi *è controversa la proprietà* (o altro diritto reale) *o il possesso ed è opportuno* (in quanto sussista il *periculum in mora*, che qui è pericolo di alienazione, sottrazione, danneggiamento, gestione rovinosa dell'azienda, ecc.) *provvedere alla sua custodia o alla sua gestione temporanea*.

Il *sequestro giudiziario di prove*.

2. *Sequestro giudiziario di prove, in funzione della cognizione*. È quello che l'art. 670, n. 2, individua, in relazione al suo oggetto, disponendo che il giudice «*può autorizzare il sequestro di ... libri, registri, documenti, modelli, campioni e ogni altra cosa da cui si pretende desumere elementi di prova*». In questo caso il sequestro può essere concesso «*quando è controverso il diritto alla esibizione o alla comunicazione*» di libri, registri, documenti, ecc.; *ed è opportuno* (in quanto sussista il *periculum in mora*, che qui si specifica nel pericolo della sottrazione o alterazione dei suddetti necessari mezzi di prova) «*provvedere alla loro custodia temporanea*».

Il *sequestro conservativo*.

3. *Sequestro conservativo, in funzione della fruttuosità dell'eventuale esecuzione forzata per espropriazione*. È quello configurato dall'art. 671, che così dispone: «*il giudice, su istanza del creditore, che ha fondato timore di perdere la garanzia del proprio credito, può autorizzare il sequestro conservativo dei beni mobili o immobili del debitore o delle somme o cose a lui dovute, nei limiti in cui la legge ne permette il pignoramento*». La funzione di questo provvedimento cautelare sta nell'ovviare al *periculum in mora* (del creditore) di perdere la garanzia del proprio credito, e ciò in relazione al fatto che a tale garanzia è destinato il patrimonio del debitore (art. 2740 c.c.) e al conseguente interesse del creditore alla conservazione dell'integrità del suddetto patrimonio del debitore, nei limiti del proprio credito. È, infatti, su tale patrimonio che il creditore non soddisfatto può trovare la sua soddisfazione coattiva attraverso l'espropriazione forzata, secondo il disposto dell'art. 2910 c.c. (v. retro, § 56). E poiché, da questo punto di vista, i singoli beni del debitore vengono in rilievo non per la loro individualità, ma in relazione al loro valore – ossia in relazione alla loro attitudine ad essere trasformati in denaro (vedi ancora retro, § 56) – anche la disciplina del sequestro conservativo li prende in considerazione globalmente e genericamente (beni mobili o immobili, somme di denaro, crediti). Perciò anche il giudice, nel pronunciare il provvedimento autorizzativo del sequestro conservativo, non si riferisce, di solito – ed a differenza di quanto accade per il sequestro giudiziario – a specifici beni, ma si limita a determinare il valore fino a concorrenza del quale il sequestro può essere eseguito su qualsiasi bene del debitore.

Abbiamo visto che l'art. 671 precisa che il sequestro conservativo può essere autorizzato ed eseguito nei limiti in cui è permesso il pignoramento. In realtà, il sequestro conservativo può essere considerato, in certo senso, *come un pignoramento anticipato*. Ciò che è confermato dal fatto che, come si vedrà tra poco (v. oltre, § 100), esso viene eseguito con le forme proprie del pignoramento (art. 678); mentre, d'altra parte, nel momento in cui il creditore ottiene sentenza di condanna esecutiva, il sequestro si converte senz'altro in pignoramento (v. oltre, § 100). Una forma speciale di sequestro conservativo è, infine, quella prevista dal Reg. UE 655/2014, che ha istituito una procedura per il rilascio dell'ordinanza europea di sequestro conservativo su conti bancari per facilitare il recupero transfrontaliero dei crediti in materia civile e commerciale. All'adeguamento della normativa nazionale alle disposizioni del Regolamento in questione si è provveduto con il D.Lgs. 152/2020.

Il sequestro conservativo può essere considerato come un *pignoramento anticipato e viene attuato con le forme del pignoramento.*

4. *Sequestro c.d. liberatorio.* Occorre, infine, far menzione di un'altra ipotesi di sequestro, configurata dall'art. 687 sotto la rubrica «*casi speciali di sequestro*». Si tratta del sequestro «*delle somme o delle cose che il debitore ha offerto o messo comunque a disposizione del creditore per la sua liberazione*», sequestro che il giudice può ordinare «*quando è controverso l'obbligo o il modo del pagamento o della consegna, o l'idoneità della cosa offerta*». Si tratta di un'iniziativa con la quale il debitore vuole evitare, per il tempo necessario allo svolgimento del giudizio di merito, le conseguenze della *mora debendi* (ad es., il maturare degli interessi sulle somme dovute) e che presuppone sia la permanenza della contestazione sulla sussistenza del debito o sulle sue modalità e sia, eventualmente, l'offerta al creditore.

Il *sequestro liberatorio.*

100. *Il procedimento per l'autorizzazione, l'inefficacia e il reclamo. La fase di attuazione. La conversione del sequestro conservativo in pignoramento.*

Prendiamo in considerazione ora la disciplina del procedimento. Come già accennato, il codice detta la disciplina di un unico procedimento per il sequestro, salva l'integrazione con alcune norme specificamente riferite all'uno o all'altro tipo di sequestro. Questa disciplina è, d'altra parte, articolata con riguardo alle fasi che costituiscono o integrano la disciplina generale dei procedimenti cautelari (v. retro, §§ 97 e 98). Lasciando da parte l'intera fase di autorizzazione, che è disciplinata dai già esaminati articoli da 669 bis a 669 octies, nonché le ipotesi generali di inefficacia previste dall'art. 669 novies, va qui fatto cenno alla particolare previsione di perdita di efficacia, configurata dall'art. 675.

Il sequestro perde efficacia se non è attuato entro 30 giorni dalla pronuncia del provvedimento.

Al riguardo, va anzitutto ricordato che, una volta ottenuto il provvedimento autorizzativo, il sequestro, per produrre i suoi effetti di cautela, deve essere eseguito. In relazione a ciò, l'art. 675 dispone che, *se l'attuazione non avviene entro 30 giorni dalla data della pronuncia, il provvedimento diviene inefficace.* Naturalmente la dichiarazione dell'inefficacia avverrà con le forme di cui all'art. 669 novies.

Anche per quanto concerne l'*impugnazione del provvedimento*, non abbiamo che da richiamare la disciplina che la veduta prima sezione dedica all'istituto del reclamo (art. 669 terdecies) e che abbiamo esaminato al § 98.

La fase di attuazione è disciplinata autonomamente dagli artt. 677, 678, 679.

Quanto alla fase di attuazione, che l'art. 669 duodecies (v. retro, § 98) lascia, con esplicita salvezza, alla disciplina degli artt. 677 e ss., si può dire che anche per i sequestri essa ha caratteristiche strutturali assimilabili a quelle dell'esecuzione forzata. Quest'affermazione ha il suo preciso fondamento nel codice, il quale, nell'indicare le forme con le quali il sequestro deve attuarsi, si richiama senz'altro alle forme dell'esecuzione; e precisamente:

Per il sequestro giudiziario si ricorre alle forme dell'esecuzione per consegna o rilascio, ...

a) *per il sequestro giudiziario* – che, come si è visto, ha ad oggetto cose determinate – *alle forme dell'esecuzione su cose determinate, ossia all'esecuzione per consegna o rilascio* (v. retro, § 77), omessa, tuttavia, la notificazione del precetto e l'avviso di cui all'art. 608, 1° comma (art. 677), salvo che il custode sia persona diversa dal detentore (nel qual caso la notificazione dell'avviso è necessaria);

... mentre per quello conservativo alle forme del pignoramento.

b) *per il sequestro conservativo* – che, come si è visto, costituisce una sorta di pignoramento anticipato – sostanzialmente *alle forme proprie del pignoramento*; e così, se si tratta di sequestro su cose mobili nella disponibilità del debitore, esso si esegue «*secondo le norme del pignoramento presso il debitore*» (art. 678), mentre, se si tratta di sequestro di credito o di cose di proprietà del debitore in possesso di un terzo, esso si esegue *secondo le norme per il pignoramento presso terzi.* Tuttavia, in quest'ultimo caso – probabilmente per un difetto di coordinamento con la riforma della disciplina sul pignoramento presso terzi (v. retro, § 66) –, l'art. 678 continua a prevedere che il sequestrante deve citare il terzo a comparire davanti al tribunale del luogo di residenza del terzo stesso per rendere la dichiarazione di cui all'art. 547. Difetto di coordinamento, che può essere superato ritenendo questa parte dell'art. 678 implicitamente abrogata e dando rilevanza alla prima parte dello stesso articolo, laddove esplicitamente richiama le «*norme stabilite per il pignoramento presso terzi*». Ne deriva che anche per l'attuazione del sequestro conservativo presso terzi dovrebbe farsi ricorso alle forme ora previste dall'art. 543 (v. retro, § 66).

Il difetto di coordinamento dell'art. 678 con la riforma del pignoramento presso terzi.

Per quanto riguarda, invece, il sequestro conservativo su immobili, il codice, anziché compiere un richiamo alle forme del pignoramento immobiliare, dispone senz'altro che il sequestro si porta ad attuazione con la trascrizione del provvedimento presso l'ufficio del conservatore dei registri immobiliari del luogo in cui i beni sono situati (art. 679).

D'altra parte, ai sensi dell'art. 155 sexies disp. att., per l'individuazione dei beni del debitore da sottoporre a sequestro conservativo il creditore può utilizzare anche le modalità telematiche di ricerca, di cui all'art. 492 bis, che disciplina tali modalità – come abbiamo visto (retro, § 59) – con riferimento ai beni da pignorare.

Se il sequestro concorre col pignoramento, si ritiene che debba prevalere il processo di esecuzione, tanto più che il sequestrante partecipa, previo intervento nel processo esecutivo in corso, alla distribuzione della somma ricavata (art. 686, 2° comma); mentre, nel caso che il medesimo bene sia colpito da sequestro giudiziario e sequestro conservativo, la precedenza spetta alla causa sull'appartenenza dei beni, che ha dato luogo al sequestro giudiziario.

Il codice, nel richiamare per l'attuazione del sequestro le forme dell'esecuzione forzata, sembra escludere il sequestro chiesto dal debitore su quanto da lui dovuto (perché contesta il debito o vanta altro credito) o c.d. sequestro presso se stesso, sulla cui ammissibilità vengono, d'altra parte, sollevate talune serie obiezioni di principio, soprattutto per il rilievo che in questo campo opera la compensazione legale o giudiziale di cui all'art. 1243, 1° e 2° comma, c.c. Poiché, peraltro, la giurisprudenza talora ammette questo sequestro, in tali ipotesi occorre adattare le forme del procedimento alla particolare situazione.

Il debitore può ottenere la revoca del sequestro conservativo prestando idonea cauzione (art. 684).

Ricordato che l'attuazione va iniziata nel termine perentorio di cui all'art. 675 e ricordato che dalla pronuncia (o dalla comunicazione) del sequestro inizia a decorrere il termine perentorio che l'art. 669 octies prevede, a pena di inefficacia, per l'inizio del giudizio di merito, e che nella pendenza del giudizio di merito il provvedimento di sequestro può essere revocato o modificato, secondo il disposto dell'art. 669 decies, va infine tenuto presente che, per l'art. 684, la revoca del sequestro conservativo è possibile anche quando il debitore offre idonea cauzione, mentre non è possibile la sospensione.

Se le cose sequestrate sono deteriorabili, il giudice può ordinarne la vendita (art. 685).

Quando il sequestro ha ad oggetto cose deteriorabili, il giudice può – ove sussista il pericolo di deterioramento – ordinare la vendita nei modi stabiliti per le cose pignorate; ciò – così dispone l'art. 685 – con lo stesso provvedimento di concessione e con altro successivo.

Infine, per il caso di sequestro giudiziario, l'art. 676 stabilisce che, nel disporre detto sequestro, il giudice nomina il custode (v. vol. I, § 43) eventualmente nella persona di quello dei contendenti che offre maggior garanzia (art. 676, 2° comma), stabilisce i criteri e i limiti dell'amministrazione delle cose sequestrate e le particolari cautele idonee a rendere più sicura la custodia e a impedire la divulgazione dei segreti.

Quanto alla *tutela del terzo*, che si affermi pregiudicato dalla misura cautelare in sé o dalle modalità della sua attuazione, si è sostenuto, con argomenti condivisibili, che nella prima ipotesi sia possibile l'intervento del terzo nel procedimento cautelare e che, nella seconda ipotesi, si verifichi un'inefficacia che può essere fatta valere con le modalità dell'art. 669 novies.

Vediamo ora quali sono gli *effetti propri del sequestro.*

Mentre, come abbiamo già notato (v. retro, § 97), il provvedimento autorizzativo non produce, per se stesso, alcun effetto all'infuori di quello d'introdurre l'attuazione del sequestro, il primo e più tipico effetto del sequestro stesso si verifica immediatamente dopo tale attuazione e consiste in quell'*idoneità a conservare la situazione in atto in funzione della fruttuosità del processo di merito*, che è propria della misura cautelare.

Il sequestro conservativo produce l'inefficacia relativa degli atti di disposizione sui beni sequestrati.

Tale effetto è espressamente previsto, *per il sequestro conservativo*, dall'art. 2906 c.c., che sancisce l'inefficacia relativa (ossia rispetto al creditore sequestrante) degli atti di alienazione e, comunque, di disposizione delle cose sequestrate. Si tratta di un'inefficacia del medesimo tipo di quella prevista per il pignoramento dall'art. 2913 c.c. (v. retro, § 59) e che il codice in certo qual modo anticipa al momento del sequestro. Al riguardo non abbiamo pertanto che da richiamare i rilievi già compiuti al § 59.

Il sequestro giudiziario comporta gli obblighi della custodia.

Per il sequestro giudiziario il codice non configura alcun effetto che investa la disponibilità delle cose sequestrate, né alcun altro effetto di natura sostanziale. L'efficacia della misura va, pertanto, ricondotta direttamente alle norme che concernono la custodia della cosa sequestrata, nonché alle norme che sanzionano penalmente l'eventuale violazione di tali disposizioni ed in generale la sottrazione o il danneggiamento delle cose sottoposte a sequestro o a pignoramento (art. 334 c.p.).

Gli effetti di cautela, che si determinano con l'attuazione del sequestro, durano fino a quando si verifica una delle cause di inefficacia previste dall'art. 669 novies e dall'art. 675 e sopra già esaminate. Ma, se non si verifica alcuna causa di inefficacia, e se, d'altra parte, il provvedimento non viene revocato o modificato ai termini dell'art. 669 decies o in sede di reclamo ai termini dell'art. 669 terdecies ed il giudizio sul merito conduce al riconoscimento dell'esistenza del diritto cautelato, allora la funzione propria della cautela si completa e si realizza integralmente.

Nel sequestro giudiziario tale completamento della funzione cautelare si verifica e si esaurisce automaticamente con la chiusura del processo di cognizione. Ed infatti, da un lato, nel caso di sequestro di libri, documenti o altre prove di cui all'art. 670, n. 2, ciò è ovvio dal momento che la misura cautelare è, qui, in funzione della cognizione. Dall'altro lato, nel caso di sequestro di cose determinate (art.

670, n. 1), l'esaurimento della funzione cautelare è ugualmente ovvio perché il riconoscimento del diritto del sequestrante sulle cose sequestrate attribuisce al titolare sequestrante un titolo di possesso (o detenzione) autonomo che si sovrappone, sostituendolo, a quello dato dal sequestro.

Nel sequestro conservativo il completamento della funzione cautelare si realizza, invece, attraverso la confluenza del sequestro nell'espropriazione, in funzione della quale la misura cautelare era stata concessa ed attuata. Se, infatti, si tiene presente che l'effetto del sequestro conservativo consiste (come si è visto poc'anzi) in un'anticipazione dell'efficacia propria del pignoramento, se ne desume logicamente che tale anticipazione non ha più ragion d'essere non appena una sentenza di condanna esecutiva consenta il pignoramento ed il successivo ulteriore sviluppo dell'espropriazione. E poiché, d'altra parte, il sequestro conservativo, oltre ad avere la stessa efficacia (sostanziale) del pignoramento, ne ha anche la stessa struttura, in quanto si porta ad attuazione con le sue medesime forme, è logico che il sequestro confluisca nel pignoramento, come appunto avviene attraverso la cosiddetta «*conversione del sequestro in pignoramento*».

Nel sequestro conservativo la funzione cautelare si completa con la conversione del sequestro in pignoramento (art. 686), ...

«*Il sequestro conservativo* – dispone l'art. 686, 1° comma – *si converte in pignoramento al momento in cui il creditore sequestrante ottiene sentenza di condanna esecutiva*». Ma, poiché l'art. 156 disp. att. soggiunge che «il sequestrante che ha ottenuto la sentenza di condanna esecutiva prevista dall'articolo 686 del codice *deve* – oltre che procedere alle notificazioni di cui all'art. 498 del codice (avviso ai creditori privilegiati risultanti da pubblici registri) – *depositarne copia nel termine perentorio di sessanta giorni dalla comunicazione*», ci si chiede se la conversione avvenga automaticamente oppure per effetto del suddetto deposito; e, nella prima ipotesi, quali sarebbero le conseguenze del mancato deposito. Secondo l'opinione prevalente, la conversione si verifica automaticamente, mentre l'onere del sequestrante di effettuare il suddetto deposito investe la procedibilità del (già avviato) processo di espropriazione, nel senso che, se non avviene nel termine, tale processo è destinato ad estinguersi.

... che si realizza quando il creditore sequestrante ottiene un titolo esecutivo.

Ci si è domandati, inoltre, se l'effetto della conversione del sequestro in pignoramento possa essere determinato anche da provvedimenti condannatori esecutivi diversi dalla sentenza e in particolare dalle ordinanze anticipatorie di condanna, di cui all'art. 186 bis, ter e quater. La *ratio* della norma sembra avvalorare la soluzione affermativa.

Si discute, poi, se la conversione si verifica *ex tunc* con effetto retroattivo alla data del sequestro, o – come sembra preferibile onde evitare un'alterazione sia pure *a posteriori* della struttura della misura cautelare – con effetto *ex nunc*.

Per l'ipotesi che la causa di merito sia attribuita alla giurisdizione di un giudice o ad un arbitrato stranieri, l'art. 156 bis disp. att. stabilisce che il sequestrante deve, a pena di perdita di efficacia del sequestro conservativo ottenuto, proporre domanda di esecutorietà in Italia della sentenza o del lodo stranieri, entro il termine perentorio di 60 giorni.

A seguito della conversione, i vizi del sequestro possono essere fatti valere con l'opposizione agli atti esecutivi.

La conversione del sequestro in pignoramento produce anche l'effetto che i vizi del sequestro possono essere fatti valere (se non è intervenuta decadenza) con l'opposizione agli atti esecutivi ex art. 617 (v. retro, § 82), mentre le contestazioni sulla conversione si configurano come opposizioni all'esecuzione ex art. 615 (v. retro, § 81).

Bibliografia di orientamento

M. ZUMPANO, *Sequestro giudiziario*, in *Enciclopedia del diritto*, XLII, Milano, 1990; M. FORTINO, *Sequestro conservativo e convenzionale*, in *Enciclopedia del diritto*, XLII, Milano, 1990; B. BRUNELLI, *Note sull'esecuzione del sequestro*, in *Riv. trim. dir. e proc. civ.*, 1997; M. VELLANI, *La conversione del sequestro conservativo in pignoramento*, Milano, 1955; R. CAPONI, *Il sequestro giudiziario di beni nel processo civile*, Milano, 2000; R. CONTE, *Il sequestro conservativo nel processo civile*, Torino, 2000; R. CONTE, *Il sequestro conservativo*, in *I procedimenti sommari e speciali*, a cura di S. CHIARLONI e C. CONSOLO, II, t. 2, Torino, 2005; F. CORSINI, *Il sequestro giudiziario di beni*, *ivi*; M. MONTANARI, *Il sequestro giudiziario di prove*, *ivi*; M. DE CRISTOFARO, *Casi speciali di sequestro (art. 687 c.p.c.)*, *ivi*; S. TRABACE, *Il sequestro c.d. liberatorio (art. 687 c.p.c.)*, Bari, 2011; D. DALFINO, *Il sequestro giudiziario, Il sequestro conservativo, Il sequestro liberatorio*, in *I procedimenti cautelari*, a cura di A. CARRATTA, Bologna, 2013; G. GUARNIERI, *Il sequestro giudiziario e il sequestro liberatorio*, in *Il processo cautelare*, a cura di G. TARZIA e A. SALETTI, 5ª ed., Padova, 2015; P. POTOTSCHNIG, *Il sequestro conservativo*, *ivi*; P. BIAVATI, *Il sequestro conservativo europeo su conti bancari: alla ricerca di un difficile equilibrio*, in *Riv. trim. dir. e proc. civ.*, 2015; A.D. DE SANTIS, *Il sequestro conservativo europeo di conti correnti*, in *Il libro dell'anno del diritto Treccani*, Roma, 2018; R. TARANTINO, *Il sequestro giudiziario di azienda*, Napoli, 2020; M. STELLA, Festina lente. *L'adeguamento italiano al sequestro europeo di conto corrente*, in *Corr. giur.*, 2021; M. PACILLI, *Le norme processuali di adeguamento della normativa nazionale alle disposizioni del regolamento Ue n. 655 del 2014*, in *Riv. trim. dir. e proc. civ.*, 2021; A. TEDOLDI-G.M. SACCHETTO, *L'ordinanza europea di sequestro conservativo sui conti bancari: istruzioni per l'uso*, in *Riv. es. forzata*, 2022.

Sezione terza

LE DENUNCE DI NUOVA OPERA E DI DANNO TEMUTO

101. *Le denunce di nuova opera e di danno temuto.*

Alle denunce di nuova opera e di danno temuto è dedicata la sezione terza del capo terzo del titolo primo del libro quarto del codice. Anche in questo caso, per molti aspetti la loro disciplina si rinviene nelle già esaminate (v. retro, §§ 97 e 98) disposizioni generali sui procedimenti cautelari, rispetto alle quali le norme residue costituiscono una sorta di disciplina integrativa. L'applicabilità delle disposizioni generali risulta, per il procedimento sulle denunce, direttamente dall'art. 669 quaterdecies, il quale, come già detto (v. retro, § 97), non fa altro che estendere l'applicazione della disciplina sul procedimento cautelare uniforme a tutti provvedimenti cautelari disciplinati nel codice. Ricordato ciò, cominciamo con l'esaminare le residue disposizioni che riguardano specificatamente le denunce e che si limitano ad integrare la disciplina generale dei procedimenti cautelari.

Le denunce di nuova opera e di danno temuto hanno funzione cautelare.

L'oggetto sostanziale del procedimento sulle denunce è costituito da quelle situazioni, che il codice civile configura sotto le due tradizionali denominazioni di *denuncia di nuova opera* (art. 1171) e *denuncia di danno temuto* (art. 1172). L'interesse che il legislatore sostanziale vuol tutelare è quello di prevenire o arrestare il danno *in itinere*, danno che, se pervenisse a determinarsi, sarebbe antigiuridico, come lo è quello causato dal fatto illecito, e che, attesa quest'antigiuridicità, l'ordinamento tutela in via preventiva e anticipata.

Funzione delle «*denunce*» è quella di prevenire o arrestare il danno per fatto antigiuridico *in itinere* ...

Le azioni in discorso sono, come si è detto, cautelari, perché strumentali rispetto alla fruttuosità della domanda «sul merito», che non concerne più il pericolo del danno, ma il danno già prodotto e/o l'antigiuridicità della situazione che l'ha determinato o ne ha determinato il pericolo. Esse sono in funzione di un provvedimento provvisorio e strumentale che non aspira a divenire definitivo, ma si caduca secondo le regole dell'art. 669 novies e dell'art. 669 octies, 6° comma (v. retro, § 98).

... e dunque esse sono in funzione della pronuncia di un provvedimento provvisorio e strumentale.

La domanda di «denuncia» può essere proposta dal proprietario o dal titolare di altro diritto reale di godimento o dal possessore: a) che abbia ragione di temere «*che da una nuova opera, da altri intrapresa sul proprio come sull'altrui fondo, sia per derivare danno alla cosa che forma l'oggetto del suo diritto o del suo possesso*» (art. 1171 c.c.), purché la nuova opera non sia terminata o non sia trascorso più di anno dal suo inizio; b) oppure che abbia ragione di temere «*che qualsiasi edificio, albero o altra cosa sovrasti pericolo di un danno grave e prossimo alla cosa che forma l'oggetto del suo diritto o del suo possesso*» (art. 1172 c.c.). Con essa il denunciante vuole ottenere dall'autorità giudiziaria che vieti la continuazione della nuova opera o che ordini l'adozione delle opportune cautele per la sua prosecuzione oppure che disponga di provvedere ad ovviare al pericolo di danno temuto.

In entrambe le ipotesi la «denuncia» può essere proposta sia prima del giudizio di merito, sia in pendenza dello stesso. In quest'ultimo caso si applicano le disposizioni dettate per i procedimenti cautelari in generale in caso di pendenza del giudizio di merito (art. 688, 2° comma, che richiama l'art. 669 quater). Nel primo caso, invece, la domanda si propone con ricorso al giudice competente a norma dell'art. 21 (art. 688, 1° comma), ossia al tribunale del luogo in cui è avvenuto il fatto denunciato.

Per quanto concerne il successivo svolgimento del procedimento, non c'è qui che da richiamare la disciplina contenuta nei già esaminati (retro, nei §§ 97 e 98) articoli da 669 bis a 669 terdecies ed in particolare l'art. 669 octies, 6° comma, a tenore del quale la mancata instaurazione del giudizio di merito, dopo la pronuncia del provvedimento cautelare, o la sua successiva estinzione, non incide sulla permanenza dell'efficacia del provvedimento.

Occorre solo aggiungere che, per il disposto dell'art. 691, nel caso di contravvenzione al divieto di compiere l'atto dannoso o di mutare lo stato di fatto, il giudice che ha pronunciato l'inibitoria, su ricorso della parte interessata, può disporre che le cose siano rimesse al pristino stato a spese del contravventore.

Bibliografia di orientamento

G. FRANCHI, *Le denunce di nuova opera e di danno temuto*, Padova, 1968; G. RAMPAZZI, *Denuncia di nuova opera e danno temuto*, in *I procedimenti sommari e speciali*, a cura di S. CHIARLONI e C. CONSOLO, II, t. 2, Torino, 2005; G. BASILICO, *La denuncia di danno temuto: il procedimento*, in *Riv. dir. civ.*, 2005, I; G. BASILICO, *Denuncia di nuova opera e di danno temuto*, in *Enc. Giur. Treccani*, X, Roma, 2006; F. AULETTA, *Le denunce di nuova opera e di danno temuto dopo la l. 80/2005*, in *Foro it.*, 2006, V; G. BASILICO, *Denuncia di nuova opera e di danno temuto*, in *Diritto on line Treccani*, 2012; G. BONATO, *Denunce di nuova opera e di danno temuto*, in *I provvedimenti cautelari*, a cura di A. CARRATTA, Bologna, 2013; A. PATELLI, *I provvedimenti nunciativi*, in *Il processo cautelare*, a cura di G. TARZIA e A. SALETTI, 5ª ed., Padova, 2015; M. CANTATORE, *Legittimazione del custode giudiziario a proporre l'azione di danno temuto*, in *Riv. trim. dir. e proc. civ.*, 2020.

Sezione quarta

I PROCEDIMENTI DI ISTRUZIONE PREVENTIVA

SOMMARIO: 102. Funzione e struttura dei procedimenti di istruzione preventiva.

102. *Funzione e struttura dei procedimenti di istruzione preventiva.*

L'istruzione preventiva è una *misura cautelare in funzione della fruttuosità della futura istruzione probatoria.*

L'istruzione preventiva consiste in una misura cautelare in funzione dell'efficienza della cognizione e, più precisamente, dell'istruzione probatoria (v. vol. II, § 36 e ss.). Il *periculum in mora*, al quale questa misura tende ad ovviare, sta nell'eventualità che venga a mancare la possibilità materiale di udire testimoni (ad es., perché in pericolo di vita) o di verificare lo stato di luoghi o la qualità o condizione di cose (ad es., perché suscettibili di mutare); che vengano cioè a mancare i presupposti materiali per un utile esperimento della *prova testimoniale*, della *consulenza tecnica* o dell'*ispezione giudiziale* (artt. 692 e 696). Tale pericolo assume consistenza concreta nel caso in cui il giudizio non sia ancora pendente oppure, pur essendo già instaurato, si trovi in una fase che richiede il decorso di ulteriore tempo prima che si possa addivenire all'esperimento del mezzo di prova. D'altra parte, il *fumus boni juris* non riguarda solo il diritto tutelando, ma anche il diritto alla prova, ossia la sua ammissibilità e rilevanza. Il modo più ovvio per eliminare il pericolo ora indicato sta nell'immediata assunzione del mezzo di prova. Sennonché, occorre tener presente che – come abbiamo visto a suo tempo – l'assunzione di un mezzo di prova presuppone un provvedimento sulla sua ammissibilità e rilevanza (v. vol. II, §§ 24 e 36), il quale provvedimento a sua volta presuppone che la causa sia pervenuta a quel grado di maturazione della fase di trattazione, che consente, appunto, un'adeguata valutazione dell'ammissibilità e della rilevanza del mezzo di prova (v. vol. II, § 24).

L'assunzione preventiva della prova non pregiudica ...

... le questioni sulla sua ammissibilità e rilevanza.

Per non lasciar sfuggire la possibilità materiale della prova, senza, d'altra parte, pregiudicare il provvedimento di ammissibilità e rilevanza, il codice contempla la possibilità dell'ammissione preventiva ed immediata del mezzo di prova, disponendo, tuttavia, che tale *assunzione preventiva «non pregiudica le questioni relative alla sua ammissibilità e rilevanza*, né impedisce la sua eventuale rinnovazione» (art. 698, 2° comma). Per evitare, poi, che un siffatto pregiudizio possa ugualmente verificarsi, in via di fatto, la norma in esame prosegue disponendo che i processi verbali delle prove assunte in via preventiva, non possano essere prodotti, neppure in copia, nel giudizio, se non se e quando nel corso del giudizio stesso sia intervenuto un provvedimento che ne dichiara l'ammissibilità (art. 698, 3° comma).

I mezzi di prova assumibili in via preventiva sono *la testimonianza a futura memoria, l'accertamento tecnico preventivo e l'ispezione giudiziale.*

I mezzi di prova rispetto ai quali il codice contempla l'assunzione preventiva sono l'*assunzione di testimoni* (c.d. a futura memoria), nonché l'*accertamento tecnico e l'ispezione giudiziale*. Con riguardo alla prima, l'art. 692 dispone che «*chi ha fondato timore che stiano per mancare uno o più testimoni le cui deposizioni possono essere necessarie in una causa da proporre, può chiedere che ne sia ordinata l'audizione a futura memoria*». Con riguardo agli altri due mezzi, l'art. 696 dispone che «*chi ha urgenza di far verificare prima del giudizio, lo stato di luoghi o la qualità o la condizione di cose può chiedere che sia disposto un accertamento tecnico o un'ispezione giudiziale*».

L'art. 696, 1° comma, aggiunge anche che «*l'accertamento tecnico e l'ispezione giudiziale, se ne ricorre l'esigenza, possono essere disposti anche sulla persona dell'istante e, se questa vi consente, sulla persona nei cui confronti l'istanza è proposta*».

L'accertamento tecnico preventivo può contenere anche valutazioni sulle cause e sull'entità dei danni.

Particolare attenzione merita poi il 2° comma dell'art. 696, col quale si dispone che «*l'accertamento tecnico di cui al primo comma può comprendere anche valutazioni in ordine alle cause e ai danni relativi all'oggetto della verifica*».

In aggiunta all'accertamento tecnico preventivo con finalità cautelari, l'art. 696 bis configura la possibilità di utilizzare lo stesso strumento anche al di fuori dei presupposti per ottenere la tutela cautelare, *ai fini della conciliazione della lite, quando questa abbia ad oggetto crediti derivanti da responsabilità contrattuale o extracontrattuale.*

L'accertamento tecnico preventivo con finalità conciliative.

«*L'espletamento di una consulenza tecnica in via preventiva* – dispone, infatti, l'art. 696 bis – *può essere richiesto anche al di fuori delle condizioni di cui al primo comma dell'articolo 696* [ossia indipendentemente dal *periculum in mora*], *ai fini dell'accertamento e della relativa determinazione dei crediti derivanti dalla mancata o inesatta esecuzione di obbligazioni contrattuali o da fatto illecito*». Su questa disposizione è poi opportunamente intervenuta la Corte costituzionale, che – rilevandone l'illegittimità costituzionale per contrasto con gli artt. 3 e 24 Cost. – ha esteso la possibilità di avanzare l'istanza di accertamento tecnico preventivo con finalità conciliative anche laddove la controversia riguardi crediti derivanti «*da ogni altro atto o fatto idoneo a produrli in conformità dell'ordinamento giuridico*» (C. Cost. 21 dicembre 2023 n. 222).

Avanzato il ricorso, «*il giudice procede a norma del terzo comma del medesimo articolo 696. Il consulente, prima di provvedere al deposito della relazione, tenta, ove possibile, la conciliazione delle parti*», che è il fine al quale l'istituto è principalmente rivolto. Ma, accanto ad esso è evidente e non meno importante, il fine deflattivo perché l'acquisizione, *indipendentemente da ogni ragione di urgenza*, di elementi probatori che potrebbero risultare decisivi di un eventuale futuro giudizio, potrebbe evitare il giudizio stesso.

«*Se le parti si sono conciliate* – prosegue lo stesso art. 696 bis – *si forma processo verbale della conciliazione.*

Il giudice attribuisce con decreto efficacia di titolo esecutivo al processo verbale, ai fini dell'espropriazione e dell'esecuzione in forma specifica e per l'iscrizione di ipoteca giudiziale.

Il processo verbale è esente dall'imposta di registro.

Se la conciliazione non riesce, ciascuna parte può chiedere che la relazione depositata dal consulente sia acquisita agli atti del successivo giudizio di merito», ciò che, peraltro, stante l'applicabilità dell'art. 698, 2° comma, non ne pregiudica la valutazione di ammissibilità.

Infine, l'ultimo comma dell'art. 696 bis aggiunge che «*Si applicano gli articoli da 191 a 197, in quanto compatibili*».

L'esperimento preventivo dell'*accertamento tecnico con finalità conciliative come condizione di procedibilità*: l'art. 445 bis c.p.c. …

Occorre anche ricordare che, in taluni casi, è lo stesso legislatore ad imporre il preventivo esperimento dell'accertamento tecnico con finalità conciliative come condizione di procedibilità della domanda giudiziale. In particolare, l'art. 445 bis prevede l'obbligatorio esperimento preventivo di un «*accertamento tecnico preventivo obbligatorio*» con finalità conciliative limitato all'accertamento del solo *requisito sanitario dell'obbligazione*, nelle controversie in materia di invalidità civile, sottoposte alla disciplina del processo previdenziale.

… e l'art. 8, 1° comma, della L. 24/2017.

A sua volta, anche l'art. 8, 1° comma, della L. 24/2017, in materia di responsabilità professionale sanitaria, ha anch'esso previsto – sempre a pena di improcedibilità della domanda – l'obbligo, per chi intenda esercitare una domanda relativa ad una controversia risarcitoria derivante da responsabilità sanitaria, di proporre ricorso ai sensi dell'art. 696 bis.

Questo procedimento è disciplinato autonomamente dagli artt. 693 e ss. c.p.c.

Quanto alle modalità per la richiesta di assunzione preventiva delle prove, esse risultano dagli artt. 693 e ss., che offrono una disciplina procedimentale autonoma rispetto a quella offerta dagli artt. 669 bis e ss. per i provvedimenti cautelari in generale. Di quest'ultima, dunque, è applicabile ai procedimenti in esame soltanto l'art. 669 septies, con riguardo al rigetto dell'istanza (art. 669 quaterdecies) e – a seguito delle sentenze della Corte costituzionale n. 144/2008 e n. 26/2010 – l'art. 669 terdecies, con riguardo alla proponibilità del reclamo avverso il provvedimento di rigetto, e l'art. 669 quinquies, con riguardo alla possibilità di ottenere l'accertamento tecnico preventivo in caso di convenzione arbitrale o pendenza del giudizio arbitrale.

L'istanza può essere proposta, oltre che – ed è l'ipotesi più frequente – prima dell'instaurazione della causa, anche in corso di causa (art. 699). In quest'ultimo caso provvede l'istruttore o, se questo non è stato ancora nominato o se la causa è già stata rimessa al collegio, il presidente, se la causa sia di competenza del tribunale in composizione collegiale, oppure il tribunale monocratico o il giudice di pace (che qui, a differenza di quanto accade per gli altri provvedimenti cautelari, mantiene la sua competenza), negli altri casi.

L'istanza va rivolta *con ricorso al giudice competente per la causa di merito* (art. 693, 1° comma).

In caso di domanda *ante causam*, invece, provvede il giudice che sarebbe competente per la causa di merito (giudice di pace o tribunale, a seconda dei casi) (art. 693, 1° comma). Solo in caso di eccezionale urgenza l'istanza può anche proporsi al tribunale del luogo in cui la prova deve essere assunta (art. 693, 2° comma).

L'istanza è proposta con ricorso che «*deve contenere l'indicazione dei motivi dell'urgenza e dei fatti sui quali debbono essere interrogati i testimoni e l'esposizione sommaria delle domande o eccezioni alle quali la prova è preordinata*» (art. 693, 3° comma). Il presidente del tribunale o il giudice di pace pronuncia decreto col quale fissa l'udienza di comparizione delle parti innanzi a sé e stabilisce un termine per la notificazione del decreto stesso (art. 694). All'udienza provvede con ordinanza, designando il giudice che raccoglierà la prova oppure nominando il consulente tecnico (artt. 693 e 696). L'art. 695 dichiarava «non impugnabile» l'ordinanza in questione, ma – come detto – la Corte costituzionale, con la sent. n. 144/2008, l'ha dichiarato costituzionalmente illegittimo perché, appunto, non consentiva l'esperibilità del reclamo ex art. 669 terdecies avverso l'ordinanza di rigetto della domanda di istruzione preventiva.

Reclamabilità ex art. 669 terdecies dell'ordinanza di rigetto ...

In caso di eccezionale urgenza, il provvedimento può anche essere pronunciato immediatamente *inaudita altera parte*, salva l'eventuale designazione di un procuratore che intervenga all'assunzione della prova ed in ogni caso salvo l'onere di notificazione non oltre il giorno successivo (art. 697).

... e applicabilità dell'art. 669 septies.

L'art. 669 septies (che, come si è accennato, è la disposizione indicata come applicabile anche a questo procedimento dall'art. 669 quaterdecies) regola, infine, l'eventualità del rigetto dell'istanza, con le disposizioni già esaminate retro, all'inizio del § 98, ossia con l'enunciazione della riproponibilità dell'istanza respinta, solo in caso di mutamento delle circostanze o di deduzione di nuove ragioni di fatto o di diritto [requisito che, invece, non sussiste nel caso di rigetto per incompetenza e per eventuali altri motivi di rito], nonché con la previsione della condanna alle spese nella sola ipotesi di proposizione dell'istanza prima dell'inizio del giudizio.

Bibliografia di orientamento

G. TRISORIO LIUZZI, *Istruzione preventiva*, in *Dig. disc. priv., sez. civ.*, X, Torino, 1993; L. SALVANESCHI, *I provvedimenti di istruzione preventiva*, in *Riv. dir. proc.*, 1998; C. BESSO, *La prova prima del processo*, Torino, 2004; A.A. ROMANO, *La tutela cautelare della prova nel processo civile*, Napoli, 2004; C. BESSO, *I procedimenti di istruzione preventiva*, in *I procedimenti sommari e speciali*, a cura di S. CHIARLONI e C. CONSOLO, II, t. 2, Torino, 2005; G.N. NARDO, *Contributo allo studio dell'istruzione preventiva*, Napoli e Roma, 2005; F. CUOMO ULLOA, *Consulenza tecnica preventiva ai fini della composizione della lite*, in *Dig. disc. priv., sez. civ.*, Aggiornamento, II, Torino, 2007; A. TEDOLDI, *La consulenza preventiva ex art. 696 bis c.p.c.*, in *Riv. dir. proc.*, 2010; V. ANSANELLI, *La consulenza tecnica preventiva ai fini della composizione della lite*, in *La prova nel processo civile*, a cura di M. TARUFFO, Milano, 2012; M. MONTANARI, *Brevi note sulla natura giuridica della consulenza tecnica preventiva in funzione di composizione della lite ecc.*, in *Giusto proc. civ.*, 2012; T.M. PEZZANI, *Gli effetti processuali e sostanziali della domanda di consulenza tecnica preventiva ecc.*, in *Riv. dir proc.*, 2013; A.A. ROMANO, *In tema di consulenza tecnica preventiva ai fini della composizione della lite e arbitrato*, *ibidem*; F. COSSIGNANI, *I provvedimenti di istruzione preventiva*, in *I provvedimenti cautelari*, a cura di A. CARRATTA, Bologna, 2013; F. MAGI-F. CARLETTI, *I procedimenti di istruzione preventiva*, in *Il nuovo processo cautelare*, a cura di G. TARZIA e A. SALETTI, 5ª ed., Padova, 2015; M. ADORNO, *La funzione conciliativa della consulenza tecnica preventiva ex art. 696 bis c.p.c.*, in *Giusto proc. civ.*, 2015; M.P. FUIANO, *Vecchi e nuovi problemi in tema di consulenza tecnica preventiva ai fini della composizione della lite*, in *Nuova giur. civ. comm.*, 2015; V. ANSANELLI, *Struttura e funzione della consulenza tecnica preventiva in materia medico-sanitaria*, in *Giusto proc. civ.*, 2018; D. AMADEI, *Convenzione d'arbitrato e consulenza tecnica preventiva (con funzione conciliativa)*, in *Riv. arb.*, 2022.

Sezione quinta

I PROVVEDIMENTI D'URGENZA

SOMMARIO: 103. Funzione e struttura dei provvedimenti d'urgenza.

103. *Funzione e struttura dei provvedimenti d'urgenza.*

I *provvedimenti d'urgenza* costituiscono uno strumento cautelare *atipico* e *sussidiario.*

Nell'ultima sezione del capo dedicato ai procedimenti cautelari, il codice configura un tipo di procedimento cautelare, che, come abbiamo già notato al § 96, ha il carattere della *sussidiarietà* e la funzione – che potrebbe essere detta di chiusura del sistema – di venire incontro a quelle esigenze di cautela (ossia a quelle situazioni di *periculum in mora*), per le quali il legislatore non abbia previsto un procedimento cautelare tipico. Si tratta del procedimento di solito designato col nome dei provvedimenti ai quali tende, ossia i *provvedimenti d'urgenza.* Anche in questo caso, mentre l'art. 700 si occupa della disciplina sulle «*condizioni per la concessione*» – ossia la configurazione dell'istituto nella sua funzione e dell'ambito della sua operatività –, la disciplina che riguarda gli aspetti propriamente procedimentali è quella sul procedimento cautelare uniforme *contenuta negli artt. 669 bis e seguenti.*

L'art. 700 indica le condizioni per la concessione dei provvedimenti d'urgenza.

A tal proposito va solo tenuto presente, in questa sede, il disposto del 6° comma dell'art. 669 octies, che – come si è visto retro, al § 98 – esclude i provvedimenti d'urgenza dall'inefficacia derivante dalla mancata proposizione (o successiva estinzione) del giudizio di merito.

Le condizioni richieste dall'art. 700 evidenziano le caratteristiche:

Passando ora all'esame della disciplina specifica dei provvedimenti d'urgenza, e incominciando con la funzione e l'ambito di operatività, abbiamo già accennato che le caratteristiche tipiche dell'istituto sono, sotto questo profilo, quelle della *sussidiarietà* e della *atipicità* (in aggiunta ovviamente, a quella della *strumentalità*, che è propria di tutti i provvedimenti cautelari). Caratteristiche, queste, che si ricavano direttamente dalla formulazione dell'art. 700.

a) della *strumentalità* e …

La *strumentalità* emerge dall'enunciazione che «... *chi ha fondato motivo di temere che durante il tempo occorrente per far valere il suo diritto in via ordinaria, questo sia minacciato da un pregiudizio imminente e irreparabile, può chiedere con ricorso al giudice i provvedimenti d'urgenza*», al fine di «*assicurare provvisoriamente gli effetti della decisione sul merito*».

… b) della *sussidiarietà* e della *atipicità.*

La *sussidiarietà* e l'*atipicità*, invece, emergono sia dalla premessa per cui la possibilità di richiedere l'adozione dei provvedimenti in questione sussiste solo «*fuori dei casi regolati nelle precedenti sezioni di questo capo*», ossia e più genericamente, quando non risultino utilizzabili altre misure cautelari tipiche; e sia dalla specificazione che i provvedimenti d'urgenza concretamente richiedibili e ottenibili sono *quelli «che appaiono, secondo le circostanze, più idonei ad assicurare provvisoriamente gli effetti della decisione sul merito»*. In sostanza, il giudice può pronunciare provvedimenti di contenuto non predeterminato dalla legge, *col solo duplice limite che, da un lato, l'esigenza alla quale soccorrono non sia già conseguibile con altra misura cautelare tipica o «nominata»; e che, dall'altro lato, il provvedimento appaia idoneo ad assicurare provvisoriamente gli effetti della decisione sul merito*; la quale decisione sul merito costituisce comunque il limite per il contenuto del provvedimento d'urgenza sotto il profilo sia oggettivo che soggettivo.

In relazione con l'ampiezza indeterminata del loro raggio d'azione sta *l'ampiezza indeterminata dei possibili contenuti dei provvedimenti d'urgenza.*

Si tratta, dunque, di provvedimenti che, nell'assolvere alla loro *funzione* strumentale (e quindi *cautelare*) e *sussidiaria*, possono assumere un *contenuto* che, non essendo predeterminato, come si è visto, può essere sia anticipatorio e sia anche meramente conservativo e può comunque essere il più vario (atipico, appunto), avuto riguardo alle specifiche e sempre mutevoli esigenze.

D'altra parte, poiché, da un lato, è certo che, col configurare questi provvedimenti il legislatore non ha affatto attribuito al giudice un generale potere cautelare esteso ai presupposti dei provvedimenti cautelari, mentre, dall'altro lato, i dati della strumentalità e della sussidiarietà implicano una valutazione di idoneità all'assicurazione provvisoria degli effetti, tocca all'interprete il non facile compito di determinare i limiti di impiego di questa misura.

A questo riguardo occorre anzitutto tenere ben presente il limite generale determinato dalla preordinazione del provvedimento d'urgenza ad assicurare l'effettività della tutela giurisdizionale dei diritti soggettivi. Con la conseguenza che il provvedimento d'urgenza non può, sotto il profilo soggettivo, coinvolgere terzi, né può, sotto il profilo oggettivo, aprire la via a forme di tutela alternativa di situazioni giuridiche diverse o addirittura inesistenti e solo auspicate. Né sembrano fondati i dubbi circa l'utilizzabilità dello strumento in discorso in funzione delle pronunce di mero accertamento, in considerazione del fatto che, se è vero che la certezza, per se stessa, non può subire pregiudizio, ben può accadere che il pregiudizio investa le pronunce consequenziali (restituzioni, condanne a non fare, ecc.). Parimenti infondati sembrano, su altro versante, i dubbi sulla possibilità di impiegare i provvedimenti d'urgenza in funzione della tutela dei diritti aventi ad oggetto beni fungibili (come, ad es., un credito per il pagamento di somme di denaro) o per assicurare gli effetti di una tutela giurisdizionale da esercitare non in via ordinaria ma utilizzando forme di tutela cognitiva sommaria o per tutelare in via d'urgenza una situazione giuridica, la cui configurabilità presupponga una preventiva pronuncia di incostituzionalità.

Imminenza e *irreparabilità* del pregiudizio, che minaccia il diritto.

In realtà, i soli limiti all'utilizzazione dei provvedimenti d'urgenza che emergono dall'art. 700 attengono direttamente al requisito del *periculum in mora* e, di riflesso, al *fumus boni iuris* meritevole di tutela in via cautelare (v. retro, § 96). Infatti, è appunto alla particolare natura del pericolo nel ritardo che esso si riferisce, nel configurare, per la concessione del provvedimento *de quo*, il requisito che il diritto *sia minacciato, durante il tempo occorrente per tutelarlo nel merito, da un pregiudizio imminente ed irreparabile*. Mentre il profilo dell'*imminenza* attiene alla prossimità temporale del pericolo, quello dell'*irreparabilità* – intesa come impossibilità o anche mera difficoltà di piena reintegrabilità del diritto all'esito del giudizio di merito, ove davvero dovesse subire il minacciato pregiudizio – va valutato dal giudice di volta in volta, in considerazione della specifica situazione sostanziale «minacciata» (anche in via riflessa) dal pregiudizio, a prescindere dalla natura della stessa situazione giuridica tutelanda.

Venendo ora alla disciplina procedimentale, ricordiamo che le fasi di autorizzazione, di revoca o modifica, di attuazione anche di questi provvedimenti sono disciplinate dagli articoli da 669 bis a 669 terdecies, che abbiamo già esaminato retro, nei §§ 97 e 98. In particolare, con riguardo alla proposizione dell'istanza, si applicano gli artt. 669 ter e 669 quater a seconda che venga avanzata *ante causam* o *lite pendente*.

Se il provvedimento è chiesto *ante causam*, il ricorso introduttivo deve specificare ...

... la proponenda domanda di merito.

La particolare strumentalità e sussidiarietà della tutela d'urgenza esige che, nei casi in cui tale tutela sia chiesta *ante causam*, il ricorso introduttivo – che deve, comunque, specificare il provvedimento richiesto anche con riguardo al suo contenuto – contenga anche l'indicazione della domanda di merito, la quale funge da punto di riferimento per individuare i presupposti della tutela cautelare e per valutare l'idoneità del provvedimento richiesto a neutralizzare il *periculum* che minaccia il diritto. Al di là di ciò, per il procedimento si applica l'art. 669 sexies; per i provvedimenti rispettivamente di rigetto e di accoglimento gli artt. 669 septies e 669 octies; per la dichiarazione d'inefficacia e per la revoca gli artt. 669 novies e 669 decies, per l'attuazione l'art. 669 duodecies e, infine, per il reclamo l'art. 669 terdecies (v. retro, §§ 97 e 98).

Bibliografia di orientamento

L. MONTESANO, *I provvedimenti d'urgenza nel processo civile*, 2ª ed., Napoli, 1955; G. ARIETA, *I provvedimenti d'urgenza ex art. 700 c.p.c.*, 2ª ed., Padova, 1985; F. TOMMASEO, *I provvedimenti d'urgenza*, Padova, 1983; F. TOMMASEO, *Provvedimenti d'urgenza*, in *Enciclopedia del diritto*, XXXVII,

Milano, 1988; R. CONTE, *Tutela d'urgenza tra diritto di difesa, anticipazione del provvedimento ed irreparabilità del pregiudizio*, in *Riv. dir. proc.*, 1995; C.E. BALBI, *Provvedimenti d'urgenza*, in *Dig. disc. priv., sez. civ.*, XVI, Torino, 1997; E. VULLO, *I provvedimenti d'urgenza ex art. 700 c.p.c.*, in *I procedimenti sommari e speciali*, a cura di S. CHIARLONI e C. CONSOLO, II, t. 2, Torino, 2005; A. PROTO PISANI, *I provvedimenti d'urgenza ex art. 700 c.p.c. (anni settanta)*, in *Foro it.*, 2012, V; A. PANZAROLA, *I provvedimenti d'urgenza dell'art. 700 c.p.c.*, in *I provvedimenti cautelari*, a cura di A. CARRATTA, Bologna, 2013; L. DITTRICH, *Il provvedimento d'urgenza ex art. 700 c.p.c.*, in *Il processo cautelare*, a cura di G. TARZIA e A. SALETTI, 5ª ed., Padova, 2015; A. PANZAROLA-R. GIORDANO, *Provvedimenti d'urgenza*, in *Comm. del c.p.c.*, a cura di S. CHIARLONI, Bologna, 2016; G. BASILICO, *Imminenza del pregiudizio e funzione preventiva della tutela cautelare ex art. 700 c.p.c.*, in *Giusto proc. civ.*, 2016; A. CARRATTA, *I provvedimenti d'urgenza nel prisma dei rimedi giurisdizionali in materia di lavoro*, in *Lav. e dir.*, 2017; D. BUONCRISTIANI, *Potere e atto. Tutela civile della situazione oppositoria*, Torino, 2020; G. CARMELLINO, *La tutela d'urgenza dei nuovi diritti*, Torino, 2020; A. CARRATTA, *La lezione chiovendiana sulla tutela sommaria cautelare e il IV libro del codice del 1942*, in *Riv. dir. proc.*, 2023; A. CARRATTA, *Gli ottant'anni del codice di procedura civile: il IV libro e la tutela sommaria*, in *Judicium*, 2023.

Capitolo XIII
I PROCEDIMENTI POSSESSORI

Sommario: 104. I procedimenti possessori.

104. *I procedimenti possessori.*

I *procedimenti possessori* sono disciplinati all'interno del capo quarto del titolo primo (del libro quarto) del codice, nonostante che essi – come già detto (retro, § 96) – non rivestano affatto funzione cautelare. In realtà, la loro disciplina si rinviene in tre soli articoli, richiamandosi, per il resto, alla disciplina del *procedimento cautelare uniforme*, di cui agli artt. 669 bis e ss., nei limiti della sua compatibilità con la pronuncia di provvedimenti non cautelari.

Va, anzitutto, osservato che, anche in questo caso (come nel caso delle denunce di nuova opera e di danno temuto: v. retro, § 101), il codice di rito si riferisce all'oggetto sostanziale dei procedimenti possessori attraverso un semplice richiamo alle «*domande di reintegrazione e di manutenzione nel possesso*», così come tradizionalmente denominate e configurate nel codice civile, agli artt. 1168 e 1170. Ed anche a questo riguardo non ci soffermiamo in questa sede, evidentemente, sull'oggetto sostanziale del procedimento se non per ricordare che, a differenza di quanto si è visto per le denunce, qui l'oggetto sostanziale (il possesso) – ossia, come dice l'art. 1140 c.c., *il potere sulle cose che si manifesta in un'attività corrispondente all'esercizio della proprietà o di altro diritto reale* – ha una sua piena autonomia rispetto alla situazione di diritto petitorio (proprietà o altro diritto reale) ed è tutelabile a prescindere dall'esistenza di questo diritto in capo al possessore, che chiede tutela.

Si è sostenuto, al riguardo, che si tratterebbe in realtà di una situazione che l'ordinamento riconosce non con la pienezza di tutela, che è propria del diritto soggettivo, ma nei limiti che emergono dalla tipicità delle due azioni di reintegrazione e di manutenzione, che sostanzialmente riducono tale tutela al mantenimento provvisorio della situazione di fatto turbata; e salvi solo gli effetti indiretti (ad es., l'usucapione), che però presuppongono altri fatti (ad es., la durata). Una situazione che taluni definiscono «debole», nel senso che, tra l'altro, a differenza dei diritti soggettivi, potrebbe non postulare come indefettibile esigenza la tutela giurisdizionale a cognizione piena e mediante la pronuncia di un provvedimento idoneo al giudicato.

Questi rilievi hanno indotto nel passato una parte della dottrina a rivolgere alcune penetranti censure all'orientamento maggioritario, secondo il quale i procedimenti possessori si articolerebbero necessariamente in due fasi distinte, sommaria l'una, di merito (possessorio) e a cognizione piena l'altra.

La *domanda possessoria* si propone con ricorso al tribunale competente ai sensi dell'art. 21.

A seguito di successivi interventi modificativi, nella sua attuale formulazione l'art. 703 – dopo aver enunciato, nel 1° comma, *che le domande di reintegrazione e di manutenzione si propongono con ricorso al giudice competente a norma dell'art. 21* (ossia al tribunale del luogo ove è avvenuto il fatto lesivo del possesso) – dispone, nel 2° comma, che «*il giudice provvede ai sensi degli articoli 669 bis e seguenti, in quanto compatibili*», ossia compie un rinvio, come già detto, alla disciplina del procedimento cautelare uniforme, nei limiti della sua compatibilità con la tutela possessoria.

La successiva fase di merito è subordinata alla richiesta di una delle parti.

Nei due commi successivi, poi, lo stesso art. 703 prevede, da un lato, la *reclamabilità*, ai sensi dell'art. 669 terdecies, dell'ordinanza che accolga o respinga la domanda possessoria e, dall'altro lato, la *facoltatività* («*se richiesta da una delle parti*») *della fissazione dell'udienza per la prosecuzione del giudizio di merito* (e quindi della seconda fase sul c.d. «merito possessorio»), aggiungendo che tale richiesta va avanzata «*nel termine perentorio di sessanta giorni decorrente dalla comunicazione del provvedimento che ha deciso sul reclamo, ovvero, in difetto, del provvedimento di cui al terzo comma*» (cioè, dell'ordinanza che ha deciso in senso positivo o negativo sulla domanda possessoria).

Il procedimento possessorio, perciò, assume solo *eventualmente* una configurazione *bifasica*. Dopo la prima fase sommaria, infatti, si aprono per le parti diverse alternative: a) la *proposizione del reclamo avverso l'ordinanza possessoria* e, dopo la comunicazione della decisione sul reclamo, la richiesta di prosecuzione del giudizio a cognizione piena sul merito possessorio; b) l'*immediata richiesta di prosecuzione del giudizio a cognizione piena sul merito possessorio*, rinunciando a proporre reclamo avverso l'ordinanza possessoria; c) l'*acquiescenza all'ordinanza possessoria* con l'astensione dal proporre sia il reclamo, sia la richiesta di prosecuzione del procedimento anche per la fase di merito.

Se richiesto da una delle parti, il giudice fissa dinanzi a sé l'udienza per la prosecuzione del giudizio con le forme del processo a cognizione piena.

Nel caso in cui venga avanzata da una delle parti richiesta di prosecuzione anche per la fase di merito il giudice – così dispone il 4° comma dell'art. 703 – «*fissa dinanzi a sé l'udienza per la prosecuzione del giudizio*». E dunque, il procedimento, già iniziato con il ricorso possessorio, prosegue con le forme del processo ordinario a cognizione piena, previa fissazione da parte del giudice competente dell'udienza di cui all'art. 183 (o – sussistendone i presupposti e in applicazione dell'art. 171 bis, 4° comma (v. § 12 del vol. II) – dell'udienza di cui all'art. 281 duodecies per la prosecuzione con il processo semplificato di cognizione: v. cap. 7° del vol. II) e si conclude con sentenza di primo grado impugnabile nei modi ordinari. D'altro canto, proprio la struttura unitaria del procedimento in esame esclude la necessità del rilascio, dopo la fase sommaria, di una nuova procura al difensore ai fini della prosecuzione e rende dubbia la proponibilità del regolamento di giurisdizione.

In mancanza di una richiesta di prosecuzione, invece, l'ordinanza possessoria mantiene la sua efficacia esecutiva, che, in forza del richiamo che il 2° comma dell'art. 703 compie alla disciplina del procedimento cautelare uniforme (e quindi indirettamente, all'art. 669 octies, 9° comma), è solo *endoprocessuale*, in quanto non invocabile in un diverso processo, il che è quanto dire inidoneità al giudicato o *provvisorietà protratta indefinitamente*. Nulla, d'altra parte, impedisce che l'ordinanza possa, sussistendone i presupposti, essere revocata o modificata ai sensi dell'art. 669 decies, sia nel caso di prosecuzione del procedimento anche nella fase sul merito possessorio (dal giudice davanti al quale esso pende) e sia nel caso che tale prosecuzione non vi sia (da parte del giudice che aveva pronunciato l'ordinanza sulla domanda possessoria).

Se già pende il giudizio petitorio, la domanda possessoria va proposta al giudice del petitorio (art. 704).

Nel caso che già penda il giudizio petitorio (a tutela della proprietà o di altro diritto reale), e limitatamente ai fatti verificatisi dopo tale pendenza, la domanda dell'attore relativa alla tutela del possesso sul bene va proposta – per ragioni di connessione – al giudice del petitorio (art. 704, 1° comma), salva la possibilità di domandare la reintegrazione al giudice competente a norma dell'art. 703 (ossia il tribunale competente per il possessorio: v. retro in questo §), nel qual caso questi dà i provvedimenti temporanei indispensabili. Dopodiché, «*ciascuna delle parti può proseguire il giudizio dinnanzi al giudice del petitorio ai sensi dell'articolo 703*».

L'art. 705 preclude il cumulo del petitorio col possessorio.

Le già viste ragioni di connessione non operano, però, in senso inverso, poiché l'ordinamento vuole evitare che la tutela possessoria subisca limitazioni o ritardi per effetto della contrapposta tutela petitoria. A questo scopo, l'art. 705 si spinge fino a precludere al convenuto nel giudizio possessorio la proposizione della domanda petitoria, *fino a quando il giudizio possessorio non sia definito e l'ordinanza possessoria non sia stata eseguita* (c.d. *divieto di cumulo del petitorio col possessorio*). Ciò, sempre che il convenuto nel procedimento possessorio non dimostri che l'esecuzione del provvedimento possessorio non può compiersi per fatto dell'attore. Il divieto di cumulo del petitorio col possessorio, previsto dall'art. 705, vale solo per il convenuto (e i suoi aventi causa), ma non anche per l'attore, che può, di conseguenza, proporre la domanda possessoria e quella petitoria congiuntamente, nel qual caso la competenza spetterebbe al giudice competente per quest'ultima, o anche disgiuntamente.

Per la Corte costituzionale il divieto di cumulo non vale *in caso di rischio di pregiudizio irreparabile del convenuto nel giudizio possessorio.*

A proposito del divieto di cumulo del petitorio col possessorio dell'art. 705, tuttavia, va aggiunto che la Corte costituzionale, con la sent. n. 25/1992, ha escluso che questa disposizione si applichi *nei casi in cui dalla sua applicazione potrebbe derivare al convenuto nel procedimento possessorio un pregiudizio irreparabile* (come, ad es., nel caso che il provvedimento possessorio riguardi beni mobili non registrati). Nei quali casi, di conseguenza, si apre la possibilità della proposizione delle ragioni petitorie (ad es., mediante domanda riconvenzionale) anche da parte del convenuto del procedimento possessorio.

Quanto all'*attuazione dei provvedimenti possessori*, la giurisprudenza della Cassazione è orientata a ritenere che i provvedimenti di reintegrazione nel possesso sono dotati di un'intrinseca efficacia esecutiva che si svolge *ex officio judicis*, senza che occorrano le formalità dell'ordinario processo di esecuzione, tra le quali la notificazione del precetto (v. retro, § 55).

Bibliografia di orientamento

A. LEVONI, *La tutela del possesso*, I, Milano, 1979; A. LEVONI, *Possessorio (giudizio)*, in *Dig. disc. priv., sez. civ.*, XIV, Torino, 1996; G. DELLA PIETRA, *Il procedimento possessorio*, Torino, 2003; A. CARRATTA, *I procedimenti possessori*, in *I procedimenti sommari e speciali*, a cura di S. CHIARLONI e C. CONSOLO, III, Torino, 2005; A. CARRATTA, *Sub artt. 702-705*, in *Le recenti riforme del processo civile*, a cura di S. CHIARLONI, I, Bologna, 2007; M. FORNACIARI, *Il possesso e la sua tutela. Lineamenti generali*, Torino, 2012; AA.VV., *I procedimenti possessori*, a cura di A. CARRATTA, Bologna, 2015; V. MAZZOLETTI, *I provvedimenti possessori*, in *Il processo cautelare*, a cura di G. TARZIA e A. SALETTI, 5ª ed., Padova, 2015; G. BASILICO, *Processo possessorio*, in *Diritto on line Treccani*, 2016; AA.VV., *Dei procedimenti possessori (art. 703-705)*, a cura di A. CARRATTA, in *Comm. del c.p.c.*, diretto da S. CHIARLONI, Bologna, 2018; A. CARRATO, *Le azioni possessorie: profili problematici di diritto sostanziale e processuale*, in *Corr. giur.*, 2020.

CAPITOLO XIV

I PROCEDIMENTI IN CAMERA DI CONSIGLIO

SOMMARIO: 105. Giurisdizione volontaria e procedimenti in camera di consiglio. – 106. Le disposizioni comuni ai procedimenti in camera di consiglio.

105. *Giurisdizione volontaria e procedimenti in camera di consiglio.*

Gli attributi di «specialità», che caratterizzano i *procedimenti di giurisdizione volontaria*, sono indubbiamente i più intensi ed evidenti. Si vide, infatti, in sede di esame dei diversi tipi di attività giurisdizionale (v. vol. I, § 5, in fine, e § 7, in fine), che la giurisdizione volontaria è (ad onta del nome) la meno giurisdizionale – se così si può dire – delle attività configurate dal codice di procedura civile.

Si vide, più precisamente, che si tratta di un'attività giurisdizionale del tutto particolare sia sotto il profilo strutturale (*perché non è idonea al giudicato*, ma è, al contrario, caratterizzata dalla revocabilità e dalla modificabilità dei provvedimenti) e sia sotto il profilo funzionale (*perché non tende a tutelare diritti o* status, ma situazioni riconducibili alla figura degli interessi di rilevanza generale e degli interessi semplici, per qualche ragione rilevanti per l'ordinamento). Così come si vide che la ragione per la quale essa rientra nella disciplina del codice sta solo nel fatto che, sotto il profilo soggettivo, l'attività in discorso è svolta dagli organi giurisdizionali, mentre, sotto il profilo oggettivo, la materia sostanziale sulla quale essa incide è data da situazioni giuridiche di diritto privato, nel senso che essa integra (o rimuove ostacoli per) la fattispecie costitutiva, modificativa o estintiva di soggetti giuridici, di stati personali, di poteri, ecc. In tal modo assolve ad una funzione assimilabile a quella della giurisdizione costitutiva (necessaria), dalla quale, tuttavia, si distingue nettamente perché non accerta e non attua diritti o *status*, ed in relazione a ciò non dà luogo all'incontrovertibilità propria dell'attività di cognizione, ossia al giudicato sostanziale di cui all'art. 2909 c.c. Si tratta, in sintesi, di *amministrazione di diritto privato affidata ad organi giurisdizionali* o, se si vuole, di *attività gestoria di situazioni privatistiche attribuita al giudice civile.*

La nozione di *giurisdizione volontaria.*

Per questo tipo di attività il legislatore non ha dettato una disciplina autonoma e organica. D'altra parte, neppure si è limitato a includere tra i procedimenti speciali la disciplina di alcuni procedimenti di questo tipo (individuati dal loro oggetto sostanziale). Ed in realtà, avendo anche riguardo al fatto che molti altri procedimenti di questo tipo sono disciplinati altrove (e cioè, in altri libri del codice di procedura civile, come, ad es., la nomina del curatore speciale, di cui agli artt. 78 e ss. [v. vol. I, § 46, in fine] o nel codice civile o in leggi speciali); il codice si è limitato ad includere tra i procedimenti speciali (e precisamente nel capo sesto del titolo secondo del libro quarto) un gruppo di norme che, anziché disciplinare un particolare procedimento speciale, sono dedicate genericamente ai «*procedimenti in camera di consiglio*» e che, come stiamo per vedere, costituiscono un tentativo, timido e tutt'altro che perfetto, di disciplina unitaria e paradigmatica per i procedimenti di giurisdizione volontaria, ancorché talvolta inopportunamente adottati dal legislatore anche per procedimenti di giurisdizione contenziosa.

In effetti, queste norme, lungi dall'essere espressamente riferite alla giurisdizione volontaria [che, si noti, non è neppure nominata né in queste norme né altrove nel codice], sono riferite ad una caratteristica formale, essendo intitolate: «*disposizioni comuni ai procedimenti in camera di consiglio*». Ma, già il legislatore ha avuto cura di precisare che tali norme si applicano anche ai procedimenti «non regolati nei capi precedenti o che non riguardino materia di famiglia o di stato delle persone» (così l'art. 742 bis), come altrimenti si sarebbe dovuto dedurre dalla collocazione di queste norme nel titolo dedicato ai procedimenti in materia di famiglia e di stato delle persone. D'altra parte, anche il riferimento alla forma della pronuncia in camera di consiglio è tutt'altro che univoco ed assoluto, anche perché non mancano esempi, nella disciplina del processo di cognizione ordinario, di provvedimenti in camera di consiglio, ai quali le norme in discorso sicuramente non si applicano (si pensi, ad es., alla pronuncia sul reclamo contro il provvedimento dichiarativo dell'estinzione, ai termini dell'art. 308, 2° comma: v. vol. II, § 69).

In tanta incertezza, il solo criterio orientatore sicuro sembra essere offerto dall'art. 742, il quale, con l'enunciare che «*i decreti possono essere in ogni tempo modificati o revocati ...*», si riferisce alla caratteristica strutturale più tipica dell'attività in discorso, e che, perciò, è implicitamente richiamata come categoria, si voglia o non si voglia servirsi della denominazione convenzionale di «giurisdizione volontaria». Il suggerimento concreto che si desume da questo rilievo è nel senso che *le «disposizioni comuni» di cui trattasi costituiscono un nucleo di disciplina applicabile a tutti i procedimenti che, indipendentemente dalla loro collocazione e in correlazione con un oggetto sostanziale, da un lato, si svolgono davanti ad organi giurisdizionali e, dall'altro lato, presentano le caratteristiche strutturali della revocabilità e della modificabilità o comunque della non idoneità a dar luogo alla cosa giudicata.*

Le disposizioni sui procedimenti in camera di consiglio si applicano di regola ai procedimenti di giurisdizione volontaria.

In pratica, questo nucleo di disciplina, integrato dall'eventuale disciplina dettata specificamente per i singoli procedimenti, si applica, interamente o nella misura risultante delle singole norme di richiamo, a procedimenti che di solito hanno ad oggetto materie – anche non di famiglia o di stato delle persone – diverse dai diritti e dagli *status* o che, pur incidendo su diritti e *status*, non risolvono posizioni di contrasto, vere e proprie controversie, né assolvono ad esigenze di tutela. Proprio in relazione a ciò essi possono tollerare, per esigenze di speditezza del procedimento, l'attenuazione delle garanzie del contraddittorio (lasciato, nella sua attuazione, alla discrezionalità del giudice) e delle prove e, soprattutto, l'instabilità propria dell'inidoneità al giudicato. Procedimenti, questi, configurati nel libro dei procedimenti speciali o in altri settori del codice di rito o di altri codici o leggi speciali, come, ad es., alcuni procedimenti in camera di consiglio in materia di persone, minorenni e famiglie (art. 473 ter c.p.c., che, a sua volta, richiama i procedimenti di cui agli artt. 102, 171, 262, 316 e 371 c.c., gli artt. 31 e 33 D.Lgs. 286/1998 e gli artt. 18, 19 e 19 bis D.Lgs. 142/2015: v. anche retro, § 22) o di altri codici o leggi speciali.

Esse si applicano ai diversi procedimenti indipendentemente dalla loro collocazione, …

Va, d'altra parte, rilevato che il legislatore, nel configurare procedimenti di questo tipo, non sempre si mostra rispettoso di questi limiti di applicazione dei procedimenti in questione; ciò che dà luogo ad una divaricazione tra le esigenze di tutela, determinate dalla sostanza, e la forma, non sempre adeguatamente rispettosa dell'esigenza che l'attuazione del contraddittorio sia regolata dalla legge (c.d. *cameralizzazione del giudizio su diritti*). Rispetto alla quale divaricazione possono prospettarsi gravi dubbi di opportunità ed anche di costituzionalità; questi ultimi, peraltro, in parte riconosciuti anche dalla Corte costituzionale.

… ma talvolta sono inopportunamente applicate a procedimenti su diritti o *status*.

Questa tendenza, che ha indotto a qualificare il procedimento in camera di consiglio come un «*contenitore neutro*», impone talora la necessità di verificare la specifica struttura e funzione dei singoli procedimenti e subprocedimenti per i quali il legislatore ha previsto le forme in camera di consiglio, per stabilire, caso per caso, se le specifiche disposizioni possano o non possano – avuto riguardo anche al rispetto dei principi costituzionali del giusto processo di volta in volta assicurato – assurgere all'idoneità al giudicato.

106. *Le disposizioni comuni ai procedimenti in camera di consiglio.*

Veniamo ora all'esame più ravvicinato di quel gruppo di norme che abbiamo visto costituire il nucleo di disciplina unitaria dei procedimenti che sono riconducibili all'esercizio della giurisdizione volontaria; norme raggruppate negli artt. 737-742 bis, sotto il titolo «*Disposizioni comuni ai procedimenti in camera di consiglio*».

Giudice competente è il tribunale in composizione collegiale, salvo diversa previsione.

Anzitutto, *giudice competente* per questo tipo di procedimenti è di regola il tribunale, tenendo presente che, per l'art. 50 bis, nei procedimenti in camera di consiglio il tribunale giudica *in composizione collegiale, salvo che non sia altrimenti disposto* (come, ad es., nelle ipotesi della competenza del giudice tutelare). Rimane, tuttavia, qualche margine anche per il giudice di pace (v., ad es., l'art. 752, 2° comma, e l'art. 778, 1° comma). Si tratta, comunque, di attribuzioni non già in applicazione dei normali criteri di distribuzione della competenza per materia o valore, né di altri criteri sistematici, bensì in base alle indicazioni che emergono dalla disciplina specifica dei singoli procedimenti, i quali, d'altra parte, talora attribuiscono la competenza anche al presidente del tribunale (come, ad es., nel procedimento di ammortamento dei titoli di credito ex art. 2016 c.c.). Ugualmente è da escludere la possibilità di individuare un criterio generale di competenza per territorio, che peraltro è configurata (dall'art. 28) come inderogabile (v. vol. I, § 38).

La domanda si propone con ricorso e, di solito, senza onere di patrocinio.

La domanda si propone con ricorso, che viene inoltrato direttamente al giudice, per il tramite della cancelleria (art. 737), e con riferimento al quale si ritiene che, di regola, non sussista l'onere del patrocinio di un avvocato. Una volta presentato il ricorso, il presidente nomina un relatore tra i componenti del collegio con il compito – così dispone l'art. 738, 1° comma – di riferire in camera di consiglio. Ma, prima di compiere tale relazione, il relatore – che può essere anche lo stesso presidente – provvede a verificare l'eventuale necessità od opportunità che al procedimento partecipino (o di esso siano comunque edotti) eventuali altri interessati o controinteressati, ai quali pertanto il giudice può disporre che il ricorso venga notificato ad opera del ricorrente, insieme al decreto di fissazione dell'adunanza camerale. Interessato per dovere d'ufficio può essere, in certi procedimenti, il P.M. Ed a questo riguardo l'art. 738, 2° comma, dispone che «*se deve essere sentito il Pubblico Ministero, gli atti sono a lui previamente comunicati ed egli deposita le sue conclusioni*», così esaurendo l'assolvimento all'onere della sua partecipazione.

Se il P.M. deve essere sentito, gli atti sono a lui comunicati.

Il giudice può compiere anche, ove lo ritenga necessario, una vera e propria istruzione probatoria. La formula estremamente succinta e generica di cui l'art. 738, 3° comma, si serve al riguardo («*il giudice può assumere informazioni*») mette, tuttavia, in evidenza l'ampiezza della discrezionalità dei poteri del giudice e soprattutto il carattere ufficioso delle possibili iniziative probatorie; ciò che, da un lato, conferisce al procedimento in discorso talune caratteristiche proprie del sistema inquisitorio (v. vol. I, § 21) e, dall'altro lato, evidenzia, insieme con la discrezionalità nella scelta delle forme per l'attuazione del contraddittorio, la mancanza degli elementi essenziali e caratteristici della cognizione piena.

Il giudice *può assumere informazioni*, ...

... ma l'istruzione è necessaria quando oggetto ...

Tuttavia, si ritiene che l'istruzione sia necessaria ed esercitabile in applicazione analogica della disciplina sul processo ordinario di cognizione, quando il procedimento camerale abbia ad oggetto la tutela di diritti soggettivi e dunque venga impropriamente utilizzato dal legislatore – come abbiamo già detto – anche al di fuori dell'esercizio della giurisdizione volontaria.

... siano diritti soggettivi o *status*.

Il provvedimento, nel quale sfocia il procedimento di cui trattasi, ha – così dispone l'ultima parte dell'art. 737 – «*forma di decreto motivato, salvo che la legge disponga altrimenti*».

Il provvedimento ha forma di decreto e può essere *reclamato* entro 10 giorni, a seconda dei casi al tribunale o alla corte d'appello.

Anche nel procedimento in discorso è in qualche modo operante il principio del doppio grado. L'art. 739 configura, infatti, un mezzo di impugnazione contro i decreti di cui trattasi: *il reclamo*, da proporsi al giudice immediatamente superiore. A questo proposito, tuttavia, occorre prendere atto di una novità introdotta dal D.Lgs. 149/2022 e che riguarda la composizione del tribunale quale giudice del reclamo avverso i provvedimenti del giudice tutelare.

Stabilisce ora il 1° comma dell'art. 739, come modificato appunto dal D.Lgs. 149/2022, che «*Contro i decreti del giudice tutelare si può proporre reclamo al tribunale, che pronuncia in camera di consiglio in composizione monocratica quando il provvedimento ha contenuto patrimoniale o gestorio, e in composizione collegiale in tutti gli altri casi. Del collegio non può far parte il giudice che ha emesso il provvedimento reclamato*».

Quanto, invece, al reclamo avverso i provvedimenti pronunciati dal tribunale in camera di consiglio in primo grado, esso si può proporre «*con ricorso alla corte di appello, che pronuncia anch'essa in camera di consiglio*».

Contro i decreti pronunciati in sede di reclamo non è ammesso, di regola (salva diversa previsione di legge), altro mezzo di impugnazione (art. 739, 3° comma), sebbene venga generalmente ammessa la ricorribilità per cassazione, ai sensi dell'art. 111, 7° comma, Cost., dei provvedimenti pronunciati in sede di reclamo, quando il procedimento camerale abbia ad oggetto tutela di diritti soggettivi o *status* o comunque, secondo il tradizionale orientamento della Cassazione, di ogni provvedimento anche soltanto «incidente» su diritti soggettivi o *status* e di natura definitiva.

Naturalmente, il reclamo di cui trattasi, come ogni altro mezzo di impugnazione, va proposto in un termine perentorio (v. vol. I, § 66). Ed in effetti il 2° comma dell'art. 739 dispone che «il reclamo deve essere proposto *nel termine perentorio di dieci giorni*», precisando che il *dies a quo* per la decorrenza di questo termine è la «*comunicazione del decreto* (ovviamente da parte della cancelleria: v. vol. I, §§ 43 e 70), *se è dato in confronto di una sola parte*», o la «*notificazione* (su iniziativa di una parte), *se è dato in confronto di più parti*». Dalla quale ultima disposizione si desume, oltre al rilievo che, in certi casi, il decreto va notificato, anche una conferma circa l'eventuale possibilità della presenza di controinteressati, rispetto ai quali soltanto la notificazione ha un significato, anche agli effetti della loro legittimazione al reclamo in via incidentale. Anche il P.M. può proporre reclamo nel medesimo termine di 10 giorni (dalla comunicazione a lui del decreto), purché naturalmente si tratti di decreti per i quali è necessario il suo parere (art. 740).

Il decreto acquista efficacia decorsi i termini per il reclamo.

La decorrenza del termine per il reclamo condiziona anche, di regola, l'efficacia dei decreti. L'art. 741 dispone, infatti, che «*i decreti acquistano efficacia quando sono decorsi i termini* di cui agli articoli precedenti *senza che sia stato proposto reclamo*», salvo, tuttavia, il potere del giudice di attribuire ai decreti stessi, qualora sussistano ragioni di urgenza, *efficacia immediata.*

Come si vede, la tecnica della quale il legislatore si è servito, nel configurare il regime dei rimedi contro i decreti in discorso e nel coordinare a tale regime l'efficacia dei decreti stessi, parrebbe sostanzialmente la stessa della quale si è servito nel processo di cognizione. Sennonché, a differenza di quanto tipicamente accade nel processo di cognizione (v. vol. I, § 4), questa tecnica rimane, in un certo senso, fine a se stessa, in quanto l'assoggettamento ad un numero limitato di mezzi di impugnazione (con la perentorietà del relativo termine) non viene affatto utilizzata per l'attribuzione ai decreti dell'incontrovertibilità propria del giudicato. E infatti, a parte la significativa esclusione del rimedio del ricorso per cassazione, abbiamo già ampiamente visto (nel § precedente) che la caratteristica tipica dei procedimenti in discorso sta proprio nella loro strutturazione in modo antitetico alla incontrovertibilità. Tale caratteristica sta, più precisamente, nella regola enunciata dall'art. 742 e secondo la quale «*i decreti possono essere in ogni tempo modificati o revocati*», salvi soltanto «*i diritti acquisiti in buona fede dai terzi in forza di convenzioni anteriori alla modificazione o alla revoca*».

Il decreto è sempre revocabile e modificabile (art. 742).

Rimane da domandarsi come questa permanente e caratteristica revocabilità e modificabilità possa conciliarsi con la situazione determinata dall'esaurimento della possibilità d'impugnazione attraverso il reclamo (avvenuto esperimento del reclamo o avvenuta decorrenza del termine perentorio per proporlo).

In realtà, l'esaurimento delle possibilità d'impugnazione e la perentorietà del relativo termine rimangono fine a se stessi e rilevanti solo con riguardo all'iter procedimentale camerale, la cui pendenza può solo costituire un temporaneo impedimento alla revoca e all'autonoma proponibilità dell'*actio nullitatis* ad opera della parte. Si deve ammettere, infatti, che tali provvedimenti, oltre che revocabili e modificabili dallo stesso giudice che li ha pronunciati, siano anche contestabili nella loro legittimità, sia attraverso la c.d. *disapplicazione* da parte dello stesso giudice, ove rilevino incidentalmente in un giudizio che abbia ad oggetto la tutela di diritti o *status* (analogamente a quanto accade per gli atti amministrativi), e sia con l'*actio nullitatis* o con un'azione autonoma, anche ad opera di coloro che furono parti nel relativo procedimento.

La revoca dei decreti può avvenire anche d'ufficio per ragioni di illegittimità o di inopportunità.

La revoca, in quanto esercizio di un potere officioso del giudice, non postula l'istanza di parte, che peraltro non è affatto esclusa. Legittimati a chiedere la revoca sono soltanto – secondo l'orientamento prevalente – coloro che furono parti nel procedimento camerale, mentre i terzi possono soltanto chiederne l'annullamento attraverso l'*actio nullitatis*. Il potere di revoca non è, ovviamente, fondato sull'arbitrio, ma, pur essendo «a critica libera», si fonda su motivi di illegittimità o inopportunità e non presuppone mutamenti nelle circostanze.

Bibliografia di orientamento

E. FAZZALARI, *La giurisdizione volontaria*, Padova, 1953; C. DE MARINI, *Considerazioni sulla natura della giurisdizione volontaria*, in *Riv. dir. proc.*, 1954; E. ALLORIO, *Saggio polemico sulla giurisdizione volontaria e altri studi*, in *Sulla dottrina della giurisdizione e del giudicato*, Milano, 1957; C. MANDRIOLI, *C.d. «procedimenti camerali su diritti» e ricorso straordinario per cassazione*, in *Riv. dir. proc.*, 1988; L. LANFRANCHI, *I procedimenti camerali decisori*, in *Riv. trim. dir. e proc. civ.*, 1989; L. LANFRANCHI, *La cameralizzazione del giudizio sui diritti*, in *Giur. it.*, 1989, IV; B. CAPPONI, *Le «informazioni» del giudice civile*, in *Riv. trim. dir. e proc. civ.*, 1990; A. PROTO PISANI, *Usi ed abusi della procedura camerale ex artt. 737 e ss. c.p.c.*, in *Riv. dir. civ.*, 1990, I; A. CARRATTA, *Procedimenti cameral-sommari in recenti sentenze della Corte costituzionale*, *ivi*, 1992; A. CHIZZINI, *La revoca dei provvedimenti di volontaria giurisdizione*, Padova, 1994; A. CARRATTA, *Provvedimenti cameral-sommari, «decisorietà» e ricorso per cassazione: fra nuove riforme e vecchi problemi*, in *Fam. e dir.*, 2007; A. CARRATTA, *Processo camerale (dir. proc. civ.)*, in *Enciclopedia del diritto, Annali*, III, Milano, 2010; G. VIGNERA, *Riserva di legge ex art. 111 comma 1° Cost. e rito camerale uniforme*, in *Riv. trim. dir. e proc. civ.*, 2012; E. VULLO, *Art. 721-736 bis*, in *Comm. del c.p.c.*, diretto da S. CHIARLONI, Bologna, 2013; R. DONZELLI, *Sul «giusto processo» civile «regolato dalla legge»*, in *Riv. dir. proc.*, 2015; AA.VV., *Artt. 737-795*, a cura di E. DEL PRATO, in *Comm. del c.p.c.*, diretto da S. CHIARLONI, Bologna, 2017; D. TURRONI, *I procedimenti camerali «senza diritti»*, I, Torino, 2018; AA.VV., *La giurisdizione "non contenziosa" e i procedimenti in camera di consiglio*, a cura di D. TURRONI, in *Giur. it.*, 2020; A. CARRATTA, *Le riforme del processo civile*, Torino, 2023; D. TURRONI, *La volontaria giurisdizione*, in *Lezioni sul nuovo processo civile*, a cura di E. DALMOTTO, Bologna, 2023; G. FINOCCHIARO, *Procedimenti cautelari e camerali*, in *Il processo civile dopo la riforma Cartabia*, a cura di A. DIDONE e F. DE SANTIS, Milano, 2023; A. CARRATTA, *Gli ottant'anni del codice di procedura civile: il IV libro e la tutela sommaria*, in *Judicium*, 1/2023; R. ORIANI, *'Essere' e 'dover essere' nell'impugnazione dei provvedimenti del giudice*, Napoli, 2023; L. DI COLA, *Provvedimento anomalo e processo civile*, Napoli, 2024.

Capitolo XV
LA SEMPLIFICAZIONE DEI RITI SPECIALI

107. *Gli obiettivi del D.Lgs. 150/2011.*

Il D.Lgs. 150/2011 si presenta come un «testo unico» di alcuni riti speciali.

La «semplificazione e riduzione» dei riti speciali di cognizione erano gli obiettivi del D.Lgs. 150/2011, emanato in attuazione della legge-delega di cui all'art. 54 L. 69/2009 e ulteriormente riformato dal D.Lgs. 149/2022 e dal D.Lgs. 164/2024. Tali obiettivi, tuttavia, sembrano sostanzialmente falliti, in quanto, da un lato, il D.Lgs. 150/2011 si presenta come una sorta di «testo unico» di alcuni riti speciali, in precedenza contenuti in diverse leggi speciali; dall'altro lato, i riti speciali da esso presi in considerazione sono ricondotti ai *quattro modelli processuali* disciplinati dal c.p.c. del *rito ordinario di cognizione* (v. vol. II, capp. 2°, 3°, 4° e 5°), *del rito in materia di persone, minorenni e famiglie* (v. retro, cap. 3°), del rito del *lavoro* (v. retro, cap. 2°) e del *rito semplificato di cognizione* (v. retro, cap. 7° del vol. II), con l'aggiunta di specifiche disposizioni speciali, derogatorie della disciplina codicistica.

Il D.Lgs. 150/2011 si articola in cinque capi, il primo dei quali, intitolato «*Disposizioni generali*» (articoli da 1 a 5), fissa le regole applicabili a tutte le controversie interessate dallo stesso D.Lgs. e funge anche da «raccordo» con le norme del codice di rito. In particolare, dopo la specificazione (nell'art. 1) delle norme del codice che si intendono richiamate nel D.Lgs., vengono indicate alcune disposizioni, rispettivamente, del rito del lavoro (art. 2) e del processo semplificato di cognizione (art. 3), che non si applicano, salvo espresso richiamo. Realizzando, di fatto, con riferimento ai «riti di destinazione», una differente disciplina a seconda che si faccia riferimento a quella codicistica o a quella contenuta nel D.Lgs. 150/2011. Negli artt. 4 e 5, invece, esso ha introdotto nuove disposizioni con riguardo, rispettivamente, alle modalità del mutamento del rito e alla possibilità di sospensione dell'efficacia esecutiva del provvedimento impugnato (v. oltre, § 109).

108. *I «riti di destinazione»: a) il rito del lavoro; b) il rito semplificato di cognizione; c) il rito ordinario; d) il rito in materia di persone, minorenni e famiglie.*

In primo luogo, nei capi II, III e IV del D.Lgs. 150/2011 vengono individuate le controversie che devono essere sottoposte, rispettivamente, alla disciplina del *rito del lavoro*, del *rito semplificato di cognizione*, del *rito ordinario* e del *rito in materia di persone, minorenni e famiglie*.

a) *I procedimenti sottoposti alla disciplina del rito del lavoro.*

Le controversie sottoposte al rito del lavoro dal D.Lgs. 150/2011.

E così, gli articoli da 6 a 13 elencano le controversie che vanno decise seguendo il rito del lavoro (come «adattato» o modificato dal già richiamato art. 2). In particolare, l'applicazione obbligatoria di tale rito speciale riguarda le controversie in materia di: a) opposizione all'ordinanza-ingiunzione (art. 6); b) opposizione al verbale di accertamento di violazioni del codice della strada, di cui all'art. 204 bis D.Lgs. 285/1992 (art. 7); c) opposizione alle sanzioni amministrative in materia di stupefacenti (art. 8); d) opposizione ai provvedimenti di recupero di aiuti di Stato (art. 9); e) applicazione del c.d. codice sulla privacy, di cui all'art. 152 D.Lgs. 196/2003 (art. 10); f) controversie agrarie di competenza delle sezioni specializzate agrarie (art. 11); g) impugnazione dei provvedimenti in materia di registro dei protesti, di cui all'art. 4 L. 77/1955 (art. 12); h) opposizione ai provvedimenti in materia di riabilitazione del debitore protestato (art. 17, 3° e 4° comma, L. 108/1996) (art. 13).

Oltre a individuare le controversie da sottoporre al rito del lavoro, il D.Lgs. 150/2011 ha proceduto – come già detto – anche a selezionare le disposizioni codicistiche di tale rito non applicabili a queste controversie. Stabilisce, infatti, l'art. 2 dello stesso D.Lgs. che della disciplina sul rito del lavoro non si applicano (a meno che non siano espressamente richiamati) «*gli articoli 413, 415, settimo comma, 417, 417 bis, 420 bis, 421, terzo comma, 425, 426, 427, 429, terzo comma, 431, dal primo al quarto comma e sesto comma, 433, 438, secondo comma, e 439 del codice di procedura civile*». Nelle stesse controversie, poi, l'ordinanza prevista dall'art. 423, 2° comma, può essere concessa su istanza di ciascuna parte (v. retro, § 16) e anche l'art. 431, 5° comma, si applica alle sentenze di condanna a favore di ciascuna delle parti (e dunque, l'efficacia esecutiva provvisoria della sentenza di primo grado è interamente ricondotta alla normativa ordinaria: v. §

62 del vol. II). Per queste disposizioni l'inapplicabilità o l'adattamento si giustifica col fatto che la loro particolare formulazione, nell'ambito del rito del lavoro, è collegata alla presenza di una controversia individuale di lavoro.

Discutibile, invece, appare la scelta dell'art. 2 D.Lgs. 150/2011 di limitare anche i poteri istruttori ufficiosi del giudice come disciplinati per il rito del lavoro dall'art. 421, 2° comma (v. retro, § 15). Stabilisce, infatti, che «*salvo che sia diversamente disposto, i poteri istruttori previsti dall'articolo 421, secondo comma, del codice di procedura civile non vengono esercitati al di fuori dei limiti previsti dal codice civile*» (4° comma). E appare discutibile alla luce della considerazione che – come abbiamo visto (retro, § 15) – gli ampi poteri istruttori ufficiosi, previsti da tale disposizione, costituiscono una peculiarità del rito del lavoro e non un *favor* per il lavoratore, potendo essere esercitati anche a vantaggio del datore di lavoro.

La riconduzione non è al rito del lavoro «codicistico», ma a quello «adattato» dallo stesso D.Lgs. 150/2011.

La riconduzione, dunque, non è al rito del lavoro disciplinato dal codice, ma a quello «adattato» dallo stesso D.Lgs. 150/2011, ovvero privato delle disposizioni indicate dall'art. 2. E dunque, siccome il rito del lavoro si presenta già di per sé come «rito speciale» rispetto al rito ordinario (v. retro, § 1), dobbiamo ritenere che la sua *specialità* venga declinata in maniera diversa a seconda che nella singola controversia trovi applicazione il rito del lavoro «*codicistico*» o quello «*adattato*» dal D.Lgs. 150/2011.

b) *I procedimenti sottoposti alla disciplina del rito semplificato di cognizione.*

Il capo III del D.Lgs. 150/2011, intitolato «*Delle controversie regolate dal rito semplificato di cognizione*» (articoli da 14 a 30 bis), indica le controversie alle quali è applicabile (anche in questo caso con alcune deroghe) il procedimento semplificato di cognizione di cui agli artt. 281 undecies, duodecies e terdecies c.p.c. (v. cap. 7° del vol. II).

Le controversie sottoposte al procedimento semplificato di cognizione quale rito obbligatorio.

Si tratta delle controversie in materia di: a) liquidazione degli onorari e diritti degli avvocati (art. 14); b) opposizione al decreto di pagamento delle spese di giustizia (art. 15) (v. § 43 del vol. I); c) immigrazione, riconoscimento della protezione internazionale e ricongiungimento familiare (artt. 16-20); d) trattamento sanitario obbligatorio (art. 21); e) elettorale (artt. 22-24); f) riparazione a seguito di illecita diffusione di intercettazioni telefoniche (art. 25); g) provvedimenti disciplinari a carico dei notai e dei giornalisti (artt. 26 e 27); h) discriminazione (art. 28); i) opposizione alla stima nelle espropriazioni per pubblica utilità (art. 29); l) attuazione delle sentenze e dei provvedimenti stranieri di giurisdizione volontaria di cui all'art. 67 della L. 218/1995, ossia della legge di riforma del sistema italiano di diritto internazionale privato, nel procedimento di competenza della corte d'appello (art. 30), ovviamente nei casi in cui a tal fine non trovi applicazione una convenzione internazionale o un regolamento dell'UE (art. 30); m) ricorsi avverso il decreto camerale *inaudita altera parte* di esecutività e di accertamento della sussistenza dei presupposti per il riconoscimento delle decisioni straniere in materia di applicazione dei Regolamenti dell'Unione Europea 2201/2003, 4/2009, 1103/2016, 1104/2016, 650/2012 oppure domande avanzate in via principale di diniego del riconoscimento delle medesime decisioni (art. 30 bis, 1°, 2° e 3° comma); n) domande di diniego del riconoscimento o dell'esecuzione e di accertamento dell'assenza di motivi di diniego del riconoscimento di *decisioni immediatamente esecutive straniere in conformità al diritto dell'Unione* (in particolare in applicazione dei Regolamenti dell'Unione Europea 1215/2012, 606/2013, 848/2015, 1111/2019) (art. 30 bis, 4° comma); o) *dichiarazione di esecutività di decisioni straniere o in via principale di accertamento della sussistenza dei presupposti per il riconoscimento o il diniego di tale riconoscimento*, quando l'efficacia di tali decisioni si fondi su una convenzione internazionale (art. 30 bis, 5° comma).

Le modifiche introdotte dal D.L. 13/2017 (conv. dalla L. 46/2017) per i procedimenti in materia di immigrazione.

Va anche aggiunto che le norme del D.Lgs. 150/2011 in materia di immigrazione (artt. 16-20) sono state interessate dal D.L. 13/2017 (conv. dalla L. 46/2017), che ha anche istituito le *sezioni specializzate in materia di immigrazione, protezione internazionale e libera circolazione dei cittadini dell'Unione Europea*. Di conseguenza, gli artt. 16, 17 e 20 del D.Lgs. 150/2011 sono stati modificati con riferimento al giudice competente, che è divenuta appunto la nuova sezione specializzata. Invece, con riferimento alle controversie sullo *status* di rifugiato, il previgente art. 19 del D.Lgs. 150/2011 è stato abrogato e sostituito dall'art. 35 bis del D.Lgs. 25/2008, dove viene disciplinato un procedimento del tutto nuovo, improntato sostanzialmente alla disciplina dei procedimenti in camera di consiglio (v. retro, cap. 14°), ma «con udienza eventuale», da disporre solo in casi eccezionali.

Infine, quanto alle controversie in materia di accertamento dello stato di apolidia e di cittadinanza italiana, è stato inserito nel D.Lgs. 150/2011 l'art. 19 bis, che per esse prevede l'applicazione del procedimento semplificato di cognizione davanti alla sezione specializzata in materia di immigrazione e protezione internazionale, mentre, quanto alle controversie relative al diniego o alla revoca dei permessi di soggiorno temporanei per esigenze di carattere umanitario, è stato inserito (dal D.L. 113/2018, conv. dalla L. 132/2018) l'art. 19 ter, che anche in questo caso prevede l'applicazione del rito semplificato di cognizione.

Procedimento semplificato «codicistico» e semplificato «adattato» dal D.Lgs. 150/2011.

Sempre per i procedimenti sottoposti al rito semplificato di cognizione occorre tener conto dell'art. 3 del D.Lgs. 150/2011, che deroga alla disciplina codicistica e impone di distinguere, anche con riferimento a tale rito, fra il modello «*codicistico*» e quello «*adattato*» dallo stesso D.Lgs. Esso, infatti, stabilisce che «*nelle controversie disci-*

plinate dal Capo III, non si applica il comma primo dell'articolo 281 duodecies del codice di procedura civile», ovvero la possibilità che il giudice, alla prima udienza, disponga con ordinanza non impugnabile la prosecuzione del processo nelle forme del rito ordinario, se rileva che per la domanda principale o per quella riconvenzionale non ricorrono i presupposti per l'applicazione del rito semplificato indicati dal 1° comma dell'art. 281 decies (v. retro, il § 73 del vol. II). Questa possibilità di conversione del rito viene esclusa, evidentemente in considerazione del fatto che per le controversie indicate negli artt. 14-30 bis del D.Lgs. 150/2011 l'applicazione del rito semplificato è obbligatoria e dunque non connessa alla sussistenza dei presupposti generali stabiliti dal 1° comma dell'art. 281 decies c.p.c.

Inoltre, nel 2° comma del citato art. 3 si aggiunge che «*quando la causa è giudicata in primo grado in composizione collegiale, il presidente del collegio designa il giudice relatore. Il presidente può delegare l'assunzione dei mezzi istruttori ad uno dei componenti del collegio*».

Ancora, nel 3° comma dello stesso art. 3 del D.Lgs. 150/2011 si stabilisce espressamente che, nei casi in cui il rito semplificato di cognizione si applica davanti alla corte d'appello in primo grado (ossia nei casi di cui agli artt. 29, 30 e 30 bis del D.Lgs. 150/2011), il presidente nomina il giudice istruttore a norma dell'art. 349 bis c.p.c. (v retro, § 84 del vol. II) e il procedimento è regolato dagli artt. 281 undecies e 281 duodecies c.p.c. (v. retro, §§ 73 e 74 del vol. II).

Merita di essere segnalata, infine, la circostanza che per alcuni dei procedimenti di cui al D.Lgs. 150/2011 sottoposti al rito semplificato di cognizione si prevede espressamente che la sentenza conclusiva del primo grado di giudizio non sia sottoponibile ad appello, ma direttamente ricorribile per cassazione. Ciò è previsto, specificamente, dall'art. 14, 3° comma, per le controversie in materia di liquidazione degli onorari e dei diritti dell'avvocato per prestazioni giudiziali, dall'art. 15, 6° comma, per le controversie in materia di opposizione al decreto di pagamento delle spese di giustizia, dall'art. 18, 9° comma, per le controversie in materia di espulsione degli stranieri cittadini non di Stati appartenenti all'Unione Europea e, indirettamente, dal 3° comma dell'art. 3, che non richiama l'applicazione dell'art. 281 terdecies per le controversie sottoposte al rito semplificato che siano di competenza della corte d'appello quale giudice di primo grado (artt. 29, 30 e 30 bis).

c) *I procedimenti ricondotti al rito ordinario.*

Le controversie sottoposte al rito ordinario.

Invece, gli articoli da 31 a 33 del D.Lgs. 150/2011 indicano le controversie «*regolate dal rito ordinario*», vale a dire le opposizioni sulle riscossioni delle entrate patrimoniali dello Stato e degli altri enti pubblici (art. 32) e gli appelli contro le decisioni dei Commissari regionali in materia di liquidazione degli usi civici (art. 33). In realtà, si tratta di controversie che già in precedenza erano sottoposte al processo ordinario di cognizione di cui agli artt. 163 e ss. c.p.c.

d) *I procedimenti ricondotti al rito in materia di persone, minorenni e famiglie.*

Le controversie sottoposte al rito in materia di persone, minorenni e famiglie.

Infine, il D.Lgs. 164/2024 – intervenendo sull'art. 31 del D.Lgs. 150/2011 – ha previsto l'assoggettabilità al rito previsto per i procedimenti in materia di persone, minorenni e famiglie (v. retro, cap. 3°) le controversie in materia di rettificazione e di attribuzione di sesso. Per queste controversie l'art. 31, nella sua precedente formulazione, aveva previsto l'applicazione del rito ordinario di cognizione. Ma l'introduzione nel codice del nuovo rito per le controversie in materia di stato delle persone, minorenni e famiglie, di cui agli artt. 473 bis ss. c.p.c., ha indotto a ritenere che questo rito sia più adatto del rito ordinario alla trattazione delle controversie sulla rettificazione dell'attribuzione di sesso. In conseguenza di quest'innovazione normativa l'atto introduttivo da notificare in questo caso al coniuge e ai figli dell'attore è il ricorso e non più l'atto di citazione. Inoltre, quanto alla possibilità – prevista dal comma 4° bis dello stesso art. 31 – che la persona che ha proposto la domanda di rettificazione di attribuzione di sesso e il coniuge esprimano con dichiarazione congiunta resa personalmente in udienza la volontà di costituire un'unione civile, si stabilisce che essa possa essere esercitata «*fino alla fissazione dell'udienza di rimessione della causa in decisione*», di cui all'art. 473 bis.28 (v. retro, § 32).

109. *Mutamento del rito e sospensione del provvedimento amministrativo impugnato.*

La disciplina sul mutamento del rito, in caso di errore nel rito …

Con riferimento, poi, all'ipotesi dell'errore nella scelta del rito, stabilisce l'art. 4 del D.Lgs. 150/2011 che il mutamento di rito è disposto con ordinanza «*pronunciata dal giudice, anche d'ufficio, entro il termine di cui all'articolo 171 bis del codice di procedura civile*», ossia in sede di verifiche preliminari del giudice previste per il rito ordinario e da effettuare entro 15 giorni dalla scadenza del termine di costituzione del convenuto, ai sensi dell'art. 166 c.p.c. (v. § 12 del vol. II). Ma questa previsione dà per scontato che il processo sia stato erroneamente introdotto con le forme del rito ordinario. Ciò induce a ritenere che, se invece il processo è stato erroneamente introdotto con il rito semplificato, non essendo previste in questo caso le verifiche preliminari di cui all'art. 171 bis, il rilievo del vizio debba avvenire entro la prima udienza di cui all'art. 281 duodecies c.p.c. (v. § 73 del vol. II).

Rilevato il vizio – aggiunge il 3° comma del citato art. 4 –, «*Quando la controversia rientra tra quelle per le quali il presente decreto prevede l'applicazione del rito del lavoro, il giudice fissa l'udienza di cui all'articolo 420 del codice di procedura civile e il termine perentorio entro il quale le parti devono provvedere all'eventuale integrazione degli atti introduttivi mediante deposito di memorie e documenti in cancelleria*». Invece, quando la controversia rientra fra quelle per le quali è prevista l'applicazione del rito semplificato di cognizione, il giudice dovrebbe fissare l'udienza di cui all'art. 281 duodecies (v. anche § 73 del vol. II), sebbene nulla preveda in proposito il citato art. 4. Se poi il giudice dovesse rilevare, oltre all'errore nel rito, anche la sua incompetenza, dispone con ordinanza che la causa sia riassunta davanti al giudice competente con il rito corretto (4° comma dell'art. 4).

In ogni caso, una volta che vi sia stato il rilievo dell'errore nella scelta del rito e sia stata pronunciata l'ordinanza di mutamento del rito in quello corretto, «*Gli effetti sostanziali e processuali della domanda si producono secondo le norme del rito seguito prima del mutamento*», così come «*restano ferme le decadenze e le preclusioni maturate secondo le norme del rito seguito prima del mutamento*» (5° comma).

… e quella sulla sospensione del provvedimento amministrativo impugnato.

Anche il profilo della sospensione del provvedimento amministrativo impugnato viene autonomamente disciplinato. Ai sensi dell'art. 5 del D.Lgs. 150/2011, infatti, la sospensione dell'efficacia esecutiva del provvedimento (di natura amministrativa) impugnato in sede giurisdizionale è disposta (sentite le parti) con ordinanza non impugnabile, quando ricorrono «*gravi e circostanziate ragioni da indicare esplicitamente in motivazione*». È questo il procedimento sospensivo «ordinario» e presuppone la preventiva instaurazione del contraddittorio fra le parti.

È anche possibile, peraltro, che la sospensione del provvedimento amministrativo sia disposta – sul modello dell'art. 669 sexies, 2° comma, c.p.c. (v. retro, § 97) – con decreto pronunciato *inaudita altera parte* fuori udienza dallo stesso giudice, quando vi sia un «*pericolo imminente di un danno grave e irreparabile*»; ma, la sospensione così disposta diviene inefficace ove non sia confermata, entro la prima udienza successiva, con la prescritta ordinanza (così il 2° comma dell'art. 5).

Il provvedimento di sospensione del provvedimento amministrativo impugnato non è reclamabile.

Di questa soluzione non può non destare perplessità la scelta del legislatore di non ammettere la reclamabilità (ai sensi dell'art. 669 terdecies c.p.c.: v. retro, § 98) dell'ordinanza che disponga sull'istanza di sospensione, nonostante la sua indiscussa natura cautelare. Ma la Corte costituzionale (con la sent. n 189/2018) ha escluso che qui sia configurabile un vizio di illegittimità costituzionale.

Bibliografia di orientamento

A. CHIZZINI, Concinnatio. *Note introduttive al d.lg. n. 150/2011 ecc.*, in *Giusto proc. civ.*, 2011; B. SASSANI-R. TISCINI (a cura di), *La semplificazione dei riti*, Roma, 2011; A. CARRATTA, *La «semplificazione» dei riti e le nuove modifiche del processo civile*, Torino, 2012; A. PROTO PISANI, *La riduzione e la semplificazione dei riti ecc.*, in *Foro it.*, 2012, V; G. IMPAGNATIELLO, *La sospensione dell'efficacia esecutiva del provvedimento impugnato*, *ibidem*; G. TRISORIO LIUZZI, *Il modello rito del lavoro secondo il d.leg. 150/11*, *ibidem*; I. PAGNI, *Il modello di rito e i poteri istruttori del giudice*, *ibidem*; D. DALFINO, *«Rito del lavoro-modello» e «rito delle controversie di lavoro» a confronto*, *ibidem*; R. CAPONI, *Per una sostenibile diversità del processo a cognizione piena*, *ibidem*; S. CAPORUSSO, *Il «modello processuale» del rito ordinario di cognizione*, *ibidem*; A. SALETTI, *La semplificazione dei riti*, in *Riv. dir. proc.*, 2012; F. SANTANGELI (a cura di), *Riordino e semplificazione dei procedimenti civili*, Milano, 2012; P. NAPPI, *Processo agrario*, in *Diritto on line Treccani*, 2016; A.D. DE SANTIS, *Le novità in materia di tutela giurisdizionale dei migranti. Un'analisi critica*, in *Riv. dir. proc.*, 2017; A.D. DE SANTIS, *Le novità per il processo civile nel c.d. decreto sicurezza*, in *Foro it.*, 2019, V; P. FARINA, *Contributo allo studio del principio di specializzazione del giudice*, Torino, 2020; A. CARRATTA, *Le riforme del processo civile*, Torino, 2023; M. FARINA, *Modifiche al D.Lgs. 150/2011*, in *La riforma Cartabia del processo civile*, a cura di R. TISCINI, Pisa, 2023; R. MUNHOZ DE MELLO, *I procedimenti relativi all'efficacia delle decisioni eurounitarie*, in *Lezioni sul nuovo processo civile*, a cura di E. DALMOTTO, Bologna, 2023; A. CARRATTA, *La riforma del processo civile nella prospettiva del diritto processuale civile internazionale*, in *Riv. dir. intern.*, 2023.

PARTE QUARTA

LE PROCEDURE ALTERNATIVE DI RISOLUZIONE DELLE CONTROVERSIE

CAPITOLO XVI
L'ARBITRATO

SOMMARIO: 110. Arbitrato rituale e irrituale (e figure affini). – 111. La competenza degli arbitri e i rapporti con i giudici statali. La *translatio iudicii*. – 112. La convenzione arbitrale; le cause non compromettibili; le parti e gli arbitri. I mutamenti soggettivi anteriori e successivi alla domanda. La domanda di arbitrato. Imparzialità e compenso degli arbitri. – 113. Il procedimento. Il potere cautelare degli arbitri. L'istruzione. La sospensione. Il termine. La pronuncia del lodo. – 114. Le impugnazioni del lodo rituale. – 115. Possibile «trasferimento» in sede arbitrale delle cause pendenti davanti ai giudici statali. – 116. L'arbitrato societario. – 117. L'arbitrato in materia di lavoro.

110. *Arbitrato rituale e irrituale (e figure affini).*

L'arbitrato ha funzione alternativa e sostitutiva della giurisdizione statale.

Il giudizio arbitrale, disciplinato nel titolo VIII del libro quarto del codice, ha funzione *alternativa* alla giurisdizione statale e in certo senso *sostitutiva*. Ciò va rilevato in modo particolare per l'arbitrato c.d. *rituale*, rispetto al quale è prevista – come vedremo – sia l'assimilazione dell'atto introduttivo del giudizio arbitrale alla domanda introduttiva del giudizio ordinario, agli effetti dell'interruzione e della decorrenza della prescrizione e della possibile trascrizione della domanda, e sia l'attribuzione all'atto conclusivo del giudizio arbitrale, ossia al lodo, della stessa efficacia della sentenza. La quale ultima attribuzione è esplicitamente enunciata dall'art. 824 bis.

Il c.d. *arbitraggio*.

Per rendersi conto della natura e dei caratteri del giudizio arbitrale conviene incominciare col confrontarlo con alcune figure, affini ad esso sotto il duplice profilo della funzione e del risultato che conseguono, ma ben diverse sotto il profilo della struttura, che non è quella del giudizio. Tra queste figure, quella più lontana dall'arbitrato e dal giudizio in generale è il c.d. *arbitraggio*, previsto dall'art. 1349 c.c. per il caso in cui, in sede di conclusione di un contratto, le parti abbiano deferito ad un terzo la determinazione della prestazione dedotta in contratto o comunque l'integrazione di un elemento negoziale. Il compito al quale il terzo (detto arbitratore) assolve «*con equo apprezzamento*» (salvo che le parti si siano rimesse al suo mero arbitrio) non è un giudizio, perché il suo obiettivo non è di risolvere una controversia, che non è ancora sorta, ma di contribuire alla composizione contrattuale fra le parti.

L'*arbitrato irrituale*, …

La funzione di risolvere una controversia già in atto è, invece, presente nell'*arbitrato irrituale*, che pertanto ha la funzione del giudizio. Ma del giudizio non ha necessariamente tutti i caratteri strutturali, poiché sotto questo profilo esso unisce, in diverse possibili combinazioni, secondo la scelta delle parti, i caratteri della transazione con quelli procedimentali del giudizio, tra i quali è essenziale, comunque, il rispetto delle esigenze del contraddittorio. Il legislatore ha dedicato all'arbitrato irrituale l'art. 808 ter ad esso intitolato, ma che è tutto imperniato sulla previsione che «*le parti possono, con disposizione espressa per iscritto, stabilire che, in deroga a quanto disposto dall'articolo 824 bis, la controversia sia definita dagli arbitri mediante determinazione contrattuale. Altrimenti si applicano le disposizioni del presente titolo*».

… che l'art. 808 ter c.p.c. definisce arbitrato *con efficacia contrattuale* …

In questi limiti e con queste precisazioni si può affermare che *l'arbitrato con efficacia contrattuale è in sostanza la composizione di una vertenza, che nel suo momento formativo presenta taluni caratteri del giudizio e il cui concreto contenuto è determinato dall'arbitro o dagli arbitri*, al quale o ai quali le parti avevano in precedenza affidato il compito di comporre, con un giudizio in contraddittorio, la loro controversia. Tenendo presente che, come già detto, gli elementi propri del giudizio non si spingono, nell'arbitrato irrituale, fino alla caratteristica dell'esito dell'arbitrato rituale, ossia fino agli effetti di sentenza enunciati dall'art. 824 bis e in particolare gli effetti di *accertamento*, in quanto esso ha sempre *portata dispositiva*.

… e che consiste nella pronuncia di un lodo con efficacia contrattuale …

Ciò è particolarmente evidente quando le parti, secondo una consuetudine assai diffusa, sottoscrivono un foglio in bianco (c.d. «biancosegno»), affidando agli arbitri il compito di scrivere su quel foglio il testo della transazione, che, pertanto, nel momento stesso in cui viene documentata, va ricondotta direttamente alla volontà concorde delle parti. In ogni caso, il lodo col quale si conclude l'arbitrato irrituale rimane ben distinto dalla sentenza, della quale non potrà mai acquisire né l'efficacia di accertamento, né l'attitudine a essere assoggettato ai mezzi d'impugnazione. A questo riguardo l'art. 808 ter, 2° comma, si limita ad affermare che il «lodo contrattuale» è sottoponibile ad azione di annullamento (nel termine quinquennale, di cui all'art. 1442, 1° comma, c.c.) davanti al giudice competente, secondo le regole ordinarie, per una serie di vizi di natura processuale e in particolare: 1) *se la convenzione arbitrale è invalida o gli arbitri hanno pronunciato su conclusioni che esorbitano dai suoi limiti* e la relativa eccezione è stata sollevata nel procedimento arbitrale; 2) *se gli arbitri non sono stati nominati con le forme e nei modi stabiliti dalla convenzione arbitrale*; 3) *se il lodo è stato pronunciato da chi non poteva essere nominato arbitro*; 4) *se gli arbitri non si sono attenuti alle regole imposte dalle parti come condizione di validità del lodo*; 5) *se non è stato osservato il principio del contraddittorio.*

… e in tal caso può anche accadere che le parti sottoscrivano preventivamente un foglio in bianco (c.d. «biancosegno»).

Il lodo contrattuale è sottoponibile anche alle normali impugnative negoziali, …

Il silenzio della disposizione circa gli eventuali motivi di annullamento fondati sul diritto sostanziale non implica che il lodo irrituale non possa essere sottoposto, come qualsiasi altro contratto, anche alle normali impugnative negoziali, previste dal codice civile, la cui esperibilità è implicita nella sua natura contrattuale.

… ma non può essere dichiarato esecutivo.

Naturalmente – e come è disposto esplicitamente dall'ultimo comma dell'art. 808 ter – al «*lodo contrattuale*» non si applicano le disposizioni (contenute nell'art. 825) che concernono la dichiarazione di esecutività del lodo, stante la sua efficacia, appunto, solo contrattuale.

La c.d. perizia arbitrale o contrattuale.

All'arbitrato irrituale, d'altro canto, la pratica tende ad avvicinare la *perizia arbitrale* o *contrattuale*, caratterizzata dal fatto che, con essa, le parti devolvono al terzo (o ai terzi), scelti per la loro competenza tecnica, la sola formulazione di un apprezzamento tecnico, che le stesse parti preventivamente si impegnano ad accettare, come diretta espressione della loro volontà. L'accostamento all'arbitrato irrituale si giustificherebbe con il fatto che la perizia contrattuale implica comunque rinuncia (almeno temporanea) alla tutela giurisdizionale sul punto.

L'arbitrato rituale.

L'*arbitrato rituale* ha, invece, non soltanto la funzione, ma anche la struttura del giudizio, anche nel suo risultato finale, che è di accertamento. Esso, infatti, consiste in *un vero e proprio giudizio – di diritto o di equità*, così come può essere di diritto o di equità il giudizio davanti al giudice statale (v. vol. I, § 19) – che *gli interessati affidano ad uno o più arbitri* attraverso una «convenzione arbitrale» (compromesso o clausola compromissoria, come vedremo: v. oltre, § 112). Si tratta di un giudizio privato, la cui struttura è sufficiente per attribuire al prodotto di quel giudizio (*lodo rituale*) l'efficacia propria della sentenza, ad eccezione soltanto dell'efficacia esecutiva e dell'idoneità all'iscrizione di ipoteca e alla trascrizione, che dipendono dall'ulteriore controllo della sua regolarità formale da parte del tribunale (art. 825, 1° comma; v. oltre, § 113). Fermo restando che già «dalla data della sua ultima sottoscrizione» da parte degli arbitri il lodo rituale acquisisce «*gli effetti della sentenza pronunciata dall'autorità giudiziaria*» (art. 824 bis).

Il lodo arbitrale rituale ha efficacia di sentenza.

Il giudizio arbitrale (rituale) è, dunque, un giudizio privato, effettuato da soggetti (gli arbitri) che operano come giudici, pur essendo privi dei poteri autoritativi del giudice, ma provvisti soltanto di poteri a loro conferiti contrattualmente dalle parti; un giudizio che, d'altra parte, può dar luogo, già *per se stesso*, all'efficacia piena che è propria della sentenza. In tal modo viene rispettata l'autonomia delle parti, che intendono affidare a giudici privati la composizione della loro lite, mentre il dettato costituzionale che riserva la funzione giurisdizionale ai giudici dello Stato precostituiti per legge, se interpretato alla luce dell'art. 24 Cost. e soprattutto dei fondamentali principi dell'autonomia privata, trova il suo limite nel rilievo che esso, se da un lato obbliga lo Stato ad approntare l'organizzazione giudiziaria, dall'altro lato non obbliga il cittadino a farvi ricorso.

111. *La competenza degli arbitri e i rapporti con i giudici statali. La* translatio iudicii.

La pronuncia del giudice di incompetenza a causa della convenzione arbitrale è impugnabile col regolamento di competenza.

Un'indiretta conferma di quanto detto circa la natura giurisdizionale dell'arbitrato rituale si ha nell'art. 819 ter, che disciplina i rapporti fra arbitri e autorità giudiziaria statale. In esso si dispone, infatti, che «*la sentenza o l'ordinanza, con la quale il giudice afferma o nega la propria competenza in relazione a una convenzione d'arbitrato, è impugnabile a norma degli articoli 42 e 43*» (1° comma), ossia col regolamento (necessario o facoltativo) di competenza. Si dispone, altresì, che «*l'eccezione di incompetenza del giudice in ragione della convenzione di arbitrato deve essere proposta, a pena di decadenza, nella comparsa di risposta. La mancata proposizione dell'eccezione esclude la competenza arbitrale limitatamente alla controversia decisa in quel giudizio*».

La *translatio iudicii* nei rapporti fra arbitri e giudici.

Ma si precisa poi – nel 2° comma – che «*Nei rapporti tra arbitrato e processo non si applicano regole corrispondenti agli articoli 44, 45, 48 e 295*». Va aggiunto che questa disposizione originariamente prevedeva l'esclusione dell'applicabilità anche dell'art. 50, che regola la possibilità di *translatio iudicii* nel caso di rilievo del vizio di incompetenza del giudice adito (v. § 39 del vol. I); quest'esclusione, tuttavia, è stata superata per effetto della dichiarazione di illegittimità costituzionale da parte della Corte costituzionale (con la sent. n. 223/2013). Di conseguenza, ora si ammette, in caso di errore nella scelta fra giudice e arbitro, l'applicabilità dell'art. 50 e la *translatio* del giudizio dall'arbitro o dagli arbitri al giudice statale competente, con salvezza degli effetti della domanda inizialmente proposta.

A seguito dell'intervento dei giudici costituzionali (C. Cost. sent. 223/2013) il D.Lgs. 149/2022 ha provveduto ad introdurre l'art. 819 quater per risolvere sia la questione della praticabilità della *translatio iudicii* in senso inverso, e cioè laddove l'incompetenza fosse emersa davanti al giudice statale a favore dell'arbitro o degli arbitri, sia la questione dell'individuazione delle modalità di riassunzione del giudizio.

Rilevata l'incompetenza, il processo continua davanti agli arbitri se una delle parti lo riassume *entro 3 mesi dal passaggio in giudicato della pronuncia sull'incompetenza del giudice statale.*

E così il 1° comma dell'art. 819 quater stabilisce che «*Il processo instaurato davanti al giudice continua davanti agli arbitri se una delle parti procede a norma dell'articolo 810 entro tre mesi dal passaggio in giudicato della sentenza* [o dell'ordinanza] *con cui è negata la competenza in ragione di una convenzione di arbitrato o dell'ordinanza di regolamento*». Ai fini della tempestività della riassunzione, quindi, entro 3 mesi dal passaggio in giudicato della pronuncia di incompetenza del giudice statale o dell'ordinanza della Cassazione che decide sul regolamento necessario di competenza una delle parti deve attivarsi per porre in essere le attività di cui all'art. 810, ossia le attività che – come vedremo (nel § 112) – riguardano la nomina dell'arbitro o degli arbitri.

Inoltre, l'art. 819 quater, nel 2° comma, affronta in modo similare la questione delle modalità della riassunzione del processo davanti al giudice statale, ove l'incompetenza riguardi l'arbitro o gli arbitri, prevedendo che «*Il processo instaurato davanti agli arbitri continua davanti al giudice competente se la riassunzione della causa ai sensi dell'articolo 125 delle disposizioni di attuazione del presente codice avviene entro tre mesi dal passaggio in giudicato del lodo che declina la competenza arbitrale sulla lite o dalla pubblicazione della sentenza o dell'ordinanza che definisce la sua impugnazione*».

La *translatio* in caso di incompetenza degli arbitri avviene con riassunzione *entro 3 mesi dal passaggio in giudicato del lodo sull'incompetenza arbitrale o della pronuncia sulla sua impugnazione per nullità.*

Quanto, poi, al valore delle eventuali prove assunte, una volta che vi sia stata la riassunzione, il 3° comma dello stesso art. 819 quater si limita a prevedere che «*Le prove raccolte nel processo davanti al giudice o all'arbitro dichiarati non competenti possono essere valutate come argomenti di prova nel processo riassunto ai sensi del presente articolo*». A questo proposito va solo rilevato che la degradazione ad «argomenti di prova», nel processo riassunto, delle prove raccolte nell'ambito del giudizio svoltosi davanti al giudice o all'arbitro privo di competenza non dovrebbe riguardare anche le prove documentali o precostituite (v. sezione quarta del cap. 4° nel vol. II), che dovrebbero continuare a rivestire la stessa efficacia anche nel processo riassunto, nel rispetto del principio di conservazione degli atti giuridici. Del resto, in questo senso dovrebbe orientare anche il sintagma «*prove raccolte*» che si riferisce, in senso letterale, alle prove costituende e non a quelle costituite.

Le prove raccolte valgono come *argomenti di prova* nel processo riassunto.

Infine, il 4° comma dell'art. 819 quater prende in considerazione l'ipotesi in cui non vi sia stata riassunzione entro il termine decadenziale stabilito, prevedendo che in tal caso non può che esserci l'estinzione del processo e «*si applicano gli articoli 307, quarto comma, e 310*». Il richiamo di queste ultime disposizioni è funzionale a integrare la disciplina con la previsione, da un lato, che l'estinzione del processo opera di diritto ed è dichiarata anche d'ufficio dal giudice e, dall'altro lato, con la previsione generale sugli effetti dell'estinzione (v. § 69 del vol. II).

In caso di mancata riassunzione nel termine, il processo si estingue e si applicano gli artt. 307, 4° comma, e 310.

Va anche aggiunto che – come prevede il 3° comma dell'art. 819 ter – «*In pendenza del procedimento arbitrale non possono essere proposte domande giudiziali aventi ad oggetto l'invalidità o inefficacia della convenzione di arbitrato*». E questo per l'ovvia ragione che, in tal caso, eventuali contestazioni dell'invalidità o dell'efficacia della convenzione arbitrale vanno sollevate davanti all'arbitro o agli arbitri davanti ai quali pende il procedimento arbitrale.

Pure sulla competenza è imperniata la disciplina che l'art. 817 dedica proprio all'ipotesi di contestazione dei poteri degli arbitri nel giudizio arbitrale. Il 1° comma dispone, infatti, che «*Se la validità, il contenuto o l'ampiezza della convenzione d'arbitrato o la regolare co-*

stituzione degli arbitri sono contestate nel corso dell'arbitrato, gli arbitri decidono sulla propria competenza». «*Questa disposizione* – precisa il 2° comma – *si applica anche se i poteri degli arbitri sono contestati in qualsiasi sede per qualsiasi ragione sopravvenuta nel corso del procedimento*».

Segue, poi, la configurazione di un sistema di preclusioni per la proposizione di queste eccezioni.

La mancata tempestiva eccezione di incompetenza degli arbitri preclude l'impugnazione del lodo per questo motivo.

«*La parte* – così la seconda parte del 2° comma – *che non eccepisce nella prima difesa successiva all'accettazione degli arbitri l'incompetenza di questi per inesistenza, invalidità o inefficacia della convenzione d'arbitrato, non può per questo motivo impugnare il lodo, salvo il caso di controversia non arbitrabile*», nel quale ultimo caso il lodo è comunque contestabile anche con azione ordinaria di cognizione o di opposizione all'esecuzione. Mentre il 3° comma aggiunge che «*la parte, che non eccepisce nel corso dell'arbitrato che le conclusioni delle altre parti esorbitano dai limiti della convenzione arbitrale, non può, per questo motivo, impugnare il lodo*».

Quanto finora detto a proposito dei rapporti fra arbitri e giudice statale porta a superare anche la pretesa inapplicabilità, in rapporto all'arbitrato, della regola di *perpetuatio jurisdictionis*, di cui all'art. 5 (su cui v. vol. I, § 31, in fine).

La contemporanea pendenza del giudizio arbitrale e di quello ordinario non produce litispendenza.

Invece, va senz'altro escluso – stando all'espresso disposto dell'art. 819 ter – che la pendenza del giudizio arbitrale dia luogo, nei confronti del giudice ordinario, alla *litispendenza* ex art. 39 (che presuppone l'esistenza di due giudici dotati di pari competenza istituzionale) e alle conseguenze che ne discendono.

Va aggiunto che secondo la Cassazione costituisce un'*eccezione di giurisdizione* quella relativa ad una convenzione arbitrale in favore di arbitrato estero o relativa a materie appartenenti alla giurisdizione esclusiva dei giudici amministrativi (ai sensi dell'art. 12 D.Lgs. 104/2010), con la conseguente ammissibilità, in questo caso, anche del regolamento preventivo di giurisdizione.

In sostanza, salva la possibilità di *translatio* ai sensi dell'art. 50, *lo svolgimento contemporaneo e parallelo dei due procedimenti può verificarsi* fino a quando la definizione dell'uno può essere fatta valere nell'altro. Ciò si desume dall'*art. 819 ter, 1° comma, là dove prevede tale pendenza contemporanea, escludendola nella sola ipotesi della tempestiva eccezione di incompetenza nell'uno o nell'altro giudizio*.

D'altra parte, si è già visto che la sentenza o l'ordinanza del giudice ordinario, che afferma o nega la propria competenza in relazione a una convenzione arbitrale, è impugnabile col regolamento di competenza, esclusa peraltro l'applicabilità degli artt. 44 e 45 (vincolatività e regolamento d'ufficio), 48 e 295 (sospensione). E comunque, nel caso di decisioni contrastanti opera l'impugnabilità del lodo di cui all'art. 829, 1° comma, n. 8

Quanto alla *connessione fra cause*, poi, il 1° comma dell'art. 819 ter esclude espressamente che la connessione possa influire sulla competenza degli arbitri.

Pure irrilevante è la connessione con altre cause pendenti.

112. *La convenzione arbitrale; le cause non compromettibili; le parti e gli arbitri. I mutamenti soggettivi anteriori e successivi alla domanda. La domanda di arbitrato. Imparzialità e compenso degli arbitri.*

La disciplina che il codice dedica all'arbitrato rituale incomincia con lo stabilire, da un lato, *quali controversie* possano essere deferite al giudizio degli arbitri e, dall'altro lato, *come* ciò possa avvenire.

Sotto il primo profilo il codice compie l'enunciazione della generale deferibilità agli arbitri delle controversie, ad eccezione soltanto di quelle che abbiano ad oggetto diritti indisponibili e di quelle che la legge esplicitamente esclude. «*Le parti* – enuncia, infatti, l'art. 806 – *possono far decidere da arbitri le controversie tra di loro insorte che non abbiano per oggetto diritti indisponibili, salvo espresso divieto di legge*».

«*Le controversie di cui all'articolo 409* – aggiunge il 2° comma con riferimento alle controversie individuali di lavoro – *possono essere decise da arbitri solo se previsto dalla legge o nei contratti o accordi collettivi di lavoro*». Peraltro, con riferimento all'*arbitrato irrituale* in questa materia, gli artt. 412, 412 ter e 412 quater prevedono – come vedremo – tre diverse modalità di arbitrato irrituale utilizzabili alternativamente dalle parti, dopo che la controversia è già sorta (in proposito, v. oltre, § 117).

Nelle cause di lavoro occorre che l'arbitrabilità sia prevista dalla legge o dai contratti o accordi collettivi.

Nessun limite è, invece, previsto con riguardo al tipo di azione (di cognizione) proponibile e di pronuncia richiesta, che perciò può essere di accertamento, di condanna o costitutiva.

La devoluzione agli arbitri si realizza in concreto nella c.d. *convenzione arbitrale*, che si articola, oltre che nelle due figure del *compromesso* e della *clausola compromissoria*, in una terza figura, *la convenzione arbitrale su rapporti non contrattuali*.

La devoluzione agli arbitri si concreta nella *convenzione arbitrale, che assume le forme ...*

L'art. 807, 1° comma, nel riferirsi al *compromesso*, inteso come *il negozio col quale le parti deferiscono una o più controversie al giudizio degli arbitri*, si limita a stabilire che tale negozio «*deve, a pena di nullità, essere fatto per iscritto e determinare l'oggetto della controversia*». Il 2° comma aggiunge che «la forma scritta s'intende rispettata anche quando la volontà delle parti è espressa per telegrafo o telescrivente telefacsimile o messaggio telematico nel rispetto della normativa, anche regolamentare, concernente la trasmissione e la ricezione dei documenti teletrasmessi» (ciò che implica la non necessaria contestualità). Va, d'altra parte, tenuto presente fin d'ora che l'eventuale invalidità della convenzione arbitrale, essendo prevista come motivo di impugnazione per nullità del lodo (art. 829, 1° comma, n. 1), può, *dopo la pronuncia del lodo*, essere fatta valere solo nei modi e nei tempi propri di tale impugnazione.

... del *compromesso*, se stipulata dopo l'insorgere della controversia, ...

Il *compromesso si riferisce alle controversie già insorte tra le parti.* Quanto alle controversie non ancora insorte, il loro deferimento agli arbitri in via preventiva ed eventuale è possibile in quanto si tratti di controversie concernenti, da un lato, un determinato contratto e, dall'altro lato, un rapporto *anche in materia non contrattuale* (art. 808 bis). A parte quest'ultima possibilità, di solito la prima situazione si verifica in sede di conclusione del contratto, nel senso che le parti contraenti si preoccupano dell'eventualità di future possibili controversie con riguardo all'interpretazione o all'esecuzione del contratto che stanno concludendo, e, per quell'eventualità, includono, nel contratto stesso, una clausola con la quale deferiscono agli arbitri – in via preventiva ed eventuale – le suddette possibili controversie; è questa la c.d. *clausola compromissoria.*

... o della *clausola compromissoria* inserita nel contratto o in atto separato.

Può anche accadere, però, che l'accordo su tale deferimento eventuale si concluda in seguito o magari anche prima, in occasione, ad es., di un preliminare. Entrambe le ipotesi sono contemplate dall'art. 808, 1° comma, il quale dispone che «le parti, *nel contratto che stipulano o in atto separato, possono stabilire che le controversie nascenti dal contratto medesimo siano decise da arbitri*», purché si tratti di controversie che possono formare oggetto di convenzione di arbitrato ai sensi dell'art. 806. La clausola compromissoria – che può stipularsi anche *per relationem* e che, d'altra parte, postula la specifica approvazione per iscritto di cui agli artt. 1341 e 1342 c.c. – «*deve risultare da atto avente la forma richiesta per il compromesso ai sensi dell'articolo 807*», ossia da atto scritto nel senso ampio di cui all'art. 807, 1° e 2° comma. Il 2° comma dello stesso art. 808 precisa, poi, che *la validità della clausola compromissoria deve essere valutata in modo autonomo rispetto al contratto al quale si riferisce*, fermo, peraltro, che il potere di stipulare il contratto comprende anche il potere di convenire la clausola compromissoria.

La convenzione arbitrale può anche essere stipulata *per controversie future* (art. 808 bis).

L'art. 808 bis prevede, invece, che la convenzione di arbitrato possa deferire agli arbitri *controversie future relative a uno o più rapporti non contrattuali determinati* (come, ad es., eventuali rapporti nascenti da fatti illeciti), prescrivendo anche per tale atto le forme richieste dall'art. 807 per il compromesso.

Per quanto concerne l'interpretazione della convenzione arbitrale, l'art. 808 quater stabilisce che, nel dubbio, essa s'interpreta nel senso che la competenza arbitrale si estende a tutte le controversie che derivano dal contratto o dal rapporto cui la convenzione si riferisce, così introducendo una sorta di presunzione di maggior ampiezza e superando i possibili dubbi derivanti dalla eventuale mancanza di specificazione di singoli tipi di controversie.

L'art. 808 quinquies, inoltre, stabilisce (forse inutilmente) che, quando il procedimento arbitrale si chiude senza pronuncia sul merito, ciò non toglie efficacia alla convenzione d'arbitrato, sempre che, ci pare, non ne venga negata l'esistenza.

Sia il compromesso che la clausola compromissoria possono essere oggetto di rinuncia (purché, ovviamente, concorde), che può essere anche implicita nella proposizione della domanda al giudice ordinario, senza eccezione dell'altra parte.

Naturalmente, è soltanto dalla convenzione arbitrale che si deve desumere la natura rituale o irrituale dell'arbitrato. In proposito l'art. 808 ter prevede che la volontà delle parti di ottenere una composizione con efficacia contrattuale della loro controversia debba essere *espressa* nella convenzione arbitrale. Dovendo ritenersi prevalente, nell'incertezza, la volontà per una composizione della controversia mediante *arbitrato rituale*.

Nel caso di mutamenti soggettivi dopo l'inizio del processo arbitrale, operano le regole del giudizio ordinario.

I soggetti che operano nel giudizio arbitrale sono, da un lato, le *parti* e, dall'altro lato, gli *arbitri*. Con riguardo alle *parti*, si deve ritenere che l'autonomia della clausola compromissoria dal contratto, nel quale è inserita, non impedisca che i *mutamenti soggettivi nella titolarità di quest'ultimo, anteriori al giudizio* (ad es., nel caso della cessione del contratto), implichino il trasferimento anche della clausola, salva manifestazione di volontà contraria; d'altra parte, nel caso di *mutamenti soggettivi successivi all'inizio del giudizio* – inizio da ravvisarsi nella notificazione alla controparte, ad opera della parte che agisce, dell'atto contenente la domanda arbitrale – si possono ritenere genericamente operanti le norme relative alla legittimazione ad agire e alla legittimazione processuale nel giudizio ordinario, comprese quelle riguardanti la successione nel processo (arg. ex art. 816 sexies), nonché quelle sulla successione nel diritto controverso, come è espressamente previsto dall'ultimo comma dell'art. 816 quinquies, che richiama l'art. 111.

Quanto alla possibilità di *intervento di terzi*, lo stesso art. 816 quinquies, nel 2° comma, precisa che «*sono sempre ammessi l'intervento previsto dal secondo comma dell'articolo 105* (intervento adesivo dipendente) e *l'intervento del litisconsorte necessario*»: nel primo caso, perché non si determina alcun allargamento del *thema decidendum*; nel secondo, perché l'intervento consente di sanare un vizio del procedimento. Non c'è spazio, invece, per l'intervento nel giudizio arbitrale di altri terzi, salvo che all'intervento o alla chiamata del terzo acconsentano espressamente il terzo stesso, le parti e gli arbitri (art. 816 quinquies, 1° comma).

Per il caso che più parti siano vincolate ...

Tutto questo, però, non ostacola l'eventualità di un *giudizio arbitrale con pluralità di parti*, previsto dall'art. 816 quater per l'ipotesi che *più di due parti siano vincolate dalla stessa convenzione d'arbitrato*. Per tale ipotesi la norma dispone che *ciascuna parte può convenire tutte o alcune delle altre nel medesimo procedimento arbitrale se la convenzione d'arbitrato devolve a un terzo la nomina degli arbitri, se gli arbitri sono nominati con l'accordo di tutte le parti, ovvero se le altre parti, dopo che la prima ha nominato l'arbitro o gli arbitri, nominano d'accordo un ugual numero di arbitri o ne affidano a un terzo la nomina.*

... dalla stessa convenzione arbitrale trova applicazione l'art. 816 quater.

«*Fuori dei casi previsti nel precedente comma* – aggiunge il 2° comma – *il procedimento iniziato da una parte nei confronti di altre si scinde in tanti procedimenti quante sono queste ultime*», non potendosi avere, in tal caso, un giudizio arbitrale unitario. Tuttavia, se la pluralità di parti è determinata da litisconsorzio necessario e non si è verificata alcuna delle ipotesi previste dal 1° comma dell'art. 816 quater, «*l'arbitrato è improcedibile*» nel caso di mancata adesione del litisconsorte necessario alla convenzione arbitrale, il quale, peraltro, può aderire in seguito, intervenendo (art. 816 quinquies, 2° comma).

Nell'ipotesi di morte o di perdita della capacità di una delle parti gli arbitri – così dispone l'art. 816 sexies – «*assumono le misure idonee a garantire l'applicazione del contraddittorio ai fini della prosecuzione del giudizio*». Tra queste misure – tra le quali primeggia l'informazione sulla pendenza dell'arbitrato ad ogni possibile interessato in funzione di una collaborazione in difetto della quale gli arbitri possono rinunciare all'incarico (2° comma) – vi è (dovendosi escludere l'interruzione) anche la sospensione del procedimento, che la norma prevede solo come eventuale e che, se disposta, determina anche la sospensione del termine per la pronuncia del lodo, secondo quel che prevede l'art. 820, 4° comma.

Con riguardo agli *arbitri* occorre vedere come essi vengono designati e con quali modalità assolvono al loro compito.

La designazione degli arbitri.

Per quanto concerne la designazione degli arbitri – fermo che, in linea di principio, tale designazione spetta alle parti (art. 810) almeno indirettamente –, l'art. 809 stabilisce che gli arbitri possono essere uno o più purché *in numero dispari* (1° comma); che la convenzione arbitrale deve contenere la nomina degli arbitri oppure stabilire il numero di essi e il modo di nominarli (2° comma); che «in caso di indicazione di un numero pari di arbitri, un ulteriore arbitro, se le parti non hanno diversamente convenuto, è nominato dal presidente del tribunale nei modi previsti dall'art. 810» (3° comma) e che – qualora manchi l'indicazione del numero degli arbitri e le parti non si accordino al riguardo – gli arbitri sono comunque tre e, in mancanza di nomina o di accordo diverso, provvede il presidente del tribunale, sempre nei modi di cui all'art. 810.

La nomina degli arbitri è disciplinata dall'art. 810, in base al quale la prima designazione avviene ad opera della parte che assume l'iniziativa per il giudizio arbitrale. Dispone, infatti, il 1° comma che, quando, a norma della convenzione arbitrale, gli arbitri debbono essere nominati dalle parti, «ciascuna di esse, *con atto notificato per iscritto, rende noto all'altra l'arbitro o gli arbitri che essa nomina, con invito a procedere alla designazione dei propri*».

L'atto di designazione deve contenere la domanda arbitrale e introduce il procedimento arbitrale.

Va subito evidenziato che quest'atto svolge il ruolo di atto introduttivo del giudizio arbitrale *e deve contenere la domanda arbitrale*. Ciò assume rilevanza nei casi in cui il legislatore, a determinati fini, fa riferimento alla proposizione della domanda introduttiva di un giudizio. È quel che si verifica, in primo luogo, con riguardo all'onere di introdurre il giudizio di merito che grava sulla parte che ha ottenuto un provvedimento cautelare, secondo il disposto del 5° comma dell'art. 669 octies. Oppure con riguardo a quelli, tra i c.d. effetti sostanziali della domanda, che concernono la prescrizione (artt. 2943 e 2945 c.c.), la trascrizione della domanda (artt. 2652, 2653, 2690 e 2691 c.c.) e la maturazione degli interessi legali (art. 1284 c.c.). Né sembra arbitrario rilevare che in questo complesso di disposizioni, e in particolare nell'art. 669 octies, 5° comma, si può ravvisare un vero e proprio paradigma della domanda arbitrale con i suoi elementi essenziali: parti, *petitum* e *causa petendi*.

Tutto ciò è esplicitato dall'art. 816 bis.1, in base al quale «*La domanda di arbitrato produce gli effetti sostanziali della domanda giudiziale e li mantiene nei casi previsti dall'articolo 819 quater*». E dunque, non solo la domanda di arbitrato – come già detto – produce gli stessi effetti sostanziali della domanda giudiziale, ma conserva questi effetti anche nell'eventualità che sia dichiarata l'incompetenza degli arbitri e si proceda con la *translatio iudicii* davanti al giudice ordinario, così come espressamente previsto dall'art. 819 quater (v. retro, § 111).

Rapporti dell'arbitrato con la mediazione e con la negoziazione assistita.

Va anche ricordato che, a norma dell'art. 5, 1° comma, del D.Lgs. 28/2010, la proposizione della domanda di arbitrato, nelle materie ivi indicate, è sottoposta a pena di improcedibilità all'obbligatorio esperimento preventivo della procedura di mediazione (v. oltre, § 119). Stante l'identità di funzione, la stessa conclusione dovrebbe valere anche per le ipotesi di preventivo esperimento obbligatorio (a pena di improcedibilità della domanda) della procedura di negoziazione assistita da uno o più avvocati, di cui all'art. 3 del D.L. 132/2014 (conv. dalla L. 162/2014) (v. oltre, § 122).

La designazione (eventuale) da parte del presidente del tribunale.

L'art. 810, 1° comma, prosegue poi disponendo che «la parte, alla quale è rivolto l'invito, *deve notificare per iscritto, nei venti giorni successivi*, le generalità dell'arbitro o degli arbitri da essa nominati». In mancanza, la parte che ha fatto l'invito può chiedere con ricorso che tale designazione sia fatta dal presidente del tribunale nel cui circondario è la sede dell'arbitrato oppure, se le parti non hanno ancora determinato tale sede, al presidente del tribunale del luogo in cui è stata stipulata la convenzione arbitrale oppure, se tale luogo è all'estero, al presidente del tribunale di Roma (2° comma). Il presidente del tribunale competente provvede alla nomina richiestagli, se la convenzione d'arbitrato non è manifestamente inesistente o non prevede manifestamente un arbitrato estero, «*nel rispetto di criteri che assicurano trasparenza, rotazione ed efficienza e, a tal fine, della nomina viene data notizia sul sito dell'ufficio giudiziario*» (3° comma).

Allo stesso modo ci si regola nell'ipotesi che la designazione sia stata senz'altro demandata dalla convenzione arbitrale all'autorità giudiziaria o ad un terzo che non vi abbia provveduto (art. 810, 4° comma).

L'art. 811 si dà carico, infine, dell'eventualità che uno o più degli arbitri così nominati vengano, per qualsiasi motivo (compresa la mancata accettazione), a mancare, e per tale eventualità dispone che essi debbano essere sostituiti con le stesse modalità previste per la loro nomina, comprese quelle viste or ora per il caso di mancata designazione.

Con l'atto di designazione del suo arbitro, la controparte può proporre domande riconvenzionali.

L'atto col quale la parte cui è rivolto l'invito compie, a sua volta, la designazione del proprio arbitro offre la prima occasione per la proposizione di eventuali *domande riconvenzionali*, della cui ammissibilità non sembra si possa dubitare, sempre che rientrino nell'ambito della convenzione arbitrale.

La qualità di arbitro è acquisita solo con l'accettazione scritta, ...

La designazione, da chiunque sia compiuta, non è ancora sufficiente per attribuire alle persone designate la qualità di arbitro con i relativi obblighi e diritti; tale qualità – che in ogni caso presuppone i requisiti di cui all'art. 812 (capacità d'agire) e non implica la qualifica né di pubblico ufficiale, né di incaricato di pubblico servizio (art. 813, 2° comma) – viene, infatti, acquistata soltanto per mezzo dell'*accettazione, da compiersi* – così dispone l'art. 813, 1° comma – *per iscritto*, sebbene possa risultare anche dalla sottoscrizione del compromesso o dal verbale della prima riunione. L'accettazione deve essere accompagnata «*a pena di nullità, da una dichiarazione nella quale è indicata ogni circostanza rilevante ai sensi dell'articolo 815, primo comma, ovvero la relativa insussistenza. L'arbitro deve rinnovare la dichiarazione in presenza di circostanze sopravvenute. In caso di omessa dichiarazione o di omessa indicazione di circostanze che legittimano la ricusazione, la parte può richiedere, entro dieci giorni dalla accettazione o dalla scoperta delle circostanze, la decadenza dell'arbitro nei modi e con le forme di cui all'articolo 813 bis*». L'obiettivo di quest'obbligo di *disclosure* dell'arbitro, da assolvere al momento dell'accettazione dell'incarico (o successivamente, in caso di circostanze sopravvenute), è evidentemente quello di rafforzare l'imparzialità e l'indipendenza dello stesso arbitro. Ciò che spiega anche la particolare rilevanza delle conseguenze che il legislatore fa scaturire dal suo omesso adempimento.

... che implica anche l'obbligo di *disclosure* per l'arbitro, a pena di nullità della stessa accettazione.

Col perfezionamento della fattispecie attributiva della veste di arbitro sorge un *rapporto di tipo obbligatorio tra le parti e gli arbitri*; un rapporto autonomo, assimilabile al contratto di prestazione d'opera ed in forza del quale gli arbitri assumono l'obbligo di pronunciare il lodo nel termine stabilito e, in relazione a ciò, acquistano il diritto ad un compenso.

La decadenza e la sostituzione dell'arbitro inadempiente.

Infine, l'art. 813 bis disciplina le modalità di *sostituzione dell'arbitro* che omette o ritarda di compiere un atto relativo alle sue funzioni. Venendo incontro ad esigenze assai avvertite dalla pratica, specialmente nei casi di «ostruzionismo» dell'arbitro che si sente in minoranza, la norma dispone che, se le parti non hanno diversamente convenuto, la sostituzione può avvenire d'accordo tra le parti o dal terzo a ciò incaricato dalla convenzione arbitrale. In mancanza di tale accordo, ciascuna delle parti può, previa diffida che conceda all'arbitro un termine di 15 giorni per compiere l'atto, ricorrere al presidente del tribunale della sede dell'arbitrato, perché questi, sentite le parti, provveda, se accerta l'omissione o il ritardo, con ordinanza non impugnabile alla dichiarazione di decadenza e alla sostituzione. Per queste ipotesi di omissione o ritardo doloso o colposo l'art. 813 ter configura un'azione di responsabilità nei confronti degli arbitri, per le ragioni specificate nello stesso articolo.

In funzione dell'imparzialità dell'arbitro opera la *ricusazione* per i motivi elencati nell'art. 815 ...

Naturalmente l'arbitro, che, in pratica, assolve le funzioni proprie di un giudice, deve poter operare in condizioni di imparzialità. Perciò il codice (art. 815) estende agli arbitri l'istituto della ricusazione (v. vol. I, § 42), disponendo che la parte può ricusare l'arbitro che essa non ha nominato (ed anche quello che ha nominato, ma solo per ragioni conosciute dopo la nomina). Quanto ai motivi su cui la ricusazione si fonda, l'art. 815 contiene, nel 1° comma, una specifica elencazione. Esso prevede, infatti, che un arbitro possa essere ricusato se: 1) non ha le qualifiche espressamente convenute dalle parti; 2) ha interesse in causa; 3) egli stesso o il coniuge è parente fino al quarto grado, convivente o commensale abituale di una delle parti o di alcuno dei difensori; 4) egli stesso o il coniuge ha una causa pendente o grave inimicizia con una delle parti o alcuno dei difensori; 5) se è legato a una delle parti o a una società da questa controllata da un rapporto di lavoro subordinato o di consulenza o di prestazione d'opera o da altri rapporti di natura patrimoniale; 6) se ha prestato consulenza, assistenza o difesa a una delle parti in una precedente fase della vicenda o vi ha deposto come testimone. In ogni caso, l'istanza di ricusazione può essere avanzata se «*sussistono altre gravi ragioni di convenienza, tali da incidere sull'indipendenza o sull'imparzialità dell'arbitro*».

... e comunque per altre gravi ragioni di convenienza.

«*La ricusazione* – prosegue l'art. 815, nel 3° comma – *è proposta mediante ricorso al presidente del tribunale indicato nell'articolo 810, secondo comma, entro il termine perentorio di dieci giorni dalla notifi-*

cazione della nomina o dalla sopravvenuta conoscenza della causa di ricusazione. Il presidente pronuncia con ordinanza non impugnabile, sentito l'arbitro ricusato e le parti e assunte, quando occorre, sommarie informazioni».

Aggiunge ancora il 4° comma dell'art. 815 che «*Con ordinanza il presidente provvede sulle spese. Nel caso di manifesta inammissibilità o manifesta infondatezza dell'istanza di ricusazione condanna la parte che l'ha proposta al pagamento, in favore dell'altra parte, di una somma equitativamente determinata non superiore al triplo del massimo del compenso spettante all'arbitro singolo in base alla tariffa forense*».

Infine, va tenuto presente che «*La proposizione dell'istanza di ricusazione non sospende il procedimento arbitrale, salvo diversa determinazione degli arbitri. Tuttavia, se l'istanza è accolta, l'attività compiuta dall'arbitro ricusato o con il suo concorso è inefficace*» (5° comma).

Gli arbitri hanno diritto a un compenso.

A compenso della loro opera gli arbitri hanno diritto, oltre che al rimborso delle spese, ad un onorario; ciò (salva esplicita rinuncia al momento dell'accettazione o con atto scritto successivo) nei confronti delle parti, in via solidale salvo rivalsa tra loro (art. 814, 1° comma). Di solito gli arbitri provvedono direttamente alla liquidazione delle loro spettanze nel contesto del lodo. Tale liquidazione, tuttavia, non è vincolante per le parti, se esse non l'accettano; in tal caso la liquidazione è effettuata, su ricorso degli arbitri, dal presidente del tribunale, con ordinanza che costituisce titolo esecutivo contro le parti (art. 814, 2° e 3° comma) ed è soggetta a reclamo a norma dell'art. 825, ultimo comma. Si applica l'art. 830, 4° comma, per l'eventuale sospensione. Considerata la natura decisoria e definitiva del provvedimento pronunciato dalla corte d'appello in sede di reclamo avverso l'ordinanza di liquidazione del presidente del tribunale, le sezioni unite hanno ritenuto ammissibile il ricorso per cassazione ai sensi dell'art. 111 Cost. (Cass. sez. un. 7 dicembre 2016 n. 25045).

Gli arbitri possono subordinare la prosecuzione della loro attività ...

In aggiunta a questa disciplina l'art. 816 septies configura la facoltà degli arbitri di subordinare le loro prestazioni all'anticipazione delle spese. «*Gli arbitri* – così il 1° comma – *possono subordinare la prosecuzione del procedimento al versamento anticipato delle spese prevedibili. Salvo diverso accordo delle parti, gli arbitri determinano la misura dell'anticipazione a carico di ciascuna parte. Se una delle parti non presta l'anticipazione richiestale* – così prosegue la norma – *l'altra può anticipare la totalità delle spese. Se le parti non provvedono all'anticipazione nel termine fissato dagli arbitri, non sono più vincolate alla convenzione di arbitrato con riguardo alla controversia che ha dato origine al procedimento arbitrale*». Si tratta, evidentemente, di un'anomala (e di dubbia opportunità) ipotesi di inefficacia della convenzione arbitrale.

... al pagamento anticipato delle spese prevedibili.

113. *Il procedimento. Il potere cautelare degli arbitri. L'istruzione. La sospensione. Il termine. La pronuncia del lodo.*

Poiché, come abbiamo visto, il giudizio arbitrale ha natura di giudizio privato, il codice non si cura di disciplinare le modalità di questo giudizio, ma si limita a dettare alcune regole fondamentali.

La sede dell'arbitrato è stabilita dalle parti o, in mancanza, dagli arbitri, ...

Dispone – in primo luogo – *che la sede dell'arbitrato è determinata dalle parti* o, in mancanza, dagli stessi arbitri nella loro prima riunione, nel territorio della Repubblica (art. 816, 1° comma). E tuttavia, «*Se le parti e gli arbitri non hanno determinato la sede dell'arbitrato, questa è nel luogo in cui è stata stipulata la convenzione di arbitrato. Se tale luogo non si trova nel territorio nazionale, la sede è a Roma*» (2° comma). Il 3° comma dello stesso articolo aggiunge che, «*Se la convenzione d'arbitrato non dispone diversamente, gli arbitri possono tenere udienza, compiere atti istruttori, deliberare ed apporre le loro sottoscrizioni al lodo anche in luoghi diversi dalla sede dell'arbitrato ed anche all'estero*».

... così come le regole procedimentali che gli arbitri devono applicare.

L'art. 816 bis stabilisce, poi, che la lingua dell'arbitrato e *le norme che gli arbitri debbono osservare nel procedimento possono essere stabilite dalle parti* nella convenzione arbitrale o con atto scritto separato (o col richiamo a regolamenti di istituzioni arbitrali: c.d. *arbitrati amministrati*, di cui all'art. 832), purché anteriormente all'inizio del giudizio arbitrale oppure, in mancanza delle indicazioni delle parti, dagli stessi arbitri nel modo che ritengono più opportuno (art. 816 bis, 1° comma). Lo stesso art. 816 bis aggiunge, in ossequio ad esigenze del contraddittorio ritenute indefettibili, che gli arbitri debbono in ogni caso attuare «*il principio del contraddittorio, concedendo alle parti ragionevoli ed equivalenti possibilità di difesa*».

I c.d. *arbitrati amministrati.*

La norma prosegue stabilendo che *le parti possono stare in arbitrato per mezzo di difensori* e precisando che, in mancanza di espressa limitazione, la procura al difensore si estende *a qualsiasi atto processuale, compresa la rinuncia agli atti* (ciò che desta perplessità per il contrasto con l'art. 306: v. § 68 del vol. II) *e la determinazione o proroga del termine per la pronuncia del lodo*. Aggiunge, altresì, che «*in ogni caso il difensore può essere destinatario della comunicazione e della notificazione del lodo e della notificazione della sua impugnazione*».

Sullo svolgimento procedimentale gli arbitri provvedono con ordinanza revocabile.

Infine, negli ultimi due commi dell'art. 816 bis si dispone che «*le parti o gli altri arbitri possono autorizzare il presidente del collegio arbitrale a deliberare le ordinanze circa lo svolgimento del procedimento*» e che «*su tutte le questioni che si presentano nel corso del procedimento gli arbitri, se non ritengono di provvedere con lodo non definitivo, provvedono con ordinanza revocabile non soggetta a deposito*».

Gli arbitri generalmente ...

Gli arbitri che, come abbiamo visto, non dispongono di poteri giurisdizionali autoritativi di norma non possono pronunciare provvedi-

... sono privi del potere cautelare, ma le parti possono attribuirglielo con la convenzione arbitrale o con atto separato.

menti cautelari, salvo che le parti non abbiano conferito loro un tale potere. Infatti, stabilisce il 1° comma dell'art. 818 che «*Le parti, anche mediante rinvio a regolamenti arbitrali, possono attribuire agli arbitri il potere di concedere misure cautelari con la convenzione di arbitrato o con atto scritto anteriore all'instaurazione del giudizio arbitrale*», aggiungendo che in tal caso «*La competenza cautelare attribuita agli arbitri è esclusiva*». Quindi, se le parti intendono procedere in questo senso, sono tenute a farlo o direttamente nella convenzione arbitrale oppure con atto scritto successivo, ma comunque anteriore all'instaurazione del giudizio arbitrale. La soluzione normativa si giustifica con l'esigenza di far conoscere agli arbitri, prima della loro accettazione, l'ambito dei loro poteri; ma anche con la consapevolezza per le parti che in tal caso la competenza cautelare degli arbitri ha natura esclusiva e non concorrente con quella del giudice statale, che, di conseguenza, per effetto della scelta delle parti, viene privato del potere cautelare.

Anche se le parti hanno conferito il potere cautelare agli arbitri, prima dell'accettazione la domanda cautelare si propone al giudice statale.

Nell'ipotesi in cui le parti abbiano conferito agli arbitri il potere cautelare da esercitare in pendenza del giudizio arbitrale emerge anche il problema di stabilire a chi spetti tale potere prima dell'instaurazione del giudizio arbitrale. Ed è a questo che si riferisce il 2° comma dell'art. 818 quando stabilisce che «*Prima dell'accettazione dell'arbitro unico o della costituzione del collegio arbitrale, la domanda cautelare si propone al giudice competente ai sensi dell'articolo 669 quinquies*». Vale a dire che in questo caso la domanda cautelare va proposta – ai sensi dell'art. 669 quinquies, come abbiamo già visto (retro, § 97) – «*al giudice che sarebbe stato competente a conoscere del merito*». Questa stessa soluzione trova applicazione, evidentemente, anche laddove le parti abbia rinunciato a conferire agli arbitri il potere di pronunciare provvedimenti cautelari.

Avverso il provvedimento cautelare arbitrale è ammesso reclamo ex art. 669 terdecies davanti alla corte d'appello, ma per i motivi di cui all'art. 829.

Quanto, poi, ai rimedi esperibili nei confronti degli eventuali provvedimenti cautelari pronunciati dagli arbitri, l'art. 818 bis prevede che «*Contro il provvedimento degli arbitri che concede o nega una misura cautelare è ammesso reclamo a norma dell'articolo 669 terdecies davanti alla corte d'appello, nel cui distretto è la sede dell'arbitrato, per i motivi di cui all'articolo 829, primo comma, in quanto compatibili, e per contrarietà all'ordine pubblico*». In questo caso, dunque, è proponibile lo stesso rimedio previsto per i provvedimenti cautelari pronunciati dal giudice statale, ossia il reclamo di cui all'art. 669 terdecies (v. retro, § 98), ma *con due particolarità*: a) esso va proposto davanti alla corte d'appello, nel cui distretto ha sede l'arbitrato; b) può essere avanzato solo per i motivi di cui all'art. 829, in quanto compatibili, ossia per gli stessi motivi per i quali, come vedremo, è proponibile l'impugnazione per nullità del lodo rituale (v. oltre, § 114), oppure per contrarietà all'ordine pubblico. Ciò che è pienamente coerente con l'opportunità di non consentire un'impugnazione del provvedimento cautelare arbitrale più ampia dell'impugnazione del lodo.

Anche per quel che riguarda l'attuazione dei provvedimenti cautelari arbitrali trova applicazione sostanzialmente la stessa disciplina che abbiamo visto applicarsi ai provvedimenti cautelari pronunciati dai giudici statali (v. retro, § 98). Infatti, stabilisce l'art. 808 ter che «*L'attuazione delle misure cautelari concesse dagli arbitri è disciplinata dall'articolo 669 duodecies e si svolge sotto il controllo del tribunale nel cui circondario è la sede dell'arbitrato o, se la sede dell'arbitrato non è in Italia, il tribunale del luogo in cui la misura cautelare deve essere attuata*» (1° comma) e che «*Resta salvo il disposto degli articoli 677 e seguenti in ordine all'esecuzione dei sequestri concessi dagli arbitri. Competente è il tribunale previsto dal primo comma*» (2° comma).

Per l'attuazione dei provvedimenti cautelari arbitrali si applica l'art. 669 duodecies.

Gli arbitri, invece, non possono pronunciare provvedimenti ingiuntivi, la cui pronuncia da parte del giudice ordinario non è peraltro impedita dalla convenzione arbitrale.

Per quanto concerne l'istruttoria, l'art. 816 ter dispone, nel suo 1° comma, che essa o i singoli atti di istruzione possono essere delegati dagli arbitri ad uno di essi. Ciò premesso, scontata la producibilità di *documenti, tra i quali dovrà essere incluso quello contenente la convenzione arbitrale*, non sembra ammissibile nel giudizio arbitrale la *querela di falso*, per difetto della disponibilità della questione; mentre non sembra che sussista ostacolo per il giudizio di verificazione della scrittura privata.

Con riguardo alle prove testimoniali, il 2° comma dell'art. 816 ter precisa che gli arbitri possono assumere la testimonianza presso di sé o nell'abitazione o ufficio del testimone se questi vi consente, aggiungendo la previsione (poi estesa dall'art. 257 bis anche al processo ordinario: v. § 55 del vol. II) della facoltà di assumere la deposizione mediante risposte scritte del testimone a quesiti postigli dagli arbitri.

Le deposizioni testimoniali possono essere assunte anche per iscritto.

Nei successivi commi dell'art. 816 ter si prevede, oltre alla possibilità di ottenere dal presidente del tribunale della sede dell'arbitrato l'ordine di comparizione del testimone (con conseguente sospensione del termine per la pronuncia del lodo), la possibilità che gli arbitri si facciano assistere da *uno o più consulenti tecnici*, nonché la facoltà di chiedere alla Pubblica Amministrazione informazioni scritte relative ad atti e documenti della stessa. Sembra, invece, da escludersi l'ammissibilità del giuramento, per la dubbia applicabilità delle sanzioni penali nei confronti di chi giura il falso in una sede diversa da quella della giurisdizione ordinaria.

Possibili le consulenze tecniche e le richieste di informazione alla P.A.

L'ambito del giudizio arbitrale è strettamente determinato dalla convenzione arbitrale e ulteriormente precisato dalla domanda arbitrale. Di solito, il compromesso – in quanto redatto dopo l'insorgere della controversia – contiene una sufficiente delimitazione dell'oggetto del giudizio affidato agli arbitri; tale determinazione è spesso com-

L'oggetto del giudizio risulta dalla convenzione arbitrale, dalle conclusioni delle parti ...

piuta in forma di quesiti e talora accade anche che la formulazione dei quesiti avvenga successivamente. Quest'ultima eventualità si verifica più spesso quando l'arbitrato è fondato su una clausola compromissoria, che, essendo stata redatta prima dell'insorgere della controversia, ha una portata necessariamente generica.

... e da eventuali quesiti, ...

Non sembra inutile domandarsi quale sia la portata dei *quesiti*, intesi come eventuale modalità, certamente legittima, di formulazione della domanda.

... fermo il principio della corrispondenza tra il chiesto e il pronunciato ...

Occorre distinguere tra quesiti concordati tra le parti e quesiti formulati dai difensori delle parti; ed inoltre, rilevare che, quando i quesiti non sono concordati, ma formulati unilateralmente, sono difficilmente distinguibili dalle affermazioni assertorie delle singole parti, ossia dalle loro conclusioni. Si deve, infatti, tener presente che anche nel giudizio arbitrale opera il principio della corrispondenza tra il chiesto e il pronunciato (art. 112) e che pertanto l'oggetto del giudizio è determinato, oltre che dalla convenzione arbitrale, anche dalle conclusioni delle parti, a cominciare da quelle contenute nella domanda arbitrale e nell'atto di nomina di arbitro ad opera dell'altra parte, *eventualmente in via riconvenzionale*. Al lume di questi rilievi si può osservare che: 1) quando i quesiti sono concordati direttamente tra le parti, non sono altro che una specificazione della convenzione arbitrale; 2) quando i quesiti sono formulati dai difensori delle parti (che non hanno il potere di stipulare convenzioni arbitrali) ed a maggior ragione quando non sono concordati, ma formulati unilateralmente, vanno considerati sotto l'aspetto delle *conclusioni*; come tali possono ugualmente influire sulla determinazione dell'oggetto del giudizio, ma solo indirettamente, ossia per effetto del disposto dell'art. 817, 3° comma, secondo cui «la parte che non eccepisce nel corso del procedimento arbitrale che le conclusioni delle altre parti esorbitano dai limiti della convenzione arbitrale, non può, per questo motivo, impugnare di nullità il lodo» (v. il § seguente). Ciò che, in pratica, significa che *i quesiti (anche unilaterali) e le conclusioni di ciascuna delle parti possono allargare l'ambito dell'oggetto del giudizio determinato dalla convenzione arbitrale se ed in quanto il superamento di quell'ambito non sia stato fatto oggetto di eccezione.* A maggior ragione va ritenuta ammissibile, d'altra parte, la proposizione di domande nuove rispetto all'ambito della convenzione arbitrale, se la novità non è eccepita e contestata dall'altra parte.

... e la proposizione di domande nuove purché nell'ambito della convenzione arbitrale e nel rispetto del contraddittorio.

Merita qui menzione – quale eccezione alla correlazione tra l'ambito della convenzione arbitrale e l'ambito del giudizio – l'art. 817 bis, con riguardo all'eventuale *eccezione di compensazione*, stabilendo al riguardo che *gli arbitri sono competenti a conoscere di quest'eccezione nei limiti del valore della domanda, anche se il controcredito non è compreso nell'ambito della convenzione di arbitrato.*

Le questioni pregiudiziali di merito vanno decise in via incidentale o con efficacia di giudicato.

Anche davanti agli arbitri possono sorgere *questioni di merito aventi carattere pregiudiziale*. Ricordando (v. vol. I, § 41) che, in astratto, la pronuncia su queste questioni può avvenire sia in via principale e sia in via incidentale, è ovvio che la pronuncia arbitrale sulle questioni stesse può in concreto avvenire in via principale (ossia con efficacia di giudicato) soltanto se esse vertano su materie che possono essere oggetto di convenzione arbitrale; ciò che, peraltro, non impedisce la pronuncia in via incidentale (ossia senza efficacia di giudicato) anche se vertono su materie non compromettibili, salvo che non si tratti di questioni per le quali la pronuncia con efficacia di giudicato sia richiesta dalla legge.

Questa possibilità di pronuncia in via incidentale è esplicitamente prevista dal 1° comma dell'art. 819 (con esclusione, ovviamente, delle questioni che *debbano essere decise con efficacia di giudicato per legge*, nel qual caso sorge l'obbligo di sospensione per gli arbitri ai sensi dell'art. 819 bis, 1° comma, n. 2, come stiamo per vedere). L'art. 819, nel suo 2° comma, nel prevedere la pronuncia *su domanda di parte* con efficacia di giudicato sulle pregiudiziali compromettibili, aggiunge che tale pronuncia è possibile – solo *se richiesta da tutte le parti* – anche laddove le questioni non siano ricomprese nella convenzione d'arbitrato.

La sospensione necessaria del procedimento arbitrale ...

Quanto alla *sospensione necessaria del giudizio arbitrale*, essa è fatta oggetto di specifica disciplina nell'art. 819 bis, ove si dispone che tale sospensione è disposta con ordinanza motivata, oltre che nel caso dell'art. 816 sexies (morte, estinzione o perdita di capacità della parte), anche in questi casi:

1) *quando il processo dovrebbe essere sospeso a norma del comma 3° dell'art. 75 c.p.p.* (esercizio in sede penale dell'azione civile), *se la controversia sull'azione civile fosse pendente davanti all'autorità giudiziaria;*

2) *se sorge questione pregiudiziale su materia che non può essere oggetto di convenzione d'arbitrato e per legge deve essere decisa con autorità di giudicato* (ipotesi, questa, che completa la già vista disciplina di cui all'art. 819);

3) *quando gli arbitri rimettono alla Corte costituzionale una questione di legittimità costituzionale ai sensi dell'art. 23 della L. 87/1953*, come ammesso dalla sent. n. 376/2001 della Corte costituzionale.

... e la *sospensione facoltativa* nei casi di cui all'art. 337, 2° comma.

Il 2° comma dell'art. 819 bis prevede poi l'applicabilità nel giudizio arbitrale della particolare ipotesi di sospensione facoltativa prevista dall'art. 337, 2° comma, disponendo che, *se nel procedimento arbitrale è invocata l'autorità di una sentenza e questa è impugnata, si applica il 2° comma dell'art. 337* (in proposito v. § 66 del vol. II).

La disposizione non manca, d'altra parte, di prendere in considerazione la prosecuzione del giudizio dopo la sospensione con le conseguenze delle eventuali mancate iniziative al riguardo.

«*Una volta disposta la sospensione* – così il 3° comma dell'art. 819

bis – *il procedimento si estingue se nessuna parte deposita presso gli arbitri istanza di prosecuzione entro il termine fissato dagli arbitri stessi o, in difetto, entro un anno dalla cessazione della causa di sospensione.*

Nel caso previsto dal primo comma, numero 2) – così l'ultimo periodo – *il procedimento si estingue altresì se entro novanta giorni dall'ordinanza di sospensione nessuna parte deposita presso gli arbitri copia autentica dell'atto con il quale la controversia sulla questione pregiudiziale è proposta davanti all'autorità giudiziaria*».

Il termine per la pronuncia del lodo è di 240 giorni se le parti non l'hanno fissato diversamente.

Quanto al termine per la decisione degli arbitri, l'art. 820 stabilisce che «*le parti possono, con la convenzione di arbitrato o con accordo anteriore all'accettazione degli arbitri, fissare un termine per la pronuncia del lodo*», termine che il 2° comma indica in *240 giorni* (dal momento dell'accettazione della nomina), per la sola eventualità che tale termine non sia stato fissato. All'autonomia delle parti corrisponde, d'altra parte, la possibilità che il termine sia prorogato prima della sua scadenza o mediante dichiarazioni scritte di tutte le parti indirizzate agli arbitri oppure dal presidente del tribunale indicato nell'art. 810, 2° comma, su istanza motivata di una delle parti o degli arbitri, sentite le altre parti; al termine, in ogni caso, le parti non possono rinunciare.

La possibile proroga del termine.

Inoltre – così gli ultimi due commi dell'art. 820 – «*se le parti non hanno disposto diversamente, il termine è prorogato di centottanta giorni nei casi seguenti e per non più di una volta nell'ambito di ciascuno di essi:*

a) se debbono essere assunti mezzi di prova;

b) se è disposta consulenza tecnica d'ufficio;

c) se è pronunciato un lodo non definitivo o un lodo parziale;

d) se è modificata la composizione del collegio arbitrale o è sostituito l'arbitro unico.

Il termine per la pronuncia del lodo è sospeso durante la sospensione del procedimento. In ogni caso, dopo la ripresa del procedimento, il termine residuo, se inferiore, è esteso a novanta giorni».

Gli arbitri – abbiamo osservato nel § precedente – assumono verso le parti, nel momento in cui accettano la designazione, precise obbligazioni che convergono nell'obbligo di rendere il loro giudizio nel termine stabilito.

Il vizio conseguente al decorso del termine è sanato se non specificamente eccepito, …

Come già accennato, nei casi di sospensione del giudizio arbitrale resta sospeso anche il termine per la pronuncia del lodo; mentre, come pure già visto, nel caso di morte, estinzione o di perdita di capacità di una delle parti, la sospensione del procedimento è solo possibile. D'altra parte, anche in mancanza di proroga, il vizio conseguente al decorso del termine rimane indirettamente sanato qualora non sia fatto oggetto di specifica eccezione. Ciò risulta dall'art. 821, il quale dispone che il vizio in argomento non può esser fatto valere come causa di nullità del lodo in mancanza di una notificazione (prima della sottoscrizione del dispositivo ad opera degli arbitri) alle altre parti e agli arbitri, dell'intendimento di far valere la decadenza.

Se la parte fa valere la decadenza degli arbitri, questi – così il 2° comma dell'art. 821 –, verificato il decorso del termine, dichiarano estinto il procedimento.

... altrimenti il procedimento si estingue.

L'accettazione da parte degli arbitri segna il momento di inizio del procedimento arbitrale agli effetti del termine per la pronuncia del lodo, salva l'ipotesi che le parti abbiano stabilito diversamente; in ogni caso il procedimento arbitrale inizia il suo iter con la costituzione del collegio o con la comparizione delle parti davanti all'arbitro unico. Non sono previste formalità di costituzione delle parti, mentre l'intervento volontario e la chiamata in arbitrato di un terzo sono ammessi nei limiti del già visto art. 816 quinquies.

Il termine inizia a decorrere dall'accettazione degli arbitri.

Con riguardo all'istruzione non abbiamo che da riferirci a quanto già sopra rilevato circa il dovere degli arbitri di operare con le modalità e le forme che le parti hanno determinato o, in caso contrario, che gli stessi arbitri hanno ritenuto opportune, secondo il già visto disposto dell'art. 816 ter, ricordando anche quanto detto poc'anzi circa la possibilità di ottenere la deposizione dei testimoni eventualmente con dichiarazioni scritte e di avvalersi dell'ausilio di uno o più consulenti tecnici e circa l'impossibilità di utilizzare strumenti probatori che presuppongono l'esercizio di poteri imperativi (come l'ordine di esibizione a un terzo) o l'autorità del giudice (come il giuramento) o comunque l'indisponibilità della questione (come la querela di falso).

Gli arbitri possono avvalersi dei normali strumenti probatori tranne quelli che presuppongono poteri imperativi o l'indisponibilità della questione.

La redazione di un processo verbale non è richiesta dal codice, ma è abituale nella pratica.

Con riguardo alle regole sulla decisione, il giudizio arbitrale non si differenzia dal giudizio ordinario. Ed infatti, anche gli arbitri «*decidono* – così dispone l'art. 822, al 1° comma – *secondo le norme del diritto, salvo che le parti li abbiano autorizzati con qualsiasi espressione a pronunciare secondo equità*». La formula «con qualsiasi espressione» è assai larga ed in tal senso è giustamente interpretata. Tra le espressioni usate talora, col significato in discorso, va tenuta presente quella con la quale gli arbitri vengono autorizzati a decidere «*come amichevoli compositori*».

La decisione avviene secondo diritto, salva l'autorizzazione espressa delle parti a decidere secondo equità.

Aggiunge il 2° comma dello stesso art. 822 che, «*Quando gli arbitri sono chiamati a decidere secondo le norme di diritto, le parti, nella convenzione di arbitrato o con atto scritto anteriore all'instaurazione del giudizio arbitrale, possono indicare le norme o la legge straniera quale legge applicabile al merito della controversia. In mancanza, gli arbitri applicano le norme o la legge individuate ai sensi dei criteri di conflitto ritenuti applicabili*». Il riferimento è alla possibilità che le parti impongano agli arbitri la decisione nel merito della controversia mediante l'applicazione di norme sostanziali straniere, puntualmente individuate dalle stesse parti. Peraltro, in proposito non va sottovalu-

Le parti possono anche indicare le norme o la legge straniera quale legge applicabile al merito della controversia.

tato il fatto che la disposizione si riferisca sia a «norme», sia a «leggi» straniere, per evidenziare che la scelta delle parti potrebbe cadere non necessariamente su leggi sostanziali di uno Stato terzo, bensì anche su norme sostanziali non statali (ad es., la c.d. *lex mercatoria*, i principi UNIDROIT o l'*UNCITRAL Model Law*).

I requisiti formali che il codice prevede per il lodo – che può essere anche non definitivo – sono analoghi a quelli della sentenza.

Il lodo è deliberato a maggioranza con la partecipazione di tutti gli arbitri.

«*Il lodo* – così il 1° comma dell'art. 823 – *è deliberato a maggioranza di voti con la partecipazione di tutti gli arbitri ed è quindi redatto per iscritto. Ciascun arbitro può chiedere che il lodo, o una parte di esso, sia deliberato dagli arbitri riuniti in conferenza personale*».

Il contenuto del lodo è specificato nell'art. 823, 2° comma.

Il 2° comma elenca poi come segue i requisiti di forma-contenuto del lodo: «*Il lodo deve contenere: 1) il nome degli arbitri; 2) l'indicazione della sede dell'arbitrato; 3) l'indicazione delle parti; 4) l'indicazione della convenzione di arbitrato e delle conclusioni delle parti; 5) l'esposizione sommaria dei motivi; 6) il dispositivo; 7) la sottoscrizione degli arbitri. La sottoscrizione della maggioranza degli arbitri è sufficiente, se accompagnata dalla dichiarazione che esso è stato deliberato con la partecipazione di tutti e che gli altri non hanno voluto o non hanno potuto sottoscriverlo; 8) la data delle sottoscrizioni*».

Il successivo art. 824 dispone, poi, che «*gli arbitri redigono il lodo in uno o più originali*» e che «*gli arbitri danno comunicazione del lodo a ciascuna parte mediante consegna di un originale, o di una copia attestata conforme dagli stessi arbitri, anche con spedizione in plico raccomandato, entro dieci giorni dalla sottoscrizione del lodo*». La quale sottoscrizione può avvenire anche in luoghi diversi da quello della sede e anche all'estero (art. 816, 3° comma) senza necessità di contestualità, se la convenzione arbitrale non dispone diversamente.

Con la deliberazione, la sottoscrizione e la successiva comunicazione del lodo ha termine il compito degli arbitri; d'altra parte, il lodo già produce, come risulta dal più volte menzionato art. 824 bis, dalla data della sua ultima sottoscrizione, *gli effetti* (di accertamento e costitutivi e suscettibili di passare in giudicato) *della sentenza pronunciata dall'autorità giudiziaria*.

Al lodo, che già possiede l'efficacia di sentenza, può essere attribuita anche l'esecutività e la trascrivibilità.

Invece, perché il lodo acquisisca anche l'*efficacia esecutiva* e di atto idoneo a essere trascritto c'è bisogno di un ulteriore atto presso il giudice statale. Per provocare quest'atto il codice prevede un iter imperniato, oltre che sull'obbligo degli arbitri di dare comunicazione del lodo alle parti, sull'onere-facoltà di ciascuna delle parti di effettuarne il deposito presso il tribunale senza alcun limite temporale e di fare conseguentemente acquisire al lodo – che, come detto, già possiede efficacia vincolante tra le parti – anche la piena efficacia esecutiva e la trascrivibilità negli stessi casi in cui lo sarebbe la sentenza.

«La parte che intende far eseguire il lodo nel territorio della Repubblica – così l'art. 825 – *ne propone istanza depositando il lodo in originale o in copia conforme, insieme con l'atto contenente la convenzione di arbitrato, in originale o in copia conforme, presso il tribunale nel cui circondario è la sede dell'arbitrato. Il tribunale* [in composizione monocratica] *accertata la regolarità formale del lodo, lo dichiara esecutivo con decreto. Il lodo reso esecutivo è soggetto a trascrizione o annotazione, in tutti i casi nei quali sarebbe soggetta a trascrizione o annotazione la sentenza avente il medesimo contenuto. Del deposito e del provvedimento del tribunale è data notizia dalla cancelleria alle parti nei modi stabiliti dall'articolo 133, secondo comma.*

Il tribunale lo dichiara esecutivo con decreto ...

... e una volta dichiarato esecutivo il lodo rituale è anche trascrivibile.

Contro il decreto che nega o concede l'esecutorietà del lodo, è ammesso reclamo mediante ricorso alla corte d'appello, entro trenta giorni dalla comunicazione; la corte, sentite le parti, provvede in camera di consiglio con ordinanza».

In sintesi, da queste disposizioni si evince che la fase in esame del procedimento arbitrale si articola nelle tre sottofasi di:

– *deliberazione*, rilevante sotto il profilo del luogo o del modo in cui avviene;

– *sottoscrizione*, soprattutto rilevante perché alla data dell'ultima sottoscrizione il lodo acquista efficacia vincolante tra le parti;

– *comunicazione*, rilevante soltanto come oggetto di obbligo da parte degli arbitri.

Dall'ultima sottoscrizione decorre il termine per l'impugnazione del lodo rituale.

Soltanto *eventuale* è, invece, come si è già detto, il successivo *deposito* in funzione dell'*omologazione* presso il tribunale, nel cui circondario è la sede dell'arbitrato, come disciplinato nei successivi commi dell'art. 825.

Infine, l'art. 826 enuncia l'applicabilità al lodo degli arbitri delle disposizioni relative alla correzione della sentenza (v. vol. II, § 63), stabilendo che «*ciascuna parte può chiedere agli arbitri entro un anno dalla comunicazione del lodo*:

a) di correggere nel testo del lodo omissioni o errori materiali o di calcolo, anche se hanno determinato una divergenza fra i diversi originali del lodo pure se relativa alla sottoscrizione degli arbitri;

b) di integrare il lodo con uno degli elementi indicati nell'articolo 823, numeri 1), 2), 3) e 4).

Gli arbitri – così il 2° comma dello stesso art. 826 – *sentite le parti, provvedono entro il termine di sessanta giorni. Della correzione è data comunicazione alle parti a norma dell'articolo 824.*

Se gli arbitri non provvedono – così il 3° comma –, *l'istanza di correzione è proposta al tribunale nel cui circondario ha sede l'arbitrato*». Il 4° comma dispone poi che: «*se il lodo è già stato depositato, la correzione è richiesta al tribunale del luogo in cui è stato depositato. Si applicano le disposizioni dell'articolo 288, in quanto compatibili. Alla cor-*

rezione può provvedere anche il giudice di fronte al quale il lodo è stato impugnato o fatto valere».

È prevista la pronuncia di *lodi parziali* e di *lodi non definitivi.*

La pronuncia di *lodi parziali* e di *lodi non definitivi* è riconosciuta ammissibile esplicitamente dall'art. 827, 3° comma, con riguardo alle modalità della sua impugnazione.

In sintesi e come già rilevato, il lodo ha *sùbito* efficacia vincolante tra le parti, con la potenziale eseguibilità e trascrivibilità (acquisibile col deposito in tribunale) e con l'*idoneità a passare in giudicato* a seguito della decorrenza del termine per l'impugnazione di nullità (di cui al § che segue).

Il lodo è potenzialmente rilevante in tutti gli Stati vincolati dalla Convenzione di New York del 1958.

Di conseguenza, il lodo va riguardato anche come atto potenzialmente rilevante contemporaneamente in tutti gli Stati obbligati a rispettare la Convenzione di New York del 1958 per il riconoscimento e l'esecuzione delle sentenze arbitrali straniere, nel cui ambito sistematico non c'è dubbio che il lodo italiano, ancorché privo di decreto di esecutività, può ottenere il riconoscimento e anche l'esecuzione in ogni altro Stato contraente.

114. *Le impugnazioni del lodo rituale.*

L'impugnabilità del lodo rituale per *nullità, revocazione e opposizione di terzo.*

Il lodo rituale è soggetto all'*impugnazione per nullità, per revocazione e per opposizione di terzo.* E lo è anche indipendentemente dal suo deposito ai sensi dell'art. 825, come esplicitamente previsto dal 2° comma dell'art. 827. A sua volta, il 3° comma dello stesso art. 827 prevede anche l'impugnabilità del *lodo parziale* o «su domande» (come, ad es., quello che decide su una delle domande cumulate o quello di condanna generica, che decide sull'*an*, riservando la decisione sul *quantum*) e del *lodo non definitivo* o «su questioni» (come quello che decide su questioni pregiudiziali di rito o preliminari di merito), stabilendo modalità diverse per le due ipotesi: l'impugnazione *anche immediata* (e, secondo alcuni, *solo* immediata) del lodo parziale (ossia del lodo che decide parzialmente il merito) e l'impugnabilità del lodo non definitivo (ossia del lodo che risolve solo alcune delle questioni pregiudiziali di rito o preliminari di merito insorte) *soltanto insieme con quello definitivo*, senza onere di formulare specifica riserva di impugnazione. Non sono ovviamente impugnabili le ordinanze. Dunque, le impugnazioni in argomento sono *soltanto* tre e nessuna di esse ha natura di gravame in senso stretto, essendo tutte fondate sul presupposto della sussistenza di specifici vizi.

La prima di queste impugnazioni (*l'impugnazione per nullità*) è quella che maggiormente evidenzia la suddetta peculiarità rispetto alla corrispondente impugnazione nel giudizio ordinario (ossia l'appello), mentre le altre due sono le medesime impugnazioni, per *revocazione* (*straordinaria*) e per *opposizione di terzo*, che sono configurate dalla disciplina del giudizio ordinario nei confronti della sentenza.

Caratteristica sia dell'impugnazione per nullità che di quella per revocazione è la loro *irrinunciabilità* (art. 829, 1° comma, e art. 831). *Esse, perciò, sono ammissibili anche quando le parti, nel compromesso o nella clausola compromissoria, avessero dichiarato il lodo non appellabile o non impugnabile* o definitivo o lo avessero qualificato con altre equivalenti espressioni.

L'impugnazione per nullità del lodo rituale, ...

Va anche tenuto presente che la competenza per queste impugnazioni spetta ai giudici ordinari (la corte d'appello). Ciò che consegue al fatto che il lodo – come già detto – è ormai entrato nell'ambito dell'esercizio dei poteri giurisdizionali, anche indipendentemente dal suo deposito. Per la medesima ragione, il relativo giudizio si svolge in applicazione delle norme dettate per il giudizio ordinario di cognizione, a cominciare dall'applicabilità, nel caso di pluralità di parti, degli artt. 331 e 332, salve le regole enunciate specificamente dal codice negli articoli che stiamo per esaminare. Ancora per la medesima ragione, l'assoggettamento all'impugnazione per nullità e il conseguente esercizio (o il mancato esercizio nel termine stabilito) di tale impugnazione attribuisce al lodo l'attitudine a passare in giudicato con la conseguente possibilità di applicare il principio della conversione del vizio in motivi di gravame di cui all'art. 161; mentre la proponibilità della revocazione straordinaria e dell'opposizione di terzo non è impedita (come nel caso della sentenza: v. vol. II, § 79, *sub* C, e §§ 92 e 95) dal passaggio in giudicato del lodo. Ciò premesso, veniamo alle norme specificamente dedicate a ciascuna di queste impugnazioni, incominciando dall'impugnazione per nullità.

... per la quale competente è sempre la corte d'appello nel cui distretto è la sede dell'arbitrato.

Giudice competente per quest'impugnazione è, in forza dell'art. 828, 1° comma, la corte d'appello, che opera sempre in composizione collegiale, come sappiamo, ma con possibile nomina del giudice istruttore ai sensi dell'art. 349 bis (v. § 84 del vol. II). Circa la *competenza per territorio*, la medesima norma fa riferimento al distretto nel quale è la sede dell'arbitrato. Il termine di impugnazione è di *90 giorni dalla notificazione del lodo o, in mancanza di notificazione, di 6 mesi dalla data dell'ultima sottoscrizione* (art. 828, 2° comma).

Il termine di impugnazione per nullità è di 90 giorni dalla notificazione del lodo o altrimenti di 6 mesi dall'ultima sottoscrizione.

L'introduzione del giudizio avviene con atto di citazione, alla cui notificazione (alla parte personalmente o anche al difensore: art. 816 bis), sanabile, ove viziata, ai sensi dell'art. 291, seguirà la costituzione nel termine di cui all'art. 165. Le parti alle quali l'atto è stato notificato si costituiranno con comparsa di risposta almeno 20 giorni prima dell'udienza indicata nell'atto di citazione o di quella fissata ai sensi dell'art. 349 bis (art. 347, 1° comma: v. vol. II, § 84), con la quale e nel cui termine *sono onerate a proporre l'eventuale impugnazione incidentale*.

L'*interesse* e la *legittimazione ad impugnare* sono disciplinati dalle norme in tema di impugnazioni in generale. Per *l'intervento di terzi*, pur dovendosi escludere l'applicabilità analogica dell'art. 344, la *ratio* che vi sottende può consentire l'intervento almeno in determinati casi.

L'impugnazione per nullità è un'impugnazione a critica limitata.

Come abbiamo già notato, quest'impugnazione è ammissibile soltanto sul fondamento di specifici motivi, corrispondenti ad altrettanti vizi, i quali sono riconducibili alla nozione degli *errores in procedendo* (vizi di attività) o degli *errores in judicando* (vizi di giudizio). Naturalmente (e come abbiamo già notato) i vizi di giudizio non sono configurabili quando gli arbitri possono decidere secondo equità, ai sensi dell'art. 822. È appena il caso di premettere che, se il vizio che affligge il lodo raggiunge il limite dell'*inesistenza*, manca ogni onere di impugnazione, poiché l'insanabilità del vizio ne consente l'eccezione in ogni sede, compresa la stessa impugnazione di nullità che resterebbe limitata alla fase rescindente.

I motivi di impugnazione per nullità del lodo di cui all'art. 829.

I vizi di attività che fondano l'impugnazione di cui trattasi sono elencati, sotto i numeri da 1 a 12, nell'art. 829. Tale articolo dispone, infatti, che l'impugnazione è ammessa: 1) *se la convenzione di arbitrato è invalida*, ferma la disposizione di cui all'art. 817, 3° comma (onere di eccezione nella prima difesa successiva all'accettazione degli arbitri: v. retro, § 111); 2) *se gli arbitri non sono stati nominati con le forme e nei modi prescritti* (v. retro, § 112), purché la relativa nullità sia stata dedotta nel corso del processo arbitrale; 3) *se il lodo è stato pronunciato da chi non poteva essere nominato arbitro* a norma dell'art. 812 (v. retro, § 112); 4) *se il lodo ha pronunciato fuori dai limiti della convenzione d'arbitrato, ferma la disposizione dell'art. 817* (ossia, salvo che il vizio sia sanato dall'eventuale mancata proposizione della relativa eccezione, ai sensi dell'art. 817) *o ha deciso il merito della controversia in ogni altro caso in cui il merito non poteva essere deciso*; 5) *se il lodo non contiene i requisiti indicati nei numeri 5, 6 e 7 dell'art. 823* (v. il § precedente); 6) *se il lodo è stato pronunciato (nel senso di «sottoscritto») dopo la scadenza del termine stabilito*, salvo il disposto dell'art. 821, che, come abbiamo visto nel § precedente, richiede la previa notificazione dell'intendimento di avvalersi della decadenza; 7) *se nel procedimento non sono state osservate le forme prescritte dalle parti*, ma ciò ovviamente solo quando le parti ne avevano prescritto l'osservanza a pena di nullità a norma dell'art. 816 (v. il § precedente) e la nullità non è stata sanata; 8) *se il lodo è contrario ad altro precedente lodo non più impugnabile o a precedente sentenza* passata in giudicato tra le parti, purché tale lodo o tale sentenza siano stati prodotti nel procedimento; 9) *se non è stato osservato, nel procedimento arbitrale, il principio del contraddittorio*; 10) *se il lodo conclude il procedimento senza decidere il merito* della controversia e il merito della controversia doveva essere deciso dagli arbitri; 11) *se il lodo contiene disposizioni contraddittο-*

rie; 12) *se il lodo non ha pronunciato su alcuna delle domande ed eccezioni proposte dalle parti* in conformità alla convenzione di arbitrato (omissione di pronuncia).

L'impugnazione non è proponibile per un vizio al quale si è dato causa o si è rinunciato o che non sia stato eccepito nella prima istanza o difesa successiva.

Il 2° comma dell'art. 829 dispone, inoltre, che «*la parte che ha dato causa a un motivo di nullità, o vi ha rinunciato, o che non ha eccepito nella prima istanza o difesa successiva la violazione di una regola che disciplina lo svolgimento del procedimento arbitrale, non può per questo motivo impugnare il lodo*».

Segue, poi, l'importante disposizione del 3° comma, secondo la quale: «*l'impugnazione per violazione delle regole di diritto relative al merito della controversia è ammessa se espressamente disposta dalle parti o dalla legge. È ammessa in ogni caso l'impugnazione delle decisioni per contrarietà all'ordine pubblico*».

Il 4° comma precisa, comunque, che «*l'impugnazione per violazione delle regole di diritto relative al merito della controversia è sempre ammessa: 1) nelle controversie previste dall'articolo 409* (ossia nelle controversie individuali di lavoro: v. retro, § 4)*; 2) se la violazione delle regole di diritto concerne la soluzione di questione pregiudiziale su materia che non può essere oggetto di convenzione di arbitrato*» (v. retro, § 112). Infine, ai sensi del 5° comma, «*nelle controversie previste dall'articolo 409, il lodo è soggetto ad impugnazione anche per violazione dei contratti e accordi collettivi*».

Non è impugnabile il lodo pronunciato secondo equità.

Il codice nulla dispone circa l'impugnabilità del lodo pronunciato secondo equità, ai sensi dell'art. 822 (v. il § precedente), ciò che presuppone la sua non impugnabilità con questo mezzo, conformemente a quanto disposto dall'art. 339, 2° comma, per il giudizio ordinario.

Il riesame del merito è aperto dall'accoglimento di uno dei motivi tassativi di nullità, ...

Il giudizio di impugnazione per nullità è un giudizio di secondo grado che, di solito, comprende il rescindente (nel quale non sono possibili accertamenti di fatto) e il rescissorio. In altri termini, il riesame del merito, che non è ammissibile come oggetto e motivo di impugnazione, stante la natura dell'impugnazione per nullità e la regola della specificità dei motivi, può aversi, invece, una volta accolta l'impugnazione per uno dei motivi tassativi di nullità, e può riguardare anche il merito in ogni aspetto della pronuncia, anche se non investita dall'impugnazione, fermo solo il principio della preclusione rispetto alle domande nuove. L'art. 830, infatti, dispone nel suo 1° comma che, se la corte d'appello ritiene sussistente il motivo e accoglie l'impugnazione, «*dichiara con sentenza la nullità del lodo*», al riguardo precisando che, «*se il vizio incide su una parte del lodo che sia scindibile dalle altre, dichiara la nullità parziale del lodo*».

... se ciò non è impedito dalla convenzione arbitrale o da accordi successivi.

Nel suo 2° comma l'art. 830 aggiunge, inoltre, che «*se il lodo è annullato per i motivi di cui all'articolo 829, commi primo, numeri 5), 6), 7), 8), 9), 11) o 12), terzo, quarto o quinto, la corte d'appello decide la controversia nel merito salvo che le parti non abbiano stabilito di-*

versamente nella convenzione di arbitrato o con accordo successivo». Tuttavia – prosegue la norma –, «*se una delle parti, alla data della sottoscrizione della convenzione di arbitrato, risiede o ha la propria sede effettiva all'estero, la corte d'appello decide la controversia nel merito solo se le parti hanno così stabilito nella convenzione di arbitrato o ne fanno concorde richiesta*».

Quando la corte d'appello non decide nel merito – così il 3° comma dell'art. 830 – alla controversia si applica la convenzione di arbitrato, salvo che la nullità del lodo dipenda proprio dall'invalidità o inefficacia della stessa convenzione.

La corte d'appello può sospendere l'efficacia del lodo se ricorrono gravi motivi.

Infine, l'ultimo comma dell'art. 830 dispone che, «*su istanza di parte anche successiva alla proposizione dell'impugnazione, la corte d'appello può sospendere con ordinanza l'efficacia del lodo, quando ricorrono gravi motivi*».

S'intende che il giudice dell'impugnazione può pronunciare in secondo grado soltanto in quanto il giudizio di primo grado sia stato compiuto dagli arbitri su materie non sottratte al giudizio arbitrale ai termini dell'art. 806. Nell'ipotesi contraria la causa deve essere rimessa al giudice che sarebbe stato competente a decidere in primo grado. Ugualmente, nel caso di carenza di poteri in capo agli arbitri: alla dichiarazione di nullità del giudizio arbitrale non può seguire la fase rescissoria.

Si suole ritenere – ma non senza contrasti – che il giudizio sull'impugnazione, pur essendo giudizio della corte d'appello in unico grado, si svolga in applicazione delle regole del diritto processuale in tema di appello e in applicazione del diritto sostanziale; e ciò anche nell'ipotesi che, in primo grado, gli arbitri fossero stati autorizzati dalle parti a decidere secondo equità. La pronuncia sull'impugnazione è assoggettata ai mezzi d'impugnazione previsti per le sentenze di secondo grado, e quindi in primo luogo al ricorso per cassazione.

La *revocazione* proponibile è soltanto quella straordinaria di cui all'art. 395, n. 1, 2, 3 e 6, ...

Venendo ora all'impugnazione per *revocazione*, l'art. 831 prevede tale impugnazione (indipendentemente dall'impugnazione per nullità) soltanto nella figura d'impugnazione straordinaria, ossia soltanto *per i motivi di cui ai numeri 1, 2, 3 e 6 dell'art. 395* (v. § 92 del vol. II). Giudice competente per la revocazione è quello stesso competente per l'impugnazione di nullità, ossia la corte d'appello, nel cui distretto è la sede dell'arbitrato, osservati i termini e le forme stabiliti nel libro secondo (v. § 93 del vol. II) (art. 831, 3° comma). Il 2° comma dell'art. 831 esplicita poi che, se i motivi di revocazione si verificano durante il processo sull'impugnazione per nullità, il termine per la proposizione della domanda di revocazione è sospeso fino alla comunicazione della sentenza che abbia pronunciato sulla nullità.

... e l'*opposizione di terzo è proponibile nei casi di cui all'art. 404.*

Con riguardo, infine, all'*opposizione di terzo* (v. § 95 del vol. II) l'art. 831, esplicitandone l'assoggettamento, ne attribuisce la competenza alla corte d'appello, nel cui distretto è la sede dell'arbitrato (art. 831, 3° comma), con l'applicazione delle regole proprie di questo giudice, secondo il disposto dell'art. 406, e non senza la possibilità di riunione anche di questo giudizio a quello, proposto innanzi alla stessa corte d'appello, di impugnazione per nullità e/o di revocazione (art. 831, 5° comma).

Il riferimento della norma ai «casi indicati dall'art. 404» potrebbe indurre a ritenere richiamati i requisiti dell'esecutività o del passaggio in giudicato della sentenza, e dunque che, con riguardo al lodo, l'opposizione non possa essere proposta prima del deposito del lodo presso il tribunale ai sensi dell'art. 825 bis. Contro questa conclusione sta, però, il rilievo che l'art. 827, 2° comma, è esplicito nell'escludere, per tutti i mezzi di impugnazione, il previo deposito del lodo.

Va, infine, evidenziato che – come visto – tra le impugnazioni contro il lodo non è incluso il regolamento di competenza, mentre il *regolamento preventivo di giurisdizione non è proponibile* né nel giudizio arbitrale, a meno che non si tratti di contestazione del patto compromissorio in caso di arbitrato estero o nel rapporto fra arbitri e giudici amministrativi, né nel giudizio di nullità del lodo, che ha la funzione di verifica della legittimità del lodo per i soli motivi di cui all'art. 829, tra i quali quello di cui al n. 1 include la carenza del potere degli arbitri, mentre, d'altra parte, una decisione sul merito (preclusiva della proposizione del regolamento preventivo di giurisdizione) è già stata pronunciata dagli arbitri.

Sono esclusi i regolamenti di competenza e di giurisdizione, ma quest'ultimo è ammissibile in caso di arbitrato estero o in materie di giurisdizione esclusiva.

115. *Possibile «trasferimento» in sede arbitrale delle cause pendenti davanti ai giudici statali.*

Una forma del tutto particolare di arbitrato è quella prevista dall'art. 1 del D.L. 132/2014 (conv. dalla L. 162/2014), a proposito della possibilità di trasferire in sede arbitrale – su istanza congiunta delle parti – le cause che siano pendenti in primo grado davanti al tribunale o in grado d'appello (davanti al tribunale o alla corte d'appello) e ancora *non siano state assunte in decisione.*

Questa possibilità è ammessa solo laddove *la causa non abbia ad oggetto diritti indisponibili, né verta in materia di lavoro, previdenza e assistenza sociale* (a meno che, in quest'ultimo caso, non si tratti di cause aventi ad oggetto diritti che abbiano nel contratto collettivo di lavoro la propria fonte esclusiva e lo stesso contratto abbia ammesso la soluzione arbitrale).

I presupposti per il «trasferimento» in sede arbitrale delle cause pendenti.

Valutata la sussistenza di tali presupposti, il giudice al quale è avanzata la richiesta dispone la trasmissione del fascicolo della causa al presidente del Consiglio dell'ordine circondariale forense in cui si trova l'ufficio giudiziario, innanzi al quale è incardinato il giudizio, perché provveda alla *nomina di un collegio arbitrale per le cause di*

La scelta degli arbitri avviene da parte del presidente del Consiglio dell'ordine degli avvocati.

valore superiore ad euro 100.000 e, ove le parti lo decidano concordemente, di un arbitro unico per le controversie di valore inferiore ad euro 100.000.

Requisiti richiesti agli avvocati per essere nominati arbitri in questo caso.

La scelta degli arbitri viene sottratta al presidente del Consiglio dell'ordine forense solo laddove le parti abbiano provveduto ad individuarli concordemente. In ogni caso gli arbitri devono essere individuati tra gli avvocati iscritti all'albo del circondario competente da almeno 5 anni, che non abbiano subito negli ultimi 5 anni condanne disciplinari definitive comportanti la sospensione dall'albo e che si siano resi preventivamente disponibili con dichiarazione resa allo stesso Consiglio dell'ordine.

Trasferita la causa in sede arbitrale, il procedimento prosegue dinanzi al collegio arbitrale (o all'arbitro unico) secondo le regole proprie del procedimento arbitrale (rituale) previste dal codice e «restano fermi gli effetti sostanziali e processuali della domanda giudiziale», così come le decadenze e le preclusioni già maturate nel giudizio davanti al giudice statale.

Va anche aggiunto che il «trasferimento» della causa in sede arbitrale non sempre avviene in modo definitivo, ma determina piuttosto uno stato di quiescenza del processo in corso. Infatti, in talune ipotesi, espressamente previste dal legislatore, le parti saranno tenute (a pena di estinzione del giudizio in corso) a riassumere la causa davanti al giudice originariamente competente.

Il processo va riassunto, a pena di estinzione, se la causa pendeva in appello e il lodo non è pronunciato entro 120 giorni dall'accettazione della nomina degli arbitri …

In primo luogo, ciò dovrà avvenire nell'ipotesi in cui il «trasferimento» in sede arbitrale riguardi una causa pendente in grado d'appello e il lodo non venga pronunciato nel termine perentorio di 120 giorni dal momento dell'accettazione della nomina degli arbitri. In tal caso, infatti, ai sensi del 4° comma dell'art. 1 cit., le parti hanno l'onere di riassumere il giudizio davanti al giudice statale entro il termine perentorio dei successivi 60 giorni, ma gli arbitri hanno la facoltà di richiedere, su accordo delle parti, che il termine per il deposito del lodo sia prorogato di ulteriori 30 giorni.

Una volta riassunto il processo, il lodo non potrà più essere pronunciato. In mancanza della riassunzione, invece, il processo si estingue, con la conseguente applicazione dell'art. 338, a tenore del quale, l'estinzione del giudizio di appello, determina il passaggio in giudicato della sentenza impugnata (v. § 80 del vol. II).

… oppure se comunque il lodo pronunciato viene dichiarato nullo.

In secondo luogo, si procederà alla riassunzione del processo davanti al giudice statale «*quando, a norma dell'articolo 830 del codice di procedura civile, sia stata dichiarata la nullità del lodo*». In tal caso, il processo dovrà essere riassunto nel termine di 60 giorni decorrenti dal passaggio in giudicato della sentenza dichiarativa della nullità del lodo. Nonostante il silenzio del legislatore, è ragionevole ipotizzare che la conseguenza della mancata riassunzione sia ancora una volta l'estinzione del processo in corso.

A parte i dubbi sull'effettiva incidenza pratica che di questa particolare ipotesi di arbitrato, ciò che lascia non poco perplessi è soprattutto la scelta di ritenerla applicabile anche nei giudizi pendenti in grado d'appello davanti ai giudici statali, sia per la possibilità riconosciuta agli arbitri di riformare la sentenza del giudice statale, sia per il silenzio del legislatore sugli esiti della decisione arbitrale e sulla possibilità di rimessione della causa al giudice di primo grado, ai sensi dell'art. 354 (v. § 85 del vol. II), sia per l'ulteriore, possibile riassunzione del giudizio davanti al giudice statale nelle ipotesi che abbiamo visto.

116. *L'arbitrato societario.*

A completamento dell'esame del procedimento arbitrale è opportuno dedicare alcuni cenni anche ai due arbitrati «speciali» disciplinati dal codice: quello societario e quello per le controversie in materia di lavoro.

Per quanto riguarda l'*arbitrato societario*, la sua disciplina si rinviene nel capo VI bis del titolo ottavo del libro quarto del codice, negli articoli da 838 bis a 838 quinquies, appositamente inseriti nel codice dal D.Lgs. 149/2022, per recepire quanto in precedenza contenuto negli artt. 34-37 del D.Lgs. 5/2003.

Il primo presupposto per il suo impiego emerge dall'art. 838 bis, 1° comma, il quale dispone che le società diverse da quelle che fanno ricorso al mercato del capitale di rischio a norma dell'art. 2325 bis c.c., possano inserire clausole compromissorie nei rispettivi atti costitutivi. Così implicitamente riconoscendo che questo è il solo modo per accedere all'arbitrato in questione. Con tali clausole compromissorie statutarie – precisa la norma – si può prevedere «*la devoluzione ad arbitri di alcune, ovvero di tutte le controversie insorgenti tra i soci ovvero tra i soci e la società che abbiano ad oggetto diritti disponibili relativi al rapporto sociale*».

L'arbitrato societario è praticabile se previsto dallo statuto o dall'atto costitutivo della società, ...

Inoltre, nel 2° comma dell'art. 838 bis si specifica che la clausola deve indicare *il numero e le modalità di nomina degli arbitri*, con la precisazione che tali modalità devono prevedere anche, *a pena di nullità*, l'attribuzione del potere di nomina degli arbitri non alle parti, ma ad un soggetto *estraneo alla società*, ferma restando la possibilità di chiedere la designazione al presidente del tribunale ove ha sede la società, nel caso che il soggetto designato per la nomina non vi provveda.

... ma, a pena di nullità, la clausola compromissoria deve anche indicare il numero degli arbitri e attribuire ad un terzo la nomina degli stessi.

Il 3° comma dell'art. 838 bis, poi, dispone che «*la clausola è vincolante per la società e per tutti i soci, inclusi coloro la cui qualità di socio è oggetto della controversia*», mentre il 4° comma aggiunge che «*gli atti costitutivi possono prevedere che la clausola abbia ad oggetto controversie promosse da amministratori, liquidatori e sindaci ovvero nei loro confronti e, in tal caso, essa, a seguito dell'accettazione dell'incarico, è vincolante per costoro*».

Il potere cautelare degli arbitri di sospendere l'efficacia della delibera assembleare impugnata.

Infine, non ci sono dubbi sull'inclusione tra le controversie compromettibili (sempre che la clausola compromissoria lo preveda) delle impugnazioni di delibere assembleari (art. 838 ter, 3° comma), nel qual caso si riconosce che «*Salvo quanto previsto dall'articolo 818, … agli arbitri compete il potere di disporre, con ordinanza reclamabile ai sensi dell'articolo 818 bis, la sospensione dell'efficacia della delibera*» (v. retro, §§ 97 e 98). Il che sta a significare che, anche a prescindere dal fatto che le parti abbiano conferito agli arbitri, ai sensi dell'art. 818, il potere di pronunciare provvedimenti cautelari (v. retro, § 113), quando oggetto del giudizio arbitrale sia l'impugnazione di delibere societarie gli arbitri hanno comunque la possibilità di disporre la sospensione di efficacia della delibera impugnata, con ordinanza reclamabile davanti al giudice statale come in generale previsto dall'art. 818 bis (v. retro, § 113).

Nel procedimento arbitrale societario, inoltre, è ammesso – fino alla prima udienza di trattazione – l'intervento di terzi a norma dell'art. 105 e l'intervento di altri soci o su istanza di parte (art. 106) o per ordine del giudice (art. 107) (in proposito v. §§ 55, 56 e 57 del vol. I).

Gli arbitri decidono secondo diritto con lodo impugnabile quando abbiano conosciuto …

… di questioni non compromettibili o deciso sulla validità delle delibere assembleari.

Quanto alla decisione degli arbitri, l'art. 838 quater prevede che «*Anche se la clausola compromissoria autorizza gli arbitri a decidere secondo equità ovvero con lodo non impugnabile, gli arbitri debbono decidere secondo diritto, con lodo impugnabile anche a norma dell'articolo 829, terzo comma, quando per decidere abbiano conosciuto di questioni non compromettibili ovvero quando l'oggetto del giudizio sia costituito dalla validità di delibere assembleari*». In questi particolari casi, dunque, la decisione deve sempre avvenire secondo diritto e il lodo è impugnabile anche per violazione delle norme di diritto sostanziale, ai sensi dell'art. 829, 3° comma (v. retro, § 114).

L'arbitraggio di cui all'art. 838 quinquies.

Infine, gli atti costitutivi delle società a responsabilità limitata e delle società di persone – stabilisce l'art. 838 quinquies – possono anche contenere clausole con le quali «*si deferiscono ad uno o più terzi i contrasti tra coloro che hanno il potere di amministrazione in ordine alle decisioni da adottare nella gestione della società*». In questo caso si tratta di un istituto che sembra esorbitare dall'ambito dell'arbitrato e si avvicina di più a quella dell'arbitraggio, di cui all'art. 1349 c.c. Gli arbitratori hanno in sostanza il compito di risolvere non una controversia, ma una semplice divergenza in sede di formazione della volontà di un organo collegiale della società.

117. *L'arbitrato in materia di lavoro.*

Per quanto riguarda, invece, *l'arbitrato in materia di lavoro*, abbiamo già visto (retro, nel § 112) che l'art. 806, 2° comma, esclude espressamente le controversie di lavoro e previdenziali da quelle che possono costituire oggetto di convenzione arbitrale, salvo che ciò sia previsto dalla legge o dai contratti o accordi collettivi di lavoro. Ciò detto, nel codice si rinvengono comunque ulteriori disposizioni specificamente dedicate a tale arbitrato «speciale».

L'arbitrato «speciale» in materia di lavoro è ammesso solo se previsto dalla legge o dai contratti collettivi.

Anzitutto, con riferimento all'*arbitrato rituale*, va tenuto presente che l'art. 829, 4° comma, n. 1 – come abbiamo visto (retro, § 114) – dichiara sempre ammissibile negli arbitrati in materia di lavoro l'impugnazione per nullità del lodo anche per violazione del diritto sostanziale e che l'ultimo comma dello stesso art. 829 assoggetta gli arbitrati in argomento all'impugnazione di nullità anche per violazione e falsa applicazione dei contratti e accordi collettivi.

Il *lodo rituale* è impugnabile anche per violazione delle regole di diritto sostanziale e dei contratti collettivi.

Invece, per quanto concerne l'*arbitrato irrituale*, gli artt. 412, 412 ter e 412 quater prevedono tre diverse modalità di arbitrato, sulle quali è opportuno brevemente soffermarsi.

Le tre forme di *arbitrato irrituale* in materia di lavoro previste dagli artt. 412, 412 ter e 412 quater c.p.c.

Una prima modalità è quella prevista nell'art. 412, il quale stabilisce che il deferimento ad arbitri è possibile «*in qualunque fase del tentativo di conciliazione* [davanti alle commissioni di conciliazione presso la Direzione provinciale del lavoro: v. retro, § 7], *o al suo termine in caso di mancata riuscita*». In questo caso, *il lodo emanato a conclusione dell'arbitrato, sottoscritto dagli arbitri ed autenticato, produce tra le parti gli effetti di cui all'art. 1372 e all'art. 2113, 4° comma, c.c.* Vale a dire, esso produce gli effetti propri del contratto fra le parti e tuttavia, anche se contenente rinunzie e transazioni di diritti del lavoratore, non è sottoposto al regime di invalidità ed alla possibilità di ampia impugnazione di cui all'art. 2113 c.c.

Lo stesso lodo, inoltre, è impugnabile ai sensi dell'art. 808 ter (v. retro, § 110) e sull'impugnazione decide in unico grado il tribunale in funzione di giudice del lavoro, nella cui circoscrizione è la sede dell'arbitrato (art. 412, 4° comma). A tal fine il ricorso va depositato, a pena di decadenza, entro il termine di 30 giorni dalla notificazione del lodo. Avverso la decisione del tribunale, resa in primo e unico grado, sarà esperibile esclusivamente il ricorso per cassazione.

Circa, poi, l'efficacia di questo lodo irrituale lo stesso 4° comma dell'art. 412 prevede che, una volta decorso il termine per impugnarlo o laddove le parti abbiano dichiarato per iscritto di accettare la decisione arbitrale o, ancora, laddove il ricorso sia stato rigettato dal tribunale, *il lodo – sebbene di natura irrituale – è idoneo ad acquisire l'efficacia di titolo esecutivo*. Ma a tal fine è necessario che venga depositato presso il tribunale, nella cui circoscrizione ha sede lo stesso arbitrato.

Nonostante la natura irrituale il lodo è idoneo ad acquisire efficacia esecutiva.

La seconda modalità di arbitrato irrituale per le controversie individuali di lavoro è quella prevista dall'art. 412 ter, il quale consente (in alternativa a quanto previsto dall'art. 412) di svolgere la procedura arbitrale *nelle sedi e secondo le modalità previste dai contratti collettivi sottoscritti dalle associazioni sindacali maggiormente rappresentative.*

Infine, con l'obiettivo di rendere più agevole il ricorso all'arbitrato in queste materie, il codice consente alle parti – in alternativa alle procedure di cui agli artt. 412 e 412 ter – di utilizzare una terza procedura arbitrale irrituale, disciplinata dall'art. 412 quater. Questa procedura arbitrale si svolgerà, all'esito negativo del tentativo di conciliazione, davanti ad un collegio composto da un rappresentante di ciascuna delle parti e da un terzo membro, in funzione di presidente, scelto di comune accordo dagli arbitri di parte tra i professori universitari di materie giuridiche e gli avvocati cassazionisti.

Limitate possibilità di inserire la clausola compromissoria nel contratto individuale di lavoro.

Va anche aggiunto che la L. 183/2010 ha introdotto (art. 31, 10° comma) la possibilità di pattuire fra le parti del contratto individuale di lavoro «*clausole compromissorie di cui all'articolo 808 del codice di procedura civile che rinviano alle modalità di espletamento dell'arbitrato di cui agli articoli 412 e 412 quater del codice di procedura civile*». Questo, tuttavia, richiede che ricorrano determinati presupposti, e cioè che: – la possibilità di inserimento della clausola compromissoria sia prevista dai contratti e accordi collettivi di lavoro; – la clausola compromissoria sia «certificata» da apposite commissioni in base alle procedure di certificazione previste dal titolo VIII del D.Lgs. 276/2003 (v. retro, § 2); – la clausola non si riferisca alle controversie relative alla risoluzione del contratto di lavoro e *venga pattuita e sottoscritta dopo la conclusione del periodo di prova, ove previsto, ovvero, negli altri casi, dopo che siano trascorsi almeno 30 giorni dalla data di stipulazione del contratto di lavoro.*

Bibliografia di orientamento

S. SATTA, *Contributo alla dottrina dell'arbitrato*, Milano, 1931; E. REDENTI, *Compromesso*, in *Nuovo Dig. it.*, III, Torino, 1938; G. MARANI, *Aspetti negoziali e aspetti processuali dell'arbitrato*, Torino, 1956; P. BIAMONTI, *Arbitrato (dir. proc. civ.)*, in *Enciclopedia del diritto*, II, Milano, 1958; T. CARNACINI, *Arbitrato rituale*, in *Novissimo Dig. it.*, I, Torino, 1958; F. MAZZARELLA, *Arbitrato e processo*, Padova, 1968; V. VECCHIONE, *L'arbitrato nel sistema del processo civile*, Napoli, 1971; A. LEVONI, *La pregiudizialità nel processo arbitrale*, Torino, 1975; G. SCHIZZEROTTO, *Dell'arbitrato*, Milano, 1982; M. MARINELLI, *La natura dell'arbitrato irrituale*, Torino, 2002; E. ZUCCONI GALLI FONSECA, *La convenzione arbitrale rituale rispetto ai terzi*, Milano, 2004; S. BOCCAGNA, *L'impugnazione per nullità del lodo*, Napoli, 2005; R. MURONI, *La pendenza del giudizio arbitrale*, Torino, 2008; C. CAVALLINI, *L'arbitrato rituale*, Milano, 2009; E. MARINUCCI, *L'impugnazione del lodo arbitrale dopo la riforma*, Milano, 2009; C. SPACCAPELO, *L'imparzialità dell'arbitro*, Milano, 2009; AA.VV., *Sull'arbitrato. Studi offerti a G. Verde*, Napoli, 2010; E. OCCHIPINTI, *La cognizione degli arbitri sui presupposti dell'arbitrato*, Torino, 2011; C. PUNZI, *Disegno sistematico dell'arbitrato*, 2ª ed., Padova, 2011; G. BONATO, *La natura e gli effetti del lodo arbitrale*, Napoli, 2012; C. CAVALLINI, *Arbitrato internazionale (dir. proc. civ.)*, in *Diritto on line Treccani*, 2012; C. CAVALLINI, *Arbitrato rituale. Convenzione arbitrale e arbitri*, *ibidem*; C. CAVALLINI, *Arbitrato rituale. Procedimento*, *ibidem*; C. CAVALLINI, *Arbitrato irrituale*, *ivi*, 2013; S. IZZO, *La convezione arbitrale nel processo*, Torino, 2013; L. SALVANESCHI, *Arbitrato (art. 806-840)*, in *Comm. del c.p.c.*, a cura di S. CHIARLONI, Bologna, 2014; F. TIZI, *L'imparzialità dell'arbitro e del tribunale arbitrale*, Santarcangelo di Romagna, 2015; E. ZUCCONI GALLI FONSECA, *Diritto dell'arbitrato*, Bologna, 2016; M.L. SERRA, *L'impugnazione per nullità del lodo rituale*, Napoli, 2016; C. CAVALLINI, *Arbitrato societario. 1. La clausola compromissoria statutaria* e *2. Il procedimento*, in *Diritto on line Treccani*, 2016; M. GABOARDI, *Arbitrato societario. 3. La tutela cautelare*, *ivi*, 2017; V. BERTOLDI, *L'arbitrato e le controversie di lavoro*, Napoli, 2018; E. GABELLINI, *L'azione arbitrale. Contributo allo studio dell'arbitrabilità dei diritti*, Bologna, 2018; A. MOTTO, *La compromettibilità in arbitrato secondo l'ordinamento italiano*, Milano, 2018; E. ZUCCONI GALLI FONSECA, *Il processo arbitrale flessibile (con il* focus *sull'istruttoria)*, Napoli, 2018; F. CAMPIONE, *Il lodo arbitrale irrituale e la sua impugnazione*, Pisa, 2020; S. TURATTO, *L'impugnazione del lodo rituale per contrarietà all'ordine pubblico*, Torino, 2020; C.I. BUONOCORE, *L'arbitrato irrituale*, Bari, 2022; E. ZUCCONI GALLI FONSECA, *Obbligo di* disclosure *e imparzialità dell'arbitro*, in *Riv. trim. dir. e proc. civ.*, 2022; F. PORCARI, *La riforma dell'arbitrato*, in *La riforma del processo civile*, a cura di D. DALFINO, in *Foro it.*, *Gli speciali*, 4/2022; A. CARRATTA, *Le riforme del processo civile*, Torino, 2023; D. GRIFFINI, *L'arbitrato*, in *Lezioni sul nuovo processo civile*, a cura di E. DALMOTTO, Bologna, 2023; L. BIANCHI, *La controversia sulla convenzione di arbitrato*, Napoli, 2023; F. CORSINI, *La riforma dell'arbitrato nell'ambito del d.lgs. n. 149 del 2022*, in *Riv. trim. dir. e proc. civ.*, 2023; M. STELLA, *Imparzialità degli arbitri, decadenza e ricusazione nella riforma del c.p.c.*, in *Riv. dir. proc.*, 2023; G. FINOCCHIARO, *Le innovazioni in materia di arbitrato*, in *Il processo civile dopo la riforma Cartabia*, a cura di A. DIDONE e F. DE SANTIS, Milano, 2023; A.A. ROMANO, *Diritto dell'arbitrato rituale*, Torino, 2023; A. CARRATTA, *La riforma del processo civile nella prospettiva del diritto processuale civile internazionale*, in *Riv. dir. intern.*, 2023.

CAPITOLO XVII
LA MEDIAZIONE

SOMMARIO: 118. La mediazione nelle controversie civili e commerciali. – 119. La mediazione obbligatoria e quella demandata dal giudice. – 120. La procedura di mediazione. – 121. L'efficacia dell'accordo di conciliazione.

118. *La mediazione nelle controversie civili e commerciali.*

Il D.Lgs. 28/2010 ha introdotto la mediazione in ambito civile e commerciale, recependo la direttiva europea 2008/52.

Con il D.Lgs. 28/2010 – successivamente integrato dal D.Lgs. 149/2022 e poi dal D.Lgs. 216/2024 – è stata introdotta anche nel nostro ordinamento una disciplina generalizzata sulla mediazione finalizzata alla conciliazione «in ambito civile e commerciale», in attuazione della normativa comunitaria (in particolare della direttiva europea 2008/52).

Entrando nello specifico, una prima considerazione da fare riguarda l'utilizzo dei termini «mediazione» e «conciliazione». Per «mediazione» in questo caso il legislatore intende l'intero procedimento di gestione stragiudiziale della controversia da parte di un terzo (*organismo di mediazione*) (art. 1, lett. a), mentre per «conciliazione» il risultato della procedura di mediazione, ossia la composizione di una controversia (art. 1, lett. c). Con riferimento, poi, all'ambito di applicazione, il D.Lgs. 28/2010 chiarisce che le controversie interessate dalla «mediazione» sono soltanto quelle civili e commerciali aventi ad oggetto diritti disponibili (art. 2).

Sull'avvocato grava l'obbligo di informativa ...

Inoltre, il 3° comma dell'art. 4 dello stesso D.Lgs. prevede anche l'obbligo per l'avvocato di informare il proprio assistito, *in modo chiaro, per iscritto e all'atto del conferimento dell'incarico, della possibilità di avvalersi del procedimento di mediazione e delle agevolazioni fiscali, di cui agli artt. 17 e 20*, che il ricorso a tale procedimento comporta, e dei casi in cui l'esperimento della mediazione è condizione di procedibilità della domanda giudiziale (v. oltre, il § 119).

... a pena di annullabilità del contratto con l'assistito.

L'informazione in questione – aggiunge lo stesso 3° comma dell'art. 4 – *deve essere fornita a pena di annullabilità del contratto concluso con l'assistito* e «*il documento che contiene l'informazione è sottoscritto dall'assistito e deve essere allegato all'atto introduttivo dell'eventuale giudizio*».

Gli incentivi di carattere fiscale previsti per il ricorso alla procedura di mediazione sono di varia natura e sono stati incrementati dal D.Lgs. 149/2022.

Non meno importante, nell'ottica di un più diffuso ricorso a questa procedura stragiudiziale, si rivela l'introduzione di agevolazioni fiscali (ulteriormente accresciute dal D.Lgs. 149/2022) con riferimento: a) agli atti, documenti e provvedimenti relativi al procedimento di mediazione; b) al verbale e all'accordo di conciliazione; c) all'indennità da corrispondere al mediatore. Nel primo caso viene prevista un'esenzione generalizzata «dall'imposta di bollo e da ogni spesa, tassa o diritto di qualsiasi specie e natura» (art. 17, 1° comma); nel secondo caso, un'esenzione dall'imposta di registro fino al limite di valore di euro 100.000 (art. 17, 2° comma); nel terzo caso, un credito d'imposta a favore di chi ha versato l'indennità, commisurato alla stessa, ma solo in caso di successo della mediazione (mentre, in caso contrario, il credito d'imposta è ridotto alla metà) e comunque «fino alla concorrenza di euro 600» (art. 20, 1° comma). Ulteriori crediti d'imposta sono, inoltre, riconosciuti sia per le spese sostenute per l'assistenza dell'avvocato nei casi di mediazione obbligatoria e di mediazione demandata dal giudice (v. oltre, § 119) sempre «fino a concorrenza di euro 600» (art. 20, 1° comma), sia per il contributo unificato versato per il giudizio estinto a seguito della conclusione di un accordo di conciliazione (fino a 518 euro) (3° comma dell'art. 20).

Quanto, poi, all'indennità spettante all'organismo, il 6° comma dell'art. 17 D.Lgs. 28/2010 prevede che essa non sia dovuta nei casi in cui la procedura di mediazione sia prevista a condizione di procedibilità della domanda ovvero sia demandata dal giudice (v. oltre, § 119) «*dalla parte ammessa al patrocinio a spese dello Stato*».

119. *La mediazione obbligatoria e quella demandata dal giudice.*

Indubbiamente il profilo di maggiore rilevanza pratica del D.Lgs. 28/2010 è costituito dall'introduzione di una serie di ipotesi, per le quali l'esperimento della procedura di mediazione viene previsto come condizione di procedibilità della domanda giudiziale.

I casi nei quali il preventivo esperimento della mediazione è previsto come condizione di procedibilità della domanda giudiziale.

Prevede, infatti, il 1° comma dell'art. 5 del citato D.Lgs. che «*chi intende esercitare in giudizio un'azione relativa a una controversia in materia di condominio, diritti reali, divisione, successioni ereditarie, patti di famiglia, locazione, comodato, affitto di aziende, risarcimento del danno derivante da responsabilità medica e sanitaria e da diffamazione con il mezzo della stampa o con altro mezzo di pubblicità, contratti assicurativi, bancari e finanziari, associazione in partecipazione, consorzio, franchising, opera, rete, somministrazione, società di persone e subfornitura, è tenuto preliminarmente a esperire il procedimento di mediazione*». Aggiunge il 2° comma che, in questi casi, «*l'esperimento del procedimento di mediazione è condizione di procedibilità della domanda introduttiva del giudizio*».

Rilievo dell'improcedibilità della domanda e sue conseguenze.

Tuttavia, «*l'improcedibilità* – continua lo stesso 2° comma dell'art. 5 – *è eccepita dal convenuto, a pena di decadenza, o rilevata d'ufficio dal giudice non oltre la prima udienza*». Il rilievo del mancato esperimento (o della mancata conclusione) della procedura di mediazione determina che il giudice fissi la successiva udienza dopo la scadenza del termine massimo previsto per la conclusione della procedura di mediazione dall'art. 6 dello stesso D.Lgs. (*6 mesi*). A questo proposito, tuttavia, merita di essere evidenziato anche quanto prevede il 4° comma dello stesso art. 5, e cioè che «*quando l'esperimento del procedimento di mediazione è condizione di procedibilità della domanda giudiziale, la condizione si considera avverata se il primo incontro dinanzi al mediatore si conclude senza l'accordo di conciliazione*» (v. il § successivo).

Occorre anche aggiungere che, fermo quanto previsto dal 1° comma dell'art. 5, «*Quando il contratto, lo statuto o l'atto costitutivo dell'ente pubblico o privato prevedono una clausola di mediazione, l'esperimento della mediazione è condizione di procedibilità della domanda giudiziale*» e, se il tentativo di conciliazione non risulta preventivamente esperito, «*il giudice o l'arbitro, su eccezione di parte entro la prima udienza, provvede ai sensi dell'articolo 5, comma 2*», e cioè – come abbiamo visto – fissa la successiva udienza dopo la scadenza del termine di cui all'art. 6 [6 mesi].

Prevede, inoltre, l'art. 7 del D.Lgs. 28/2010 che il periodo di svolgimento della procedura di mediazione (e dell'eventuale rinvio disposto dal giudice per il suo svolgimento o per lo svolgimento della mediazione demandata dal giudice) non si computa ai fini della determinazione della ragionevole durata del processo di cui all'art. 2 L. 89/2001.

Il preventivo esperimento obbligatorio della mediazione non preclude la concessione dei provvedimenti cautelari.

Comunque, l'obbligatorio esperimento della mediazione non preclude la concessione di «*provvedimenti urgenti e cautelari*», né la trascrizione della domanda giudiziale (ove consentita).

Inoltre, ai sensi del 4° comma dell'art. 5, l'obbligo del preventivo esperimento della mediazione va escluso: a) *nei procedimenti ingiuntivi, inclusa l'opposizione, ma «fino alla pronuncia sulle istanze di concessione e sospensione della provvisoria esecuzione*», secondo quanto previsto dall'art. 5 bis circa l'onere di proporre la domanda di mediazione a carico dell'opposto (v. retro, § 89); b) *nei procedimenti per convalida di licenza o sfratto*, ma *fino al mutamento del rito di cui all'art. 667 c.p.c.* (v. retro, § 95); c) *nei procedimenti di consulenza tecnica preventiva ai fini della composizione della lite, di cui all'art. 696 bis c.p.c.* (v. retro, § 102); d) *nei procedimenti possessori*, ma *fino alla pronuncia dei provvedimenti di cui all'art. 703, 3° comma, c.p.c.* (v. retro, § 104); e) *nei procedimenti relativi alle opposizioni esecutive* (v. retro, cap. 9°); f) *nei procedimenti in camera di consiglio* (v. retro, cap. 14°); g) nei casi in cui *l'azione civile sia esercitata nel processo penale*; h) *nell'azione inibitoria di cui agli artt. 37 e 140 octies del cod. consumo (ossia del D.Lgs. 206/2005).*

La c.d. *mediazione demandata dal giudice e le sue conseguenze.*

Accanto alle ipotesi di mediazione obbligatoria previste dall'art. 5, l'art. 5 quater del D.Lgs. 28/2010 prevede anche la c.d. *mediazione demandata dal giudice*. Ed infatti, stabilisce nel 1° comma – come modificato dal D.Lgs. 216/2024 – che «*Il giudice, anche in sede di giudizio di appello, fino al momento in cui fissa l'udienza di rimessione della causa in decisione, valutata la natura della causa, lo stato dell'istruzione, il comportamento delle parti e ogni altra circostanza, può disporre, con ordinanza motivata, l'esperimento di un procedimento di mediazione. Con la stessa ordinanza fissa la successiva udienza dopo la scadenza del termine di cui all'articolo* 6 [6 mesi]». Aggiunge nel 2° comma che «*La mediazione demandata dal giudice è condizione di procedibilità della domanda giudiziale. Si applica l'articolo 5, commi 4, 5 e 6*». Si riconosce, dunque – con previsione, peraltro, di dubbia legittimità costituzionale e di dubbia conformità anche con la disciplina sovranazionale (art. 5 della direttiva 2008/52) –, la possibilità che, su iniziativa del giudice, venga introdotta in corso di causa una condizione di procedibilità della domanda giudiziale, pure non preventivamente ed espressamente prevista dal legislatore. E difatti, il 3° comma dello stesso art. 5 quater prevede che all'udienza fissata dopo la scadenza del termine di durata della procedura di mediazione, «*quando la mediazione non risulta esperita, il giudice dichiara l'improcedibilità della domanda giudiziale*».

120. *La procedura di mediazione.*

Venendo, poi, alla disciplina applicabile alla procedura di mediazione, l'art. 3 rinvia al *regolamento dell'organismo (di mediazione) scelto dalle parti* (1° comma) per l'esperimento della specifica procedura, stabilendo che detto regolamento, redatto nel rispetto di quanto previsto dall'art. 8, deve comunque garantire la riservatezza del procedimento, ai sensi dell'art. 9, nonché le modalità di nomina del mediatore, che ne assicurano l'imparzialità, l'indipendenza e l'idoneità al corretto e sollecito svolgimento dell'incarico (2° comma). Inoltre, gli atti del procedimento di mediazione non sono soggetti a formalità (3° comma) e la mediazione può svolgersi con modalità telematiche, nel rispetto di quanto previsto dall'art. 8 bis, e gli incontri di mediazione possono svolgersi anche con modalità audiovisive da remoto, nel rispetto dell'art. 8 ter (4° comma, modificato dal D.Lgs. 216/2024).

La domanda di mediazione va presentata all'organismo territorialmente competente per la controversia …

La domanda di mediazione – prevede l'art. 4, 1° comma – «*è depositata da una delle parti presso un organismo nel luogo del giudice territorialmente competente per la controversia*» (fra quelli inseriti nel registro del Ministero della giustizia). Essa deve indicare l'organismo, le parti, l'oggetto e le ragioni della pretesa. «*In caso di più do-*

mande relative alla stessa controversia – continua il 1° comma dell'art. 4 –, *la mediazione si svolge davanti all'organismo territorialmente competente presso il quale è stata presentata la prima domanda*», assumendo rilevanza, ai fini della determinazione della pendenza della procedura, «*la data del deposito dell'istanza*». La stessa soluzione dovrebbe applicarsi anche laddove si abbiano più domande connesse. In ogni caso, la competenza territoriale dell'organismo è derogabile su accordo delle parti.

Circa gli effetti della domanda di mediazione, poi, il 2° comma dell'art. 8 stabilisce che essa «*produce sulla prescrizione gli effetti della domanda giudiziale e impedisce la decadenza per una sola volta*». Ne consegue che dalla comunicazione della domanda si produce, con riferimento alla prescrizione, sia l'effetto interruttivo, ai sensi dell'art. 2943, 2° comma, c.c., sia l'effetto sospensivo, ai sensi dell'art. 2945, 2° comma, c.c., e si realizza l'impedimento dell'eventuale decadenza per la proposizione della domanda giudiziale (e in questo caso, se la conciliazione non sarà raggiunta, la domanda giudiziale andrà proposta entro lo stesso termine decadenziale, decorrente dal deposito del verbale conclusivo della mediazione).

... e determina sulla prescrizione e sulla decadenza gli stessi effetti della domanda giudiziale.

Ricevuta la domanda di mediazione, il responsabile dell'organismo designa un mediatore e fissa il primo incontro fra le parti «*che deve tenersi non prima di venti giorni e non oltre quaranta giorni dal deposito della domanda, salvo diversa concorde indicazione delle parti*». Dopodiché, stabilisce il 1° comma dell'art. 8 che «*La domanda di mediazione, la designazione del mediatore, la sede e l'orario dell'incontro, le modalità di svolgimento della procedura, la data del primo incontro e ogni altra informazione utile sono comunicate alle parti, a cura dell'organismo, con ogni mezzo idoneo ad assicurarne la ricezione*». Premesso che generalmente le parti partecipano personalmente alla procedura di mediazione, tuttavia, sussistendo giustificati motivi esse «*possono delegare un rappresentante a conoscenza dei fatti e munito dei poteri necessari per la composizione della controversia*» (4° comma dell'art. 8). In tal caso la delega per la partecipazione all'incontro – aggiunge il comma 4 bis, introdotto dal D.Lgs. 216/2024 – «*è conferita con atto sottoscritto con firma non autenticata e contiene gli estremi del documento di identità del delegante*».

Le parti partecipano personalmente alla procedura di mediazione e possono anche delegare un rappresentante, ...

Va anche detto che, se una delle parti non è una persona fisica, la partecipazione alla procedura di mediazione avviene sempre attraverso «rappresentanti o delegati a conoscenza dei fatti e muniti dei poteri necessari per la composizione della controversia». Inoltre, nei casi di mediazione obbligatoria e di mediazione demandata dal giudice (v. retro, § 119) le parti sono assistite dai rispettivi avvocati. In questi casi, peraltro, l'art. 15 bis (come modificato dal D.Lgs. 216/2024) assicura anche il patrocinio a spese dello Stato per l'assistenza dell'avvocato, «*se è raggiunto l'accordo di conciliazione*», al cittadino italiano

... ma sono assistite da avvocati nella mediazione obbligatoria e in quella demandata dal giudice ...

non abbiente e allo straniero regolarmente soggiornante sul territorio nazionale al momento del sorgere del rapporto o del fatto oggetto del procedimento, all'apolide e alle associazioni o enti senza scopo di lucro. La relativa istanza di ammissione al patrocinio a spese dello Stato deve essere presentata, dall'interessato o dall'avvocato che ne ha autenticato la firma, personalmente o a mezzo raccomandata o a mezzo p.e.c. al Consiglio dell'ordine degli avvocati del luogo dove ha sede l'organismo di mediazione competente, il quale entro 20 giorni, verificata l'ammissibilità, «*ammette l'interessato al patrocinio, in via anticipata e provvisoria*» (art. 15 quinquies, 1° e 2° comma). Una volta ammessa al patrocinio la parte può nominare un avvocato scelto fra gli iscritti negli elenchi degli avvocati per il patrocinio a spese dello Stato di tutti i Consigli dell'ordine.

... nel qual caso è possibile anche il patrocinio a spese dello Stato.

Il mediatore potrebbe anche avvalersi di esperti iscritti negli albi dei consulenti tecnici presso i tribunali. Se è stato nominato l'esperto, peraltro, le parti possono convenire la producibilità della sua relazione nell'eventuale successivo giudizio, anche in deroga agli obblighi di riservatezza di cui all'art. 9 del D.Lgs. 28/2010, e in questo caso «*la relazione è valutata ai sensi dell'articolo 116, comma primo, del codice di procedura civile*», ossia, al pari delle prove, secondo il «prudente apprezzamento» del giudice (v. retro, § 20 del vol. I).

Decisivo per il prosieguo della procedura è il primo incontro fra il mediatore e le parti.

Come già detto, decisivo per il prosieguo della procedura è il primo incontro delle parti con il mediatore. Infatti, «*Al primo incontro* – stabilisce il 6° comma dell'art. 8 –, *il mediatore espone la funzione e le modalità di svolgimento della mediazione, e si adopera affinché le parti raggiungano un accordo di conciliazione. Le parti e gli avvocati che le assistono cooperano in buona fede e lealmente al fine di realizzare un effettivo confronto sulle questioni controverse. Del primo incontro è redatto, a cura del mediatore, verbale sottoscritto da tutti i partecipanti*». Aggiunge, peraltro, l'art. 12 bis, 1° comma, che «*Dalla mancata partecipazione senza giustificato motivo al primo incontro del procedimento di mediazione, il giudice può desumere argomenti di prova nel successivo giudizio ai sensi dell'articolo 116, secondo comma, del codice di procedura civile*».

Inoltre, quando il preventivo esperimento della procedura di mediazione sia previsto come condizione di procedibilità della domanda (v. retro, § 119), «*il giudice condanna la parte costituita che non ha partecipato al primo incontro senza giustificato motivo al versamento all'entrata del bilancio dello Stato di una somma di importo corrispondente al doppio del contributo unificato dovuto per il giudizio*». In aggiunta, con il provvedimento che definisce il giudizio «il giudice, se richiesto, *può altresì condannare la parte soccombente che non ha partecipato al primo incontro di mediazione al pagamento in favore della controparte di una somma equitativamente determinata in misura non superiore nel massimo alle spese del giudizio maturate dopo la conclusione del procedimento di mediazione*» (3° comma dell'art. 12 bis).

Solo nel caso che le parti e gli avvocati si siano espressi positivamente nel corso del primo incontro la procedura di mediazione, che – come detto – deve avere una durata massima di 6 mesi (senza che subisca la sospensione feriale dei termini, di cui alla L. 742/1969: v. retro, § 66 del vol. I), «*si svolge senza formalità presso la sede dell'organismo o nel luogo indicato dal regolamento di procedura dello stesso organismo*» (art. 8, 3° comma). La durata massima, inoltre, è prorogabile prima della scadenza per periodi di volta in volta non superiori a 3 mesi, ma nei casi di mediazione obbligatoria e di mediazione demandata dal giudice (v. retro, § 119) è prorogabile per una sola volta di ulteriori 3 mesi (art. 6, 1° e 2° comma, come modificati dal D.Lgs. 216/2024).

La procedura di mediazione ha una durata massima di 6 mesi, prorogabile, e si svolge senza formalità, ...

Come già detto, ai sensi dell'art. 8 bis, la procedura di mediazione *può anche svolgersi interamente in modalità telematica*. In questo caso gli atti del procedimento sono formati dal mediatore e sottoscritti come documenti digitali, nel rispetto delle disposizioni del codice dell'amministrazione digitale, di cui al D.Lgs. 82/2005 (1° comma).

... anche in modalità telematica ...

A conclusione della procedura svoltasi in modalità telematica il mediatore «*forma un documento informatico contenente il verbale e l'eventuale accordo per l'apposizione della firma* [digitale] *da parte dei soggetti che vi sono tenuti*» (2° comma); dopodiché lo stesso mediatore, ricevuto il documento e verificata la validità e l'integrità delle firme dei partecipanti, «*appone la propria firma e ne cura il deposito presso al segreteria dell'organismo, che lo invia alle parti e ai loro avvocati, se nominati*» (3° comma). La conservazione e l'esibizione dei documenti della procedura di mediazione svolta con modalità telematiche avvengono, a cura dell'organismo di mediazione, in conformità all'art. 43 del codice dell'amministrazione digitale di cui al D.Lgs. 82/2005 (4° comma).

Inoltre, secondo quel che prevede l'art. 8 ter – appositamente introdotto dal D.Lgs. 216/2024 – anche quando la procedura di mediazione si svolga in presenza (e dunque non in modalità telematica), «*Ciascuna parte può sempre chiedere al responsabile dell'organismo di mediazione di partecipare agli incontri con collegamento audiovisivo da remoto*» (1° comma), purché i sistemi audiovisivi utilizzati assicurino, ovviamente, «*la contestuale, effettiva e reciproca udibilità e visibilità delle persone collegate*» (2° comma). In questo caso gli atti formati durante l'incontro sono firmati con firme digitali se vi è il consenso di tutte le parti (3° comma), altrimenti le firme «*sono apposte in modalità analogica avanti al mediatore*» anche da coloro che abbiano partecipato all'incontro con collegamento da remoto (4° comma).

... o con partecipazione da remoto mediante collegamenti audiovisivi.

Agli esiti della procedura è dedicato l'art. 11 D.Lgs. 28/2010, il quale prevede che: a) «*se è raggiunto un accordo di conciliazione*, il mediatore forma processo verbale, al quale è allegato il testo dell'accordo medesimo»; b) «*quando l'accordo non è raggiunto*, *il mediatore ne dà at-*

Se viene raggiunto l'accordo, si forma processo verbale con allegato l'accordo, ...

to nel verbale e può formulare una proposta di conciliazione da allegare al verbale», informando le parti delle possibili conseguenze previste dall'art. 13 per l'eventualità che non venga raggiunto l'accordo conciliativo e successivamente venga instaurato il processo (1° comma); c) il mediatore «*in ogni caso … formula una proposta di conciliazione, se le parti gliene fanno concorde richiesta in qualunque momento del procedimento*». Le parti, alle quali la proposta va comunicata per iscritto, fanno pervenire allo stesso mediatore, entro 7 giorni, l'accettazione o il rifiuto della stessa (ed il silenzio vale rifiuto della proposta).

... che viene sottoscritto dalle parti e dal mediatore.

In tutti i casi in cui si raggiunga l'accordo (con o senza proposta del mediatore) – aggiunge il 4° comma dello stesso art. 11 – si forma il verbale conclusivo della mediazione, con allegato l'accordo, che «è *sottoscritto dalle parti, dai loro avvocati e dagli altri partecipanti alla procedura nonché dal mediatore, il quale, fermo restando quanto previsto dall'articolo 8 bis* [per la mediazione in modalità telematica: v. retro], *certifica l'autografia della sottoscrizione delle parti*» e ne cura il deposito presso la segreteria dell'organismo. Nello stesso verbale «*il mediatore dà atto della presenza di coloro che hanno partecipato agli incontri e delle parti che, pur regolarmente invitate, sono rimaste assenti*».

Se poi con l'accordo viene concluso uno dei contratti soggetti a trascrizione ai sensi dell'art. 2643 c.c., per procedere alla trascrizione è necessario che la sottoscrizione del verbale sia anche autenticata da un pubblico ufficiale; in questo caso, se le parti hanno delegato un loro rappresentante per la partecipazione all'incontro, la delega va conferita con firma autenticata (art. 8, comma 4 bis). L'accordo raggiunto «*può prevedere il pagamento di una somma di denaro per ogni violazione o inosservanza degli obblighi stabiliti ovvero per il ritardo nel loro adempimento*» (7° comma). Vale a dire che nell'accordo può essere inserita anche una misura coercitiva, assimilabile a quella prevista dall'art. 614 bis (v. retro, § 79).

L'accordo conciliativo può prevedere anche una misura coercitiva.

Anche laddove la conciliazione non riesca, si forma processo verbale con l'indicazione della proposta e il verbale è sottoscritto dalle parti e dal mediatore, il quale certifica l'autografia della sottoscrizione delle parti o la loro impossibilità di sottoscrivere.

Gli organismi di mediazione sono iscritti nell'apposito registro del Ministero della giustizia.

Per quanto riguarda, infine, l'individuazione dei soggetti che possono istituire organismi di mediazione, vanno segnalati sia la possibilità che questi siano istituiti (e iscritti di diritto nell'apposito registro ministeriale) dai Consigli degli ordini degli avvocati e, in particolari materie, anche dagli altri Consigli degli ordini professionali, sia il diritto all'iscrizione nell'apposito registro ministeriale anche degli organismi istituiti presso le Camere di commercio, industria, artigianato e agricoltura, ai sensi dell'art. 2 della L. 580/1993 (artt. 18 e 19 del D.Lgs. 28/2010). Sempre con riferimento agli organismi di mediazione, l'art. 16, 1° comma, D.Lgs. 28/2010 aggiunge che – previa iscrizione nell'apposito registro ministeriale – «gli enti pubblici o privati, che diano garanzie *di serietà ed efficienza*, sono abilitati a costituire organismi deputati, su istanza della parte interessata, a gestire il procedimento di mediazione». Va, infine, rilevato che, ai sensi dello stesso art. 16, comma 4° bis, «*gli avvocati iscritti all'albo sono di diritto mediatori*». Quanto, poi, alla formazione del registro e alla sua gestione, esse sono disciplinate dal D.M. 150/2023, che contiene il relativo Regolamento.

121. *L'efficacia dell'accordo di conciliazione.*

Una volta sottoscritto, il processo verbale, con allegato l'eventuale accordo, va depositato presso la segreteria dell'organismo e di esso viene rilasciata copia alle parti che lo richiedono.

L'accordo conciliativo – sottoscritto dalle parti e dai loro avvocati – *costituisce titolo esecutivo.*

Per effetto di quanto previsto dall'art. 12, 1° comma, del D.Lgs. 28/2010, inoltre, «*ove tutte le parti aderenti alla mediazione siano assistite da un avvocato, l'accordo che sia stato sottoscritto dalle parti e dagli stessi avvocati, anche con le modalità di cui all'articolo 8 bis* [ossia con firma digitale], *costituisce titolo esecutivo per l'espropriazione forzata, l'esecuzione per consegna e rilascio, l'esecuzione degli obblighi di fare o non fare, nonché per l'iscrizione di ipoteca giudiziale*». In questo caso sono gli avvocati che «*attestano e certificano la conformità dell'accordo alle norme imperative e all'ordine pubblico*». Invece, quando le parti non siano tutte assistite da avvocati e quando la procedura di mediazione riguardi le controversie transfrontaliere di cui all'art. 2 della direttiva 2008/52 – prevedono i commi 1° bis e 1° ter dello stesso art. 12 – l'accordo conciliativo allegato al verbale può essere omologato (al fine di acquisire l'efficacia esecutiva per le diverse forme di esecuzione forzata) su istanza di parte e previo accertamento della regolarità formale (e della non contrarietà all'ordine pubblico e a norme imperative), con decreto del presidente del tribunale del luogo dove ha sede l'organismo.

Se le parti non sono assistite da avvocati o in caso di controversia transfrontaliera l'accordo è esecutivo se omologato.

Va anche aggiunto che, nel caso in cui l'accordo venga utilizzato come titolo esecutivo, deve essere integralmente trascritto nel precetto, ai sensi dell'art. 480, 2° comma (v., retro, § 55) (art. 12 del D.Lgs. 28/2010).

Il comportamento delle parti nel corso della procedura di mediazione rileva nel successivo processo ai fini delle spese giudiziali.

Infine, quanto alla rilevanza nel successivo, eventuale, giudizio del comportamento delle parti nel corso della procedura di mediazione, l'art. 13, 1° comma, prevede che «quando il provvedimento che definisce il giudizio *corrisponde interamente al contenuto della proposta* [avanzata dal mediatore], *il giudice esclude la ripetizione delle spese sostenute dalla parte vincitrice che ha rifiutato la proposta, riferibili al periodo successivo alla formulazione della stessa, e la condanna al rimborso delle spese sostenute dalla parte soccombente rela-*

tive allo stesso periodo, nonché al versamento all'entrata del bilancio dello Stato di un'ulteriore somma di importo corrispondente al contributo unificato dovuto. Resta ferma l'applicabilità degli articoli 92 e 96 del codice di procedura civile (v. § 53 del vol. I)».

Aggiunge, inoltre, il 2° comma dello stesso art. 13 che, anche «*quando il provvedimento che definisce il giudizio non corrisponde interamente al contenuto della proposta, il giudice, se ricorrono gravi ed eccezionali ragioni, può* nondimeno escludere la ripetizione delle spese sostenute dalla parte vincitrice per l'indennità corrisposta al mediatore e per il compenso dovuto all'esperto di cui all'articolo 8, 4° comma». In quest'ultimo caso, tuttavia, «il giudice deve indicare *esplicitamente, nella motivazione*, le ragioni del provvedimento».

Tuttavia, queste disposizioni sulle spese processuali del successivo giudizio – secondo l'espressa previsione del 3° comma del medesimo art. 13 – «*non si applicano ai procedimenti davanti agli arbitri*», salvo diverso accordo fra le parti.

Bibliografia di orientamento

S. CHIARLONI, *Prime riflessioni sullo schema di decreto legislativo di attuazione della delega ecc.*, in AA.VV., *Sull'arbitrato. Studi offerti a G. Verde*, Napoli, 2010; A. CARRATTA, *La via italiana alla conciliazione ecc.*, *ivi*; AA.VV., *La giustizia civile alla prova della mediazione ecc.*, in *Foro it.*, 2010, V; AA.VV., *La mediazione civile e commerciale*, a cura di C. BESSO, Torino, 2010; F. CUOMO ULLOA, *La mediazione nel processo civile riformato*, Bologna, 2011; AA.VV., *Il modello italiano di mediazione*, in *Giur. it.*, 2012; F. SANTAGADA, *La mediazione*, Torino, 2012; F. DANOVI-F. FERRARIS, *La cultura della mediazione e la mediazione come cultura*, Milano, 2013; G. TRISORIO LIUZZI, *Mediazione e conciliazione (dir. proc. civ.)*, in *Diritto on line Treccani*, 2013; D. DALFINO, *Mediazione civile e commerciale*, in *Comm. del c.p.c.*, diretto da S. CHIARLONI, Bologna, 2016; A. GRAZIOSI, *Media-conciliazione e negoziazione assistita: limiti o incentivi alla deflazione del contenzioso civile?*, in *Riv. trim. dir. e proc. civ.*, 2019; A. TEDOLDI, Iudicium vitandum est. *La soluzione delle controversie senza processo*, in *Giusto proc. civ.*, 2021; A. CARRATTA-C. CAVALLINI, Judicial settlement *e modelli di tutela a confronto*, in *Riv. trim. dir. e proc. civ.*, 2022; M. BOVE, *I verbali che concludono la mediazione nel d.lgs. n. 149 del 2022*, in *Giust. consensuale*, 2022; A. TEDOLDI, *La mediazione civile e commerciale nel quadro della riforma ovvero: omeopatia del processo*, *ibidem*; M. LUPANO, *La riforma della mediazione civile*, in *Riforma Cartabia: il nuovo processo civile (II parte)*, a cura di A. CARRATTA, in *Giur. it.*, 2023; A. CARRATTA, *Le riforme del processo civile*, Torino, 2023; R. NAPOLEONI, *La mediazione civile e commerciale*, in *Il processo civile dopo la riforma*, a cura di C. CECCHELLA, Bologna, 2023; G. VITRANI, *La mediazione*, in *Lezioni sul nuovo processo civile*, a cura di E. DALMOTTO, Bologna, 2023; C. VANZ, *Le novità in materia di mediazione e negoziazione assistita*, in *Il processo civile dopo la riforma Cartabia*, a cura di A. DIDONE e F. DE SANTIS, Milano, 2023; D. D'ADAMO, *La giustizia integrata*, Torino, 2023; S. DALLA BONTÀ, *Fra mediazione e decisione. La riforma apre ad un nuovo paradigma di giudice?*, in *Riv. trim. dir. e proc. civ.*, 2023; G. MICCOLIS, *Le nuove norme in tema di mediazione e negoziazione assistita*, in *Riv. dir. proc.*, 2023; R. METAFORA, *La mediazione*, Milano, 2024; A. CARRATTA, *Il processo civile dopo i correttivi alla riforma Cartabia*, Torino, 2025.

CAPITOLO XVIII
LA NEGOZIAZIONE ASSISTITA

122. *La negoziazione assistita.*

Nella direzione di incrementare il ricorso alle procedure stragiudiziali di risoluzione delle controversie si muove anche l'introduzione nel nostro ordinamento della «*procedura di negoziazione assistita da avvocati*», la cui disciplina è contenuta nel D.L. 132/2014 (conv. dalla L. 162/2014) ed è stata successivamente modificata dal D.Lgs. 149/2022 e dal D.Lgs. 216/2024.

Va subito rilevato che anche questa procedura, mentre generalmente si fonda su una scelta volontaria delle parti, che possono decidere di stipulare un'apposita convenzione con la quale optano per la soluzione amichevole della controversia (art. 2), in alcune specifiche ipotesi è prevista dallo stesso legislatore come condizione di procedibilità della domanda giudiziale (art. 3).

La negoziazione assistita volontaria si sostanzia in un accordo fra le parti concluso con l'assistenza degli avvocati.

Per quanto riguarda la *negoziazione assistita volontaria*, stabilisce l'art. 2 del citato D.L. 132/2014 che essa si sostanzia in «*un accordo mediante il quale le parti convengono di cooperare in buona fede e con lealtà per risolvere in via amichevole la controversia tramite l'assistenza di avvocati*». Costituiscono elementi essenziali di tale accordo, che va stipulato in forma scritta a pena di nullità e con l'assistenza di almeno un avvocato per parte, l'*individuazione del termine* per l'espletamento della procedura (in ogni caso non inferiore a 1 mese e non superiore a 3, prorogabile per ulteriori 30 giorni su accordo delle parti) e dell'*oggetto della controversia*, che non deve riguardare diritti indisponibili.

La convenzione di negoziazione, redatta in forma scritta a pena di nullità e utilizzando, salvo diverso accordo, il modello elaborato dal Consiglio nazionale forense, può anche prevedere la possibilità di acquisire dichiarazioni (di natura testimoniale) di terzi su fatti rilevanti per la controversia, di acquisire dichiarazioni confessorie della controparte (v. oltre, il § 123), di svolgere la negoziazione con modalità telematiche oppure gli incontri con collegamenti audiovisivi a distanza (art. 2, comma 2 bis).

Aggiunge l'art. 2 ter che, per le controversie individuali di lavoro di cui all'art. 409 c.p.c. (v. retro, § 4), ferma restando la possibilità di esperire il tentativo di conciliazione presso le sedi e con le modalità previste dai contratti collettivi (art. 412 ter c.p.c.: v. retro, § 7), «*le parti possono ricorrere alla negoziazione assistita senza che ciò costituisca condizione di procedibilità della domanda giudiziale*». In questo caso – prosegue l'art. 2 ter – ciascuna parte è assistita da almeno un avvocato e può essere anche assistita da un consulente del lavoro e all'accordo conciliativo si applica il regime di stabilità previsto dall'art. 2113, 4° comma, c.c., e cioè non sono invalide e non sono impugnabili nei termini e con le modalità di cui ai commi 2° e 3° dello stesso art. 2113 c.c. anche le rinunzie e le transazioni che hanno per oggetto diritti del prestatore di lavoro derivanti da disposizioni inderogabili della legge e dei contratti e accordi collettivi.

La possibilità di negoziazione assistita previo «invito» di una delle parti.

Alla stipulazione della convenzione di negoziazione assistita le parti possono pervenire – ai sensi dell'art. 4 – anche attraverso un «invito» rivolto da una delle parti alla controparte e contenente l'indicazione dell'oggetto della controversia e l'avvertimento che, in caso di mancata risposta entro 30 giorni dalla ricezione o di suo rifiuto, tale comportamento potrà essere valutato dal giudice dell'eventuale successivo processo sulla medesima controversia ai fini della determinazione delle spese giudiziali e dell'applicazione dell'art. 96, 1°, 2° e 3° comma, c.p.c. (v. § 53 del vol. I) e dell'art. 642, 1° comma, c.p.c. (v. retro, § 88). Va anche aggiunto che – ai sensi dell'art. 8 – dal momento della comunicazione dell'«invito» o dalla sottoscrizione della convenzione di negoziazione assistita si producono sulla prescrizione gli stessi effetti (interruttivi e sospensivi) della domanda giudiziale e dalla stessa data è impedita la decadenza, per una sola volta.

Come per la procedura di mediazione (v. retro, § 120), anche per la negoziazione assistita è prevista la possibilità che si svolga *in modalità telematica o con collegamenti audiovisivi da remoto*. Nel primo caso, l'art. 2 bis del D.L. 132/2014, come modificato dal D.Lgs. 216/2024, prevede, nei suoi commi 1° e 2°, che, *quando la negoziazione si svolge in modalità telematica*, gli atti del procedimento, ivi compreso l'accordo di conciliazione conclusivo, «*sono formati e sottoscritti nel rispetto delle disposizioni del codice dell'amministrazione digitale di cui al decreto legislativo 7 marzo 2005, n. 82*», e l'accordo è trasmesso con le modalità previste dall'art. 11, 1° comma, che vedremo in seguito.

Per quanto riguarda, invece, *gli incontri da svolgere con collegamento audiovisivo da remoto* nel corso della procedura di negoziazione assistita in presenza, ciò è possibile su richiesta della parte e sempre che i sistemi di collegamento audiovisivo utilizzati assicurino «*la contestuale, effettiva e reciproca udibilità e visibilità delle persone collegate*» (4° comma dello stesso art. 2 bis).

Infine, laddove l'accordo di negoziazione sia contenuto in un documento sottoscritto dalle parti con modalità analogica, tale sottoscrizione va certificata dagli avvocati delle parti con firma digitale o altro tipo di firma elettronica qualificata o avanzata (6° comma dell'art. 2 bis).

La *negoziazione assistita come condizione di procedibilità della domanda giudiziale.*

Invece, la *negoziazione assistita come condizione di procedibilità della domanda giudiziale* (art. 3) è prevista: a) per le controversie in materia di *risarcimento del danno da circolazione di veicoli e natanti*, a prescindere dal loro valore; b) per quelle aventi ad oggetto *pagamento «a qualsiasi titolo» di somme di denaro non eccedenti i 50.000 euro*, ad esclusione delle controversie indicate *sub* a), di quelle previste al preventivo esperimento obbligatorio della mediazione (v. retro, § 119), di quelle nelle quali la parte può stare in giudizio personalmente (ai sensi degli artt. 82 e 86 c.p.c.: v. retro, § 49 del vol. I) e, infine, di quelle «concernenti obbligazioni contrattuali derivanti da contratti conclusi tra professionisti e consumatori» (secondo le definizioni di cui all'art. 3 cod. consumo, di cui al D.Lgs. 206/2005). Inoltre, l'art. 1, 249° comma, della L. 190/2014 ha esteso la negoziazione assistita come condizione di procedibilità anche alle controversie «*in materia di contratto di trasporto o di sub-trasporto*», sempre che, evidentemente, esse non riguardino contratti conclusi fra professionisti e consumatori.

Rilievo dell'improcedibilità e sue conseguenze.

Nei casi in cui la negoziazione assistita sia prevista come condizione di procedibilità della domanda giudiziale e non sia stata esperita prima della proposizione della stessa domanda giudiziale «*l'improcedibilità* [di questa] *deve essere eccepita dal convenuto, a pena di decadenza, o rilevata d'ufficio dal giudice, non oltre la prima udienza*» (1° comma dell'art. 3). Una volta eccepita o rilevata, il giudice assegna contestualmente alle parti un termine di 15 giorni per la comunicazione dell'«invito» a stipulare una convenzione di negoziazione, fissando la successiva udienza dopo la scadenza del termine per la conclusione della procedura (non superiore a 3 mesi). Ove, invece, il giudice dovesse rilevare che la procedura in questione è già iniziata, ma non si è conclusa, si limita a fissare la successiva udienza dopo la scadenza del termine per la conclusione della procedura.

L'improcedibilità viene meno se, avanzato da una delle parti il prescritto «invito», non è seguito da adesione o è seguito da rifiuto entro 30 giorni dalla sua ricezione oppure quando è decorso il termine massimo per la conclusione della procedura. Aggiunge l'art. 3, 5° comma, che «restano ferme le disposizioni che prevedono speciali procedimenti obbligatori di conciliazione e mediazione, comunque denominati», ma in questi casi il termine fissato per lo svolgimento della procedura di negoziazione assistita decorre «unitamente» agli altri termini di procedibilità. Ciò all'evidente fine di evitare che, per la parte, debbano cumularsi due diversi termini di procedibilità della domanda.

Possibile ricorso, per le parti, al patrocinio a spese dello Stato.

Va rilevato che, come per la procedura di mediazione, anche per quella di negoziazione assistita il legislatore, all'art. 11 bis del citato D.L. 132/2014, ha previsto la possibilità che ciascuna delle parti utilizzi il patrocinio a spese dello Stato per l'assistenza dell'avvocato nei casi in cui l'esperimento preventivo della negoziazione assistita sia previsto come condizione di procedibilità e sia raggiunto l'accordo. Questa possibilità, però, richiede che la parte sia cittadino italiano non abbiente o straniero regolarmente soggiornante sul territorio nazionale al momento del sorgere del rapporto o del fatto oggetto della negoziazione oppure che sia un ente o un'associazione senza scopo di lucro e non svolga attività economica. L'istanza per l'ammissione al patrocinio a spese dello Stato deve essere presentata al Consiglio dell'ordine degli avvocati del luogo in cui ha sede il tribunale che sarebbe stato competente a conoscere della controversia, il quale entro 20 giorni, verificata l'ammissibilità, «*ammette l'interessato al patrocinio, in via anticipata e provvisoria*» (art. 11 quinquies, 1° e 2° comma). Dopodiché, la parte può procedere alla nomina di un avvocato fra gli iscritti negli elenchi degli avvocati per il patrocinio a spese dello Stato di qualsiasi Consiglio dell'ordine (art. 11 quinquies, 3° comma). Se, invece, l'istanza è rigetta, «*l'interessato può proporre ricorso al presidente del tribunale del luogo in cui ha sede il Consiglio dell'ordine che ha adottato il provvedimento di rigetto*» (art. 11 sexies).

In ogni caso, la necessità di esperire preventivamente la procedura di negoziazione assistita non preclude la concessione di «*provvedimenti urgenti e cautelari*», né la trascrizione della domanda giudiziale, e comunque non trova applicazione: a) *nei procedimenti per ingiunzione, inclusa la fase dell'opposizione* (v. retro, §§ 88-90); b) *nei procedimenti di consulenza tecnica preventiva ai fini della composizione della lite*, di cui all'art. 696 bis c.p.c. (v. retro, § 102); c) *nei procedimenti di opposizione o incidentali di cognizione relativi all'esecuzione forzata* (v. retro, cap. 9°); d) *nei procedimenti in camera di consiglio* (v. retro, cap. 14°); e) *nei casi di azione civile esercitata nel processo penale*.

Efficacia dell'accordo raggiunto in sede di negoziazione assistita.

Quanto all'accordo concluso all'esito della negoziazione assistita, esso va trasmesso al Consiglio nazionale forense e, per il suo tramite, al Consiglio dell'ordine circondariale del luogo dove è stato concluso o a quello dove è iscritto uno degli avvocati (art. 11, 1° comma) e costituisce titolo esecutivo e titolo per l'iscrizione dell'ipoteca giudiziale (art. 5, 1° comma). Ma questo solo dopo che sia stato sottoscritto dalle parti e dagli avvocati che le assistono, i quali certificano l'autografia delle firme e la conformità dell'accordo alle norme imperative e all'ordine pubblico. Inoltre, la sottoscrizione dell'accordo deve essere autenticata da un pubblico ufficiale a ciò autorizzato, laddove con esso le parti concludano uno dei contratti o compiano uno degli atti soggetti a trascrizione (art. 5, 3° comma).

123. *L'istruzione stragiudiziale mediante la negoziazione assistita: l'assunzione di dichiarazioni testimoniali e confessorie.*

Gli artt. 4 bis e 4 ter del citato D.L. 132/2014, introdotti dal D.Lgs. 149/2022, prevedono anche la possibilità – come già detto – che le parti utilizzino la procedura di negoziazione assistita per acquisire dichiarazioni (di natura testimoniale) di terzi informati sui fatti di causa o dichiarazioni confessorie delle stesse parti, utili alla composizione della lite, ma utilizzabili anche nell'eventuale successivo processo.

L'assunzione di dichiarazioni di terzi di natura testimoniale durante la negoziazione assistita, …

Ciò detto, anzitutto, l'art. 4 bis stabilisce che la convenzione di negoziazione assistita può prevedere anche che ciascun avvocato possa invitare un terzo «*a rendere dichiarazioni su fatti specificamente individuati e rilevanti in relazione all'oggetto della controversia, presso il suo studio professionale o presso il Consiglio dell'ordine degli avvocati, in presenza degli avvocati che assistono le altre parti*» (1° comma). In tal caso, quindi, la negoziazione assistita non può svolgersi in modalità telematiche (v. il § precedente).

Il *terzo-informatore*, il quale deve aver compiuto 14 anni e non trovarsi nella condizione prevista dall'art. 246 c.p.c. (non avere interessi nella controversia oggetto della negoziazione: v. anche § 54 del vol. II), deve dichiarare l'esistenza di eventuali rapporti di parentela o professionali con le parti e deve essere avvisato di una serie di elementi indicati dal 2° comma del citato art. 4 bis (come, ad es., la qualifica dei soggetti dinanzi ai quali rende le dichiarazioni, lo scopo della loro acquisizione, la facoltà che egli ha di non rendere le dichiarazioni e di astenersi ai sensi dell'art. 249 c.p.c., ecc.).

… le quali hanno il valore di piena prova anche nel successivo giudizio.

Aggiunge il 6° comma dell'art. 4 bis che il verbale nel quale vengono raccolte le dichiarazioni del terzo, sottoscritto dagli avvocati e dal terzo-informatore, «*fa piena prova di quanto gli avvocati attestano essere avvenuto in loro presenza*» e può essere prodotto nell'eventuale successivo giudizio sulla medesima controversia, dove «*è valutato dal giudice ai sensi dell'articolo 116, primo comma, del codice di procedura civile*», ossia come prova liberamente valutabile, anche se lo stesso giudice «*può sempre disporre che l'informatore sia escusso come testimone*».

Infine, il 7° comma dell'art. 4 bis prevede una speciale modalità di assunzione della testimonianza del terzo in via preventiva, quando egli non si sia presentato o si sia rifiutato di rendere dichiarazioni e la procedura di negoziazione assistita si sia conclusa senza accordo. Si stabilisce, infatti, che la parte che ritenga necessaria la sua deposizione «*può chiedere che ne sia ordinata l'audizione davanti al giudice*» e che in questo caso «*si applicano, in quanto compatibili, gli articoli 693, 694, 695, 697, 698 e 699 del codice di procedura civile*», ossia le disposizioni sul procedimento per l'istruzione preventiva (v. retro, § 102).

Anche le dichiarazioni confessorie rese dalla parte durante la negoziazione …

Anche per le dichiarazioni confessorie, di cui si occupa, come detto, l'art. 4 ter del D.L. 132/2014, presupposto imprescindibile è che la convenzione di negoziazione assistita lo preveda. Se ricorre questo presupposto, «*ciascun avvocato può invitare la controparte a rendere per iscritto dichiarazioni su fatti, specificamente individuati e rilevanti in relazione all'oggetto della controversia, ad essa sfavorevoli e favorevoli alla parte nel cui interesse sono richieste*» (1° comma). In questo caso il documento nel quale viene resa la dichiarazione confessoria è sottoscritto dalla parte e dal suo avvocato ai fini della certificazione della firma.

… hanno il valore di piena prova nel successivo giudizio e valgono come confessione stragiudiziale resa alla controparte.

Anche il documento contenente le dichiarazioni confessorie «*fa piena prova di quanto l'avvocato attesta essere avvenuto in sua presenza e può essere prodotto nel giudizio iniziato dalle parti della convenzione di negoziazione assistita» e avente ad oggetto la medesima controversia, nel quale giudizio esso «ha l'efficacia ed è soggetto ai limiti previsti dall'articolo 2735 del codice civile*», ossia ha la stessa efficacia di piena prova della confessione stragiudiziale resa alla controparte (o a chi la rappresenta) (v. § 50 del vol. II).

In caso di ingiustificato rifiuto della parte di rendere le dichiarazioni sui fatti individuati, tale comportamento «*è valutato dal giudice* [dell'eventuale successivo giudizio] *ai fini delle spese del giudizio, anche ai sensi dell'articolo 96, commi primo, secondo e terzo, del codice di procedura civile*». Di conseguenza, si tratta di un comportamento che rileva, nel successivo giudizio, sia ai fini della condanna alle spese del giudizio ai sensi dell'art. 92 c.p.c., sia ai fini delle conseguenze della condanna per lite temeraria (v. § 53 del vol. I).

Bibliografia di orientamento

G. TRISORIO LIUZZI, *La negoziazione assistita*, in *Foro it.*, 2015, V; P. FARINA, *La negoziazione assistita dagli avvocati ecc.*, in *Riv. dir. proc.*, 2015; M. MONTANARI-V. BARONCINI, *Negoziazione assistita*, in *Comm. del c.p.c.*, diretto da S. CHIARLONI, Bologna, 2018; A. TEDOLDI, Iudicium vitandum est. *La soluzione delle controversie senza processo*, in *Giusto proc. civ.*, 2021; A. CARRATTA, *Le riforme del processo civile*, Torino, 2023; R. BOLOGNESI, *Negoziazione assistita nelle controversie di lavoro*, in *La riforma Cartabia del processo civile*, a cura di R. TISCINI, Pisa, 2023; R. SICILIANO, *Negoziazione assisti-*

ta, *ibidem*; G. VECCHIO, *La negoziazione assistita*, in *Il processo civile dopo la riforma*, a cura di C. CECCHELLA, Bologna, 2023; E. DALMOTTO, *La negoziazione assistita*, in *Lezioni sul nuovo processo civile*, a cura dello stesso, Bologna, 2023; C. VANZ, *Le novità in materia di mediazione e negoziazione assistita*, in *Il processo civile dopo la riforma Cartabia*, a cura di A. DIDONE e F. DE SANTIS, Milano, 2023; D. D'ADAMO, *La giustizia integrata*, Torino, 2023; G. BASILICO, *L'attività di istruzione stragiudiziale nel nuovo processo civile*, in *Giust. civ.*, 2023; B. FICCARELLI, *Istruzione stragiudiziale nella negoziazione assistita da avvocati. Nuova sfida culturale per il legislatore italiano e metodi complementari di risoluzione delle controversie*, in *Riv. trim. dir. e proc. civ.*, 2023; P. LICCI, *La negoziazione assistita per le controversie di lavoro*, in *Giust. civ.*, 2023; G. MICCOLIS, *Le nuove norme in tema di mediazione e negoziazione assistita*, in *Riv. dir. proc.*, 2023; A. CARRATTA, *Il processo civile dopo i correttivi alla riforma Cartabia*, Torino, 2025.

Ristampa effettuata nel mese di luglio 2025
nella Stampatre s.r.l. di Torino
Via Bologna, 220